西學東漸
中學西傳

甲午年陽春 崔希亮題

总第二十九集
2020年秋冬卷
CSSCI来源集刊
北京语言大学主办

语言资源高精尖创新中心支持项目

阎纯德　主编

漢學研究
Chinese Studies

學苑出版社

图书在版编目（CIP）数据

汉学研究．总第二十九集 ：2020 年．秋冬卷 / 阎纯德主编．-- 北京 ：学苑出版社，2020.12
ISBN 978-7-5077-6094-1

Ⅰ．①汉… Ⅱ．①阎… Ⅲ．①汉学－文集 Ⅳ．①K207.8-53

中国版本图书馆 CIP 数据核字（2020）第 260926 号

责任编辑：杨　雷　张敏娜
封面题字：朱天曙
出版发行：学苑出版社
社　　址：北京市丰台区南方庄 2 号院 1 号楼
邮政编码：100079
网　　址：www.book001.com
电子信箱：xueyuanpress@163.com
销售电话：010-67601101（销售部）　67603091（总编室）
经　　销：新华书店
印 刷 厂：北京虎彩文化传播有限公司
开本尺寸：710mm×1000mm　1/16
印　　张：39.5
字　　数：600 千字
版　　次：2020 年 12 月第 1 版
印　　次：2020 年 12 月第 1 次印刷
定　　价：80.00 元

卷前絮语

我们的《汉学研究》是不同文化和学术的交汇之地与桥梁。它事关中外，世界的“政治”影响它的生存与发展。作为编者、作者和读者，心里当然也有“政治”，大家不仅关心是非，关心国家，也关心人类。

2020 年的“秋冬卷”，从 5 月做好文章编排工作，但是，直到 9 月还在权衡、筛选而不能罢手。这一集的“目录”变来变去，数字一次次算来算去，左思右想，编者的苦恼纠结于心。一个无奈之举，为使更多的作者得以有发表的机会，我们便给作者们一一写信，求其精简、压缩。“此招”纯粹出于痛苦和无奈，但尊敬的作者，无一不是给予真诚的理解和热忱地支持！

其实，如此“行动”也不是坏事！我认为，文章要到“好”处，必须一而再再而三地修改，少则三五遍，多者七八遍，绝不算多。我自己就有体会，每修改一遍，就得深思熟虑一遍，新思想、新观点，还有语言之美感，都会像无法阻拦的高山流水倾泻下来。山西大学高超教授给我回信说：“遵照您的指示，做了较为细致的修订。非常感谢您给予这次修改的机会！事实表明，经过再次的打磨，文字简约了些，整体上观感好了许多。文章确实是改出来的。”这次给予我们支持的，还有叶隽、李雪涛、魏崇新、万燚、马剑、龙宇飞、张明明、韩东、李真、梁超等作者，我们向他们致敬！周月琴教授甚至从欧洲发来承诺，推迟自己作品的发表时间。

现代社会里，文集是文化繁荣不可或缺的园地，其唯一的使命，就是推动和辅佐学术繁荣，给学者搭建发表“演说”的平台，为年轻学人修建一条宽阔而舒适的长途赛跑的跑道，使他们更快地健康成长。

阎纯德

2020 年 11 月 11 日

目　录

目　录

Contents

Special Column Dedicated to Zhang Xiping

Sinology in France

Sinology in Russia

Sinology in Germany

目　录

Translated by Yang Yuying

Revised by Xiong Wenhua

·窗外的风景·

生前身后艾田蒲

——《中国之欧洲》汉译琐记

钱林森

法国20世纪知名作家、东方学家、比较文学一代宗师艾田蒲（René Etiemble，1909—2002）先生，生前积数十年之功底，精心编撰的中法比较文学文化研究、中法文学文化关系研究、中学西渐的汉学巨著*L'Europe chinoise*，准确直译为《中国之欧洲》，意译为《中国对欧洲的影响》或《中国文化西渐欧洲传播史》，由法国最著名的伽利马出版社于1988—1989年，分上下两卷在巴黎隆重推出。这两卷巨著源自艾田蒲先生30年前积累、制作的“初坯”。20世纪50年代，他在巴黎索邦大学主持比较文学首席教席时，曾以此作为中法（中欧）文学文化关系研究的专题讲座教材，给西方学生多次讲授过。该教材经作者数次修订，于1957—1959年，以三卷集的《哲学之东方》（*L'Orient philosophique*，3 tomes）为书名，在巴黎大学资料中心胶印发行。后又经艾老晚年用5年时间，悉心加工打磨，于1988年由伽利马出版社收入“思想文库”（*Bibliothèque des idées*）时，才改成*L'Europe chinoise*这个书名正式出版。旨在“想给陷入高卢中心论、欧洲中心论而难以自拔的比较学科注入一点活力，指出一个方向”①。在这部架构庞大、气势恢宏的巨制中，作者以其深厚的东学和西学学养、海纳百川的世界胸怀，拥抱东方与中国文化，宏观纵论了从盛唐9世纪到18世纪清代中期，即从中世纪罗马帝国，到欧洲启蒙运动落幕，法国大革命期间，中法（中欧）文化交流互动、互补互鉴的历史。翔实地厘清了这一时期法国和欧洲如何受惠于中国的历史轨迹，全面梳理、论证了中国文化的所有因子——诸如哲学、思想、伦理、医学、数学、

---

① Cf. R. Etiemble, *L'Europe chinoise*. Tome 1. *En guise de conclusion à cette préfacce*, p. 24.

天文、地理、文学、艺术、戏剧、工艺美术、美学、语言文字、民俗、风习、情爱术等，西传欧洲的历史脉络，生动有力地展现了中国文化在法国和欧洲传播与影响的历史风貌，客观精辟地论述了中国文化西渐欧洲的过程。这部巨著，甫一问世，就轰动了法国和欧洲学术界，获得了西方学界高度的评价，荣膺巴尔桑比较学基金奖（Prix de la foundation Balzan），成为第一部获此殊荣的比较文化著作。

艾田蒲这部积一生东学与西学之功力、呕心沥血的中西（中法）比较文化文学力作，在西方比较文学重镇法国面世之日，正值东方中国比较文学解冻复苏，方兴未艾之时。它的问世，适逢际会地召唤、应和了我国新时期学术复兴的时代需求。正基于此，这部巨作的中文引介，及随之的“中国之旅”，差不多与其在巴黎书肆首版面市之日，是同步进行的。我很荣幸，作为艾老此部巨作的中译者之一，我第一次读到原著，正是其上卷1988年刚刚在巴黎出版不久，那是我国比较文学界孙景尧先生所提供的上卷复印件。

这一年，我在南京大学中文系为世界文学与比较文学专业研究生，首次开设“中外文学文化关系研究”的学位课程，正苦于缺乏这方面可资借鉴的有价值的参考书目。当我大致地浏览了艾老巨著上卷之后，就为其宏阔的跨文化背景、博大的知识容量和高度的学术价值所折服，也为书中作者引用的闻所未闻的原创资料、史料和如数家珍、生意盎然的叙述所深深吸引，便情不自禁地想：这部巨著对我们初涉比较文学的东方弟子来说，无疑是一部不可或缺而又具有指导意义的论著，它对我们当下“中外文学关系研究”学位课程和师生来说，也无疑是一部十分及时、重要而又有价值的教科书和参考读物，顿时便萌生了将它译成中文的念头。是年秋，我利用致函艾老请他为《中国文学在国外》丛书赐序的机会，向他表达了这一愿望，很快便收到了他的回札和由他亲笔题签的《中国之欧洲》上卷。他鼓励我将它介绍到中国来，并动情地写道：“如果《中国之欧洲》的中译本在中国面世时，我已离开人世，请不要忘记给我年轻的夫人——她也是比较文学教授——寄两本来，她会从中感到慰藉。”翌年（1989）夏，艾老又给我寄来了刚刚出版的亲笔题签的下卷，同时抱病给我写信，寄来了如下更为热切、令人动容的话语：

亲爱的先生，亲爱的同事：

请原谅我用打字机打这封信。我的关节病使我的双手，特别是手指，深受其苦，写字根本无法辨认，常常连我最熟悉的，通信时间最久的人也难以看清。你16日的来信对我的心，对我的精神来说，是一方有益的安慰剂。特别高兴的是，一向不大负责任的邮递部门这次竟没有丢失《中国之欧洲》的第二卷。我也特别高兴地获悉此书两卷都在翻译之中。在这两卷著作中，我向自用蓍草或用龟甲占卜时代以来也许给人类做出最大贡献的文明表示了我个人以及整个欧洲的感激之情。当我得以用珍贵的盒装书在七星文库出版了《水浒传》《红楼梦》《金瓶梅》时，这对出版业来说是个何等的胜利。世界上最为美妙的小说中的三部终于以完美的法文为我母语的读者所接受了。

如今，您使我抱有了希望，《中国之欧洲》终有一天将以汉语面世，也许我的命运不能使我看到它的问世，但至少我年轻的妻子会为它的最终出版感到高兴，并得到些许安慰的，她本人也是比较文学教授。请相信我最崇高的感情，并接受我崇高的谢忱以及我的感激之情。

读到艾老如此热忱、动人的信件，再读完下卷，我更感到它的价值和分量，也更坚定了将之译成中文的决心，并立马邀请与我有着多年合作经验的许钧教授共承此事。1989年秋，我又将此著的中译列为我所主持的国家社科基金项目“法国作家与中国”的子项目，诚邀许钧先生协助主译，在他鼎力相助下，我们细读原著，分工协作，译完上卷，并定稿，差不多经历了两个春与秋。上卷译稿定稿后，出版社也基本敲定，我们就紧接着下卷的译述，同时致函艾老，请他寄赠近影，并为中译本赐序，准备交出版社付梓刊行。艾老获悉这一喜讯后，抱病赐序，给我们复函写道：

亲爱的先生：

我的双眼不好，只能贴近看，你们现在已经完成了全书的汉语翻译，只等付梓刊行了，对于你们所希望得到的汉译本的序言，我用打字机打得很糟糕，为此请您原谅。值此我漫长的生命旅程临近终点的时刻，获悉我的《中国之欧洲》将在人口最多，自龟甲占卜文化以来几经严峻的历史更迭而终于幸存下来的国家中最古老文明的国度为人阅读，这对我来说，是何等令人欣慰的补偿！

不过，但愿这篇中译本序，你们能看清。随信附上一篇有关普鲁斯特的文章①。这篇文章有幸被最佳文学期刊《文学半月刊》所刊用。

请原谅这封信写得很短，而且有打字错误。我正焦急地等待与我的牙科医生的约会……

艾老抱病为我们撰写的汉译本序言中，再次这样谦虚、真诚地重申：“我之所以花费了多少年的心血，试图描述——噢，极为肤浅——中国之欧洲的面貌，那是因为我们这些往往过分自得的欧洲人，有负于中国，我希望以此来答谢中国，尽管极其微不足道。”这种虚怀若谷的胸襟，“投我以木桃，报之以琼瑶”的精神气度，真令我们译者、出书人——河南出版社的领导、编审为之敬佩、动容。在河南人民出版社的热情支持下，艾老的首版汉译本，便以直译《中国之欧洲》（上卷）为书名，率先于1992年11月刊行面世。更令我们感动和难忘的是——1993年8月，艾老身患心脏病期间，为帮助我们在中译下卷中所遇到的疑难问题能及时解决，竟不畏病痛和劳苦，接待我们的造访，抱病现场解惑、垂教，长达三个小时之久，临别时还伸出他那颤巍巍的双手紧握来访者许钧教授的手，激动地说：“一切拜托了，我希望能有幸在我生命之火熄灭之前，看到我这份菲薄的礼品完美地呈现在我们西方民族愧对的中华民族面前。”② 艾老这一掷地有声、落地作响的托付，这一动人、难忘的场景，无疑是他老人家生前零距离留给中国译者、中国弟子的我们，最令人感动、最难以忘怀、最富有教诲的一幕。

的确，在当年中译此著漫长困难的岁月里，每当遇困受阻、踌躇难行的灰暗时刻，我们总会情不自禁地忆起艾老谆谆的教诲。想到这一幕，听到艾老真情的重托，我们就仿佛看到了这位一生眷恋中国和中华文化的西方耆宿那颗炽热的缱绻之心和那双炯炯有神、热切期盼的眼光，我们也就彷如时时听到一种无言的召唤，感到一阵无声有力的鞭笞，不由得心潮澎湃，心里的阴霾、畏惧与懈怠，便一扫而光，顿时周身便充满着无限奋进的力量。月复一月，年复一年，我们正是这样肩负艾老的重托，心怀感恩之情，在他翘首相盼的目光注视下，在我国比较文学界同人的热情鼓舞和我们家人、弟子的

① 系指由许钧撰写，经艾老推荐发表的《普鲁斯特在中国》一文。——钱林森注

② 参阅许钧译后记，艾田蒲著，许钧、钱林森译《中国之欧洲》（下）第396—397页，河南人民出版社，1994年。

紧密配合与协助下，齐心协力，携手共耕，心无旁骛，孜孜不倦地积两年之努力，于1994年春完成下卷的中译，交由河南人民出版社付梓刊行。这样，艾老积一生之功力和心血写成的这部两卷巨著，才得以两卷全书整体推出，首次在汉文化圈读者中广为流布，在世界上“人口最多，自龟甲占卜文化以来几经严峻的历史更迭而终于幸存下来的国家中最古老文明的国度为人阅读”，成全了艾老念兹在兹、久已祈盼的夙愿。

汉译首版《中国之欧洲》亮相中国之时，正值我国新时期，学术复兴的热潮如火如荼之际，方兴未艾的比较文学已成为新时期学术复兴的“显学”时代。因而，它甫一面世，就获得了海峡两岸汉文化圈内广大读者受众的欢迎，受到我国读书界、学术界，特别是比较文学界、国际文化关系史学界的高度重视与一致好评。其“中国之旅”，正适逢其时，正是十风五雨的美好时节。一路走来，可以说，满载春风阳光，处处受到了欢迎，它走进了海峡两岸汉文化圈高校课堂，收获了我国新时期学术复兴，比较文学“显学”的“荣光”：成为我国大学无数攻读中法比较文学、中外文化关系研究、汉学研究硕、博学位年轻学子必读的著作，成为我国比较文学比较文化界、国际关系史学界、汉学研究界名重一时、耳能熟详的经典，对我国新时期学术复兴与发展，特别是我国比较文学的复兴与发展，产生了深刻、广泛的影响。

艾田蒲之于中国译者、受众的我们而言，首先是以热爱、研究中国和中国文化的学富五车的大学者进入我们的视野，为我们所景仰、接受的。艾田蒲的东进“中国之旅”及其代表作《中国之欧洲》在中国的译介、传播、接受与影响的近30年的历程也标明，他首先是以热爱中国、研究、通晓中国文化的西方名家、比较文学一代宗师的形象而进入中国学界、读者的视线，为我们所接受，是我们所心仪、景仰、亲近的亦师亦友的比较文学导师、大师。毫不夸张地说，艾田蒲《中国之欧洲》，培育了我国新时期比较文学界一代又一代的学者，他是我国新时期比较文学文化界最可信赖、可亲近、可敬佩的导师。回眸《中国之欧洲》汉译流传、接受与影响，自20世纪90年代（1992—1994）汉译首版至作者谢世（2002）前这一时段里，中国译者、读者和学界，特别是跨文化比较文学界，主要是将之视为比较文学和比较文化的经典著作而加以接受、崇奉的，将作者奉为一代比较文学大师而加以尊崇、效仿的。这是汉译首版《中国之欧洲》东进“中国之旅”的第一站期间，中国接受者的主要视点与角度。

但对艾老这部积毕生心血的巨制《中国之欧洲》价值意义的认识与理解，及其东进中国后对于我国新时期学术复兴发展所产生的深刻影响之评估与把握，都是要经过一个渐进、深化、观察的过程的。这部巨制的价值意义和深远影响，可以说是与日俱增、历久弥新。我们对它的认识、理解与接受，也无疑是要经过一个渐进、深入和发展阶段的。如果说，汉译首版《中国之欧洲》东进“中国之旅”的头一站的近15年流传期间，中国广大读者受众主要是将之视为比较文学与比较文化经典著作而加以崇奉、接受的话，那么，在21世纪初艾老辞世后的15年流传、接受与影响期间，我国广大读者、受众的视角和接受程度，则就大为拓展、开阔、深入了。

2002年1月7日，艾田蒲先生谢世，中国比较文学学会，除在第一时间内向艾老夫人致唁电，表达了中国比较文学界同人的深切哀悼外，还联手北京大学比较文学与比较文化研究所，于是年1月12日，邀请首都比较文学界、外国文学界、中外文化文学关系研究界的部分专家、学者，围绕艾老已译成中文的《中国之欧洲》《比较不是理由》等名著与我国新时期比较文学复兴发展为中心话题，参加座谈。在北大举办了一个别开生面、庄严肃穆的小型学术追思会，缅怀艾老的学术思想，追思他对跨文化比较文学发展的建树与功绩，以此来寄托我国学者真切的哀思与怀念，送别这位国际比较文学大师。

在此次学术追思会上，与会学者对艾老一贯坚守世界主义、积极倡导世界文化多元发展、反对欧洲中心论的精神和胸怀，给予了高度的评价与赞赏。并对他一生钟爱中国和中国文化，推动中国文化、文学在法国和欧洲的传播，促进中西方文化交流发展，表达了崇高的敬意。不少学者在此次追思座谈会上，交流了自己在阅读、学习艾老《中国之欧洲》等名著中的心得体会，认为：“艾田蒲先生关于西传欧洲的知识是非常系统的，史料之丰富，论述之绵密，使他的著作超过了同时代其他一些世界名家的水平……他的思想、胸襟、学识确实与法国的文化超级大国地位相匹配。”艾老作为法国比较文学名家、大师，在于“他首先是世界主义者，他能够在五六十年代，超乎于比较文学的论争之上，集各家之长，提出具有前瞻意义的研究方向。他还是比较文学的革新者：他不仅继承法国文学研究的严谨精神，而且具有很强的怀疑精神……他的作品和实践其实也在汉学与比较文学间搭起了桥梁”。还有一些学者在追思会上，回忆了艾老《中国之欧洲》这部巨制对自己当年在巴黎攻读比较文学博士学位期间，在治学方向、方法和学术成长中所产生的深刻影响时说。早在50年代，艾田蒲先生在索邦大学开设了题为《十八世纪哲学之东方》(1958—1959）的课程，出了一本铅印的讲义（也就是后来问世的《中国之欧洲》的前身)。正是这本讲义成了其在索邦大学做博士时参考最多的著作之一，从中获益匪浅，“不仅获得了大量的材料、信息，而且学到了一个比较学者应有的开放的思想和严谨的治学方法”。艾老这部著作，为我们研究国际文学文化关系、做类比研究提供了一个可供效仿、学习的样板。①

艾老谢世追思座谈会上的上述发言，集中体现了我国新时期比较文学界对艾老作为比较文学导师、大师的基本认识与理解，亦是艾老辞世前其代表之作《中国之欧洲》迻译汉文后，为我国学者接受、与影响的主要方面与视角点。艾老谢世6年后，汉译首版《中国之欧洲》，在东方拥有最多读者的国度已流传了近15个年头，已产生了广泛的影响。受艾老生前重托、授权，在艾老夫人热情支持下，得广西师范大学出版社器重相助，经由许钧教授等人悉心校勘，汉译首版《中国之欧洲》全译本，以“汉学名著”的身份，入选该社《学术文库·汉学名著》书系，于2008年8月初秋修订再版。这可视为艾老此部巨制东进“中国之旅”的第二站。它的修订再版，标示着中国接受者的视角点和接收重心的转移：自此，中国接受者不再仅仅将之看作是一部比较文学与比较文化名著，而主要把它尊奉为汉学名著②而加以接受了。若从西方学术史、比较文学发展史和汉学史来考量，我认为这部著作，确实不失为20世纪比较文学与西方汉学牵手、搭桥的先驱之作，堪称欧美汉学革新的典范。为此，我曾特别在《中国之欧洲》汉译全本修订再版译序中着重阐发

① 以上皆参见叶向阳、孟华《二十一世纪送别的第一位比较文学大师——悼念艾田蒲先生座谈会纪要》，载《中华读书报》2002年1月30日，第22版。

② 事实上，21世纪以降，细心的读者想必知晓，艾田蒲先生辞世前后不久，他这部巨著的中译版，除去由许钧、钱林森译，河南人民出版社于1992—1994年的中文首版《中国之欧洲》（上下两卷），2008年秋，由许钧、钱林森译，广西师范大学出版社《学术文库·汉学名著》书系刊行的《中国之欧洲》修订再版本外，还有我国新时期国际史学界知名专家、翻译家耿昇译，安田朴著，以意译书名《中国文化西传欧洲史》（上下两卷合订本），于2000年由商务印书馆列入《海外汉学书系》出版（2013年再版），足见艾老这部享誉世界的名著“东进中国之旅”第二站期间，中国受众——中国译者、出版界、学界的接受视角，主要是将之视为汉学和史学的名著来接受的。

过，特摘录如下：

从西方学术史和比较文学发展史来考量，《中国之欧洲》是20世纪比较文学和西方汉学牵手、搭桥的先驱之作，它的作者顺应近代西方学术潮流和文化转型时代的吁求，为国际比较文学界贡献出了这部跨文化、多学科联姻和对话的典型范本。虽然在这一时期前后，曾有一些西方知名汉学家和比较文学学者，在他们研究的领域里，撰著过一些颇具声名和特色的跨文化跨学科的著述，但就构架之宏阔，理论层面的创新和方法论的拓展而言，都难以与艾老这部大著相比匹，它为新世纪比较文学的新发展所做出的建树是毋庸置疑的。《中国之欧洲》给我们启发最大的有二：一是将对话置于比较文化比较文学方法论基点。比较文化比较文学存在的前提，是建立在不同文化文学传统之间对话比较基础上的，但比较不是理由，不是目的。由比较中达成直接或间接对话并通过对话助成互看、互识、互证，互补的成果，获致对话双方新的认知和理解，从而推动各民族文化文学间的更深层次的对话与交流，才是比较文化比较文学题中的“应有之义”。《中国之欧洲》从创意到立论都体现了这“应有之义”的范式。二是将“历史的探寻”和“美学（哲学）的沉思”结合起来，凸现出比较文化比较文学本体论的超越和汇通。《中国之欧洲》熔诸种方法（如传播媒介学、译介学、发生学、接受美学、主题学、原型批评）于一炉，与多学科（如东方学、汉学、社会学、史学、哲学、宗教、文化人类学、艺术）联姻，并把平行比较与影响研究结合起来，如它的作者所言，“把历史方法和批判精神结合起来，把考据和文章分析结合起来，把社会学家的谨慎和美学理论家的勇气结合起来”（《比较不是理由》），这就为比较文学研究，注进了新鲜活力，开拓了新的发展前景。艾老作为富有独创性的比较文学大家，他在处理东西文化文学关系命题和个案时，始终坚持“历史的探寻”、“哲学的沉思”和“审美批评”相结合的观点、始终坚持人类文明互为一体、平等交流的观点，始终坚持多元文化互动对话、共存互补的观点，我们若能沿着艾老这些思想和路径走下去，必定会将比较文学研究推进到新的发展阶段。

从法国——欧洲传统汉学历史发展角度来阅读《中国之欧洲》，它是20世纪文化转型时期汉学研究的革新之作，不论是在研究方法、研究内涵上，还是对传统的西方汉学模式的超越上，都堪称创新的典范。我们知道，作为西方汉学策源中心的法国汉学，经由17世纪耶稣会士入华的滥觞期、19世纪登堂入室的确立期，至20世纪发展期，形成了自己的传统模式。各个时期的领军人物，从布道团的龙华民（Longobardi）、白晋（Bouvet，1656—1730）、冯秉正（De Mailla，1669—1748）、宋君荣（Gaubil，1689—1759）、钱德明（Amiot，1718—1793），到19世纪首批汉学家阿贝尔·雷慕沙（Abel Rémusat，1788—1832）、儒莲（Stanislas Julien，1797—1873），至20世纪初顾赛芬（Seraphin Couvreur，1835—1919）、爱德华·沙畹（Edouard Chavannes，1865—1918），再到20世纪上半期考狄（Henri Gordier，1849—1925）、戴遂良（Léon Vieger，1856—1933）、葛兰言（Marchel Granet，1881—1940）、伯希和（Paul Pelliont，1878—1945）和马伯乐（Henri Maspero，1883—1945）等，都无一例外地将专攻的重心集中在中国的语言、历史和典章文明，他们只对规章、习俗、技术感兴趣，很少涉猎到文学和艺术，只注重“汉学专业知识”的建构。特别自19世纪中叶晚清时期，伴随西方列强坚艇利炮的武力征讨和“大清帝国”的国力衰弊，帝国文化也因之而成为弱势文化，法国和欧洲的汉学也就日趋经院化、知识化、专业化和学科化，汉学研究，多半是少数精英在学院或大学刻意追寻的某种专业知识，鲜活的“中华文明”也便成了他们在书堆里孜孜求索的对象，鲜有与时代和现实结合，所谓的汉学，也不过是经院书斋故纸堆里某种专门知识的集结。这种经院汉学的确立与发展，到20世纪初一代宗师沙畹那里，便成了百科全书式的集其大成者，至戴密微（Paul Demiéville，1894—1979），则是最后一位代表人物。考艾田蒲学术路径，他是承继了而又突破了19世纪上半期至20世纪下半期，以沙畹为代表的欧洲汉学传统的。他如沙畹一样，投身汉学时也以哲学为目标，所不同的是，沙畹摈弃了“他讨厌的文学和哲学”，而艾老则与中国哲学终生相伴，使自己的大作始终坚守着哲学的沉思和观照，具有理论创新的深度；他也像沙畹一样，拥有“百科全书般的渊博学问”，但他超越前辈的是，并没有把渊博的学问当成封闭的专业知识和包袱，而是义无返顾地走出学院的书斋，用自己的学问和智慧，来回答时代和现实所提出的问题，而使《中国之欧洲》这部研究历史的大书，处处充满着现实感和时代意义；他的学术发展脉络，虽然烙上了20世纪之交欧洲东方学汉学某些有识之士的比较研究的印记，但是我们看到，在20世纪欧美汉学界，在他之前，还没有谁能如他那样，以如此自觉的学术开发意识，将比较文学比较文化研究的方法和理论引入汉学研究的领域，也没有人如他那样以如此鲜明的世界意识和跨文化跨学科的学术胸怀和气度，将中国文化引来与欧洲文化进行真正的平等对话，更没有谁如他那样，以建立在渊博知识基础上的广阔文化视野，依傍于对东西文明交流碰撞的深刻理解，而拥有敏锐鉴赏力和独特的比较视角，这就使他的《中国之欧洲》，以全新的意义和开创的风格，不仅在研究方式上，而且在研究内容上，全方位地刷新了欧洲汉学前贤的传统模式，为西方汉学发展吹来了一股新鲜之风！如果联系新世纪近数年来在法国和欧洲正在开展的汉学辩论热点话题：汉学是作为一种"知识"或"学问"，还是作为一种"工具"或"方法"？汉学家究竟是深入研究对象的内部去体验、把握，还是与研究对象拉开距离，从其外部地位去瞭望、做哲学的洞观与开掘？我们再读《中国之欧洲》，就不难看到艾老这部代表之作，是足以充当启迪性的范例的，具有无可取代的现实意义。[①]

艾老撰写的《中国之欧洲》这部饮誉世界的巨作东渐中国后近30年来，在传播、接受的过程中，对我国新时期学术复兴和发展产生了有目共睹、有口皆碑的深刻、广泛影响。艾老身后这部著作以两种中译本，两个不同接受视点，一版再版，在我国广泛流传，经久不衰，为我国广大学者所接纳，便是无可置疑的有力明证。其影响触及我国新时期比较文学界、外国文学研究界、国际关系史学界、中外文学文化关系研究界、汉学界的整整一代学者，而我们作为最早读到、译介这部巨著的汉语译者，中国接受者之一员，对此更有切肤的体验与感受，深受其益。就我本人而言，实话实说，无论是在早年举步比较文学研究和教学，初登讲坛，初试牛刀之时，还是在晚年不忘初心，耄耋勃发，领衔主编《中外文学交流史》书系，特别是撰写《中法文学交流史：1500—1800》那十余载春与秋艰苦奋进的岁月里，相伴相随，读得

① 参见钱林森《20世纪比较文学与汉学牵手的先驱之作》，此为汉译全本《中国之欧洲》修订再版序，载阎纯德主编《汉学研究》（总第十二集）第42—46页，学苑出版社，2010年。

最多，爱不释手的，就是艾老这部最具影响力的著作，它使我终身受益。

回眸艾老这部汉译西学名著在我国的译介、传播、接受与影响的漫长历程，作为一个亲历其中的见证者，受益最多、最深的读者、汉译者——中国接受者之一的我们，打从心底里感到由衷的高兴和欣喜。更令我们惊喜和欣慰的是，这部汉译西学名著历经我国最广大读者受众，多重视角的选择、接受与影响的检验和漫漫岁月的洗礼后，今又深得我国汉学界慧眼识珠的阎纯德教授之器重、赏识，由他重新定位、归类，钦点新题书名《中国文化欧洲传播史》，入选他总主编的遐迩闻名的《汉学研究大系》，予以再次修订刊行。以准确无误、高品位的学术风貌，进入这座蜚声海内外的汉学殿堂，这无疑不止是对艾老生前这部西学名著的价值意义实至名归的定位，也是对此部汉译西学名著东渐中国后接受与影响、终成正果的肯定与勉励。

此次《中国文化欧洲传播史》新版修订，我们遵照了《汉学研究大系》主编阎纯德教授的指示，主要依据此书汉译首版修订二次刊行后我国学界的一些积极的商榷进言，特别是知名史学家、翻译家许明龙先生宝贵的批评建议，进行了认真思考和细致的校改。在校订过程中，我们一如既往，一刻也没有忘记艾老生前给予我们的谆谆教导和真诚帮助，始终铭记着他生前的殷切期盼、重托，遵循“一日为师，终身为父”、知恩当报的道德准则，秉承他那“投我以木桃，报之以琼瑶”的精神操守，怀着敬畏、谢罪心情，不敢丝毫的懈怠马虎，心无旁骛地拜读艾老原著，对照原文和批评界的商榷建议，并参考史学界知名翻译家耿昇先生的《中国文化西传欧洲史》汉译合订本，对我们这部汉译再版汉学名著从头至尾，进行悉心校勘，经过我们数月的协同努力，分工合作，终于完成全书新版修订、校勘补正。

数年前初春（2016 年 3 月 31 日），正当艾老谢世 12 周年，我曾有幸应法国驻华大使馆文化处之邀，与当代法国新锐作家、批评家、文学政治批评杂志《查理》（*Charles*）主编阿尔诺·维维昂（Arnaud Viviant）先生就这位已故世纪伟人及其代表作《中国之欧洲》与现代中国为中心话题，在北京法国文化中心对谈，并与现场听众交流互动，气氛活跃、相聚甚欢。谈兴未尽，翌日（4 月 1 日）清晨，我们俩又在下榻的同一宾馆北京光明饭店接着这一话题晤面聚谈，后又经我们两年邮件交流、探讨和最后晤面现场补充、修订，终于形成一篇共同认可的交流互鉴的对话文稿，题为《对话艾田蒲：追随艾老的足迹，重温这位世纪学人的光辉历程》。为使今日“汉学研究大系”海内外广大读者受众更深刻、全面地认识了解艾老此部东学西学名著的价值意义，征得主编阎纯德教授的赞同，特以此对话文稿，代译者序，敬献于此书新版修订新版之首。在此，特向艾老故乡后世新锐作家、批评家维维昂先生、“汉学研究大系”阎纯德教授，以及所有关注、帮助过我们的学界友人和批评界为此而坦诚进言、相助的朋友们，自此深切的感谢。

当《中国文化欧洲传播史》中译校勘新版本，以高品位的学术风姿和精神风范，即将由学苑出版社付梓、刊行，为我国广大读者受众阅读时，我们又不由得想到艾老先生在中译首版前给译者写来的难忘话语：“如今，您使我抱有了希望，《中国之欧洲》终有一天将以汉语面市，也许我的命运不能使我看到它的问世，但至少我年轻的妻子会为它的最终出版感到高兴，并得到些许安慰的，她本人也是比较文学教授。”毫无疑问，艾老在生前已读到过中译初版，并从中获得巨大的精神慰藉，但而今，他老人家已离开我们近18个春与秋了，他真的再也读不到这部中译新版本了，不免让我们感到一种负罪的内疚。倘有在天之灵，当艾老获悉他这部倾注其毕生心血的巨作，在世界上拥有最多读者的国度流传了近20年之后，又由心仪他人格和学识、钟爱他事业的东方弟子悉心校译了中文新版，将以新的风貌和风采，为中国更多新的读者广泛阅读、喜爱与接受时，他该是怎样的快慰和欣喜啊！

（钱林森　南京大学教授，《跨文化对话》前执行主编）

从“求真之学”到“求智原则”

——西学全球化、汉学主义与权演论的形成

叶 隽

摘 要：汉学主义作为学术话语受到背后权力因素的制约；其进而影响到中国知识分子的潜意识。“求真之学”乃是一个以学术为志业者的基本品格，也是事物原相的有机二元组成之一。我们一方面应直面西学全球化的后果，注意汲取西学中的内容精华；另一方面应努力建构属于自身的东方现代性。总体而言，就思想导向而言，西学不具备领头羊的意义；而在具体的范式建构、制度确立等方面，包括形而下的器物争雄领域，西学具有相当的启迪乃至主导型意义。西学全球化、汉学主义、权演论三个概念正是此中体现。作为学人，我们应在坚守“求真之学”的基础上努力探寻“求智原则”，既要考察以亚洲文化为主体的东学生成，凸显作为西学互补的东学价值，更要关注“求智原则”可能促成的“东西二元互补结构”的现代性概念的重建问题。

关键词：现代中国 西学全球化 汉学主义 求智原则 普世现代性

一、西学全球化与汉学主义在现代中国的生成

汉学主义是否确实存在?[①] 应该说在一定程度上是存在的。但充其量，其理论内涵和意义不太能超出萨义德（Edward W. Said）所揭示的“东方主义”概念，在他看来：“东方并非一种自然的存在。”“作为一个地理的和文化

① 关于汉学主义的系统论述，可参见顾明栋著，张强等译《汉学主义——东方主义与后殖民主义之外的选择》，商务印书馆，2015 年。相关讨论，参见顾明栋、周宪编《“汉学主义”论争集萃》，中国社会科学出版社，2017 年。

的——更不用说历史的——实体，‘东方’和‘西方’这样的地方和地理区域都是人为建构起来的。因此，像‘西方’一样，‘东方’这一观念有着自身的历史以及思维、意象和词汇传统，正是这一历史与传统使其能够与‘西方’相对峙而存在，并且为‘西方’而存在。因此，这两个地理实际上是相互支持并且在一定程度上相互反映对方的。”① 萨氏惊人之语背后仍有其自身利益衡量的策略选择。且不说其东方概念主要指伊斯兰—阿拉伯的东方，而对中国等未予包含；就是所谓“西方”，也忽略了德国这样的重镇。其学术思维是典型的福柯策略，即解构既定的学术概念，从中剥离出“权力”主导的因子来。此举虽可一时间耸人听闻，但在学术上是不太能站得住的。因为不但像汉学这样的学科有可能存在所谓的殖民意识②；就是梵学、闪学等各种东方学也都包含着类似因子，这样论述不为无理。但如仅局限于此，则很可能陷入“权演论”③ 的怪圈。“权演论”是由“天演论”概念推出的，即除了由天道循环所规定的弱肉强食、丛林规则之外，在人类社会中一切都取决于权力的制约因素，近乎福柯对权力的分析。此论，自然有其实用性的方面，但往往一叶障目。

要想揭破这个迷障，必须借助易经的二元思维，即太极图的“阴阳相生”予以解释，一个客观上的“东西二元结构”是存在的，按照《易经》的思维，太极之中有奥义蕴焉。这在动物的“阴阳二性”方面体现得最为明显，阴阳之调和与刚柔之相济，乃万物生成的根本原理；同样，在人类文明史的进程中也存在一种基本二元结构，即所谓“东西二元”。东方性与西方性共同构成一个完整的人类文明史整体，在此谓之“现代性”。以二元之理分析人类生活的规律，或许“求真之学”与“权力话语”一样，都是人类在“智慧出，有大伪”之后不得不面对的一个基本现象，绝非截然的二元对立，而是

① 萨义德著，王宇根译《东方学》第6—7页，生活·读书·新知三联书店，1999年。

② 周宁就认为：“广义的汉学与其说是一门学问或知识体系，不如说是一种意识形态，包括虚构与想象。”周宁《汉学或“汉学主义”》，载《厦门大学学报》2004年第1期。张西平有一个观点很有意义，他着重揭示了“汉学主义”对西方汉学史知识的缺乏，在我看来，则尤其是从学术史角度来理解汉学史的重要性，参见张西平《关于“汉学主义”之辨》，载《上海师范大学学报》（哲学社会科学版）2015年第2期。

③ 权演论这个概念本来以为是自己杜撰的，后来才发现此前已有人提及，参见尚文化《权演论——永恒的社会动力学》，中山大学出版社，2009年。发明权自然属前人。

基本的"二元互补"（当然中国人会使用"两仪"的概念）。"求真之学"是人类之所以能为万物灵长的基本优长所在，没有对于事物本身的终极求真理念，人无论作为个体还是整体的生命，都是没有价值的；而"权力话语"则是人类作为造化所弄不可逃脱的宿命。所以对于现代人来说，我们既没有完全摆脱权演论的笼罩，也不可能完全拒绝求知求真的内心深层诉求。

说到底，这两者都是西方学者发明出来的，当 1794 年费希特（Johann Gottlieb Fichte，1762—1814）撰《学者的使命》（*Einige Vorlesungen über die Bestimmung des Gelehrten*），以坚定的态度宣称在哲学意义上为学者安身立命；同时，也为后来者，尤其是后现代诸子之崛起树立了靶子。但绝对的建构和绝对的解构，此两者均非事物本真之相。我们的生存方式，就是由权力话语和向往求真的理念综合构成，缺一不可。无有前者，我们不能在现实社会中挣扎求生存；无有后者，我们无法在精神空间中为自己寻得安身立命的处所。

当此"西学全球化"凌厉遍及全球并试图将一种"普世性价值"建立推广之际，我们也不应忽略了曾经有过的"东方全球化"历史，在历史上（500—1800），东方也曾通过"东方全球化"发现并主导了世界。① 有论者如此论述作为岛国（朝鲜是半岛国家、日本是纯粹岛国）对待西学的态度："东方航路的开辟，促动了西方列强的东进，此行动最早始于 16 世纪后半期，当时他们航行到了海岛国家日本，17 世纪抵达朝鲜。因此 17 世纪左右（即开港前），尚属锁国的儒家传统社会的朝鲜和日本开始同西欧异质文化、价值体系相接触，这对于两国而言，无疑是历史性的冲击。当直面此一历史冲击时，朝鲜与日本的反应是截然相反的，前者排斥，后者容受，两者不同的选择即融于朝鲜'西学'与日本'兰学'的学术底蕴之中……"② 西方现代性为普世价值提供了一种可贵的尝试经验，同时也留下了惨痛的教训。当"西阳一元"过度发展之后，理所当然地我们会寻找二元共同体的另一组成，"东阴一元"之构成显然不足。当西方以基督教为其伦理与信仰基础，通过现代学术，尤其是科学的发展，将其地域价值上升为引领世界的普世价值之后，对于"东方"概念的期待更是无以复加。事实上，东方的基本建构都成为问题，因为东方没有一个可以为各国所普遍接受、毫无疑义的价值源头（如基督教、

① 参见［英］约翰·霍布森著，孙建党译《西方文明的东方起源》第 25 页，山东画报出版社，2009 年。

② ［韩］李元淳著，王玉洁等译《朝鲜西学史研究》第 321 页，中国社会科学出版社，2001 年。

如希腊文明）；设若有之，以为佛教、中国古典文明或可当之。铃木大拙（1870—1966）曾指出："如果将东方世界作为一个整体，这个整体与西方世界的明显不同，只能在植根于佛教的东方思想中去寻找，因为印度、中国和日本正是以佛教思想代表着东方世界才能联成一个整体。虽然各个民族都会由于使佛教思想适应其社会环境之需要，而拥有各自的民族特征，但是，当东方世界作为一个整体与西方世界对比时，佛教则提供了东方各国联系的纽带。"① 这里体现的二元观整体意识非常重要，因为在面对强势的整体西方之际（暂且不考虑其内部复杂的殊异性，因为其毕竟有"两希文明"的共同基础），要想避免散沙的局面，就必须建构一个与西方相对的东方之元。那么，东方之元的根基为何？作为普世理念之一的宗教自然是个最佳选择，但相比较西方基督教的同一性（虽然内部有天主教、新教、东正教之分），东方国家（以亚洲为中心）虽然各有所宗（如中国之道教、印度之印度教、日本之神道教、闪系地区之伊斯兰教等），但就整体而言，最为理想的确实仍当推源出印度之佛教。所以，铃木此言确实见地高明。至于说到中国古典文明的意义，有论者称："请试一比较世界上古文明诸多不能存续，若埃及、巴比伦、亚述帝国、古波斯帝国，甚至迦太基、希腊、罗马、美洲之印迦，俱有辉煌文化成就，抵挡不过外力侵略，一一覆亡。中国文化坚韧，能够历百劫而不亡，此是世界上之异数，国人当如何珍惜爱护。"② 以《易经》《老子》《论语》《黄帝内经》等经典为核心构成的中国古典文明，具有极为重要的人类文明史价值，尤其是对于东方文明的整体建构而言，更是居于枢纽地位，不可不察。

而西学全球化的关键性问题则是现代性。现代性的实质诚如席勒所言："给近代人造成这种创伤的正是文明本身。……人的天性的内在联系就要被撕裂开来，一种破坏性的纷争就要分裂本来处于和谐状态的人的各种力量。"③ 这个问题具有普遍意义，不仅是单纯的欧洲或西方的问题，是"现代性多元方案发展的可能性"，更值得揭示的是："在许多这类文明中（指非西方文明，笔者注），'现代性'的基本含义——它的文化历史方案——是与其西方的原始图

① 转引自何建明《佛法观念的近代调试》第 439 页，广东人民出版社，1998 年。

② 王尔敏《史学方法》第 221 页，广西师范大学出版社，2005 年。

③ ［德］席勒《审美教育书简》，载冯至《冯至全集》（第 11 卷）第 36—37 页，河北教育出版社，1999 年。这里的近代，亦可理解为现代。

景相当不同的。西方的现代性，根源于启蒙运动、进步、理性和个人自我实现的展开、社会和个人解放的理念。”[①] 那么，或许值得追问的是，东方的现代性，从何溯源？如果我们预设“西方—东方”为人类文明的互补二元结构，那么面对现代性貌似从西方启程的景观，究竟该做何解释？

在我看来，现代性的基本概念仍应与“故代性”相应的二元相峙入手进行定位，正是因为与故往时代的相异，所以才称其为现代。而这样一种与故往时代的区分，显然不应简单地归结为某种具体文化的特征，而是各种文化可以共享的。所以，现代性的特质也不是某种文化唯一的，而是可以具有不同的表现方式的，因为“从现代来看，各大传统之间虽有相互影响的痕迹，但都自成体系，源远流长”[②]。相比较自轴心时代以来故往时代的“歧异”，现代的特点或许是“趋同”。如此，我们或许需要从更深层的结构层次去发掘其可能性。具体言之，我们需要在承认“多元现代性”的前提下[③]，特别关注“二元现代性”结构，也就是说，由“西方现代性—东方现代性”互动生成的复杂关系。相比较西方现代性概念的相对明确，那么“东方现代性”反而是迫切需要求索的概念。

二、求智原则的伟人镜像与东方现代性问题

必须补充的是，并没有与西方现代性完全相同的中国或东方现代性。

王国维曾指出过：“学无新旧也，无中西也。无有用无用也，凡立此名者，均不学之徒。即学焉而未尝知学者也。”[④] 从本质上来说确实如此，应存在一个近乎普世的一元价值，或许就是二元之上的那个“道”，当然道之所存，殊所难言。但二元逐力的基本状态，构成了“道”之运行的原初结构，这是应当予以充分重视的。故此，“结构”与“解构”、“求真”与“权演”、

① 艾森斯塔特（S. N. Eisenstadt）著，旷新年等译《反思现代性》第156页，三联书店，2006年。

② 杜维明《现代精神与儒家传统》第33页，三联书店，1997年。

③ 所谓“人类文明有各种不同的文化表现，不同的文化有不同的价值，有不同的生命力，各有其长处和短处”。杜维明《现代精神与儒家传统》第33页，三联书店，1997年。

④ 《〈国学丛刊〉序》，《观堂别集》卷4，载王国维《王国维遗书》（第3册）第202页，上海书店出版社，1983年。

“普世”与“分殊”① 应成为一组有机互动的二元关系，而并非你死我活的非此即彼。西方元思维结构中其实也有这样一种二元意识，如古典希腊的“秘索思—逻各斯”二元思维模式。但在漫长的文明史演进中，发展出了绝对的抗争性二元观，即“逻各斯”一枝独秀的基本局面，而且影响到的不仅是西方，也是人类文明生活的各个领域。实际上，我们对西方的理解问题在于片面关注逻各斯这一个传统。秘索思传统就是承认直觉、感性和对天命的敬畏②；但这个传统确实也是长期被压抑的，尤其是在启蒙时代之后。但早期汉学仍贴近秘索思路径，如此也并非不能接近真知。比如宗教中大多倚靠信仰为力，而文学（诗）的传统基本上也可以认为是“秘索思”路径。

在文明结构的三层维度（器物-制度-思想）中，最终的现实胜负往往决定于器物的杀伤性程度。一方面我们必然要承认“权力话语”的合理性，因为这个世界的物质层面确由这种权力规则所决定；但另一方面我们更要脱出西方之窠臼，因为人类为万物之灵必有超出现实境遇的追求。我们既要能拆解诸如“东方主义”“汉学主义”等在“权力话语”笼罩下而彷徨难出的困局；也要能营造一个更有利于世人生存的规律。作为东方人，我们应当确立“东方现代性”的命题。“东方现代性”是在太极图所展示的“阴阳相生”格局中寻求与西方相辅相成、相反相立的那种“东方位置”，是寻求一种不以正义公理自欺而很可能恰是大道所在的可能。

现代中国的第一流知识精英所面临的正是这样的历史使命。陈寅恪为王国维遗书作序，强调“古今中外志士仁人，往往憔悴忧伤，继之以死。其所伤之事，所死之故，不止局限于一时间一地域而已。盖别有超越时间地域之理性存焉”③。如在东方现代性的开辟语境而言，学人所自觉担负的使命，或许更在于一种西方现代性制度转变已成现实的情况下的“艰难承载”，如此当王国维毅然选择“殉身”的背景下，则陈寅恪、宗白华、朱光潜等人则应赋予特别意义。陈寅恪之所以留学西洋以梵文为专业，除了对佛教之东传与影

---

① 所谓“权演”，就是用权力这个核心概念来演绎人类社会的间性关系。一切都归结为是权力核心制约下的运动。虽然不无道理，但绝对是以偏概全。

② 关于“秘索思-逻各斯”概念模式（所谓“M-L”模式）的提出，参见陈中梅《柏拉图诗学和艺术思想研究》，商务印书馆，1999年。

③ 《王静安先生遗书序》，载陈寅恪《陈寅恪集·金明馆丛稿二编》第248页，生活·读书·新知三联书店，2001年。

响感兴趣，恐怕不仅已深入到东方文化的内部结构问题，注意到华梵互动的重大文化史与思想史意义，更意识到在西学知识与现代学术的支撑之下来“更上层楼”认知东方的重要性。这或许也正是他为何特别重视“西人之东方学”的深层意义。在我看来，陈寅恪已意识到面对“东西文化”的重要性[①]，虽然固守中国本位，但在某种意义上已不自觉地在“东方现代性”这条线索上行进。这一点结合印度精英的态度来比较分析，或许可以显现的更清楚。泰戈尔这样规定印度的文化使命：

> 印度的使命像一个主妇的使命：它不得不为众多的客人准备适当的款待，而这些客人的习惯和要求又是各不相同的。因此产生了无穷的麻烦。而麻烦的解决，不仅有赖于机智，而且有赖于同情心和人类团结的真正实现。从早期的奥义书时代直到现在，许多伟大的精神导师为实现人类团结进行了工作，他们的唯一目的就是用我们对上帝的觉悟来蔑视人类的一切分歧。……我国的历史是关于我们的社会生活和实现精神理想的历史。[②]

如此泰戈尔就在一个很高的层次赋予了印度以世界历史中的位置，将其精神追求凸显得非常之高。当第二次世界大战中亚洲战场激战正鏖之际，或者是日本侵华战争的爆发时，远在印度的泰戈尔毫不犹豫地发出了他的声音。作为一代大贤，泰戈尔显然是站在一种超越的高度来审视这个历史事件的：

> 在这个道德沦丧、危机四伏的时代……日本乖谬地摒弃其美好前景和宝贵遗产——武士道，在卑劣的冒险中，给予我们的是令人极为痛心的希望破灭，日本在冒险中表面上取得的一些胜利，必将化为齑粉，并让它承载失败的重荷。[③]

---

① 他谈到这个问题：“近人有东西文化之说，其区域分划之当否，固不必论，即所谓异同优劣，亦姑不具言；然而可得一假定之义焉。”以下就是对王国维之死因的宏大阐释。《王观堂先生挽词并序》，载陈寅恪《陈寅恪集·诗集附唐篔诗存》第12页，生活·读书·新知三联书店，2001年。

② ［印］泰戈尔著，谭仁侠译《民族主义》第2页，商务印书馆，1982年。

③ 《支持中国人民抗战的公开信》（1938年6月），载［印］泰戈尔著，白开元编译《泰戈尔谈人生》第223—224页，商务印书馆，2009年。

虽然是一封表明政治立场的“入世宣言”，但却绝未仅停留在俗相层面的得失计较之中，而是从文化深层入手，揭示出日本的必败之因在于放弃道德的操守。从本质上来说，中、日、韩、印等国面临的都是西学全球化之后造成的政治乱局，但各自之应对方式其实都表现出民族性的内在特质。日本人之所以以邻国战争的形式打开其“大东亚共荣圈”的梦想，固然可以追溯到丰臣秀吉时代的侵略野心。但那个时代的战争性质还是与后来日本崛起后吞噬东亚的背景有本质的不同，这与其深受儒家熏陶的武士道传统其实是背道而驰的。可同样面对外力袭来之暴虐，各国之应对，尤其是知识精英的表现非常不同。印度最早沦为殖民地，其精英分子当然要追求复国，但他们采取的手段却足够平和稳健；中国则老大帝国，积重难返，步步威逼之下却自有其不变之风度；韩国则小国寡民，民族精神犹存，却不足以凤凰涅槃；就中以日本相对精悍，所以掉头也快，但这个民族的文化气象，却最不为世人所敬重。我想在这里或许值得提出一个特别的概念，就是“求智原则”。与一般性的求知原则不同，“求智原则”包含了求知、求理、求正义等主要含义，也涵盖了诗人、哲人、学人等多种层面，甚至包括政治家、商人等，因为要予以一种智慧答案的寻求，寻求大智慧。它是一种超越性的概念，即在商人求利、政客求权、学人求知之外，可以提供大家的一个共享平台，即众人都需“求智”，没有一种大神通、大智慧，人类不可能走出永恒的误区。

三、易道元一与求真之学：普世、学术、思想与伦理观的可能性

1927年，王国维自沉昆明湖。一时众说纷纭，其中唯陈寅恪能独陈高义。他伤悼王国维之死，能在众人悲鸣之外，独发其逝世的精神意义，故此能从一人之逝而上升到群体价值：“士之读书治学，盖将以脱心志于俗谛之桎梏，真理因得以发扬。思想而不自由，毋宁死耳。……先生以一死见其独立自由之意志，非所论于一人之恩怨，一姓之兴亡。……唯此独立之精神，自由之思想，历千万祀，与天壤而同久，共三光而永光。”[①] 如此则王国维之死获得了极为浓重的中国道统意义，静安先生自沉昆明湖也就有了远超于其个体之

① 《清华大学王观堂先生纪念碑铭》，载《陈寅恪集·金明馆丛稿二编》第246页，生活·读书·新知三联书店，2001年。

外的学术史内涵。其见识也至通，其关怀也至深，其学思也至纯，此乃陈寅恪能够贯通中国悠远绵长之文化血脉，而为其“托命之人”的要义所在。

但我们至少应当承认，西方在建立世界性的现代学术方面、在引领人类向进步发展方面，都是做出了卓越贡献的。当然，文明走到今天，我们确实应该反思、为什么以西方为主导的全球化进程与人类理想大相径庭？实际上虽然西方伟大的学者、诗人和哲人都在反思这个问题，但他们尚未从根本上把握症结。这种思考体现为反启蒙的力量，浪漫思脉的兴起，包括“秘索思”思维的发现。但欧洲学者与诗人基本上能够在一种宏观的大视域中，以一种对自身、对历史负责任的立场上来确立自己的运思方向；而北美则不同，其基本思考不脱利益思维，却偏偏以民主先驱、世界典范自诩，其谬也昭然。虽然北美人与欧洲人所接受文化资源亦同，但为何产生出如此不同的“南橘北枳”现象，实在是令人玩味。

东方现代性没有徐缓自然成长，它在西方现代性的强势袭来之下被迫应对，甚至长期内以不同方式接受了西方现代性所赋予的种种规制。然而，睡狮终究会醒来，精神的冬眠不可能永世不醒。当非洲以觉醒的姿态为自己的政治与文化独立而呐喊奋斗，当拉美意识到要从古老的印第安智慧中寻求自己的根源，最古老的亚洲文明当然也会以不同的方式来应对人类文明的精神危机。阿罗频多讲得最好：“诸国不但要觉知其自体的国魂，也要彼此知觉其国魂，学到相互尊重，帮助，利济，不但在经济和智识方面，也在主体和精神方面。”① 这样的见道之言，在美国人或许只是用来面对世界时保持“手持真理”的优越感的幌子，但在印度贤哲那里却是生命的大智慧。我们在“寻道之途”，路途艰险，求智是岸。正是要理解到人生的复杂和不可知性，才能更意识到作为生物之一群（哪怕是强大的一群）的有限能量，这样才能有所敬畏、知其所止。在人类之上、在地球之上，宇宙之间，定有一种伟大之创造力存在。或许这才是值得特别追问的问题。

大道元一的那个“一”必然是存在的，也是世间所有求知者苦苦追寻，以“路漫漫其修远兮，吾将上下而求索”（《离骚》）的姿态而追寻的那种普适价值。但我们首先必须建构出“道生一，一生二，二生三，三生万物”

① ［印］室利阿罗频多著，徐梵澄译《周天集——关于智慧与德行的箴言》第 19 页，生活·读书·新知三联书店，1998 年。

（《老子·第四十二章》）的那个“三”和“二”来。天地生焉，万物存焉，作为求知者，我们首先当恢复这个“三”与“二”，西方是一个相对明确的一体性存在，而在我看来，东方则始终是一个有待建构的“概念”。这主要指其相对明确的地域认同概念、文化认同价值、逻辑思维方式。当然我们也要特别关注那个“二元三维”结构，那个“三”即是东西方之间的流力因素，也就是说在地理空间上是那些居于两者之间的文明体；在文化结构上则是那些率先并主动汲取异质文化并能创化转变的文明体。对于中国学者来说，一方面进一步去探索、理解和阐释作为“二元之一”的西方，同时更紧迫地则是去识知、认同和建构那个“二元之一”的东方，因为我们自己就身在其中。从这个意义上来说，“东方主义”作为一面反射自照的镜子，当然有其价值；而有汉学主义，也就可以有梵学主义（印度主义）、日本主义等等，它们也都可以作为具有透视功能的小镜子，不断地映射出我们对世界多元性的认知不足。我们的问题最主要是“虚浮无根”，与中国传统文化的断续问题；另一方面则是东方现代性的建构问题。李约瑟曾特别强调亚洲文化独到之处：“在非洲及其他类似地域的文化和亚洲的文化之间似乎还有所区别。有一些人类的集团在接受基督教之前自己并没有任何完备的宗教信仰和感情……但是中国和印度的文化则情况有所不同，他们的文化有悠久而广泛的历史的传统，他们的思想体系至少和西欧同样地精微深奥。难道你能指望他们抛弃自己传统的思想体系和表现方式，而采取完全不同的文化传统和表现方式吗？”① 在这里，其实李约瑟已经隐约提示了很重要的几点：第一，即便在西方的异质对立面——东方之中，亚洲也至少居于一种相对的文化优势地位；第二，亚洲文化尤其可以中国、印度文化为主体构成一组核心；第三，东方文化的整体性能够赢得西方人（西欧精英）发自内心的敬重。

作为中国现代学术第二代人中的佼佼者，钱锺书、费孝通、季羡林三位先生，都曾对异文化问题表达过特别的洞见。以梵学为业的季羡林先生说了一句大白话：“从古代到现在，在世界上还找不出一种文化是不受外来影响的。”② 作为一代文史大家的钱锺书先生则谓：“东海西海，心理攸同；南学

① 李约瑟《基督教和亚洲文化》（1961 年），载南黛等主编《老随笔——20 世纪世界科学大师卷》第 172—173 页，海潮出版社，2001 年。

② 季羡林《文化交流的必然性和复杂性》，载季羡林、张光璘编《东西文化议论集》（上册）第 8 页，经济日报出版社，1997 年。

北学，道术未裂。"① 而社会学家费孝通晚年则以浩大的气魄展望全球化时代人类文明的远景："各美其美，美人之美，美美与共，天下大同。"② 三者合而为一，则可谓层层递进，首先是承认异文化的极端重要性，因为只有在与异质性文化的不断碰撞中，才有自我的发展和演进；其次是东西文化的二元结构，即既存在一种东、西方文化之分的相辅相成、互补而生，同时更有人类文明发展的普适性原理；再次则指向人类文明的"天下大同"，直指"天下"概念中各种子文化如何去面对他者的原则性问题。中国现代学人的这种"网链点续"性质的接力思考无疑展现出中国文化走向世界的"文化起点"与"思想高度"。或许，我们可以这样来归纳理解"汉学主义"给我们的启迪：破解"权力棋局"，重视"权演语境"，凸显"求真之学"，守定"求智原则"。既要充分意识到西学全球化、汉学主义、权演论这三个概念的内在关联；同时作为学人，应坚守"求真之学"的基础、努力探寻"求智原则"；既要考察以亚洲文化为主体的东学生成，凸显作为西学互补的东学价值，更要关注"求智原则"可能促成的"东西二元互补结构"的现代性概念。说到底，就是借中华之智慧、成东方之一元、重构现代性。

（叶隽　同济大学特聘教授，人文学院文化史与文化哲学博士生导师）

① 《序》，载钱锺书《谈艺录》（补订本）第1页，中华书局，1984年。

② 《东方文明和二十一世纪和平》（在国际幼儿教育会议上的讲话，1996年），载费孝通《费孝通文集》（第14卷）第6页，群言出版社，1999年。

《海国图志》在西方世界的首次译介

史　凯

摘　要：本文探讨晚清来华传教士郭实猎有关《海国图志》的英文述评。《海国图志》问世开启了近代中国学术思想现代转向的缓慢进程，郭实猎敏锐地注意到这一动向，首次以英文述评的形式将其介绍给西方。从文本内外的细节全面考辨，他的记录呈现出一幅洞见与偏见相互交错的历史画面，为我们理解近代中西之间知识迁移的复杂性，批判性地审视传播者的身份角色提供了具体参考。

关键词：郭实猎　《海国图志》　知识迁移

19 世纪以来传教士对中国的研究，是儒家文化圈之外的知识分子对中国文化的大规模探究，极大地推动了西方汉学的发展。这种探究，不仅聚焦于"四书五经"等传统典籍所呈现的"历史中国"，也关注着新近问世的中文出版物所描述的正在发生的"当代中国"。普鲁士来华传教士郭实猎（Karl Friedrich August Gützlaff，1803—1851）[①] 首次将《海国图志》介绍给西方读者就属于后者。《海国图志》是鸦片战争后第一部介绍世界史地科技的中文著

① 传教士德文名 Karl Friedrich August Gützlaff，英文名 Charles Gutzlaff，中文名郭实猎，还使用爱汉者、甲利、Philosinensis、Correspondent 等化名。其人自称入华之前、旅居泰国期间加入福建同安籍郭姓氏族，得名 Shih-lee。清末有人将此译作郭士立，此后便沿用至今。今人又译郭实腊、郭士腊等。中国学者黄时鑑、新加坡学者庄钦永等人先后考证发现，传教士本人所用签名与私章实为"郭實獵"。参见 Charles Gutzlaff, *The Journal of Three Voyages along the Coast of China*, *in* 1831, 1832 & 1833, London: F. Westley and A. H. Davis, 1834, p. 58；黄时鑑《〈东西洋考每月统记传〉影印本导言》，载爱汉者纂，黄时鑑整理《东西洋考每月统记传》第 32—33 页，注 10，中华书局，1997 年；[新] 庄钦永《郭实猎〈万国地理全集〉的发现及其意义》，载李金强编《近代中国基督教史研究集刊》（第 7 期）第 1 页，注 1，香港：浸会大学出版社，2007 年。

作。编著者魏源以林则徐组织编译的《四洲志》为基础，集合历代史志与西人史地著论图集，加以魏源本人的文章，于1842年冬推出五十卷初版。它的出版，标志着中国人对世界的基本认识正在酝酿现代转向，开始有意识走近科学观念。1847年9月郭实猎即在《中国丛报》(*The Chinese Repository*) 撰文评介，①成为外界对此趋势的最早报道。站在中国观看域外，立足欧美反观中国，两个方向的目光就这样交汇在郭实猎发表的《五十卷的〈海国图志〉》一文中。文章问世至今，除了极个别研究者曾在讨论其他问题时粗略提及，做出负面批判之外，尚无学者对其进行专门研究。②本文通过完整的文本细读与内容分析，探讨《海国图志》在传教士郭实猎笔下的翔实呈现，揭示该述评的历史价值，以期为学术界研究近代中西知识迁移与观念流动提供具体参考。

一

郭实猎首先以不短的篇幅介绍了林则徐的事迹，接着进入正题，综述《海国图志》的内容分类、成书经过、资料来源等外围信息。他指出，《海国图志》是一部域外国情文摘，汇集历史、政治、宗教等多方面信息，鲜有可与之比肩的同类中文著作；编著者广泛参考西人著作，包括宣教书册、《东西洋考每月统记传》、一部贸易手册、一部美国概况、一部英国概况、一部地理通论以及利玛窦的作品等等，内容多为中国人的知识盲区 (terra incognita)；它们经过不同程度的压缩提炼，再融合国外报刊篇章、朝廷谕令、编著者本人的文章与观点，最终汇集成五十卷本全书。③ 接下来，郭实猎将序言和第一卷《筹海篇》的基本内容合并概述。他指出，序言表明，编著者意在学习外国人的策略技艺，希望反借对方的手段将之击败。此处所指，无疑正是《海国图志》开宗明义的核心思想——“师夷长技以制夷”。从“师夷”到“制夷”，在郭实猎看来，意味着“以其为师，再憎恨他们消灭他们——以此回报

① Correspondent, “Hai Kwoh Tu Chi, Statistical Notices of the Ocean Kingdom with Maps in Fifty Books”, *The Chinese Repository*, vol. 16 (September 1847), pp. 417-424.

② 吴义雄《西方人眼里的徐继畬及其著作》，载《清史研究》2009年第1期。

③ “Hai Kwoh Tu Chi, Statistical Notices of the Ocean Kingdom with Maps in Fifty Books”, *The Chinese Repository*, pp. 417-418.

他们带来的进步”。[①]对于《筹海篇》的全部四篇文章，即《议守（上）》《议守（下）》《议战》《议款》，郭实猎总结为对过去的重大反思、加强国防建设的意见、备战、中欧贸易往来的具体事务。[②] 之后，郭实猎正式介绍史地篇目涉及的国家地区。整体行文近乎速写，每段篇幅不长，且不总在细节多做停留。通览这些段落，叙事清晰紧凑，始自“世界地图、蒙古帝国地图与中国沿海区域地图”，收于《火炮与技术》，完全对应《海国图志》五十卷本从第二卷到第五十卷的卷次设置。

研究者一般将《海国图志》的内容总结为三部分：其一，世界历史地理知识；其二，如何应对西人，尤其是“师夷长技以制夷”的战略思想；其三，西学的技术优势。[③]这三点也是一般中国人对《海国图志》的认识所及。以此而论，原书的基本面貌确已呈现于英文读者眼前。不但各卷的国家地区均有明确交代，编著者的指导思想与目标诉求也得到了扼要说明。关于这一点，恰如郭实猎在文章开篇就强调的那样，此文旨在提供原著的内容概要（abstract of its contents）。[④]以此而论，这篇文章的缺点与优点一样显而易见：一方面，对原著恢宏数十卷的内容缺少足够细致的描述；另一方面说，又表现出敏锐的语篇提炼能力，寥寥数语抓住要害，变厚为薄，文字有限但信息不失系统。

二

郭实猎对《海国图志》的总体评价，可以浓缩为文中的一句话：“内容五花八门，地理部分最为有趣，历史、故事以及错误的描述也占去相当篇幅。”[⑤]此话

① “Hai Kwoh Tu Chi, Statistical Notices of the Ocean Kingdom with Maps in Fifty Books”, *The Chinese Repository*, p. 419.

② “Hai Kwoh Tu Chi, Statistical Notices of the Ocean Kingdom with Maps in Fifty Books”, *The Chinese Repository*, pp. 419-420.

③ 郑大华、喻春梅《〈海国图志〉与〈瀛寰志略〉之比较》，载《晋阳学刊》2008 年第 6 期。

④ “Hai Kwoh Tu Chi, Statistical Notices of the Ocean Kingdom with Maps in Fifty Books”, *The Chinese Repository*, p. 419.

⑤ “Hai Kwoh Tu Chi, Statistical Notices of the Ocean Kingdom with Maps in Fifty Books”, *The Chinese Repository*, p. 424.

概括了原著的内容构成，也反映出它在郭实猎眼中品质不高，“大杂烩”(miscellany)而已。[①]这种评价与晚清文人和当今主流话语对《海国图志》的褒奖形成较大反差。[②] 差异凸显着细读郭实猎原文的基本意义。只有首先考辨郭实猎的具体评论才有可能通向一个据实的而非印象式的结论，从而历史地还原此文在19世纪前期中西互识中的角色。这里首先值得关注的，或许是郭实猎的批评意见，因为，比起认同与赞美，批评更能集中反映他者视域的价值和启示。

通览全文，郭实猎的批评首先集中于原著的知识内容。概括说来有以下几点：1. 称西班牙人用牛皮骗取了菲律宾土地，牵强老套；2. 对爪哇岛以外的东南亚其他海岛介绍有限且讹误较多；3. 错将阿拉伯与波斯归入西印度群岛；4. 对土耳其的亚洲疆域介绍不足；5. 错将古希腊人阿基米德写进非洲历史；6. 有关瑞典等北欧国家的描述混乱，甚至生编硬造；7. 对俄罗斯的领土与影响缺乏基本认知；8. 对美国的介绍乏善可陈；9. 有关西方宗教的内容错误较多。

这些批评引发的第一个问题是：它们属实与否？

为此，我们比较了郭文与《海国图志》的原著内容。根据郭实猎的描述，原书五十卷，八开本规格，出版于1844年夏季，疑似采用活字印制。[③]由此基本可以确定，他所见应为道光二十四年（1844）仲夏刊行的古微堂聚珍本（活字本）。[④]我们查阅了国家图书馆庋藏的古微堂聚珍本五十卷版（以下简称聚珍本），发现前述九处知识批判可以分为三类：

---

① “Hai Kwoh Tu Chi, Statistical Notices of the Ocean Kingdom with Maps in Fifty Books”, *The Chinese Repository*, p. 419.

② 清末大儒李慈铭就认为《海国图志》“体大思精，真奇书也”，晚清地理学家姚莹也感慨“余四十年之所欲言所欲究者，得默深此书，可以释然矣”，至于“繁征博引，收罗丰富”（田梓材语）等针对取材的称赞就更易见于清人笔下。有关清末民初各家对《海国图志》的评论汇总，参见黄丽镛《魏源年谱》第206—271页，湖南人民出版社，1985年；夏剑钦、熊焰《魏源研究著作述要》第146—165页，湖南大学出版社，2009年。本文所引各家评论，皆取自此二书。除特别标注外，不再单独做注。

③ “Hai Kwoh Tu Chi, Statistical Notices of the Ocean Kingdom with Maps in Fifty Books”, *The Chinese Repository*, pp. 418-419.

④ 有关《海国图志》各版本之下重刊、另刊本的基本信息，参见黄丽镛《魏源年谱》第138—140页，湖南人民出版社，1985年；夏冰《〈海国图志〉的一书的三个版本》第138—140页，载《图书馆》2014年第2期。

第一类，言过其实。例如，郭实猎批评书中有关美国的章节“毫无有效知识可言”，[①]就明显夸大了原著的不足。聚珍本对美国的介绍见于第三十八卷至四十卷，其中确有讹误，[②]但并非不堪一提。如第三十八卷有《弥利坚国总记上》《弥利坚国总记下》两篇文章，前者取自美国传教士裨治文所著《美里哥国志略》一书，后者出自英人原著、林则徐主持编译的《四洲志》第三十一卷《育奈士迭国》。魏源认为“美里哥志出其本国”，“尤为提纲挈领，故先之”。[③]由此可见，魏源作为辑录者重视采信一手材料，这种积极的文献意识，理应得到承认。

第二类，误读原著作。这里指郭实猎对“西印度”一词的理解。聚珍本第十四卷介绍了两个“西南洋”的伊斯兰国家：西印度之巴社回国与西印度之阿丹回国。西南洋即印度洋；巴社回国即今之伊朗，阿丹回国泛指早期阿拉伯国家。[④]第十五卷介绍同属“西印度”的巴勒斯坦地区（如德亚国），第十八卷讲“西印度沿革”，内容围绕两伊地区（安息国、条支国）进行。这样看来，聚珍本所谓“西印度”实指印度半岛以西的地区。但郭实猎却想当然地将其错解为西印度群岛（West Indies），继而讥讽说，他第一次听说波斯和阿拉伯属于西印度群岛。[⑤]

第三类，言之有据。例如西班牙人侵占土地的故事。聚珍本第八卷《吕宋夷所属岛》开篇转引《明史·吕宋传》的记载，讲述西班牙通过“乞地如牛皮大”的手段骗取菲律宾土地。[⑥]郭实猎嘲讽编著者把牛皮圈地的古老故事（old story）强加（palm off on）于西班牙人。[⑦] 那的确是一个老套的故事。早

① “Hai Kwoh Tu Chi, Statistical Notices of the Ocean Kingdom with Maps in Fifty Books”, *The Chinese Repository*, p. 423.

② 例如，第三十八卷《墨利加州总说》一文竟将美国的建国史描述成“驱除强敌，尽复故疆”的抵抗侵略传，与美国独立战争的真实起因存在较大偏差。参见魏源《海国图志》，道光甲辰仲夏古微堂聚珍版，卷38。

③ 魏源《海国图志》，道光甲辰仲夏古微堂聚珍版，卷38。

④ 魏源著，陈华点校注释《海国图志》（百卷本）第767页，岳麓书社，1998年。

⑤ “Hai Kwoh Tu Chi, Statistical Notices of the Ocean Kingdom with Maps in Fifty Books”, *The Chinese Repository*, p. 423.

⑥ 参见魏源《海国图志》，道光甲辰仲夏古微堂聚珍版，卷8。

⑦ “Hai Kwoh Tu Chi, Statistical Notices of the Ocean Kingdom with Maps in Fifty Books”, *The Chinese Repository*, p. 420.

在清人撰写《明史》之前，它就已经出现在《东西洋考每月统记传》等多部明代著作里。及至清代，又被收入《明史》，俨然成为信史。但用牛皮欺诈土地之说完全不符合西班牙殖民菲律宾的历史经过，甚至不仅限于一时一地，各版本的情节高度趋近又不断衍生，然而均缺少史实依据。“牛皮圈地”实则属于一种传说的母题原型。它在明代集中出现在中外接触的记录中，反映出时人对“夷人”的想象与警惕。[①]《海国图志》五十卷版把传说与信史混作一谈，这个错误一直延续到百卷版也未被更正。[②]

因循同样的方法，我们逐一比对查证，发现前述九条批评里，除了两条言过其实（俄罗斯、美国）、一条理解错误（“西印度”之说）以外，其他问题的确都是聚珍本存在的知识讹误。[③] 至此我们可以初步认定，郭实猎的知识批判即便不够客观公允，至少并非无中生有。它们建立在阅读的基础之上，尽管这种阅读不够细致，甚至是跳跃的。对此，郭实猎本人倒也不讳言。他说原书得自一位上海的友人，自己短暂经手之后，就被一位法国人带去欧洲，虽然“希望可以再找到一部，仔细阅读，提供更详细的信息，但眼下只能如此简单甚至仓促地（brief and rather hastily）进行介绍”[④]。

那些批评引发的第二个问题是，中文读者是否同样注意到原书的知识缺陷？

纵览晚近知识分子对《海国图志》的评价[⑤]，我们发现两个显著特点。首先，绝少提及五十卷版。从晚清直至民初，谈及此书，“正六十卷，续增四十卷，通为一百卷”（清人田梓材语）几乎是所有人的认知。就连与魏源本人多有交往的姚莹似乎也不甚明了，以至于在《康輶纪行》里写出首版六十卷与五十卷两种截然不同的说法。[⑥]据此，我们大致可以认为，《海国图志》五

---

① 龚缨晏《“牛皮得地”故事的流传》，载黄时鉴编《东西交流论谭》（第二辑）第255—271页，上海文艺出版社，2001年。

② 魏源著，陈华点校注释《海国图志》（百卷本）第477页，岳麓书社，1998年。

③ 受本文篇幅所限，具体考证过程不再赘述。

④ “Hai Kwoh Tu Chi, Statistical Notices of the Ocean Kingdom with Maps in Fifty Books”, *The Chinese Repository*, vol. 16 (September 1847), p. 418.

⑤ 参见黄丽镛《魏源年谱》第206—271页，湖南人民出版社，1985年；夏剑钦、熊焰《魏源研究著作述要》第146—165页，湖南大学出版社，2009年。

⑥ 《魏源研究著作述要》第151页。

十卷版的流通数量和范围都非常有限。这也与郭文称“从未在广州的书店见过此书”互为印证。①其次，评论集中出现在光绪年到民国初这段时期，距离《海国图志》五十卷版问世已有较长时间，且一般针对师夷制夷的主张，对知识内容的回应极为笼统。《海国图志》问世之初的20年间，仅可见到姚莹等寥寥数人的评论。自光绪年开始，左宗棠等一大批学者纷纷撰文评论，更有一众佚名文章散见于《皇朝经世文四编》等文集，显示中国知识分子对外部世界的关注度迅速增加，形成了一个以《海国图志》为中心的“非体制化的地理学共同体”（邹振环语）。②不过，细读他们的评论，多为大而化之的表述，能够像冯桂芬那样比对西人著作发现具体错误，③或如郭嵩焘那样结合“近时泰西游历所及”指出书中内容“益精且博”又“间有参差失实”的声音少之又少。④

上述发现表明，在《海国图志》问世的19世纪40年代及此后较长时间内，本土知识分子缺少必要的信息渠道或观念意识，未能及时关注，甚至尚不具备足够的知识储备进行充分评论。相比之下，郭实猎由少年时代起就对世界史地兴趣浓厚，学习不辍，来华后还多次撰文呼吁重视史地知识之于中国人的教化功用，他编著的《东西洋考每月统记传》就刊载了丰富的史地新知，是《海国图志》五十卷版重要的征引来源，他的另一部史地著作《万国地理全集》更是《海国图志》扩充为六十卷版时的参考文献。⑤以此而论，郭实猎在知识论上的优势十分明显，使得他能够成为最早关公开评介《海国图志》的域外论者。

---

① “Hai Kwoh Tu Chi，Statistical Notices of the Ocean Kingdom with Maps in Fifty Books”，*The Chinese Repository*，p. 418.

② 邹振环《晚清西方地理学在中国：以1815至1911年西方地理学译著的传播与影响为中心》第316页，上海古籍出版社，2000年。

③ 冯桂芬《跋海国图志》，《显志堂稿》卷12，转引自《魏源年谱》第239—240页；《魏源研究著作述要》第153—154页。

④ 郭嵩焘《书海国图志后》，《养知书屋文集》卷7，转引自《魏源年谱》第240—241页；《魏源研究著作述要》第154—155页。

⑤ 庄钦永《有关郭实猎〈万国地理全集〉的若干考证》，载张禹东、庄国图编《华侨华人文献学刊》（第5辑）第33页，注3，社会科学文献出版社，2017年。

三

除了对知识内容的集中批判，这篇文章里还散见针对认识论的批判。要而言之，有三点意见：其一，极度不满“师夷”的目的在于“制夷”。郭实猎在文章首尾两次指出，无法接受编著者一边呼吁学习西方，一边鼓动仇视西方。他甚至预言，仇视西方将带给中国更大的灾难。[①]其二，质疑第一卷，即《筹海篇》所倡导的原则在当时的中国如何落实。郭实猎认为，尽管《筹海篇》提出了一些重要思想，但在当时的语境下，实现难度极大，近乎乌托邦式（utopia）的空谈。其三，反感《海国图志》编著者不时流露的天朝观念。郭实猎批评《海国图志》对外国人多有蔑视，并在文末对此大加揶揄：“作者未来也许会再度慷慨地推出苦心之作，我们猜想那部大作将讲一讲怎样让土耳其人和阿富汗人俯首称臣。我们对此颇有兴趣，届时详加介绍。”[②]

上述第一条意见，表明传教士因其基本立场所限注定难以理解《海国图志》的内在诉求。“师夷长技以制夷”是清末经世知识分子面对西方的坚船利炮反躬自问后的痛苦觉醒。师夷与制夷看似对立，实则是中国社会在残酷的世界竞争格局下维护民族独立的唯一选项。但传教士所追求的则是打开中国大门，让中国人接受基督教义。在中西之间，郭实猎首先看到的，是欧洲强于中国的现实优势，是欧洲可能输入的所谓福祉——世俗的器物成就，以及信仰的拯救之路。何况，作为先“师”后“制”的发力对象，西人对经世致用思想的情感取向也必然有别于中国士人。这样，一个中国，两种期待，内外对视的张力几乎无法消弭。其他两条认识论批判，则分别看到了文人理想与社会现实之间的鸿沟，抓住了《海国图志》所投射的中国思想传统的内在缺陷，表现出鲜明的前瞻性和敏锐性。

首先，《筹海篇》的进步思想在19世纪中期的确未能得以实践。《筹海篇》是统领《海国图志》全书的总纲，它所传递的近代世界意识、外交意识、

① Correspondent, “Hai Kwoh Tu Chi, Statistical Notices of the Ocean Kingdom with Maps in Fifty Books”, *The Chinese Repository*, pp. 419-420.

② Correspondent, “Hai Kwoh Tu Chi, Statistical Notices of the Ocean Kingdom with Maps in Fifty Books”, *The Chinese Repository*, pp. 420-424.

国防意识与商业意识，为中国社会指出了积极的方向。[1]可惜并未引起当权者的重视。一桩桩有据可考的荒唐时事，[2]令人尴尬地应和着郭实猎的质疑——“纸面上读来极好的建议，应该如何实施成为最大的问题”。[3]关于这一点，郭嵩焘曾经指出，《筹海篇》的观点“始通商之日，无不笑且骇者。历十余年，而其言皆验”；王韬、梁启超等后来者也称此书为“先声”“萌芽”“嚆矢”。这些评论，恰恰表明《筹海篇》的思想是超越时代语境的，继而也就不难料想，若要付诸现实将遭遇何等阻力。最具讽刺意味的是，《海国图志》于19世纪50年代传入日本之后却受到热捧，由此参与了明治维新前的社会启蒙。同一部书在近邻两国的命运形成天壤之别，以至于彼时的日本学者都不禁哀叹中国主政者愚昧，社会环境恶劣。[4]这样看来，郭实猎的批评与其说是质疑，毋宁说是预言，提前宣告着《海国图志》在19世纪的中国先知于时代的悲剧。其次，《海国图志》五十卷版的确没有放弃夷夏之辨的文化政治观念。如郭实猎所言，《海国图志》的本志部分多为资料汇编。[5]但编著者的个人观点亦穿插其中，有多卷篇目集中反映编著者本人对待西方文化的基本立场。[6]它们的主题看似指向域外世界，但传达的价值判断仍然是褒内贬外的。那些立场鲜明的文字，清晰地告诉我们，《海国图志》五十卷版虽然描述着地理空间的世界，但编著者的文化与政治心态远未走出“天下”的旧梦，所谓承认落

① 高虹《〈海国图志·筹海篇〉的近代意识》，载刘泱泱编《魏源与近代中国改革开放》第169—175页，湖南师范大学出版社，1995年。

② 例如，道光皇帝获知多地仿造欧美战舰进展不尽如人意，竟然下令禁止雇佣国外工匠，也不可向国外军火公司购买。广东工匠何礼贵去过国外，掌握火轮船的制造技术，居然因此被当局视为可疑人员调至湖北，受到湖北官员的监控。参见萧致治《近代中国改革的先驱——魏源》，载刘泱泱编《魏源与近代中国改革开放》第26—27页，湖南师范大学出版社，1995年。

③ “Hai Kwoh Tu Chi, Statistical Notices of the Ocean Kingdom with Maps in Fifty Books”, *The Chinese Repository*, p. 420.

④ 高虹《〈海国图志·筹海篇〉的近代意识》，载刘泱泱编《魏源与近代中国改革开放》第164—165页。

⑤ “Hai Kwoh Tu Chi, Statistical Notices of the Ocean Kingdom with Maps in Fifty Books”, *The Chinese Repository*, p. 424.

⑥ 包括第十四卷《西南洋诸国·附天方教考》、第十五卷《西南洋诸国·附天主教考》、第四十三卷《南洋西洋各国教门表》和第四十六卷《国地总论上·释五大洲》等。它们都注明“邵阳魏源撰”的字样，以此区别于“辑”“重辑”的内容，属于原创文字。

后，不过是承认器物技术的落后，至于制度文化，则另当别论。换言之，对外抵抗，可以“师夷长技”；对内治国，圣人之言才是常道。五十卷版之后，《海国图志》几经修改，持续完善，但上述篇目不但悉数保留，而且从初版原卷的附属内容升级为独立卷册，可见“人我之别”“文野之分”始终是编著者的思想基础。对此，有论者已经指出，李慈铭等晚清保守派知识分子最为认可《海国图志》之处，也正是该书以儒家学说驳斥西人的“悪悖无理之言”，迎合士大夫内心深处的文化优越感。①

四

《海国图志》在郭实猎眼中并非一无是处。概括说来，他认为该书的价值有如下四点：其一，提供了欧洲人缺乏的亚洲知识；其二，呼吁政府重视现代技术，避免国家沦落；其三，标志着中国官员开始主动关注外部事务，一些政府官员甚至受其影响而学习世界地理，这是一个“良好的开端，无论起步多么糟糕”；其四，编著者勤勉努力，值得称道，全书语言也通俗易懂。不过，这些评语仅仅出现在文章结尾，并非郭实猎的行文重点。通篇看来，他的着墨所在乃是原著的不足，全文以批为主。②

既然郭实猎注意到《海国图志》所释放的重要信号，既然他极为看重域外知识对于破除观念壁垒的正面作用，为何还要执念于《海国图志》的不足？答案或许就在文章的开篇。承前所述，郭实猎对《海国图志》的述评始于林则徐其人其事。他称林则徐为原著作者，以大段篇幅描述了一个“善恶兼具”的人物形象：既介绍林则徐夜访灾区、为民请命、受命禁烟、被贬流放等事迹，又生动地描述着林则徐在广东任内西人遭遇的苦难，甚至谴责他把中国拉入战争泥沼。③

有论者认为，这个开篇把林则徐当作《海国图志》的作者且不惜笔墨大

---

① 章鸣九《〈瀛寰志略〉与〈海国图志〉比较研究》，载《近代史研究》1992年第1期。

② “Hai Kwoh Tu Chi, Statistical Notices of the Ocean Kingdom with Maps in Fifty Books”, *The Chinese Repository*, pp. 420-424.

③ “Hai Kwoh Tu Chi, Statistical Notices of the Ocean Kingdom with Maps in Fifty Books”, *The Chinese Repository*, pp. 417-418.

加书写，犯了常识性错误。[①]事实上，郭实猎并非分辨不清林则徐与魏源的角色分工。他十分准确地写道：“（林则徐）将自己掌握的资料交予邵阳魏源，一位级别不高的朝廷官员。魏源继续努力搜集，新增一批文献，还撰写了若干重要内容，全书最终得以问世。”[②]据此看来，郭实猎几乎不大可能混淆林、魏二人。看似张冠李戴的错误，不似无知之举，更像刻意的设计——利用一切可能，制造一切机会批判林则徐。林则徐是鸦片战争前极少数正面遭遇西人的中方官员，因其强硬立场深受欧洲舆论关注。在欧洲人的集体叙事中，林则徐是在华西人的公敌，突出映射着西人眼中的晚清政府形象：狭隘无知、傲慢冷漠。[③]强硬的林则徐是打开中国大门的障碍，在这一点上，传教士与欧洲政客、商人以及军队显然存在利益共识，郭实猎笔下的林则徐，也应和着欧洲社会的流行叙事。他借评述《海国图志》之机引出林则徐其人，通过描绘对内对外两副脸孔，进行先扬后抑的对比，由此凸显着令人不安的阴影：林则徐看似坚毅坦荡，忠君爱国，实则冷漠残忍，自大傲慢，无视中外交往的基本原则，战前推波助澜，战时束手无策。[④]这种论调也出现在郭实猎同时期的其他著述里。[⑤]如此精心设计的林则徐批判既表现着帝国强权的逻辑，参与了历史记忆的构建，又强化着欧洲读者对郭实猎文字的认同。不仅如此，郭林之间或许还存在微妙的私人恩怨。尽管受史料所限，我们无从考证二人有无直接接触，但确信间接交锋早已有之。1832 年，郭实猎乘坐“阿美士

---

① 吴义雄《西方人眼里的徐继畬及其著作》，载《清史研究》2009 年第 1 期。

② “Hai Kwoh Tu Chi, Statistical Notices of the Ocean Kingdom with Maps in Fifty Books”, *The Chinese Repository*, p. 419.

③ 1840 年英国出版的《世界大事年鉴》就将林则徐发起的禁烟运动描述成一场在粤西人的浩劫。1842 年伦敦杜莎夫人蜡像馆制作的海报甚至称林则徐为战争的始作俑者（the Author of the Chinese War）。参见 *The Annual Register of World Events*, London: Longmans, Green, and Co., 1840, pp. 241-254; https://www.getwestlondon.co.uk/news/west-london-news/gallery/baker-street-through-the-years-13395611。

④ “Hai Kwoh Tu Chi, Statistical Notices of the Ocean Kingdom with Maps in Fifty Books”, *The Chinese Repository*, p. 418.

⑤ 例如，1847 年郭实猎出版德文著作《中华帝国历史：从远古时代到南京条约》，书中指责林则徐对西方的认知严重不足，一再错判，企图以高压手段应对却适得其反，最终导致局势恶化，战争爆发。参见 Karl Gützlaff, *Geschichte des chinesischen Reiches: von den ältesten Zeiten bis auf den Frieden von Nanking*, Stuttgart; Tübingen: Erscheinungsjahr, 1847。

德”号商船在中国沿海航行到达江苏期间，时任江苏巡抚的林则徐曾下令驱逐该船，并将此事写入奏折，其中提到化名“甲利”的郭实猎。[①] 1839 年 7 月，为缉拿制造命案的英籍凶犯，在粤钦差大臣林则徐切断了对港英军的物资供应，迫使英方派出郭实猎等三人谈判，中方代表则包括林则徐的一位下属。谈判不欢而散，郭实猎威胁中方承担后果。郭实猎的身影频现于中西冲突，以至在华西人当中一度盛传，林则徐有意取其性命。[②]待到 1847 年郭实猎述评《海国图志》五十卷版时，林则徐已经失势被贬，他所效命的晚清政权也尽显颓劣，郭实猎把矛头指向林则徐，指向与林则徐密切相关的《海国图志》一书的缺陷，也就不难理解。总之，由批判林则徐进入批判《海国图志》，这一结构直观地表现着文本如何夹杂主体的价值立场与文化情感。如果说西人对晚清另一部史地著作《瀛寰志略》的褒奖，交织着编著者徐继畬与西人的频密交往，渗透着彼此无形的牵连与认同，映射出两种文明正面的相互探询，[③]《海国图志》的成书渊源则绕不开被西人视为公敌的林则徐，甚至《海国图志》也因此成为郭实猎“批林”的靶子，承受着中西互识进程中的龃龉。

结 语

在子曰诗云依然是中国知识分子阅读主流的 19 世纪中期，《海国图志》五十卷版虽有诸多不足，毕竟迈出了重要一步。迫于民族危亡的现实压力，中国人首次主动认真地打量起欧洲世界，并通过《海国图志》等著作回应明清以来传教士输入的地理知识与观念，那种根深蒂固的天朝话语由此开始出现松动。正是从这一时期开始，以地理学为前沿头阵，中国学术思想现代转向的大幕徐徐拉开。

据此而论，郭实猎评介《海国图志》之举，也同样具有标志性意义。他

---

① 奏折称：“该船有胡夏米甲利略通汉语，即向巡船声称，伊等并非匪人，因恳求交易而来，今蒙晓谕，伊等已经悔悟，不敢再求买卖。”参见中国第一历史档案馆编《鸦片战争档案史料》（第一册）第 115 页，天津古籍出版社，1992 年。

② Peter Fay, “The Protestant Mission and the Opium War”, *Pacific Historical Review*, vol. 40 (May 1971), p. 153.

③ 吴义雄《西方人眼里的徐继畬及其著作》，载《清史研究》2009 年第 1 期。

用一种并不令人愉悦的方式向外界宣告着中国人精神世界的微妙转变。从"中国之中国"走向"世界之中国"（梁启超语）的过程是缓慢的，起步是粗糙的，但依然被郭实猎敏锐地察觉，由此留下对此变化的早期记录。它在西方学术界产生的实际影响，甚至不仅限于西方对中国的认知。譬如，英国外交官、著名汉学家威妥玛（Thomas Francis Wade）就在读过此文后执笔翻译了《海国图志》里有关日本的内容，刊发在1850年3月、4月两期《中国丛报》上，两篇长文篇幅多达40页，是英语世界较早系统介绍日本的专题文字。

我们必须清醒地看到，受制于宗教、政治乃至情感的处境，郭实猎对《海国图志》的评介不够充分，甚至缺乏善意，夹带私货。然而我们也应当看到，他的述评所呈现的是一幅谬误与知识混杂、曲解与真实交织、偏见与洞见并存的多维画面，绝非只有他者的想象而已。他的知识论与认识论批判相对真实地展示了中国思想史和学术传统变革的蹒跚起步，参与了晚清以《海国图志》为中心的学术网络的建立，这一点是不该被遮蔽和嘲笑的。这也再次提醒我们，意识形态与学术生产之间的"相关性"并不完全等同于二者的"同一性"。①近代中西知识迁移与观念流动的历史画面是立体复杂微妙的，知识在文化间的流动与主体对知识的态度是两个不同的命题。不能因传播者在传播知识时受其自身文化的影响，对其所传播的知识附上自身的色彩，就否认其所传播的知识具有真实的一面，将丰富的历史过程完全简化为主体自己的文化理解问题。②为此，我们需要真正走进文本，不因结论先行的心态而疏于细读。

（史凯　陕西师范大学外国语学院）

① 吴原元《20世纪中国学人的域外汉学批评史初探》，载《汉学研究》（2019年秋冬卷）第614—615页，学苑出版社，2019年。

② 张西平《儒学西传欧洲研究导论：16—18世纪中学西传的轨迹与影响》第156—157页，北京大学出版社，2016年。

欧美汉学中的简帛数术研究*

梁 超

摘 要：简帛数术文献是简帛文献的重要组成部分，对研究中国古代的社会、历史、文化、思想有独特意义，吸引了大批国外学者的关注。本文在充分吸纳前人成果的基础上，根据《汉书·艺文志》的分类，就欧美简帛数术研究所取得的成果，进行汇集、分类、梳理，力求总结经验，扩展视野，加深对国外简帛数术研究的了解。

关键词：欧美汉学 简帛 数术文献 研究

一、引 言

20世纪70年代以来，简帛文献的大量发现，吸引了国外学者的广泛关注，涌现出许多优质论著。刘乐贤、金鹏程、徐诚彬、钟量、风仪诚、马克、夏含夷等学者相继有过总结。① 但限于材料和文章体例，对简帛数术成果的介绍相对分散，不易参阅。鉴于此，本文在汇集各家成果的基础上，依据《汉

* 本文为教育部人文社科青年项目“战国秦汉日书词语研究”（17YJC740046）、高校基本科研业务费中山大学青年教师培育项目（20wkpy118）、出土文献与中国古代文明研究协同创新中心博士创新资助项目（CTWX2018BS031）的阶段性成果。

① 刘乐贤《简帛数术文献探论》（修订版）第11—37页，中国人民大学出版社，2012年；［美］金鹏程、［韩］徐诚彬《简帛研究西文论著目录》，载《简帛研究》，广西师范大学出版社，2010年；钟量《2015年西文简牍研究概要》，载《简帛》（第十三辑），上海古籍出版社，2016年；钟量《2016年英文简帛研究概要》，载《简帛》（第十七辑），上海古籍出版社，2018年；［法］风仪诚、［法］马克《西文秦简牍研究概要》，载陈伟等著《秦简牍整理与研究》第293—320页，经济科学出版社，2017年；［美］夏含夷《西观汉记——西方汉学出土文献研究概要》，中西书局，2018年。

书·艺文志》的分类，从天文、历谱、五行、蓍龟、杂占、形法等方面，对欧美汉学中的简帛数术成果，进行汇集、分类、整理，以期更好地了解欧美的简帛数术研究现状。

二、欧美的简帛数术研究

(一) 天文

迄今出土的简帛天文类文献，主要有马王堆帛书《天文气象杂占》《五星占》《星占书》，银雀山汉简《占书》，阜阳汉简《五星》《星占》。

美国学者夏德安早在 1979 年就对《天文气象杂占》的内容进行了概述介绍，后来又对其性质进行分析。① 英国学者鲁惟一从宗教的角度讨论汉人对彗星和占卜的观点、占法。② 同为英国学者的古克礼从现代科学的角度讨论《五星占》的科学知识。③ 近年来，美国学者墨子涵利用《五星占》考察天文历法知识在选择术中的变化。④ 他的博士论文对《天文气象杂占》做了详细考察，论证马王堆帛书的文本来源和社会用处。⑤ 加拿大学者叶山讨论了银雀山

① Donald Harper, "A Summary of the Contents of the Ma-wang-tui Silk-scroll Book 'Assorted Astronomical and Meteorological Prognostications'", *Chinese Studies in Archaeology*, 1979 (1.1); "Communication by Design: Two Silk Manuscripts of Diagrams (tu) from Mawangdui Tomb Three", Ed. Francesca Bray. *Graphics and Text in the Production of Technical Knowledge in China: The Warp and Weft*. Leiden: Brill, 2007. pp. 169-189.

② Michael Loewe, "The Han View of Coment", *Early China*, 1983-1985 (9-10); "Oracles of the Clouds and of the Winds", *Bulletin of the School of Oriental and African Studies*, 1988 (51.3).

③ Christopher Cullen, "Understanding the Planets in Ancient China: Prediction and Divination in the *Wu Xing Zha*", *Early Science and Medicine*, 2011 (16); "*Wu Xing Zhan* 五星占 'Prognostics of the Five Planets'", *Scimvs*, 2011 (12).

④ [美] 墨子涵《从周家台〈日书〉与马王堆〈五星占〉谈日书与秦汉天文学的互相影响》，载《简帛》(第六辑)，上海古籍出版社，2011 年；Daniel Morgan, "The Planetary Visibility Tables in the Second-Century BC Manuscript *Wu xing zhan* 五星占", *East Asian Science, Technolog, and Medicine*, 2016 (43).

⑤ Daniel Morgan, "Knowing Heaven: Astronomy, the Calender, and the Sagecraft of Science in Early Imperial China", The University of Chicago, 2013.

汉简《占书》的性质，认为该篇是由七八种文献组成，属阴阳家文献。[①]

（二）历谱

历谱类文献包括历经、年谱、世谱、算术书等。[②] 其中“历经”“年谱”“世谱”类内容见于阜阳汉简。不过，《汉书·艺文志》中的“历谱”与简帛中称为“历谱”类的文献并不相同，学界存在不同看法。[③]

算术书主要见于张家山汉简《算数书》和岳麓秦简《数》。阜阳汉简、睡虎地汉简、北大秦简等材料未完全公布。清华大学藏简中有《算表》。

欧古克礼和美国学者道周本都对张家山《算数书》做了英文翻译，并各自发文，介绍中国数学史的新进展。[④] 古克礼还就《算数书》与《九章算术》的关系展开讨论。[⑤] 除此之外，法国学者安立明利用《算数书》讨论了汉语

① Robin D. S. Yates, “The Yin Yang Texts from Yingqueshan: An Introduction and Partial Reconstruction, with Notes on their Significance in Relation to Huang-Lao Diaoism”, *Early China*, 19 (1994). 中文版见［加］叶山著，刘乐贤译《论银雀山阴阳文献的复原及其与道家黄老学派的关系》，载《简帛研究译丛》（第二辑）第82—128页，湖南人民出版社，1998年。

② 《简帛数术文献探论》（修订版）第16页。

③ 邓文宽《出土秦汉简牍“历日”正名》，载《文物》2003年第4期；刘乐贤《简帛数术文献探论》（增订本）第18—19页；李零《与邓文宽先生讨论“历谱”概念书》，载《简帛古书与学术源流》第281—288页，三联书店，2004年；《视日、日书和叶书——三种简帛文献的区别和定名》，载《文物》2008年第12期。

④ Christopher Cullen, “*The* Suan shu shu ‘*Writings on Reckoning*’: A Translation of Chinese Mathematical Collection of the Second Century BC, with an Explanatory Commentary”. Needham Reaearch Institute Working Papers1, Cambridge: Needham Reaearch Institute. 2004; “The Suàn shù shū 算数书, ‘Writings on Reckoning’; Rewriting the History of Early Chinese Mathematic in the Light of an Excavated Manuscript”. *Historia Mathematics*, 2007 (34); Joseph W. Dauben, “The *Suan shu shu* (A Book on Number and Computations). Preliminary Investigation”, Ed. Rudi Seising、Menso Folkerts、Ulf Hashagen. *Form*, *Zahl*, *Ordnung. Studien zur Wissenschafts-und Technikgeschichte. Ivo Schneider zur* 65. *Geburtstag*. Stuttgart: Fritz Steiner Verlag, 2004. pp. 151-168; “Three Muti-Tasking Problems in the *Suan shu shu*, the Oldes Yet-Known Mathematical Work from Ancient China”, *Acta Historica Leopoldina*, 2005 (45); “*Suan shu shu* (A Book on Numbers and Computation): Two Problems in Collating, Interpreting and Translating the *Suan shu shu*”, *Actas del* Ⅸ *Congreso de la Sociedad Española de Historia de las Ciencias y de las Téxnicas.* Cádiz: Sociedad Española de Historia de las Ciencias y de las Téxnicas, 2006 (1); “算数书 *Suan shu shu*: *A Book on Numbers and Computations*: English Translation with Commentary”, *Archive for History of Exact Sciences*, 2008 (62).

⑤ Christopher Cullen, “Numbers, Numeracy and the Cosmos”, Ed. Michael Nylan、Michael Loewe. *China's Early Empires*: *A Re-appraisal*. Cambridge: Cambridge University Press, 2010. pp. 323-337.

中的分数表达。[①] 墨子涵与法国学者林力娜分析了《算数书》轮流交替书写的现象。[②] 林力娜、马彪讨论了睡虎地汉简中的数学文献。[③]

（三）五行

五行类又称选择类，在简帛数术文献中最为丰富。这里仅就欧美的研究，分为日书、《刑德》两个方面进行概述。

日书是选择时日吉凶的书籍，迄今共出土了三十几批，如睡虎地秦简日书、放马滩秦简日书、孔家坡汉简日书等。鲁惟一、马克、夏德安是主要研究者。前辈学者多有论及。[④] 略做补充的是，夏德安利用日书和中古数术文献，考察早期抄本文化对百姓日常生活观念和实践的影响。[⑤] 2017 年，他与法国学者马克合编的《早期中国的命书与大众文化》收录了不少关于日书的研究成果。[⑥] 这是英语世界第一部以日书为研究对象的综论。[⑦] 另外，美国学

---

① Rémi Anicotte，“Bidimensional Expressions of Fractions in Chinese”，*Cahiers de linguistique Asie Orientale*，2015（44.1）；“Fractions in the Suan Shu Shu（China，Beginning of the 2nd Century BCE）”，*Journal of Chinese Linguistics*，2017（1）.

② ［美］墨子涵、［法］林力娜《也有轮着写：张家山汉简〈算数书〉写手与篇序初探》，载《简帛》（第十二辑），上海古籍出版社，2016 年。英文版见 Daniel Morgan、Karine Chemla，“Writing in Turns：An Analysis of Scribal Hands in the Bamboo Manuscript Suan shu shu 算数书（Writings on Mathematical Procedures）from Zhangjiashan Tomb No. 247（张家山 247 号墓汉简《算数书》写手再探）”. *Bamboo and Silk* 1. Leiden：Brill，2018. pp. 53-70.

③ Kaine Chemia、Biao Ma，“Interpreting a newly discovered mathematical document written at the beginning of the Han dynasty in China（before 157 B. C. E.）and excavated from tomb M77 at Shuihudi（睡虎地）”，*Sciamvs*，2011（12）.

④ ［法］风仪诚、［法］马克《西文秦简牍研究概要》。

⑤ ［美］夏德安《周家台的数术简》，载《简帛》（第二辑），上海古籍出版社，2007 年。英文版见 Donald Harper，“The Zhoujiatai Occult Manuscripts”，*Bamboo and Silk* 1. Leiden：Brill，2018. pp. 53-70；“The Textual Form of Knowledge：Occult Miscellanies in Ancient and Medieval Chinese Manuscripts，Fourth Century B. C. to Tenth Century A. D.”，Ed. Florence Bretelle-Establet. *in Looking at It from Asia：The Processes That Shaped the Sources of History of Science*. Dordrecht：Springer，2010. pp. 37-80；又见 Ed. Michael Friedrich、Cosima Schwarke. *Reprinted in One-Volume Libraries：Composite and Multiple-Text Manuscripts*. Berlin and Boston：De Gruyter，2016. pp. 305-354.

⑥ Ed. Donald Harper、Marc Kalinowski. *Books of Fate and Popular Culture in Early China：The Daybook Manuscripts of the Warring States，Qin，and Han*. Leiden：Brill，2017.

⑦ 晏昌贵《简帛数术的发现与研究 1949—2019》，载《华中师范大学学报》2019 年第 3 期。

者郝益森指出，日书的作者调整了天文星占学的结构和术语，保存了早期的天文知识。[①] 他的博士论文《宇宙论与日常事务：中国古代〈日书〉》对战国秦汉日书做了综合研究。[②]

《刑德》见于阜阳汉简（尚未发表）和马王堆汉墓帛书（甲、乙、丙三篇）。马克讨论了《刑德》的运行规律、历史背景、内容、相互关系以及对中古文化史的影响。[③] 叶山对《刑德》做了系统翻译，其《中国军事占卜史》一书也涉及《刑德》文献。[④] 不过，他们的研究基于马王堆帛书的早期释文。随着《长沙马王堆汉墓简帛集成》（中华书局，2014 年）的出版，未来仍有研究的空间。

除上述外，曾蓝莹讨论了尹湾汉墓简牍《博局占》的占卜内容及其宗教意义。[⑤] 欧美学者论述了“式”的概念及其占卜，对研究五行类文献有重要参考价值。[⑥]

（四）蓍龟

蓍龟包括龟卜和筮占。上博楚简《卜书》是目前可见的最早的龟卜文献。筮占类文献包括阜阳汉简《周易》、王家台秦简《归藏》、清华简《筮法》和北大汉简《荆决》。目力所及，欧美的研究主要在筮占类文献。目前可见的

---

① Ethan Harkness, “A Parallel Universe: The Transmission of Astronomical Terminology in Early Chinese Almanacs”, Ed. John M. Steele. *in The Circulation of Astronomical Knowledge in the Ancient World*, Leiden: Brill, 2016. pp. 396-415.

② Ethan Harkness, “Cosmology and the Quotidian: Day Book in Early China”. The University of Chicago, 2011.

③ ［法］马克《马王堆帛书〈刑德〉试探》，载《华学》（第一辑）第 82—110 页，中山大学出版社，1995 年；“The *Xingde* 刑德 Texts from Mawangdui”. Tr. Phyllis Books. *Early China*, 1998-1999 (23-24).

④ Robin D. S. Yates. *Five Lost Classics: Tao, Huang-Lao, and Yin-yang in Han China*. New York: Ballantine, 1997; “The History of Military Divination in China”, *East Asian Science, Technology, and Medicine*. 2005 (24).

⑤ 曾蓝莹《尹湾汉墓〈博局占〉木牍试解》，载《文物》1999 年第 8 期；Lillian Lan-ying Tseng, “Divining from the Game Liubo: An Explanation of a Han Wooden Slip Excavated at Yinwan”, *China Archaeology and Art Digest*, 2002 (4.4).

⑥ 李零《中国方术考》第 104—107 页，东方出版社，2001 年；［美］夏含夷《西观汉记——西方汉学出土文献研究概要》第 384—385 页，中西书局，2018 年。

《周易》版本中，只有阜阳汉简《周易》符合数术《周易》的性质。[①] 夏含夷很早将其介绍给西方学术界，并就形制、书写格式和编纂等问题做过专门讨论。[②]

《归藏》出土于王家台 15 号秦墓。美国学者柯鹤立讨论了秦简《归藏》与其他《易》类文献的区别、《归藏》流传与地区流派的关系、数字卦的产生等问题。[③] 夏含夷同样介绍了《归藏》的性质和内容，探讨其流传和遗失。[④]

《筮法》是与楚国占卜方法有关的楚简文献。陈洁借助王家台《归藏》，研究《筮法》与《周易》中的筮数变化。[⑤] 美国学者史亚当探讨了《筮法》"死生"篇"六虚其病哭死"和"五虚同弌虚死"的含义，以及第八卦例中"亢"与艮卦的关系。[⑥]

（五）杂占

杂占包括占梦、耳鸣、厌劾、祈禳等。岳麓秦简、北大汉简、马王堆帛书、包山楚简等有类似内容。欧美的研究集中于包山楚祭祀简。

---

① 《简帛数术文献探论》（修订版）第 31 页。

② Edward L. Shaughnessy. "The Composition of the *Zhouyi*", Stanford University, 1983; "The Fuyang *Zhouyi* and the Making of a Divination Manual", *Asian Major*, 2001 (14.1); *Unearthing the Chang: Recently Discovered Manuscripts of the Yijing (I Ching) and Related Texts*, New York: Columbia University Press, 2014;《阜阳汉简周易简册形制及书写格式蠡测》，载《简帛》（第六辑），上海古籍出版社，2011 年；《从出土文字资料看周易的编纂》，载《周易经传文献新诠》第 34—49 页，台北：台湾大学出版中心，2010 年。

③ Constance A. Cook, "Myth and Fragments of a Qin *Yi* Text: A Research Note and Translation", *Journal of Chinese Religions*, 1998 (26);《兆与传说：关于新出〈归藏〉简书的几点思考》，载《新出简帛研究——新出简帛国际学术研讨会文集》第 154—157 页，文物出版社，2004 年。英文版见于该书；"From Bone to Bamboo: Number Sets and Mortuary Ritual", *Journal of Oriental Studies*, 2006 (41.1).

④ Edward L. Shaughnessy, "The Wangjiatai *Gui cang*: An Alternative to *Yijing* Divination", Ed. Alfredo Cadonna、Ester Bianchi, *Facets of Tibetan Religious Tradition and Contacts with Neighbouring Cultural Areas*, Florence: Leo S. Olschki, 2002. pp. 95-126; *Unearthing the Chang: Recently Discovered Manuscripts of the Yijing (I Ching) and Related Texts*. New York: Columbia University Press, 2014.

⑤ Jie Chen, "Origins of Numbeis in Shofa of Tsinghua Bamboos Slip Manuscripts", *Frontiers of Philosophy in China*, 2016 (11.2).

⑥ ［美］史亚当《从象数角度解释〈筮法〉"死生"篇的一些内容》，载《出土文献》（第十二辑），中西书局，2018 年。

除注解翻译外，[①] 美国学者瑞丽将早期中国占卜与古希腊的占卜相比较。[②] 柯鹤立借助《筮法》重新解释包山楚简中的数字卦，并进行了推测。[③] 马克也论述过包山楚简的占卜记录。[④] 值得注意的是，来国龙和郭珏将考古学、文字学、艺术学、宗教学等因素融合起来，综合考察包山楚简。[⑤]

（六）形法

形法包括相人、相物、相地。简帛中有相应内容，如银雀山汉简《相狗方》、马王堆帛书《相马经》、居延汉简《相宝剑刀》以及日书中的"人字""相宅"等。欧美学者对此关注不多。美国田纳西大学教授陈力强认为"相宝剑刀"的说法有待商榷，应是鉴定宝剑质量的指南，并就字词做了分析和翻译。[⑥]

---

① ［美］瑞丽《对包山医学贞卜的注解》，载艾阑、邢文编《新出简帛研究——新出简帛国际学术研讨会论文》第388—408页，文物出版社，2004年。英文版见于该书："Divination and Medicine in China and Greece：A Comparative Perspective on the Baoshan Illness Divinations". *East Asian Science, Technology, and Medicine*, 2006（24）；Constance A. Cook. *Death in Ancient China：The Tale of One Man's Journey*. Leiden：Brill, 2006.

② Lisa Raphals. "*Divination and prediction in Early China and Ancient Greece*", Cambridge：Cambridge University Press, 2013.

③ Constance A. Cook, "A Fatal Case of Gu 蠱 Poisoning in Fourth-Century BC China?", *East Asian Science, Technology, and Medicine*, 2016（44）. 又见《利用清华简〈筮法〉解读包山占卜记录中的卦义》，载《简帛研究》（2016春夏卷）第18—28页，广西师范大学出版社，2016年。

④ Marc Kalinowski, "La divination sous les Zhou Orientaux（770-256 avant notre ère）. Textes transmis et découvertes archéologiques récents". *Religion et société en Chine ancienne et médiévale*. Paris：Editions Le Cerf, 2008；"Diviners and Astrologers under the Eastern Zhou：Transmitted Texts and Recent Archaeological Discoveries". Tr. Margaret McIntosh, Ed. John Lagerwey、Marc Kalinowski. *Early Chinese Religion, Part One：Shang through Han*（1250*BC*-220*AD*）. 2vols. Leiden：Brill, 2009. Vol. I, pp. 341-396.

⑤ Guolong Lai, "The Baoshan Tomb：Religious Transitions in Art, Ritual, and Text During the Warring States Period（480-221 BCE）". University of California, Los Angeles, 2002；*Excavating the Afterlife：The Archaeology of Early Chinese Religion*. Seattle：University of Washington Press, 2015；Jue Guo, "Reconstructing Fourth Century B. C. E. Chu Religious Practices in China：Divination, Sacrifice, and Healing in the Newly Excavated Baoshan Manuscripts". The University of Wisconsin, Madison, 2008.

⑥ Charles Sanft, "Evaluationswords：Introdution and nslation of a how to Guide from the Han-Xinperiod", *Early China*, 2016（39）.

结 语

总体来看，欧美的简帛数术研究首先具有很强的社会学视野，集中于数术文献所反映的社会文化、宗教信仰，注重对数术原理的揭示和科学史的研究。其次具有国际学术的视野。在方法上，能综合考古学、艺术学、宗教学、人类学等多学科方法，开拓新的研究领域；或与世界其他民族文化的相似问题进行比较研究。

不过，欧美学者较少涉及字词释读问题，对数术文献的关注各有侧重。当前，以日书、算术书、筮占类文献的成果最为丰富，其他数术文献的成果相对较少。此外，随着出土材料的不断公布和再整理，有必要对以前的说法重新加以审视。未来如何加强沟通与交流，拓宽学术视野，促进学术对话，有待于国内外学者的共同努力。

（梁超　中山大学中文系，出土文献与中国古代文明协同创新中心）

卫礼贤与《易经》研究*

李伟荣

摘　要：卫礼贤德译《易经》因为得到中国学者劳乃宣之助，得到了理解《易经》的精髓，所以其翻译准确而实用。不过，他的译本在国际上引起巨大影响却是因为贝恩斯夫人将其译为英语而获得。该英译本获得国际性影响还有一个非常重要的因素：国际著名心理学家荣格为其撰写了《前言》。另外，德国著名作家、诺贝尔文学奖得主黑塞对卫礼贤德译《易经》的赞赏以及卫礼贤儿子、美国知名汉学家、易学家卫德明为其英译本撰写的《导言》以及卫德明根据其父亲卫礼贤对《易经》的理解而将英译本合理编辑出版第三版，也是卫礼贤《易经》英译本能够获得国际性声誉的重要原因。

关键词：卫礼贤　《易经》研究　翻译　诠释

卫礼贤（Richard Wilhelm，1873—1930）对中国文化的研究是从儒家学说切入的，虽然他后来涉猎的领域十分广泛，对道家学说、中国佛教、《易经》与中国哲学、中国文学与艺术、中国文化史、中国思想史等都颇有研究，但儒家学说始终是他关注的焦点，也是他取得最辉煌成就的领域。以儒家文化为主线，以其他思想文化领域为辅助，卫礼贤形成了自己独到的中国文化观。这一文化观的最突出特征是：与当时占主流的欧洲中心论、欧洲优越论不同，他对中国文化给予了积极的肯定和高度的评价，不仅肯定这一文化在中国和整个东亚文化圈的历史与现实意义，而且承认它对欧洲乃至整个西方

* 基金项目：湖南省社科基金项目（15YBA093）。

世界的启示与借鉴价值，字里行间流露出对中国文化的崇敬与热爱。[1] 西方的《易经》译本中，没有哪部译本获得了如卫礼贤译本那样享有如此巨大的国际影响。它以英、法、意、荷、西（西班牙文译本就有墨西哥、阿根廷和西班牙三国版本）、丹麦、瑞典和葡萄牙等多国文字做了全译或节译。1990 年在皮特哥茨出版的波兰文本也是根据卫礼贤的德译本转译的。[2]

李雪涛评论说："从实际影响来看，卫礼贤（或为尉礼贤）一生最大的成就无疑是他的《易经》德文译本[3]，这部花费了他近十年心血的译本奠定了他在德语学术界的声誉。他对《易经》的翻译和阐释，直到今天依然在广泛传播，并且得到了学术界的认可。从这个译本移译至英文的《易经》（后来同时在美国和英国出版）为他赢得了国际名声。"[4]

一、卫礼贤德译《易经》与劳乃宣的作用

值得指出的是，跟理雅各的情况比较类似，卫礼贤在翻译《易经》也借重了中国学者的帮助。理雅各主要借重王韬的经学素养，而卫礼贤则主要借重的是劳乃宣（1843—1921）的经学素养。

卫礼贤认识劳乃宣是通过周馥（1837—1921）这一中介的。周馥，字务山，号兰溪，安徽建德（今东至县）人，曾于 1902—1904 年任山东巡抚。周馥曾建议卫礼贤说：

> 你们欧洲人总是只在中国文化的外围使劲，你们之中没有谁理解其真正的意义和确实的深度。其中的原因在于，你们从来没有得到过真正的中国学者们的帮助。你们所认作老师的是已经被解了职的乡村私塾先生，他们仅仅了解表面的东西。因此在你们欧洲有关中国的论述大都是愚不可及的东西，

① 蒋锐《卫礼贤论中国文化》，见蒋锐编译《东方之光——卫礼贤论中国文化》第 11—36 页，外语教学与研究出版社，2007 年。

② 胜雅律《德语国家〈易经〉研究概况》，《中华易学大辞典》编委会编《中华易学大辞典》（下）第 850 页，上海古籍出版社，2009 年。

③ Aus dem Chinesischen verdeutscht und erl utert von Richard Wilhelm. *I Ging. Das Buch der Wandlungen*. Jena: Diederichs, 1924.

④ 李雪涛《〈易经〉德译过程与佛典汉译的译场制度》，载《读书》2010 年第 12 期。

这也没有什么值得奇怪的。如果我给您找到一位真正能根植于中国精神的老师，他会引导您进入中国精神的深处，不知您意下如何？这样您就能翻译一些东西，其余的自己来写，中国也就不会不断地在世界面前蒙羞了。①

这段话至少有两层意思值得我们注意：第一，即便是像卫礼贤这样的西方学者或传教士，如果没有一位真正的中国学者帮助的话，无法真正理解中国精神的深刻之处，只了解中国文化的浅层和表面；第二，如果有真正的中国学者之助，那么卫礼贤就可以将中国精神的深刻之处理解透，而且能够将其翻译到国外去，让外国人真正理解中国，而不至于让中国在世界面前蒙羞。

周馥向卫礼贤所推荐的真正的中国学者就是劳乃宣。劳乃宣（1843—1921），字季瑄，号玉初，又名矩斋，晚名韧叟。河北省广平府（今河北省永年县广府镇），中国近代音韵学家，拼音文字提倡者。《清史稿》（卷四百七十二，列传二百五十九）有其本传。②

卫礼贤便高兴地接受了周馥的建议，决定拜其为师研读并翻译代表中国精神的中国典籍。对于卫礼贤聘请劳乃宣来青岛主持卫礼贤组织的“尊孔文社”一事，劳乃宣在其《自订年谱》中有说明：

癸丑（1913 年）七十一岁

春……山东青岛为德国租借地。国变后，中国遗老多往居之。德人尉礼贤③笃志中国孔孟之道，讲求经学，故设书院于岛境有年。与吾国诸寓公立尊孔文社，浼周玉山制军来函，见招主持社事。适馆授餐，情意优渥。日与尉君讲论经义，诸寓公子弟，亦有来受业者。④

---

① Richard Wilhelm, *Die Seele Chinas*, Wiesbaden: marixverlag, 2009, pp. 183-184. 此处借用李雪涛的译文。详参李雪涛《〈易经〉德译过程与佛典汉译的译场制度》。

② 此处不详述。关于劳乃宣的生平志业，详参张立胜《县令·幕僚·学者·遗老——多维视角下的劳乃宣研究》第 1 页，北京师范大学博士论文，2010 年。

③ Richard Wilhelm 给自己取的中国姓名，先是尉礼贤，后因嫌“尉”与“军事”有关，所以改为“卫”，后来即以卫礼贤行世。详见周一良《毕竟是书生》第 6 页，北京十月文艺出版社，1998 年。

④ 王云五主编，劳乃宣撰《清劳韧叟先生乃宣自订年谱》第 47 页，台北：台湾商务印书馆，1978 年。

正是在这一背景下，卫礼贤真正开始了研读和翻译包括《易经》在内的中国典籍。劳乃宣建议卫礼贤首先研读和翻译《易经》。劳乃宣认为，《易经》尽管不容易，但也绝不像通常大家所认为的那样不可理解：

> 事实是，最近这一活传统几近消亡。不过他（指劳乃宣——引者注）还有一位依然能接续上古老传统的老师，劳氏家族与孔子后代是近亲。他拥有一束采自孔墓的神圣的蓍草，并通晓如何借助这些来占卜未来的艺术，而这在中国也几乎不为人知了。因此选择了《易经》这本书来予以讲授。[①]

关于劳乃宣帮助卫礼贤翻译《易经》的全过程，在卫礼贤著的《中国灵魂》一书中做了详细叙述：

> 他先用汉语解释经文，我则笔录；然后我将经文译成德语。在此基础之上，我不看原书而将我译成德文的经文回译成汉语，再由他来比较我是否注意到了所有的细节。之后再对德文本的文体进行润色，并讨论文体的细节。最后，我再对译文进行三到四次修改，并加上最重要的注疏。就这样经过不断的修改，这个译本才得以完善。[②]

劳乃宣《自订年谱》中对他与卫礼贤翻译《易经》一事也有相关记载：

> 甲寅七十二岁
> 青岛……战事起，迁济南小住。又迁曲阜赁屋寄居……
> …………
> 丁巳七十五岁
> ……五月，奉复辟之旨，简授法部尚书，具疏以衰老请开缺，俾以闲散备咨询，未达而变作。曲阜令蓝君告以得见逮之牍，劝出走。又移家青岛，居礼贤书院，复与尉君理讲经旧业……
> …………

① *Die Seele Chinas*. p. 184. 此处借用李雪涛译文，稍有修改。

② *Die Seele Chinas*, p. 184. 此处借用李雪涛译文，稍有修改。

庚申七十八岁

在青岛……尉君以欧洲战事毕，回国一行，期明年来。[①]

我们从劳乃宣的《自订年谱》中的一些记载可以得知，1913 年（民国二年，也就是劳乃宣《自订年谱》中提到的“癸丑年”）劳乃宣举家移居青岛。主要任务有两个：一是主持尊孔文社事宜，二是帮助卫礼贤翻译《易经》。但是，时隔一年左右欧洲爆发第一次世界大战，波及中国。于是劳乃宣逃到了济南和曲阜等地躲避战火。1917 年（民国六年）劳乃宣又返回青岛，继续与卫礼贤合译《易经》，一直到 1921 年（民国十年）去世。这段时间劳乃宣主要生活在青岛，与卫礼贤一起研读和翻译《易经》。到 1921 年，大体上已完成《易经》的翻译。

二、卫礼贤德译《易经》与贝恩斯夫人英语转译

卫礼贤本为传教士，但是有感于西方文化本身的不足，到了中国之后，深深为中国文化所吸引，认为以《易经》等为代表的中国文化正是医治（纠正）西方文化之偏的良药，所以矢志不渝地翻译中国文化，并撰写相关论著。其中，《易经》的德译便是他最优秀的翻译成果之一。卫礼贤的德译《易经》体例如下：

一是“前言”（Vorrede）

二是“导论”（Einleitung），其中包括三部分

I.《易经》的应用（Der Gebrauch des Buchs der Wandlungen）

a）占筮之书（Das Orakelbuch）

b）智慧之书（Das Weisheitsbuch）

II.《易经》的历史（Die Geschichte des Buchs der Wandlungen）

III. 翻译说明（Die Anordnung der Übersetzung）

三是《易经》本经（Der Text）

① 《清劳韧叟先生乃宣自订年谱》第 48—52 页。

英译本由贝恩斯（Cary F. Baynes）将卫礼贤的德译本转译为英语，有荣格（Karl Gustav Jung，1875—1961）写的前言和卫礼贤儿子卫德明（Hellmut Wilhelm，1905—1990）写的序。英译本也由三卷构成：卷一：《易经》本经（Book I：The Text），像中文《周易》一样，分上下经两部分。卷二：其他材料（Book II：The Material），包括"导论"（Introduction），其中有《说卦》和《彖传》；第一部分：A. 基本原则（Underlying Principles）、B. 详尽的讨论（Detailed Discussion）；第二部分由 12 章构成；最后是"卦序"（The Structure of the Hexagrams），共 7 节；卷三：注疏（Book III：The Commentaries），按中文《周易》的上下经分为两部分。最后是附录和索引。

卫礼贤 1924 年的《易经》德译本是全译本，包括《易经》本经和《易传》。第 1 版印了 0.3 万册，1937 年第 2 版印至 0.5 万册，1950 年第 3 版印至 0.8 万册，1951 年印数至 1.1 万册，1956 年达至 1.5 万册，1971 年至 3.2 万册，1983 年为 8.7 万册，到 1990 年印数高达 12.2 万册。1956 年迪德里希斯出版社[①]在杜塞尔多夫及科隆两地印行一种袖珍本，书名为《易经、经文及资料》。从 1973 年起以"迪德里希斯黄本丛书"名义发行，由慕尼黑的汉学教授鲍吾刚（Wolfgang Bauer，1930—）作序（1990 年第 14 版）。这一袖珍本收录了 1924 年卫礼贤全译本的前两篇，第三篇"传"并未列入。卫礼贤 1924 年全译本尚有下列几种节写本：鲁道夫·冯·德利乌斯（Rudolf von Delius）《永恒的中国：精神的象征》，德雷斯登，1926 年；巴克斯·贝姆（Bill Behm）《中国的占卜书易经》（*Das Chinesische Orakelbuch：I Ging*），克拉根福，1940 年；慕尼黑/柏林，1955 年新版；马里奥·舒柏特（Mario Schubert）《易经、变易之书》，苏黎世，1949 年。[②]

贝恩斯夫人（Cary Fink Baynes，1883—1977）将卫礼贤的《易经》德译转译为《易经》英译，1950 年出版。重要的是，我们要记住，这是转译（translation of a translation）。贝恩斯是荣格的一个美国学生，在 20 世纪 20 年代和 30 年代她与丈夫贝恩斯（Helton Godwin Baynes）一起翻译了几部荣格的著作。1931 年，她又翻译出版了卫礼贤德译的《太极金花宗旨》，英译名为 *The Secret of the Golden Flower*，

① 作家刘心武将其翻译为"德得利出版社"，他曾在一篇小文中介绍过这一出版社及其翻译出版卫礼贤《易经》翻译的情况，详情见刘心武《一篇小序的由来》，载《读书》1985 年第 6 期。

② 胜雅律《德语国家〈易经〉研究概况》，《中华易学大辞典》编委会编《中华易学大辞典》（下）第 850 页。

这部书论述的是17世纪的中国瑜伽，荣格给这部译著写了《前言》(Preface)。卫礼贤德译的《易经》在西方世界之所以有如此大影响，贝恩斯夫人译笔的贴切(felicity)也是一个主要原因。她引入了理雅各的“三画卦”（trigram，即单卦）和“六画卦”(hexagram，即重卦)，并使这两个术语得以普及。在德语中，卫礼贤遵循“卦”的中文用法，而将“三画卦”和“六画卦”均译为德语“zeichen”，而“zeichen”在德语中则表示“符号”(sign)之意。

荣格请她翻译卫礼贤的德译《易经》，得到卫礼贤的热切赞同，早在1930年之前，她就开始了翻译卫礼贤的德译《易经》，但是她的翻译工作时断时续。直到1949年才最终得以完成，1950年在纽约出版，1951年在伦敦出版。伦敦版本的版式尤其讲究，但是《易经》经文拆分后被重编入三部分，很多材料重复了，与不同来源的注疏笨重地交织在一起，编排非常复杂。因此李约瑟将卫礼贤的德译《易经》视为“一部汉学迷宫……完全属于不知所云”(Department of Utter Confusion)。1967年，贝恩斯夫人与卫礼贤的儿子卫德明（Hellmut Wilhelm，1905—1990）合作编纂了第三版（最方便的版本)。卫德明当时是一位美国汉学家，是一位受人尊敬的《易经》评论者，他按他父亲的传统对《易经》进行评论。他清楚他父亲《易经》译本完成后中国这方面的后续研究，考虑改变《易经》材料非常（bafflingly）复杂的编排，但是最终无心篡改卫礼贤的德译《易经》。

贝恩斯夫人转译的《易经》英译本存在一些译得不如意的段落，这是因为卫礼贤德译本就没有将原文意思完整译出。例如，贝恩斯夫人将《易经·解卦》中“解而拇”译为“Deliver yourself from your great toe”[①]，《易经·大有卦·象传》中的文字“匪其彭无咎，明辩晳也”译为“the danger of repeated return is，in its essential meaning，deliverance from blame”。这种译文确实使人不知所云。不过，席文等却认为卫礼贤和贝恩斯夫人的翻译不错，至少比蒲乐道的好多了。[②]

① “deliver”在此的英文解释是“free from harm or evil”，中文则表示“免遭……（危害）”之意；而这里的英文，用中文表达的话，大意是“将你本人从自己的脚趾大拇趾中脱离开来”，卫礼贤对“解而拇”的德译是“Befreie dich von deiner groβen Zehe”，中文意思类似于“摆脱你的脚趾大拇趾”。两相比较，德文和英文的意思是近似的。德译文请见 *I Ging*：*Das Buch der Wandlungen*，p. 179.

② Nathan Sivin，A Review on The Book of Change by John Blofeld，*Harvard Journal of Asiatic Studies*，Vol. 26，(1966)，p. 294.

三、卫礼贤、卫德明父子易学研究特点

《周易》内容艰深晦涩，翻译极其不易，但卫礼贤、卫德明父子薪火相传，子承父业，对《周易》从翻译到研究，均做出重大的贡献。现今英语世界最通行的《周易》译本之一，是卫礼贤德译本（1924 年第一次出版）的英译。① 在英译本中，有著名心理学家荣格为之作序，这篇序文已经成为中西文化交流史上具有重要影响的文献。

卫礼贤的小儿子卫德明继承了他父亲易学研究的衣钵，发展了他父亲的易学思想。一方面，贝恩斯夫人在将卫礼贤的德译《易经》转移为英语时得到了卫德明多方面的帮助，在编辑其译本时，卫德明对她的帮助也很大，而且卫德明还撰写了英译本第三版的《序言》；另一方面，卫德明也撰写了多篇易学论文和著作，其中影响最大的可能就是其著作《易经八讲》（*Change, Eight Lectures on the I Ching*）和《〈易经〉中的天、地、人》（*Heaven, Earth and Man in the Book of Changes*）。对比研究卫礼贤、卫德明父子的易学研究，我们大体上可以得出他们的易学研究具有如下三个特点：

其一，比较忠实地继承中国的传统易学（尤其是义理派易学）思想，弘扬义理派将易学与当代生活紧密结合的传统，坚持认为易学史对现代人直接有益，而不是文化博物馆的古董。在 20 世纪 20 年代，卫礼贤曾在北京大学任教，在当时，“整理国故”与“疑古派”的思潮有很大的影响。在包括《周易》经传断代等一系列问题上，卫礼贤更多地接近传统，与疑古思潮有一定的距离。必须指出，山东名儒劳乃宣（1843—1921）对卫礼贤的影响是不可忽视的。

其二，卫礼贤对《周易》的解读，并不仅仅是书斋式易学研究的结果，它还体现卫礼贤对当时欧洲文化命运（特别是 20 世纪 20 年代后期的德国）等重大时代问题的思考，这些思考是在与同时代的荣格、黑塞等人的讨论与碰撞中产生的，因此，卫礼贤的《周易》翻译与研究，是欧洲知识分子为了拯救自身文明与民族国家的命运所做努力的一部分。

① 1950 年波林根基金会出版公司出版，贝恩斯英译，*The I Ching or Book of Changes*, Wilhelm/Baynes, Bollingen Foundation Inc., New York。1967 年起，改由普林斯顿大学出版社出版。

其三，将卫礼贤、卫德明父子的研究与传统易学进行比较，可以发现，它们经得起学术史的考验。这说明，尽管东西方在易学研究上存在一定的差别，但真正有价值的研究，却能够超越语言文化的界限，具有沟通对立，推动不同文明进行友好对话的功能，并在对于特殊性与差异性的精细阐发中，打破古今中外的隔阂，通达透视人类共同意义世界的崇高境界。

四、卫礼贤《易经》译本的影响

胜雅律（Harro von Senger）认为卫礼贤的译著此后之所以取得如此影响，首先应归功于瑞士心理学家荣格和德国作家黑塞（Hermann Hesse，1877—1962）。[①] 一方面，荣格的德裔女学生、心理学家贝恩斯之所以会将卫礼贤德译《易经》转译为英文，是因为荣格认为她有能力将如此重要的文本翻译成英文，而且这一工作值得去做。另一方面，荣格在认识卫礼贤之前就已熟悉理雅各所译的英译本《易经》，认为理雅各的这一译本“不大可用”，对于西方人了解这部高深莫测的书几无可为；而卫礼贤的德译本则准确得多，卫礼贤殚精竭虑为理解《易经》的象征意义铺平了道路，因为卫礼贤抓住了《易经》的活生生的意义，从而使他的译本达到的深度是关于中国哲学的任何单纯的学院知识所永远望尘莫及的。[②] 贝恩斯的英译本收入“万神殿丛书”，1950 年以两卷本在纽约出版，荣格以 73 岁高龄为该译本撰写了序言。这一序言充分体现了荣格的易学观，对该译本在西方世界的传播起到了非常重大的作用。据相关资料，尽管后来另有约 15 种《易经》英译本问世，但卫礼贤—贝恩斯所译的《易经》迄今以各种版本在全球发行了近 100 万册。[③] 荣格的易学观还体现在他将易学思想运用于心理学中，发明了“同时性原则”这一概念[④]，从而让易学思想在西方更加深入人心。

德国作家赫尔曼·黑塞是 20 世纪的著名作家，曾获诺贝尔文学奖。他对于中国古典经籍非常感兴趣，阅读过多种典籍并将其中的一些思想运用到自

① 《德语国家〈易经〉研究概况》，《中华易学大辞典》（下）第 851 页。

② 陆扬《荣格释〈易经〉》，载《中国比较文学》第 94 页。

③ 《德语国家〈易经〉研究概况》，《中华易学大辞典》（下）第 851 页。

④ Young Woon Ko，*Jung on Synchronicity and Yijing*：*A Critical Approach*，Cambridge：Cambridge Scholars Publishing，2011，pp. 100-140.

己的创作中，例如《论语》《庄子》等。不过，黑塞最感兴趣并对其创作具有持续影响的典籍主要还是《易经》。他为《易经》的预卜力量及其图像所吸引，对此做了数十年的研究。在第二次世界大战前，他为卫礼贤的1924年译本写了一篇十分有意义的评论文章。这篇文章发表于1925年9月30日的《新评论》（*Neue Rundschau*）上。黑塞认为《易经》是一本最古老的智慧和巫术之书，他对此做了深入的研究，并在其文学创作中参考应用，这可从其晚年的小说《玻璃球游戏》一书中窥见（1943年出版）；在这方面他开拓了一个广阔的天地。黑塞对《易经》的理解对20世纪60年代的一代青年，从美国的旧金山到荷兰的阿姆斯特丹，都产生了深远的影响。[①]

在使西方广大学者知道《易经》这本书方面，应归功于卫礼贤。在德译本中，他把“歌德和孔子相提并论”（赫尔曼·黑塞，1934年4月27日语）。卫礼贤以艺术家兼诗人的笔法，对原著中词义丰富的中文，找出恰当的德文来解释。然而，正如评论所述，卫礼贤并不总是用同一个德语词来翻译汉语某一词汇。有时他的译文过于精缜，使中文原文中的很多含义反而被摒弃了。还有，他的译文是依宋代理学的路子来翻译的，这只代表诸多《易经》传统中的一种解释。卫礼贤理解《易经》主要是根据“十翼”，即《易传》，而不是根据《易经》的本经，因此基本上并不反映《易经》经文核心部分的真正原义。这些都是其不足之处。因此，在西方，由卫礼贤译本传播而形成对《易经》的理解，就不无偏误之处了。[②] 卫礼贤经由译介中国经典和论说中国文化所产生的影响，真可谓深远。且不论这种影响在广义的西方世界是如何流传的，仅就其时的德国语境来对他的思想史略加考察，著名德国作家、诺贝尔文学奖得主黑塞即对其评价甚高：

> 他（指卫礼贤——引者注）是先驱和典范，是合东西方于一身，集静与动在一体的太和至人。他曾在中国数十年潜心研究古老的中华智慧，曾与中国学苑英才交换心得，不过他既未丧失自己的基督信仰和打着士瓦本图林根家乡烙印的德国本色，也未忘记耶稣、柏拉图和歌德，更没有丧失和忘记他那要有所作为的西方式雄心。他从不回避欧洲的任何问

① 《德语国家〈易经〉研究概况》，《中华易学大辞典》（下）第851页。

② 《德语国家〈易经〉研究概况》，《中华易学大辞典》（下）第851页。

题，不逃避现实生活的召唤，不受苦思冥想抑或美学至上的寂静无为主义的蛊惑，而是循序渐进，终于使两个古老而伟大的思想相交相融，使中国与欧洲、阳与阴、知与行、动与静有机结合起来。所以才会产生他那优美动人的语言，就像由他翻译的《易经》那样——歌德和孔夫子同时娓娓而谈，所以他才能对东西方这么多高品位的人产生如此魅力，所以他的脸上才会带着智慧而和蔼、机敏而诙谑的微笑。①

除《易经》译文之外，卫礼贤还著有其他一些有关《易经》的论文和著作，其中最著名的是《易经讲稿：持恒与应变》（*Lectures on the I Ching*：*Constancy and Change*）。尽管我们通过他的德译《易经》也可以窥见他的易学观，但那毕竟不是他本人的著作，他的易学观在表达时经常受到多方面的限制。而《易经讲稿：持恒与应变》（*Lectures on the I Ching*：*Constancy and Change*）这本书则比较集中地反映了他的易学观。这本书中的四篇文章分别是他于1926—1929年期间在法兰克福所做的四组讲座，论题分别是“对立与友谊的政治学”“艺术精神”“变化中的恒定”“中国人关于死的概念”。在这些讲座中，卫礼贤从《易经》中选取了一些文献予以讲解和引申、发挥他所要论述的那些主题。卫礼贤明确表示，他从事这一研究的目标有两个：一是向现代西方人传达中国传统文化的内容与价值，二是揭示《易经》中所包含的普遍适用的智慧。②

结　语

彭吉蒂（Birgit Linder）指出，卫礼贤是一位赴华新教传教士，但他将一生中的大部分时间都用来翻译哲学文本。③ 即便儒学在19、20世纪之交日渐式微，卫礼贤还是翻译了《论语》《列子》《孟子》《易经》《礼记》《吕氏春

① 转引自张弘、余匡复《黑塞与东西方文化的整合》，华东师范大学出版社，2010年，第2—8页。

② Richard Wilhelm, *Lectures on the I Ching*: *Constancy and Change*, Princeton: Princeton University Press, 1979, pp. 43-44.

③ 彭吉蒂《德译中国：文学接受、经典文本及德国汉学的历史》，见耿幼壮、杨慧林主编《世界汉学》（第7卷）第45页，中国人民大学出版社，2011年。

秋》《老子》和《庄子》。卫礼贤的译文质量颇高。根据鲍吾刚的判断，这些译文取得如此之高的成就，是因为它们填补了第一次世界大战后人们在精神上的空白，这堪比歌德在两个世纪前重燃对中国的兴趣时的体验。译文的成功也得益于他“无可指摘而又富于穿透力的语言——既适于传教士的工作，又符合西方基督教的用语习惯”①。

为了纪念自己的祖父，卫礼贤的孙女贝蒂娜（Betina Wilhelm）从2008年开始筹划拍摄一部以卫礼贤为主角的纪录片。② 该纪录片于2011年完成拍摄，片名为《变易的智慧：卫礼贤与〈易经〉》（*Wisdom of Changes：Richard Wilhelm and The I Ching*）。③

卫礼贤在中德文化交流中，一直有着非常重要的地位和作用。在中国文化复兴的伟大时期，重新检视卫礼贤与以《易经》为代表的中国文化，具有非常重要的意义。

（李伟荣　湖南大学外国语学院教授，文学博士）

① Bauer Wolfgang, Entfremdung, Verklärung, "Entschlüßelung: Grundlinien der deutschen Übersetzungsliteratur aus dem Chinesischen in unserem Jahrhundert" (Estrangement, Transfiguration, Decoding: Baselines of German Translations of Chinese Literature in our Century), in *Martin und Eckardt*, 1993, p. 282.

② Peggy Kames, "Der Sinologe Richard Wilhelm im Film-Bettina Wilhelm und ihr Projekt 'Wandlungen'", http://www.de-cn.net/mag/flm/de3515038.htm, accessed on April 4, 2012.

③ Martina Bölck, "Richard Wilhelm und das *I Ging* im Film", http://www.de-cn.net/mag/flm/de8494841.htm, accessed on April 4, 2012.

麦格基《易经》英译本的“东方化”特征*

吴礼敬

摘　要： 麦格基“东方化”中国典籍，主要表现为坚持将儒家经籍归入异教知识体系，采取比较神话学的方法将其与古希腊、巴比伦、印度、埃及、罗马等所谓异教文明的知识相比附，主张从异教文明自身出发理解其文化经典，避免采用基督教的观念对其加以解释，造成对基督教文明的亵渎。他在翻译《易经》时以宋儒朱熹、邵雍等人的宇宙观为依据，在译文中凸显出他对儒家的“宇宙生成观”和“宇宙周期循环说”的关注，同时利用比较神话学的知识从《易经》中解读出异教徒的“生殖器崇拜”神话。麦格基忽视了中国的注疏传统，先入为主，以西方的知识体系和框架来塑造和改写《易经》，把《易经》中的概念和解释“东方化”，导致译本出版后很快湮没无闻。

关键词： 易经　翻译　麦格基　东方化

一、引　言

1876年，英国圣公会海外传道会的牧师麦格基（Thomas McClatchie，1812—1885）翻译的《易经》由上海美华书馆出版，这是《易经》第一部英文全译本，在《易经》西传史上有一定的标志意义。但该书出版后并未引起太大反响，虽有少数评论者称赞它“水平专业，表述地道”（scholarly and idiomatic）①，但学术和

* 基金项目：安徽省哲学社会科学规划项目“诠释学视域下理雅各《易经》译本的特征及影响”研究成果（项目批准号：AHSKY2018D102）。

① Thomas W. Kingsmill，“In Memoriam（of Rev. Canon McClatchie）”，*Journal of the China Branch of the Royal Asiatic Society*，Vol. 20，1885，p. 100.

文化界普遍对它评价不高，如欧德理（Ernst J. Eitel，1838—1908）批评它“仓促乱译”（hasty badly-made translation）、“毁谤曲解”（slanderous misinterpretation）[①]，理雅各（James Legge，1815—1897）认为它“毫无可取之处”（found nothing which I could employ with advantage）[②]，卫礼贤（Richard Wilhelm，1873—1930）斥其“荒诞不经、未窥堂奥”（grotesque and amateurish）[③]。理雅各的《易经》译本（1882）问世以后，麦格基译本逐渐湮没无闻。近年来国内外研究者相继留意到麦格基译本的特征和地位，如司马富（Richard J. Smith）指出它“相对简单却不够明晰”（relatively straightforward but not very illuminating）[④]，任运忠认为它延续了耶稣会传教士解读儒家经典的“适应”政策[⑤]，李伟荣认为它“为在西方进一步传播《易经》和《易经》的学术研究奠定了坚实的基础”[⑥]。无论是毁是誉，麦格基译本作为《易经》西传史上不可或缺的一环，已是不争的事实。本文旨在提出和分析麦格基《易经》译本体现的“东方化”特征，以期从侧面解释它出版后遭遇冷落的一个原因。

二、“东方化”的概念

“东方化”（orientalized）是爱德华·萨义德（Edward Said，1935—2003）在《东方学》（*Orientalism*）一书中提出的概念。从19世纪末到20世纪，西方凭借在政治、军事、经济、科学、技术、文化等方面取得的全面优势，“通

---

① E. J. Eitel，“Short Notices of New Books and Literary Intelligence”，in *The China Review*，Vol. 5（July 1876-June 1877），Hong Kong：China Mail Office，p. 133.

② James Legge，*The I Ching*（second Edition），New York：Dover Publications，Inc.，1963，preface. p. xvii.

③ Richard Wilhelm，rendered into English by Cary F. Baynes，*I Ching or Book of Changes*，London：Penguin Books Ltd，2003，Introduction，p. xlix.

④ Richard J. Smith，*The I Ching：A Biography*，Princeton and Oxford：Princeton University Press，2012，p. 183.

⑤ 任运忠《明清西方传教士对〈易经〉的适应性解读与英译——以麦格基译本为例》，载《周易研究》2016年第4期。

⑥ 李伟荣《麦丽芝牧师与英语世界第一部〈易经〉译本：一个历史视角》，载《中外文化与文论》（第24辑）第11—23页，2013年。

过表述、裁断、描写、讲授、安置、统治等方式来处理东方”，形成一整套认识和处置东方的知识和话语体系，然后通过这套知识和话语体系来“主宰、重构和辖制东方”。[①] 东方不再是一个思想和行动的自由主体，而是受制于西方，处在被西方凝视的位置。“东方以及东方的一切，即使不是明显的低西方一等，也需要西方的正确研究（才能被人理解）。”[②] 在这样的背景下，西方关于东方的知识逐渐被“东方化”：“之所以说东方被‘东方化’，不仅因为在19世纪普通欧洲人司空见惯的一切行为方式上，东方都被发现是‘东方的’，而且因为东方可以被建构成——也就是说，被裁定成——‘东方的’。”[③] 概而言之，有关东方的一切知识，都是经过“东方化”这个建构过程的产物，通过这种方式，西方人不断强化自身相对于东方的外在文化优势和内在心理优势。虽然萨义德笔下的西方和东方主要是针对欧洲和近东而言，但他描述的这个“东方化”的话语建构过程，用来解释麦格基对《易经》的认识和翻译，却有一定的参照意义。

首先，从立场方面来看，相对于萨义德的“东方”（the Orient）和“西方”（the Occident）而言，麦格基主要以“基督教”（Christianity）和“异教”（Paganism）这一本体论和认识论意义上的区分为基础，站在“基督教”的立场建构和裁定“异教”的经籍和信仰。在1874年翻译出版的《英译朱子性理合璧》[④] 的前言里，麦格基指出儒家思想和希腊哲学同属异教文化，它们和基督教的一神信仰之间有着较大的区别。异教国家的圣哲普遍相信物质不灭，在他们的著作里找不到和物质截然分开并自成一体的人格神（personal God），因为他们相信原生物质（Primordial Matter）具有神性，在朱熹那里，这种原生物质是“气”，在泰勒斯（Thales）那里则是“水”，它们是整个宇宙的创生本源。不管赋予这些原生物质多少华丽的特征，它们也不能被抬升

① Edward Said, *Orientalism*, London: Penguin Books Ltd., 2003, p. 3.

② 爱德华·萨义德著，王宇根译《东方主义》第50页，生活·读书·新知三联书店，2003年。

③ 《东方主义》第8页。

④ 麦格基的译文来源于《渊鉴斋御纂朱子全书》，后者是康熙皇帝敕命李光地等儒臣将朱熹的文集和语录整理删节，然后将其内容按类排比编制而成，全书共66卷，康熙五十三年（1714）由内务府刻印，以“御纂”的名义颁行全国。《英译朱子性理合璧》节译该书第49卷，分为《理气》《太极》《天地》《阴阳、五行、时令》等四部分，麦格基认为它们集中体现了儒家的宇宙生成观，因此将译本定名为 *Confucian Cosmogony*。

到基督教"唯一真神"（God）的地位。① 1875 到 1877 年，麦格基先后在《教务杂志》(*The Chinese Recorder and Missionary Journal*) 第 6 卷、第 7 卷和第 8 卷上发表《异教信仰》(*Paganism*) 的第一、二部分，第三、四部分和第五部分，系统阐述他对基督教和异教体系的认识。他认为异教徒的世界虽然也盛行一神崇拜（monotheists），但他们的"至上神"（supreme God）不同于基督教的"唯一真神"（true God），是由偶像和实物崇拜（idolatry）提升的对物质系统（material system）或者说对"有灵自然"（animated nature）的崇拜，而基督教的信仰则是纯粹对"至高存在"（Supreme Being）和"创世者"（the Creator）的崇拜。在《易经》译本的前言里，麦格基进一步强调异教徒和基督徒的区别："异教徒和基督徒的思维模式差异极大，他们看待宇宙及其各部分的方式、解释宇宙存在的方法都和基督徒迥然不同"，因此信奉基督教的译者翻译和解释异教典籍殊非易事，"除非他们学会从异教徒的立场看待这些问题，否则会感到无所适从"。② 麦格基指出，传教士译者最容易犯的错误，就是想方设法把异教典籍基督教化，也许他们诚心想在异教典籍中找到关于基督教"唯一真神"的知识，但这样做的结果却是抬高了这些典籍的地位，是对基督教的一种亵渎，结果只会令人感到遗憾。为了避免这种遗憾，就需要探究异教崇拜的主要神灵的神话史，认清他们的根源。③ 在此意义上，麦格基提出要从比较神话学（comparative mythology）的角度理解《易经》："没有一点神话学的知识就去翻译《易经》或其他儒家典籍，就像不懂神话就去翻译荷马、维吉尔和赫西奥德一样。只从《易经》本身出发来翻译《易经》自然困难重重，要看清《易经》里传授的知识体系，必须得了解其他异教体系才行。"④ 他所谓的"比较神话学"，就是站在基督教的立场，

① Thomas MacClatchie, *Confucian Cosmogony: A Translation of Section Forty-nine of the Complete Works of the Philosopher Choo-Foo-Tze, with Explanatory Notes*, Shanghai: American Presbyterian Mission Press, 1874, Introduction, pp. viii-ix.

② Thomas McClatchie, *A Translation of the Confucian* 易经 *or the Classic of Change with Notesand Appendix*, Shanghai: American Presbyterian Mission Press, reprinted by Ch'eng Wen Publishing Company, Taibei, 1973, Preface, p. iii.

③ *A Translation of the Confucian* 易经 *or the Classic of Change with Notesand Appendix*, Preface, pp. iv-v.

④ *A Translation of the Confucian* 易经 *or the Classic of Change with Notes and Appendix*, Preface, p. v.

把《易经》和其他异教文化如印度教、希腊神话等相比较，他“正是凭此钥匙打开了这部有趣经籍的众多奥秘”，而“只要中国学生继续忽视比较神话学，《易经》的奥秘就会一直封印在书中，令他们无由得解”。① 从这些话中，我们可以看出麦格基作为基督徒的文化优越感和对解读异教典籍《易经》的高度自信。

其次，从方法层面来看，既然麦格基认为“比较神话学”是理解和解释《易经》的一把“钥匙”，他就在不同场合开始尝试。如在《易经中的象征》这篇文章中，麦格基指出只要有一点比较神话学的知识，就可以看出《易经》里最古老的由“天、地、人”构成的“三元体系”（Triplication），与印度教的“梵天”（Brahmá，创造者）、毗湿奴（Vishnu，维护者）和湿婆（Mahesa，毁灭者），柏拉图的至善（the Supreme Good）、理性（Reason）和灵魂（Soul）等异教信仰的三元体系（triad）如出一辙，这些相似之处只能说明它们同出一源。他从《圣经》记载的大洪水推断，人类流传至今的一些圣典是大洪水以后人类的祖先将巴别塔修建以前记录的物质主义（Materialism）重新编写、保存或恢复形成的。异教徒世界现在流传的各种圣典，都是据此编纂，这也正是《易经》的起源。② 根据神话传说，伏羲显然就是古巴比伦神话中的智慧之神俄安内（Oannes），因此《易经》这部经典是中国祖先在人类散居世界各地时，根据从古巴比伦带来的手稿编纂而成。古巴比伦人和中国人有很多相似的习俗，如建造祭塔供奉“天”和“众神”，在瓦片上写字，使用毛笔等。③ 因此，麦格基“东方化”中国典籍，主要表现在坚持将儒家经籍归入异教知识体系，采取比较神话学的方法与古希腊、古巴比伦、古印度、古埃及、古罗马等所谓异教文明的知识相比附，主张从异教文明出发理解其文化经典，避免采用基督教的观念加以解释，造成对基督教文明的亵渎。

---

① *A Translation of the Confucian 易经 or the Classic of Change with Notes and Appendix*, Preface, p. v.

② Thomas McClatchie, “The Symbols of TheYih-King”, in *The China Review*, Vol. I. No. 3, Hong Kong: China Mail Office, 1872, p. 152.

③ *A Translation of the Confucian 易经 or the Classic of Change with Notes and Appendix*, Introduction, pp. ii-iii.

三、麦格基《易经》译本的“东方化”特征

从《易经》的翻译和解释来看，麦格基“东方化”《易经》的方式主要体现在揭示《易经》中蕴含的“生殖器崇拜”神话和突出儒家的宇宙观。

（一）“生殖器崇拜”神话

麦格基在《英译朱子性理合璧》中就提出了《易经》中的乾、坤分别指男、女生殖器的看法。在注解朱熹论“天地”和“乾坤”之间关系的一段话时，麦格基指出，“天”这个伟大的父亲及其妻子“地”都是生殖守护神，所以中国人结婚时普遍有“拜天地”这套礼节。他引用《系辞》“乾坤其易之门邪？乾，阳物也，坤，阴物也”，将它译为：“Kheen and Khwan（Heaven and Earth）are the door of Change（i. e. of generation）. Kheen is the 阳物 male organ of generation, and Khwan is the 阴物 female organ of generation.”他把乾、坤等同于天、地，把“易之门”理解成“创生之门”，把“阳物”和“阴物”分别译为男、女生殖器，以佐证他提出的“天、地”是中国人的生殖守护神的说法，并认为中国人的“天”或“上帝”相当于希腊神话中的生殖之神普里阿波斯（Priapus）。[①] 在《生殖器崇拜》这篇文章里，麦格基指出“乾坤”或“上帝”是异教国家崇拜的生殖神，因为“上帝”兼男女两性于一身，所以“乾”或“上帝”的男性部分指的是男根（membrum virile），“坤”或“上帝”的女性部分指的是女阴（pudendum muliebre），二者包含在“太极”（the Great Extreme）这个圆环中，万物从中产生并受其统治。[②] 他还根据《钦定大清会典》中对祭祀“皇天上帝”的“圜丘”和祭祀“皇地祇”的“方泽”的描述，认为这两座祭坛的形状正是模仿男、女生殖器，以作为生殖神“天”“地”的象征，并将它们和印度教的男性生殖器像林伽（Linga）和女性生殖器像约尼（Yoni）类比，指出这是异教信仰中常见的现象。[③] 他甚至指出，因为《易经》的《乾》卦是纯阳之卦，它的卦象为“龙”，所以“龙”也是男根的

① *A Translation of the Confucian 易经 or the Classic of Change with Notes and Appendix*, p. 152.

② Thomas McClatchie, “Phallic Worship”, in *The China Review: or Notes and Queries on the Far East*, Vol. IV, No. 4, Hong Kong: China Mail Office, 1876, p. 257.

③ “Phallic Worship”, in *The China Review: or Notes and Queries on the Far East*, p. 258.

象征。①

在《易经》的具体译文中，麦格基强调的异教徒的“生殖器崇拜”神话主要体现在《系辞》和《泰》《否》《归妹》《屯》《咸》等卦的相应内容中，前者是对“乾、坤”特征的具体讨论，后者是对“天地交”等文字的具体理解。《系辞》的“夫乾，其静也专，其动也直，是以大生焉；夫坤，其静也翕，其动也辟，是以广生焉”。麦格基译为：“With regard to Kheen，his Rest is undivided attention，his Motion is straight forward，and thus he is the Great Generator. As to Khwan，her Rest is closing together，her Motion is opening and hence she is the Capacious Generatrix.”他在译文下加注说，“乾”这一阳性主神指的是男根（Membrum virile），“坤”这一阴性主神指的是女阴（Pudendum muliebre），这两个自然力量一起构成了阴阳合体的“上帝”，和印度教的生殖神像林伽和约尼相同。这种男根的外在象征可在北京祭天的“圜丘”看到，女阴的象征可在祭地的“方泽”看到，二者常在宝塔中结为一体，塔身代表男根，方形的基座代表女阴。② 这段注释和他在《生殖器崇拜》中的见解几乎完全相同。《系辞》中最直接的一段：“子曰：乾坤其易之门邪？乾，阳物也，坤，阴物也，阴阳合德而刚柔有体，以体天地之撰，以通神明之德。”麦格基译为：“Confucius says：Are not Kheen and Khwan the doors of Change！Kheen is the membrum virile，and Khwan is the pudendum muliebre（the sakti of Kheen）. The energy of this Yin and this Yang uniting，the Hard and the Soft obtain substance，carrying into effect the arrangement of Heaven and Earth and making known the virtus of the Gods.”③ 与前引《英译朱子性理合璧》的译文对比，麦格基只是把较为直白的 male organ 和 female organ 替换成拉丁文，在理解上并无变化。

既然“乾、坤”分别指男女性器官，“天、地”是中国人崇拜的生殖守护神，那么《易经》中提到的“天地交”自然就是指天与地的交合了。因此《泰》卦《彖辞》的“则是天地交而万物通也”，《大象》的“天地交，泰”，麦格基把“天地交”都译为“Heaven and Earth having now conjugal

① “Phallic Worship”，in *The China Review：or Notes and Queries on the Far East*，p. 261.

② *A Translation of the Confucian 易经 or the Classic of Change with Notes and Appendix*，p. 304.

③ *A Translation of the Confucian 易经 or the Classic of Change with Notes and Appendix*，p. 346.

intercourse"[①]，即“天”和“地”像夫妻那样交媾；《否》卦《彖辞》的“天地不交而万物不通”，《归妹》卦《彖辞》的“天地不交而万物不兴”，麦格基分别译为“Heaven and Earth not having sexual intercourse now, the myriad of things no longer expand into existence”[②] 和“If Heaven and Earth had not sexual intercourse with each other, then the myriad of things could not exist”[③]，天地没有交媾，万物就不能生存。可见麦格基把“交”字理解成具有生殖含义的“交媾”。因此《屯》卦《彖辞》的“刚柔始交而难生”，麦格基相应译为“the Thun Diagram represents the Hard and the Soft (Air) beginning to have sexual intercourse, and bringing forth with suffering”[④]，即刚柔两气开始交媾并带来苦难。有意思的是，麦格基把“天地交”“刚柔交”的“交”字都译成“having conjugal (sexual) intercourse”（性交），却把《泰》卦《彖辞》的“上下交而其志同”里的“交”译为“uniting together”（结合），且没有提供任何解释，这就招来理雅各的激烈批评：“明明是两个相同的汉字，为什么不接着把‘上下交’的‘交’字也翻译成‘have conjugal intercourse together’（性交）呢？或者说，他为什么就是不肯抛弃这类性交的（粗鄙）想法呢？明明《易经》里没有这类粗俗的含义，他为什么就是要让《易经》显得这样粗鄙呢？”[⑤] 理雅各的追问一定程度上触及了问题的本质：如果麦格基不先入为主地断定异教徒都有物质崇拜的思想，不站在基督教文明的立场审视和裁定东方文化，而是深入中国典籍的传统中理解它们的思想脉络，也许就不会陷入这样的矛盾。根据传统注

① *A Translation of the Confucian 易经 or the Classic of Change with Notes and Appendix*, p. 62.

② *A Translation of the Confucian 易经 or the Classic of Change with Notes and Appendix*, p. 68.

③ *A Translation of the Confucian 易经 or the Classic of Change with Notes and Appendix*, p. 250.

④ *A Translation of the Confucian 易经 or the Classic of Change with Notes and Appendix*, p. 30.

⑤ James Legge, *The I Ching* (second Edition), New York: Dover Publications, Inc., 1963, pp. 223-224. 理雅各把“天地交而万物通”译为“heaven and earth in communication with each other, and all things in consequence having free course”，把“交”字译为“交流”“交通”，“上下交而其志同”与此相一致，译为“the high and the low (superiors and inferiors), in communication with each other, and possessed by the same aim”。卫礼贤的《易经》译本里，“天地交而万物通”译为“Heaven and earth unite, and all beings come into the union”，“上下交而志同”的译文是“Upper and lower unite, and they are of one will”(Richard Wilhelm, *I Ching or Book of Changes*, rendered into English by Cary F. Baynes, London: Penguin Books Ltd., 2003, p. 441.)。“交”是“交接，结合”的意思，译文均不存在麦格基这样前后不一的矛盾。

疏,《泰》《否》两卦讨论天地之道,《归妹》卦讨论人之终始,《彖辞》提及的"天地交""天地不交"均和天道人事相关。朱熹《周易本义》解释《泰》为"泰,通也。为卦天地交而二气通,故为泰"[①]。李光地《周易折中》解释《泰》卦"天地交而万物通"时引用程颐的说法:"天地阴阳之气相交,而万物得遂其通泰也。"同时指出孔颖达的理解是:"所以得名为《泰》者,由天地气交,而生养万物,物得大通。"邱富国指出:"天地之形不可交而以气交,气交而物通者,天地之泰也。"[②] 他们都把"天地交"理解成阴阳二气相交接,万物从而得以生养。麦格基裁定《易经》中含有异教徒的物质崇拜思想,并将其具体化为生殖器崇拜,因此"天地气交"与"天地交"一样都有了"交媾"的含义。所以《系辞》的"天地絪缊,万物化醇。男女构精,万物化生"。麦格基译为:"Heaven and Earth's genial Air mingling together, the myriad of things are transmuted and flourish luxuriantly; the male and the female having sexual intercourse the myriad of things are transmuted and generated."[③] 这里他明确把天地之气的交合与男女的交媾放在一起,作为万物产生的根源。《咸》卦《彖辞》"咸,感也,柔上而刚下,二气感应以相与,止而说",麦格基译为:"Han signifies Influencing—The Soft is ascending (sixth stroke) and the Hard (fifth stroke) following; these two Airs mutually exciting and responding, and having sexual intercourse with each other. (It implies) cessation and enjoyment."这里"二气感应以相与"的"相与"也被理解为"having sexual intercourses with each other"(交媾),足证麦格基先入之见的影响。

(二)儒家的宇宙观

麦格基指出,儒家的宇宙生成观主要来源于《易经》,[④] 他认为《易经》书名的含义就是指这部典籍包含了宇宙生成以来发生的各种变化的历史。[⑤] 他从朱熹和邵雍那里总结出儒家有关宇宙生成的思想,即宇宙的"理""气"生成说和宇宙的周期循环说,并以此为依据翻译和解释《易经》。朱熹认为"理""气"不可分,精神性的"理"是世界万物的主宰和本源,物质性的

---

① 朱熹著,廖名春点校《周易本义》第74页,中华书局,2009年。

② 李光地著,刘大均整理《周易折中》第258页,巴蜀书社,2008年。

③ *A Translation of the Confucian* 易经 *or the Classic of Change with Notes and Appendix*, pp. 343-346.

④ *Confucian Cosmogony*, p. 161.

⑤ *Confucian Cosmogony*, p. 143.

"气"赋予世界万物以具体形状。"天地"是由"阴阳之气"不断运行产生的，"气"之清者变成"天"，"气"之重浊者变成"地"。天地间的万物都由"理"在其中的"气"流行发育而成，"太极"正是"理"在其中的"气"。麦格基据此归纳出儒家的宇宙生成观：宇宙万物的起源都可以追溯到"理"（Fate）和"气"（Air）。儒家像一切异教信仰那样相信物质不灭，这永恒无尽的"原生物质"就是"气"。天地万物、日月星辰，甚至鬼神都由"气"生成。因为"理"寓于"气"中，而宇宙的每个部分都由"气"生成，所以宇宙万物中自然就包含了永恒不灭的"理"，在这个意义上，"理"只是"神"的一个别称。① 他在《易经》的《导论》中强调，中国的哲学家对正确的世界起源一无所知，他们和一切异教徒一样相信物质不灭，"气"就是这永恒不灭的物质。宇宙间万物，包括天地、日月、星辰、鸟兽、草木和人类，都由"气"生成，并受它主宰。这永恒无尽的"气"在中国典籍中又被称为"天"，因为它不仅生成万物，而且主宰万物，所以又被称为"上帝"，作为万物的起源，它又被称为"太一"。"气"分阴阳，然后创生宇宙。②

麦格基总结儒家的宇宙生成观，主要依据朱熹的观点；他总结儒家的宇宙周期循环说，主要依据邵雍的"元会运世"说。邵雍根据象数推演，把天地从始至终的过程区分为元、会、运、世，以此为宇宙历史的周期，一元十二会，一会三十运，一运十二世，一世三十年，共129600年。为便于人们记忆，邵雍将一元中的十二会和十二地支对应起来，形成"天开于子，地辟于丑，人生于寅"的关系。邵雍认为世界文明史以此为周期，由兴盛到衰亡，从形成到终结，周而复始，循环不息。麦格基指出，一"元"为129600年，一"会"为10800年。"子会"开始时，"天"或"上帝"诞生；"丑会"开始时，"天"的妻子"地"诞生；"寅会"开始时，第一个人诞生，他是"天"和"地"之子；到"亥会"时，洪水将世间万物摧毁，世界回到原始鸿荒状态，然后又回到子会，宇宙重新从鸿荒中诞生。③ 他据此解释《易经》，认为《否》卦代表宇宙的毁灭，《否》卦《彖辞》说"小人道长，君子

---

① *Confucian Cosmogony*, pp. 125-129.

② *A Translation of the Confucian* 易经 *or the Classic of Change with Notes and Appendix*, Introduction, p. iv.

③ *A Translation of the Confucian* 易经 *or the Classic of Change with Notes and Appendix*, Introduction, p. xiv.

道消”，就是指由于人类的堕落最终导致万物的毁灭。而在《复》卦中，“君子”或“天”“上帝”在大洪水中被“理”或“道”保存下来，等洪水消退后重新出来，从原来旧世界的“气”中创造出新的宇宙。麦格基认为在《易经》中，每一次世界的重新创生都会回到《乾》卦，它被比喻为“阖户”，所有的创造都从这里生发；而每次世界回到洪荒状态，则被归为《坤》卦，它被比喻成“辟户”，一切都被安全地储存起来，直到洪水退去，才会再次创生。他引用《系辞》“是故阖户谓之乾，辟户谓之坤，一阖一辟谓之变，往来不穷谓之通”佐证此说，[①] 同时他将很多卦的解释和宇宙周期循环说相联系，如《丰》卦《彖辞》：“日中则昃，月盈则食，天地盈虚，与时消息，而况于人乎？况于鬼神乎？”[②] 麦格基认为这反映出自然界的日常进程正是新旧世界不断循环这一法则建立的基础，正如太阳有升落、月亮有盈亏，宇宙循环也遵循这一不变的自然法则。[③] 自然界万物在冬天闭藏，春天生发，宇宙也在《剥》卦期间消亡，在《复》卦期间恢复生机。《剥》卦期间，“不利有攸往”，一切都在下降，“君子尚消息盈虚”，表示宇宙在变革，阴气包裹宇宙，一切回到洪荒状态或创生它们的“太一”中央。在这个大毁灭时期，“小人剥庐”，房屋全部被毁，“君子得舆”，只有君子得到安全的交通工具，将自己和家人（一共八人）从这场大毁灭中解救出来。[④] 再如《蛊》卦《彖辞》“蛊，元亨，而天下治也”，麦格基认为它指的是在一“元”终结和另一“元”开始时，宇宙先毁灭再创生，然后圣人出来重新治理这个世界，“先甲三日，后甲三日，终则有始，天行也。”指的是在“天”经历的前后变易的过程中，旧的世界终止，新的世界接着开始。[⑤]

麦格基认为，《易经》的《乾》卦集中体现了儒家的宇宙生成观，《复》

---

① *Confucian Cosmogony*, pp. 147-148.

② *A Translation of the Confucian 易经 or the Classic of Change with Notes and Appendix*, Introduction, p. xi.

③ *A Translation of the Confucian 易经 or the Classic of Change with Notes and Appendix*, Introduction, pp. xi-xii.

④ *A Translation of the Confucian 易经 or the Classic of Change with Notes and Appendix*, Introduction, p. xii.

⑤ *A Translation of the Confucian 易经 or the Classic of Change with Notes and Appendix*, Introduction, p. xii, p. 94.

卦集中体现了儒家的宇宙周期循环论，因此他不但在翻译时贯彻这个观念，而且还在附录中特意探讨和强化这两卦的主旨。他认为《易经》里指称世界的创造者为“乾”，或称“活天”。由“元、亨、利、贞”四字可知，万物由“乾”而创始，是为“元”（Origin）；在“乾”的影响下生长发育，是为“亨”（Luxuriance）；“乾”作为“阳”又让万物各具形貌颜色，满足感官享受，是为“利”（Benefit）；最后让万物臻于完美，并各留其种子，以便在每一“元”复始、在每年春天开始时，都能各按其类得到更新，是为“贞”（Completion）。[①] 在麦格基看来，《乾》卦《彖辞》解释“元、亨、利、贞”，完全是在展示世界从创生到毁灭的完整过程。这个看法无疑受到程颐和朱熹的影响。程颐解释“元、亨、利、贞”时，也将它们与万物生长联系起来：“元者，万物之始。亨者，万物之长。利者，万物之遂。贞者，万物之成。”[②] 朱熹认同这种说法并加以发挥：“元者，物之始生；亨者，物之畅茂；利，则向于实也；贞，则实之成也。实之既成，则其根蒂脱落，可复种而生矣。”[③] 朱熹用自然界万物的种生、繁茂、结实、蒂落来解释“元、亨、利、贞”这个自然循环的过程，麦格基则将其发展为宇宙创生、毁灭和再生的循环思想。他在讨论《复》卦时指出，世界被大洪水毁灭后，“乾”或“上帝”在洪水后的洪荒时期出现，跟随他的还有他的妻子和六个孩子（三个儿子及三个女儿/儿媳）。“乾”走出的洪荒正是“阴”或“坤”，即古希腊神话中的冥界之王哈迪斯（Hades）。由“厚德载物”可知，这个“阴”或“坤”如同一艘大船，一切都被储存在其中保护起来，以免遭受洪水的毁灭。[④] 从以上分析可知，麦格基奉“比较神话学”为解读《易经》的密钥，从《易经》中读出了很多中国传统注疏里没有的含义，如上文提及的“天地交”“二气感应以相与”中的“交媾”，《乾》卦中的“龙”为男根的象征，《坤》卦“厚德载物”的“载”被解释为大洪水时期的一艘大船等。根据金斯密（Thomas W. Kingsmill，1837—1910）的介绍，麦格基服膺英国哲学家拉尔夫·卡德沃思（Ralph Cudworth，1617—1688）和英国学者雅各布·布莱恩特（Jacob Bryant，

---

① *A Translation of the Confucian 易经 or the Classic of Change with Notes and Appendix*, Introduction, pp. 384-385.

② 《周易折中》第 18 页。

③ 《周易本义》第 33 页。

④ *A Translation of the Confucian 易经 or the Classic of Change with Notes and Appendix*, pp. 454-455.

1715—1804）的思想,[1] 前者力图证明上帝的存在，反对唯物主义的无神论思想，尤其反对世界起源于原子的“原子论”（atomic）和万物均有内在生命的“物活论”（hylozoic）；后者认为一切神话都来源于希伯来经文，尝试将世界上的神话与《创世纪》中的故事相联系，并提出所有古文明都是大洪水之后“含”（Ham）的后代所创建，因为“含”被认为是太阳，所以异教信仰多源于太阳崇拜。这也可以解释麦格基在翻译《易经》时为什么一方面竭力将异教文明和基督教文明相对立，凸显异教文化中的“物质”信仰和崇拜，另一方面却又从《创世纪》中的故事出发，频频将人类堕落、大洪水、诺亚方舟等《圣经》典故和《易经》的解释联系在一起。此外，针对19世纪中叶在来华传教士之间围绕究竟用“上帝”还是“神”来翻译《圣经》中的God这个问题掀起的“译名之争”（the Term Question），即中国人有没有对基督教“唯一真神”的认识这个问题，麦格基积极介入，在《教务杂志》第7卷（1876）发表“The Term for God”“The Term for God in Chinese”“The Yih King”“The Term for Spirit in Chinese”等文章，并在第8卷（1877）上发表一篇“God”长文，指出基督教的God和中国典籍中的“上帝”没有任何共同点，因此只能采用泛指的“神”来翻译。这些论争也对他的《易经》翻译造成了极大影响，以致欧德理批评他的《易经》名义上是翻译，实际上却是打着翻译的幌子延续“译名之争”的一部“论战手册”[2]。以上这些因素结合在一起，使麦格基的《易经》译本在一定程度上失去了客观性，变成深受译者“先入之见”影响的“东方化”的典籍。

四、结 语

麦格基翻译《易经》时突出了他对儒家的“宇宙生成观”和“宇宙周期循环说”的关注，以显示其与基督教知识体系间的差异，这些理解和解释以宋儒朱熹、邵雍等人的宇宙观为依据，一定程度上体现了他从“异教”传统本身解

① “In Memoriam（of Rev. Canon McClatchie）”, p. 99. 拉尔夫·卡德沃思的思想主要见于他的代表作《宇宙间唯一正确之知识体系》（*The True Intellectual System of the Universe*, 1678），雅各布·布莱恩特的思想则见于他的代表作《古代神话析论》（*A New System, or An Analysis of Ancient Mythology*, 1774-76）。

② E. J. Eitel, “Short Notices of New Books and Literary Intelligence”, p. 122.

读其经典的初衷，从后续研究者的结论来看，麦格基的观点并无什么舛误①。他利用比较神话学的知识从《易经》文本中读出异教徒的“生殖器崇拜”神话，也并非没有同道，郭沫若②、夏含夷（Edward L. Shaughnessy，1952—）③、李约瑟（Joseph Needham，1900—1995）④ 等人都曾表达过类似见解。何以这些解读出现在麦格基的《易经》译本中，会招致众多批评，最终导致他的译本湮没无闻呢？我想其中最关键的原因，在于他忽视、轻视了中国的注疏传统，先入为主，“以我观物，故物皆着我之色彩”。他没有意识到作为《易经》原始文本的《周易》本经和作为早期注疏的《十翼》之间的差异，不能从《周易》本经和后代注疏中逐步推导和建立自己的结论，只是利用《十翼》中的

---

① 如牟复礼（Frederick W. Mote，1922—2005）认为：“中国没有创世的神话，中国人认为世界和人类不是被创造出来的，而这正是一个本然自生的宇宙的特征，这个宇宙没有造物主、上帝、终极因、绝对超越的意志等。创世和超越的造物主的观念在中国人的心灵上没有留下太深的印象。中国的宇宙生成论主张的是一个有机的过程，宇宙的各个部分都从属于一个有机的整体，它们都参与到这个本然自生的生命过程的相互作用之中。”见牟复礼著，王立刚译《中国思想之渊源》第 19—21 页，北京大学出版社，2009 年。杜维明认为：“在中国神话里没有犹太——基督教版的创世神话……中国人正是看到宇宙是不断的创造力的象征，才拒绝接受那些诸如宇宙乃上帝之意志的机械论、目的论及有神论等。”见杜维明著，刘诺亚译《存有的连续性：中国人的自然观》，载《世界哲学》2004 年第 1 期。中国历代根据《易经》发展出的宇宙本体论均未将“上帝”视为宇宙的本原，如王弼的“无本论”认为万象以“无”为本，朱熹的“理本论”认为“理”是天地万物变化的根源，杨简的“心本论”认为“心”统率和决定宇宙的变化，张载和王夫之的“气本论”认为“太极之气”是宇宙的本体，寓于天地万物之中。见朱伯崑主编《易学基础教程》第 255—256 页，九州出版社，2011 年。

② “八卦的根柢我们很鲜明地可以看出是古代生殖器崇拜的孑遗。画一以象男根，分而为二以象女阴，所以由此而演出男女、父母、阴阳、刚柔、天地的观念。”见郭沫若《中国古代社会研究》，载《郭沫若全集·历史编第一卷》第 33 页，人民出版社，1982 年。

③ “乾为纯阳，于身上即阳物之象；坤为纯阴，于身上即阴户之象。阳物安静未激之时，其形乃弯曲，故曰‘其静也专’；激动欲交之时，其形乃直立，故曰‘其动也直’。阴户安静未激之时，其外阴部乃翕合，故曰‘其静也翕’，激动欲交之时，其外阴部乃辟开，故曰‘其动也辟’。乾坤相交，大广生焉，亦即阳物阴户相接，万物生焉。”见夏含夷《说乾专直，坤翕辟象意》，载氏著《古史异观》第 287—288 页，上海古籍出版社，2005 年。

④ “如果我们注意到乾的坚硬和坤的空洞，那么就很难忽略这当中的生殖器含义，乾如枪矛（lance），坤象杯盘（grail）。”Joseph Needham，*Science and Civilisation in China*，Vol. 2：*History of Scientific Thought*，Cambridge：Cambridge University Press，1956，p. 310. 上引诸例，还可参考李伟荣的文章《麦丽芝牧师与英语世界第一部《易经》译本：一个历史视角》（载《中外文化与文论》（第 24 辑）第 11—23 页，2013 年），其中有详尽的分析。

《彖》《象》《系辞》和宋儒的见解，建构一套符合自己预设的“生殖器崇拜”神话并佐证儒家“物质主义”的宇宙观，这实际上是以西方的知识体系和框架来塑造和改写《易经》，把《易经》中的概念和解释“东方化”。因此，在追求“以意逆志”“忠实传达”[①] 的理雅各《易经》译本和坚持“以经解经”“不超越时代”[②] 的卫礼贤译本出版后，麦格基的译本很快遭到冷落，也就并不令人感到奇怪了，尽管难免会有一丝惋惜。

（吴礼敬　博士，合肥师范学院外国语学院副教授）

① James Legge, *The I Ching* (second Edition), p. xv.

② Wilhelm/Baynes, *I Ching or Book of Changes*, Princeton: Princeton University Press, 1967, p. xlix.

追问·溯源·创造

——序刘明武著《换个方法读〈易经〉》

阎纯德

一部《易经》，从古至今，吸引了的无数中外研究者，刘明武是其中之一。

《易经》博大精深，是“大道之源，群经之首，设教之书”，是阐述天地世间万象变化的古老经典，是认识和预测世界、把握世界规律与理论之涵盖万有、纲纪群伦、广大精微的古代文明百科全书，是中华民族五千年智慧的结晶和天下之公器。在中国文化史上，一直影响着我们文明的发展，我国近代哲学、史学、文学、宗教、天文、地理、中医、农学、文字、数术、民俗诸多领域无不受其影响……

《易经》作为人类之公道，延续至今，不仅有本土易学，还有国际易学。国际易学，且不说汉唐以降，东亚日本和朝鲜半岛学人对于《易经》的青睐与研究，自十六七世纪，始自耶稣会士汉学家，迄至21世纪，欧美汉学家和学者就从未间断过对于《易经》的译介与研究。1687年7月23日来到中国的法国耶稣会士白晋（Joachim Bouvet，1656—1730），他的《易经总旨》（*Idea Generalis Doctrinae libri Ye Kin*）是《易经》西传的第一个版本。《易经》英译始于麦丽芝（Canon Thomas R. H. Meclatehie）1876年的译本。仅在20世纪，在异国他乡安家落户的《易经》译本和研究就有近百部——欧洲20余部，亚洲9部，美国及加拿大53部。英国汉学家理雅各（James Legge）、翟理思（Herbert Allen Giles）、魏莱（Arthur Waley）、艾约瑟（Joseph Edkins）、闵福德（John Minford）、蒲乐道（John Blofeld），德国汉学家卫礼贤（Richard Wilhelm），美国汉学家林理彰（Richard John Lynn）、夏含夷（Edward Louis Shaughnessy）、卢大荣神父（Richard Rutt）、裴松梅（Margarel J. Pearson）及俄国汉学家尤·康·楚紫气（又名尤·康·休茨基，Юлиан Константинович

Щуцкий）等，都是《易经》的译者和研究的著名汉学家。

中国本土的《易经》研究，从重注疏到阐述其价值；国际易学则从接受顾颉刚等“古史辨”的学术倾向到阐释与发挥、“追索本义，秉承直译，充分发挥译者的主体性”①，这便体现了国内外易学迻译传播与研究的新趋势。

但是，从古代起，研究《易经》，常用常见的方法基本有以下几种：第一，以书论书，以经解经，以字解字，以卦解卦，这种方法可以称之为“以书论之”；第二，“我认为是这样就是这样，我认为是那样就是那样”，这种方法可以称之为“以我论之”；第三，“权威认为是这样，我就跟着说是这样；权威认为是那样，我就跟着说是那样”，这种方法可以称之为“以权威论之”。

在这三种方法之外还有一种方法，这就是：以天文论人文，以太阳历论洛书论太极论八卦，以阴阳合历论河图论六十四卦，这种方法可以称之为“以天文论之”“以太阳论之”“以日月星论之”。刘明武的《易经》研究，采用的就是这种方法。

刘明武，地质工程师，他把找矿的思路与方法引入文化研究。地质学有一个“追问”的思路，找到矿之后，一定要追问“矿从何处来”的成矿之因，一定要追问：“有！为什么有？”同时，还要追问的问题是：“有，有什么用？”

把追问的思路别出心裁地引入文化研究，刘明武把书读活了：面对《易经》，追问《易经》是如何形成的？面对《内经》，追问《内经》是如何形成的？《易经》谈阴阳不谈五行，五行从何而来？《易经》谈“河出图洛出书”，什么是河图，什么是洛书？河图洛书从何而来，表达的又是什么？《易经》的基础是六十四卦，六十四卦的基础是八卦，八卦从何而来，表达的又是什么？

《易经》之中有天干无地支，天干地支从何而来，表达的又是什么？《易经·系辞下》记载的五大先贤——包牺氏、神农氏、黄帝、尧、舜，个个都有器具发明创造的功绩，个个都是发明家，《易经》研究者应不应该有所发明、有所创造？

“道器并重”是《易经》的核心，老子继承道而反对器，算不算文化失传？神农氏务农称“圣”，孔夫子骂请教务农的学生为小人。农业大国的圣人

① 李伟荣《麦丽芝牧师与英语世界第一部〈易经〉译本：一个历史视角》，载《中外文化与文论（第24辑）》，2013年。

不研究农业，算不算文化失传?《易经·系辞上》:“一阴一阳之谓道。”道中的阴阳是一比一的平衡关系，董仲舒论君臣、父子、夫妻关系论出的“三纲”，其中的阴阳关系是“阳为阴纲”。“阳为阴纲”算不算伪道，算不算文化变质?

追问，追问，连续不停地继续追问，是刘明武研究《易经》的第一步。

对刘明武的研究之所以如此清楚，是因为刘明武开始研究《易经》的文章大都是由我编发的。

1993年，我创办《中国文化研究》，1999年接到刘明武的第一次投稿，看完稿子后，给刘明武通电话。我说，时下的文化研究大多是“炒剩饭”，你的文章是用心写的，《中国文化研究》是季刊，再大的专家一般来说也是一年只能编发一两篇，你不在此列。2000年，我编发了刘明武的两篇文章:《“象与器”简论》和《道与器的曲折历程:试论老子、孔子从〈易〉上的后退》。2001年，刘明武的《是“阴阳和合”还是“阳为阴纲”:评董仲舒的阴阳观》一文，我编发在《中国文化研究》杂志的头条，这一期上有汤用彤、许倬云两位院士的文章。

我退休后，告别《中国文化研究》，但还在继续编《汉学研究》。《汉学研究》的宗旨在于中西文化交流，主要发表研究SINOLOGY和研究国外汉学家研究中华文化的文章，为了能发国内著名学者和有新意、非人云亦云的国学文章，《汉学研究》特辟了“国学特稿”的栏目。这一栏目，发表最多的是刘明武的文章。2014年，《汉学研究》成为核心期刊，刘明武也成了我们的铁杆作者，曾经连续三集全部是刘明武研究太阳历的文章。

刘明武将追问的问题归纳为几个千古之谜:《易经》谈阴阳不谈五行，《尚书》谈五行不谈出处，五行之谜是千古第一谜。阴阳与五行是什么关系?这是千古第二谜。天干地支从何而来，基本功能为何?这是千古第三谜。广泛出现的72与36这两个数据从何而来?这是千古第四谜。洛书为什么有，有什么用?河图为什么有，有什么用?这是两个根本之谜。

解答千古之谜，仅仅查现成的书，查一个民族的书，根本找不出答案。受云南丽江纳西族保存中原古乐的启示，受孔夫子“天子失官，学在四夷”的启示，刘明武溯源的目光注视到了边陲少数民族。

功夫不负有心人!苍天不负有心人!

果然，刘明武在少数民族同胞那里发现了文化大矿:彝族文化有太极有八卦，有河图，有洛书；水族文化有太极有八卦，有《连山易》；苗族文化有太极有九卦，有阴阳还有不阴不阳；苗族文化在一阴一阳之外，还有不阴不阳；还有三阶幻方，四阶幻方，五阶幻方，六阶、八阶、十阶幻方……

"有！也能解释有。"这是少数民族的文化特色。边陲少数民族保留了对源头文化的解释，这是刘明武的一大发现，

苗族文化有阴阳，也能解释阴阳。《苗族古历》："冬至阳旦，夏至阴旦。"冬至夏至，区分于立竿测影。阴阳的本源在太阳，在太阳回归的起始点与转折点。苗族文化有不阴不阳，也能解释不阴不阳。寒暑之间有温带，冬至夏至之间有春分有秋分，这里是不阴不阳的发源地。阴阳加不阴不阳，才能解释"三生万物"的"三"，才能解释"阴阳三合"的"三"。阴阳的本源在太阳，不阴不阳的本源同样在太阳。

彝族文化有洛书河图，也能解释洛书河图。洛书表达的是五行（季）十月太阳历，河图表达的是阴阳合历（太阳历、太阴历、北斗历三历的融合）。阴阳五行、天干地支、72与36这些文化要素，在华夏文化像一盘散乱的颗颗珍珠，而在彝族文化里则是一条完美、精美的项链。之所以形成一系列的千古之谜，根本原因在于中原失传了河图洛书的本义，失传了十月太阳历。

彝族文化有太极八卦，也能解释太极八卦。八卦，彝族文化称之为"宇宙八角"。八角，表达的是八方。八方对应的是太阳历八节。时间空间，融汇于八卦。太极，第一重意思是太阳回归形成的一寒一暑。

《连山易》在中原失传了，但水族还保存着《连山易》。《连山易》的基础是八卦。八卦，水族文化称"八山"。八山，为太阳历八节。《连山易》以九月为开端之端月。端月相当于汉族的正月。水族九月过大年。在中原，九月正是收获的大忙季节，怎么能停下来载歌载舞过大年？《连山易》之所以在中原失传，根本原因在于大年节的安排不合理。

多个民族均采用太阳历，太阳历可以完美地解释太极八卦、河图洛书。太阳历证明，多个民族的文化实际上是同根同源。

彝族学者称彝族的太阳历是颛顼历。颛顼，何许人也？黄帝的孙子。颛顼墓，是在我的家乡濮阳发现的。颛顼墓有天下第一龙，天下第一虎。彝族自称"倮倮"。彝语的"倮倮"，则是汉语的"龙虎"。

水族尊豨韦氏为祖先。豨韦氏，《庄子·大宗师》中有记载。《庄子》中的豨韦氏，位列伏羲氏、黄帝之前。水族自称根在中原，中心在滑县。

傈僳族，中原很多人都不知道这个民族。傈僳族以昌意为祖先。在今天的中原，问一百人，相信九十九个不知道昌意是谁。昌意，是《史记》第一页记载的人物。昌意，黄帝次子，生于帝丘（今河南濮阳），为颛顼的父亲。“昌意降若水。”今天的傈僳族，牢牢记住了《史记·五帝本纪》中的这句话。

纳西族自称是羲和的后代。羲和，是《尚书·尧典》记载的人物。羲和，是尧时代的天文观测者。纳西族的文字，保留的是象形文字。

彝族的文字，保留的是甲骨文。组成洛书的两个圆○●，在中原文化中仅仅是有其形，而在彝族文化中则是有形有音有义：彝语发音为“土鲁”，汉语意思为“宇宙”。宇，四方上下的三维空间；宙，一维时间。四维时空，形成在洛书。时空物三位一体的宇宙（时空）观，奠定于洛书时代。时间空间，是自然科学所有学科的理论基础。“有洛书，洛书有什么用?”刘明武做出如此解答。

研究中华文化，不能仅仅局限于中原，也应该兼顾边陲；研究中华文化，不能仅仅局限于华夏，也应该兼顾兄弟民族；毫无疑问，只有兼容并包的胸怀才是正确的。中原不能解答的问题，求助于边陲同胞，这是刘明武文化研究的独到之处。汉族学者虚心向兄弟民族学习，并借助少数民族的典籍理清华夏文化源头之谜，这是他创造的先例。发现多个民族文化的同根同源，这应该是他的一大发现。解答千古之谜，是刘明武《易经》研究的第二步。

书中的道理在书外，人文的道理在天文；刘明武认为，研究中华文化，绝对不能以书为源头，绝对不能以文字为源头，中华文化的源头在哪里？刘明武给出的答案是：在天文在历法，首先在太阳历。将人文的源头追溯至天文，这是刘明武《易经》研究的第三步。

中华文明是从农业文明开始的。农业文明最重要最根本的标志是“有没有粮食”，中华大地上最早的粮食在哪里？靠近北回归线的湖南道县发现1.2万年前的人工水稻，这是中华大地上最早的人工水稻。长江流域的浙江河姆渡发现近百吨七八千年前的人工水稻，这是中华大地上出土最多的人工水稻。谈史前人工水稻，目的是证明太阳历。

下面三句种植谚语，刘明武反复引用。“非天时，虽十尧不能冬生一穗。”这是《韩非子·功名》记载的古代种植谚语。“过了芒种，种了白种。”这是今天东北还在采用的种植谚语。“过了立秋，种也没收。”这是今天湖南还在采用的种植谚语。

农业生产，勤劳是必须的，工具是重要的，但节令是根本。不按照节令下种，绝对不会有收获。芒种与立秋，属于二十四节气。二十四节气，属于太阳历。没有太阳历，种植也不会有收获；人工水稻的出现，是否能够证明太阳历的出现？

七八千年前的人工水稻，证明七八千年前就有太阳历，这一逻辑关系完全成立。1.2 万年前的人工水稻，证明 1.2 万年前就有了太阳历，这一逻辑关系完全成立。

太阳历的每一个节令，都是精确的时间单位，春夏秋冬四时、十二月、二十四节气是循环的时间系统。没有精确的时间单位，不知道今年“何时下种，何时收获”，没有循环的时间系统，不知道明年“何时下种，何时收获”；没有种植与收获会有农业文明吗？没有农业文明会有中华文明吗？刘明武认为，研究中华文化与中华文明，应以精确的时间单位与循环的时间系统为源头。精确的时间单位与循环的时间系统，首先集中于区分岁、月、日、时的太阳历。太阳历在中华大地上的出现，远远早于文字。

中华文明起始于农业文明，农业文明的最根本的标志是“有没有粮食”，以人工水稻而论，中华文明不是上下五千年，应该是上下一万年的万年以前。有理有据地把中华文明诠释在万年以前，毫无疑问，这是一个值得研究的新观点。

2010 年 10 月 17 日，《南方日报》以《不懂天文历法　读不懂中华文化》为题，以整版的篇幅，报道刘明武研究太阳历的成果，人民网、新华网、光明网几十家网站进行转载。2011 年 7 月 24 日，《南方日报》以《人类还会敬畏太阳吗》为题，以整版的篇幅，继续报道刘明武研究太阳历的成果，国内外几十家网站进行转载。太阳历是中华文化的源头，太阳历是中华文明的基础。文化是化人之道，文明是文化人创造出的成果。这是两篇长文，阐述了他研究的核心内容。有太阳历，太阳历有什么用？这是刘明武研究的第四步。

经典之前无经典，所以经典不是以书论书论出来的。《易经》《黄帝内经》的基础是日月星——太阳历、太阴历、北斗历，根本基础在太阳历。以太阳历为第一基础，形成了中华大地上的部部经典。

先秦时期，中华大地上连十本书也没有，由此证明，先秦诸子也不是抄书抄出来的。子子论阴阳，家家论五行，阴阳五行是诸子百家论证问题的依据；阴阳五行发源于十月太阳历，这证明太阳历是孕育和诞生诸子百家的温床。

太阳历奠定了中华文化、中医文化的基础，太阳历奠定了自然百科的基础，太阳历孕育出诸子百家……这是太阳历的功用！

天上的太阳还在，后世子孙还会做出什么新贡献？刘明武以太阳历为基础，在研究下面几方面的问题：第一，天灾的规律性与规定性；第二，疫病的规律性与规定性；第三，疑难病的医治；第四，发明创造的哲理与实践。

研究地球上的天灾，绝对不能仅仅局限于地球，必须与天文相联系。以太阳历为基础，刘明武撰写的《三线四点下的天气与天灾》一文，编发在《汉学研究》2014年秋冬卷的头条。钱塘江在地球上，但钱塘江大潮的决定因素在月亮，月亮背后的决定因素是太阳。刘明武以三点一线为基础，写出《日月星对应的规定性与天灾发生的规定性》，刊发在《汉学研究》2016年秋冬卷。

以太阳历为基础研究《黄帝内经》，刘明武写出《换个方法读内经》。这本书已经再版了四次，普及版《太阳与中医》2019年10月出版，书中提出十大疑难病的医治。中医与西医，筷子与刀叉，两种智慧，两种思路，两种方法；刀叉可以解答的问题，筷子也可以解答；刀叉不能解答的问题，筷子同样可以解答。在《太阳与中医》一书中，癌症、冠心病、糖尿病、尿毒症、痛风等十大疑难病是可以治愈的。我亲眼看到了西医说只能活20天，结果活了23年而且还继续活着的云南宁蒗县老县长、彝族同胞夹角阿三。以治愈十大疑难病为前提振兴中医文化，是刘明武的一大目标。

以太阳历为基础研究《易经》，刘明武写出《换个方法读易经》。写书不是目的，写书的目的是重新找回"以天文论人文"的思路，重新找回"以太阳论之""以日月星论之"的方法。如此因天之序、因时之序的论证方式，延续于部部经典，延续于先秦诸子，延续于《史记》《汉书》《淮南子》，只有重新找回源头的思路与方法，才能创造出穿越时空的经典，穿越时空的文章。

在比较中研究《易经》，又是一个不同之处。

论证问题，《圣经》建立的是"以神论之"的论证方式，《易经》建立的是"以天论之"的论证方式。如何为人？《圣经》建立的坐标是"神如何，人如何"，《易经》建立的坐标是"天如何，人如何；地如何，人如何"。《圣经》中的亚当、夏娃一出生就有神赐的伊甸园，不用动手动脑就能过上幸福生活；《易经》的伏羲氏、神农氏、黄帝、尧、舜没有神赐的伊甸园，必须动手动脑才能过上幸福生活。《圣经》中的神，反对人的发明创造，包括反对亚当、夏娃穿衣裳，《易经》之道是启示发明创造的道，中华先贤名下的发明创造全部是在天理、道理启示下进行的。“神是唯一的神”，《圣经》强调的是一个“神”字。“道器并重”，《易经》强调的是“道”“器”两个字。器，指的是生活器具、生产工具与狩猎、自卫的武器。

有不同也有相同，重视昼夜，重视寒暑，重视朔望；敬畏太阳，敬畏月亮；研究风向，研究疫病，研究香料，《圣经》与《易经》《黄帝内经》的共同点。

文化研究与发明创造并重，是刘明武研究《易经》的落脚点。“道器并重”是《易经》的核心，文化创造者又是新器具的创造者，是《易经》为后世树立起的榜样。无论是《易经·系辞传》记载的伏羲氏、神农氏、黄帝、尧、舜，还是《韩非子·五蠹》记载的燧人氏、有巢氏，他们个个都是发明创造的典范。新的领域，新的创造；唯一性，空前性；是这些创造的基本特征。刘明武认为，长江后浪推前浪，文化继承者，《易经》研究者，应该像先贤一样去发明创造。

一个工程师进入文化领域，先解答“有，为什么有”，后解答“有，为什么用”，落脚点落在“先贤是发明创造的典范，子孙应该如何学习先贤”，刘明武开创了一种新的研究思路。

书中没有的，等等地下；地下没有的，再到边陲看看。从中原追溯至深山，从人文追溯至天文，追溯至太阳，刘明武开创的是一种新的研究方法。写文章写书的同时，又提出一系列新问题，又研究一系列新器具；道器并重，道术并重，道技并重；刘明武继承的是真正的中华元文化。文化是化人之道，文明是文化人创造出的成果，这是刘明武对文化与文明的界定与区分。

近年来，刘明武一直在以太阳历为基准研究气候的异常（风向异常、雨雪量异常、温度异常、物候异常、雷声异常），我们通话中，他多次谈到会有疫病的发生。他说，《礼记》与《吕氏春秋》中有“春行秋令，其民大疫”的结论；云南彝族有“冬天打雷，白骨成堆”的民谣；湘西苗族有“年前响大雷，年后有大灾”的民谣；山东有“冬至开了河，尸体垒成摞”的民谣；从书里到民间，处处有以气候异常论疫病的判断标准；我们不能数典忘祖，更不能忘祖而不数典。把人放在天地之间来认识，把人放在四时之中、气候之中、物候之中、风向之中、雨量之中、雷声之中来认识，中医文化并没有错，错在后人“日用而不知”。真诚地希望刘明武研究的中华元文化能够发挥出作用，为人类造福。

（阎纯德　北京语言大学教授）

· “汉籍合璧工程”专栏 ·

主持语

王承略

由于各种原因，大量中国古代典籍流散到境外，分藏于世界各地。经初步统计，境外存藏汉籍达200多万部，其中不乏中国大陆缺藏的品种或版本。2018年起，山东大学作为责任主体方，开始实施国家重点文化工程——全球汉籍合璧工程，旨在建立汉籍的完整体系，实现汉籍资源共享，推动汉学研究的发展。两年来，与境内外多所藏书机构、大学及科研文化单位合作，组织起多个调查编目、复制影印团队，卓有成效地开展工作。特别是自2019年年底以来，克服疫情困难，不断做出成绩。对于珍稀的汉籍，选择性地进行整理与研究，亦是合璧工程的重要任务。本期五篇文章，即是合璧工程汉籍调查及汉学研究成果的部分呈现。

聂济冬《林罗山与日本公文馆藏〈杜工部草堂诗笺〉》一文，梳理了蔡梦弼《杜工部草堂诗笺》的版本系统，分析了日本公文馆所藏版本的文献特征及价值，并对林罗山收藏此书的原因进行了考究。李兵《日本静嘉堂所藏宋版孤本〈历代故事〉考略》一文，对静嘉堂文库所藏南宋孤本《历代故事》的版本及流传、内容及体例、文献价值进行了考述，分析了该书作为史钞类文献的典型特征，也阐明了该书独特版式对于南宋杭州地区刻书及宋版书版式研究的参考价值。刘迎秋《法国国家图书馆藏〈同人公简〉价值考略——暨李天纲〈《同人公简》校释〉订误》一文，对法图所藏关于中西“礼仪之争”的重要文献《同人公简》一书的价值进行了探析，并重点对李天纲教授早年抄录发表的《〈同人公简〉校释》的文字讹误进行了逐一订正，为学界提供了一个更准确的研究文本。刘红《英国国家图书馆藏〈皇明经济录〉抄本考述》一文，从作者及成书时间、内容及史料来源、文献价值等方面考察了英图藏《皇明经济录》抄本，分析了该书对明代《皇明名臣经济录》

《皇明经济文录》等书的校勘价值，及其对于明代政治、经济、社会及民生状况等研究的史料价值。宋恩来《汉学家杨联陞诗歌初探》一文，对汉学家杨联陞的诗歌创作进行了考察，从杨联陞诗歌的内容、创作手法、写作背景等方面分析，挖掘其汉学研究的心路历程。

研究中国的传统学术，向来以资料的新发现为突破口。近些年来，地下出土文献和域外汉籍，越来越被视为最重要的也是大宗的新文献资料来源，极大地推动了学术研究的进步。对此，研究者一般给予或多或少的关注，以期预流学术，了解前沿。合璧工程实施过程中，有关汉籍与汉学的研究成果将不断涌现，借助《汉学研究》这一重要的学术平台，努力为汉籍与汉学的研究，做出应有的贡献。

（王承略　山东大学国际汉学研究中心教授、博士生导师）

日本静嘉堂所藏宋版孤本《历代故事》考略

李　兵

摘　要：日本静嘉堂文库藏南宋杨次山编《历代故事》十二册，为南宋嘉定五年（1212）序刊本，有南宋宁宗杨皇后亲笔题词，已是孤本。该本曾属明代内府旧藏，经文徵明、支允坚、季振宜、季应召、清怡亲王府辗转收藏，后为陆心源家藏，弥足珍贵。该书为杨次山手书上版，书法秀雅含蓄，又为名匠精雕，具有典型的浙本特征，其版式在宋版书中亦颇罕见，对于南宋杭州地区刻书及宋版书的版式研究有重要参考价值。内容上，该书从先秦至五代15部史籍中摘选经典故事987则，涉及面广泛，侧面反映了宋代“史钞”的发展状况，由于其时代较早，亦可作为所引史籍的校勘材料。

关键词：《历代故事》　宋版　孤本　杨次山　静嘉堂文库

一、《历代故事》的版本及流传

日本静嘉堂文库藏有一部宋版孤本《历代故事》（或名《诸史节要》）[①] 十二册[②]，半页8行，行16字，小字双行，行30字，左右双边，20.7厘米×15.8厘米，白口，单黑鱼尾，版心上镌篇名，中镌页码，下镌刻工姓名。该书自宋至明各类书目均未见著录，傅增湘《藏园群书经眼录》云

① 是书陆心源《仪顾堂题跋》、傅增湘《藏园群书经眼录》《藏园订补郘亭知见传本书目》著录为《历代故事》；胡玉缙《续四库提要三种》著录为《诸史节要》；［日］河田罴《静嘉堂秘籍志》指出有《历代故事》《诸史节要》两种书名。

② 现有研究或云此书“十二卷”，实则为十二册，不分卷。

“此书自来目录所未载，可云孤行天壤之祕帙矣”①。此本为南宋嘉定五年（1212）序刊本，因其“两汉目录”后有“壬申岁仲春望日”无名氏题词，称“老兄永阳郡王昨处庠序，亲书《历代故事》”，署“坤宁殿题”。陆心源《仪顾堂题跋》据此，认为此书乃南宋杨次山（1139—1219）所辑，题词则为南宋宁宗杨皇后（1162—1232）所撰，壬申年即为宋嘉定五年（1212），并将此书定名《历代故事》。

此书避宋讳，避讳字有“玄”“畜”“惊”“弘”“殷”“匡”“恒”“祯”“贞”“桓”“慎”“敦”等。考其刻工，有王玩、朱玩、吴志、吴椿、宋琚、高异、陆选、赵中、刘昭、方至等人。据瞿冕良《中国古籍版刻辞典》，上述10人中，除高异、刘昭未详地区外，其余8人均为南宋中叶杭州地区刻工。可见，此书乃南宋嘉定间刻于杭州地区。该书字迹清朗，墨色凝重，具有典型的浙本特征。

此书版框外也刻有文字，版式独特。如图1、2所示，该书版框四周亦刻有文字，字体与正文相同，内容是对正文的注释或补充。可以看到，版框外注文与正文字迹清晰度一致，均无漫漶、磨灭等现象，且注文排列相对整齐，因而版框外的注文和正文当是一次性刻成。这种版式在宋版书中极为罕见。

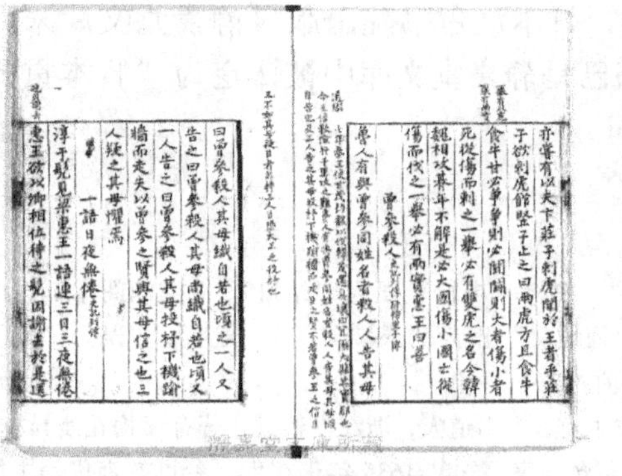

图1 《历代故事》书影之“曾参杀人”

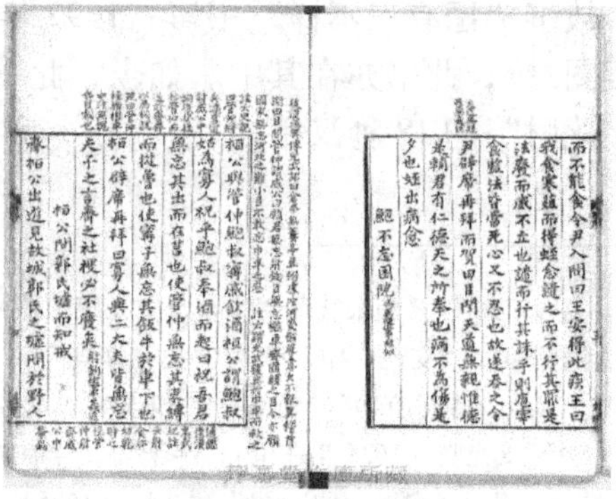

图2 《历代故事》书影之“鲍不忘困阸”

（图片来源于日本静嘉堂文库《宋元版古籍在线》数据库）

① 傅增湘《藏园群书经眼录》第335页，中华书局，1983年。

此书钤有各式印章共16种[①]，由此可大略考见其流传过程。此书传至明代，为内府旧藏，故有明代内府藏书印“文渊阁印”。从内府流出后，为明代著名书画家、藏书家文徵明（1470—1559）所藏，故有印“玉兰堂”“梅溪精舍”“辛夷馆印”。明代后期，为支允坚（1635年在世）[②] 所藏，故有印“支允坚印”“梅坡父”“冉行”[③]。

清初，为著名藏书家季振宜（1630—1674）所藏，故有印“季振宜字诜兮号沧苇”“季振宜印”“沧苇”。后又归季振宜之子季应召，故有印“季应召印”。清乾隆间，归怡亲王府，极有可能为第二代怡亲王弘晓所藏，故有印“怡府世宝”“明善堂藏书画印记”[④]。清咸丰十一年（1861），慈禧等发动辛酉政变，第六代怡亲王载垣以狂悖被杀。怡府事败后，“宋版书籍多至数百种，皆卖于隆福寺三槐、同立诸书肆”[⑤]，此书或在其中。后为清末四大藏书家之一陆心源家藏，故有印“臣陆树声”“归安陆树声叔桐父印”。清光绪三十三年（1907），陆心源之子陆树藩将陆家大量藏书卖给日本岩崎氏静嘉堂文库，此书则入藏日本静嘉堂文库。日本大正六年（1917），河田羆撰《静嘉堂秘籍志》，此书著录在史部史钞类；日本昭和四年（1929），静嘉堂文库编《静嘉堂文库汉籍分类目录》，亦著录在史部史钞类；日本昭和八年（1933），静嘉堂文库编《静嘉堂宋本书影》，截取了此书第十一册选自《说苑》的首个故事“国有三不祥”书影；1992年，日本汲古书院出版《静嘉堂文库宋元版图录》，此书亦在其中。如今，此书已是静嘉堂文库中被认定为“日本重要文化财”的18种汉籍之一。

---

① 王绍仁《皕宋楼藏书流布及宋元版追踪》一书将“冉行”误为“绍口”、“文渊阁印”误为“文澜阁印”、“支允坚印”误为“史允坚印”、“梅坡父”误为“杲坡父”、“玉兰堂”误为“玉阑堂”，又将“季振宜印”“沧苇”二印误为“季振宜沧苇”一印。

② 支允坚（1635年在世），字子固，号梅坡居士、支山道人，浙江嘉善人，著有《梅花渡异林》十卷。由王屋《蘖弦斋曲》明崇祯八年（1635）支允坚序可知其1635年仍在世。参见齐森华等主编《中国曲学大辞典》第663页，浙江教育出版社，1997年。

③ 就此印出现的位置来看，均与支允坚“支允坚印”白文方印、“梅坡父”朱文方印自上而下排列，疑亦属支允坚。

④ 乾隆五年（1740），御赐弘晓“明善堂”匾，其藏书楼名“明善堂”，怡府的藏书多得自徐乾学传是楼和季振宜静思堂。

⑤ 崇彝《道咸以来朝野杂记》第51页，北京古籍出版社，1982年。

二、《历代故事》的作者、内容及体例

（一）《历代故事》的作者

《历代故事》未署作者姓名。如前所述，陆心源据书中题词，考证此书作者为杨次山，而题词者乃南宋宁宗皇后、杨次山之妹杨桂枝。宋宁宗杨皇后，名桂枝，嘉泰二年（1202）立为皇后，善宫词，明代毛晋辑其集，与宋徽宗的宫词并列称《二家宫词》。杨皇后的家世出身及其与杨次山的关系，史书记载含糊。《宋史·后妃传》曰："恭圣仁烈杨皇后，少以姿容入宫，忘其姓氏，或云会稽人。……有杨次山者，亦会稽人，后自谓其兄也，遂姓杨氏。"① 此段文字关于杨皇后家世表述颇为牵强。据现有史料及相关研究可知，杨皇后为严州人，其与杨次山也非亲兄妹。杨皇后出身卑微，为巩固宫中地位，必然要依靠外戚势力，遂认杨次山为兄；同样，杨次山也想通过她来提升官位和家族地位。于是，他们因为政治利益而结合，并逐渐形成了显赫一时的淳安杨氏家族。由《宋史·外戚传》可知，杨次山的仕途与杨皇后休戚相关。随着杨皇后的逐步晋升，杨次山也历任武德郎、吉州刺史、福州观察使、岳阳军节度使、永阳郡王等，最终得封会稽郡王，死后更被追封冀王。也正是有了这种"兄妹关系"，杨次山之书由杨皇后亲笔题词则不足为奇了。

（二）《历代故事》的基本内容

此书共十二册，杨次山从先秦至五代时期15种史籍中择选经典故事987则。不仅时间跨度长，内容涵盖面也十分广泛，正如杨皇后题词所言"上自三代，下及五季，开门聚类，包罗揆叙，靡不载焉"。具体而言，第一至三册为两汉故事，其中西汉故事102则，选自《资治通鉴》《汉书》《史记》；东汉故事135则，选自《资治通鉴》和《后汉书》。第四、五册为两晋故事168则，选自《晋书》。第六册为南北朝故事，其中选自《南史》62则，选自《北史》42则。第七至九册为唐书故事263则，选自两《唐书》。第十至十二册内容相对杂乱，其中选自《五代史记》18则，选自《左传》42则，选自《史记》48则，选自《孔子家语》19则，选自《说苑》17则，选自《新序》16则，选自《战国策》7则，选自《三国志》48则（其中《魏志》26则、

① 脱脱等撰《宋史》卷二百四十三《后妃传》第8656页，中华书局，1985年。

《吴志》15 则、《蜀志》7 则）。

此书主要围绕著名历史人物，摘取与之相关、有趣且富有启发性的史事和典故，汇辑成书，属于典型的史钞。史钞作为一种特定的撰述形式，"战国时期即已显其端倪"①。宋代是史钞发展的关键时期，随着史钞数量的增加，其首次在古典目录中单独成类②。杨氏并非学人，此书的出现，可见史钞或已成为当时人们普遍接受的一种撰述形式，也侧面展现了宋代史钞的发展状况。

（三）《历代故事》编撰体例

1. 故事题名

每则故事拟有题名，高度概况故事内容。每则题名二至九字不等，又以四字为最，共计 466 则，占比近百分之五十。故事题名一般独自成行，低四格书写，后以小字注明故事出处③。其命题形式主要有三种：一是成语或词语典故，便直接采用成语或词语来作为题名，如"两汉故事"中的"陵母伏剑""朝奏暮召""朱云折槛""马革裹尸""薏苡兴谤""累世通家"等；二是截取故事原文作为题名，如"两晋故事"中的"日与长安孰远""三公可服此刀""好为后世名""狂药""楷有知人之鉴""千丈松"等；三是根据故事内容自拟的题名，如"唐书故事"中的"为国受人一刀""敬德怒击道宗""公谨投龟""唐俭谏猎""丈夫以功名取富贵""太宗手墨赐靖"等。

2. 故事评注

每则故事的版框四周（大部分为眉批），大都刻有简短的评论或注释，少则两字，多则上百字。这些评注可以归纳为三类：第一类是直接从故事正文中截取关键词句。如故事"羽闻楚歌"，眉批"悲歌忼慨"，即从正文"乃悲歌慷慨，自为歌诗曰……"中直接截取关键词而成。第二类是故事内容的提炼。如故事"魏相言兵有五"，眉批"义应奋（忿）贪骄，兵之五名"，即是故事内容的提炼总结。第三类是对故事内容的注释或补充，如故事"醴酒不设穆生去"，眉批："戊乃交之子。《玉篇》云：'醴酒，甜酒也。一宿熟也。醴泉，美泉也，状如醴酒，可以养老。'"然而有些注释或补充内容过多，便刻到了版框四周，如前文提到的"曾参杀人""飽不忘困阨"等，由此形成

① 徐蜀《史钞的起源和发展》，载《史学史研究》1990 年第 2 期。

② 据王应麟《玉海》记载，编于北宋初年的《龙图阁书目》已将史钞独立设目。参见王记录《论"史钞"》，载《史学史研究》2016 年第 3 期。

③ 如前一故事最后一行仅一字，一般则与下则故事题名同行，下一故事题名前则只空三字。

了独特的版式。就作用来看，前两类评注主要起到辅助阅读和记忆的作用，第三类则起到了补充正文、延伸阅读的作用。

3. 故事编排

在故事选取编排上，往往以人物为中心，从相应史籍中择选主要片段，组成一则或多则故事的内容。如关于西汉名臣汲黯，作者分别从《史记》列传第六十、《资治通鉴》卷十七中选取了“汲黯卧治东海”“武帝敬礼汲黯”“汲黯近古社稷臣”三则故事；又如东汉马援，作者从《后汉书·马援传》《资治通鉴》卷四十三、四十四中选取了“守钱虏”“虏在吾目中”“治郡但总大体”“伏波论兵合上意”“马革裹尸”“矍铄翁”“援诫子侄”“薏苡兴谤”八则故事。

三、《历代故事》的文献价值

（一）版刻价值

宋版书之所以受人珍视，除了其时代较早而更加接近古书原貌外，也与其字形优美、纸墨上乘、印刷精良直接相关。《历代故事》是南宋中期比较有代表性的浙本，其版刻价值主要体现在以下几个方面：

第一，作者手书上版，书法秀雅精美。《历代故事》是作者手书上版的宋刻精品。手书上版能尽可能保留作者本人的书法风格，从而避免字体方正严整、笔画直硬划一、呆板而无生气的弊端。在我国古代浩如烟海的刻本书中，姓名可考的名家手书上版者，数量寥寥，宋本更是稀如星凤。更可贵的是，纵观全书，版面整洁，字迹清朗，无缺页，除杨皇后题词处有些许残损外，未见其他漫漶不清之处，完整度极高。陆心源《仪顾堂题跋》云“其书乃次山手书付刊，书法娟秀可喜。嘉定壬申距今七百余年，完善如新，良可宝也”①。叶德辉《书林清话》“宋刻本一人手书”条云：“宋时刻书，多欧、柳、颜体字，故流传至今，人争宝藏。然当时有本人手书以上版者。”② 杨次山《历代故事》便在其例。傅增湘《藏园群书经眼录》云“杨次山手书上

① 陆心源《仪顾堂题跋》，《仪顾堂书目题跋汇编》第63—64页，中华书局，2009年。

② 叶德辉《书林清话》第128页，上海古籍出版社，2012年。

版，书法雅秀而兼疏古之意”[①]。该书全文为小行楷写就，书体大致为南宋时盛行的欧体，秀雅而含蓄。杨氏还十分注意书写用字。当某字多次出现且位置靠近时，在写法上尽量避重。如北史目录中“蘇绰应对如流”与“蘇威奏减赋役”之“苏”；两晋故事“张翰思歸”题名与正文“歸”之“归”；《北史》故事“天狗”中“朝廷以為刚断，时有检覆……颇為深文”之“为”。诸如此类。从中可以看出，杨次山是用创作书法作品的态度来誊写书稿的，极为用心。

第二，由名匠精雕而成。精心书写后，必求名工雕刻。据张振铎《古籍刻工名录》，此书刻工方至、王玩、吴志、吴椿、宋琚、陈选、赵中、刘昭等人均为浙中名刻工[②]。一般而言，宋代官刻、私刻优于坊刻，浙刻、蜀刻胜于闽刻。叶梦得《石林燕语》评价宋代各地刻书：“天下印书以杭州为上，蜀本次之，福建最下。”[③] 王国维在《两浙古刊本考》中曾举出许多例子证明，浙本字体方正、刀法圆润，在宋本中实居首位。此书刻于杭州，浙本特征明显，而以杨次山当时的身份与地位，其应接近于官刻，刊刻质量自不待言。值得一提的是，此书为小行楷写就，笔画转折多牵丝，而这些转折牵丝处亦被完整刻出，流畅且自然，颇为可贵，足显刻工之功力。

第三，版式十分独特。如前所述，某些故事由于注释字数过多，眉批无法全部呈现，便刻到了版框四周，这种版框四周刻注的版式在宋版书中极为稀见。究其原因，可能主要与此书的内容相关。《历代故事》属于史钞类文献，其正文主要是从各类史籍纪传中摘抄而成，相对《尚书》《文选》这类文献来说，它更易于阅读和理解。其注释大多不是为了疏通文意，更多的是起到延伸阅读的作用。史部文献版式本就相对疏朗，如非必要，将注释夹在正文中反而眉目不清，故而最好的方式便是放到版框四周。由此还能减少版页数量，节约刻书成本。后世类似这种眉间镌注的刻书形式也多出现在史部著述，特别是史钞类、史评类。就此种版式而言，《历代故事》或许具备开创性意义，至少也应当属于较早的例证，在一定程度上也说明南宋杭州地区的刻书版式相对比较灵活。因而，此书对于研究南宋杭州地区刻书及宋本版式

① 傅增湘《藏园群书经眼录》第335页，中华书局，1983年。

② 张振铎编著《古籍刻工名录》第63页，上海书店出版社，1996年。

③ 叶梦得撰，侯忠义点校《石林燕语》第116页，中华书局，1984年。

等问题都有一定参考价值。

（二）校勘价值

《历代故事》从各类史籍中择取经典故事，大多是直接引用，这样就间接保存了所引史籍宋代传本的面貌。杨次山以郡王的身份来亲自整理、书写篇幅甚大的一部书，必定郑重其事，加之其资金充裕，无条件不足之虞。就其所据底本而言，应当都是比较好的版本，或为宫中秘本，错讹较少，可以为所引典籍提供校勘材料。正如胡玉缙《续四库提要三种》所云："然系出次山手书付雕，所据皆当时善本，颇足以资考订，较他类书之展转翻刻者，究少传讹也。"① 如前所述，此书先后引用了15种典籍。这些史籍中，宋版大多已残缺不全，故此书对所引典籍有一定的校勘价值。下举例说明：

例一：第一册"汉文责唐"出自《史记》，其中"良久，召唐责曰：'公众辱我，独无间处乎？'"，"责"，清乾隆武英殿刻本《史记》、《四部丛刊》影印宋刻本《资治通鉴》皆作"让"。

例二：第十二册"苏代谏赵伐燕"出自《战国策》，其中"燕、赵久相支，以弊大众"，"相支"，宋绍熙二年刻本《战国策注》、《士礼居丛书》影宋本《战国策注》同，但《四部丛刊》影印元至正本《战国策校注》、明万历四十七年刻本《战国策注》均作"相攻"，《四部丛刊三编》影印宋本《太平御览》作"相交"，实际上此处"相支"是"相拒、抵抗"的意思，于意更胜。

结　语

武官出身的杨次山为何会编写《历代故事》呢？整体来看，此书极像是杨次山为家族教育而编撰的类似历史教材的读本。正如杨皇后题词所云，"老兄永阳郡王昨处庠序，亲书《历代故事》"，这里的"庠序"或指杨氏家族私塾。一方面，此书从各类史籍中摘选经典故事，内容相对简单却富有启发意义，适合用作历史教材；另一方面，此书部分复杂字词夹有注音，而眉批大多是各则故事关键词句的摘抄和重现，与故事题名结合，能进一步起到提纲挈领的作用，便于学习和记忆。"清雅余暇，聊备检阅"，此书亦能作为家

① 胡玉缙撰，吴格整理《续四库提要三种》第87页，上海书店出版社，2002年。

族子弟吟诗作赋、谈史论事的素材来源。此外，该书的性质决定了其仅供杨氏家族内部学习使用，因而印刷量少，当时也未流入市场，不易获得。这也在一定程度上解释了此书刊刻后为何未广为流传，亦不见重刻或翻刻，后世各类目录中也罕见提及。当然，其流传也受到了此书内容的限制。此书摘抄自各类史籍，虽有批注，但次山实非学人，批注的目的也并非阐发史学观点或思想，影响有限，因而受关注较少。总之，此书的编撰，是杨次山为淳安杨氏家族教育所做的贡献。此书对于研究杨次山、杨皇后甚至南宋淳安杨氏家族都有一定的参考价值。

（李兵　山东大学儒学高等研究院博士研究生）

英国国家图书馆藏《皇明经济录》抄本考述*

刘　红

摘　要：英国国家图书馆所藏抄本《皇明经济录》为存世孤本。该抄本为辑录体的编辑体例，收录了明朝解缙等大臣的疏文，内容排序上与成书于明代的《皇明经济文录》《皇明名臣经济录》等高度相似，增添了22幅舆图，涉及明代各朝的祀典仪制、边疆防务、盐政马政等，融入了治世理念，对研究明代政治、经济、社会变迁及民生状况提供了史料佐证，是国家整体活动的详细记录，是社会记忆的重要载体。该手稿也是中国古籍散落海外的一个缩影，其发现可为海外中国古籍的回流与研究提供借鉴。

关键词：《皇明经济录》抄本　黄溥　英国国家图书馆

英国国家图书馆手稿部藏四册本《皇明经济录》，书脊处自上而下题写“HWANG MING KING THE SUH POLICY AND STATISTICS OF THE MING DYNASTY”，即“明朝的皇明政策和统计”，扉页题“PRESENTED BY THE SECY OF STATE 1846”，即“1846年国家安全局提交”，存藏于英国国家图书馆手稿部至今。

“经济录者，录经济也……凡言之可行，行而可久及纪实而可鉴戒者”②，是大部分经济录编辑目的及意义。将《皇明经济录》与明代万表所辑《皇明经济文录》（万本）、黄训所编《皇明名臣经济录》（黄本）等文献进行全面比勘发现，有关开国、保治、官职、六部、九边、四夷等内容高度相似。疏

* 本文为教育部哲学社会科学研究重大委托项目“大英图书馆所藏中文古籍的整理与文献学研究”（项目号：17JZDW04）阶段性成果之一。

② （明）黄训《皇明名臣经济录》第1141页，辽海出版社，2009年。

文中涉及明代政治、经济社会的内容，对研究明代的整体面貌有参考价值。目前学界尚无对该手稿进行专门研究，则厘清辑录者、内容、史料来源、编排体例、文献价值等非常必要。

一、《皇明经济录》的作者及成书时间

抄本四册，不分卷，楷书抄写，工整雅静，字体粗细不一。抄本共457页，以半页为最小基准单位，上半页为1A，下半页为1B，起于目录页1A迄于457B。半页10行18字，小字双行18字，无鱼尾，四周双边，版心书每册小题，76处朱墨笔批注，正文朱笔圈点。书根由书脊向书口墨笔题册数、书名、小题。朱文藏书印“晋江黄御掞珍藏图书”“思俨”“子定”各四枚，关系未详。书根题“皇明经济录”，目录页与正文每卷卷端书名项皆题“皇明经济录”。遍阅该书未见标注辑录者、抄写者信息。明朝嘉靖间陈建《皇明通纪》载“《皇明经济录》”①，明徐渭《送石府公之两淮盐使序》载“《皇明经济录》诸疏，若霍公韬，某公某诸疏可考也”②；《澹生堂藏书约》载“《皇明经济录》五十二卷，三十册”③，清初刘献廷《广阳杂记》载“《皇明经济录》”④，以上均未著录作者信息。《千顷堂书目著者索引》载“黄溥（明，黄隆从子，鄞县人，景泰），《江阴县志》《皇明经济录》《南崖一得稿》。黄溥（同上），《宋濂潜溪先生集》”⑤。《明史·艺文志》载“黄溥，《皇明经济录》十八卷”⑥。《明史·艺文志》所载应据《千顷堂书目》。关于黄溥，《四库全书总目》载：“《诗学权舆》二十二卷，明黄溥编。案，明有两黄溥：其一鄞县人，有《简籍遗闻》，已著录；此黄溥，字澄济，自号石厓居士，弋阳人，正统戊戌经师，官至广东按察使。”⑦ 鄞县黄溥，《四库全书总目》载

① （明）陈建《皇明通纪》第12页，中华书局，2008年。

② （明）徐渭《徐渭集》第914页，中华书局，1983年。

③ （明）祁承㸁《澹生堂读书记》第396页，上海古籍出版社，2015年。

④ （清）刘献廷《广阳杂记》第33页，中华书局，1957年。

⑤ （明）黄虞稷《千顷堂书目》第4480页，上海古籍出版社，2001年。

⑥ （清）张廷玉等《明史》第2391页，中华书局，1974年。

⑦ （清）永瑢等《四库全书总目》第1740页，中华书局，1965年。

“《简籍遗闻》二卷，明黄溥撰。溥，鄞县人，黄润玉之孙也，仕履未详”①。黄润玉（1389–1477），字孟清，鄞县人，② 有子五人，第四子名黄隆；有孙名黄溥，字存吾，弘治十二年（1499）贡生，③ 著有《简籍遗闻》《闲中今古录》等，未言编有《皇明经济录》。

弋阳黄溥，字澄济，号石崖居士，生于永乐十年（1412），④ 殁于成化五年（1469）后。⑤《明清进士题名碑录索引》载黄溥为正统十三年（1448）戊辰科二甲第九名进士，景泰三年至五年任四川按察使，天顺元年例改经历，成化四年任湖广按察使，甲申，施州卫经历黄溥复为广东按察使。著有《诗学权舆》《策学辑略》《治世正音》等，从事整理刻书活动，校勘有《东坡集》《木庵集》，刻印《叠山集》《潜溪先生集》，成化五年（1469）自刻《诗学权舆》。

按《千顷堂书目著者索引》载，鄞县黄溥编《皇明经济录》刻《宋濂潜溪先生集》。实际上刻《宋濂潜溪先生集》者为弋阳黄溥，此应为《索引》讹误。《皇明经济录》与黄溥关系，现存史料仅《千顷堂书目》《明史》记录，但未能确认黄溥的具体身份，不知《千顷堂书目》所据史料来源。考察与弋阳黄溥相关地方志如《弋阳县志》《江西通志》等，均未提及《皇明经济录》，鄞县黄溥如是。抄本收录洪武至嘉靖间群臣疏文，第三册总图后题“嘉靖三十二年十月”。若作者为鄞县黄溥，则1499成为贡生的黄溥至少应活到嘉靖三十二年（1553），这是可能的。如为弋阳黄溥，1412年至1553年已过百岁，按明人及其家族总体寿命算皆不可能。⑥

考察避讳字略可推知抄写年代。明朝避讳不严，抄本皆不避明帝名讳。清朝避讳严格，皇帝名讳或缺笔或改字。抄本中“弦”“玄”“舷”“伭”“炫”“铉”皆缺末笔，“弘历”两字改字避讳，而“弘治”如旧。道光时避

① 《四库全书总目》第1088页。

② 《明史》第4385页。

③ （清）戴枚等《鄞县志》第41页，光绪三年（1877）刊。

④ 《弋阳潭石黄氏宗谱》载黄溥母亲逝于洪熙乙巳（1425），时黄溥岁。

⑤ 《弋阳潭石黄氏宗谱》载黄溥在其弟黄澄浚墓志铭中落款为“成化五年岁次已丑”，且中国国家图书馆藏有成化五年《诗学权舆》自刻本，则黄溥一定在该年后逝世。

⑥ 《弋阳潭石黄氏宗谱》载黄溥祖父59岁，父亲47岁，弟黄澄清41岁，黄澄浚56岁，黄澄灞25岁，黄澄海56岁，黄澄洧52岁，成化五年黄溥已58岁。

讳不严，“宁”字避不避讳皆可。抄本从353A至454B共61处“宁”字缺底部“丁”避讳，其他“宁”不变。“虏”字在清代文献一般改为“敌”“寇”或以墨钉替代，抄本所有“虏”并未改字。据此，抄本避清乾隆、道光皇帝名讳，结合前述所及“1846”字样，推测抄写年代约在道光时期。至于书中收录黄溥后文献，应为后学者增添。

二、《皇明经济录》的内容及史料来源

（一）包罗万象的内容

该书收录洪武至嘉靖间123位名臣共187篇奏疏及九边、四夷119篇文章。开国1篇、保治17篇、吏部7篇、户部41篇、礼部26篇、兵部41篇、刑部23篇、工部31篇，两京畿、十三省、九边、四夷共119篇。“天下地图、城隍、镇戍、烽堠之政，其要害重大者，莫如九边，而事之不可臆度者，亦莫如九边”，舆图与军事防卫存在天然的重要联系，关隘、墩堡、城池以图文结合方式清晰标注，每镇有总图以统其纲，有分图以析其目，则九边、四夷军事部署一目了然。22幅地图整体绘出明朝疆域，直观展示区域信息。全书紧紧围绕“经济”二字展开，涵盖各区官制、财计、赋役、盐法、律例、马政、守御等社稷安危定乱的内容。

就现实问题上疏言治国方略、制度利弊、边防策略，倡导君主任贤能施仁政，使之作为治国理政的重要参考。明朝取代蒙元政权后，外族生聚日蕃，侵吞渐近。明长城外原有卫所内迁或废除，正统十四年（1449）“土木堡”之战因“主将不识地利，远绝水路，我军焦渴，窘促不备。俄而，虏骑奄至，王师败绩，死者盈壑”惨败，[①] 五军营、神机营、三千营覆灭，朝中重臣损失殆尽，此后边防战略由主动进攻转被动防御。北虏侵凌、明军败退，知识分子普遍形成重兵学风气。针对兵马操练失当、武备不修、将不得人现状，提倡铸造精良兵器、清理军伍、训练精兵、驯养军马、修筑边墙、措置边储等以抵御侵犯。“战马为国家所重，草场乃战马所资”，兵部论述军马牧养，如凌相《辽东马政》、丘濬《牧马之政》、马文升《题覆应诏陈言马政事》等，并倡导甘凉河套等适宜放牧的天然草场区域退耕还草，实行专人放牧管理。

① 《皇明经济文录》第658页。

除军事布防，边疆盐政、马政等关乎军务存灭。边陲遐远，盐运为艰，则又衍生运输方式的变换。明代交通运输河运漕运在区域经济交融发展中发挥极大作用，这种区域协调发展的运输方式在抄本中有较大篇幅的记载。

抄本有鲜明的选文准则。“经济文录者，录国朝经济之文也”，辑录名臣疏文有益于国家者、有补于民生者，冠以“经济录”之名，阐发对世道的见解。该书取材有严格标准，选取较多的有：魏焕 27 篇，丘浚 22 篇，桂鹗 16 篇，王琼 14 篇，马文升 11 篇，郑晓 10 篇，王恕 8 篇，徐恪 7 篇，彭韶 6 篇，4 篇的有王鏊、胡世宁、于谦、杨一清、李承勋、余子俊、霍韬等，忠直名臣对“国家事当言者，即非职守，亦言无不尽”。鉴于辑录者身份及对时事的敏锐性，关乎大局安危定乱、有益于经世致用的名臣奏疏尤其受到重视。《皇明经济录》选文展示辑录者的治世思想，能警醒统治者励精图治、剔弊抉蠹以实现救民图强。据史料，黄润玉为官有惠政，敢于直言进谏，黄溥从小聆听祖父教诲，书中之忠言嘉猷、老成谌识、定国安邦的疏文经受时间考验，以至于后来经济录大量涌现，这些经济录在体例内容方面有异同，但经世致用主旨不变，则所选奏疏亦多有重合。

（二）丰富的史料来源

《皇明经济录》与黄本、万本及魏焕《皇明九边考》、郑晓《吾学编》等比较，略可推知史料来源。首先与成书较早的黄本比较。[①] 开国，抄本仅有《太庖西上封事》，黄本有 7 篇奏疏，《太庖西上封事》位居第五；保治，抄本 17 篇，黄本 42 篇中除《题弭灾修德事》《肃风纪益治道二事》《军民利病疏》《刘大夏言行录》《灾异陈言事》《应诏上书篇》外，抄本其余奏疏黄本皆无；吏部，抄本 7 篇，黄本 29 篇，两者奏疏完全不同；户部，抄本 41 篇，黄本 30 篇除有《奏为黄册事》《贡赋之常二》《山泽之利》《折收俸粮事》《论禄米俸米》《盐法对录》《茶法》《漕挽之宜一》《国朝运法五变》外，抄本中其余奏疏黄本皆无；礼部，抄本 26 篇，黄本 47 篇除有《王朝之礼》《读元史历志》《改历元事宜》《译言待宾之礼》《题礼仪事》《题厘正祀典事》《考正祀典事》外，抄本中其余奏疏黄本皆无；兵部，抄本 41 篇，黄本 53 篇中无抄本《谏调边军入卫》《改拨官军疏》《建置五团营》等 24 篇；刑部，抄本 23 篇，黄本 8 篇中有抄本《进大明律》《题讲明律以重民命事》《论韩国公冤

① 《皇明名臣经济录》辑明朝洪武至嘉靖朝名臣经世之言。

事状》《赠按察使陈子序》；工部，抄本 31 篇，黄本 8 篇中有抄本《治河议》《议开河修塘状》《题定讦谟以祛河患疏》《漕河图考》《易州山厂志略》。抄本无黄本卷十八中的督察院、通政司、各衙门三种。黄本无抄本第三、四册内容。

其次与成书于嘉靖三十三年的万本比较。开国，抄本仅《太庖西上封事》一篇，万本 7 篇奏疏，《太庖西上封事》位居第五；保治，抄本 17 篇，万本 71 篇涵盖抄本全部内容；吏部，抄本 7 篇，万本 26 篇涵盖抄本的全部内容；户部，抄本 41 篇，万本 53 篇除《应诏陈言疏》《漕运之宜二》外，涵盖抄本其他奏疏；礼部，抄本 26 篇，万本 52 篇涵盖抄本全部内容；兵部，抄本 41 篇，万本 79 篇涵盖抄本全部内容；刑部，抄本 23 篇，万本 24 篇中无《总论制刑之义》等 11 篇，抄本其余奏疏皆有；工部，抄本 31 篇，万本 41 篇中无《议疏黄河筑决口状》《蓟州新开运河碑记》两篇，抄本其余奏疏皆有。万本缺两京畿、十三省地图及部分省份总论，无四夷内容。抄本九边中诸多篇章缺省若干文字，补足后与万本相应内容吻合。

万本借鉴黄本而来，黄本中无抄本的内容，万本中大多存有。抄本有而黄本、万本无《应诏陈言疏》《议疏黄河筑决口状》《蓟州新开运河碑记》等，抄本与黄本、万本相同篇章为黄本、万本的节选，排序基本一致。九边内容万本中魏焕文章直接来源魏本。《甘肃镇》《甘肃保障》《辽东保障》等，抄本、万本、魏本完全一致。郑本最后《四夷考》二卷、《北虏考》一卷。抄本、万本所收郑晓文章，与收魏焕文章情况基本一致。抄本在原字上修改字词，如 396A“安营歇马”据魏本、万本改作“安营饮马”；405B“富度”，魏本、万本作“富庶”。《辽东经略》“辽有苑马寺”节“随手剥落而又侵官生事之谤，兴此无它，上下相习而穷不能变也。若少变其法”，抄本作“手剥落而又侵官生事之谤，兴若少变其法”。抄本“圡”遵魏本，抄本“寧”异于万本“寗”、魏本“寕”。征引《九边图说》《北虏事迹》《舆图要览》《桂文襄公奏议》《九边图考》等有所删削。抄本与黄本、万本、魏本、郑本比较，相同篇章篇幅长短不一，抄本与万本关系更为紧密，万本涵盖抄本内容，抄本简化，万本完整，抄本应借鉴了万本。

三、《皇明经济录》的文献价值

明代自洪武元年至崇祯十七年共刊刻 21 部经世文著作，以“经济”或

"经世"为题，明人经济之学形成趋势。《千顷堂书目索引》题《皇明经济录》作者为鄞县黄溥，《明史》不记载籍贯。现存于英图《皇明经济录》为存世孤本，与黄本、万本等比较，可确定该书截取自万本者众多，地图参考了魏本的九边图。该书原始辑录完成时间应在嘉靖三十三年前后，抄成时间约在道光年间。该书选取明名臣疏文皆为治乱之术，反映时代大势。明朝九边战事频繁，北方游牧民族频繁侵扰，士人经世思想指导军事思想的形成，通过王恕等人的奏疏，统治者可及时掌握边疆大势以迅速决策，为明朝巩固边疆提出系列军事防卫方案。资料的取舍标准受辑录者仕履经历和治世理念的影响。鄞县黄溥因家学深厚，有经邦济世胸怀，全书关涉明朝社会的广泛取材，充分反映明知识分子的经济治世理念和救世思想，扩大了明代经济文录的规模，从经世文的角度审视并揭示明朝存在的各种社会问题，对研究明代政治、经济、军事等有切实意义。

《皇明经济录》抄本的发现，是海外中国古籍回流中值得注意的问题。不计其数的中国古籍通过各种方式散落海外，其被发现大多依赖于中国各高校海外汉籍研究项目，这种方式可以寻找到更多流落海外的古籍，探讨其具体的流布轨迹及中国文化在世界多文化交流中的作用，探究流传海外古籍对海外中国学的发展研究的影响。古籍只有被阅读、研究，才能发挥历久弥新的作用。这也是未来古籍整理应该重视的，让古籍活起来，在保护和研究中发挥其应有的价值。

（刘红　山东大学儒学高等研究院）

法国国家图书馆藏《同人公简》价值考略

——暨李天纲《〈同人公简〉校释》订误

刘迎秋

摘　要：《同人公简》① 是一部康熙末年关于“礼仪之争”的珍贵书简，为北京十八名耶稣教信徒共同拟写，现藏于法国国家图书馆，国内尚未见存藏。该书主要记载了罗马教宗在下达《自登基之日》禁令后，部分北京教众惶恐不安的心情和据理力争的过程，是一部站在儒家文化立场而作的专书，真实地呈现了清初时中西核心文化之间的差异和冲突，文献价值较高。李天纲教授曾赴法抄录并整理发表，给其他学者的研究带来了极大便利，但文字尚有部分讹误，谨略做订误，冀以嘉惠学林。

关键词：法国国家图书馆　《同人公简》　礼仪之争　订误

法国国家图书馆藏有大量中国古籍，其中不乏孤珍稀善之本，成书于康熙末年的《同人公简》即是其中比较珍贵的一种。经查国内主要古籍书目及数据库，均未见该书著录，李天纲教授也曾认为“非常可能巴黎法国国家图书馆的收藏真的就是孤本”②。但经详查，比利时汉学家钟鸣旦教授主编的《耶稣会罗马档案馆明清天主教文献》收录了一部名为《京都总会长王伯多禄等十八人致外省各堂会长书》③ 的汉籍，经比较为同一部书，说明该书在罗马档案馆亦有收藏。由以上信息可基本断定，该书国内缺藏可能极大，国外亦

---

① 该书是“全球合璧工程”之下国家社科基金重大招标项目“法国国家图书馆所藏中文古籍的编目、复制与整理研究”（17ZDA267）已数字化回归的域外汉籍之一。

② 李天纲《跨文化的诠释：经学与神学的相遇》第 174 页，新星出版社，2007 年。

③ 钟鸣旦《耶稣会罗马档案馆明清天主教文献》（第 10 册）第 479—534 页，台北：利氏学社，2002 年。

不多见，具有较高的文献回归和研究价值。

一、《同人公简》的内容及其价值

该书是以王伯多禄[①]为首的十八位中国北京教众代表共同拟写，全书版框四周双边，无鱼尾，白口，半叶八行，小字双行，行二十四字，版心下镌页码，凡二十八叶。以楷书刻成，品相较好，1万余字，法国国家图书馆为便于查阅，于左右上角依次用铅笔编写阿拉伯数字页码。根据书中“康神父[②]延至十二月十五日，起身回山东临清讫”[③] 之言，可知该书撰写时间应在康熙五十六年该日（1717年1月16日）[④] 之后的几个月内。成书缘由与主要内容为：康熙五十五年九月二十二日（1716年11月5日），康神父受伊主教[⑤]所托，来京城传教化王之“四禁”[⑥]，康熙帝知晓后大怒，认为是对其极大的不尊，命康神父负责南下广东收回告示，否则禁止再传教。康神父次年三月回京多日，却不去复旨，京城众教徒惶恐不安，就“四禁”如何执行提出32条问题请康神父回答，并指出圣教能兴盛于中国，正是因为尊重了祭孔祭祖等风俗规制，但教化王听信谗言而屡下禁令，致使“上乖国治、中乱教规、下苦人心”[⑦]，希望康神父能向罗马教皇求情以解除禁令，救众人灵魂于苦海。众人虽百般解释哀求，却终未获允，最终不欢而散。王伯多禄等将此四次请示文件、五次面谈过程撰文实录，并散于外省各堂会友，希望“四方同志之友，细阅前情，力图挽救，于各处主教、神父之前问明”[⑧]。故该书是对同道中人

---

① 据韩琦平考证，王伯多禄，1665年出生于北京，从小入教，曾任钦天监天文生、博士，是耶稣会的相公。

② 康神父：即康和之（1673—1755），意大利人，1698年入华传教，时任北京教区副主教，1721—1725年任代理主教。

③ 李天纲《历史文献·第4辑》第131页，上海科学技术文献出版社，2001年。

④ 李天纲认为撰于1716年（可能是误判年号，且未阴阳历转换），韩琦认为撰于1717年（可能是未进行阴阳历转换），皆误。

⑤ 伊主教：即伊大仁（1644—1721）意大利人，1684年抵华，1690年被任为北京首任主教，驻山东临清州。

⑥ “四禁”即，禁称天主为“天”或“上帝”，禁祭祖、禁拜孔子、禁拜牌位。

⑦ 《历史文献·第4辑》第116页。

⑧ 《历史文献·第4辑》第131页。

的公开求救信，因而命为《同人公简》。

《同人公简》成书于“礼仪之争”的高潮期，书中真实地呈现了“礼仪之争”中中国教众的所思所想所忧，以及康神父所代表的部分西方传教士的傲慢与自大。文中对“利玛窦规矩”、阎当[①]上书教皇、1704 年“七条禁令”、1715 年《自登记之日》、1717 年陈昴[②]疏言禁教及康熙的多次圣旨等重要的人或事皆有论及和评价，尤其教众的 32 条疑问及与康氏论辩的过程，反映了当时中西文化间的核心差异，具有很高的史料价值。故李天纲对该书评价甚高：“‘中国礼仪之争’是改变中国历史进程的重大事件，而这是目前所知的唯一一部直接而全面反映中国儒家天主教知识分子立场的专书，具有重大历史价值。”[③] 国内外不少学者亦曾论及该书，如陈义海[④]、秦丽[⑤]、吴旻[⑥]、方豪[⑦]、黄一农[⑧]，美国吴小新[⑨]，比利时钟鸣旦等，其重要性不言自明。

二、李天纲《〈同人公简〉校释》订误

现虽有不少学者注意到了《同人公简》的重要性，但纵观众位学者所引之材料，无非源自两处，即李天纲教授的 1996 年的抄本[⑩]和钟鸣旦教授 2002

① 阎当（1652—1730），1684 年抵华，后任福建宗座代牧，上书教皇请求禁止中国礼仪，导致“中国礼仪之争”的矛盾激化，1706 年被勒令出境。

② 陈昴（1651？－1718?），字英士，福建同安高浦人，时任广东碣石镇总兵。

③ 李天纲《心同东西》第 10 页，华东师范大学出版社，2001 年。

④ 陈义海《东海西海——从明清间儒学与天学的交涉看中国比较文学之渊源》，载《上海师范大学学报》（哲学社会科学版）2002 年第 1 期。

⑤ 秦丽《教、研结合的典范——〈郑天挺明史讲义〉述论》，载《史学理论与史学史学刊集刊》，2019 年。

⑥ 吴旻《礼仪之争与中国天主教徒——以福建教徒和颜珰的冲突为例》，载《历史研究》2004 年第 6 期。

⑦ 方豪《方豪六十自定稿·上》第 248—252 页，台湾学生书局，1969 年。

⑧ 黄一农《两头蛇：明末清初的第一代天主教徒》第 432—435 页，上海古籍出版社，2006 年。

⑨ ［美］吴小新编《远方叙事：中国基督宗教研究的视角、方法与趋势》第 201 页，广西师范大学出版社，2014 年。

⑩ 在李天纲《历史文献》《心同东西》和《跨文化的诠释：经学与神学的相遇》三部书中皆录有全文。

年的台湾影印本。相比而言，李教授提供的材料最早，较易获取，且做了简要考证，故引用者最多，筚路蓝缕、功不可没。但智者千虑，亦有一失，或许由于当时条件所限，抄写匆忙而未做校对，现以“合璧工程”影印回归的底本校之，发现李书中存有部分讹误，有的属于古今用字习惯不同，有的属于虚词的衍脱，有的属于句读与格式的错误等，虽然大多数无伤大义，但也有一部分或为成段的遗漏，或为讹误使语义难明甚至相反等。故作者冒昧，本着忠于原书的原则，谨在此对《历史文献》[①] 中所录《同人公简》之文本略做订误，至于句读和格式错误，如不影响文义者则不再出校，希望能为李教授查缺补漏，以飨学林。

《历史文献》中所录《同人公简》之文本订误表

序号	《历史文献》中的页码	讹误之句	讹误订正	法图《同人公简》影印本的页码（即上文中所言铅笔页码者）
1	112 页	外省必有所闻之	“所”字衍	3 页
2	112 页	未曾復旨	“復”应作“覆”（下略）	5 页
3	113 页	遇有丧事之牲	“牲”应作“往”	6 页
4	113 页	各自另行礼拜	“另”字原脱	6 页
5	113 页	主命造作饭食	“饭”应作“饮”	6 页
6	113 页	汝等亲眷等	首个“等”应作“之”	6 页
7	113 页	照数送份金	“份”应作“分”	6 页
8	113 页	在旁边行礼	“在”字原脱	6 页
9	113 页	于追祭亡国亲等事	“国”字衍	7 页

① 注：经校对，李天纲教授三部书中所录《同人公简》讹误基本一致，故仅对最早出版的《历史文献》中的《同人公简》进行订误。

续表

序号	《历史文献》中的页码	讹误之句	讹误订正	法图《同人公简》影印本的页码（即上文中所言铅笔页码者）
10	113 页	其父母原本未蒙领洗	“本”字衍	7 页
11	113 页	随着众亲属来助丧事	“着”应作“有”	7 页
12	114 页	将彼所用力之肉体	“力”字原脱	8 页
13	114 页	此等孝子所忍行者也	“等”应作“非”	8 页
14	114 页	“开明白后”	应作“开写明白”	9 页
15	114 页	只指苍苍形色之天乎或为解理气而禁之乎	“乎”字原脱，且未断句，第二个“之”字衍	9 页
16	115 页	称菩萨者尤多	“尤”应作“广”	10 页
17	115 页	其指天主之实义	“其”应作“真”	10 页
18	115 页	斯若稍违犯皇命	“犯”字原脱	10 页
19	115 页	名称天主既多	“既”应作“概”	10 页
20	115 页	二家敌辞	“辞”应作“辩”	11 页
21	116 页	荡荡之灵源	“之”字衍	11 页
22	116 页	其所称虽各不同	“各”字原脱	11 页
23	116 页	谓中华上古所称之上帝	“之”字原脱	12 页

续表

序号	《历史文献》中的页码	讹误之句	讹误订正	法图《同人公简》影印本的页码（即上文中所言铅笔页码者）
24	116页	尔之所称上帝	该句后脱“非天主乎？一，我教有对联，其用‘天’字称天主，而以上帝明解天主”等25字	12页
25	116页	其将上帝归之于理气者	“于”字原脱	12页
26	116页	岂上古圣贤曾由之言乎	“之”应作“此”	12页
27	116页	固有之无尊	“无”应作“元”	12页
28	116页	何不可有之哉	“可”字原脱	12页
29	116页	是乃坏教之端	“是”字原脱	13页
30	116页	岂合尔天主降生救赎之原义乎	“尔”字原脱	13页
31	117页	恭请指示	“示”应作“训”	13页
32	117页	以尽事死如事生	“以”字原脱	13页
33	117页	兹且问祭献之件于后	“献”应作“先”	14页
34	117页	理当率其弟男子姪而行其祭吊	“姪”应作“侄”	14页
35	117页	奉教人系一家之主事者	“之”字衍	14页
36	117页	若其主公令买备祭礼等物	“礼”应作“祀”	14页
37	117页	亦阻之乎	“亦”应作“抑”	14页

续表

序号	《历史文献》中的页码	讹误之句	讹误订正	法图《同人公简》影印本的页码（即上文中所言铅笔页码者）
38	118 页	蒙公既赐予	“予”应作“吊”	15 页
39	118 页	或使得，或使不得	第二个“或”字原脱，且未断句	16 页
40	118 页	及其追思先后亡	“后”字衍	16 页
41	119 页	除焚烧纸祭奠	“焚”应作“禁”	16 页
42	119 页	陈献祭物	“祭”应作“礼”	16 页
43	119 页	所有中华圣教将及普兴焉	“有”应作“以”	16 页
44	119 页	尚未通晓中华之大典	“通”应作“磬”	16 页
45	119 页	事尽如猛火狂波	“尽”字衍	17 页
46	119 页	但不外所敬四礼之事	“敬”应作“禁”	17 页
47	119 页	知主教伊大老师	“师”应作“爷”	17 页
48	119 页	想老爷於灵魂关系之重	“於”应作“于”	17 页
49	119 页	伏惟点鉴	“点”应作“电”	17 页
50	119 页	以定哪一条是，哪一条非	“哪”应作“那”	17 页
51	119 页	副会长钟德望，副会长	“钟德望，副会长”6 字原脱字	17 页
52	119 页	方若望、陈若瑟	“陈若瑟”原脱	17 页
53	119 页	你们教中又难行	“又”字衍	17 页
54	119 页	现救我等无数灵魂	“无数”原脱	17 页

续表

序号	《历史文献》中的页码	讹误之句	讹误订正	法图《同人公简》影印本的页码（即上文中所言铅笔页码者）
55	120 页	祇有到家念经匾上写道……	“祇”应作“见”，“道”应作“着”	20 页
56	120 页	是灵魂未享用	“未”应作“来”	21 页
57	120 页	王伯多禄答说	“答”字原脱	21 页
58	121 页	天主之实意也容易了解	“解”应作“然”	22 页
59	121 页	是收祖宗牌位为重	“是”应作“先”	23 页
60	121 页	康神父不答	“不”应作“无”	24 页
61	121 页	继而不说	“不”应作“又”	24 页
62	121 页	外表若有异端	“若”字原脱	24 页
63	121 页	康神父无言	“言”应作“答”	24 页
64	122 页	故我无法	“故”应作“教”	25 页
65	122 页	此事若是头一次，还好我担得	“，”应在“好”字后	25 页
66	122 页	何若外教人所敬	“若”应作“苦”	25 页
67	122 页	你们也说	“说”应作“做”	25 页
68	122 页	让我旁边亦有邪教庙……	“庙”应作“寺”	26 页
69	122 页	并非欲随外教行事	“欲”字原脱	26 页
70	122 页	求大神父仔细详查	“仔”应作“细”	26 页
71	123 页	今特补上此呈	“上”字原脱	29 页

续表

序号	《历史文献》中的页码	讹误之句	讹误订正	法图《同人公简》影印本的页码（即上文中所言铅笔页码者）
72	123 页	今为等在京	“为”应作“我”	29 页
73	123 页	何况大神父为我与担一点不是	“与”应作“等”	29 页
74	123 页	大神父很高明	“很”应作“狠”（下略）	30 页
75	123 页	那时该当合别位神父	“合”字原脱	30 页
76	124 页	遂不准给票	“准”字原脱	32 页
77	124 页	俱照利玛窦规矩在此传教	“玛窦”应作“神父”（下略）	32 页
78	124 页	去年陈昂参圣教一事	“去”应作“本”	32 页
79	124 页	有去世徐神父苦求	“苦”应作“哭”	33 页
80	124 页	天主教反行禁止	“教”应作“堂”	33 页
81	125 页	我等即领谢而退	“谢”字原脱	36 页
82	125 页	照式眷写送进	“眷”应作“缮”（下略）	36 页
83	125 页	我以后对教友们	“以”应作“已”	37 页
84	125 页	将此话翻译过去	“译”字衍	37 页
85	125 页	此四字从上文而来	“而”字衍	37 页
86	126 页	倘有一定差错	“定”应作“字”	38 页
87	126 页	一样的每堂各送过一张	“过”字原脱	38 页

续表

序号	《历史文献》中的页码	讹误之句	讹误订正	法图《同人公简》影印本的页码（即上文中所言铅笔页码者）
88	126 页	把他们翻过的呈折	“过”字衍	38 页
89	126 页	大神父一定依这一个人说的话……	“说”字原脱	39 页
90	126 页	凭你们总去说	“总去”应作“怎么”	40 页
91	126 页	蒙三堂神父怜悯准行	“怜悯”原脱	40 页
92	127 页	倘不敢反复改变	“倘”应作“尚”	41 页
93	127 页	虽恶如巨盗	“巨”应作“右”	41 页
94	127 页	秽若癫疯	“若”应作“如”	41 页
95	127 页	罪人等虽极愚极愚	首个“愚”应作“蠢”	41 页
96	127 页	惟因折子上蒙写的西洋字	“的”字衍	43 页
97	127 页	前在大神父处所投折内	“折”应作“呈”	43 页
98	127 页	此不过是大神父揣摩之言尔耳	“尔”字衍	43 页
99	128 页	我今还不远弃你们	“们”字原脱	44 页
100	128 页	以妄证大神父	“以”应作“及”	44 页
101	128 页	以和言悦色醒是非	“是”应作“其”	44 页

续表

序号	《历史文献》中的页码	讹误之句	讹误订正	法图《同人公简》影印本的页码（即上文中所言铅笔页码者）
102	128 页	而反恨恨多日	首个“恨”应作“怀”	44 页
103	128 页	你竟不脑	“脑”应作“恼”	44 页
104	128 页	这两条非是妄证我么	“是”字原脱	45 页
105	128 页	不料大神父又将所呈原折发回去	“去”应作“云”	46 页
106	128 页	伏思所主二百年之圣教	“主”应作“立”	46 页
107	128 页	何得谓伤害大神父之尊面乎	“何”字原脱，“乎”应作“耶”	46 页
108	129 页	实在寒心	“在”应作“为”	47 页
109	129 页	重于百万人之灵魂乎	“之”字衍	47 页
110	129 页	以善言实礼讲明	“讲”应作“解”	48 页
111	129 页	亦尝云	“尝”应作“当”	49 页
112	129 页	你处本有神父	应做“你本处有本神父”	49 页
113	129 页	即幸传四件	“幸”应作“亲”	49 页
114	130 页	何妨承担也	“担”应作“任”	51 页
115	130 页	你止遵教化王之命	“之”应作“的”	51 页
116	130 页	管别个事作甚么	“事”字原脱	51 页

续表

序号	《历史文献》中的页码	讹误之句	讹误订正	法图《同人公简》影印本的页码（即上文中所言铅笔页码者）
117	130 页	果与天主十诫总归二者之意相符否乎	“十诫”“总归”应分别加“《》”，“符”应作“合”	51 页
118	130 页	但未中乙人	该句衍	52 页
119	130 页	代甲人击中乙人	首个“人”字原脱	52 页
120	130 页	但未中伤乙人	“伤”字原脱	52 页
121	130 页	以消减甲人谋杀之迹	“谋杀”原脱	52 页
122	130 页	善与劝解而平服之	“与”应作“为”	52 页
123	130 页	丙人难免做杀之条	“做”应作“故”	52 页
124	130 页	请问此判如何	“如”应作“若”	53 页
125	130 页	为统带军民将军之职	“带”应作“管”。该句后脱“封其孙为少卿之职”8 字	53 页
126	130 页	谓众军民等虽遵将命而行	“将”字原脱	53 页
127	130 页	即报知父侯	该句后脱“其父侯即准所报，严禁”9 字	53 页
128	130 页	其子孙少卿闻之	“子”字衍	53 页
129	130 页	万人获罪太君	“人”应作“一”	54 页

续表

序号	《历史文献》中的页码	讹误之句	讹误订正	法图《同人公简》影印本的页码（即上文中所言铅笔页码者）
130	130 页	乃舍命泣诉于太君云	“诉”字原脱	54 页
131	131 页	身虽行命而心有有钦服	“有”应作“未”	54 页
132	131 页	实普地之幸	“地”应作“天”	54 页
133	131 页	乃谏一日	“乃”应作“仍”	54 页
134	131 页	佟嘉禄祇得走出门外	“祇”应作“只”	55 页
135	131 页	走身回山东临清州讫	“走”应作“起”	55 页
136	131 页	但须有名正言顺	“有”字衍	56 页
137	131 页	方可决意行事也	“意”应作“志”	57 页

（刘迎秋　山东大学儒学高等研究院 2017 级博士研究生）

林罗山与日本公文馆藏《杜工部草堂诗笺》

聂济冬

摘　要： 蔡梦弼《杜工部草堂诗笺》是南宋杜注的重要一家，存世本少见。清代以前，该书不见于正史目录；清代以后，多见于的私人书目和学术笔记中。《杜工部草堂诗笺》的存世情况较为复杂，据卷数的不同，可分为五十卷本、二十二卷本、四十卷本外加补遗十卷本三种系统；今所见《杜工部草堂诗笺》多为缀合本。篇次的缺失造成篇目的混乱，篇目混乱造成了本子的不可信，由此影响了学人对《杜工部草堂诗笺》的认识、使用和研究。日本公文馆藏有的《杜工部草堂诗笺》，曾是林罗山的藏品，与国内诸藏本略有不同。林氏收藏此本的原因，恐非偶然随意，与其政治思想与学术倾向有一定关系。

关键词： 蔡梦弼　《杜工部草堂诗笺》　林罗山　杜甫

清代以前，蔡梦弼《杜工部草堂诗笺》不见于正史目录，清代以后多见于的私人书目和学术笔记中。《杜工部草堂诗笺》的存世本少。据卷数的不同，该书可分为五十卷本、二十二卷本、四十卷本外加补遗十卷本三种系统；今所见《杜工部草堂诗笺》皆为缀合本。因其篇次混乱，影响了学人对《杜工部草堂诗笺》的使用和研究。日本公文馆所藏《杜工部草堂诗笺》，曾为林罗山收藏。林氏收藏此本的原因，恐非偶然为之，与其政治思想与学术倾向有一定关系。

一、蔡梦弼与其《杜工部草堂诗笺》

蔡梦弼，字傅卿，无传可考，其生卒年月、生平事迹不详。《杜工部草堂诗笺》序言提到“大宋嘉泰天开甲子正月穀旦建安三峰东塾蔡梦弼傅卿谨识”，由此知该书刻于南宋宁宗嘉泰四年（1204）。而蔡氏刊刻《史记》的时间是南宋孝宗乾道七年（1171）。两书刊刻的时间段前后，可视作蔡氏的活跃期。从俞成的《校正草堂诗笺跋》亦可知，蔡梦弼不仅是刻家，而且是有儒家理想追求的士人。通常以为蔡氏是建安（今福建建瓯）人。但今有学者通过“三峰”地名的考证，提出蔡氏为福建崇化地区的人。[①]

蔡梦弼是刻书家，他刊刻的《史记集解索隐》，被称为“盖宋版之绝佳者”[②]。而《杜工部草堂诗笺·自序》说，该书使用校本三十三家，云：“梦弼因博求唐宋诸本杜诗十门，聚而阅之，三复参校。”故知《杜工部草堂诗笺》在初刊时，是谨严、周密的。今所见《杜工部草堂诗笺》的混乱为坊贾所为。[③]

南宋后，对《杜工部草堂诗笺》的缀合没有停止过。今所见的《杜工部草堂诗笺》，既然是书商的营利之刻，又为一缀合本，那它是否还有学术价值？

答案是肯定的，《杜工部草堂诗笺》有缀合本，就说明它有市场需求，自身内蕴了充分的学术价值。这主要表现为：一是体例价值，二是思想内容。

（一）体例价值

《杜工部草堂诗笺》的体例采用编年式集注体。南宋时，杜诗注解就已号称千家注了。《杜工部草堂诗笺》是在鲁訔编年体编次的基础上，会笺前人注杜的成果，同时，又有自己的读杜心得。

（二）思想内容

蔡梦弼是南宋后期的儒生，不仅注杜，还注韩、柳。而杜甫是唐代儒学复兴的先行者，而韩、柳皆为古文大家，是儒学复兴的推动者。蔡梦弼活跃于南宋乾道到嘉泰年间，生活在福建崇化里。而崇化里，为当时儒家文化聚集地。乾道七年，朱熹曾在这里倡办同文书院。[④] 淳熙元年，刘爚在此建义宁

---

① 冯婉《蔡梦弼生平、著作及思想》，西华大学地方文化资源保护与开发研究中心编《地方文化研究辑刊》（第十一辑）第224页，四川大学出版社，2017年。

② 杨绍和《楹书隅录》（下），《续修四库全书》第8页，上海古籍出版社，2002年。

③ “此盖南宋末坊贾之所为也”。翁方纲《复初斋文集》第745页，台北：台湾文海出版社，1966年。

④ 《八闽通志》卷四十四，弘治刻本。

精舍，为师友讲学之所。[①] 在这种环境下，蔡梦弼，一个儒生，不可能不受到当时重儒的学术氛围的影响。其《草堂诗笺》在内容上必然会带有儒家思想旨趣。

二、日本公文馆藏《杜工部草堂诗笺》文献特征

林罗山，江户时代初期幕府汉学巨擘。林氏有一“江云渭树”藏书印。《经籍访古志·周易九卷纂图互注周易略例一卷》说：“卷首有‘江云渭树’印，末有‘罗山印’，知系道春先生旧藏也。”[②] 道春，即林罗山的字。日公文馆所藏元本《杜工部草堂诗笺》的《年谱》上镌“江云渭树”印。可知此为林罗山的旧藏本。林罗山第三子林鹅峰《后丧日记》中“明历三年（1657）三月二十八日”曾载：“入文库检藏书，押先考‘江云渭树’印蝴蝶洞印，分颁赠士林旧交之人并门生，以为之证也，凡六十部。”[③] 在南宋后，“江云渭树”已成为表达对友人思念之情的常用典故。林鹅峰在分颁林氏旧友的书上押林罗山此印，可知接受颁赠藏书的六十人，皆为林罗山的密友；也可见林罗山、林鹅峰熟知“江云渭树”语义，有深厚的汉学功底。但是，日公文馆藏《杜工部草堂诗笺》上“江云渭树”印，非林罗山本人所押。林鹅峰《国史馆日录》“宽文八年（1668）六月十四日”（曝书之条）中载：“余命贺璋，每书之卷头押印，尾退勤之。自先考所传之书，则押‘江云渭树’印，是偶免丁酉之灾者也（此指1657年江户城大火——笔者）。余所得之书，则用‘弘文学士院’之印。”[④] 而该书上的“江云渭树”印仅押在《年谱》卷首，正是卷头之处；而别处不见此印记。可见此印是1668年六月时，林鹅峰命贺璋所押此印，此有纪念、唏嘘之意。

日公文馆藏《杜工部草堂诗笺》，为林氏家族旧藏书，后传承有序。该藏书正文卷首有四个藏书印，从左到右是：林氏藏书印（篆书方形朱印）、浅草文库（楷书长形朱印）、林氏传家图书印（篆书长形朱印）、秀崖（篆书方形

① 《八闽通志》卷四十四，弘治刻本。

② ［日］涩江全善、［日］森立之等撰；杜泽逊、班龙门点校《经籍访古志》第9页，上海古籍出版社，2014年。

③ 转引自严绍璗《日本藏汉籍珍本追踪纪实》第128页，上海古籍出版社，2005年。

④ 转引自《日本藏汉籍珍本追踪纪实》第128页。

朱印）、日本政府图书印（篆书方形朱印）。有些卷后有“桂轩陈氏大德重刊”牌记和“昌平坂学问所”篆书长方形黑色印记。从以上藏书印可知，该书历经了林罗山收藏，后转属昌平坂学问所藏，再后归浅草文库、内阁文库庋藏，现归日本公文馆第一部保有的存藏变更经过。而从“林氏藏书印”盖在金镶玉的补纸上看，最早的收藏者林罗山人在收录此书时，可能已是一个补损本。而“昌平坂学问所”印记盖在卷尾“杜工部草堂诗笺目录终”页的补纸上，可为辅证。

三、日公文馆藏《杜工部草堂诗笺》文献学认识

在古籍目录书的著录中，《杜工部草堂诗笺》多标为残卷。现《杜工部草堂诗笺》通行本是黎庶昌《古逸丛书》本，四十卷。日公文馆藏元本《杜工部草堂诗笺》亦作四十卷，但与《古逸丛书》本有明显差别。日公文馆藏《杜工部草堂诗笺》的某些卷卷后有“桂轩陈氏大德重刊”牌记，亦被称为元大德本。

（一）为缀合本

日内阁文库藏《杜工部草堂诗笺》前后篇名不统一。这反映了刻工所据底稿不同，当是缀合仿刻。《杜工部草堂诗笺》刻本在当时有两刻，“此本宋时有两刻本，一为十一行本，一为十二行本。此桂轩陈氏本亦十二行本，则从后宋本出也”[①]。民国十八年（1929）傅增湘曾经过眼此书。他在《群书藏园群书经眼录》中说：“内阁文库藏书，己巳十一月十九日观。”[②]

（二）为宋刻元重修本

日内阁文库所藏《杜工部草堂诗笺》上，有“桂轩陈氏大德重刊”牌记，但该牌记仅见于某些卷后，且该书为拼合本，所以不能直接断定该书合刊时间。但是，牌记中的“大德重刊”，可知，此中有元刻。另外，该书的排列方式也可作为推断元本的一个依据。该书的第一卷为《年谱》《目录》。而这种排列方式是宋元杜集的通常样式。就此可基本推定，此书为宋刻元重修本。

---

① 傅增湘《藏园群书经眼录》（第四册）第1027页，中华书局，1983年。

② 《藏园群书经眼录》（第四册）第1028页。

与翁方纲所见《杜工部草堂诗笺》可能为同系统本。《杜工部草堂诗笺》在清初有传，为钱谦益家藏。朱鹤龄《杜工部诗集辑注》即以《杜工部草堂诗笺》为底本著作。清代，在版本选择上有推崇宋元本的倾向。《四库全书》的收录原则之一，就是重宋元版，但《四库全书》中收录了黄氏父子的《补千家注杜诗》。但未收录同时代、同整理方式的《杜工部草堂诗笺》。其原因恐与其编次混乱有关。四库馆臣翁方纲《跋宋椠草堂诗笺》云："此本虽题建安蔡梦弼草堂诗笺，而卷前阙其序，且卷前题云鲁訔编次，而卷内又有鲁訔曰。至于诗注之语，或称杜公，又或称甫。其每卷之首或称增修，又或称集诸家。此盖南宋末坊贾至所为也。"[①] 翁氏所言《杜工部草堂诗笺》的弊病，在日公文馆藏《杜工部草堂诗笺》中也存在。翁氏未更详细言说其所见本，虽不能就此断定翁氏所见本与日藏元本《杜工部草堂诗笺》为同一版本系统，但就其所言二者很接近。万曼先生《杜集叙录》据翁方纲《跋宋椠草堂诗笺》和《经籍访古志》所言宋椠元修本，推断岛田翰所见与翁氏所见可能同一本子。[②] 此说可作一个旁证。

四、林罗山收藏《杜工部草堂诗笺》的原因

从藏书印看，日本公文馆藏蔡梦弼《杜工部草堂诗笺》在日本的最早收藏者是林罗山。那林罗山存藏此本是偶然之举，还是有意为之？二者相比较而言，有意的成分大一些。实际上，对此本的存藏，不仅是林罗山的个人爱好使然，还是他的学术倾向、意识形态建构需要有一定关联。

（一）个人喜好

杜甫诗歌在五山文学中就已有影响，但日本汉诗对于杜诗的全面的本格的受容，是在江户时期开始的。[③] 这不仅与日本文人的爱好有关，也与德川家族支持汉学的态度有关。[④] 林罗山本人对杜甫、杜诗也有追慕之情。前面已提林罗山有一"江云渭树"藏书印。有学者已指出："'江云渭树'为林罗山

---

① 翁方纲《复初斋文集》一，《近代中国史料丛刊》（第四十三辑）第746页。

② "据以上所记，和翁方纲所见本，似乎相同。"万曼《杜集叙录》，载《文学评论》1962年第4期。

③ 马歌东《日本汉诗溯源比较研究》第120页，商务印书馆，2011年。

④ 李慧、郭建勋《论日本汉文学对杜诗的接受》，载《中国文学研究》第10期。

(1583—1657) 常用的藏书印，印文取自杜甫的诗句‘渭北春天树，江东日暮云’(《春日怀李白》)。”[①] 进而有人指出，此印是林罗山对杜甫的崇敬之义。[②] 林罗山不仅赞赏杜诗诗意，学习杜诗的创作风格，也仰慕杜诗思想。

(二) 学术倾向

宋人号称千家注，是第一个注杜高峰期，其主要特点就是侧重杜诗中“用事”“学问”的探究。受时代影响，蔡梦弼《杜工部草堂诗笺》明显地带有南宋的杜注特征：侧重学术、关注名物考据。

南宋时期，无论是福建建安（今福建建瓯），还是三峰（今福建崇化）地区，儒学皆兴盛。蔡梦弼受当地重儒学的学术氛围的影响，其《杜工部草堂诗笺》自然流露出儒学治学倾向。《杜工部草堂诗笺·自序》云其在借鉴了各家注说外，“复参以蜀石碑、诸儒定本，各因其实以条纪之。”“蜀石碑”，即指《蜀石经》，又称《蜀刻十三经》《石室十三经》，是儒家“十三经”经注合体最早的完整辑刻。因此说，《杜工部草堂诗笺》具有注重以经注杜的时代特点。例如，《承沈八丈东美除膳部员外阻雨未遂驰贺奉寄此诗》：“礼同诸父长，恩岂布衣忘。”蔡梦弼言：“此尊之之辞，以见沈丈之有年也。《诗·伐木篇》以速诸父。毛氏《传》：天子谓同姓诸侯，诸侯谓同姓大夫，皆曰父。”同时期注家虽言同姓为父，但皆未言出自《毛传》，而蔡梦弼特别点出了所自经书的出处。故无论是杜诗的思想倾向，还是《杜工部草堂诗笺》的内容，都有吸引林罗山关注的层面。

《杜工部草堂诗笺》还有一个特点是侧重名物考，如，《忆李白》：“岂无青精饭。”蔡梦弼谓：“青精，乃神仙之所服食。有黄精，有青精色。黄者，为黄精。色青者，为青精。亦若天黄、地黄、人黄也，本是一种根，浮于上者，为天黄；沉于地者，为地黄；生于中者，为人黄。青精食之既久，能益人颜色，长年却老也。”这两条笺注皆是蔡笺在会通了各家注说后，自撰独有，为他人所未提。林罗山博学多能，尚格物致知，故蔡氏的《笺注》风格符合林氏的博学认知。

---

① 王宝平《日本胡文焕丛书经眼录》，陆坚、王勇《中国典籍在日本的流传与影响》第 326 页，杭州大学出版社，1990 年。

② “江户初期的著名儒学家林罗山（1583—1657）还以此为印，表达对杜甫的崇敬及自己的尚友之情。”王京钰《义堂周信诗文中的“江云渭树”——日本五山文学杜甫受容的一个侧面》，载《辽宁工学院学报》2004 年第 5 期。

（三）政治意识

林罗山终生侍奉幕府，参与制定律令，起草文书，主导了江户时期德川幕府的意识形态的建构。他的思想来源之一是儒学，“德川幕府第一任儒官林罗山的阐释路径是儒神互释，以此实现儒学与日本古道德互融互通”①。林罗山的尊君思想，与杜甫是一致的。他关于杜诗的接受，有儒家政治伦理的考量。

杜诗中始终贯穿着儒家的政治伦理思想。大历元年春旱，杜甫作《雷》诗，以汉儒的易学思维诉说当日天气反常，“大旱山岳焦，密云复无雨。……请先偃甲兵，处分听人主”。将批评的矛头指向了藩镇割据，故杜甫在诗后要求藩镇偃兵还政，维护大一统。② 杜甫的尊君思想与林罗山的政治构思是相应的。林罗山所处的时代，佛教盛行，基督教初传，幕府尚未完全一统，所以林氏极力维护德川幕府的政治权威，曾说：“夫天地上下之间，鸢不跃于渊，鱼不戾于天。君尊在上臣卑在下，父有父道子有子道，男治外女治内。此道万古如此，常常不变。”③ 可以说，杜诗中的忠君一统思想、华夷之辨意识，与林罗山对现实政治的理解息息相关。

结　语

总而言之，日本公文馆藏蔡梦弼《杜工部草堂诗笺》是宋刻元重修本，虽亦是一缀合本，但有其独特的文献、文献学价值。从藏书印看，此本在日本的最早的收藏者是林罗山。林氏的收藏当非偶然，与其政治思想和学术倾向有一定关联性。

（聂济冬　文学博士，山东大学儒家文明省部共建创新中心、
山东大学儒学高等研究院教授）

① 张士杰《近世日本〈论语〉学述要》，载《东北亚外语研究》2019 年第 3 期。

② 参见拙作《杜甫引易诗的学术属性及中唐前象数易学背景》，载《周易研究》2019 年第 4 期。

③ 《林罗山文集》（卷六十八・随笔四）第 846 页。转引自龚颖《林罗山理气论的思想特色》，载《中国哲学史》2018 年第 4 期。

汉学家杨联陞诗歌初探

宋恩来

摘　要：汉学大家杨联陞学贯中西，在国际汉学研究领域成就显著，其书评最为知名。学界就其社会经济史、汉学书评以及学术交往研究论述较多，本文则试图从学界关注较少的诗歌入手，通过对杨联陞不同阶段的心理状态以及诗歌题材等方面，探讨杨联陞的诗歌特点，以此来揭示杨联陞汉学心路的独特面貌以及他在国际汉学发展过程中所扮演的重要角色。

关键词：汉学家　杨联陞　诗歌

杨联陞（1914—1990），是第二次世界大战后在美国哈佛大学逐渐成名的汉学家，为当时国际汉学研究的发展做出了独特贡献。杨联陞中西皆通，学术视野广阔，被余英时赞为“中国文化的海外媒介”，被认为是继伯希和之后公认的“汉学警察”。之前关于杨联陞的研究，有三篇硕博论文：华东师范大学徐小玲 2009 年硕士论文《论杨联陞的中国社会经济史研究》、福建师范大学李佳焱 2018 年硕士论文《激流中的勇者——杨联陞汉学书评研究》、山东大学刘秀俊 2010 年博士论文《“中国文化的海外媒介”——杨联陞学术交往探要》。还有一些期刊论文，如：刘秀俊《“训诂治史”的会通之学——杨联陞与清华学派》，安东强《杨联陞的学术转向及论学旨趣述论》，任增强《杨联陞、李约瑟与〈中国科学技术史〉》。上述研究论文，各有侧重，或偏重于汉学书评，或偏重于中国社会经济史，或偏重于学术交往，或偏重于学术方法，都从不同角度对杨联陞进行了一定的研究。本文则试图从研究较少的诗歌入手，一方面探求杨联陞诗歌创作特点，一方面挖掘他处于异域环境不一样的学术视野和心路历程。

一、诗学诗法

1984年夏，杨联陞迎来了自己的七十岁生日，缪钺作了一首五言古诗寄贺，杨联陞立马回作了一首五言古诗《和彦威兄寿词》相寄。

> 百年三过二，回首烟尘满。六岁祖开蒙，之无识未晚。私塾闹蛙坑，似欲亲坟典。
>
> 志存好中学，博雅如兄鲜。校艺赏金牌，曾蒙主试卷。嫁妹结婚姻，学文侍谈辩。
>
> 负笈入燕都，更觉程无限。转益喜多师，门户嫌偏浅。经世须居观，雕虫失曼衍。
>
> 丧乱走殊方，讲席排讹传。杂家联系员，外史旁观眼。丸膏贵舶来，河山长念远。
>
> 手持黄绢辞，足抵青精饭。①

在这首诗里，杨联陞对自己的一生做了简要回顾，大部分是写国内生活，其余的写国外的生活，国内的生活又具体可以分为私塾时期、中学时期、大学时期。杨联陞14岁进入志存中学学习，在这之前已在家塾学习了8年。8年的家塾学习对杨联陞至关重要，由于所学的内容主要是国学，这在一定程度上培养了他对中国古代文史的浓厚兴趣。谈到自己如何作诗，杨联陞在《抄小纸条儿》中说：

> 诗人常觅句，我只待诗来。套语发新义，危言莫远怀。
> 良辰千日续，好景四时开。心中身外事，随意免安排。②

在这首诗里，杨联陞总结了自己的作诗方法。杨联陞既不像孟郊、贾岛、

① 杨联陞《和彦威兄寿词》，杨联陞著，蒋力编《哈佛遗墨》（修订本）第303页，商务印书馆，2013年。

② 杨联陞著《抄小纸条儿》，杨联陞著，蒋力编《哈佛遗墨》（修订本）第301页。

李贺似的苦吟，也没有杜甫“为人性僻耽佳句，语不惊人死不休”的执念，他只想在有感想发之时，能够用诗歌随意表达。《入中学第一年，初次写诗》（残稿）是杨联陞流传下来创作时间最早的一首诗歌。

秋风吹雁去，灯前话昔年。听母谈兵变，元宵二月前。
夜半闻枪起，红光满半天。仓皇方无措，叩门声复喧。
全家相随出，开门兵已在。不暇问家内，急奔胡同外。
城下且潜藏，风寒无可耐。
光阴一夜疾，出城正清晨。投亲一路上，群群尽难民。
三日归家视，不觉泪沾巾。空宅无所有，连夜赴天津。
津中依大叔，数月复归来。尔家尚有人，安畏无钱财。
处世须傲骨，向人莫乞哀。不畏无金钱，惟畏无良才。
子胥市上箫，渊明门前柳。英贤百世传，前迹可趋走。
夜深母语毕，风声似牛吼，幼弟出门视，空庭无所有。①

这是一首叙事诗，记叙了母亲为兄弟二人讲昔年遭遇兵变时的艰难处境，并鼓励他们树立远大志向。这首诗情感真切、语言简练、层次分明，刻画了一位教子有方的良母形象。这首五言古诗作于1928年，杨联陞才14岁，但作诗技巧已很娴熟，这为他一生的诗歌创作打下了坚实的基础。

杨联陞曾提到过向萧公权和缪钺学诗的情况，“萧迹园师是我在毕业后才在北平城内拜谒的，主要为向先生学诗。……我曾向萧师呈上译泰戈尔诗为词《浣溪沙》两首。先生说，要用功”②，到了晚年，还在向缪钺请教如何作诗，“于诗道应多读何家（近读遗山、定庵），兄有以教我乎”③。他引用元好问的诗来讨论文法、诗法，“元遗山诗云：‘工文与工诗，大似国手棋。国手虽漫应，一着存一机。不从着着看，何异管中窥。文须字字作，亦要字字读。咀嚼有余味，百过良未足。’可引以相勉也”④，杨联陞将为文作诗与下棋作

① 杨联陞《入中学第一年，初次写诗》（残稿），杨联陞著，蒋力编《哈佛遗墨》（修订本）第225页。

② 杨联陞《致刘绍唐》（二），杨联陞著，蒋力编《莲生书简》，商务印书馆，2017年，第409页。

③ 杨联陞《致缪钺》（七），杨联陞著，蒋力编《莲生书简》第319页。

④ 杨联陞《致缪钺》（五），杨联陞著，蒋力编《莲生书简》第310页。

比较，旨在强调作诗时每个字都不可以轻易放过，每个字都要仔细斟酌推敲。对杨联陞而言，诗歌与唱戏一样，只是自己的一个爱好，并不是自己的主业，对于诗歌功力自然也没有太高的追求。杨联陞经常称自己的诗为打油诗，比如“弟近来诗兴大发。数十年来，甚多打油之作，油腔滑调率尔而成”[①]，又常说自己的诗是“草率之句、凑韵之诗”[②]，还说自己“于词韵通假，甚不了了”[③]。但不得不承认的是他在诗歌上却是敢于尝试的，“近来颇好用广双声广叠韵，绝句可以为例”[④]，对于吉川幸次郎的挑战也敢初次使用排律来正面回应，且赢得了对方的尊重。杨联陞对诗歌的喜爱贯穿一生，对诗歌的探索从未停止，退休后更是对诗歌注入了别样的热情。

二、诗语心声

杨联陞并未留下专门的诗集，“他的诗都留在哪里了呢？我舅舅告诉我，都在他的日记里。外公有写日记的习惯，他的诗，也是他日记的一部分”[⑤]。从《哈佛遗墨》《莲生书简》等书中，我们可以看到杨联陞流传下来的大概有一百多首诗歌。但是，杨联陞一生所作诗歌数量应该远不止于此，杨联陞曾在写给缪钺的信中提到：“弟与蒋打油相戏诗近百首，他日恐皆转化为尘矣。”[⑥] 据此看来，仅就杨联陞与蒋彝的唱和诗来看就已达百首，但真正流传下来的不过十几首，其他诗作散落情况可见一斑。从现有的一百多首诗来看，杨联陞诗歌体裁包括古体诗、近体诗、宋词、白话诗等其他形式。杨联陞曾评价自己的作品，“小弟所作，多打油诗，律诗极少”[⑦]，“弟于五言古尚偶尔试为，七古则未敢动，盖所读之七古能记怀者少（乐天诸篇不计），平生际遇可歌可泣之人与事均为不多”[⑧]。遍览杨联陞的诗作，近体诗多于古体诗，绝

① 杨联陞《致缪钺》（七），杨联陞著，蒋力编《莲生书简》第 324 页。
② 杨联陞《致缪钺》（十），杨联陞著，蒋力编《莲生书简》第 394 页。
③ 杨联陞《致缪钺》（四十七），杨联陞著，蒋力编《莲生书简》第 394 页。
④ 杨联陞《致周策纵》（四），杨联陞著，蒋力编《莲生书简》第 171 页。
⑤ 蒋力《我的外公杨联陞》，杨联陞著，蒋力编《哈佛遗墨》（修订本）第 335 页。
⑥ 杨联陞《致缪钺》（三十），杨联陞著，蒋力编《莲生书简》第 363 页。
⑦ 杨联陞《致赵耿飏》（二），杨联陞著，蒋力编《莲生书简》第 188 页。
⑧ 杨联陞《致缪钺》（三十六），杨联陞著，蒋力编《莲生书简》第 375 页。

句多于律诗。此外，在胡适的影响下，也尝试过新诗的写作，且会自度曲，如《自度曲》（长亭当日），还会写“子弟书”，也叫大鼓词，如《“子弟书”贺赵元任先生、师母金婚》。

杨联陞一生兴趣广泛，治学之余，绘画、书法、京剧、诗歌皆其所爱。诗歌对杨联陞来说是很重要的，不光可以吟咏性情，还可以调节心境，“外公自五十年代末期开始患病，多次长期住院，写诗是他自我调整心境的最佳方式”①。杨联陞是活跃在汉学研究一线的杰出学者，与他来往的也多是有名的文史大家，诗歌是他们之间交流沟通的有效工具，同时诗歌也是友情的升华剂。从诗歌内容上来看，杨联陞的诗歌当中，咏怀诗、赠答诗、游览诗占了绝大多数。

（一）海外游子的文化乡愁

从1941年2月初至美国，到1990年11月16日仙逝，除了1974年和1977年短暂回国两次，杨联陞近50年的岁月都是在国外度过的。在国内时期，杨联陞主要活动在保定与北平之间。杨联陞曾说自己“平生际遇可歌可泣之人与事均不为多”②，他的一生可能不太具有传奇性，但却是踏实平稳的。大家庭给予了他接受最好教育的机会，同时也让他承担了更多责任。家在杨联陞心中分量很重，也是他诗歌的最常见主题之一，比如：

> 万里梦回天欲曙，淋漓犹是夜来声。（1944年《赠张子緐》）③
>
> 甘旨莫劳游子虑，清贫且典旧时衣。四年万里能无念，风雪漫天未可归。④（1944年《家书云云》）
>
> 强慰闺人夸远志，应知异国误年华。（1946年《和方仲诗，自纽约归寓改成》）⑤

这几句诗都是作于留学哈佛时期，当时，杨联陞的打算主要还是尽早完成学业，回国任教。1941年春至1947年夏，这期间主要是杨联陞在哈佛学习

① 蒋力《我的外公杨联陞》，杨联陞著，蒋力编《哈佛遗墨》第335页。

② 杨联陞《致缪钺》（三十六），杨联陞著，蒋力编《莲生书简》第375页。

③ 杨联陞《赠张子緐》，杨联陞著，蒋力编《哈佛遗墨》第234页。

④ 杨联陞《家书云云》，杨联陞著，蒋力编《哈佛遗墨》第238页。

⑤ 杨联陞《和方仲诗》，杨联陞著，蒋力编《哈佛遗墨》第242页。

以及毕业后的选择时期。这期间杨联陞结识了赵元任、胡适二位老师，并在以后的岁月里，三人保持着紧密的联系，同时与周一良、吴于廑、任华等同学，相互切磋，见证成长。1946 年 2 月，杨联陞凭借《晋书食货志译注》获得了博士学位，而后在联合国秘书处暂时工作了一年，终因国内局势不稳而最终在 1947 年秋接受哈佛的聘请，回校任教。这个时期，是杨联陞学术能力的快速成长期，当然，也是他的选择困惑期，孤身海外六七年，对家园亲人的思念尤为强烈：

当年鬓绿发如油，我亦离家十二秋。海外相逢都是客，辛酸莫记记风流。[1953 年《依韵答仲雅二首》（二）]①

幸得羹鱼未用车，敢因压线怨年华。独惭亲老无甘旨，风夜霜晨苦忆家。（1953 年《康桥杂兴，和劳贞一》）②

故国梅开几度花，余香惹梦到天涯。封侯拜相他人事，养得妻儿便算家。（1961 年《早晨梦醒成小诗》）③

病起春回万物华，松阴积雪但余沙。云开日丽涤风荡，大化迁流处处家。[1967 年《医院散步得句二首》（一）]④

这几句诗主要作于杨联陞执教哈佛时期，这时候杨联陞已经没有了艰难抉择的苦恼，但故乡渺渺，不知何时能回，乡愁较之留学时期更甚。1947 年秋至 1980 夏，是杨联陞执教哈佛时期，杨联陞通过自己的努力一步步从助教授、副教授、教授，最终做到讲座教授，成就有目共睹，但这个时期杨联陞精神上也有不少的苦闷，这种苦闷主要来自于：第一，课程繁重，每星期要上大量的课；第二，身处异域环境，需要改变自己适应学校的需要；第三，与故国亲人分离，思念之情难以排解；第四，高强度的工作压力，身体状况欠佳，抑郁症多发。漂泊海外多年，虽然取得了不小成就，但终究是飘零之“客”，“辛酸”“风流”“孤寂”各种情感兼而有之。虽有妻儿在身边陪伴，但大部分的亲人还留在祖国，没办法在长辈身前尽孝，能够把身边的妻儿照

① 杨联陞《依韵答仲雅二首》（二），杨联陞著，蒋力编《哈佛遗墨》第 247 页。

② 杨联陞《康桥杂兴，和劳贞一》，杨联陞著，蒋力编《哈佛遗墨》第 252 页。

③ 杨联陞《早晨梦醒城小诗》，杨联陞著，蒋力编《哈佛遗墨》第 266 页。

④ 杨联陞《医院散步得句二首》（一），杨联陞著，蒋力编《哈佛遗墨》第 278 页。

顾好或许也是一个家了。兴许是心里长期的苦闷和酸楚得不到疏解，杨联陞大病了一场，但这场病也让其明白了许多事儿：于现实来讲，自己虽与亲人与故土天各一方、遥遥相望，但在诗中，自己可以不断放宽家的外延，这样来看又何处不是家哪？

从“家乡只在心安处”[①] 到“养得妻儿便算家”再到“大化迁流处处家”，虽然“家”的外延不断被放宽，思想上也曾一度获得过些许慰藉，但漂泊海外的事实终究是难以改变，换句话说，杨联陞思家苦闷的根源一直都存在。到了晚年，在《梦中无路不能回家，甚觉急躁》不禁感叹道：“花果飘零哪是家”[②]，最终萦绕在心头的仍是“空裹游尘何处寄，东西南北总恒沙”[③] 的漂泊之感。

（二）有得有失的汉学之路

1956年已经是杨联陞在哈佛执教的第九个年头了，此时，他已经从助教授成了副教授，并在哈佛取得了终身教职。在《自题小画》道：“不是江边来卖水，从来引玉要抛砖。笋根稚子无人见，江上沙鸥傍母眠。”[④] 对于如何评价当时汉学研究的最新成果来讲，杨联陞的书评起着较好的参照作用。1963年，49岁的杨联陞即将迎来天命之年，其学术研究已经取得了丰硕成果，经胡适推荐当选为台湾“中央研究院”院士。而后在戴密微推荐下，在法兰西学院用法语讲演四次。作为哈佛燕京学社与日本汉学、港台汉学的重要联系人，杨联陞对双方汉学的交流和发展发挥了十分重要的作用。但这个时期，他的身体状况也开始走下坡路，各种疾病开始“频繁光顾”。在《四十九岁初度》里，他说“亡羊半世未须追，博塞读书果是非”[⑤]，到了1977年，杨联陞已六十三，在《略捡院中枯枝，成一律》中依然感叹“路歧羊老应休策，机险豺豪莫觅诗”[⑥] 研究史学出身的杨联陞为了适应外部的需要成了一名研究汉学的“杂家”，或许杨联陞的心目中有一条与众不同的研究之路，可惜始终未能实现，故常在诗中感叹。

---

① 杨联陞《蒋哑子信有禅诗，和二首》(二)，杨联陞著，蒋力编《哈佛遗墨》第262页。

② 杨联陞《梦中无路不能回家，甚觉急躁》，杨联陞著，蒋力编《哈佛遗墨》第307页。

③ 杨联陞《梦中无路不能回家，甚觉急躁》，杨联陞著，蒋力编《哈佛遗墨》第307页。

④ 杨联陞《自题小画》，杨联陞著，蒋力编《哈佛遗墨》第259页。

⑤ 杨联陞《四十九岁初度》，杨联陞著，蒋力编《哈佛遗墨》第273页。

⑥ 杨联陞《略检院中枯枝，成一律》，杨联陞著，蒋力编《哈佛遗墨》第287页。

（三）诗兴再发的退休生活

1980年秋，杨联陞开始了自己的退休生活，除了少许参加一些学术会议，这个时期的生活总体上是比较清静的。这一时期也是杨联陞诗歌最高产、最成熟的时期，这个时期的诗歌一方面记录自己退休后闲适的生活，抒发自己的愉悦心情；一方面回顾自己走过的学术之路，评价自己的学术生涯。杨联陞承认自己“甚矣吾衰久”[①]，开始过“伏老销声迹，求安远市廛”[②]似的清静生活，少了许多俗务的纷扰，可以有更多的时间从事自己感兴趣的事情。比如他常道：

> 博弈小轮赢，画诗随兴志。文史贯古今，抄读益神智。[③]
>
> 自问休来有甚奇，阴晴漫步雨垂帷。墨浓便写扶箕字，句痒旋成凑韵诗。[④]
>
> 朴学醇儒绪，追寻免寂寥。[⑤]

“朴学醇儒”一直是杨联陞追求的目标，不敢以老辞劳。在没有疾病打搅的时候，杨联陞的退休生活很是闲适有趣，他在诗中形容自己当时的生活是“沙陀能小住，何似在京华”[⑥]。退休后，杨联陞最大的心愿是“引年天倘许，悦乐智无涯”[⑦]。

结　语

杨联陞是一位深受中国传统文化影响的中国学者，也正因此，他为中国文化在海外的传播贡献了自己毕生的精力。他曾评价自己：“由历史了解政治、经济、社会、哲学、佛学、禅宗、博弈、绘画、俗曲等等，都算略有心

---

① 杨联陞《庚辰除夕，无题》（修订本），杨联陞著，蒋力编《哈佛遗墨》第288页。

② 杨联陞《庚辰除夕，无题》，杨联陞著，蒋力编《哈佛遗墨》第288页。

③ 杨联陞《病起逾年，敬谢师友关怀福荫》，杨联陞著，蒋力《哈佛遗墨》第293页

④ 杨联陞《自问》，杨联陞著，蒋力《哈佛遗墨》第290页

⑤ 杨联陞《无题》，杨联陞著，蒋力《哈佛遗墨》第288页。

⑥ 杨联陞《成诗一首》，杨联陞著，蒋力《哈佛遗墨》第294页。

⑦ 杨联陞《上午成小诗》，杨联陞著，蒋力《哈佛遗墨》第306页。

得，大概照古人的说法，只不过‘杂家’而已。”①

杨联陞是一位史学家，也是一位汉学家，他在哈佛负责1840年以前中国史的教学工作，是《哈佛亚洲学报》编委之一，有《中国史纲》《中国货币与信贷简史》《中国制度史》《汉学散策》以及《汉学论评集》等相关著作出版。杨联陞的书评在当时最为知名，汉学界学人以杨联陞能为自己的作品写书评为荣。作为学人，杨联陞的成就是显著的，既留下了许多优秀的作品，也培养了许多杰出的弟子。但留在美国并不是杨联陞最初的愿望，漂泊海外几十年是其不得已的选择。国外物质条件虽厚，但课程繁重，精神压力极大。在异国他乡，始终觉得别人是主，自己是客，再加之后来糟糕的健康状况，有时候精神上也是特别苦闷。

诗歌在杨联陞的生命中占有独特的分量，虽然不是专门的诗人，却保有贯穿一生的诗歌兴趣。他从小就展现出了娴熟的诗歌技巧，向萧公权、胡适、缪钺等都曾虚心请教作诗方法，一生与师友唱和不断，退休后更是对诗歌产生了极大的热情。杨联陞用诗歌来缓解思乡之苦，用诗歌来增进与他人之情谊，用诗歌来释放苦闷、减小压力，用诗歌来回味自己的学术生涯。杨联陞的诗歌以短诗为主，长诗偶尔为之，诗风中和平顺，少有怪诞奇险之气。杨联陞的诗歌是我们了解他内心深处的一扇窗户。

（宋恩来　山东大学高等儒学研究院博士生）

① 杨联陞《东汉的豪族》第378页，商务印书馆，2017年。

·张西平专栏·

叔本华与中国文化小议

张西平

一、西方现代文化的二元性

从启蒙时期开始，在西方思想家中就有两种声音：为理性呐喊，为科学歌唱，坚信人类的意志和力量，颂扬功利主义道德观的合理性，这是启蒙思想的主流。与此同时，怀疑科学的力量，强调价值理性，强调文化的多元，强调非理性，尊重自然，怀疑现代化，反对普遍的文化模式。前者是西方现代化理论的来源，后者是西方现代化的怀疑者和反对者，后现代主义的前身。这两种思潮始终是西方思想内部相互博弈、相互影响的力量。从根本上来说，自从资本来到这个世界，自然经济的瓦解，人类思想的分歧就开始了。资本具有伟大的文明作用，而资本的每一个毛孔都流着血，资本文化的二重性；现代化释放出人类无穷的力量，但在功利主义伦理观支配下的欲望追求又像被打开了的潘多拉的盒子，成为人类无法控制的力量。这就是现代社会二重性的根源。

19 世纪无疑是启蒙思想所开启的现代化发展的鼎盛时期，同时也是后现代思潮的发端与肇始的时期。西方思想从来就不是铁板一块。在这样的背景下，多元的中国文化观在欧洲思想和文化中一直存在着，从而使中国传统文化在 19 世纪的接受和影响呈现出多重复杂的局面。

二、叔本华的哲学立场

西方哲学从传统的柏拉图理性主义转向现代的非理性主义，其转折的关键人物是叔本华（Arthur Schopenhauer，1788—1860）。他在《作为意志与表现的世界》中构造了一个以意志为核心的哲学体系，通过确立直观（非理性）的认识论、意志本体论，颠覆了传统的西方哲学，为现代西方哲学的发展打开一条新路。

首先，他确立的由直观所建立的意志本体论与传统哲学由理性所建立的本体论的对立。传统哲学的基础是建立在主客对立，由此，主体认识客体，获得理性。叔本华认为，理性是一种基于主客相分的间接认识，而意志超越了主客相分。相反，世界本体就是一种意志，在意志中认识和被认识是合二为一的。如果说理性具有客观性，意志则完全是主观性的。如果说柏拉图通过确定主客相分，说明了理性的地位，也隐含了人与上帝的相分。而叔本华则通过意志将主客合一，突出人的主观意志，从而为现代哲学的发展打开大门。

其次，叔本华彻底颠覆了理性主义的传统，在他看来理性不过是非理性的意志所派生并为其服务的一个工具。人类的认识虽然分为直观和理性两种认识，但直观认识始终是理性认识的基础，理性认识只能在直观认识的基础上展开。

基于这样的立场，叔本华对黑格尔的哲学展开激烈的批判。他认为黑格尔所论述的绝对观念演绎世界的那套理论不过是对于人类正常认识过程的颠倒。在实际的人世中，抽象的概念不是凭空而来，而是在直观的基础上产生的。但黑格尔却把它完全颠倒了。这是将“颠倒了的世界作为哲学上的一出丑剧搬到墟场上上演”①，是“把一个普通的理智——大自然的单纯制品——当作掌管人类精神、奇迹和圣物的东西而呈现给了判断力尚未成熟的、最诚实而又易于轻信的年轻人”②。由此，叔本华拉开了现代西方哲学的大幕，基于柏拉图和托马斯·阿奎那基督教神学、以理性为核心的西方传统哲学，开始面临叔本华的以意志为本体，以非理性为核心的挑战。叔本华在西方的意义在于此。

① ［德］叔本华著，石冲白译《作为意志与表象的世界》第65页，商务印书馆，1982年。

② ［德］叔本华《充足理由律的四重根》第121页，商务印书馆，1996年。

三、叔本华与中国文化

叔本华关于中国的论述主要体现在他的《作为意志与表象的世界》一书中，在这本书中他提到过《易经》，还撰写了一节“汉学”，由此可见他对中国文化还是关注的。

首先，叔本华从反叛欧洲哲学的角度，批评欧洲对中国宗教的曲解，强调中国哲学与欧洲哲学的区别，从而表现出了一种文化多元性倾向。他批评18世纪来华耶稣会对中国宗教理解的错误，“十七八世纪耶稣会传教士们都顽固地热衷于把他们自己相对较新的信仰学说传入这个古老的民族，他们还徒劳地力图在它那儿寻找这些信仰学说的早期踪迹，结果是他们并没有彻底地了解那儿占统治地位的信仰学说”①。直到叔本华的时代，欧洲人按照自己的信仰去理解中国，按照自己的宗教习惯来解释中国。由此，“一个十分错误的观点就播散了开来，那就是地球上所有的民族都崇奉一个唯一的，至少是一个最高的神和世界的创造者，这无非就好像是要欺骗中国人说，世界上所有的诸侯都对他们的皇帝有上贡的义务”。把基督教看成全世界普世的宗教，把欧洲人的信仰看成全世界共同的信仰，而一旦看到中国宗教文化中不同于欧洲的特点，他们就无法理解。叔本华揭示出了19世纪欧洲人世界观中的“欧洲中心主义”特点，他说：“欧洲人当他们研究亚洲的宗教时，首先就会停留在消极的立场上，停留在和事情实际上异在的立场上，因此我们就会看到一堆相关的，但对于积极的认识毫无促进作用的见解，所有这些见解的主旨都是说，一神教，当然就是唯一的，犹太人的学说，对于佛教徒和中国人来说都是异在的。”“于是他们就从一个固定的前提出发，那就是在这儿也一定要找到有神论，尽管其形式是十分生疏的。但是，他们看到的是自己期望的落空和发现对于类似的事情的不好理解，甚至没有什么词语可以用来加以表达，于是按照他们进行研究的那种精神很自然的结果就是，他们对那些宗教的最初知识更多的是这些宗教并不包含的东西，而不是关于它们的积极的内容，而要认识这些内容对于欧洲人的头脑来说，由于许多原因，又必然会

① 叔本华著，任立、刘林一《自然界中的意志》第136页，商务印书馆，1997年。

感到困难……”①

显然，这样的批评暗含着对黑尔格那种以基督教为信仰的理性主义的批评，对基督教一神论的批判，同时意味着对其他宗教文化的肯定，这里叔本华的多元宗教观是值得肯定的。那么，他认为的中国宗教特点是什么呢？是自然崇拜，是多神论和英雄的崇拜。

> 在那儿首先存在着一种全国性的对自然的崇拜。所有的人都崇拜自然。这种崇拜起源于上古时期……皇帝和达官贵人们在某个时候，或在重大事件之后公开献祭的这些祭品就属于这种对自然的崇拜，它们首先是被献给苍天和土地的，冬至献给苍天，夏至献给土地，此外还献给所有可能的自然力量，如大海、高山、河流、风雨、雷电、火等等，每一种自然力量都归一个拥有许多庙宇的神仙管辖。每一个省、每一个城市、每一个村庄、每一条街道，甚至一个家族的坟地，有时甚至连一个商人的货栈都由一个神仙管辖着，这些神仙一样拥有许多庙宇，当然最后两种神仙只接受私人的祭礼。而公共的祭礼是为那些伟大的先皇、王朝的奠基者，以及英雄人物，也就是所有那些由于他们的学说和行为而成为（中华）民族救星的人所举行的。②

对自然宗教的介绍和说明，一方面是对欧洲主流思想的反叛，另一方面是对自己的自然意志论出场的铺垫。因为，在他那里康德那个不可认识、神秘的物自体，已经转换成为他所理解的意志，而意志就是表象世界、就是自然界。“照我的说法，这个自在之物，这个所有现象，因而是整个自然界的基础，无非就是那个我们直接地知道的，十分熟识的，我们在我们自己本身的内心看作为意志的东西，……因此，没有认识，它也能存在和显现自己，这就是整个自然界。”③ 将自然和意志的同一，自然在意志中获得力量，显然，此时的自然要比黑格尔哲学中的自然有了根本性的变化，它再不是绝对理念的从属物，而是根本。只是这样的自然和中国的自然主义、自然崇拜是风马

① 《自然界中的意志》第141—140页。

② 《自然界中的意志》第137页。

③ 《自然界中的意志》第19页。

牛不相及的。

其次，通过对朱熹“天人合一”的理解，说明他的哲学。叔本华谈到朱熹时说：“我认为，按我们的算法，他生活在12世纪。他是中国学者中最有名望的人，这是因为他是一个集大成者。他的著作是当今中国教育的基础，他有着至高无上的权威。”① 他在当时出版的马礼逊的《华英字典》和在《亚洲杂志》上发表的《中国的创世理论》中发现了自己的理论和朱熹的理学是如此接近。这本杂志中有一段话：“看来，‘天’这个词表示，‘大者中最大者’或‘地上一切大者之上者’，然而在使用时，它的意义是不确定的，在欧洲语言中‘天空’这个词在使用时意义也是不确定，然而其程度是无法和前者相比的。”“问：‘天地之心亦灵否？还只足漠然无为？’曰：‘天地之心不可道是不灵，但不如人恁地思虑。’（伊川曰：‘天地无心而成化，圣人有心而无为。’）”② 这里，天和人心是相同的。叔本华最为震惊的是这样一段话：“按照中国的一个权威的说法，‘天’，由于最高的权力这一概念，被称作主宰或统治者，另一个权威则这样说：‘如果天没有意愿，那么也许牛就会生出马来，桃树就会开出梨花来。’另一方面又说：‘天的精神也许可以从人类的意志为何物中推知！’”叔本华感到这个表达几乎和自己的想法一样，在这句话的注释中，他又从马礼逊的《华英字典》核对了这段话，发现大体意思是一致的。叔本华甚至认为，这段话表达的太精辟了，乃至他认为如果不是自己的书比马礼逊的《英华华英辞典》早8年出版，欧洲的读者一定认为自己是抄袭了中国的思想。“这最后一句话和我的学说的一致性是如此的明显和惊人，以至于如果这些话不是在我的著作出版了整整8年之后才印出来的话，人们很可能会错误地以为，我的基本思想就是从它们那儿得来的。”③

在马礼逊的《华英字典》中，这段话的中文是“天以天下之心为心，古之论天者多以民心卜天”。英文的翻译是：“Heaven makes the mind of mankind it mind, in most ancient discussions resperting heaven, its mind or will was divined

① 《自然界中的意志》第143页。

② 这里的翻译用金慧敏《叔本华的自然意志论语中国哲学》，载《燕山大学学报》（哲学社会科学版）2000年第8期。参阅《自然界中的意志》第144页。

③ 《自然界中的意志》第144页。

from what was the will of mankind."①

叔本华似乎从这段话，找到了自己哲学和朱熹哲学的共同点，乃至，他怕别人说他的哲学是抄袭了朱熹的哲学。实际上，叔本华对朱熹哲学的理解是似懂非懂，完全是自己主观的理解，善意的“误读”。朱熹在《朱子语类》的确说过这样的话：

> 问曰：“今不知吾之心与天地之心是两个物事，是一个物事？公且思量。”良久，乃曰：“今诸公读书，只是去理会得文义，更不去理会得意。圣人言语，只是发明这个道理。这个道理，吾身也在里面，万物亦在里面，天地亦在里面。通同只是一个物事，无障蔽，无遮碍。”
>
> 问：“程子谓：‘天地无心而成化，圣人有心而无为。’曰：‘这是说天地无心处’，且如‘四时行，百物生’，天地何所容心？至于圣人，则顺理而已，复何为哉！所以明道云：‘天地之常，以其心普万物而无心；圣人之常，以其情顺万事而无情。’说得最好。”②

叔本华自以为朱熹的“天地之心”和自己的意志一致，这实在是一种误解。叔本华的自然界之意志完全是主观意志，在这个意义上和陆王心学到有一定的切合。陆九渊有“宇宙便是吾心，吾心便是宇宙”，王阳明有“人者，天地万物之心也。心者，天地万物之主也。心即天，言心则天地万物皆举之矣”。因此，相比之下，“陆王心学亦较朱子距此为近”这个判断是正确的。③ 如果和黑格尔论中国哲学相比较，黑格尔是从否定的意义上来谈中国哲学的，而叔本华是从肯定的意义上来讨论中国哲学的，他希望从中国哲学中找到自己哲学的证据和支持，这同黑格尔把中国哲学放到一个已定的逻辑位置上加以评判是不同的。

最后，我们从叔本华这里看到中国古代文化典籍的翻译对他的影响，他读过雷慕沙的译著，读过儒莲所翻译的《孟子》，他希望有更多的中国古代文

---

① 马礼逊《华英字典》（第1卷）第576页，大象出版社，2007年。

② 《象山先生全集》第三十四卷。

③ 金慧敏《叔本华的自然意志论语中国哲学》，载《燕山大学学报》（哲学社会科学版）2000年第8期。

化著作在欧洲出版，[①] 但由于他读过的中国文献有限，对中国的理解也有相当多的错误，例如他认为："道教学说的意义和精神与佛教是完全一致。"在对待孔子学说的理解上几乎和黑格尔一样，他认为："孔夫子的学说，学者和政治家们对它特别感兴趣，从翻译过来的材料看，这是一种广泛的老生常谈，主要是有关政治和伦理的哲学，而又没有形而上学作为支撑，有些地方使人感到极其空洞无聊。"[②] 佛教的理解充满错误。[③] 他对中国文化的理解和黑格尔一样都是从自己的哲学体系出发，所不同的是，黑格尔将中国哲学和文化定位在人类文化的低级阶段，以此来证明他的日耳曼哲学的伟大，而叔本华是从积极的方面来看待中国文化，以用以支持他对黑格尔哲学和欧洲思想的反叛。[④] 由此看来，用单一的模式来解释19世纪的中国文化影响是单薄的无说服力的。多维的中国，这大概是19世纪欧洲中国观的一个基本状况。

（张西平　北京语言大学特聘教授，《国际汉学》主编，
北京外国语大学教授）

① 在谈到他所读到的朱熹的译本时说："此外，人们还注意到，这位朱熹的译者并不完全懂得朱熹的文章，而考虑到中文对欧洲人来说是十分困难的，和工具书的匮乏，确实也不能对他求全责备了。我们也就不能从中得到需要的说明。因此，我们不得不用这样一种希望来聊以自慰：随着和中国的交往变得更加自由，会有那么一个英国人有朝一日能使我们对于上面提到的这一典籍得到一个详细充分的介绍，而至今的介绍则仍是令人婉惜地感到过于粗疏了。"《自然界中的意志》第145页。

② 《自然界中的意志》第137页。

③ 汤用彤先生对叔本华的佛教观进行了批评，认为他基本上没有理解。他说："反思是佛教觉悟的法门，而情感则是叔本华思想的核心。对于佛陀而言，'不思不想乃是死亡之路'。思想意味着控制或限制意志。对于叔本华而言，纯粹单调的生活乃是天才的本质特征。结果，佛教对痛苦的分析只不过表达了对人堕落的一面或未皈依者的洞见，痛苦并非他所感觉到的，而只是他所看到的。佛陀不允许信徒沉湎于情欲，阿罗汉应该是无情无欲的。另一方面，叔本华也思考人类的痛苦，将其归因于纵欲之心的躁动贪求。他并没有像不满于自己的空虚生活那样，厌恶人类的悲观。……他完全不欣赏印度。他的泛神论试图将混淆了善恶的形而上学蠢话，和他自己渴望把精神融入自然的情感渲泄溶和起来。悲观主义是他扩展追求其自我的领地的手段，而以不负责任的人本主义收尾。自然主义和浪漫主义在他的两种解脱方法中握起手来。这种梦幻曲不过是对'自觉意志的最深层历史，生活的最高秘密，追求，受苦，喜悦，人心的涨落'的认知。苦行主义则是和对将人的（毫无疑问是叔本华的）本性和世界核心的一切等同有关。"参阅汤用彤著，钱文忠译《叔本华思想中的东方因素》，载《中国文化》2001年秋之卷。

④ 叔本华在谈到黑格尔时说："但是当今哲学中这种荒凉野蛮的状况：每一个人都可以对一些曾经使最伟大思想家大伤脑筋的问题随便发表意见，完全是由于无耻拙劣的黑格尔在哲学教授们的帮助下，能够将他的最怪异的想法拿到市场上兜售，并被当作30年来德国最伟大的哲学家而造成的一种结果。现在，人人都以为可以无耻地将他们麻雀脑袋想到的东西信口胡扯一番。"《自然界中的意志》第11页。

·法国汉学研究·

简述法国汉学家沙畹的秦碑铭研究*

车　琳

摘　要：沙畹关于秦碑铭的研究见于1893年发表的学术论文《秦碑铭》、1897年出版的《史记》法译本第二卷《秦始皇本纪》及附录三"《秦碑铭》补注"中。这三处关于秦碑铭的研究内容和篇幅不尽相同，互相补充，翻译和考证了从战国时期秦国《诅楚文》到秦代刻石等8种秦金石碑铭。沙畹重视挖掘第一手实物史料和深入历史细节，以碑铭研究证经补史，拓宽了法国汉学的研究领域和方法。本文根据法文资料，详细解读沙畹关于秦碑铭的研究成果，介绍其研究缘起、研究内容、意义和价值，其中关于芝罘刻石和东观刻石的探疑之处尤其值得关注。

关键词：法国汉学　沙畹　碑铭学　秦刻石　《史记》

法国汉学家埃玛纽埃尔-爱德华·沙畹（Emmanuel-Edouard Chavannes，1865—1918）汉学成就斐然，涉及中国历史、宗教、考古、碑铭、边疆和民族等研究领域。在一般的文献研究之外，他尤其重视碑铭研究，多方参考了中国史学和历代金石学领域的著作，在史学研究中引入第一手实物史料，通过多种途径搜集和收购了不少碑铭的拓本，进行了扎实的考据勘定工作，使所从事的碑铭研究起到证经补史的作用。可以说，沙畹的史学研究和碑铭学研究是相辅相成的。并且，沙畹后来对中国的宗教、社会、边疆、民族交流甚至艺术的研究都多多少少得益于碑铭学的滋养。正如法国汉学家马伯乐

---

* 本文为国家社会科学基金重大项目"多卷本《中国文化域外传播百年史（1807—1949）》"（项目编号：17ZDA195）的阶段性研究成果。

（Henri Maspero，1883—1945）所言："他是第一个想到，正如西方学界的做法，古代文物和碑铭的研究可以有益地补充史学文献研究，并提供被文献作者忽视的各种历史信息。"①

沙畹关于中国碑铭的研究可以大致分为四类：一是，对中国秦、两汉和元朝等古代碑铭的研究；二是，对一定地域的碑文研究，如《南诏国的碑文》《凤昭凤英世系记》《云南的四份碑铭》《爨宝子碑》等西南边境地区的碑文；三是，与宗教相关的碑铭研究，如沙畹曾在1897年据哈喇和林遗址碑铭研究景教与摩尼教，或者据《投龙简》所进行的道教研究；四是，涉及中国与域外关系的碑铭研究，例如中国新疆和敦煌发现的简牍和文书以及中亚、印度等地发现的碑铭。正是由于在碑铭和考古领域的所取得的杰出成就，沙畹当之无愧地在1903年入选法兰西金石与美文学院。

国内关于沙畹的汉学研究主要涉及其在《史记》译注、边疆学、民族学、敦煌研究、泰山研究和艺术等领域的成果，以及对其汉学成就的总体评价。沙畹诸多卓越的汉学研究成果并没有被系统地翻译到国内，《沙畹汉学论著选译》是为数不多的一本选集，其中没有涉及重要的碑铭学论文。目前国内尚无关于沙畹中国碑铭学的专门研究，但是法国汉学家戴仁（Jean-Pierre Drège）的一篇论文《沙畹和法国的中国碑铭学》② 被翻译到中文，该文列举介绍了沙畹在中国碑铭研究中的各项成果。马伯乐1921年在法兰西公学院汉学讲席的开课讲座内容是一篇概述沙畹学术成就的总结性概述，已有中文译文，不过其中只是间或提及了他的碑铭学研究。《秦碑铭》（*Les Inscriptions des Ts'in*）是其碑铭学研究的起点，但是没有中文译文，也没有得到专门研究。故而本文特别关注这项为人忽视的研究成果，以期发现对国内学者具有参考价值的内容。

一、秦碑铭的考证与译介

沙畹的碑铭学研究起源于《史记》翻译和研究，《史记》为沙畹提供了

① Henri Maspero.《 Edouard Chavannes 》, leçon d'ouverture professée au Collège de France le 24 janvier 1921.

② J. -P. Drège.《 Edouard Chavannes et l'épigraphie chinoise en France 》, in Catalogue des estampages chinois de la Société asiatique（en collaboration avec Richard Schneider et Michela Bussotti）. Paris：Société asiatique，2002. 译文发表于《法国汉学》2002年第6辑，第587—601页。

秦代石刻文的重要资料来源。他1889年第一次来华，翻译发表的第一篇汉学著述便是1890年在北京由北堂书局印刷出版的《史记·卷二十八·封禅》[①]。沙畹本人后来在《史记》导论中明确指出，他于1893年在巴黎《亚细亚学报》上发表的有关中国秦碑铭的学术文章亦得益于阅读《史记》时的发现。这是因为，他在研读《史记·秦始皇本纪》时读到了司马迁记载的秦代刻石文，并将它们逐一翻译到法文。这一部分内容引起了沙畹的极大兴趣，于是他在《史记》译注之余进行了专门研究。与此同时，他也开展了对汉代碑铭的研究。1893年，这两份学术成果在同一年面世，即发表在《亚细亚学报》上近50页的一篇论文《秦碑铭》[②] 和在巴黎出版的一本专著《中国两汉石刻》[③]。

沙畹对秦碑铭的研究也是其全部碑铭学的起点。在《秦碑铭》一文中，除了引言、结语各一页，其余部分主要是8种碑铭的考证与译文（37页）、碑铭文音韵研究（6页）和秦代瓦刻简介（3页）。此外，沙畹关于秦碑铭的研究还见于后来《史记》法译本中：首先是其所译《秦始皇本纪》文中，另外还有第二卷（1897年出版）附录三。这三处关于秦碑铭的研究内容和篇幅不尽相同，互相补充：在《史记·秦始皇本纪》法译本中，沙畹忠实地翻译司马迁所录铭文；《秦碑铭》不仅录入《史记》所录秦刻石文译文，而且增加了其他几种铭文的译文，同时对每一种铭文进行了研究性考证，这些是《史记》译本中不能发挥的部分；沙畹在《史记》法译本第二卷卷末添加了一篇题为"《秦碑铭》补注"（*Appendice III: Note additionnelle sur les Inscriptions des Ts'in*）的附录[④]，是他随着研究的深入，又对1893年发表的文章进行的补充，主要是对8种碑铭的前4种进行补充说明，对之前文中个别谬误之处进行了更正，而更有价值之处则是添加了他所搜集的4种铭文的拓

① *Le Traité sur les sacrifices "Fong" et "Chan" de Se ma T'sien*, traduit en français par Édouard Chavannes. Péking: Beitang, 1890, pp. XXXI-95.

② E. Chavannes. 《 Les Inscriptions des Ts'in 》, in *Journal asiatique*, IXe série, I., 1893, pp. 473-521.

③ E. Chavannes. *La sculpture sur pierre en Chine au temps des deux dynasties Han*. Paris: E. Leroux, 1893.

④ 目前流传的中文资料均把这份附录写作是沙畹《史记》法译本第二章附录，实际应为第二卷附录（三）。

帖图片或原文。上述情况表明，沙畹在1893—1895年之间对秦碑铭一直保持关注，其研究是不断丰富和深入的。鉴于《秦碑铭》一文内容最为充分和全面，本文以其中8种碑铭的考证与译文为主要研究对象，需要时结合另外两处材料。

首先，沙畹介绍的第一篇石刻文是《诅楚文》，应是战国后期秦惠文王时期（约公元前4世纪）所刻，发现于北宋。沙畹虽未提及秦楚争霸时举办巫术仪式祈祷天佑的历史文化背景，但是对出现在三块石刻上所祈神名非常关注，即“巫咸”“亚驼”“大沈阙（久）湫”。他对每一种神名的含义以及是否在其他文献中出现进行了考证，其中“亚驼”被认为不曾在其他场合出现过。关于《诅楚文》的研究，沙畹广泛参引了北宋欧阳修、黄鲁直、张芸叟、董彦远、王顺伯、姚宽等金石学家的著述，在年代断定上则排除了欧阳修的观点，取信王顺伯，认为是秦惠文王和楚怀王时期所作。沙畹提供了《诅楚文》的三种来源，即明清人编撰的《金薤琳琅》《金石古文》《金石索》，对比了三种版本的些微差异，并认为《金薤琳琅》的版本最为可靠，这也是其译文的原文底本。沙畹还提到了中国学者对于《诅楚文》真实性的质疑，“从实而言，这些质疑影响甚微，我们接受这些质疑，是同意说石刻文可能在宋代得到翻刻，而铭文本身的真实性不应存疑”①。在《史记》第二卷附录三“《秦碑铭》补注”中，沙畹修订了之前文章中两处谬误：一是读音错误，即“久湫”中“久”字曾被误读为“久”，在后来他所附的铭文中被标注为“久读作故”②；二是他在脚注中说明，根据耶稣会士汉学家宋君荣（Antoine Gaubil，1689—1759）的记载，可能秦国时期还存在一块更古老的碑石，这是对《秦碑铭》文中所言《诅楚文》是“唯一在秦建立帝国之前流传于世的铭文”③ 进行了修订，但是沙畹表示没有找到相关碑文。④

《诅楚文》并未被中国学界归入著名的秦七刻石之列，而沙畹将其纳入秦碑铭研究范围，这说明他以一种更具历史观和发展观的角度来看待问题，把

① E. Chavannes.《 Les Inscriptions des Ts'in 》, *op. cit.*, p. 482.

② E. Chavannes.《 Appendice: Note additionnelle sur les inscriptions des Ts'in 》, in *Les Mémoires historiques de Se-ma Ts'ie.* Trad. Édouard Chavannes, Jacques Pimpaneau, Yves Hervouet, Max Kaltenmark, Timoteus Pokora, Paris: Librairie You Feng, 9 vol., 2015, pp. 545-546.

③ E. Chavannes.《 Les Inscriptions des Ts'in 》, *op. cit.*, p. 475.

④ E. Chavannes.《Appendice: Note additionnelle sur les inscriptions des Ts'in》, *op. cit.*, p. 544.

秦看作一个存在历史更长的政治实体，而不局限于历史短暂的秦朝。

沙畹译介的第二份秦碑铭文是秦朝统一度量衡诏书刻文（公元前 221 年），刻在秦权、秦量等度量衡器实物之上。他首先简要介绍了秦统一度量衡的改革措施，继而说明是在《薛氏钟鼎款识》和《积古斋钟鼎彝器款识》两本金石著作中发现了铭文的拓帖。铭文分为两部分，一部分是秦始皇诏书（原文 40 字）刻文，另一部分是秦二世加刻诏书（原文 60 字），两部分内容均被忠实地翻译到法文。沙畹之所以关注此种铭文，应当是非常重视秦朝统一度量衡这一历史性举措，有意从历史器物中发现证明史实的依据；此外，统一度量衡诏书刻文是铭刻在金属器物上的文字，也说明秦代金石记事材料的多样性。

之后，沙畹将关注的重心全部集中于秦始皇完成统一大业后巡游各地记载功德的刻石。世传秦代石刻有 7 处，即位于山东的峄山刻石、泰山刻石、琅琊刻石、芝罘刻石、东观刻石以及位于河北的碣石刻石和浙江的会稽刻石。在翻译之前，沙畹简要介绍历史背景或地理位置，甚而介绍刻石的保存和铭文的流传情况。在资料充分的情况下，沙畹也会描述原石形制。秦刻石中最早一种是峄山刻石，《史记》中虽有提及，但是未录铭文，也是《史记》中唯一没有记载的秦刻石文。沙畹指出，“后世有根据原石拓本翻刻 7 处，最可信者为公元 993 年宋代官员郑文宝的翻刻立石”，“现存西安”①。他是根据这一种拓本翻译成法文，包括秦二世加刻铭文。至于其他刻石，沙畹均以《史记》为底本进行翻译。例如，关于泰山刻石，沙畹指出“原文在宋代（12 世纪）尚存”，“明代尚可辩读 29 字”，“明以后原文完全遗失”，后世保存的拓本（如宋代刘跂和元李处巽留存的拓帖）“与司马迁的记载存在一些明显差异，但是历史学家的文本最为准确”②。同样的版本问题存在于琅琊刻石。沙畹发现《山左金石志》中的拓帖与《史记》中的记载有出入：《史记》中完整地记载了随行官员的名单，而这些内容在拓帖中缺失，而沙畹是根据司马迁的记载进行了完整的翻译。但是译文有一可疑之处，就是年代问题。石刻文的第一句是“维二十八年”，但是沙畹的译文是“Il y a ving-six ans”（意思是“二十六年前”），此处明显的谬误令人费解，或许是誊抄有误。对于碣石

① E. Chavannes.《 Les Inscriptions des Ts'in 》, *op. cit.*, p. 486.

② E. Chavannes.《 Les Inscriptions des Ts'in 》, *op. cit.*, p. 490.

刻石和会稽刻石，沙畹着墨不多，没有存疑问题，以译文为主要内容。

沙畹除了介绍了石刻、金属材质上的秦碑铭，还专门介绍了一种“瓦刻”。他首先简单提及中国人房屋屋顶瓦当的形状和作用，继而介绍瓦当文多是简短的吉祥语，他列举了阿房宫中部分瓦刻的内容，如“维天降灵延元万年天下康宁”“与天无极”“长生无极”“延年”等祝福语。此外，他注意到《金石碎片》中提到七片瓦当上刻有“卫”字，这可能是姓氏标志，瓦当来自秦始皇为卫氏王公所建宫殿。沙畹还列举了三片瓦当上“兰沱宫当”四字说明所谓“兰池宫”可能有误，“池”字应为“沱”字。上述实例说明沙畹注意从实证史料中考据史实的尝试。沙畹对瓦当文的介绍足见他在碑铭石刻研究上的考察详致。

二、关于芝罘刻石和东观刻石的存疑

在《秦碑铭》中，存疑最大之处是芝罘刻石和东观刻石。主要问题有二：第一大问题是，沙畹指出《史记》中在相隔不远处提到芝罘刻石文时年代不同，一次是“二十九年”，一次是“二十八年”，他认为这不太可能是秦始皇相隔一年在同一个地方刻立两块碑石，这“或许是司马迁的一处贻误”，因为他“只记载了一篇芝罘刻石文”①。实际上，这里可能是沙畹的误读。试读《史记·卷六·秦始皇帝、二世皇帝本纪》中以下相关记载：

> 二十八年，始皇东行郡县，上邹峄山，立石，与鲁诸儒生议，刻石颂秦德，议封禅望祭山川之事情。乃遂上泰山，立石，封，祠祀。下，风雨暴至，休于树下，因封其树为五大夫。禅梁父，刻所立石，其辞曰（……）
>
> 于是乃并渤海以东，讨黄腄，穷成山，登芝罘，立石颂秦德焉而去。
>
> 南登琅琊，大乐之，留三月。（……）作登琅琊台，立石刻，颂秦德，明得意。（……）
>
> 二十九年，始皇东游。（……）登芝罘，刻石，其辞曰（……）
>
> 其东观曰（……）

① E. Chavannes.《 Les Inscriptions des Ts'in 》, *op. cit.*, p. 503.

从上文中可以发现，秦始皇巡游山东，歌功颂德，无论是在峄山、泰山、琅琊都有“立石”和“刻石”两个步骤。秦二十八年和二十九年，秦始皇确实两次登临芝罘，二十八年是“登芝罘，立石”，二十九年“登芝罘，刻石”，整个的芝罘刻石文是在两个年度中完成的。而沙畹可能并没有深入探究和考据这一细节，才会对司马迁的记载产生疑惑。

第二大问题，沙畹完全没有提到东观刻石，似乎并不知道其存在。在《史记·秦始皇本纪》中有一句：“其东观曰（……）”，沙畹翻译了此句之后的碑铭文，也就是通常被认为是东观刻石文的文字内容。那么，沙畹为何翻译了东观刻石文却不知其名呢？原来，他把芝罘刻石理解为有两面铭文的一块碑石，并明确写道：“秦始皇的铭文由两部分构成，一部分刻在碑石西面，另一部分刻在碑石东面。”也就是说，沙畹将芝罘刻石文当作碑石西侧的铭文，“Sur la face occidentale on lisait ceci”①（西面有文字如下）；而将“其东观曰”后的文字当成了碑石东侧的铭文，“Sur la face orientale étaient gravées les deux strophes suivantes”②（在东面刻有以下两节铭文）。由此看来，沙畹并没有将“东观”理解成另外一个地名，而是作为方位词来理解的。

关于芝罘刻石和东观刻石，从现有文献来看，中国学界大体存在三种观点：第一种观点认为是立于芝罘山上的两块刻石，这是一直以来多数学者的看法，也是人云亦云的说法，现无可考证；第二种观点认为东观刻石确实存在，但是不在芝罘山，而是在芝罘以东的不远处；第三种意见认为东观刻石和芝罘刻石是同一块刻石，不同面上各有一篇刻石文，台湾大学李鍌教授在《白话史记》中持此种观点，这与沙畹的观点不谋而合。1996 年在《秦文化论丛》中发表的一篇《东观刻石位置考》是目前唯一可查找到的专题学术论文③，作者李鼎铉排除了第一种和第三种意见，他认为不可能在同一地或同一石上刻有两篇内容相近的碑铭，并考证“东观”是芝罘以东成山上一处台阁楼榭，那里现存秦代行宫遗址，也有其他历史爱好者考证出“东观”位于其他地方。如果说东观刻石就在芝罘山或附近，那么为什么秦始皇会在一地几乎同时立二石？而且，“东观”并不是一个确定的地名，那么所谓“东观”

① E. Chavannes.《 Les Inscriptions des Ts'in 》, *op. cit.*, p. 503.

② E. Chavannes.《 Les Inscriptions des Ts'in 》, *op. cit.*, p. 505.

③ 这篇论文几乎完全被学界忽略，在笔者下载该文之前，中国知网的数据显示 20 余年来该文没有任何下载和引用量。

究竟在什么地方？这个问题在中国学界确实尚无定论，而且似乎也没有给予足够关注。

总之，沙畹将芝罘刻石与东观刻石当作一块碑石，所以丝毫没有提及东观刻石。按照多数中国学者的意见，这可能是法国译者的一个理解谬误。由于他合二为一，因此认为司马迁在《史记·秦始皇本纪》中记录的是5篇刻石文[①]，而不是我们一般以为除佚失的峄山石刻文之外的6篇。然而，从另外一个角度来看，沙畹解读的可能性是否存在？这一点仍然需要国内史学界在考证后进行评判。

三、秦刻石文音韵研究

沙畹在研究每一种秦刻石文的时候都进行了细致的形式分析。尽管在《史记》或其他金石文志中，刻石文显示为散文体排列，但是沙畹对其内在的节奏和韵律十分敏感。例如，他认为峄山刻石文“由36句四言组成，每3句一组，形成一个12字的诗行。由于汉语字词是单音节，所以这12字颇似法语诗歌里一句12个音节的亚历山大体诗行，不过每句刻石文是有两处顿挫，一个位于第四字后，另一个位于第八字后。12句诗又分为两个诗节，每个诗节的6句诗押同一个韵”[②]。可见，沙畹认为刻石文属于韵体，故而在翻译的时候自行分列诗节。在介绍琅琊刻石文时，沙畹指出了其在节奏上的独特之处，即第一部分为整饬的72句四言，而第二部分则不够规律，有骈散结合的特点。

沙畹如此细致地逐一介绍各刻石文的节奏韵律，可能是因为他深知汉语韵律在翻译之后无法在法语中呈现，故有必要专门讲解形式特点，以便于法语读者对刻石文的文体特点产生更加明晰的认识。不仅如此，沙畹还专门以三页篇幅探讨了刻石文的音韵问题。他认为秦刻石文保留了《诗经》的音韵特点：“由于这些篇章采用的是和《诗经》中作品同样的格律，故而可以应用中国学者评论《诗经》的高见来进行分析。”[③]他以类比的方式说明《诗经》

---

① E. Chavanne.《 Les Inscriptions des Ts'in 》, *op. cit.*, p. 521.

② E. Chavannes.《 Les Inscriptions des Ts'in 》, *op. cit.*, p. 486.

③ E. Chavannes.《 Les Inscriptions des Ts'in 》, *op. cit.*, p. 512.

与秦刻石文的音韵可以说是与西方中世纪抒情诗人的用韵性质类似，都属于古韵，而古韵与今韵多有不同，即古代成韵的字在现代诗歌中未必押韵。继而，他介绍说《诗经》中韵类不多，但是每一类中包含许多字，明清学者各有不同的划分，例如顾炎武认为可以分作 10 类，江永以 13 类计，而段玉裁则划分为 17 类，并且提出"同谐声者必同部"，一共存在平声、上声和入声三种。沙畹视段玉裁的《诗经》音韵研究最为权威，并将其应用到秦刻石文的音韵分析当中，具体而言，秦刻石文用韵虽然与《诗经》用韵不完全一致，而且偶有例外，但是总体而言可以套用《诗经》的 17 韵。他进而将每一处刻石文的用韵进行逐篇逐诗节的归类，比如峄山刻石文第一诗节的韵字是"王""方""强""明""方""长"，这些字属于第十类韵并且同为平声，而第二诗节"理""始""止""起""久""纪"属于第一类韵且同为上声。①

以上可以看出，沙畹的秦刻石文研究是非常全面和系统的，不仅重视历史考证，而且关注形式格律。他对秦刻石文的翻译与研究与对中国古代文学的研究也是相互衔接和融会贯通的。他本人非常重视中国文学研究，1893 年 12 月 5 日在法兰西公学院的汉学讲座第一讲便以"中国文学的社会角色"为题，其中说道："中国文学传播之广，延续之久，在思想各领域及生活各方面影响之大，使之成为中华民族的伟大导师。如果想认识并了解如此富有生命力的文明，就必须学习中国文学。"②

结　语

沙畹以敏锐的目光发现秦碑铭的历史价值："秦朝虽短，但却是中国古代为后人留下最为可观的刻石文物的朝代。"③ 他以贯通古今的历史目光翻译和研究了秦碑铭八种，其中有《史记》中 6 篇秦刻石文（他本人认为是 5 篇，因为把芝罘和东观刻石合为一篇），另外一篇《峄山刻石》根据其他材料译出，此外还有两篇并非秦代刻石，其中一篇是战国时期秦国的《诅楚文》，一

---

① E. Chavannes.《 Les Inscriptions des Ts'in 》, *op. cit.*, p. 514.

② ［法］沙畹著，邢克超选编，邢克超、杨金平、乔雪梅译《沙畹汉学论著选译》第 149 页，中华书局，2014 年。

③ E. Chavannes,《 Les Inscriptions des Ts'in 》, *op. cit.*, p. 521.

篇是统一度量衡的秦诏版。[①]《史记》是沙畹汉学研究的基石，也是其中国碑铭学的起点，是秦碑铭研究的重要资料来源。他在《秦碑铭》文末致敬司马迁，感谢这位中国古代史学家以文字记载了珍贵的历史文献。同时，沙畹关于秦碑铭的研究也参考了历代金石学领域的著作，这使得他的研究不局限于翻译，而是拓展到扎实的考释工作。他以碑铭、拓本为第一手实物资料来研究汉学，丰富了研究方法。“沙畹在研究古代历史的过程中，效仿研究地中海文明学者的方法，将考古学和碑铭学结合起来，他的史学研究同时包括对中国古代石雕的考察和研究。而且他在汉学研究中的许多领域多少与碑文研究有些关联。”[②] 总之，从秦汉碑铭石刻出发，沙畹成为较早关注和深入研究中国古代碑铭的西方汉学家之一，取得了卓越的成就，并从碑铭研究通向历史、文学、艺术、宗教、边疆、图志、社会制度、地方风俗等领域，开拓了汉学研究的疆域。

（车琳　北京外国语大学法语语言文化学院教授，博士生导师）

① 法国汉学家戴仁在《沙畹和法国的中国碑铭学》中有一处错误：“沙畹把记录于《史记》中的八种秦代刻石都译注出来。”《法国汉学》（第 6 辑）第 587 页，2002 年。

② 许光华《法国汉学史》第 161 页，学苑出版社，2009 年。

考狄东方学著作初考

张明明

摘　要：法国学者亨利·考狄是19、20世纪之交重要的西方学人，在东方学等领域著述颇丰。本文试图从文献学视角，对其东方学著述做一初步考察。

关键词：考狄　东方学　著作

法国学者亨利·考狄（Henri Cordier，1849—1925）是19、20世纪之交重要的西方学人。本文试图从文献学视角，对其东方学著述做初步考察，所取对象以曾以单行本发行者为限，书目类作品暂不纳入。以下将考狄东方学著述各做提要，按出版时间排序：

1.《1881年11月30日周三所做“远东国家地理、历史、法律补充课程”开幕词》（*Cours complémentaire de géographie, d'histoire et de législation des États de l'Extrême-Orient: discours d'ouverture prononcé le mercredi* 30 *novembre* 1881, Paris: Ernest Leroux[①], 1881），考狄著，后收入考狄文集《东方历史与地理杂纂》（*Mélanges d'histoire et de géographie orientales*，4卷，1914至1923年刊）第1卷（1914年刊）。16页，大8开。法国现代东方语言学院[②]的“远东国家地理、历史、法律讲席”由法国东方学家Guillaume Pauthier（1801—1873）

---

① 位于巴黎的Ernest Leroux系法国亚细亚学会（Société asiatique）及现代东方语言学院（École des Langues orientales vivantes）官方出版商。1871年由法国出版人Louis-Ernest Leroux（1845—1917）创立，起先主售远东旧书，后编辑出版东方学、考古学等领域的书籍。1939年，同创办于1921年的巴黎大学出版社（Presses universitaires de France）合并。

② 现代东方语言学院创办于1795年，1914年更名为“国家现代东方语言学院”（École nationale des Langues orientales vivantes），1971年更名为“国家东方语言与文明研究院”（Institut national des Langues et Civilisations orientales）。

于1873年创立，开课不足两月，Pauthier 突然辞世。接续此任的考狄在其“开幕词”中先简要评述前者的学术生涯和成就，进而解释选择“16世纪以降中国同西方列强的政治及商贸关系史”作为该年课程主题的缘由，简要追溯自古以来的中西关系，描述16世纪以降葡、荷、俄、英、法等国同中国的交往。

2.《18世纪在中国的法国：基于外交部仓库所藏手稿的未刊文献，附引言及注释（第1卷）》（*La France en Chine au XVIIIe siècle: documents inédits publiés sur les manuscrits conservés au dépôt des Affaires étrangères, avec une introduction et des notes*, t. 1, Paris: Ernest Leroux, 1883），考狄编（署衔“现代东方语言学院授课教师”“《远东杂志》主编”）。LXV+298页，8开。

根据“引言”，该书属《用于法国同远东政治及商贸关系史的文献》（*Documents pour servir à l'histoire des relations politiques et commerciales de la France avec l'Extrême-Orient*）系列，该系列拟作为一部相关关系通史的基础，而后者又属更为宏大的《西方民众同远东民众的关系》（*Relations des peuples d'Occident avec ceux de l'Extrême-Orient*）的一部分。该书在“引言”中提及此前几部已刊或未刊的中西关系史著作，特别摘述了Darrac-Capitaine先生于1822年撰成于印度，1840年寄交法国外交部的关于亚洲（主要是孟加拉）法国机构的长篇论文手稿。考狄等人曾于1877年为法国外交部档案馆所藏关于中国的文献编目。1880年后，该收藏对学者开放。上述书系即汲自此收藏，大致以目录、文献加注释的形式，收编与法国东印度公司（Compagnie des Indes orientales，创于1664年）及广州领事馆相关的文献，时间跨度为1770年10月至1814年9月。

3.《法国与中国的冲突：殖民史及国际法研究》（*Le conflit entre la France et la Chine: étude d'histoire coloniale et de droit international*, Paris: Léopold Cerf, 1883），考狄著（署衔“《远东杂志》主编”）。48页，8开。

该文从历史视角概述16世纪以降中国同西方列强的关系，分别追溯并分析法国、中国、英国同安南的关系，研究中国主要的外交手段，从国际法视角提出法国在东京（Tong-King）问题上针对中国所应采取的政策。

4.《18世纪在缅甸的法国人——注释及文献》（*Les Français en Birmanie au XVIIIe siècle, notes et documents*, publiés par Henri Cordier, d'après les archives du Ministère de la Marine et des Colonies, Leiden: Evert Jan Brill,

1891），考狄著，辑自考狄所主编的汉学杂志《通报》（*T'oung Pao*）1890 年总第 1 卷、1891 年总第 2 卷。101 页，8 开。该书根据法国海军及殖民地部（Ministère de la Marine et des Colonies）档案编撰而成，分两部分：第 1 部分为王家战舰 la Baleine 号 1782 年 2 月 12 日至 1786 年 3 月 28 日行船日记节选，涉及该船自法国布雷斯特（Brest）出发，经锡兰亭可马里（Trinquemalay）抵达缅甸勃固（Pégu）的行程，外国人在仰光（Rangon）须遵守的礼仪，该船一行在仰光等地的遭遇和见闻等；第 2 部分为勃固王国概况，涉及仰光城及其周边，勃固的物产、宗教、婚丧礼仪、军事、商业、律法、行政、节庆、名胜等。

5.《方济各会僧侣真福修士 Odoric de Pordenone14 世纪亚洲游记，附引言及注释》（*Les voyages en Asie au XIVe siècle du bienheureux frère Odoric de Pordenone, religieux de Saint-François, publié avec une introduction et des notes*, Paris: Ernest Leroux, 1891），考狄编（署衔"现代东方语言学院及政治科学学院教授"）。CLVIII+602+XIV 页，28 厘米，插图 74 幅、地图 1 幅。

该书系由时任现代东方语言学院院长的法国东方学家 Charles Schefer（1820—1898）同考狄主编的《用于 13 世纪至 16 世纪末地理史的游记及文献汇编》之第 10 种。考狄所撰"引言"述及 Odoric（约 1286—1331）之生平、游历，赴东方的重要西方旅行者等，详细收录 Odoric 游记不同版本及相关书籍，后为 Odoric 游记正文，附"索引""勘误"。

6.《日本概述》（*Notice sur le Japon*, Paris: Henri Lamirault et Cie, 1894），考狄（署衔"东方语言学院教授"）同 Deniker、Dubois、de Milloué、Pauly 合著，辑自《大百科全书》（*La Grande Encyclopédie*）。8 开，85 页，插图 12 幅。

该书以条目形式，概述了日本的诸多方面，即地理、动植物、人种、宗教、习俗、人口、政治、经济、历史、语言、文学、美术、法律，附日本研究书目（分"概论式"及"宗教专论式"两类）。

7.《远东两个法国机构的起源：上海、宁波——附有引言及注释的未刊文献》（*Les origines de deux établissements français dans l'Extrême-Orient, Chang-Haï, Ning-Po, documents inédits publiés avec une introduction et des notes*, Paris, 1896），考狄编（署衔"现代东方语言学院教授""地理学会①中央委

① 法国地理学会（Société de Géographie）于 1821 年创于巴黎，是世界上首个地理学会，也是法国最古老的学会（société savante）之一。

员会副主席”）。XXXIX+76页，大8开，地图1幅。该书“引言”概述上海及其周边以及宁波的历史，特别是两地同西方发生关系的历史。正文通过43封原始信函，描述1848至1850年间，法国驻上海、宁波领事馆因其国民欲在上海建造房屋及在宁波建造天主教堂而向中方谋求土地，法中双方、法方内部的磋商过程。

8.《Vasco de Gama之行前后的欧亚关系》（*Relations de l'Europe et de l'Asie avant et après le voyage de Vasco de Gama*，Paris：Société de Géographie，1898），考狄著（署衔“地理学会副会长”），辑自《地理学会文集》（*Comptes rendus de la Société de Géographie*）1898年第4号，后收入考狄文集《东方历史与地理杂纂》第1卷。5页，8开。该文以纪念葡萄牙航海家Vasco da Gama（1460—1524）于1497至1498年间绕过非洲南端的好望角而抵达印度的航行为契机，描述中世纪晚期至16世纪欧亚贸易线路的概况，突出该次航行之于世界历史的影响。

9.《中国革命：起源》（*La révolution en Chine*：*les origines*，Leiden：Evert Jan Brill，1900），考狄著（署衔“现代东方语言学院教授”“地理学会副会长”），部分内容曾刊于《时报》（*le Temps*）① 1900年7月12日号，全文辑自《通报》1900年第2系列总第1卷，46页，大8开。该文述及晚清孙中山（1866—1925）、康有为（1858—1927）的政治改革尝试，借助刊于《中国回声报》（*Echo de Chine*）②、《北华捷报》（*North China Herald*）③ 等在华西文报刊的西班牙入华耶稣会士管宜穆（Jerónimo Trobar，1855—1917）所译1898年清廷政令等材料，勾勒戊戌变法于1898年6月10日至9月20日的过程及其后续，分析其失败原因，述及19、20世纪之交义和拳等中国民间秘密会社的排外斗争等。

10.《中国与欧洲关系讲座》（*Conférence sur les relations de la Chine avec l'Europe*，Rouen：Imprimerie E. Cagniard，1901）。考狄著（署衔“东方语言学院教授”“巴黎地理学会副会长”），辑自《诺曼底地理学会公报》（*Bulletin de la Société normande de Géographie*）1901年第3号。16页，4开。

① 《时报》，日报，于1861年4月25日至1942年11月30日刊于巴黎。

② 《中国回声报》，周报，法国人在华所创，在上海发行。

③ 《北华捷报》，周报，英国人在华所创，于1850年8月3日至1951年3月31日在上海发行。

该书系考狄于1901年2月21日为诺曼底地理学会（Société normande de Géographie）公开课所做题为“中国与欧洲的关系”讲座的实录，附该会会长Georges Monflier的引言和谢词。考狄在该讲次中追溯了公元前1世纪至20世纪初的中欧关系：自古罗马人，其后的阿拉伯人、波斯人，中世纪的传教士及Marco Polo等旅行者，至好望角新航路开辟及葡属印度总督Afonso de Albuquerque（约1453—1515）占领马六甲（1511），近代葡萄牙、荷兰、俄罗斯、英国、法国、普鲁士（德国）、意大利等列强在华的贸易、传教、作战、缔约、建立使团等。

11.《中国之中欧印刷：17、18世纪欧洲人在华所刊作品目录》（*L'Imprimerie sino-européenne en Chine, bibliographie des ouvrages publiés en Chine par les européens au XVII*[e] *et au XVIII*[e] *siècle*, Paris: Ernest Leroux, 1901），考狄编（署衔“现代东方语言学院教授”）。IX+73页，大8开，插图17幅。

该目录1883年首刊于由现代东方语言学院成员在同年于莱顿举办第6届东方学家国际大会（Congrès international des Orientalistes）之际所刊文集《东方杂纂》（*Mélanges orientaux*）①，主要基于法国国家图书馆（Bibliothèque nationale de France）所藏文献，另参考10余种相关目录著作。初刊收录51位作者、196种作品，次刊收录77位作者、395种作品。除去五六种例外，该书所收均为入华传教士以中文撰写旨在向中国人传播其宗教及科学的作品，考狄认为此书几乎囊括了17、18世纪欧洲人在华所刊的全部中文作品。正文取作者（附生平简介）及作品（标题以中文原题、西文转写、法文翻译形式给出，多数作品仅标注为其他目录所收情况，少数附内容简介等）形式，按作者姓氏次序排列，附“按字母顺序编排的被编目作品标题索引”“按字母顺序编排的欧洲作者中文名索引”“教皇Sixtus五世②致中国皇帝书（1590）”。③

12.《中国与西方列强关系史》（*Histoire des relations de la Chine avec les puissances occidentales*, 3 vol., Paris: Félix Alcan, 1901—1902），考狄著（署衔

---

① *Mélanges orientaux, textes et traductions publiés par les professeurs de l'École spéciales des Langues orientales vivantes, à l'occasion du sixième Congrès international des Orientalistes réuni à Leyde* (*septembre* 1883), Paris: Ernest Leroux, 1883. 原题中spéciales应作单数spéciale。

② 天主教教皇Sixtus五世（1521—1590），1585年起在位。

③ 另可参看李华川《考狄〈十七、十八世纪西人在华所刻中文书目录〉跋》，载中国社会科学院历史研究所清史研究室编《清史论丛：2015年号》，中国广播电视出版社，2015年。

"东方语言学院教授""地理学会副会长")。3卷，8开。

第1卷《1860至1900年中国与西方列强关系史：同治皇帝（1861—1875）》，1901年刊，570页，分36章，述及北京条约、英国及法国同中国的旧有关系、天主教团、俄国人与美国人、1860年战争、太平天国等叛乱、基督教团等。第2卷《1860至1900年中国与西方列强关系史：光绪皇帝，第1部分（1875—1887）》，1902年刊，650页，分30章，述及光绪登基、马嘉理（Margary）事件、东京（Tong-King）事件等。第3卷《1860至1902年中国与西方列强关系史：光绪皇帝，第2部分（1888—1902）》，1902年刊，598页，分27章，述及中日战争、义和拳等，附"勘误""按字母顺序编排的索引"。

13.《目录学者雷慕沙》(*Abel-Rémusat*, *bibliographe*, Leiden: Evert Jan Brill, 1902)，考狄著，辑自《通报》1902年第2系列，总第3卷。10页，8开。

该文以考狄所见法国首位专业汉学家雷慕沙（Jean-Pierre Abel-Rémusat, 1788—1832）为法国国家图书馆中文收藏所编目录为基础，考狄摘录该手稿的分类及最初数页，以期些许展现作为汉学家的雷慕沙的工作状态。

14.《中华帝国的海关》(*Les douanes impériales maritimes chinoises*, Paris: au siège du Comité de l'Asie française, 1902)，考狄著（署衔"东方语言学院教授"），辑自《法国亚洲委员会公报》（*Bulletin du Comité de l'Asie française*）[①] 1902年5月号，另收入《通报》1902年第2系列总第3卷，后收入考狄文集《东方历史与地理杂纂》第2卷（1920年刊）。20页，16开。该书为一部中国海关沿革简史，追溯中国海关设立（1854年）及其发展的历程。设"海关起源""海关官员""赫德男爵"[②] 诸专题，附"海关人员录取条例"以及对相关招聘与晋升的说明。

15.《1857至1858年的中国远征：外交史——注释及文献》（*L'expédition de Chine de* 1857—58: *histoire diplomatique*, *notes et documents*, Paris: Félix Alcan, 1905)，考狄著（署衔"东方语言学院教授""地理学会中央委员会会

---

① 《法国亚洲委员会公报》(1901—1940)，月刊，《法国非洲委员会公报》(*Bulletin du Comité de l'Afrique française*, 1891—1939) 之姊妹出版物。1909年，更名为《法国亚洲》(*L'Asie française*)。

② 赫德（Robert Hart, 1835—1911)，英国外交官。1861至1863年代理中国海关总税务司，1863至1911年正式出任该职。

长”）。478页，8开，插图2幅。该书分26章，借助当时外交信函等原始文献，从法国视角，勾勒英国、法国同中国的“第二次鸦片战争”1857至1858年间的若干重要事件，述及作为战争先导的“马神甫①事件”（1856年）、“亚罗（Arrow）号事件”（1856年），战时英、法两国针对中国的军事行动，英、法、俄、美、中多方的反复磋商谈判，《天津条约》签订（1858年）等，附“按字母顺序编排的索引”。

16.《驻北京的法国传教士耶稣会士张诚神父的5封未刊书信（17及18世纪）》（*Cinq lettres inédites du P. Gerbillon, S. J., missionnaire français à Pe-King: (XVIIe et XVIIIe siècles)*, Leiden: Evert Jan Brill, 1906），考狄编，辑自《通报》1906年第2系列总第7卷，后收入考狄文集《东方历史与地理杂纂》第4卷（1923年刊）。34页，8开。

该文刊布了考狄在撰文数年前所购张诚（Jean-François Gerbillon，1654—1707，1687年入华）的5封未刊亲笔家信，其中第3封毁损较重。第1封于1686年6月5日写于暹罗，致其父，张诚谈及自己虽受暹罗君臣优待仍执意前往中国的情由，其时暹罗的状况以及对未来在中国状态的展望，于6月18日、7月1日写有附言。第2封于1686年6月19日写于暹罗，致其母，意在通过多个渠道寄送以应对信函遗失，内容与第1封信大致相同，于12月9日写有附言，述及所乘赴澳门的船只出发后第3日即因风暴返回，须在暹罗等至次年6月再度启程。第3封于1687年6月8日写于暹罗，致其父。第4封于1700年9月16日写于北京，致双亲，述及所受中国皇帝礼遇，传教团获准在京建立教堂并得中国君臣资助，拓展外省传教事业。第5封信于1702年12月6日写于北京，致双亲，述及自己身为法国北京传教团兼在华耶稣会士长上，因入华法国耶稣会士增多且清廷纷争不断，勉力经营传教事业。

17.《1860年的中国远征：外交史——注释及文献》（*L'expédition de Chine de 1860: histoire diplomatique, notes et documents*, Paris: Félix Alcan, 1906），考狄著（署衔“东方语言学院教授”“地理学会中央委员会前会长”）。460页，8开。

该书分26章，借助当时外交信函等原始文献，从法国视角，勾勒英国、

① 马赖（Auguste Chapdelaine，1814—1856），法国人，巴黎外方传教会（Missions étrangères de Paris）传教士，1852年赴华。

法国同中国的"第二次鸦片战争"1858年至1860年间的若干重要事件，述及《天津条约》（1858）的影响，英、法、美、俄、中等多方的反复磋商谈判，英、法对华远征军的情况及其攻占天津、北京等军事行动，《北京条约》签订等，附"按字母顺序编排的索引"。

18.《中国首个法国公使团（1847）》（*La première légation de France en Chine（1847）*，Leiden：Evert Jan Brill，1906），考狄著，辑自《通报》1906年第2系列总第7卷，后收入考狄文集《东方历史与地理杂纂》第1卷。20页，8开。

1847年1月，由时任法国外交部部长的François Guizot（1787—1874）提议，法王Louis-Philippe一世（1773—1850，1830—1848年在位）批准，法国拟在华建立首个常设公使团，任命时任法国驻里斯本公使团秘书的陆英（Alexandre Forth-Rouen，1809—1886）为首任公使，同时撤销法国驻广州领事馆。该文追溯1847年该团设立的背景及过程。

（张明明　北京外国语大学国际中国文化研究院副研究馆员）

法国汉学家蓝碁教授谈中国古典戏曲翻译*

杨 欣

摘 要：蓝碁（Rainier LANSELLE），法国高等研究应用学院（EPHE）教授，法国国家科学研究中心东亚文明研究所（CRCAO，CNRS）所长，法国翻译家、汉学家，主要研究和翻译中国古典文学，尤其是元明清小说和戏曲，曾译有《今古奇观》（*Spectacles curieux d'aujourd'hui et d'autrefois*）、《聊斋志异》（*Trois Contes étranges*）和《西厢记》（*Le Pavillon de l'ouest*），在《中国诗文选集》（*Anthologie de la poésie chinoise*）中负责编撰"元朝文学"部分。他不仅是中国古典戏曲和文学方面的翻译家，也是研究中国古典戏曲的法国当代学者。本人于2018年2月在巴黎对蓝碁教授进行了访谈，他介绍了自己翻译《西厢记》的原则和方法，进一步分析和评价了《西厢记》《牡丹亭》等戏曲作品及其法语译本。其观点鞭辟入里、批判性强，颇具现实意义和启示性。

关键词：汉学 翻译 中国古典戏曲在法国 《西厢记》

杨欣：蓝碁教授，您好！作为当代法国从事中国古典文学翻译的专家、《西厢记》法语全译本的译者，您在中国古典戏曲翻译方面有自己的见解。今天，我想就《西厢记》及其他中国古典戏曲经典作品，向您提几个问题，以期了解您翻译中国古典戏曲作品的方法和体会。在中国，素有《西厢记》第五本是伪作之争，而不同法语节译本、全译本的译者也选择不同底本做参考。您对《西厢记》的作者和结局之争有疑惑吗？您如何看待这一问题，您是如何选择翻译底本的？

---

* 基金项目：本文系2017年国家留学基金委"国家建设高水平大学公派研究生项目"（项目编号：201706530064）资助成果。

蓝碁：这个问题对于译者而言并不重要，我所关心的是，长久以来读者选择的是哪个版本，事实上是全五本。从元代至金圣叹前，一直是全五本。纵观明代所有《西厢记》版本，占主导地位的就是全五本。因此，我毫无疑问地选择了全五本版本，没有这方面的问题。至于王实甫和关汉卿的作者问题，从某一方面来看的确重要，但于我而言，我并不认为这是如此重要的问题，我们甚至不知道王实甫太多信息。

我最感兴趣的是中国的爱情想象是如何围绕五本《西厢记》形成的，因为不论是哪部叙事文学，例如明末一些话本、小说等叙事文本都提到《西厢记》，而且这些文本中的莺莺和张生都是大团圆结局。因此，他们参考的版本是有大团圆结局的全五本。金圣叹之后，金批本确立了绝对地位，并一直影响到20世纪，没有人再去读其他版本。我们很容易发现，《红楼梦》中曹雪芹熟悉的《西厢记》就是金批本，因为它引用的文字正是源于金圣叹。他所引用片段和文字都是经金圣叹修改的，林黛玉口中的《西厢记》就是金圣叹批本《西厢记》。金批本确立文学地位的原因有很多，其中不乏文学批评的原因，我认为金圣叹是作为评论家而著名的，金圣叹的地位超出了《西厢记》，金圣叹评《西厢记》取得了更为重要的成就。对我而言，金圣叹修改、点评文本是为建立他自己的批评体系。如果从忠实文本的角度看，这是一种肆意篡改，他完全不遵守评论者以文本为基础的原则。尽管如此，我们并不能否定金圣叹的惊世之才，他是一个伟大的天才，是中国俗文学领域的最伟大评论家。但是，他的版本不是真正的版本，是出于批评的角度而非文学角度的改造版。他善于想象和假定，从而删除了第五本。

按我的理解，金圣叹的批评重点不在于爱情故事本身，而是在于探索言语的功能：言语是否能表达全部？他的回答是否定的，言语不能表达全部：言语不断靠近，却无法抓住事物的本质。多么强烈和现代的语言学观点！在他笔下，莺莺和张生的关系恰好暗示了这一观点：张生可以靠近莺莺，并最终和她享受了鱼水之欢，但最终并没有拥有她。在这种猜测下，我认为他出于批评而非文学角度删除了第五本。当然在明末，除了金圣叹，还有很多人认为第五本是伪作，但金圣叹删除的原因是要将删改过的文本纳入自己的点评体系中。这的确是一个特别的作品。如果翻译金批本，那将是一个完全不同的译文，必须将金圣叹点评《西厢记》的内容全部译出，这是不可能的，因为其中有太多中文表述和中国文化无法翻译，西方读者也无法阅读、难以理解。我发现，当今中国学界，没有人理解金圣叹点评《西厢》的意思，因为他们过多地用文学史方法，从文学史和文献学角度去理解，较少阅读语言理论。金圣叹是语言理论和暗喻专家，善于欲说还休，围绕一个主题兜圈却不直奔主题。从这个角度看，他很现代，他的思想类似于结构主义或者语言理论的现代批评。删除第五本对于我和翻译来说，的确不是重点问题。正是因为中国读者一直在使用全部五本的版本，我选择了这一最终的翻译底本。

杨：《西厢记》存在几个法语全译本和节译本，其中有法国学者 19、20 世纪的成果，也有中国学者用法文发表的全译本和节译本。您如何评价？

蓝：之前，法语《西厢记》译本只存在一个儒莲译本。至于德莫朗（Georges Soulié de Morant）译文实际上并不贴切原文。当然，儒莲译本也没有那么忠实原文。首先，儒莲采用的是金圣叹底本，因为在当时只有那一个可利用的底本，他并不知道金批本到底是什么，可以说他不理解这个底本。[①] 至于中国学者用法文翻译的《西厢记》其他版本，我并不知晓，既然在法国并不为人所知，我认为这一点值得研究。您所说的很有意思，需要指明如今法国汉学史并不发达，这一点令人感到奇怪。很遗憾，法国汉学还没有完整地梳理自己的历史，也许还存在很多我们忘记、忽略或无暇整理的文献。也许，您可以去探索那些我们遗忘的历史。

杨：纵观法国汉学的中国戏曲翻译史，译介的戏曲文本数量有限，而且只有那几部经常被重新翻译，例如《赵氏孤儿》《汉宫秋》《西厢记》也列在其中。是什么原因让您选择重新翻译《西厢记》？

蓝：原因很简单，我认为没有一部法语译文配得上《西厢记》之名。我十分欣赏这部戏曲，我对它也很了解，博士阶段我研究的就是《西厢记》。实际上，我的博士论文是以金圣叹评《西厢》为主题的。在我的翻译之前，并没有真正意义上的《西厢记》法语译本。儒莲译本距今已经有 150 多年的历史，因此于我而言它有重要的历史意义，却没有文学意义。该译本错误很多，文字缺乏美感，并以金批本为底本，文本并不完整。因此，当雷威安先生于 20 世纪 90 年代再版该版译文时，我认为意义甚微。正是因为《西厢记》没有完整的法语译本，20 世纪也没有出现更好的译本，人们还是在继续传播儒

① 据考证，法国国家图书馆现存《西厢记》不止金批本一个版本，儒莲极有可能参考过多个版本，但他没有提及金圣叹的任何相关信息。——译者注

莲译本。

另外，所有的文学作品都需要常译常新。举个例子，《红楼梦》这部伟大作品将来绝对需要重译，任何伟大作品都需要多次翻译，这是一个无须争论的事实。每个时代的翻译方法均有不同，19 世纪的翻译方法不能满足今天读者的阅读需求。我认为，我们很难通过儒莲译本窥见原作的风貌，他的译文没有呈现原文的美感，以至于法国读者无法体会和理解为什么《西厢记》会成为影响中国文学七百年历史的杰作。我熟悉这部作品，对我而言，忠实地翻译《西厢记》义不容辞。尽管我熟悉金圣叹的作品和评论，我也很欣赏金批本《西厢记》，但是我没有选择它为底本，因为它完全是另外一部作品。我选择的是 1498 年弘治本，那是目前所知最古老、最完整的版本。

杨：您翻译《西厢记》大约花费了多长时间，在翻译过程中您是否有参考其他译文、如何评价？我注意到，您在处理最难的诗词时，译文自然、生动，不仅达意，最大程度地还原了西厢“花间美人”的风韵，还在法语诗文形式上灵活地与原文相呼应，给我留下了深刻印象，那么您是如何完成的，使用了何种翻译策略和方法？

蓝：由于我是老师，平时上课和处理其他事务，时间紧张，前后花费了 3 年时间才完成。我们翻译时，一般不先读其他译本。当出现了文本理解的困难，我们可以看看其他译本是否也遇到了同样的问题，他们还有什么其他问题、是如何解决的。我借鉴了奚如谷（Stephen H. West）和伊维德（Wilt L. Idema）合译的英译本，但在我遇到困难时，经常发现他们也面临同样的问题。因此，我也无法从中找到答案。当然，我们应当参考其他译本。但我要再次强调，我从不参考儒莲译本。长久以来，这个译本只存在历史价值。在当时，儒莲没有方法，也没有工具来辅助理解文本。他没有到过中国，甚至没有看过中国戏曲。他不知道中国戏曲是如何表演、如何演唱的。因此，译文的质量较低也是很正常的。

至于翻译策略，我一方面关注翻译理论，另一方面从不将翻译理论套用到翻译活动中。在我了解、熟悉翻译理论之后，用时间来沉淀译文，并从多个方面审视译文。方法上我更多地按字面翻译，我认为经过时间的沉淀，我们完全可以用法文尽可能地还原中文文本，用一种真正可靠的、充满美感的文学性法语。我认为最大程度的贴近原文是必不可少的。当文本呈现出画面时，我们不应当试图阐释，而是尽量贴近原文文字，将它们的原貌呈现出来。

如果文本说某个人在颤抖，经常有译者翻译成：他害怕地颤抖。但如果文本并没有写明颤抖的原因是害怕，就应该简单地描述为：他在颤抖。没有理由去添加那些原本没有的词语。

从形式上来看，我没有译成法语诗，也没有过分追求法语韵律。过去翻译话本、小说的时候，我曾经尝试过。那是我翻译事业的另一个时期，我还没有时间去思考翻译本身的问题。话本中的诗句经常是打趣的、低语级的，并且没有经过太多的文学性加工。至于《西厢记》《牡丹亭》和《桃花扇》这样的文学杰作，我们如果依照法语作诗法去翻译，那就是试图彰显译者的翻译技巧——只突出规则的价值，而非文本价值，我不想这么做。因此，我并不一味追求法语韵脚和韵律，而是将其译成散体诗。即使有时候偶尔为之，我也不会机械、系统地去做。

杨：在中国其他古典戏曲中，《牡丹亭》也只有雷威安的译本。看了您的《西厢记》译文，文辞优美、词汇丰富，我个人十分期待您能翻译一个新的译本，不知您是否有翻译其他古典戏曲的计划。

蓝：雷威安的确翻译了很多作品，但很遗憾，他译得太快了。我的意思是，他没有拿出足够的时间去文本细读和推敲文字。他翻译了《金瓶梅》《西游记》和全本《聊斋志异》。我有一个学生正在做《聊斋志异》研究，她告诉我她发现该译本中有很多错误和遗漏，很多句子都没有被翻译出来。至于《牡丹亭》，我觉得十分遗憾，虽然不应当这样说，但这个译文的确太缺少美感。原文多么卓越，它是明代最伟大的作品。雷威安译本的发表源于昆剧团要来法国演出《牡丹亭》折子戏，演出的组织者十分希望文本译文能够以最快的速度出版。因此，雷威安用几个月时间翻译了《牡丹亭》全部五十五出。对我而言，这个速度创造了纪录。可以看出，该译本并不是一个好译本。举个例子，雷威安在《牡丹亭》译文中将北朝使者的话译为英文。① 我认为这样显得很粗俗，这不应该是翻译汤显祖作品的方式。此外，文中几乎没有任何注释。翻译这些文学作品，不做注释就没有任何意义，解释这些文字是必须做注释的。我在翻译《西厢记》时，做了大量注释工作，因为这是来自异国、发生在其他时代的故事，读者不能完全理解。没有注释就会造成读者的

① 参见雷威安译本《牡丹亭》：André Lévy, *Le Pavillon aux pivoines*, Festival d'automne à Paris/Musica Falsa, 1999, pp. 321-324.

曲解：曲解我们的翻译方法、曲解某些词语的内在含义。

很遗憾，这部作品至今尚不存在高质量的译文。其中还有一个外在原因：在法国出版翻译作品还受到出版商的限制。如果一部作品已经有法语译本，出版商们就不会同意再次出版相同作品的新译文，这是一个很大的问题。在日本，这个问题很清晰明了，同一个作品会有几个甚至许多翻译版本，或者说，出版商会多次购买该作者的版权。在中国我想应该也是这样。因此，西方或中国作品在日本有多个译本是很常见的，但在法国就不是如此。我不知道将来会不会有哪个出版商愿意出版《牡丹亭》的新译本。

我本人希望有机会重新翻译，我很喜欢“临川四梦”，这四部作品体现出作者的卓越之才。我现在正在翻译《桃花扇》，要翻译这部作品是个很难的挑战，我需要投入很多时间、做大量的工作，认真、谨慎地翻译。我喜欢做注解，我认为这是一个很好的机会，可以让法国读者理解中国文化和历史。经常有人对我说，他们喜欢看注解，因为他们觉得这很有意思。因此，我们翻译时一定不能忽略这一点。即使有些法国读者不能完全理解，我们也要解释得尽可能清晰。

杨：通过访谈，我了解了法国学者对中国古典文学的关注重点，知晓了您翻译古典戏曲作品的原则和方法，您的观点对我们理解中国古典戏曲在法国的翻译具有启发意义。谢谢您接受我的访谈，期待您翻译的《桃花扇》早日问世。

［杨欣　山东大学（威海）讲师，文学博士］

从京师图书馆沙畹赠书看法国早期汉学的发展

尹汉超

摘　要：本文从法国汉学大师沙畹向京师图书馆赠书一事，重点探讨法国汉学发展中独具特色的文献收藏和文献整理的传统，对于深入认识法国汉学承先启后的渊源流别，以及学术界与图书馆界互动发展具有重要借鉴意义。

关键词：京师图书馆　沙畹　列维　金绍城　缪荃孙　法国文学

中国与法国作为位于亚欧大陆两端的文化大国，分别代表以儒家文明和拉丁文明为根基的不同文化。在中西文化交流史上，法国人扮演过极为重要的角色。1935 年 6 月，伯希和（Paul Pelliot，1878—1945）亲临商务印书馆所属东方图书馆参加法国赠书典礼，时任商务印书馆董事长张元济（1867—1959）在答谢致辞中说："沟通中西文化要以法国人为最努力，使得中西文化互相发生影响，亦要以法国人为最有功。"①

法国对中西文化交流的热切推动与法国汉学的兴起发展密不可分。1814 年，法兰西学院设立"汉学讲座"（全称：La Chaire de languesetlittératures chinoises et tartares-mandchoues），此讲座自成立至今两百余年从未中断，不仅影响西方对汉学的研究，而且促进了东西方的文化交流与文化理解。"西人之治中国学者，英美不如德，德不如法。"② 成为清末民初中国学者对于法国汉学认识的精辟注脚。

---

① 张元济《在法国捐赠东方图书馆书籍赠受典礼上的讲话》，《张元济全集第 4 卷 · 诗文》第 420 页，商务印书馆，2008 年。

② 李思纯《与友论新诗书》（节录），载《学衡》第 19 期，文苑 · 文录第 5 页，1923 年。

法国汉学不仅推动欧美汉学界对于中国学术文化的理解和中外学者的交往，而且对于中国学术发展也产生重大而深远的影响。1922年，蔡元培（1868—1940）在招待法国驻华公使傅乐猷（Aime Joseph de Fleuriau，1870—1938）的宴会上就赞美法国汉学家对于中法文化交流的作用，“西洋各国，在文化上与中国最有关系的是法国。只看从余廉（Julien）以来，中国的经书都有法文译本。从沙畹（Shavanne）以来，中国最伟大的古物美术品，都有法国的照印本”[①]。

20世纪前半叶，巴黎被誉为“无可争议的西方汉学之都”，很大程度上要归功于法国汉学泰斗沙畹（Édouard Chavannes，1865—1918）。正是在他的努力下，法国汉学研究几乎一统国际汉学天下。国家图书馆（以下简称国图）中国学收藏最早可追溯到京师图书馆，而有史记载的第一种中国学捐赠图书恰由沙畹和列维[②]所赠。探讨沙畹京师图书馆赠书，既是对国图中国学文献收藏追根溯源的一种梳理，又可从中一窥法国汉学家在早期汉学研究领域如何开疆拓土，以及早期法国汉学发展中独具特色的文献收藏和文献整理的传统，对于深入认识法国汉学承前启后的渊源流别，以及学术与图书馆互动发展具有重要借鉴意义。

一、沙畹其人

1865年，沙畹出身于法国里昂（Lyon）一个深富文化教养的基督教新教家庭。1885年，沙畹进入巴黎高等师范学院（L'École normale supérieure），主修康德哲学。在求学过程中，沙畹受到院长佩柔（Georges Perrot，1832—1914）的赏识，勉励他将治学方向定位于研究中国。在院长的鼓励下，加上莫诺（Gabriel Monod，1844—1912）、考狄（Henri Cordier，1849—1925）等名师的指点，尤其是以编纂《中国书目》[③] 名垂汉学史的法国著名汉学家考狄的点拨，对沙畹此后确定研究中国的大方向起到至关重要的作用。1889

① 蔡元培《在华法学务协会招待法国公使傅乐猷等宴会上的演说词》（1922年2月7日），《蔡元培全集》（第四卷）第530页，浙江人民出版社，1997年。

② 列维（Sylvain Lévi，1863-1935），法国佛教学者，印度学家，梵文专家，东方学家。后文所称洛威今一般译作列维。

③ Cordier，Henri. *Bibliotheca sinica. Dictionnaire bibliographique des ouvragesrelatifs à l'Empire chinois*. Paris：E. Guilmoto，1904-08.

年1月，由于佩柔向法国教育部的力荐，法国外交部将24岁的沙畹以法国驻华使团译员身份派往北京。沙畹最初延续了以往来华传教士的风格，借助中国人的帮助从事翻译，来华之前即在清朝驻法使馆参赞唐复礼的帮助下翻译《史记》。在翻译过程中，沙畹超越之前照书直译的做法，为其译作增加详细注释，此外通过田野调查，不断扩充资料范畴，运用社会学的方法进行研究。这使得他的译作《史记》成为国外译本中的不朽杰作，也为沙畹赢得巨大的学术声誉。1893年，在好友印度学家富歇（Alfred A. Foucher，1865—1952）的帮助下，沙畹继德理文（Hervy de Saint-Denys，1822—1892）之后主持法兰西学院汉学讲座，成为该讲座自1814年开办以来的第四位教授。

沙畹的继任，开创了法兰西学院新型汉学家的先河，其一在于对中国的实地考察。无论是雷慕沙（Jean Pierre Abel Rémusat，1788—1832）、儒莲（Stanislas Julien，1797—1873）还是德理文，都不曾有机会来华做实地考察。沙畹是第一个长期在中国生活的汉学家，并多次参与较长时间的学术考察和考古探险活动。他特别注意搜集石刻拓片、历代碑铭资料以及中国各种民族文字的铭文。他对泰山及其相关民间信仰、石碑拓片、民俗文化的研究已经具备现代学术的诸多特色，先后触及的汉学领域有碑铭学、古文字学、西域史、舆地学等。正因沙畹的努力，法国汉学发展成为一种系统的专门学问①，翻译介绍巴黎学派著述最多的中外交通史大家冯承钧（1887—1946）称："近三十年欧洲汉学之发达，谓为沙畹提倡之功亦不为过。"②

沙畹开创的第二个先河当数其倡导的与中国学术界的交往。前三任汉学教授只会读汉字，无法流畅地讲汉语。沙畹不仅精通中国古汉语，而且也能用现代汉语表述。中国实地研究的实践经验，更让他深感与中国学者交往，借鉴参考中国学者之学术成果对于汉学治学的重要性。因此他广交中国学术界朋友，罗振玉、张元济、金绍城等均与其有往来。在他的推动下，其成就卓著的弟子如伯希和、马伯乐（Henri Maspero，1883—1945）、葛兰言（Marcel Granet，1884—1940）、高本汉（Klas Bernhard Johannes Karlgren，1889—1978）、阿列克谢耶夫（Aleksyev，Vasiliy Mihaylovich，1881—1951）、

① 《法国汉学家伯希和莅平》，载《北平晨报》1933年1月15日，第7版。

② ［法］沙畹著，冯承钧译《西突厥史料》第1页，商务印书馆，1935年。

戴密微（Paul Demiéville，1894—1979）等，均重视与中国学者的交往。伯希和在谈及沙畹功绩时曾说："研究中国古代之文化，而能实地接触当今代表中国之人，此种幸运，绝非倾慕埃及或希腊者所可希冀。知有此幸运而能亲来享受者，以沙畹为第一人。"①

二、京师图书馆沙畹赠书及其揭示的早期法国汉学治学传统

在与沙畹交往的中国学人之中，金绍城属于后生晚辈。金绍城早年就读于英国伦敦国王学院（King's College London），专攻法律和美术。他虽一生以法律为主业混迹官场，但却以绘画扬名，赢得"南顾北金""南画正宗"等美誉，同时还是中国博物馆学、美术学的奠基人。沙畹、金绍城二人何时相识暂未确考，但1910年金绍城环球旅行，与沙畹在巴黎的会晤无疑加深了彼此的认识和了解。② 正是通过金绍城的牵线搭桥，才促成国图历史上所载的首部中国学赠书，也成就中法学术交流史上的一段佳话。

1909年4月，兼理学部的军机大臣张之洞（1837—1909）提议开办京师图书馆。9月，学部奏《筹建京师图书馆折》，并奏请派翰林院编修缪荃孙（1844—1919）任图书馆监督。缪荃孙时兼任江南图书馆（今南京图书馆）总办职务，对入京赴任一拖再拖。在学部任职的罗振玉几次给缪荃孙去函，一再催促其北上赴职。缪荃孙直到1910年11月5日才抵京上任，11月8日第一次到京师图书馆所在地广化寺视事。③ 1911年7月15日，缪荃孙接到金绍城一函，内容如下：

筱山先生大人阁下，夙仰泰斗，屡思造请，西山邂逅④，竟获识荆，

---

① 《法国汉学家伯希和莅平》，载《北平晨报》1933年1月15日，第7版。

② 关于沙畹与金绍城详细的交往参见王冀青《沙畹、金绍城巴黎会晤的前因后果——纪念沙畹逝世一百周年（之一）》，载《文汇报》2018年8月24日，第W08版。作者文中所提到的，1911年以后金绍城是否仍与沙畹有过通信联系，我们尚无资料加以说明。根据本文研究二人之间应有联系。

③ 据缪荃孙十月初七日记，到广化寺看图书馆办事处。房屋尚宽，委员一王雨翁一恩翁，写官二人，已经在内，惟路太遥耳。参见《缪荃孙全集，日记：艺风老人日记》（第三卷）第110页。

④ 1911年7月8日，金绍城与缪荃孙初识于今北京市海淀区凤凰岭的上方寺，后两人经常有来往。据缪荃孙日记，六月十三日己卯，寅刻即起，刘仲鲁大理、宝瑞臣侍郎、金拱伯绍城约同游上方寺。参见《缪荃孙全集，日记：艺风老人日记》（第三卷）第148页。

荣幸奚如。近惟起居康吉为慰。前承枉顾，未克倒迎，甚歉。辱惠大著各种，黄钟大吕，迥异凡音。拜诵之余，莫名钦佩。一昨劬谒，适值驾出，再当踵门躬谢，藉令教言耳。附上沙畹、洛威两君寄赠李木斋先生暨北京图书馆两处影本之代遗墨各一函，乞代分送。乃感是帙系沙畹、洛威合编，由法国弃那派王爵影印，两君商请王爵转赠之品，还祈关照，收到之后须各据情笺附其函，仍交敝处寄去可也。专此布恳，敬请撰安。晚金绍城顿首。[①]

据笔者推测，缪荃孙虽早已结识沙畹高足伯希和[②]，并经罗振玉介绍，知晓沙畹为伯希和之师[③]，但其本人与沙畹似无直接联系，仅记道："接金拱北一柬，致法人寄书。"[④] 这或许与沙畹1907年3月至1908年2月间主要在辽宁、北京、山东、河南、陕西、山西等华北地区活动，接触多为北方学者，加之彼时学术资讯不发达，缪荃孙到京时间较短，所以在日记里并未记录沙畹之名。

缪荃孙如何回复沙畹尚不得而知，但赠书肯定是收下了，且赠书人为沙畹和列维应无疑议。至于是何作品，根据此函内容应为沙畹和列维合编之作。1911年之前，两人合编较有代表性的图书有两种，一种是《王玄策出使印度考》[⑤]，该文最初发表在1900年《亚洲学报》，作者仅标注列维，后该文有抽印本，不排除两人将此文影印成书的可能，但笔者目前在国图暂未找到此书信息。第二种则是1910年两人合编三卷本的《汉文三藏经中的五百个故事和寓言》[⑥]。

笔者更倾向于[⑦]第二种便是1911年两人所赠京师图书馆之书。一是学者赠书通常以自己最新作品相赠，二是该书目前藏于国图，共四卷，索书号

---

① 国家图书馆档案，档采藏1.3，宣统三年闰六月初三日存档，转自李致忠主编《中国国家图书馆馆史资料长编：1909—2008》第29—30页，国家图书馆出版社，2009年。

② 1908年11月15日，缪荃孙时任江南图书馆总办，他在日记中记道：法人伯希和来，能中国语言并知书，中国人罕能及者，异哉。参见《缪荃孙全集，日记：艺风老人日记》（第二卷）第530页。

③ 钱伯城、郭群一整理，顾廷龙校阅《艺风堂友朋书札》第1245页，上海人民出版社，2018年。

④ 《缪荃孙全集，日记：艺风老人日记》（第三卷）第149页。

⑤ Levi, Sylvain. Les Missions de Wang Hiuen-ts'edansl'inde. *Journal Asiatique* 7, 1900, pp. 297-341, 401-468.

⑥ *Cinq cents conteset apologues*. extraits du Tripiṭaka chinois et traduitsenfrançais par Édouard Chavannes; publiés sous les auspices de La SociétéAsiatique. Paris: E. Leroux, 1910-34.

⑦ 因在国图收藏的该书上未发现沙畹和列维签名或者赠语，也未在李盛铎藏书目录中找到对应线索，准确信息仍有待日后核实。

为：\ BL1411. T8 \ C398，当时国立北平图书馆[①]西文图书编目采用美国国会图书馆分类法，将其放在宗教学、神话、唯理论的分类中。1930 年之后，中国学西文图书编目通过加 C 标识与其他文献进行区分，因此前三卷应在 1930 年前存入。前三卷封面与第四卷明显不同，第四卷为 1934 年补遗出版，属于复续购入。

此书反映出法国汉学一脉相承的治学传统[②]，即将法国汉学与汉僧西域游记的翻译联系在一起。自张骞出使西域之后，中国与中亚各民族、印度之间联系交往日益密切，但中亚民族历史大多并无文字记录，印度文化虽深且高，历史观念却淡薄，史料记载颇少。随着佛教传入中国，以法显、玄奘、义净等为代表的僧人远赴印度，留下丰富的史料记录。这些史料在清末民初之前一直为中国学术界所忽略，但法国汉学家对此却较早地产生浓厚学术兴趣，在整个欧洲学术发展的背景和依托下，逐渐将汉僧西域游记翻译与研究开辟为法国汉学的治学传统。

1893 年沙畹回国后，在其好友列维的鼓舞下，他继承了这一传统，将注意力从汉学研究转向翻译研究印度历史所必不可缺的汉文佛教资料，连续发表一系列有关中国、印度和赴西域求法高僧传的作品，如《大唐西域求法高僧传》[③]《悟空行记》[④]《宋云行记》[⑤]《继业行记》[⑥]等法文译作。沙畹更热

---

① 1928 年 6 月，南京政府将国立京师图书馆更名为国立北平图书馆。1929 年 8 月，国立北平图书馆与中华教育文化基金董事会筹建的北平北海图书馆合并，馆名仍为国立北平图书馆。1949 年 10 月，中华人民共和国成立后更名为北京图书馆。

② 雷慕沙 1836 年曾翻译法显（约 337—约 442）撰写的《佛国记》（*FoěKouě Ki, ou Relation des royaumesbouddhiques: voyage dans la Tartarie, dansl'Afghanistan et dansl'Inde, exécuté, à la fin du IVe siècle*）。其弟子儒莲跟随其脚步，先后翻译玄奘弟子慧立所撰的《大唐大慈恩寺三藏法师传》（*Histoire de la vie de Hiouen-Thsang: et de ses voyages dansl'Inde: depuisl'an 629 jusqu'en 645: suivie de documents et d'éclaircissementsgéographiques: tirés de la relation originsale de Hiouen-Thsang*）和玄奘（602—664）撰写的《大唐西域记》（*Mémoires sur les contréesoccidentales*）。

③ Yijing. *Mémoirecomposé à l'époque de la grandedynastieT'ang sur les religieux éminents qui allèrentchercher la loidans les pays d'Occident*. traduitenfrançais par Édouard Chavannes. Paris: E. Leroux, 1894.

④ Chavannes, Édouard and Sylvain Lévi. L'itinéraired'Ou-K'ong (751-790). *Journal asiatique* 6 (1895) n. s. 9, pp. 341-384.

⑤ Chavannes, Édouard. "Le Voyage de Song Yun dansl'Udyana et le Gandhara (518-522 p. C)." *Bulletin de l'Ecolefrançaised'Extrême-Orient* 3 (1903), pp. 379-441.

⑥ Chavannes, Édouard. "L'itinéraire de Ki-ye." *Bulletin de l'Ecolefrançaised'Extrême-Orient* 4 (1904), pp. 75-82.

衷于佛教文学，尤其关注譬喻文学以及该文学从印度传入中国的过程与发展。1911年与列维合编的《汉文三藏经中的五百个故事和寓言》，即为该领域的重要成果，它开启了汉传佛教研究的第一步。该书收录了许多印度佛经故事及其源头民间传说，如《六度集经》《杂譬喻经》《百喻经》《杂宝藏经》等作品，这些故事从印度传至中国后做了一些本地化处理，以适应中国的传教情形，但对于缺少文字记载的印度佛教来说，却是相当珍贵的一批资料，是印度历史和世界民俗学比较研究的珍贵宝库。伯希和继承沙畹的衣钵，沿着这个方向继续深入研究，以天才般的语言能力解读出西域多种已消逝的语言文字，复活了许多已经湮灭的文明，从而促进了西域史的国际研究，为汉学界开拓出一个真正意义上的国际性研究领域。

三、从沙畹赠书看法国早期汉学与图书馆汉学文献建设的互动

学者之间以著作相赠，本是学术交往的一种方式，但从赠书一事可以看出法国汉学家对于图书馆事业的留心与关注。京师图书馆成立之后，在较长一段时期内并不被学界所广知。1929年，陈垣（1880—1971）在国立北平图书馆开馆典礼上提到京师图书馆最初阶段的窘境，“前清末年，即设筹备处于什刹海广化寺。民国五年，迁至方家胡同国子监南学，六年二月开馆，至今已十余年。只以地势偏于东北城的一隅，不但来看书的人不便，并且知道的人也不多”[①]。梁启超（1873—1929）在担任京师图书馆馆长之前的1922年，他还感慨自北京至地方图书馆机构的缺失，“而我自首善以至各省都会，乃竟无一图书馆，无一博物馆，无一画苑”[②]。中国学人尚且对京师图书馆成立一事有所不知，而沙畹却在当时能将著作赠予京师图书馆，既反映出沙畹与中国学人交游之深，能够从交流中探得此信息，又反映出沙畹对于图书馆事业的关注。对图书馆事业的关注非沙畹一人而独有，仔细探究不难发现注重藏书和图书馆建设是法国汉学薪火相传的优良传统，也是法国汉学历经两百多年一直处于学术领先地位原因之一。

对于图书馆建设而言，采访与编目工作是最基础也是最重要的业务工作，

① 《北京图书馆馆史资料汇编》（1909—1949）第282页，书目文献出版社，1992年。

② 梁启超《中国历史研究法》第102页，商务印书馆，1922年。

各国汉学家中唯法国汉学家精于此道，并将其作为一项事业长久坚持不懈，这一点从法国耶稣会士以来的汉学家与法国国家图书馆（Bibliothèque nationale de France，以下简称法图）之间的关系中颇能证明。

（一）不遗余力的收集和捐赠

1697 年，白晋（Joachim Bouvet，1656—1730）假托康熙皇帝之名赠送法国国王路易十四 22 种 49 册汉文和满文书籍，开启了法国传教士向法图捐赠汉文文献的序幕。此后，傅圣泽（Jean-François Fouquet，1665—1741）、马若瑟（Joseph de Prémare，1666—1736）、钱德明（JeanJoseph Marie Amiot，1718—1793）等也陆续将自己在中国的收集寄赠给法国国家图书馆。在前人的影响之下，沙畹将在中国收集到的拓片赠送给法图。[①] 为法图汉学典籍收藏做出巨大贡献的首推伯希和，他将在中国收集的敦煌写本文献以及 3 万卷汉文刊本、金石拓片全部捐赠给法图，使得之后数代法国和国际汉学学者有机会直接参阅，为汉学领域的研究工作提供了丰富的养料。

（二）持续不断的编纂目录

随着汉籍收集的增加，法图开始陆续编制汉籍目录[②]，以揭示汉籍的文献价值。这一工作最初由移居法国的福建人黄嘉略（1679—1716）担任，编写出《皇家图书馆写本目录》（*Catalogus Codicum Manuscriptorum Bibliothecae Regiae*）。他去世之后，其助手傅尔蒙（Étienne Fourmont，1683—1745）编订成《皇家图书馆藏中文图书目录》（*Catalogus Librorum Bibliothecae Regiae Sinicorum*），但其中存在错误。1818 年，雷慕沙对其修订补正编成《皇家图书馆的中文藏书和新目录规划》[③]。他的学生儒莲 1853 年编撰了《帝国图书馆新基金会专藏汉文、满文、蒙古文、日文目录》（*Catalogue des Livres Chinois*，*Mand-*

① 这批拓片最初没有编目，直到 20 世纪 30 年代王重民作为交换馆员留法期间才得以编写，成为《伯希和拓片典藏目录》的附录部分——《沙畹拓片典藏目录》，主要是元代的宗教敕令和泰山题铭。参［法］蒙曦（Nathalie Monnet）著，［法］罗栖霞（Julie Lechemin）译《王重民巴黎往事追记（1934—1939）》，沈乃文主编《版本目录学研究》（第五辑）第 22 页，北京大学出版社，2014 年。

② 关于法图汉籍目录，主要参考两篇文章：一是陈恒新《法国国家图书馆藏汉籍的来源与文献价值考略》，载《大学图书馆学报》2018 年第 2 期；二是谢辉《欧洲图书馆所编早期汉籍目录初探》，载《图书馆理论与实践》2016 年第 2 期。

③ Rémusat，Abel. *Mémoire sur les livres chinois de la Bibliothèque du roi*，*et sur le plan du nouveau catalogue dont la composition a étéordonnée par S. Ex. le ministre de l'intérieur*. Paris：Le Normant，1818.

chous, *Mongols et Japonais du Nouveau Fonds de la Bibliotheque Imperiale*)，共四册，收藏 1000 余种，约 4740 册。1886 年，奥古斯丁（Auguste Lesouëf，1829—1906）将其收藏中文书籍捐赠法图的同时，还将自己编纂的《奥古斯丁所藏中文书籍与手稿目录》（*Catalogue des livres etmanuscrits chinois collectionnés par A. Lesouëf*）一并出版。1902—1911 年，法国汉学家古恒（Maurice Courant，1865—1935）为法图编制《中韩日文目录》①，共三卷，此目录影响较大，至今仍是查阅法图收藏汉籍的主要途径。

法图持续时间最长的汉籍目录编写要数伯希和带回给法图的文献。此项工作不仅伯希和本人参与其中，而且通过与国立北平图书馆交换馆员，由王重民主要承担这批文献的编目，这也是中法两国国家图书馆首次合作。王重民在法图期间编写出 3 万册印本文献的《伯希和 A 藏和 B 藏目录》《伯希和拓片典藏目录》以及完成部分写本文献的目录。日本学者那波利贞（1890—1970）与美国汉学家杨联陞（1914—1990）在王重民前后对伯希和写本文献分别进行编目。在戴密微的推动下，法图从 20 世纪 50 年代开始计划将敦煌写本目录分阶段出版，戴密微的学生谢和耐（Jacques Gernet，1921—2018）与旅法学者吴其昱（1915—2011）合作校订第一卷；戴密微的助手魏普贤（Hélène Vetch）负责第二卷（此卷最终未能完成）；戴密微的另一位学生苏远鸣（Michel Soymié，1924—2002）则领导编写了第三至五卷；苏远鸣的学生王微（Françoise Wang-Toutain，1961—）2001 年完成最后一卷《法国国家图书馆伯希和藏文典藏中文残片》的编写②。

（三）身体力行参与图书馆管理

在法图的历史上，另一值得关注的现象便是一些著名的汉学家都直接或间接地为法图工作过。比如雷慕沙就曾担任过法图的馆员，而他的学生儒莲曾担任过副馆员，他们以学者的身份加入图书馆的管理，更加注重图书馆为学术研究服务的需求。儒莲在给法图的求职信中曾写道："国王图书馆的中文和满文藏书逾万，应当将这些藏书交付能胜任之人管理，以便帮助学者研究，

① Courant, Maurice. *Catalogue des livres chinois*, *coreens*, *japonais*, *etc*. Paris: Ernest Leroux, 1907.

② 《王重民巴黎往事追记（1934—1939）》，沈乃文主编《版本目录学研究》（第五辑）第 34—35 页。

并适应我国文学和工业对中文译作与日俱增的要求。”①

伯希和虽并不隶属于法图，在法图也没有任何官职，但是他的权威始终影响着法图及博物馆的中国典藏，包括书籍和艺术品。1937 年 3 月，法国国家图书馆组建了“东方典藏委员会”，负责领导与监督国家图书馆写本部东方藏书目录与出版，伯希和被任命为该委员会主席，他一直担任这一职位到去世。因此，他在法图远东典藏部中拥有较大发言权，法图与国立北平图书馆在 1934 年能够达成书籍交换协议②以及互派馆员，很大程度上要归功于他的推动。

作为学术资料收集、整理与服务的专业机构，法图与法国汉学家之间始终存在密切联系。经过几百年持续不断的积累沉淀，法图以存藏汉学文献宏富而于国际学术领域内享有盛誉。法图收藏的汉学文献既见证了法国汉学历史的兴起、发展与繁荣，又为历代法国汉学家的学术成长提供了肥沃的土壤。法图的发展过程离不开法国汉学家所做出的巨大贡献，他们不仅参与到法图汉学文献的收集、保存，而且以专业学者的身份直接参与文献的整理、编目与研究，正是这些最基础的整理与编目工作，才使得法国汉学历经 200 年而不衰，并取得令世界汉学界瞩目的成就。

相比法图与法国汉学家亲密无间、水乳交融的关系，今日中国学术界与图书馆之间似乎有种隔膜，这种隔膜造成彼此的生疏和忽略，从学术的角度来看，难免造成学术资源的浪费。学者做研究仍多延续千年来之做法，以一己之力收集，供一人之研索，较少注意图书馆的学术建设。图书馆在馆藏建设、文献整理上多有自己规划，而较少向学界咨询、请益。学术乃天下公器，如何在世界学术领域中把握学术发展趋势，将中国学术代代传承发展，值得学术界与图书馆界共思！

（尹汉超　国家图书馆副研究馆员）

① 裴诚《法国国家图书馆里的大师级馆员》，载《大学生》2012 年第 18 期。

② 《北京图书馆馆史资料汇编》（1909—1949）第 1075—1077 页，书目文献出版社，1992 年。

唐宋散文在俄罗斯的翻译与研究*

李明滨

摘　要：俄国汉学家从《古文观止》入手，既学通古文，又了解中国古代散文发展的历史。中国古代散文首次高潮出现于先秦，经六朝骈文呈颓势，至唐宋散文再现高峰持续200年左右。俄译重点传播的有：唐代韩愈、柳宗元以及王勃、王维、李白等10余人，宋代欧阳修、苏轼、王安石、范仲淹、王禹偁司马光等20多人。唐宋散文传俄最早在1874年译《滕王阁序》，此后因其篇幅普遍短小，不如小说能那样反映社会生活而被轻视。至20世纪50年代，阿列克谢耶夫院士多年零星的译作被整理成书《中国古典散文》，1957年后出过三种。21世纪再升一级，增辑《中国古典散文精释》三卷本，先后于2006年和2016年出版，是俄国迄今唯一的中国古代散文集，涵盖先秦至清代，重点为唐宋，有详细的注解和序、跋，具编年史性质。

关键词：古文观止　唐宋散文　俄译　阿列克谢耶夫

俄国早期汉学家有志于文学者，大多从《古文观止》入手。一书在手，足可纵览历代散文，上起先秦，下迄明末，尽收精品，凡222篇。涵盖时代既长，文章体裁又多样。广收博采，又繁简适中。研读日久，不但古文修养提高，既已登堂入室，而且对于内容，无论叙事写人，还是记史论理，文比诗都更为直白，更使人获益。这又与他们来华早期的目的契合，即学通语文和调研国情。在他们日后的翻译和研究成果之中，这一切都留有印记。

---

* 本文原为大中华文库·汉俄对照《唐宋文选》（2015年）前言。此处已更改标题，并做了大的增改。

中国古代散文历史悠远，发展过程漫长，在先秦呈现高峰。无论记事写人，还是表达思想，都已发展得相当成熟，为古代散文奠定了良好的基础。不过，散文发展到了六朝，出现骈文这种新的文学体裁，形式新颖，语言更富表现力。可惜行之日久，出现颓势。主要是讲究排比对偶的修辞，过于追求语言的形式美，未免束缚思想内容的自由表达，甚或因辞害意，导致文风华而不实。文坛对此开始反弹，从唐代初期，便有摈弃骈文，返回先秦、两汉古代的呼声，至中唐遂开启唐宋散文的新时代，持续约两百余年，形成古代散文的又一次高峰。唐宋散文的盛期，起自中唐贞元、元和年间，止于北宋大观、政和年间的古文运动，历时两百多年。古文运动自中唐的韩愈、柳宗元倡导，加入者还有张籍、刘禹锡、李观，以及韩愈的学生李翱、皇甫湜、孙樵等，还有晚唐的皮日休、陆龟蒙、罗隐等一批文人。到了宋代，随着欧阳修、曾巩、王安石、苏洵、苏轼、苏辙等加入，新的古文发扬光大。从此古文运动垂名青史。而韩、柳与宋代这六人也合并获得“唐宋古文八大家”的美誉。

我们这里整理一下俄国汉学家阿列克谢耶夫已有译出的作品辑录，唐代重点为韩愈（20 篇）、柳宗元（14 篇）和中唐的刘禹锡，并向前延伸至初唐的魏徵、王勃、李白、王维、杜牧、李华。他们或是古文运动之前骈文的能手，也属唐代散文之精品；或是古文运动期间，对革新文体、创新文风和文学语言方面均有所贡献之名士。宋代则重点选入欧阳修（13 篇）、苏轼（15 篇）、王安石以及王禹偁、范仲淹、苏洵、周敦颐、司马光、曾巩、苏辙、胡铨、张载，这些人均为宋代散文不可或缺的名家。

唐代散文以韩愈、柳宗元为标志，他们发起古文运动而开了一代新风，其散文创作自然应是关注的重点。韩愈，河南河阳人，祖籍昌黎，世称韩昌黎。有《昌黎先生集》（南宋末刻、明代翻刻）传世。其古文运动达到了目标：革新体裁，摒弃骈文，越过六朝，返回先秦两汉古文，亦称复古。但这不是简单的复旧，而是创新，包括在文风和文学语言方面创新了古文，所谓“善用古者能复古”。如韩愈所说“惟古于词必己出”，并做到“文从字顺”（韩愈《南阳樊绍述墓志铭》）。当然，韩主张之得力，还在于同时创新了古文之思想内容，达到“文以明道”，复兴儒学，返回以孔孟为代表的、以仁义为核心的儒家思想，树立儒家道统，以与佛、老二家相对抗。他在《原道》一文中说：“尧以是传之舜，舜以是传之禹，禹以是传之汤，汤以是传之文、武、周公，文、武、周公传之孔子，孔子传之孟轲，轲之死，不得其传焉。”故他在《与孟尚书书》中的表态是：“使其道由愈而粗传，遂灭死万万无恨。”韩愈提倡古文，努力于创作实践，坚定而持久。柳宗元称赞曰：“韩愈奋不顾流俗，犯笑侮，收召后学。”（《答韦中立论师道书》）而弟子李汉则形容韩愈在创新过程中的遭遇：“时人始而惊，中而笑且排，先生益坚，终而翕然随以定。”（《昌黎先生集序》）韩愈的创作，诗文兼备，以文见长。尤其在论说文、记叙文和抒情文诸种体裁，广有建树，像《原道》《师说》《送李愿归盘谷序》《张中丞传后叙》《祭十二郎文》等一批雄文，已经成了韩愈创新古文的业绩，也是唐代古文运动的纪功碑。他开启的文坛新风备受赞誉。苏轼即称赞韩愈“文起八代之衰，道济天下之溺”（《潮州韩文公庙碑》）。

韩愈的论说文因事立论，观点新颖，文词雄辩。《原道》《原毁》《论佛骨表》《师说》《争臣论》《进学解》都是针对现实问题，或表达政治与经济的观点，或阐明哲学观，或解说为人处世的哲理。这类论说文均立论明确，观点鲜明，格局严整，层次分明。比如《师说》针对士人轻视学习、耻于从师的时弊，针锋相对提出“古之学者必有师”的立论，做出“传道授业”的说理，建立“师道尊严”的思想。《论佛骨表》针对皇帝痴迷佛教，直斥佛骨为“污物”，为匡正风俗而直陈诤言，确是针砭现实、直抒胸臆的力作，反映了时代的需要和务实的精神。

其记叙文，或写人状物，形象鲜明，行文流畅，夹叙夹议，文采与哲理兼具，有如太史公的史笔，如《送孟东野序》《圬者王承福传》。而《毛颖传》甚至把毛笔当作人来写，为其立传，考其身世，末尾还仿太史公发议论，可谓构思新奇。或以碑志、墓志铭形式为古今人物写生，如《张中丞传后叙》《送石处士序》。而《柳子厚墓志铭》更是刻画人物的卓越才华和高尚人品，直接表达对于柳宗元遭遇的同情、对时势环境险恶的愤懑。其抒情文往往结合叙事与议论，感情真挚，极富感染力，如《祭十二郎文》表达对侄子韩老成之逝悲恸欲绝，伤痛至深，此情此景，催人泪下。《送董邵南游河北序》，文辞几行，寥寥数语，名曰送君远行，实是不忍见他再遭厄运，委婉之情，感人肺腑。

韩愈散文，感情充沛，纵横开合，气势万千，巧譬善喻，艺术色彩多样。柳宗元赞誉他可比司马迁而超扬雄。苏洵称其风貌“如长江大河，浑浩流转，鱼鼋蛟龙，万怪惶惑”（《上欧阳内翰书》）。如此雄文出现，当然一扫六朝以来骈俪的文风。此外，韩愈在文学语言上也有许多创新而流传至今，举例如“同工异曲”“俱收并蓄”（《进学解》）。

柳宗元，字子厚，河东（今山西永济）人，世称柳河东。据统计，他作有诗文六百多篇，文的成就大于诗。有刘禹锡编《河东先生集》传世。于今已有多种刊、刻本影印流传。其散文作品最负名声的为山水游记和寓言。山水游记如他被贬官永州时期所作“永州八记”《始得西山宴游记》《钴潭记》《钴潭西小丘记》《至小丘西小石潭记》《袁家渴记》《石渠记》《石涧记》《小石城山记》，即其典范。它们婉若湘桂边界山水胜景的画廊，但又不限于描画景致，而是融入自己仕途失意、政治命运坎坷的悽凉、悲愤情绪，实为写景寄情之佳作。试看《小石潭记》中的一段文字：“潭中鱼可百许头，皆若空游无所依。日光下澈，影布石上，怡然不动，俶而远逝，往来翕忽，似与游者相乐。”这样的文笔胜过骈文空泛的丽辞，而开了文坛新风气。

其寓言有多篇，包括《黔之驴》已成为脍炙人口的名篇。此外，传记和论说文也是柳宗元散文的强项，如《梓人传》《种树郭橐驼传》等。《捕蛇者说》描述蒋姓一家人三代的不幸命运，反映永州老百姓宁死于毒蛇也不愿承担赋税，沉痛怨诉“熟知赋敛之毒有甚是蛇者乎！”至于短文《愚溪诗序》，以调侃的笔调写自己之似愚实贤却不得志的心境，实是讽刺当世之作。

由于柳与韩的合力推动，响应者众，一时形成风气。出现了一批中唐时新古文作者，如李观、张籍等。尤其诗人刘禹锡，他与韩、柳曾同朝为官，亦先后遭贬谪。他以深刻的思想，雄辩的才干，写出铭文《陋室铭》。仅有81字的短文，用形象生动的语言描写居室简陋，却因志趣高雅，志气高远，而成了千古名篇。当然，中唐古文还不能代表唐代散文的全部。从初唐至晚唐已有名家辈出，举其大者如魏徵。他在唐太宗朝为官，在讲究“文死谏、武死战”的古代，堪称模范。曾任谏议大夫，知无不言，敢于直谏，史称“诤臣”。一篇《谏太宗十思疏》，告诫太宗“居安思危，戒奢思俭”，并力陈十点思虑。太宗置之于案头，奉为座右铭。魏文谏政议事，思辨细密，气势雄浑，虽讲究排比而用偶句，但无浮靡骈丽之病，更不堆砌成语典故，已渐趋质朴务实的散文。

再如王勃，属于“王杨卢骆”（杨炯、卢照邻、骆宾王）之“初唐四杰”诗人，也作有极佳的序和颂等类散文。《秋日登洪府滕王阁饯别序》在唐代就已是脍炙人口的佳作，也是骈体文之上品，虽讲究排比对偶，选用词句美丽，但却内容充实，形容贴切，像“物华天宝，人杰地灵”，“胜友如云，高朋满座”，“落霞与孤鹜齐飞，秋水共长天一色”等等名句，有谁读了不为之赞叹！

又如李白、王维、杜牧，都是大诗人，以作诗为主，同时也写有一些很好的散文，足以为唐代散文增光，长存后世。李白当时所写的散文，没有摆脱骈文的时俗，多有对偶排比句，但语言比较自然流畅，近似其诗歌的风韵。如《春夜宴从弟桃花园序》和《与韩荆州书》两文，为后世选本所多取用，广为流传。前者仅百余字，写众亲友饮酒赋诗，议论人生，挥斥古今，发“浮生若梦，为欢几何？古人秉烛夜游，良有以也”之豪情。后者竟以“生不用封万户侯，但愿一识韩荆州”尽显纵情豪迈、狂放不羁的个性。王维的散文佳作《山中与裴秀才迪书》发挥他山水诗的风格，散文清幽隽永，极富诗情画意。杜牧生性耿介，不屑逢迎，在诗、赋、古文创作上均有贡献，不但以诗歌针砭时弊，散文也写出了《阿房宫赋》这样痛斥权贵之作。他用散体语言，明白晓畅，笔锋尖锐，以叙事、议论和抒情相结合，形成一种新体的散赋，突破了六朝以来赋多用骈体并具声律的格局，把散文的笔法和句式引进了赋。这在晚唐也属一种进步，既继承了中唐古文运动的传统，也对后来赋体的发展有贡献。

李华作为古文运动的先驱，重视文章的教化作用，呼吁改革文体，由骈转散，造成新的风气。他最为人传诵的是一篇《吊古战场文》，以简洁真切、不事雕华的语言，描绘史上战争之酷烈，表达百姓和平的企望，行文感伤，真挚热烈，文情跌宕，感人肺腑。

以上种种，都构成唐代散文繁茂的风景。

宋代散文鼎盛属于古文的再次振兴。在韩、柳相继去世后，古文运动随之式微，唐末、宋初已无多大建树。直至北宋中叶，欧阳修、王安石、苏轼等人再次掀起古文运动，追随者无数。一时间名家辈出，灿若星辰。欧阳修的《朋党论》《秋声赋》《醉翁亭记》，王安石的《游褒禅山记》《读孟尝君传》，苏轼的《石钟山记》、前后《赤壁赋》等遂成古文之典范。不过，宋代古文业已对唐代古文在思想内涵和表达形式上做了不少更新，有了新的风貌。既强调文与道的相互关系，如周敦颐正式提出“文以载道”（《周子通书·文辞》）和朱熹的进一步阐释：“道者，文之根本；文者，道之枝叶”（《朱子语录》），在形式上去掉唐代古文某些用词艰涩、追求奇特之弊，强化了表达的艺术效果，努力达到论理、叙事和抒情三者结合，从而提高了古文的教化功能和广受欢迎的程度。其结果是宋代古文比唐代更上一层楼。是故，合起来讲，是唐宋古文走上散文的繁荣期，分开来说，是宋代古文达到了散文史上的顶峰。

欧阳修，字永叔，号醉翁，官至兵部尚书，卒谥文忠。他是北宋诗文革新运动的领袖，文学成就以散文最高，影响最大，属“唐宋古文八大家”之一，有《欧阳文忠公全集》存世。欧阳修一生写有散文五百余篇，政论、史论、记事、抒情和笔记等类散文，各体兼备。其文大都内容充实，气势旺盛，流畅自然，足以历代传诵。《朋党论》立论透过朋党现象区分君子和小人，说明应亲君子远小人；又以历代君王用人之得失，论析有理有据，富有内在逻辑力，议论纡徐有致，显示了作者去旧维新的政治家风格。《五代史伶官传序》以区区伶官可以困君灭国的事例，说明“满招损，谦受益”（《尚书》）的道理，其原因全在“忧劳兴国，逸豫亡身”。欧阳修作为宋代古文运动的领袖，一方面在散文理论上立意强劲，力震当世。他提出“道胜者，文不难而自至”（《答吴充秀才书》），实际上继承和发扬韩、柳古文运动的精神，即极为重视道，以道为文之核心：“道纯则充于中者实，中充实则发为文者辉光”（《答祖择之书》）。一方面在创作上实行韩愈“文从字顺”的精神，说“言以载事而文以饰言”（《代人上王枢密求先集序》），践行简而有法和流畅自然的文风，反对浮靡雕琢和怪僻晦涩。“他不仅能从实际出发，提出平实的散文理论，而且自已又以造诣很高的创作实绩，起了示范作用。”（今人郭豫衡语）欧阳修作为宋代古文运动的领袖，一方面本身创作的散文平易畅达，有情韵之美，开了一代新文风，如苏洵称之为：“纡余委备，往复百折，而条达疏畅，无所间断”（苏洵《上欧阳内翰书》）；一方面着力奖掖后进，团结王安石、曾巩和“三苏”父子——苏洵、苏轼、苏辙等人，使宋代散文得到空前发展。

王安石，字介甫，号半山，抚州临川（今江西）人，封荆国公，世称王荆公，有《王文公文集》传世。他积极参加欧阳修倡导的诗文革新运动，创作屡出佳绩。其散文多论说文，着力批判官僚制度及政治腐败，力主改革更新，显示了作为改革家的坚毅本色，在史上以“王安石变法”留有盛名。论人如《读孟尝君传》不足百字，而抑扬吞吐，盛意迭出，实是短文之佳品，代表了他否定传统，而批评君主不能识贤、世人溺于旧习的偏见，笔锋犀利，思想深邃。记叙文如游记《游褒禅山记》，简易平白地记述游华山，入华阳洞，历经平路坦途，至遇险境而折返的过程，感叹人往往对事物浅尝辄止，而不得其精髓的道理，“借题写己，深情高远，穷工极妙”（清李光地语）。于此可见王安石的记叙文往往不重写景状物、铺陈点染，而意在借题发挥，阐述自身的义理，使人益发感到其理说之深刻。王安石与欧阳修的作文风格不同，如果说欧阳修平易自然，那么王安石就是简洁犀利。至于苏轼，其古文不但语言自然，而且气势豪放，变化无穷，摇曳多姿，令人喜读不禁。宋代古文名家，恰好是三者完美结合，各自发挥所长，形成宋代散文多姿多彩的风格。

比较而论，史家一般认定，宋代散文以苏轼成就为最高。苏轼本身也以为其文更富艺术效果。例如他曾说：“吾文如万斛泉源，不择地而出，在平地滔滔汩汩，虽一日千里无难。及其与山石曲折，随物赋形，而不可知也。所可知者，常行于所当行，常止于不可不止。”（《文说》《经进东坡文集事略·四部丛刊本》）

苏轼，字子瞻，号东坡居士，四川眉山人，在诗、词、散文以及书画方面都有独到的成就，有《东坡先生全集》75卷传世。其散文各体兼备，以叙事类游记为最佳。记人如《潮州韩文公庙碑》，写景如《石钟山记》《超然台记》《喜雨亭记》《凌虚台记》《放鹤亭记》，无论记叙人物、景致，还是寓意行文，或是抒发褒贬之情，都广纳思想，富含感情而被人传诵。前后《赤壁赋》更是传诵千古。前者写秋光中月白风情，水波不兴，后者写冬景里水落石出，江山不可复识。描绘逼真，写景如画，同时借景生情，寓意深远。论文包括史论、策论、奏议也多有卓识远见的名篇，如《范增论》《刑赏忠厚之至论》《上梅直讲书》。一篇《留侯论》见解新颖，竟至颠覆了太史公对张良的褒贬，令人叹服。至于其书札、题记、序跋、诗品、画评，甚至杂著，种类繁多，莫不反映他多才多艺的人生，显现其广交游、笃友谊的个性。一则书札《上梅直讲书》就足以代表一切。

其父苏洵颇有政治抱负，多年苦读后大有进益，便适时地带领二子（苏轼、苏辙）晋京，拜谒翰林学士欧阳修，极受后者赞赏。洵三人乃表示志向，在文学上要随欧阳修进取，参加革新，并获得了佳绩，于是在宋代古文界享有“三苏”的美名。苏洵的代表作有《管仲论》等。

苏辙虽然反对过王安石变法，也曾多次被贬官，但在文学上仍坚持革新文风，擅长于政论和史论。如《六国论》纵横分析齐、楚、燕、赵、韩、魏六国关系的史实，比喻当今之政治。而《黄州快哉亭记》和《上枢密韩太尉书》更是他借人、事，发议论、表感情的力作。

宋代古文家成就大者还有不少。以作诗著称的王禹偁，也写有优美的散文。他在北宋初期为反对绮丽的文风，也主张宗经复古，师法韩、柳，提倡作文要“句易道”“义易晓”。《待漏院记》和《黄州新建小竹楼记》即为其风格的代表作。前者是一篇政论，以平白的语言，论证主政者要勤政爱民的道理，指出不可“窃位而苟禄，备员而全身”，尖锐而中肯，又义正词严。后者近似游记，写被贬官黄州，谪居新建小竹楼的境况，新居简朴幽雅，但心情不平。文章也用排比，但语言晓畅，优美而富于诗味。

革新古文的作家，非常重视文章内容与形式的关系。中唐以降，主张“文以明道”，反对辞藻华丽而言之无物的文章。到了宋代，周敦颐进一步明确提出“文以载道”。他作为新儒学的代表哲学家，更以一篇《爱莲说》而在文学史上占有席位，不知有多少人转抄了多少次，流传了多少代。有谁不喜欢那“爱莲之出于污泥而不染”的警句和比喻！它以文辞形象鲜明、哲理深刻而称颂千古。

同样，以编年史《资治通鉴》著称的史家司马光，用文与论结合、极富文学色彩而在文学史上垂名。他那部一千多年的记史，叙史论事、鉴古论今。其中有不少精美文笔如《赤壁之战》《淝水之战》屡次被古代散文选本甚至学校课本所选用。《谏院题名记》写得质朴简洁，叙说将谏官刻名于石，忠诈令后人评说，警示世人，引为鉴戒。

属于“唐宋古文八大家”之列的曾巩也擅长于论说，为文自然淳朴，叙论细密，不甚讲究文采，少抒情而多议论或叙说。如《寄欧阳舍人书》叙说历代治乱得失，语气平缓，而感慨深切。他积极追随欧阳修，全盘接受其主张，甚至更重于欧阳的古文理论，主张先道而后文，所以在创作实践上也于八大家中自成一家，独具特色。至如胡铨的《戊午上高宗封事》和张载的《西铭》，也都擅长于以文论道，令人折服，反映了那个时代散文的一个特色，前者系长篇奏折，决然表示“不与（秦）桧共戴天”，宁赴死的决心。据云奏章一出，群臣振奋，奸佞失色。此文一如其一贯作文，每每出言雄辩，长篇大论，慷慨激昂，情不自禁。后者仅为短文，却述说了天地乾坤包盈万物，人在其中，无论长幼贵贱，皆应彼此善待的道理，反映了作者作为哲学家的健康宇宙观和仁爱的处世之道，实为至理。

欧阳修作为宋代古文宗师，其道德文章，皆为楷模。如若说前述几人，继承其论文文以载道学风，那么范仲淹则是发挥游记抒情的特色了。他的《岳阳楼记》既写湖光山色壮丽的风景，又抒发自身高尚的情怀："先天下之忧而忧，后天下之乐而乐。"文中多用四言，杂以排偶，铺陈藻饰，似骈实散，也在宋代古文中独树一帜。其文采和情操又让几代仁人志士所倾倒！

唐宋散文，自韩、柳提倡古文运动以来，历经两个朝代，已经确立了新的文学语言和新的散文模式，并有了文以载道的观念。它不但影响了随后元明清三代六百余年散文的发展路程，也为中国散文的发展留下浓厚的民族文化传统，唐宋散文这种新的散文模式实是中华文化创立的一项丰功伟业。

唐宋散文版本，主要有清代吴楚材、吴调侯编《古文观止》，所收以散文为主，兼收骈文，集先秦至明末历代散文，其中唐宋占很多篇幅。后有近人高步瀛编《唐宋文举要》，分甲乙两编。甲编为散文 8 卷，前 5 卷收唐代 26 人的 100 篇文，后 3 卷收宋代 14 人的 78 篇文，甲编中唐宋八大家占 133 篇文。乙编为骈文 4 卷，唐宋前后各占 3 卷和 1 卷，前选唐 29 人的 46 篇文，后选宋 20 人的 24 篇文。该书曾于 1963 年和 1982 年出有排印本。

此外，清代编出《古文辞类纂》，其中散文以"唐宋八大家"为主；还有现今通行的《四部丛刊》本中，也可检索。唐宋散文在俄罗斯的流传，最早的一篇是 1874 年印行的王勃《滕王阁序》，书名为：《滕王阁·唐代的一篇中国颂文》，奥·伊·帕翻译并注解，圣彼得堡，交通部印刷厂，1874 年，凡 10 页（《Тэн-Ван-Гэ. Китайскаяодавремёндинастии Тан》Пер. О. И. П. прозой, с примен.《О Павильоне князя Тэн》. СПб. Тип. Министерства путей сообщения. 1874. 10 стр.）。这也是第一篇传入俄国译成俄文印书的中国古代散文。因而极受后代汉学学人的重视，曾在 20 世纪 20 至 80 年代被六次重译发表，发表时均改了文题。如休茨基（Ю. Щуцкий）译（文题改为《月夜在长江畔阁楼饯别离任的友人》），载《7—9 世纪中国抒情诗选》，1923 年；阿达里斯（А. Адалис）译，收入《中国古典诗歌·唐代》，1956 年，及《中国诗集》第 2 卷，1957 年；阿列克谢耶夫（В. Алексеев）译，收入《中国古典散文》，1958 年；罗高寿（В. Рогочёв）译，收入《印中韩越日古典诗歌》，1977 年；以及艾德林（Л. Эйдлин）译，收入《中国古典诗选》，1983 年。

不过，由于早期汉学家们的理解：散文短小而分散，反映社会的功能毕竟有限。俄国第一位汉学院士瓦西里耶夫在所著《中国文学史纲要》（1880）中发出感叹：种类繁多的“这些小文章，数量巨大”，无从选择集合，并断言：他们的目标是“认识中国人的现实生活及其生活观”，而且“只有长篇小说能使我们认识这种生活”。因而在很长的时间里其重点在译介小说和故事，只有少数几篇唐宋散文被译介出去，如1923年瓦西里耶夫译欧阳修的《秋声赋》（载《东方》1923年第3期），1935年休茨基译苏东坡的《赤壁赋》（载《东方》文集第1卷），1945年阿列克谢耶夫译李华的《吊古战场文》（载《苏联科学院学报·文学语言专刊》第4卷第5辑，并附有译者一篇长文加以讲解）。此外，散文极少被译成俄文。这种状况至20世纪50年代才有了变化。中华人民共和国成立迎来了两国文化交流的热潮。苏联开始规划、部署人力，着手全面翻译中国文学名著，包括诗、文、剧、短篇故事和章回小说。其中诗歌调派的人手最多，各类诗集大量出版，以1957年出版《中国诗集》四卷本最为突出，选入自古迄今的名诗，前三卷为古典诗词，后一卷为五四以来的白话诗，系汉学家费德林（Н. Федоренко）在中国诗人郭沫若的帮助下编选的，极具权威性。散文以往关注的人本来就较少，此时只有集中编选出版的三种选本，均系阿列克谢耶夫一人所译。

其一，《中国古典散文》，阿列克谢耶夫院士译，艾德林整理并序，莫斯科，科学院出版社，1958年，凡387页（《Китайскаяклассическаяпроза в переводахакадемика В. М. Алексеева》）。此书系阿氏身后由得意门生艾德林（Л. В. Эйдлин）整理其遗稿而成，收入上起先秦屈原、宋玉，下至宋代苏轼、欧阳修等22人的散文。这是俄文学界首次编成的中国古文选集，反响很好，旋即于1959年再版。其中包括唐宋散文作家王勃、李白、刘禹锡、李华、韩愈、柳宗元、欧阳修、苏洵、周敦颐、王安石、苏轼等11人，占全书选人的二分之一。

其二，《中国散文精粹》，阿列克谢耶夫译并序，1974年。这是译者生前完成并取的书名（《Шедевры Китайскойпрозы》）。此书于作者身后才发表，见于《白天的星星·东方文艺》第2辑，选入白居易、秦观等7人。但因系载于一种丛书之中，恐未引起更大范围的注意。

其三，《9—18世纪的中国散文》（《Китайскаяпроза IX-XVIIIв. в.》），见于《远东古典散文》一书中，1975年出版。收入历代作家从陶渊明至沈复等

23 人，其中属于唐宋散文家的仅韩愈、柳宗元、欧阳修、苏轼 4 人。

进入 21 世纪，阿列克谢耶夫的中国古典散文译本又上了一层楼，在 2006 年和 2012 年连续出版《中国古典散文精粹》第 1、2 册和“未刊”册（姑且称之为第 3 册）（《Шедеврыкитайскойклассическойпрозы》впереводахакадемика В. М. Алексеева：в 2 кн. М.：вост. лит. 2006. кн. 1，470 с.；кн. 2，503 с. / Неизданное，2012. 367 с.），头两册有已故艾德林作的序和出版社的前言。第 1 册由孟列夫（Л. Н. Меньшиков）编并注，第 2 册由马尔蒂诺夫（А. С. Мартынов）和阿里莫夫（И. А. Алимов）编并注。两册书收入先秦至宋代散文作者 48 人的作品，其中包括唐宋作者 26 人，占全书选人的二分之一强，而且选的文章篇数最多，是全书的重点。第 3 册（未刊册）由阿里莫夫编、注并序，选入汉、唐至元、明的作者 35 人，属于补遗的性质，其中唐宋作者占 11 人，但选文的篇数最多，仍旧是重点。

这部三卷本的译作之特色在于，这是在非常时期、非常困难的条件下，译者非常努力劳作的产品，系阿氏最为重大的文化遗产之一。当时正值第二次世界大战期间，正当入侵的德军即将包围列宁格勒（今圣彼得堡）900 天前夕，苏联政府紧急安排疏散居民到后方去，阿氏作为重点保护对象，受命撤离。他匆忙之间仅带上几本中文书和一本字典，轻装上了飞机来到几千公里外的大后方——中亚地区的哈萨克斯坦。战时的农村小商店里，买不到白纸，仅有几本供兽医用于开药方的笺纸，上面印有马的各种图案，并不方便书写。他还是如获至宝，全买下来用。所以那写得密密麻麻的译稿，字行之间，还显露有马头、马蹄的画像。曾为他整理遗稿的一名弟子李福清（Б. Л. Рифтин，汉学家），戏称之为“马蹄稿”，从此成为那批译稿的美称。阿氏作为年高德邵的老院士被撤离到后方，本来是为了保护安全。但他却更加奋力劳作，与在前线抗敌无异。他坚持工作三年，1944 年夏返回原地，带回来一大批文稿，包括中国散文、诗歌、文论的翻译和论著，恰似一个战士在前线立有战功。胜利后阿氏被授予“卫国战争立功奖章”。应该说，他坚韧不拔地翻译中国文学之时，正是中国与日本侵略者苦战的岁月，足见他对于中国人民的同情和对于中华文明的信仰及光明前途的信心。于此可知，阿氏不仅是爱国主义者，而且是践行中俄友谊和文化交流的国际主义者。

这部三卷本译作的另一个特色是，它是俄国迄今唯一的中国古典散文集，并且是编辑完善的一部图书尚品。它不但译文精细忠实，而且经后人认真编辑、注解和阐释，更显每篇文章的题旨、特点及其在文学史上的价值或意义。先后经手编辑文稿的四人，都是资深汉学家和有学术素养的专门家。头两位是阿氏的得意门生。艾德林译有陶渊明、杜甫、王维等的诗歌专集多部，孟列夫（Л. Н. Меньшиков）译有《西厢记》《三国演义》中的诗词部分和许多元曲曲词，二人均为古文专家，能忠实编辑阿氏手稿，体察各译稿异文的细微之处，选择最符合原意的译文。艾、孟各写有的序、跋也概论了中国古典散文的发展历程、各名家的艺术特色。后两人系汉学界中青年骨干。马尔蒂诺夫（А. С. Мартынов）接手译稿整理时还是青年，已对敦煌写本有研究，著有儒、释、道诸家的论文，能对韩愈、苏轼、朱熹发表有见地的论述。而阿里莫夫（И. А. Алимов）则是后起之秀，改革年代后以主编“彼得堡东方学”丛书走上文坛，为汉学界瞩目。他整理编辑古代东方文献以精到见长，其所编第 3 卷完成了拾遗阿氏全部译稿的任务。

总之，这些古典散文集从编辑注释手稿到分卷出书，篇幅由小到大日臻完善，从 1 卷发展为 3 卷，经过多人接手，历时大半个世纪，终成一部完善的珍品。它依朝代为序排列，配有系列注解，恰似一部中国古典散文的编年史。这部三卷本译作的再一个特色，是显示了中国古典散文具有现实意义，有古为今用的价值。在 2006 年推出两卷本的“出版社前言”（作者系该书已故责编马季松，А. О. Мадисон）说明：本书所收入阿氏选出的古典散文，大多数都或多或少地涉及最优良的国家体制，以及君王与臣属、中央与地方、一部分国家机构与另一部分国家机构之间的和谐关系等诸多问题。“至少，本书的出版可以为建设新俄罗斯，以及为进一步改善两个伟大国家——俄罗斯与中国之间的关系，做出重要的贡献。”于此，足见由具有远见卓识的阿氏选材的这部译作，弥足珍贵。

可惜，这部译书只印刷 1000 册。不像往昔，中国文学作品一翻译出版，动辄上万或几万册，《中国诗集》甚至 5 万册。这令人感到，光阴荏苒，物换星移，50 年代的中国文学热潮已经风光不再。我们这里之所以不厌其详地谈到阿氏，正是期盼俄国汉学界的古文精英何时再成群涌现，怀念阿列克谢耶夫这位苏联汉学之君，呼唤“何日君再来”！

瓦·米·阿列克谢耶夫（Василий Михайлович Алексеев）主要研究中国语文学和中国考古学、民族学及文化史，通文、史、哲、经各学科，是个百科全书型的学者。郭沫若称之为“苏联最大的汉学家”，并尊称他“阿翰林”。他出身于圣彼得堡一个职员家庭，1902年毕业于圣彼得堡大学东方系，留校任教，1906—1909年来华进修，1916年发表一部论《诗品》的巨著：《中国论诗人的长诗——司空图的〈二十四诗品〉》，即成为中西诗学比较研究的先驱。后他以翻译和研究中国文学的杰出成绩在1923年和1929年依次当选为苏联科学院通讯院士和院士。

阿氏从1910年至1951年在彼得堡大学等多所大学执教四十余年，培养大批学生，形成有影响的俄国汉学学派，亦称阿列克谢耶夫学派。阿氏的名声不但在俄国，而且在中国也已闻名遐迩。他在1929年同时当选苏联科学院院士和中国北京图书馆“特聘通讯馆员”，其学术地位得到两个国家的承认。

北京大学于1991年举行阿列克列谢耶夫院士诞辰110周年国际学术会议，并在《北京大学学报》首次发表纪念文章《阿列克谢耶夫院士的学术成就》（李明滨作，载《学报》1991年第4期）。这也是在中国首次为这位俄国杰出的汉学家举办的纪念会。目前在中国国家图书馆收藏有阿氏汉学著作20种，包括其成名作论《诗品》巨著的1916年首版书。

（李明滨　北京大学教授、博导，
俄罗斯学研究所所长，中俄比较文学研究会会长）

俄罗斯中国新文学研究学派著名研究家一瞥

宋绍香

俄罗斯汉学在对中国新文学翻译与研究中，涌现出了治学严谨的汉学家，形成了一支国际知名的中国新文学研究学派。

1. 费德林（Н. Т. Федоренко）

费德林，原名尼古拉·特罗菲莫维奇·费多连科（Николай Трофимович Федоренко，1912—2000），生于皮亚委戈尔斯克一个工人家庭。其父曾在俄国内战期间为布尔什维克而战，费德林自幼即受到共产主义熏陶，从小热爱中国，对中国文化充满了倾心和向往，于是他舍弃本名与父名，只留下家姓，并按中国人三字名的习惯，改称中国名费德林。费德林一生经历复杂，从事的事业繁多，但是不管在什么情况下，他都不忘初衷，坚持勤奋治学。他一生著作等身，出版专著 35 部，论文 300 余篇，其中大多数是关于中国文学艺术的翻译和研究，学术界给予了充分肯定和荣誉。1943 年获博士学位，1952 年获教授职称，1957 年任东方研究所高级研究员，1958 年当选为苏联科学院通讯院士，1970 年任《外国文学》主编等。

1939 年，费德林进入苏联外交部，被派往苏联驻中国大使馆工作 12 年，从普通外交官升为文化参赞，直到大使。他目睹了中国人民抗日战争的胜利和国民党统治到中华人民共和国的诞生这一历史巨变。1949 年和 1958 年，他作为外交官和中国问题专家，先后参与毛泽东同斯大林在莫斯科的会谈和毛泽东同赫鲁晓夫在北京的会晤。他是中苏关系从友好到破裂的历史见证人。1962 年至 1968 年，他任常驻联合国代表，“为争取中华人民共和国在联合国的席位做了不懈努力，厥功奇伟”。

费德林这 30 年的“为官”生涯，非但没有耽搁他的汉学事业，相反给他提供了接触中国高层领导人、文化精英和普通百姓的得天独厚的条件和机遇，使其汉学研究得以更加深入、高质、多产。作为汉学家，从 40 年代的重庆、南京到50年代的北京，他结识了中国文学艺术界的众多精英人物：郭沫若、茅盾、老舍、巴金、徐悲鸿、梅兰芳、赵树理、艾青等。他最崇敬郭沫若，尊之为师。他的博士学位论文《屈原的生平与创作》，曾得到郭沫若的指点，他的《屈原》译著更得到郭沫若的鼎力相助。他1958年完成的《郭沫若》巨著，对中国现代文学泰斗给予了高度评价。如果说郭沫若是他的恩师的话，那么，诗人艾青则是他的挚友。为翻译艾青诗歌，他曾几度来到艾青府上，与诗人同床共枕，切磋译文。费德林对中国文学爱之切、知之多、研之深，则不言而喻。

2. 王希礼（Б. А. Васильев）

王希礼，原名希鲍里斯·亚历山德罗维奇·瓦西里耶夫（Борис Александрович Васильев，1899—1946），王希礼此名是他来中国后自取的中国名。他1899年12月8日生于沙俄首都圣彼得堡（1914年改为彼得格勒，1924年又改称列宁格勒，1992年1月恢复旧名圣彼得堡）一个普通职员家庭。1922年毕业于彼得格勒大学社会科学系中国部。1935年获文学理论副博士学位，同年升任教授。1921—1937年先后在佛教文化研究所、亚洲博物馆（后为苏联科学院东方学研究所）从事学术研究工作。曾在列宁格勒东方学院、列宁格勒历史语言学学院任讲师。1921—1925年、1927—1930年两次来中国进修。系《阿Q正传》的第一个俄译者，也是俄苏第一个中国新文学的传播者和研究者，他的出现，对俄苏汉学来讲，具有划时代的意义。著作有《中国戏剧》（1929年）、《聊斋的古代渊源》（1931年）等；译作有《明代话本》（1924年）、《阿Q正传》（1925年）、《聊斋故事》（1931年）、《李娃传》（1935年）等。

1924年，王希礼来到中国实习，先后担任苏联驻华总领事馆和苏联驻华武官（驻京）秘书。当时正值孙中山确立联俄、联共、扶助农工的三大政策，实现了第一次国共合作，同时创建黄埔军校，筹建国民革命军。应广州革命政府和孙中山的邀请，共产国际派遣了军事顾问团。

1925年春，王希礼被分配到以斯卡洛夫为团长的苏联军事顾问团（共43人），来到河南开封国民二军中开展军事顾问工作。王希礼来到开封不久，曹靖华（1897—1987）[①] 也被李大钊派遣来到开封担任顾问团的翻译。这样，革命工作将王、曹连在了一起，在开封保定巷6号大院工作地相识。但由于老

① 河南卢氏人，早年就读于河南省立二中，后留学苏联。

一辈俄国汉学家，均由俄国政府派到中国，住在大使馆里，接受清政府委派的"翰林"讲授"四书""五经"经典；其老师"阿翰林"也是清"翰林"培养出来的，对《聊斋志异》推崇备至，叫学生一头扎进中国古籍中，出口便是"之乎者也"，满口"聊斋"式古汉语，在生活中出了很多笑话。王希礼很苦恼，百思不得其解。曹靖华就耐心告诉他，中国语言古汉语与现代汉语差别很大，建议他多读现代文学作品，就先读鲁迅的《阿Q正传》吧！这样，从龙亭回来后，曹靖华就给王希礼买了一本鲁迅的《呐喊》，让他读里面的《阿Q正传》。王希礼也回赠了他一本俄文短篇小说集《十三只烟斗》。

王希礼读过《阿Q正传》后，兴奋地对曹靖华说："鲁迅是同我们的果戈理、契诃夫、高尔基一样的世界大作家!"决心将其译成俄文，并说："我如果真的能把这件事办好，也可以算是没有白来中国了!"他说干就干，很快就开始翻译了。王希礼在翻译中遇到很多困难，曹靖华都热情帮他解决；有些实在解决不了的就说，以后去请教鲁迅先生。曹靖华在北大读书时，曾选听过鲁迅先生的《中国小说史略》等课，并亲自登门求教过，深知鲁迅先生爱学生，平易近人，故说以后"请教鲁迅先生"。

王希礼译完《阿Q正传》后，曹靖华就给鲁迅先生写了一封信。关于这封信，1980年曹靖华曾说："这是我向鲁迅先生求教的第一封信，他（鲁迅）是1925年5月8日收到的。第二天即复信给我和王希礼。这个日期《鲁迅日记》中有记载，我也记得分外清楚，因为这是我和鲁迅先生通信的开始。"

5月28日《鲁迅日记》后面，有一条《注释》：《阿Q正传》俄文译者王希礼向鲁迅索序、自传和照片，鲁迅是日往容光照相馆照相，次日作《俄文译本〈阿Q正传〉序及著作者自叙传略》，后收入《集外集》。鲁迅在为俄译本写的序中说：

> 在这我是很应该感谢，也很觉得欣幸的事，就是：我的一篇短小的作品，仗着深通中国文学的王希礼先生的翻译，竟得展开在俄国读者的面前了。……看人生是因作者而不同，看作品又因读者而不同，那么，这一篇在毫无"我们的传统思想"的俄国读者的眼中，也许会照见别样的情景的罢！这实在是使我觉得很有意味的。①

① 《集外集》，《鲁迅全集》（第七卷）第83—84页，人民文学出版社，2005年。

6月9日《京报》副刊第24期以《一个俄国的中国文学研究者对于〈呐喊〉的观察》为题刊出：

靖华老友：

前信想已收到。我近来有一个很新的发现，使我的精神上感到无限的愉快，使我对于现在中国的新文学发生一种十分热烈的爱恋！这个新的发现，就是我由上海到汉口以后，无意中读了鲁迅先生的《呐喊》。我从前在俄国大学所研究的中国文学，对于民众丝毫没有一点关系；我读了以后，对于中国的国民生活及社会的心灵，还是一点不知道！我现在在中国的新的作品里边，读了鲁迅先生的《呐喊》以后，我很佩服你们中国的这一位伟大的真诚的"国民作家"！他是社会心灵的照相师，是民众生活的记录者！

他的取材——事实都很平常，都是从前的作家所不注意的，待到他描写出来，都十分的生动，一个个人物的个性，都活跃在纸上了！他写得又非常诙谐，可是那般痛的热泪，已经在那纸的背后透过来了！他不只是一位中国的作家，他是一位世界的作家！

我现在已经着手翻译《阿Q正传》，打算在莫斯科出单行本；但是我不认识这位先生，并不知他现在在何处。

请你写信给我介绍一下，并请他准我译他的书。并且还要请他为《阿Q正传》的俄文译本作一篇序，介绍给俄国读者，再请他为我寄一张相片及他的传略，为的是印在一块。《阿Q正传》译完以后，我还想译他别的作品，《故乡》等。

希望你费神将我这样佩服的诚意，介绍于鲁迅先生面前。

我也希望你快些给我一封回信。

你的老友

王希礼

一九二五年四月十七日，汉口

发表时，信前加了"编者按"："此信原用中文所写，并非译文，我们由此推知俄译本《阿Q正传》之正确了。"后来，王回国后，主要侧重于对鲁迅、胡也频、冯铿的研究。此外就是翻译《彷徨》、撰写《中国左翼文学》

《帝国主义时代中国文学的外来影响》等著作。另外，1936 年 7 月 21 日，鲁迅在病中应捷克汉学家雅·普实克的请求（允许翻译《呐喊》，并为之作序），作《捷克文译本〈短篇小说集〉序》。在该《序》中鲁迅说："人类最好是彼此不隔膜，想关心。然而最平正的道路，却只有用文艺来沟通。可惜走这条路的人又少得很。"王希礼就是这"少得很"中的一个。他就是第一个把鲁迅的名著《阿 Q 正传》译成俄文，而后介绍给苏联广大读者的著名汉学家王希礼。

3. 罗果夫（В. Н. Рогов）

弗拉基米尔·尼古拉耶维奇·罗果夫（1909—1988），苏共党员，工人出身。1937 年初来华，任苏联塔斯社远东分社驻中国记者。罗果夫热爱中国，热爱鲁迅和中国新文学，在完成战时采访和报道任务后，注意参与中国现代文坛的活动，保持与中国文学界的密切交往与交流。

1938 年中华全国文艺界抗敌协会在汉口成立时，罗果夫以国际代表身份出席了会议；12 月 22 日为了解鲁迅情况，罗果夫在重庆塔斯社分社亲自采访了萧红和端木蕻良。1939 年，鲁迅逝世 3 周年纪念会在重庆举行，罗果夫出席并发言，重点介绍了鲁迅在苏联的影响。1940 年，罗果夫在《国际文学》第 3—4 期发表了《民族解放战争时期的文学》，在苏联产生了强烈反响。1941 年，罗果夫资助姜椿芳等人，创立了苏商时代书报出版社，出版《时代周刊》和《苏联文艺》月刊，介绍苏联卫国战争和苏联文艺情况。罗果夫热爱鲁迅，深有感情，鲁迅去世后经常约着其家人、亲友去给鲁迅扫墓。为了缅怀鲁迅，1943 年 10 月 19 日，罗果夫创建的苏联"呼声"广播电台特意播送"鲁迅"两周：第一周播送了《鲁迅传》《阿 Q 正传》《风波》《故乡》和《长明灯》；第二周播送了《现在的屠杀者》《聪明人和傻子和奴才》《娜拉走后怎样》《过客》《人话》《说面子》《病后杂谈》《答国际文学社问》《文人相轻》《鲁迅及中国民族在文学上的鲁迅主义》和《鲁迅与苏联文学》。这种活动一直持续到 20 世纪 50 年代。1944 年，罗果夫编译了 7 位中国作家的图书索引情报，结集为《中国短篇小说集》（莫斯科，1944 年），内容包括茅盾《林家铺子》、萧红《莲花河》、张天翼《华威先生》、老舍《在被占领的城市中》、司马文森《栗色马》、姚雪垠《差半车麦秸》《红灯笼的故事》和端木蕻良《风陵渡》等 7 位作家的 8 篇作品，印行 1 万册，很快销售一空。1945 年，罗果夫编译出版了《鲁迅选集》并撰写了跋语《鲁迅的文学遗产——

〈鲁迅选集〉俄译本跋》(莫斯科,1945年)。1947年1月,罗果夫在重庆发起成立“普希金纪念文集编委会”,聘请郭沫若、田汉、郑振铎、叶圣陶、胡风、袁水拍、臧克家等中国著名作家为名誉编委;2月10日又组织了“普希金逝世110周年纪念会”,郭沫若在会上做了《向普希金看齐》的讲演,赞扬了普希金热爱自由、反对专制的精神;12月,出版了中国第一部《普希金文集》。1948年,在草婴、倪海曙帮助下,出版了鲁迅著《门外文谈》。同年,罗果夫翻译出版《鲁迅小说杂文书信》和《鲁迅论俄罗斯文学》(上海时代,1949年),其翻译出版的《阿Q正传》,系国内外最早的中俄文对照版本(1955年莫斯科国家文艺出版社以此为蓝本出版了单行本)。

中华人民共和国成立后,罗果夫继续从事中苏文化交流,担任中苏友好协会副会长。1951年,罗果夫编译了赵树理的《登记》,并撰写了《〈登记〉俄译本编者的话》(苏联《新世界》杂志,1951年第2期)。1952年,罗果夫等翻译了《白毛女》并撰写了序言《〈白毛女〉俄译本序言》(莫斯科:外国文学出版社,1952年)。1954年,罗果夫与郭质生等编译了四卷本《鲁迅选集》第一卷(莫斯科,1954年)。1956年,罗果夫发表了研究茅盾的论文《茅盾》(苏联《旗帜》杂志,1956年第7期)。1958年,罗果夫发表了《鲁迅的俄国朋友》(苏联《旗帜》杂志,1958年第7期)。

罗果夫以塔斯社驻中国记者身份在中国期间,注意参与中国现代文坛的活动,积极翻译和研究鲁迅著作,成绩卓著;他还帮助其他作家发表文章或出版作品。所以,他不但对鲁迅有深入了解,而且与郭沫若、茅盾、田汉、郑振铎、冯雪峰、叶圣陶、臧克家、戈宝权、邹韬奋、曹靖华、萧红、邱东平等著名作家都有密切交往,对中苏文化交流做出了重要贡献。

4. 艾德林(Л. З. Эйдлин)

艾德林(1909—1985),1909年12月23日(新历1910年1月5日)生于契尔尼戈夫市。1937年毕业于莫斯科东方学院。1937—1952年,先后在莫斯科东方学院、军事外语学院执教,任汉语教研室主任。1942年,以《白居易的四行诗》论文获语文学副博士学位。1944年起,任苏联科学院东方研究所研究员。1950年,成为苏联作家协会会员。1969年,获博士学位、教授职称。其专著有《论今日中国文学》(1955年)、《中国文学简编》(与索罗金合著,1962年)、《陶渊明及其诗歌》(1967年)等。

艾德林是阿列克谢耶夫的优秀弟子,在继承先师的中国古典文学翻译与研究方面，做出了突出贡献。费德林对他非常赞赏，将其列为“当代对中国文学研究做出显著贡献的苏联汉学家”中的第一号人物。他指出：“在这方面，首先应提到艾德林的著作。他的创造性劳动，既是可以触摸到的探索与发现的，极大地丰富了我国文艺学的丰硕成果，又是以苏联汉学学派优秀的传统精神翻译中国语言艺术家们的最佳艺术品。”艾德林的最大学术成就在中国古典文学研究方面：一是翻译、研究巨著《白居易四行诗》（1949 年），这是对唐朝最受欢迎的诗人白居易（772—846）诗作进行精心语言研究的总结；二是其撰写的《陶渊明及其诗歌》（1972 年），亦是研究中国古代语言艺术大师陶渊明的鸿篇巨制。

艾德林与费德林一样，对中国文学也是“古今贯通”。他在中国新文学的翻译与研究方面，也做出了突出贡献：艾德林从 30 年代末开始翻译、研究中国新文学。他从研究鲁迅开始，进而研究茅盾、老舍、张天翼、钱锺书等现代作家和赵树理、周立波等解放区作家，进而研究整个中国新文学，对中国新文学研究的发展做出了突出贡献。中华人民共和国成立后，他继续潜心翻译、研究鲁迅著作。他的研究著述，“只因以艺术作品文本，以其可靠诠释的翻译为依据，因而具有科学的论据”（费德林语），具有很大的权威性。

5. 索罗金（В. Ф. Сорокин）

索罗金（1927—1968），生于萨马尔（古比雪夫）市。1950 年，毕业于莫斯科东方学院。1950—1957 年，任教于莫斯科东方学院、莫斯科大学、莫斯科国际关系学院。1957—1967 年，就任于苏联科学院东方学研究所。1958 年，以研究鲁迅早期创作的论文获语文学副博士学位。1962 年，晋升为高级研究员。1967 年后，在科学院远东研究所中国文化组从事研究工作。除研究鲁迅、茅盾及其他现代作家作品和中国戏剧诸问题外，还对中国古典戏曲作过深入的研究。其专著有《鲁迅世界观的形成·早期政论与〈呐喊〉》（1958 年）、《茅盾的创作道路》（1962 年）、《8—14 世纪的中国古典戏曲》（1979 年）、与艾德林合著《中国文学简编》（1962 年）等。曾任欧洲汉学家协会副主席，苏联汉学家协会理事。

索罗金也是一位古今贯通、中西贯通的著名汉学家。他的最大的学术成就是其第一部大部头的学术专著《鲁迅世界观的形成》（1958 年）。该著用三章篇幅详尽地论述了鲁迅早期作品的思想倾向和作品中反映出的美学主张，揭示了鲁迅第一篇文言小说《怀旧》的创新意义。他对天才的讽刺性的中篇小说《阿Q正传》进行了深入的分析，给予了极高的评价。

在翻译和研究鲁迅的同时，他对其他一些现代作家也产生了浓厚兴趣：他翻译了黄艾、茅盾、叶圣陶、艾芜、郁达夫、钱锺书等作家的作品；同时，对茅盾、巴金、老舍、艾芜等作家的作品也进行了精心的研究，并取得了显著的成绩。

6. 波兹德涅耶娃（Л. Д. Позднеева）

波兹德涅耶娃（1908—1974），生于彼得堡。1932年，毕业于列宁格勒大学。1932至1939年，在中国列宁学校及国立远东大学任教。1944年以后，在莫斯科大学历史系任教，为该校附属东方语学院语文学系汉语文学教研室主任（1949—1959）。1946年，以论文《元稹的〈莺莺传〉》获语文学副博士学位。1957年，晋升高级研究员。1958年，晋升教授。发表有关中国古代文学和哲学的论文多篇；专著有《鲁迅》（1957年）、《鲁迅的生平与创作》（1959年）；编译了《古代中国的无神论者、唯物论者、辩证法家（列子、杨朱、庄子）》（1967年）；翻译了《太阳照在桑干河上》（1949年）、《鲁迅讽刺小说集》（1964年）等。

波兹德涅耶娃，起初研究中国古典文学，其副博士论文《元稹的〈莺莺传〉》，获得了初步成功。其最大学术成就，是对丁玲和鲁迅作品的翻译与研究。从1935年起，波兹德涅耶娃先后翻译了丁玲的短篇小说《水》（《国境线上》1935年第11、12期）、长篇小说《太阳照在桑干河上》（1949年）、《丁玲选集》（1954年）。波兹德涅耶娃在翻译丁玲作品的同时便开始了对丁玲及其作品的研究，其撰写的两篇序言：《〈太阳照在桑干河上〉俄译本第二版序言》（1952年）和《〈丁玲选集〉俄译本序言》（1954年），都是资料丰富而翔实、阐释逻辑而精准的精湛论文，对推动和深化丁玲及其作品的研究，很有助益。

波兹德涅耶娃在翻译和研究丁玲作品的同时，也在潜心研究鲁迅，并取得了显著成绩：从50年代初至60年代末，先后撰写了《鲁迅条目》（《苏联大百科全书》，1954年）、《鲁迅的创作道路》（博士论文，莫斯科，1956年）、《鲁迅》（莫斯科，1957年）、《鲁迅生平与创作（1881—1936）》（莫斯科大学，1959年）、《鲁迅的讽刺故事》（莫斯科，1964年）、《鲁迅》（《外国文学史》第1卷，莫斯科，1969年）等。

7. 李福清（Б. Л. Рифтин）

李福清（1932—2012），生于列宁格勒。1955年，毕业于列宁格勒大学东方系。从1956年起，在苏联科学院高尔基世界文学研究所从事研究工作。1961年，以《万里长城传说与中国，民间文学的体裁问题》论文获语文学副博士学位。1965—1966年，在北京大学进修。1970年，以专著《中国的历史长篇小说与民间文学传统（三国故事的各种口头与书面材料）》获博士学位。1972年，任高级研究员，后晋升为俄罗斯科学院通讯院士和俄罗斯科学院院士。

出版专著除上述两种外尚有《从神话到长篇小说》（1979年）。发表有关中国古代神话、俗文学的一系列论文，收集翻译中国民间故事集多种，翻译中国先唐小说集《紫玉》（1980年）一部。李福清同样以其独具图书索引性质的著作而驰名，他展示了许多珍贵的手稿和木刻版本的中国叙事散文和民间故事作品。由他发现的在列宁格勒珍藏的曹雪芹的长篇小说《红楼梦》手稿，实际上有别于保存在中国的其他抄本。现在，北京出版了这一《红楼梦》手稿真迹复制本，卷首还附有李福清和敏什科夫的研究性序文。李福清从事中国古典和现代文学的传播工作，由他作序的俄文版长篇小说《金瓶梅》《三侠五义》《三国志演义》等已出版，早已筹备好的大型中国现代小说集已在虹出版社问世。李福清非常注意收集、整理、编译一系列中国民间神话故事集。1972年，苏联艺术文学出版社出版了其中由他作序的一个集子，是李福清最有代表性的一部中国民间神话故事集。

8. 热洛霍夫采夫（А. Н. Желоховцев）

热洛霍夫采夫（1933—?），生于莫斯科。1958年，毕业于莫斯科国际关系学院。1958—1969年，在苏联科学院东方学研究所工作。1965年，以论文《作为文学体裁的话本小说》获语文学副博士学位。1969年，被调入远东研究所工作。著有《话本——中世纪中国北方市民小说》（1969年）；还为高尔基主编的9卷本《世界文学史》撰写了如下专章：《佛教翻译文学》《7—9世纪哲学散文》《10—13世纪哲学散文》（1984年）；1966—1976年，翻译了邓拓的《燕山夜话》等作品。

热洛霍夫采夫是一位很有学术个性的汉学家，他本是研究中国近现代文学的，是中国的“文革”改变了他的研究方向。1966年，天才的汉学家热洛霍夫采夫在中国进修时，目睹了中国的“文化大革命”，他非常震惊。从此，改变了自己对中国近现代文学研究的学术兴趣，转而关注中国当代作家和中国文化的命运。回国后，1968年他在苏联《新世界》杂志上发表了见闻录

《“文革”近距目击记》，1973年又出版了单行本。这本书出版后被译成了世界多种文字，先后在法国、土耳其、保加利亚、捷克、意大利等国出版。他关心中国作家及其创作的命运，尤其关注邓拓杂文的命运，并开始研究邓拓，很快便写出了研究论文《论邓拓的杂文》（《远东问题》1972年第2期），并为邓拓选集《燕山夜话》俄译本撰写了序言（1974年），还写了论文《邓拓死后的遭遇》（《远东问题》1984年第3期）。由此可见他对汉学的执着和投入。1982年，他撰写了长篇论文《鲁迅在美国汉学界》（《远东问题》1982年第3期）。关于鲁迅的论文还有《“文革”后鲁迅著作在中国的遭遇》《鲁迅纪念日在中国》等；还有研究郭沫若的论文《郭沫若最后的历史剧》《郭沫若——“文革”的“英雄”还是受害者?》等；关于巴金，他写了论文《巴金：爱国主义作家》；其他还有对中国文学的总体观照《中国文学的新方向》（1972年）、《在十字路口：中国当代文学》（1981年）等。

进入21世纪后，他始终笔耕不辍，几乎每年都有新作问世。2001年，他在《远东问题》第2期发表了《中国当代文学的新题材》；2002年他又在该刊第4期发表了万言长文《中国文艺研究家对中国历史长篇小说的评价》等。他是俄罗斯现代汉学与当代汉学承上启下的重要著名汉学家之一。

9. 彼特罗夫（В. В. Петров）

彼特罗夫（1929—1987）是阿列克谢耶夫院士的得意门生。20世纪50年代在列宁格勒大学讲授中国现当代文学。他是一位知识渊博的大汉学家，既通中国古典文学，又通中国现当代文学，尤其擅长中国的诗词格律。

他的汉学治学有两大特点：一是注意丰藏中国图书资料，1958—1959年在北大进修时，他就注意买书，特别20至40年代中国出版的小说、诗歌、散文，见着就买，几年下来，收藏甚丰。彼氏的中文藏书斋叫“苏洵书屋”——因其导师研究苏洵，而他本人也喜欢苏洵《六经论》而得名。在“苏洵书屋”里，艾青的作品占两肘①，臧克家的占两肘，田间、王亚平、汪静之的各一肘，朱湘与卞之琳的各半肘。其个人藏汉籍之丰，实属罕见！第二个特点是广交中国文坛朋友。他与中国诗人艾青、柯仲平、李季、严辰、田间、袁水拍、萧三等都有密切往来，并一直保持着通信联系。

彼特罗夫最大的学术兴趣和成就是对中国新文学的翻译与研究。在俄国

① 过去的长度单位，即自肘至中指末端，约半米。

汉学界他最早关注中国新诗，对中国新诗的发展趋势尤感兴趣，50年代初他就推出了一批非常精湛的学术论文《新中国的文学》(1950年)、《新阶段：关于第一届文代会的资料》(1950年)、《当代中国诗歌》(1951年)、《马雅可夫斯基与中国现代诗歌》(1952年)、《走向社会主义现实主义道路的中国文学》(1954年)等。这些论文几乎完全参阅中国文学期刊上的原始资料写成。很有现实性和时代感，在当时的俄苏文艺界和汉学界影响很大。

在此基础上，彼特罗夫明显地确立了其对中国现代诗人艾青诗歌的特殊兴趣。他利用自己"苏洵书屋"的两肘的艾青资料，集中精力研究艾青的传记、作品和诗论，很快便推出了世界上第一本《艾青评传》(1954年)。该《艾青评传》，深入研究了截止20世纪50年代初的艾青各个时期的创作，深刻分析了他的文艺美学观、独具特色的创作风格及其自由体诗歌。彼特罗夫特别注意揭示艾青与时代的关系，艾青诗歌与中国人民争取民族独立和革命胜利斗争的关系，尤其注意艾青诗歌的爱国主义和国际主义的基调。其基本目的是"使苏联读者了解中国文学独具特色的发展过程，了解新作品的人物及其反映的问题"(费德林语)。从这点出发，应该说，彼特罗夫比较圆满地完成了自己的"学术使命"。

20世纪50年代中期之后，他在以上研究的基础上，潜心研究中国现代文学，从鲁迅、瞿秋白、茅盾、郁达夫，到巴金、老舍、曹禺，他都进行了精细的研究，取得了一大批研究成果。其中研究鲁迅的论文和专著更为突出：论文《中国人民的伟大作家——鲁迅》(国家文艺出版社，1956年)、《鲁迅与郁达夫》(《列宁格勒大学学报》，1967年第2期)《鲁迅和瞿秋白》(莫斯科，1975年)；专著《艾青评传》(莫斯科，1954年)、《鲁迅和中国诗歌》(莫斯科，1958年)、《鲁迅：生平与创作概论》(国家文艺出版社，1960年)、《鲁迅与苏联》(莫斯科，1971年)、《鲁迅 (1881—1936)》(国家文艺出版社，1981年)。

随着彼特罗夫对鲁迅等现代作家研究的深化，他充分掌握了中国新文学的发生与发展的科学资料和内在机理，逐渐建起了自己的认识和理论体系。为此，彼特罗夫发表了一系列论文阐释自己的学术观点：《从中国传播马克思主义美学、文艺学理论著作（20年代末30年代初）谈起》(列宁格勒，1967年)、《列宁论文学艺术著作的最早中文译本》(列宁格勒，1970年) 和《苏联文学在1928—1930年代的中国》(1977年) 等。著者指出，列宁著作的翻译对中国革命文学产生了巨大的思想影响。彼特罗夫对中国新文学的翻译与研究丰富了俄苏中国新文学翻译与研究的业绩，夯实了中国新文学翻译与研究的理论基础，为俄苏中国新文学学派的发展做出了重要贡献。

10. 谢马诺夫（В. И. Семанов）

谢马诺夫（1933—2011），生于列宁格勒。1955 年，毕业于列宁格勒大学东方系。1958 年，到中国进修。1958 年起，为科学院高尔基世界文学研究所研究员，亚非文学部主任。1967 年，以研究鲁迅文学思想渊源的论文获语文学副博士学位。从 1978 年起，在莫斯科大学亚非学院任教。专著有《鲁迅及其前驱者》（1967 年）、《18 世纪末 20 世纪初中国长篇小说的嬗变》（1970 年）；研究中国古典与现代文学的论文多篇；译著有《老残游记》（1958 年）、《孽海花》（1960 年）等。

谢马诺夫是莫斯科大学教授，俄苏鲁迅研究的权威学者，也是世界知名的汉学家。其专著《鲁迅及其前驱者》（1967 年），早已被美国汉学家（阿利别尔）翻译成英语在美国出版了，在美国和西方汉学界引起了强烈反响。他继承俄罗斯汉学传统，他的鲁迅和中国新文学研究，也是先从文学文本的翻译开始的。50 年代，他翻译了《艾芜短篇小说集》（国家文艺出版社，1956 年）和吴强著《红日》（军事出版社，1959 年）；60 年代，他为老舍长篇小说《离婚》俄译本作了详尽注释（1967 年）；编、序、译老舍的《猫城记》（小说集，1969 年）及长篇小说《猫城记》（热洛霍夫采夫作序，《新世界》1969 年第 6 期）；70 年代后，他又参与翻译了郁达夫著《春风沉醉的晚上》短篇小说集（索罗金、谢马诺夫等译，1972 年），撰写了《讽刺作家、幽默作家、心理学家——长篇小说〈猫城记〉俄译本序言》（1977 年）、翻译了古华的长篇小说《芙蓉镇》等。通过这些对原著的翻译，谢马诺夫真正感触和理解到中国新文学的内涵和实质，更加增强了他的研究兴趣和意志。在此基础上，他深入展开了对鲁迅的研究。

1961 年，他首先推出了具有挑战性的研究论文《评两本关于鲁迅的著作——克列勃索娃〈鲁迅生平与创作〉（布拉格）和黄松康〈鲁迅与现代中国的新文化运动〉》（莫斯科，1961 年），在学术界引起了强烈反响。接着，他又发表了研究论文《19—20 世纪中国散文发展中的文学联系》（莫斯科，1961 年）、《19 世纪和 20 世纪初的中国文学与鲁迅》（博士论文，1961 年）和《伟大的中国作家——评彼特罗夫著〈鲁迅：生平与创作概论〉》（莫斯科，1962年)，把鲁迅和中国新文学研究推到了一个新的高度和新的热潮。

1962年之后，谢马诺夫又一连发表了一批更高质量的研究著述：《关于东方文学中的“新时代”问题》(苏联《亚非人民》，1962年第2期)、《鲁迅论外国文学》(苏联《亚非人民》，1965年第5期)、《思想家——革命家》(莫斯科，1966年)、《鲁迅及其前驱者》(莫斯科：科学出版社，1967年)、《鲁迅和教条主义者》(《亚非人民》1968年第2期)、《18世纪末—20世纪初中国长篇小说的嬗变》(莫斯科，1970年)、《鲁迅反对庸俗化者》(莫斯科，1972年)、《评波兹德涅耶娃著〈鲁迅：生平与创作〉》(莫斯科，1973年)、《“迅行”——为纪念鲁迅诞辰一百周年而作》(莫斯科，1981年) 等。由于谢马诺夫对鲁迅研究的权威性，他为许多大型名人辞书如苏联《简明文学百科全书》(第4卷)、新版《苏联大百科全书》(第15卷，1974年)、苏联《简明文学百科全书》(莫斯科，1976年) 等，均由他撰写。

谢马诺夫是一位优秀的具有开创性思维的中国新文学研究者，是俄苏中国新文学学派的中坚力量，为新文学学派的形成和发展做出了自己应有的贡献。

11. 切尔卡斯基

列昂尼德·叶甫谢耶维奇·切尔卡斯基（Леонид Евсеевич Черкасский，1925—2003)，犹太人，生于俄国一个医生之家。其父是著名的眼科大夫，母亲是一位流行病学专家。1951年，毕业于莫斯科军事翻译学院东方系。该院汉学师资力量雄厚，俄苏汉学创始人阿列克谢耶夫和著名汉学家艾德林都曾先后在此任教，培养了许多汉学人才。切尔卡斯基毕业后先在苏军西伯利亚赤塔司令部工作，后考取苏联科学院中国学研究所研究生。1960年，获取副博士学位并留所任助理研究员。1971年，获取博士学位。从1960年至1992年，切尔卡斯基一直在苏联科学院东方学研究所任研究员，后为该所远东研究室副主任、主任。他的研究课题，除曹植研究外，主要是中国新诗的翻译与研究。在这方面，他取得了令本国和国际汉学界瞩目和震撼的成果。

切尔卡斯基从青年时代辗转学习汉语的目的，就是为了翻译中国新诗。从50年代中期至80年代末期，仅中国新诗选集，切尔卡斯基就翻译出版了十余部：《中国16诗人诗选》(赤塔，1954年；其中选译田间诗歌15首，艾青诗歌3首)、《红朝》(五四诗选；莫斯科，1964年；书中选译刘半农、刘大白、朱自清、汪静之、应修人、潘漠华、瞿秋白、蒋光慈、殷夫等9位诗人的 68 首诗）、《雨巷》（抒情诗选；莫斯科，1965 年；选译了刘半农、朱自清、徐玉诺、谢冰心、徐志摩、朱湘、陈梦家、殷夫、蒋光慈、戴望舒、蒲风、王亚平等 16 位诗人的 161 首诗）、《五更天》（三四十年代抒情诗选；莫斯科，1975 年；选译了田间、艾青等 24 位现代诗人的 161 首诗歌）、《中国 40 诗人诗选》（莫斯科，1978 年；所选诗人，除上述《雨巷》中 16 诗人外，又新增诗人徐玉诺、谢冰心、王统照、郑振铎、瞿秋白、郭沫若、臧克家、卞之琳、何其芳、李广田、袁水拍、沙欧、李季、柯仲平、梁宗岱、宗白华、康白情、徐志摩、朱湘、邵洵美、陈梦家、冯至、戴望舒、蒲风、王亚平、温流、萧三、艾青、田间、任钧等）、《为了寻一颗明星》（“中国文学丛书”之一；莫斯科，1970 年；书中选译了黄遵宪、秋瑾、苏曼殊及 20—40 年代诗人共 38 位中国近现代诗人的作品。当然，该诗集并非全由切氏独译，但其中刘半农、刘大白、朱自清、徐玉诺、汪静之、徐志摩、朱湘、应修人、潘漠华、瞿秋白、蒋光慈、邵洵美、陈梦家、蒲风、王亚平、任钧等诗人的诗作，当属切氏之译笔）、《蜀道难》（50—80 年代中国诗选；莫斯科，1983 年；选译了 55 位诗人的 112 首诗歌，其中新增作家和诗人叶圣陶、顾工、公刘、蓝曼、李瑛、王尔碑、浪波、李发模、韩瀚等，其中有不少是“文革”后的诗人）、《为要寻一个明星》（8 首诗和 1 篇散文，徐志摩著，切尔卡斯基译，莫斯科，1988 年）、《太阳的话》（艾青诗选；莫斯科，1989 年；选译艾青诗歌 121 首）。仅这 10 部中国现当代诗歌翻译，可以说，已经涵盖了中国现代诗歌的全部。涉译诗人 50 位，所译诗歌千余首，五四以来的中国现代诗歌不同社团，不同流派的代表诗人的代表作品，可以说，都已翻译在册；选译诗歌之广，选译诗人之全；选译诗篇之准，选译质量之精，堪称世界之最！这不仅满足了俄罗斯广大读者阅读、欣赏中国新诗的审美需求，而且对俄罗斯的中国新诗研究，提供了充足的资料支撑，其价值难以估量。

再从研究来看。李福清先生说，切氏“虽然翻译了许多中国现代诗歌，但是，翻译绝不是他的最终目的，目的是研究中国现代诗歌”。所以，在翻译的同时他就注意学习诗学理论，在北大进修时，他就努力研读谢冕导师的诗歌理论与评论论文；认真研读西方文论与最新世界文艺学理论，为自己未来的中国新诗研究奠定了坚实的理论基础。再者，他通过中国现代诗歌的“全面”翻译，就从宏观上，从“史”的角度，全面把握了不同时期，不同流派中国现代诗歌的特色与脉动；尤其他引入了西方比较诗学，从而探明了中国现代诗歌在国际诗坛的地位与价值。其实，他的中国新诗研究是与其翻译同步进行的。他的每部译集的“译者序言”，都是一篇很长的，很精致的研究论文。他主要研究中国新诗，著有《曹植的诗》（规定课题，学术专著；莫斯科，1963年）、《中国20—30年代的新诗》（博士论文；专著，莫斯科，1972年）、《马雅可夫斯基在中国》（与中国新诗关系研究，专著；莫斯科，1976年）、《中国战争年代的诗歌（1937—1949）》（专著；莫斯科，1980年）《艾青：太阳的使者》（诗人评传，专著；莫斯科，1993年）、《徐志摩：在梦幻与现实中飞行》（诗人评传，1997年）；主要研究论文：《五四诗歌中的人道主义问题》（载《东方文学中的人道主义思想文集》，莫斯科，1967年）、《中国诗人蒋光慈论文化遗产》（《亚非人民》1967年第2期）、《论中国新诗的分期》（载《东方文学理论问题》文集，莫斯科，1969年）、《中国新诗与西方文学》（载《中国1919年的五四运动》，莫斯科，1971年）、《论中外文学关系：中国30—40年代的诗歌》（《亚非人民》1979年第1期）、《中国当代的“暴露”诗歌》（《亚非人民》1982年第2期）、《在长城后面的阴影下》（《远东》1985年第7期）。以上著述，是切尔卡斯基20世纪60年代初至90年代末呕心沥血倾心研究中国诗歌的学术成就。

切尔卡斯基的中国新诗研究在不断深化，必然从宏观研究逐渐走向微观研究，即对有代表性的重点诗人进行全面的系统的学理的研究。在这方面他选择了两位诗人：一位是革命诗人艾青，一位是唯美派诗人徐志摩。

关于艾青，切氏撰写了艾青评传《艾青：太阳的使者》（莫斯科，1993年）。本书编者对本书曾做过这样的概括：“本书论述了中国著名诗人艾青的生平与创作。诗人在其诗歌作品中思考着祖国和全人类的命运，并深入到时间和空间的范围；历史和现实在艾青诗歌中，融成了一个不可分割的整体。本书评析了艾青50年的创作道路。”为完成这一任务，本书设专章11章、49节，以翔实而丰富的资料，从艾青痛苦的童年、漂泊的青年、成功的中年时代，到多灾多难而又“异峰”突起的老年时代，全面系统地评析了诗人艾青的生活与创作道路。著者从一个外国人的视角，以外国人的思维方式，运用世界文艺理论，不仅论述艾青的创作而且论述其坎坷的命运；不仅评析其诗歌创作而且评析其诗歌理论；不仅将其与中国诗人进行比较而且将其与俄罗斯诗人（叶赛宁、阿赫马托娃、马雅可夫斯基）和其他外国诗人（阿波里内尔、聂鲁达、希克梅特）进行比较研究。著者特别敬佩艾青的顽强的生命力和深邃的洞察力；他能透过乌云看到太阳，透过黑暗看见光明；他不但是“太阳的使者”，而且是“太阳的歌者”和“光的代言人”。

关于徐志摩，切氏撰写了徐志摩评传《徐志摩：在梦幻与现实中飞行》(1997年)。在该著中切尔卡斯基说：“很多年以来，我都企望写出一部评论20世纪中国的这两位最杰出、最耀眼的诗人的著作。从我孤陋寡闻的‘信息’土丘，我想冒昧说出下面的话：艾青的生活之路是悲惨的，而命运是美好的；徐志摩的生活之路是美好的，而命运是悲惨的。”这一结论，可以说是“一语破的”。

切尔卡斯基坚信马克思主义的历史唯物主义和辩证唯物主义，因而，在文学评论上坚持马克思主义美学观。马克思主义认为，社会主义文化应接受人类社会发展过程中的“一切”优秀文化（包括资产阶级文化）和人类知识的“总和”。切尔卡斯基是把徐志摩作为一位激进的革命的资产阶级诗人、散文家和学者进行综合评析而立传的。因而，这部评传显得非常包容，非常客观，非常真实到位，是一部名副其实的压卷之作。本书共设七章，每章又设若干小“节”，共58节。按照时序，从徐志摩在美英留学到其婚姻与爱情纠葛；从其诗歌、翻译、散文创作生涯到创办《新月》文学期刊等一切学术活动，本书全面评析了徐志摩的艺术作品、艺术之路与人生之路。该著由于其独特的“艺术”架构和叙述格局，使其既有严谨的学术性，又有活脱的文学性，堪称优秀之作。

切尔卡斯基以优异的学术成就，被国际汉学界誉为中国现代诗歌研究的权威学者，20世纪80年代欧洲利学基金会在编纂大型学术书 *A Selective Guide to Chinese Literature.* 1900—1949（《中国文学精选指南（1900—1949）》）时就特约他编纂本书的《现代诗歌卷》。为此，他撰写了徐志摩、戴望舒、汪静之、蒲风、艾青、田间等中国现代诗人的篇章，把中国诗人推向了世界。这不仅是中国诗坛的荣耀，更说明俄苏中国新文学学派在国际汉学界产生的重大影响。切尔卡斯基对俄苏汉学学派的发展做出了突出贡献。

12. 克里弗佐夫（В. А. Кривцов）

克里弗佐夫（1914—1979）除早期探讨过唐代诗歌，写过《论王维的诗歌》（《王维诗歌选集》俄译本领衔论文）外，其余大部分时间都在潜心翻译和研究中国解放区文学。他翻译和研究的重点是赵树理、周立波、丁玲等及其作品。他勤勤恳恳，专心致志，数十年如一日，在解放区文学的翻译与研究方面取得了丰硕成果，在俄苏中国新文学学派中，占有显赫位置。

1949年，克里弗佐夫翻译了赵树理著《李家庄的变迁》（中篇小说，苏联《远东》杂志，1949年第2期），从此，拉开了翻译解放区文学作品的序幕；同年，莫斯科外国文学出版社出版了《李家庄的变迁》单行本（克里弗佐夫翻译并作序，舒普列佐夫校）。接着，1950年，克里弗佐夫又翻译了赵树理的短篇小说《小二黑结婚》（苏联《星火》杂志，1950年第7期）；莫斯科《真理报》出版社，作为《星火丛书》第41集，又出版了《小二黑结婚》（短篇小说集，赵树理著，克里弗佐夫译并作序）；苏联远东出版社出版了《李家庄的变迁》（俄译本单行本，赵树理著，克里弗佐夫译并作跋）。1953年，苏联《远东》杂志第2期，发表了克里弗佐夫译赵树理短篇小说《地板》；苏联《接班人》杂志第13期，也发表了克里弗佐夫译赵树理短篇小说《地板》。1954年，伊尔库茨克图书出版社也出版了克里弗佐夫译赵树理著《李家庄的变迁》（卡皮查作序）。1955年，苏联《星火》杂志第4期，发表了克里弗佐夫译赵树理短篇小说《求雨》。1958年，克里弗佐夫编《赵树理选集》（赵树理著，克里弗佐夫译，费德林作序，维利古斯校对，莫斯科国家文艺出版社出版）。1960年，克里弗佐夫译并作序《山乡巨变》正篇（周立波著，沃叶沃金校，莫斯科外国文学出版社出版）。1962年，克里弗佐夫译并作序《山乡巨变》续篇（周立波著，彼特罗夫校，莫斯科外国文学出版社出版）。克里弗佐夫对解放区文学的研究与译介是同步进行的。其在译著中撰写的序跋，都是很精湛的研究论文。由于克里弗佐夫的积极翻译和介绍，赵树理、周立波等解放区作家的作品迅速在俄罗斯大地传播开来。俄苏读者迷上了作品中那些似曾相识的朴实的人物和朴实的故事，从他们身上他们看到了一个真实的，有希望的中华人民共和国蔚然屹立在世界东方。从而，加强了中苏文化交流，巩固和加深了两国人民的友好感情。

（宋绍香　泰安学院教授，汉学研究所所长）

阿列克谢耶夫俄译《聊斋志异》对中国民间丧俗的阐释*

李逸津　张梦云

摘　要：俄译《聊斋志异》及“聊斋学”研究是俄罗斯现代新汉学泰斗阿列克谢耶夫院士近半个世纪学术生涯中的一个亮点。他在对《聊斋志异》文本的翻译和注释中，对中国人的日常生活、婚丧嫁娶、生老病死、节日庆典等各方面礼俗，做了细致的注释和解说，从而使他的译本及注释，同时具有了民俗学、文化学研究的性质。本文从中国孝文化与丧礼的联系、中国丧葬和祭祀的行为仪式，以及与“死”有关的委婉语表达等三个方面，介绍阿列克谢耶夫在《聊斋志异》翻译与注释中对中国民间丧俗的阐释。

关键词：俄译　聊斋志异　中国　丧俗

俄译《聊斋志异》及“聊斋学”研究是现代俄罗斯汉学泰斗阿列克谢耶夫院士（1881—1951）近半个世纪学术生涯中的一个亮点，而他对《聊斋志异》的研究兴趣则始于中国民间绘画研究。1906—1909 年，阿列克谢耶夫被派往中国学习，期间他随法国汉学家沙畹在中国华北进行了 4 个月的旅行。这次中国之行使阿列克谢耶夫搜集到大量的民俗学材料，仅民间年画就大约有 3000 幅。也就是在此期间，阿列克谢耶夫知道了蒲松龄的《聊斋志异》，并且产生了翻译和研究它的兴趣。这一方面是因为他在北京请的“中国先生”拿《聊斋志异》作为教他学习汉语的教材，另一方面也是由于他从《聊斋志异》中看到了中国 17、18 世纪的世俗生活和民间风情的描写，而这些恰恰可

---

* 基金项目：2016 年度国家社科基金重大项目“20 世纪西方文论中的中国问题研究”（16ZDA194）。

以为他在中国看到的反映中国人日常生活与信仰的民间绘画做文字的补充和说明。阿列克谢耶夫的女儿、俄罗斯科学院东方学研究所圣彼得堡分所研究员班科夫斯卡娅女士在《聊斋的朋友与冤家》一文中曾经指出：

> 对中国民间创作，特别是版画的关注加深了阿列克谢耶夫对于《聊斋志异》的兴趣，因为在这部作品中物质和精神生活的方方面面都得到了深刻的反映。这样一来，就蒲松龄的作品来看，在阿列克谢耶夫对其进行研究的最开始就已经出现了两个令他感兴趣的方向——文学和民间创作：透过这部小说精短的形式，他看到了来自民间童话和传说的成分，看见了大、“小”文化间的相互渗透。作品跌宕起伏的故事情节由作者取自民间，随后又由民间说书人以即兴讲述的形式以及廉价的民间版画的形式，再返回到民间。这一切恰好极其符合阿列克谢耶夫的“口味”，而且他至死也未曾背弃过这种“口味”。①

将中国民间版画与《聊斋志异》作为互相印证的民俗学材料，加之阿列克谢耶夫本人在中国各地民间的实际考察，使他不仅对《聊斋》文本做出了精湛的俄文翻译，还对其中涉及的中国人的民间风俗、信仰崇拜、婚丧礼仪等各方面物质和精神生活实况，做出了细致的注释和解说。这使得他的《聊斋》译本不只是文学作品的翻译，还具有民俗学、文化学研究的性质。阿列克谢耶夫的弟子艾德林在其为阿列克谢耶夫《聊斋志异》译文集撰写的序言《瓦西里·米哈伊洛维奇·阿列克谢耶夫和他的聊斋》中特别指出：

> 阿列克谢耶夫写的对故事翻译的说明具有独立的价值。这些以简单指南样式出现的东西不是单纯的注释，不是耐心的记录表达的思想或者现实的注释。在这里每一篇文章都既是研究，又是观察，还是必要的思考，它们能吸引读者，因为读阿列克谢耶夫的注释是一件有意思的、甚至是引人入胜的工作。阿列克谢耶夫在许多细节上详细解释了聊斋的中国，这些细节在任何地方都不能找到更多，它们表现出的不仅是学者令

① ［俄］班科夫斯卡娅著，阎国栋、王培美、岳巍译《聊斋的朋友与冤家》，载《蒲松龄研究》2003 年第 1 期。

人吃惊的知识的结果，还有他素有的善于在所看到的地方发现本质的敏锐观点。①

此外，俄罗斯著名东方学家康拉德在他1925年为同时出版的两本聊斋文集写的评论中，也指出阿列克谢耶夫的《聊斋》注释揭示了作品中形象的真正意义，以及它们所包含的为西方人所不知道的一系列联想。他写道："这样一来读者得到了不同种类的分类索引，反映了阿列克谢耶夫积累的人类学与哲学材料的丰富。"②

阿列克谢耶夫《聊斋注释》注释中对中国民俗文化的解说和评论，涉及中国人的民间信仰与崇拜、民间巫术与禁忌、婚丧生育礼俗、节日庆典礼仪与日常生活礼节等多方面内容，这里就介绍他对中国民间丧俗的阐释。

中国儒家讲孝道，"孝"被看作是人之所以为人的最根本的道德品质。《孝经》上说："夫孝，德之本也，教之所由生也。"孔子及其后学尤其是曾子相当重视丧礼，《论语·学而》篇记载曾子说："慎终追远，民德归厚矣。"他们认为，通过丧礼等一系列规范化的仪式活动，可以充分表达和推广人们源自孝德本性的亲亲孝悌之情，从而广泛推行孝道，起到普遍的道德教化作用，使民德归于淳厚。故《大戴礼记》明确提出："丧祭之礼，所以教仁爱也。"

先秦儒家所说的丧礼是广义的，它不同于今人所谓葬礼。《礼记·曲礼下》云："居丧未葬，读丧礼。"唐孔颖达疏曰："丧礼，谓朝夕奠下室，朔望奠殡宫，及葬等礼也。"《聊斋志异》中涉及的丧葬礼俗也是多方面的。阿列克谢耶夫对它们也都做了比较详尽的解释。

中国人把安葬父母双亲看作是一生中的一件大事。《崔猛》篇中的崔猛仗义杀人，在自己母亲去世后要去官府自首，说："今大事已了，奈何以一身之罪殃他人?"阿列克谢耶夫注"大事已了"曰："也就是在母亲死后，就其复杂性来说，这是一件大事。"③《云萝公主》中安大业受人陷害，得云萝公主救下，云萝公主对安说："妾欲留君，但母丧未卜窀穸。"阿列克谢耶夫注释

① （清）蒲松龄著，［俄］阿列克谢耶夫译《来自失意者书斋的奇异故事（聊斋志异）》第7页，圣彼得堡：东方文学中心，2000年。

② 《来自失意者书斋的奇异故事（聊斋志异）》第7页。

③ 《来自失意者书斋的奇异故事（聊斋志异）》第282页。

道："占卜在哪里适合安葬死者，被认为是每一个儿子或女儿第一位必须办的事。"①《青梅》篇中阿喜父母双亡，有邻居老太婆劝阿喜嫁人，阿喜说："能为我双葬亲者，从之。"阿列克谢耶夫注释此句道："风俗要求安葬双亲在故乡的土地。搬运时为尸体能持久保存而尽量用最结实的木头制作的沉重棺材的价钱，以及与葬礼有关的花费，是非常惊人的，而传统又要求必须完成仪式，这自然给不具有资金的姑娘造成痛苦。"②

《仙人岛》篇中王冕父亲故去，"王万钱卜兆，营葬尽礼"。阿列克谢耶夫在此处做了一段很长的注释：

与宗法制宗教和祖先崇拜相适应，"死"在中国永远得到极大的关注。葬礼仪式异乎寻常地复杂，并折磨人地拖得很长。安葬死者的墓地由测量——占卜者（按即风水先生——译者）手中的魔法罗盘来选择（当然是骗人的），买下它需要各种价钱。选择墓地的占卜被认为是每一个儿子或女儿第一位必要的事。但测量也并不着急，在整个期间棺材都放在家里（只有富人才能把它转移到庙里去）。因此棺材被特别地维护，它的缝隙都被灌上了著名的中国漆，不能透气。祭悼仪式大约持续将近一个月。邀请各种可能的迷信职业者来为死者服务，以便招来更多的神灵。所有这些都要花费很多的金钱。葬礼仪式还要摆放一定的奢饰品，死者被放进沉重的夹层棺材，还有沉重的棺罩，为此需要许多搬运工人，在它前面有各种古代对重要人物表示崇敬的象征物，女人坐在马车里，等等。一次葬礼能消耗掉富裕家庭多年的财富。③

《胡四娘》篇说："胡公殁，群公子日竞资财，柩之弗顾。数年，灵寝漏败。"阿列克谢耶夫注"灵寝漏败"曰："在富裕人家里棺材是被特别小心地做成的，最终要灌上著名的中国油漆，使它不能透过任何的气味。当然，这样的棺材结构需要经常的关照。"④ 从上述各条注释可以看出，阿列克谢耶夫对中国丧礼葬俗有很深入细致的了解。中国丧礼要求孝子穿白色的丧服，《司

① 《来自失意者书斋的奇异故事（聊斋志异）》第657页。

② 《来自失意者书斋的奇异故事（聊斋志异）》第499页。

③ 《来自失意者书斋的奇异故事（聊斋志异）》第162—163页。

④ 《来自失意者书斋的奇异故事（聊斋志异）》第490页。

文郎》中说一少年游寺，“白服裙帽”，阿列克谢耶夫注曰：“穿丧服。”[1]《胡四娘》篇说胡公故去，女婿程孝思“缞哀如子”，阿列克谢耶夫译“缞哀”为“粗糙的丧服”，并注释道：“用不太美观和不太洁白的麻布做成。”[2] 除此之外，在整个治丧期间，儿子还要睡草垫、枕石头，以示对父亲的哀悼。《长亭》篇说石太璞为父治丧，卧病不起，“苫次弥留”。阿列克谢耶夫注释道：“中国葬礼仪式复杂的特点要求，父亲死后的一百天，儿子要睡在草垫上，在床头放一块石头。由此表示相当于我们的深切哀悼。”[3]《胡四娘》篇说程孝思为岳父治丧毕，“既离苫块”，阿列克谢耶夫注曰：“也就是经过了三年停穿自己的丧服。”[4] 安葬了父母以后，儿子还要闭门谢客，以示哀悼。《云萝公主》中安大业“殡母已，杜门谢客”。阿列克谢耶夫将“杜门”译作“使自己的房间成为简陋的样子”，并解释说：“模仿古人的孝道，以便加深自己的哀悼。”[5] 我们说，“杜门”就是“闭门”，阿列克谢耶夫的译法不准确，但他说这是“模仿古人”“加深自己的哀悼”，还是正确的。阿列克谢耶夫的这些注释，充分体现了古代中国人对孝道、孝行的重视，以及这些礼仪中的虚伪和讲排场的陋习。

在中国丧礼和祭祀死者的仪式上，还要焚烧纸人纸马纸钱等祭祀用品。《莲香》篇说鬼女李氏“身轻若刍灵”，阿列克谢耶夫注“刍灵”曰：“干草人。用干草做的仆役或死者妻子的形象，把它们投进墓穴或烧掉。”[6]《珠儿》篇说珠儿去阴间邀姐姐回家省亲，待姐姐快来时，“率人焚纸酹饮于门外”。阿列克谢耶夫将“焚纸”译作“为表示对客人的敬意而烧纸”，然后注释道：“也就是供给死者在彼岸世界的活动需要、用火来实现的绘有不同对象、人物或动物的纸质图画。”[7]《罗祖》篇说罗祖坐化后，“土人为之建庙，每三月间，香楮相属于道”。阿列克谢耶夫“香楮”译作“纸质物品”，注释道：“具有各种形式的、目的在于向神献祭的交感巫术的纸质物品，例如消除身体

① 《来自失意者书斋的奇异故事（聊斋志异）》第264页。
② 《来自失意者书斋的奇异故事（聊斋志异）》第487页。
③ 《来自失意者书斋的奇异故事（聊斋志异）》第478页。
④ 《来自失意者书斋的奇异故事（聊斋志异）》第487页。
⑤ 《来自失意者书斋的奇异故事（聊斋志异）》第657页。
⑥ 《来自失意者书斋的奇异故事（聊斋志异）》第46页。
⑦ 《来自失意者书斋的奇异故事（聊斋志异）》第177页。

部分疾病的绘画，除此之外，还有画有钱币的纸盒，它们经在神灵面前火烧后就成为真正的钱了。”① 阿列克谢耶夫当年在中国实地考察期间，曾广泛关注各种反映中国民俗的文字和图画物证，像中国祭祀活动所用的香烛纸马纸钱一类的东西，肯定在他考察研究之列，故能做出如此细致的解释。

无论怎样说，“死”总是一件不好的事情，故中国人在日常用语中，要尽力回避对死亡的直接表达，而换成一些委婉的说法。如《胡四姐》中狐女预报尚生将死，说：“特报撤瑟之期。”此典出自《仪礼·既夕礼》：“有疾，……彻琴瑟。”“彻”同“撤”，后人用以称疾病危笃或死亡。阿列克谢耶夫在此处注曰：“死。”②《嫦娥》篇中颠当说：“别后南迁，老母即世。”阿列克谢耶夫注“即世”曰：“与‘离世’相同，最尊敬的委婉语。类似的还有在棺材上写‘寿’（长寿）字。”③《宦娘》篇中女鬼赵宦娘说：“重泉犹以为憾。”阿列克谢耶夫释“重泉”曰：“在坟墓中。换句话还可以说：在黄泉中。”④ 此外，死妻子叫“鼓盆”，还可以叫“瑶台倾”。《小谢》篇说陶望三“有‘鼓盆之戚’”，阿列克谢耶夫注曰：“在《庄子》中我们读到，当他妻子死去的时候，他坐在那里用力敲盆，来祭奠的朋友责怪他不合时宜的快乐。庄子说：不能为死而哭，因为死是依次的变化之一，其中特别伟大。这样，故事中说的就是死去了妻子。”⑤《锺生》篇中道士对锺生预言其夫人会早死，说：“恐岁后瑶台倾也。”阿列克谢耶夫注曰：“套用刘禹锡悼念死去妻子的赋中的话：‘宝瑟僵兮弦柱绝，瑶台倾兮镜奁空。’”⑥ 这里对这些委婉语出典的解释，都是很正确的。

而提到青年美女的死，则可以叫“玉葬香埋”。此典原作“葬玉埋香”，出自《太平广记·三九二·王承检》引《玉溪编事》：“王蜀秦州节度使王承俭，筑防蕃城，至上邦山下，获瓦棺……片石刻篆字曰：‘大隋开皇二年，渭州刺史张崇妻夫人王氏，年二十五嫁于崇，三年而娠，恶其妊娠，遂卒。铭曰：车道之北，邦山之阳，深深葬玉，郁郁埋香。刻斯贞石，焕乎遗芳。’”

① 《来自失意者书斋的奇异故事（聊斋志异）》第263页。
② 《来自失意者书斋的奇异故事（聊斋志异）》第35页。
③ 《来自失意者书斋的奇异故事（聊斋志异）》第400页。
④ 《来自失意者书斋的奇异故事（聊斋志异）》第260页。
⑤ 《来自失意者书斋的奇异故事（聊斋志异）》第308页。
⑥ 《来自失意者书斋的奇异故事（聊斋志异）》第246页。

后人改作“玉葬香埋”，指年轻美丽女子死去，并含有惋惜之意。《封三娘》篇说孟生听到范十一娘死讯，曰“闻玉葬香埋”。阿列克谢耶夫注曰：“出自一个棺材上（给妻子的）诗意的铭文：玉被深深地安葬，香水被隐蔽地埋藏。”① 看来阿列克谢耶夫完全了解这个典故，只是没有在注释中指出其来源。

阿列克谢耶夫的上述研究和阐释，不仅向域外读者介绍了中国民间风俗，对中国现代人也有帮助我们了解自己民族过去生活的意义。同时我们看到，《聊斋志异》中描述的丧礼风俗与仪式不仅仅是发生在中国封建制度下的生活礼仪，还具有深层次的国别文化内涵与价值。它与中国传统的“孝”文化紧密相连，在漫长的封建中，对家庭秩序、社会秩序和政治秩序都起到了巩固和维系作用，并达成对个体思想观念的约束和教化。此外，从具体的丧葬活动行为到话语表述上，也体现了古代巫术文化在中国人世代沿袭的生活礼仪中的渗透，成为制约和培育中国人民族精神的一种“集体无意识”。这对于我们今天研究中国人民族性格的形成与发展，研究古代民俗礼仪文化在今天社会主义精神文明建设中的现代价值，也不无一定的现实意义，这恐怕也正是阿列克谢耶夫聊斋学研究的民俗学、文化学意义之所在。

（李逸津　天津师范大学跨文化与世界文学研究院特聘研究员；
张梦云　新疆石河子大学师范学院讲师，天津师大文学院比较文学与世界文学专业在读博士生）

① 《来自失意者书斋的奇异故事（聊斋志异）》第437页。

德国汉学家佛尔克对孔、老思想的评价*

[德] 阿弗雷德·佛尔克（Alfred Forke） 著
李 媛 张慕良 译

译者按：这篇文字翻译了德国汉学家佛尔克在其三卷本巨著《中国哲学史》上古卷（先秦部分）中对中国哲学史上最著名的思想家孔子及老子的评价，这是其撰写先秦儒、道思想部分中的各一节。通过这两节汇编的文字，我们可以读出佛尔克作为哲学史家在学术史研究上的严谨态度及写作风格。在对孔、老思想给出个人评价之前，佛尔克保持着其“总是试着用引文来论证每一个命题”的撰写模式，广泛涉及中国历史上各时代思想家以及儒道思想被介绍给西方后，各时期传教士、汉学家等对于他们的评价。这样的作“史”模式以及对西方思想家观点的梳理，或为未来中国哲学史的编纂修订提供文化资源及方法借鉴。同时，佛氏著作对20世纪上半叶德国思想家理解中国哲学起到了很大的影响（如雅斯贝尔斯的《大哲学家》），对佛氏著作的了解也有益于我们更为深刻地理解现代德国哲学。本篇译文节选自我们正在翻译中的《中国哲学史》，全书将陆续翻译完成并出版。

一、对孔子的评价①

这位哲学家的弟子们对他怀以爱意与敬仰。这也与他们对孔子的评价相

* 基金项目：国家社会科学基金重点项目“《大学》解释史研究”（16AZX008）；吉林大学科学前沿与交叉学科创新项目“蕺山学与湛学关系研究”；吉林大学横向项目“儒家思想的中庸智慧”。

① 以下部分节选自佛尔克《中国哲学史》（上古卷）（*Geschichte der altenchinesischen Philosophie*）第110—116页，汉堡，1964年。

符，充满敬意，又很适度。孔子最得意的弟子颜回赞叹其学说体系时讲："我崇敬并仰望夫子的思想，发现它永远处于更高之处；我越是潜心研究它，越发现它是那样的不可穷尽。好比我仿佛看见它就在前方，但它却突然出现在我的后方。夫子知道如何在教学方法上引导学生。他教给我大量的知识，并让我时刻审视自己的礼仪。这使我想要放弃学习都成为不可能，当我觉得我已经竭尽全力时，在我的前方总会出现那个让我仰望的东西，那是我想去追寻却并未达到的地方。"① 当有人认为子贡（的才能）比孔子还要高时，子贡这样回答道，"夫子（的才能）就像天空一样高，人们不可能登梯而到达那个地方"②。并且，子贡告诉那诽谤孔子的人，"孔子是不可被诋毁的。他人的才智好比丘陵土堆，人们轻易地可以登上；而孔子的才智则好比日月，那是不可能企及的地方。有的人拒绝谈论孔子，但这对于'日月'来讲，又有何损害？这样的人只是不自量力而已"③。

更为有力的声音来自孔子的孙子子思，他在《中庸》中讲道："他（的精神）是无边无际的，是流淌不竭的源泉，无际得像天空一样，源泉深得像大海一样。人们看到他就报以崇敬之情；他的言辞被所有人所相信；他的行为能够使所有人感到欢乐。所以他的美誉传遍华夏，并远达南北蛮夷之地。只要是舟车能够行驶，人力能够到达的，天空所笼罩的，大地所承载的，甚至日月所能照耀，霜露所能降落之地的有血有肉的人们无不对他怀有敬仰与热爱，所以他是与天同齐的。"④

孔子的诸弟子以及孟子要表达的意思皆是，自有人类起，便没有再出现像孔子一样的完美人格。即使到今天，所有的儒者也都持有这样的观点，这被中国以及日本的部分地区所继承。这也表现在祭祀时，帝王们对孔子所用的敬辞中，"您是伟大的，完美的圣人！"这内含的意思是"孔子的品德是无瑕的，他的教导是完美的。凡世间再无像孔子一样伟大之人。所有的帝王都敬仰他。他的教导被各帝王所传承，他的形象是皇家教育的典范"，以及"啊，伟大的先哲，如日月般光明的德性，您的教导惠及过往且恩泽当世。您所编纂的'六经'已被我们所保存并将流传万世"。即使是接受过西方教育的

① 《论语·子罕》。文中白话为译者依佛氏德文转译，下同。

② 《论语·子张》。

③ 《论语·子张》。

④ 《中庸》。

中国人也延续这样的观点。例如，陈焕章认为孔子是一位伟大的哲学家、教育家、政治家、音乐家及宗教创立者。他仿佛就是上帝，因为谁能够具有完美的品德，谁就像上帝一样。他的睿智非我们所能理解，他的教导也永远适用，因为他所行即是中庸，无过不及之差，故能随时符合礼节。他知晓时时依人类的本性而行，如果人们想了解人的本质，要和孔子去学习。中国人相信，再无出现像孔子如此伟大的人物。①

孔子在其时代的被关注及认可程度远不及在后世所受到的无限赞叹。在孔子在世之时已有反对他的声音，但这些声音在儒家思想被立为官方学说之时便随即消失了。孔子时代的当权者们对他的学说并不十分感兴趣，这一点我们可以从他周游列国被拒绝的经历以及齐国大臣晏婴对他的哲学及教法的抨击中看出。他批评孔子奇异奢华的着装，矫揉造作的举止，自满、追求享乐的态度以及对虚荣的爱慕，这些都从他在宫殿的举止中流露出来。孔子并不适合在朝为官。他通过混淆是非的观点迷惑国君，诱使臣民在靡靡之音中变得奢侈。烦琐的丧葬仪式及过度的悲哀会导致社会经济的崩溃。他所提倡的知识体系及礼仪规范内容烦琐，但实用性甚微。这里需要说明的是，晏婴本人即是保持节制原则的人，他对孔子的形式主义及理性主义过分夸大，但从他的指责中或可看出他对孔子的嫉妒以及害怕由于齐王欣赏孔子而失宠。② 像晏婴推崇节制原则一样，墨家赞同这样的批评并且更为极端。他们把这个持相对意见学派的领袖看作是政治上的阴谋家。他们批评孔子支持楚国白公胜的叛乱，煽动人民的暴动，鼓励谋杀楚（惠）王。这是对孔子的无端诽谤，因为那时孔子已经去世，并且在晚年时未再去过楚国。此外，他们还控告孔子因为要报复齐国而挑起齐、吴、越三国之间的战争。诚然，孔子使齐国卷入了一场战争，但不是出于报复，而是出于爱国，因为齐国因此改变了原定攻打鲁国的计划。孔子的弟子也和他一样，参与到不同的叛乱事件中，墨家对此谈了很多。③ 以上表明，（儒墨）两家似乎是一种强烈的敌对关系。

---

① 陈焕章《孔门理财学》（*The Economic Principles of Confucius and His School*）第13—14页。（此书为陈氏在美国哥伦比亚大学经济系留学所撰写的博士论文。现已被译成中文——译者注。）

② 参见佛尔克《晏婴的政治及哲学思想》（*Yen Ying, Staatsmann und Philosoph*）第41页及以下，1921年。

③ 参见佛尔克《作为社会伦理学家的墨子以及他弟子们的哲学著作》第405页注释四，第408—409页，第411页，1922年。

道家奉行一种完全不同的策略，并不将孔子视为其对立者，而是一位转向道家思想的同路人。在伪书《列子》及《庄子》中讲，孔子赞成一位道家隐士的所有思想，并且一步步地推翻自己的原则。他称赞真正的遗忘与死亡，谴责为求智与求名而做的努力，宣称古代经典皆为无用之书，以及应用他的学说统治国家甚至不能超过一年。（孔子认为，）美德与智慧皆是有害的，与此相对，完全冷漠的状态（即无为）是值得拥有的。孔子转变他的观点共经历了60年的时间：他以前奉为正确的，现在看来是错误的；以前觉得是错误的，现在却是正确的。他放弃了著书立说，扔掉了所有的书籍，让所有的学生离开他的学府，然后隐居于山林，成为一个隐士！[①] 换一角度讲，庄子及其弟子应该达到了取笑孔子的目的。老子以及其他道家的先贤对孔子则是十分的藐视，批评他好为人师，因为他总是教人那些不可能实现的道德学说以及一直表现出的所谓的庄严的仪容，虽然在他（与老子）会面时，呈现出的是一个完全可怜的臣服者的角色。这一方面表示出，与老子相比，他的地位是如此的卑微，另一方面，道家弟子也不鄙弃，孔子在举止上表现出的对于道家的阿谀奉承。这会是绝对真实的，如果这位持有与道家相抗的世界观的思想领袖如上述那样转变他的思想。

在欧洲，当孔子的思想最开始被认识时，受到了法国启蒙哲学家的高度推崇。伏尔泰就惊叹于孔子的学说。人们也为发现一种没有僵死教义形式的宗教而感到欢喜。20世纪的传教士和汉学家们普遍也都对孔子持有很好的评价。花之安[②]认为孔子是一位伟大的道德说教者。理雅各（James Legge，1815—1897）认为他是一个伟大的人物，他对中国人所产生的是完完全全有益的影响，我们至今仍可从孔子处学到很多。人们越是深研他的思想和他的人格，就会越增加对他的崇敬之感。[③] 翟理斯（Herbert Allen Giles，1845—1935）认为，孔子平实的教导，使他成为中国的“素王”。沙畹（Emmanuel-èdouard Chavannes，1856—1918）谈到，孔子的许多处谈话显示出，他似乎只是讲了一些客套话，并且他也只是一个没有什么思想深度的普通人。

---

① 参见《庄子》“山木”及“寓言”篇。翟理斯认为这些是后人所添加，不可能是对孔子的真实历史性描述。戴遂良（Léon Wieger）认为这些是有意的虚构，没有任何历史价值。

② 花之安（Ernst Faber，1839-1899），德国著名传教士、汉学家、植物学家。被誉为“19世纪最高深的汉学家”，著有《经学不厌精》《自西徂东》等。——译者注

③ 理雅各《中国经典》（第一卷）（*Chinese Classics*）第111页。

按照他的观点，孔子所讲的就是一些现实生活中的条文规定和一些直观得出的想法。伟大的改革者不一定总是精明的思想家，他们并没带来新的东西，而只是将几千年前就有的，但没有被清晰表达出的东西说了出来。儒家的学说就是形成中国社会体制的那些原则的教条式表达。中国人的这种精神在孔子那里成了自觉的被意识到的东西。[①]

道格拉斯（Robert Douglas，1838—1931）是持孔子的言辞只是一些平庸之语中的一员。与此相反，德沃夏克（Rudolf Dvorak，1860—1920）[②] 用证据说明，孔子的言辞像苏格拉底及耶稣的话一样有价值。此外，道格拉斯还谴责孔子是个崇古派，是个可怜的形式主义者，他的学说是对个体性的压制并对其他思想文化充满敌意。他束缚了这个民族的精神并使它变得僵化。福兰阁（Otto Franke，1863—1946）认为孔子只是一个渺小的人物，他的思想只是在特殊的时代背景下才被广泛传播。秦朝灭亡之后，儒生便被塑造成“殉道者”的形象，儒家的思想体系被看作是皇家政权以及官方形象的最好基石，所以儒家思想才在各个方面被推广开来。像孔子这样，在历史中却不能在未来中找到道义发展目标的人，是对历史进程的无知，所以并不能被称为是天才，对人类存在最重要的那些问题保持沉默的人，也称不上是伟大的灵魂。诚然，要了解一个人的品格，要本于其生活的时代。德沃夏克相信，仅中国人的立场就可以作为判断这一问题的权威，因为孔子是中国人并且他的学说发展也是为了中国人的。根据这一点，我们看到世界四分之一的人类在过去的 2000 年中发展了他们的宗教、社会、政治等各种文化形式，而这些皆要归功于孔子。这无疑是人类发展史中最伟大的成就。[③]

仔细地权衡优缺，巴图德（Rudorf Stübe，1870—1930）提出了较有见识的判断。他指出了在孔子处具有的明显的理性主义特征，据此可以更准确地认识他。孔子学说展现出的是一个完整人格的统一性观点。他称赞自己这一判断的清晰与准确。孔子显然没有对其信仰的任何怀疑与批判，他也没有对

① 沙畹《孔子》（*Confucius*）第 833—834、844 页。

② 捷克东方学家。曾与捷克民族主义诗人福尔赫列支奇（Jaroslav Vrchlick，1853—1912）一起将《诗经》译成捷克文。——译者注

③ 德沃夏克《孔子及其学说》（*Confuzius und seine Lehre*）第 233 页，明斯特，1895 年。福兰阁对此进行反驳，他认为不应该像大多数中国人那样，将儒家所取得的巨大成就都归因于孔子。这种观点是错误的。见福兰阁《历史上的孔子》（*Der geschichtliche Konfuzius*）第 163—191 页，1925 年。

形而上问题的思考，或讲他对此无所知晓，从这一点上看，他是一个地道的中国人。他的伦理学说缺乏深度，也没有系统性的根据。孔子是这个民族的英雄，但绝不是有创造性的思想家或先知。依顾路柏（Wilhelm Grube，1855—1908，又译顾威廉）的观点，通过孔子的人格特征可以判断出，他并不是英雄或“殉道者”，他所呈现出的是中国人生活理想中的具体化形象。他的伟大有其局限性，也正是这种只关注于现实的局限使其道德力量丧失了作用。他从没有将其学说上升到更高的层面，而只是局限于现实生活。他并没有任何与宗教性的心灵净化相关的想法。他的另一显著特征是对于礼仪的过度强调，对于礼仪的破坏是比作恶更为严重的行为。[①] 至此，我们已经看到孔子对中国人来讲意味着什么以及汉学家如何评价他，现在我想从我个人，站在一个欧洲人的立场上，来谈谈孔子对我们以及整个世界的意义所在。孔子的人格中具有对最高德性的渴望并无时不追求其至，尽管他或有过与不及之差时。正因如此，他的弟子及后人能够成为所有中国人学习的榜样。当然，必须要承认的是，他并没有站在远高出其同时人的完美德性之中。他自己的道德感也并非总是恰到好处，所以也经常遇到弟子们的责难。这样就可以理解，为什么许多与孔子同时代的人会认为他的弟子比他还要完美。他们拥有更准确的道德直觉，但孔子却在精神以及整体的人格方面远高于其弟子们。他的德性几乎完全依据自己的理性理解，因此亦间或有迟疑与不确定。

孔子是不是一位可以和亚里士多德、洛克或是康德具有相似地位的伟大的哲学家？不，他并不是一位伟大的哲学家。作为哲学家，孟子、老子、列子、庄子、王充、朱熹以及王阳明都远超于他。一位伟大的哲学家必须具有创造性的头脑以及高深独创的思想，而孔子并不具备这些。他缺乏对于形而上学问题及自我推理的任何建设性思考。如果他像康德或者实在论者一样拒绝任何形而上学，那么他必须要提出支持他否定理由的详细论证。一种简单的溯古是不够的。孔子也不是像耶稣、佛陀那样的宗教建立者。他缺少理想的热情，坚定的信仰，丰富的情感世界和一种朝向神秘主义的确定倾向。孔子在很大程度上讲是一个非常纯粹的理性主义者。那么，他的伟大之处在哪里？孔子是一位伟大的智者，一位被他塑造成经典形式的中国古代文化的传承者（Überlieferer）。对于最重要的切身问题，他已经找到了至少在历史长河

---

① 巴图德《孔子》（*Confucius*）第 24 页及以下，第 24、26、28 页，图宾根，1913 年。

中被证实是正确的现实具体的解决方法。如果我们想在西方文化中寻找一位可以与之比拟的伟大的人物，那么只有苏格拉底。他有许多与孔子相似的明显特征，作为历史上重要的人物与思想家，他与孔子有完全的同等地位。同样，苏格拉底的学说没有和他的生活分开。像孔子一样，相比于家庭生活，他（将精力）完全地投入于他的学生与思想之中。他有最高超的交际知识，有在危机之中的勇敢品行，爱好饮酒，并且能够在其中不失去自制和谨慎。像孔子一样，他也依附于古人的信仰与习俗，相信占卜与梦相。他的学说几乎全部局限于伦理、自然哲学及他所轻视的数学中，而几乎没有关于形而上学问题的任何痕迹。他没有任何完整的哲学学说系统，但却引导他的学生和朋友自主地进行哲学性思考。他的一些教导，例如“认识你自己”“美德即知识”，在孔子处亦能找到类似的说辞。①

二、对老子的评价②

老子并不被他同时代的人所欣赏。道家弟子完全地信奉他的学说，在一定程度上将他作为上帝般看待，自然无法对其进行评判。与此相对，作为占据主流思想的儒者因其立于不同的思考角度，对道家思想表现得较为冷漠，我们可以从中找到许多非难之言。程子认为，老子的文字十分杂乱，不如同一主题的《阴符经》文字清晰。③ 并且他的思想经常自相矛盾。对老子高深的形而上思想并非如那些无根据的观点所述，这或可追溯至后来的申不害或韩非子。这样的观点或只可看作是程子自己的猜想。老子所讲的，天地对人类无亲善之感（天地不仁）是正确的，但又强调圣人对人类亦无亲善之感（圣人不仁）则是完全混淆是非的。

---

① 卫礼贤《孔子的生平及著作》（*K'ung-tse*，*Leben und Werk*），弗罗曼哲学经典（第 25 卷），斯图加特，1925 年；岑克尔《中国哲学史》（第一卷）（*Geschichte der Chinesischen Philosophie* Bd. I），赖兴贝格，1926 年。他们像康有为的追随者一样，把孔子捧上了天，并把他视为所有领域的神。这样对孔子形象的描述是不真实的。更为合理的表述可参考施密特《孔子》（*Konfuzius*），柏林，1926 年。

② 以下部分节选自佛尔克《中国哲学史》（上古卷）（*Geschichte der altenchinesischen Philosophie*）第 280—284 页。

③ 见《程子遗书》。原文为：老子言甚杂，如《阴符经》却不杂，然皆窥测天道之未尽者也。——译者注

朱熹认为，老子哲学的主题是：虚（Leere）、静（Reinheit）、无为（Nichthandeln）、冲退自守（Zurückweichen）。① 并且，他总是思考在这种自守中的优点，从不与人相争，并保持着愉悦的面容。他总是讲到他的弱小，一直保持屈从的态度，并且不希望毁坏任何事情。据说，人类并不需要他的帮助就能够变好，如果他们没有变得更好，老子也对此不予关心。老子不会为他人牺牲，也不会使自己陷入麻烦，但这种在斗争或紧急情况中的对他人的冷漠还是要比朱熹时代的事务的烦琐与过多的空话要好很多。老子与不问世事的农夫的区别在于，他不理会人类生存的基本原则，损害人与人交往的常识规定。农夫仍然保持着人与人交往的常识礼节，他们本性良好，只是未接受教育。老子的状态要比庄子或者佛教徒自然得多，自许为万能之神、与日月同辉等类似的夸张之语在老子处是找不到的，那不是老子的行事方式。朱熹排斥那种认为老子是浅薄的以及认为老子的思想不及杨朱的观点。相反，在老子思想中有很多有益的内容。汉代的曹参以及文景二帝甚至将老子的基本思想应用于国家的治理之中，尤其在使臣民友善顺从，克制多余欲望，削减赋税，减轻刑事惩罚以及避免战争等方面。朱熹引用并赞同张文潜所言，“老子看人类就像陶土制成的玩偶，他的心像冰一样冷。所以即使是被杀，他也不会有怜悯之感。以至于他的许多追随者被诱引，从事了反叛与欺诈的恶行”②。朱熹也认为老子要为申不害和韩非的行为负责，他们是精力充沛的现实政治家，并且都鼓励严刑酷法。③ 朱熹对老子的评价是不公正的，并且他完全忘记了他的形而上学思想中有多少是要归功于老子的。

此外，欧阳修的评价是十分合理的，他认为老子的言辞是所有哲学家之中最简明扼要的。它们看起来似乎是空洞无意的，但却使人们听命于这些言辞。而王安石对老子所讲的“道”概念的批评也是较为恰当的，他认为万物的产生自然无须人事相附，但它们的改造则离不开人行。因此，圣人要付之以言行，更确切地说，为之定立四术：习俗（Sitte）、礼乐（Musik）、法规

① 原文为：老子之学，大抵以虚静无为、冲退自守为事。——译者注

② 张文潜：“视天下之人皆如土偶尔，其心都冷冰冰地了。便是杀人也不卹，故其流多入于变诈刑名。”载《理学彙编经典集》（第433卷）第10页。

③ 《理学彙编经典集》（第433卷）第7—12页。

(Recht)、管理(Verwaltung)。[1] 老子认为，具体事物的形成也不需言语及人事的参与。这是对具体存在情形的一种误解。老子在其思想中移出“四术”而过高地赞扬“道”，但“道”的自发性创造并未将成形质中的人行参与排除在外。老子将“无为”比喻成车毂中的中空，并表示后者才是整个车轮中最重要的部分(《道德经·第十一章》)。[2] 当他作此比喻时，他可能忘记了，欲得到车毂，必首先需要有“人”来制作一个车轮。

苏轼也提出他的观点，他认为老子与庄子提出“无为”思想是为了摆脱杨朱所讲的利己主义与墨子所讲的兼爱之间的两难境地，因为杨、墨的原则都难以保持。因此，他们完全无意公开言说，既无观点，也无行动，只是回到“无有”(Nichtsein)。他们的这个立场如此之坚定，所以他们不会为反驳之论而动，因为他们否定一切，包括“否定”本身，[3] 就像佛教徒所做的那样。苏轼的见解很离奇，也不可信。这是因为，杨朱并非老子思想的滥觞，而应是老子的学生。

唐代诗人白居易写了下面这首献给老子的有意思的诗句：言语之人是无所知的，而知者保持着沉默，这是我从老子那里听到的；那么，如果称老子为知者，为什么他还要写下那五千字的《道德经》呢?[4] 老子的思想没有被早前的受基督教文化影响的人们所正确地认识。他们将老子的学说与杨朱相混淆，并极度地贬低他的感觉主义。伏尔泰(François-Marie Arouet，1694—1778)也低估了老子的思想。稍晚时期出现了一些散见的观点，如郭士立(Karl Friedrich August Gützlaff，1803—1851，又译郭实猎、郭实腊等)[5] 认为老子所写的只是胡说八道，翟理斯也差不多这样认为，他把《道德经》中读不懂的或不感兴趣的格言都看作是没有意义的。武特克(Adorf Wuttke,

---

① 可参比原文：“道有本有末。本者，万物之所以生也；末者，万物之所以成也。本者，出于自然，故不假乎人力而万物以生也；末者，涉乎形器，故待人力而后万物以成也。夫其不假人之力而万物以生，则是圣人可以无言也、无为也；至于有待于人力而万物以成，则是圣人之所以不能无言也、无为也。故昔圣人之在上而以万物为己任者，必制四术焉。四术者，礼、乐、行、政是也，所以成万物者也。”见王安石《老子注》。——译者注

② 原文为：“三十副共一毂，当其无，有车之用。”

③ 即无可无不可。

④ 原诗为：“言者无知知者默，此语吾闻于老君，若道老君是知者，缘何自著五千文?”

⑤ 德国基督教路德会牧师、汉学家。——译者注

1819—1870)[1] 把老子的学说称为印度思想的一股内容贫乏且表意不清的支流，一条趴在中国思想主干上生长的印度寄生虫。[2] 关于老子思想与婆罗门教或其他学说系统的相似性，正如德沃夏克强调的，那只是一种偶然，从所有通神学推测的本质角度解释得通。但老子的学说是在中国土壤中生长的纯粹的中国思想。[3]

雷慕莎（Jean-Pierre Abel-Rémusat，1788—1832）是第一个老子思想的热情宣传者，他讲道："老子那由其个人天才般智慧创立的神学体系，告诫人们那最深最高的道理。若能在冥思中达到这一境界，便会获得那高贵极致的精神印记。"谢林（Friedrich Wilhelm Joseph von Schelling，1775—1854）也有同样的观点，他读到的是儒莲（Stanislas Aignan Julien，1797—1873，又译朱利安）[4] 翻译的版本。黑格尔虽然也把中国文化纳入到他的逻辑学体系思考之中，但不可能知道这个译本。谢林谈到，"如果说孔子所做的努力是要使那古老的教法与智慧回归于中国悠久传统的根基之上的话，那么老子所坚持的就是那个必然普遍存在的最深的根基。"依谢林的观点，"'道'的意思就是'门''入口'（Pforte），道家学说讲的就是从这个伟大之门达于存在，从非存在、从仅仅是可能的存在，通过所有有限存在而达到真正的存在……"，"整部《道德经》所思考的即是，在一种具有最深刻意义表达的伟大交替过程中所展现出的并非是存在者的那个雄伟且不可征服的力量（diesegroße und unüberwindliche Macht）。"[5]

湛约翰（John Chalmers，1825—1899）在老子中发现了一种对于自然的诗性的（poetischen）而非是科学性的观察，这不仅可以从他的形而上学思想，而且也可以从他的道德学说中得出。

冯·施特劳斯（Victor von Strauss und Torney，1809—1899）[6] 是我们西方哲学的大力支持者。他认为，中国的注家们都没有领会老子整个学说系统的

① 德国新教神学家。

② 武特克《异教史》（第二卷），第76页。

③ 德沃夏克《孔子及其学说》第131页。

④ 法国著名汉学家，曾追随雷慕莎学习中文和满文。其法文全译《道德经》出版于1842年，而黑格尔去世于1831年。——译者注

⑤ 谢林《神话哲学》，载于《谢林文集》第562、564页，斯图加特及奥格斯堡，1857年。

⑥ 德国汉学家，其《道德经》译本出版于1870年。——译者注

玄妙与高深，这就像《旧约》的犹太注家们一样，很多时候他们被拘泥于词句的解释之中。而只有从基督教的宇宙观出发并对西方哲学思想有深刻的理解，才能够对老子思想给予重新的理解及评价。他的著作中蕴含着一种极为高明的伦理思想中的最崇高的原则。德沃夏克①对雷慕莎的观点加以补充，他认为神学是老子思想的顶峰。他已经在其中达到了至高的境界，现在（他的思想）被带到了整个文化世界，无论东方还是西方。对它的理解需要冥思的深度以及个体的自主性。

何赖思（Charles de Harlez，1832—1899）认为，对于这样一位可以认识到与我们所讲的最高本质类似的概念的哲学家，我们不应该去轻视。许多被我们所熟知的中国思想家的思想深度要远不及这位“中国的柏拉图或奥古斯汀”。老子的本体论思想非常的高深，他的德行也非常的纯洁。从他具有矛盾的神秘主义表象中释放出的是他的学术系统的最高深最具睿知的产生于上古的思想。他的一些学说与新教的理论十分相似，也像我们文化中的禁欲主义。

卡鲁斯（Paul Carus，1852—1919）称老子是一位哲学天才，并具有高深的宗教智慧。他是历史上那些真实存在的伟大人物中的一员。卫礼贤强调，孔子对欧洲的影响甚微，因为他被过多地束缚于其所处时代的历史关联当中。老子则与我们更近，因为他是完全处于时代与历史之外的。格里尔（Julius Grill，1840—1930）认为，《道德经》给人最深刻的印象就是它所欲引回到的统一与简单。具有辩证性的对偶句在书中被生动地运用。进一步，他相信人们会不由自主地将苏格拉底—柏拉图的关系与老子—庄子之间做比照。他们之间确有相似之处，但作为理论哲学家的老子与苏格拉底的关系值得再做思考，另一方面，庄子并不具备柏拉图思想中的原创性。巴图德将老子描述成为中国历史上最高大最特别的形象。这个奇特的中国智者的形象与他的学说一样的神秘。他的格言表达了生命中的丰富性内容，到目前为止，我们也只是大概的理解。我的观点是，老子是中国最具原创性和独立性的思想家，即使不是最伟大的那一个，也是那些最伟大的形而上学家群体中的一员。他的伦理思想是很有争议的。如果很多德国的解释者不同意这个看法，那一定是因为，他们以解释《圣经》的方式来理解老子的伦理思想，并承认老子所认

---

① 佛氏此处原文为 A. Dvorak。查附录人名索引无此记录，而在 R. Dvorak 索引条下标有该页。故此处所指应即是前面所提到的鲁道夫·德沃夏克。——译者注。

可的并不是他所说的那样。总而言之，老子及其追随者不仅谴责那些虚伪劣等的平民道德，而且也谴责那些所谓善的道德。他们所教授的，是像所有神秘学说那样的一种示弱、不作为、持放弃态度的道德。

（译者：李媛　吉林大学哲学社会学院在读博士研究生，
德国茨维考西萨克森应用技术大学联合培养博士研究生；
张慕良　哲学博士，吉林大学哲学社会学院讲师）

赫尔曼·黑塞与“道”*

马　剑

摘　要： 本文主要讨论了德国作家赫尔曼·黑塞与中国道家哲学的核心概念“道”的关系问题。一方面梳理了黑塞对老子《道德经》翻译的接受过程，另一方面着重分析了他对各个译本的评价、对“道”这个概念的理解，继而探究了他对“道”的具有自身特点的阐释。

关键词： “道”　黑塞

近三四十年来，随着德国作家赫尔曼·黑塞（Hermann Hesse，1877—1962）的作品越来越受到中国读者的喜爱，国内学界对他的研究也在不断升温，其中，黑塞与中国文化，尤其是与中国古代哲学的关系自然成了一个重要的研究视角；特别是近十几年来，由于最新的二十卷本《黑塞全集》（Hermann Hesse. Sämtliche Werke in 20 Bänden）的出版，黑塞所撰写的大量文学文化评论文章终于得以与后世的读者见面，再加上《黑塞书信集》（Hermann Hesse. Die Briefe）再一次修订扩展（截至2018年年底已出版了五卷），这些都为研究他与中国哲学的关系提供了不少新的资料文献。本文主要探讨的就是黑塞与中国道家哲学中的核心概念“道”的关系。

一、读“道”

赫尔曼·黑塞到底何时开始真正接触到中国的道家哲学？针对这一问题，尽管来自各个方面的资料并没有给出统一的答案，但基本上可以把这个时间

* 本文为国家社会科学基金一般项目“赫尔曼·黑塞文学文化评论研究”（18BWW065）的阶段性研究成果。

确定在1907年，根据黑塞本人的记述，在这一年的早些时候他读到了“一本来自中国的老子箴言的精彩译本”[1]。即1903年岛屿出版社出版的由亚历山大·乌拉尔（Alexander Ular）改写的老子的《道德经》，其题目为《老子的轨迹和正确的道路》（Die Bahn und der rechteWeg des Lao-Tse）。[2] 译者分别为尤利乌斯·格里尔（Julius Grill，1840—1930）和卫礼贤（Richard Wilhelm，1873—1930）。[3] 除了这两个译本之外，从后来发表的书评中可以得知，黑塞还至少阅读过其他两个《道德经》的德语译本，一个译本来自H. 费德曼（H. Federmann），出版于1920年，[4] 另一个译本则是出自维克托·封·斯特劳斯（Viktor von Strauß），黑塞在发表于1925年12月柏林《新评论》（Die Neue Rundschau）报上的题为《往昔文学的现状》（Von der vergangener Literatur）的评论中提到了这个译本。[5]

二、解“道”

也就是说，到20世纪20年代的中期，黑塞已经研读过了五部《道德经》的德语版本，他对“道”的理解也自然就出自对这五个版本的阅读感受和思考。这其中，尤其是格里尔和卫礼贤的两个直接译自汉语的版本给他留下了深刻的印象，这一点在他那段时间所撰写的书评中清晰可见。1911年5月24日出版的《慕尼黑报》的副刊《雅典神殿大门》上发表了黑塞题为《东方智慧》（“Weisheit des Ostens”）的评论，在文章的开头，他肯定了格里尔对《道德经》的翻译工作：

---

① Hesse，Hermann：Sämtliche Werke in 20 Bänden. Band 16. Die Welt im Buch I. Rezensionen und Aufsätze aus den Jahren 1900-1910. Herausgegeben von Volker Michels. Frankfurt am Main 2002. S. 259. 以下引用简称 Die Welt im Buch I.

② Die Welt im Buch I. S. 549.

③ 参看 Hesse，Hermann：Sämtliche Werke in 20 Bänden. Band 17. Die Welt im Buch II. Rezensionen und Aufsätze aus den Jahren 1911-1916. Herausgegeben von Volker Michels. Frankfurt am Main 2002. S. 632. 以下引用简称 Die Welt im Buch II.

④ 参看 Hesse，Hermann：Sämtliche Werke in 20 Bänden. Band 18. Die Welt im Buch III. Rezensionen und Aufsätze aus den Jahren 1917-1925. Herausgegeben von Volker Michels. Frankfurt am Main 2002. 以下引用简称 Die Welt im Buch III.

⑤ Die Welt im Buch III. S. 572.

现在，图宾根的摩尔出版社出版了尤利乌斯·格里尔翻译的老子著作。……他将《关于最高的本质与最高的完满之书》(Buch vom höchsten Wesen und vom höchsten Gut)，即老子的《道德经》完整地按照最好的一个版本译出；就是说，这里不是什么节选的改写或者一个英语版本的复述，而是来自中文的一次尽可能忠实的翻译。由此，这本书也明显地有别于几年前出版的乌拉尔诗意的改写。[①]

通过黑塞的转述可以看到，格里尔在他的翻译中赋予了“道”一种哲学本体论的内涵，将它理解成了创造世上一切个体存在的绝对的最高存在。而与此同时，黑塞又从卫礼贤的《道德经》译本中得到了另外的提示：

除了格里尔的翻译之外，近日，第二个译本由耶拿的E.迪德里希斯出版社出版。译者是生活在青岛的卫礼贤，和格里尔一样，这个译本直接追溯到了中文的源头。有两篇颇有价值的文章作为该书的引言，……如果说格里尔的译本凭借其丰富的注释在学术上更加便于使用的话，那么，卫礼贤译本的优点则在于一种更有力、更明确、更富于个性的语言，于是也更容易为人所接受。[②]

在卫礼贤的翻译中，他将《道德经》最核心的概念“道”译成了德语词“SINN”,[③] 为此，在黑塞评论中所提到的作为该书引言的文章中，卫礼贤对他的翻译做出了这样的解释：

《道德经》的全部形而上学建立在一种基本的直觉基础之上，它与严格的概念性的记述格格不入，而老子为了使它具有一个名称，“不得已”

---

① Hesse，Hermann：Weisheit des Ostens. In：Die Welt im Buch II. S. 32f.

② Die Welt im Buch III. S. 33. 也可参看 Michels，Volker（Hrsg.）：Materialienzu Hermann Hesses „ Siddhartha “. Erster Band. Texte von Hermann Hesse. Frankfurtam Main 1976. S. 53. 以下引用简称 MS Band 1.

③ 卫礼贤所译《道德经》的德语书名为 Lao Tse. Tao Te King：Das Buch des Alten vom Sinn und Leben. 可参看 Die Welt im Buch II. S. 632.

用“道”这个词来称呼这种直觉（可比较第25章[①]），有关这个词的正确翻译问题从一开始就有各种不同的意见。……归根到底，这一表述其实并不重要，因为它即使对于老子本人来说也可以说仅仅是一个对于某种不可言说之物的代数符号。从根本上说正是审美的原因才使得在一个德语译本中使用一个德语词显得值得期待。我们普遍选择了“SINN”这个词。这与《浮士德》第一部中的情节有关——浮士德在复活节散步回来，着手翻译《圣经》“新约全书”，并且试图将《约翰福音》开头的句子用“太初有道”（Im Anfang war der Sinn）表达出来。这似乎是与具有各种含义的中文词“道”最相符合的翻译。

……另外，为了将这个词的代数特征清楚地表现出来，我们始终都把它写成大写字母。[②]

毫无疑问，精通中文的卫礼贤在把道家哲学“道”这个核心词和概念译成德语时经过了一番深思熟虑，从这段解释中可以看出，一方面，他至少抓住了《道德经》中“道”的一个最重要的特征，就是它的不可言说性，“道”在这里更多地发挥着一个象征符号的功能，而将德语中相应的词汇符号的所有字母都大写，则更是卫礼贤的一个创造性的做法。可以想象的是，不懂汉语的黑塞在研读这两个译本的时候一定花费了很大的力气，但另一方面，就初步的阅读感受而言，诚如黑塞所说，作为作家的他还是更看重一个译本的语言表现力，因此，在这篇文章的最后，他引用了卫礼贤所译《道德经》的最后一章，即第八十一章与读者分享。

对于黑塞本人来说，研读卫礼贤翻译的《道德经》的另外一个意义重大的后果便是在此后的十几年中，他又陆续研读了卫礼贤翻译或者编辑的其他的中国古代思想经典和文学作品，并且为每部作品都撰写了评论文章，从而得以更加全面而深刻地了解和思考中国人的文化思想，以至于来自古代中国的思想——如他在1945年所写的散文《最喜爱的读物》（Lieblingslektüre）中

① 这里指《道德经》第25章：“吾不知其名，字之曰道，强为之名曰大。”

② Laotse: Tao Te King. Das Buch vom Sinn und Leben. Übersetzt und mit einem Kommentar von Richard Wilhelm. Erweiterte Neuausgabe. München 1998. S. 24f.

所说——最终成了他“精神的慰藉和第二故乡”;[①] 另一方面，他也与卫礼贤本人结下了深厚的友谊。[②]

也许正是由于这些，在后来的一些文字中，黑塞都毫不掩饰对卫礼贤翻译的推崇。比如，1921 年 11 月 8 日，黑塞在给好友法国作家罗曼·罗兰（Romain Rolland，1866—1944）的信中就这样点评了《道德经》的德语译本：“现在谈老子。……尽可能忠实于原著的优秀译本我只能推荐两部——卫礼贤的译本和尤利乌斯·格里尔的译本。我最喜欢卫礼贤的翻译。”[③] 又比如在 1933 年 10 月写给凡尼·席勒（Fanny Schiller）的信中，黑塞再次表达了相同的观点：“我拥有四五个《老子》的版本，我使用得最多的是卫礼贤的翻译，因为我在他其他的译本上已经习惯于他的文风，因为我喜欢他本人和他的德语。”[④] 对于卫礼贤翻译的《道德经》，假如黑塞仅仅是喜欢，那么，他充其量也不过就只是他自己所说的那样一种“兴趣浓厚的喜好者”而已；事实上，黑塞本人的深刻思考和感悟在这段思想交流中发挥着同样关键的作用，而且，身为作家，超乎常人的文字表达能力也能够使他将自身的思考用言语准确地描述出来。在 1921 年 7 月的《呼唤生者》（Vivosvoco）上发表的关于上述费德曼翻译的《道德经》的评论中，黑塞这样写道：

> 老子的著作从来都不会被逐字逐句地、“正确地”理解和翻译。走进这部著作的道路只是从语句的旁边经过，对于读者来说，像“道”这样的概念必须从语句变成本质，就像汉字一样，读者要能够看清它们的本质、目睹它们摆脱所有语言因素的束缚。如此，“道”才会展现它的意义，阳光普照，豁然开朗。[⑤]

---

① Hesse, Hermann: Lieblingslektüre. In: Sämtliche Werke in 20 Bänden. Band 14. Betrachtungen und Berichte II 1927-1961. Herausgegeben von Volker Michels. Frankfurt am Main 2003. S. 465-468; hier S. 466.

② 可参看拙作《黑塞与中国文化》第 113—117 页，首都师范大学出版社，2010 年。

③ Hesse, Hermann: "Eine Bresche ins Dunkel der Zeit". Die Briefe. Band 3. 1916-1923. Herausgegeben von Volker Michels. Berlin 2015. S. 422. 以下引用简称 Die Briefe. Bd. 3.

④ Hesse, Hermann: "In den Niederungen des Aktuellen". Die Briefe. Band 5. 1933-1939. Herausgegeben von Volker Michels. Berlin 2018. S. 204. 以下引用简称 Die Briefe. Bd. 5.

⑤ Die Welt im Buch II.

短短几句的评论，从字面上看起来似乎通达晓畅，背后却显然隐藏着敏锐的思考——对于“道”的符号功能、它的不可言说的特征和由此而产生的内涵的模糊性和神秘感，黑塞显然都已经有了非常深切的感受，于是这段文字又似乎给读者指出了一条把握“道”的途径——和卫礼贤一样，黑塞在这里看起来也遇到了一种佯谬的难题——一方面是承认“道”的不可言说、是需要摆脱语言因素的束缚，另一方面，无论如何又只能用语言文字这种形式把理解、思考、感悟的成果表达出来。如果这条被黑塞所描述的途径真的在他的身上得以实现，也就是说他真的看清了“道”的本质的话，那么，他又会如何用自己的语言来阐释它呢?

三、论“道”

总体来说，自从开始研读以卫礼贤为代表的德国汉学家们所翻译的中国古典文献之后直到去世，黑塞深受其影响的一个最突出的表现就是在他发表的各种形式的文字——无论是小说、诗歌、评论，还是杂文、散文和书信——中大量地、以欣赏、赞许和推崇的态度提及、讨论以及阐述了中国的文化思想和内容。当然，这个持续了长达半个世纪的过程也恰恰说明，黑塞对中国文化思想的理解和思考绝不只是一朝一夕的事情，而是一个不断阅读、不断思考、不断消化的过程，同时也不断地受到周围环境、时代发展、个人际遇等因素的影响。而对于道家哲学的核心概念“道”，黑塞的论述和阐发也恰恰反映出了这样的一个过程，因此，在语言表达上也就呈现出了各种各样的形式。第一种形式，便是直接借用了卫礼贤对“道”的翻译。比如1920年2月28日，黑塞在致海伦妮·韦尔蒂（Helene Welti）的信中，详细探讨了关于人的本质的“我”的问题。他这样写道：

> 谁找到了这个“我”，无论是走在佛陀、吠陀、老子或者耶稣的道路上，谁就在内心的最深处与宇宙、与上帝相联系，……
>
> 谁在寻找这个“我”，谁就在同时寻找一切生命的准则。这个最内在的“我”在所有的人身上都是一样的，它是上帝，是“道”（Sinn）。[①]

① Die Briefe. Bd. 3. S. 326.

这封书信的内容甚至对于理解黑塞全部的思想来说都非常重要，一方面，可以明显地看到他在努力寻找人类在不同地点创造出来的几种重要思想的共同之处——将基督教的思想、印度宗教的思想和老子的思想相提并论，另一方面，则在个体的本质能够与宇宙的最高精神存在合而为一的认识的基础上赋予了“道”一种神秘主义的内涵——将它与上帝等同起来。然而，对于“道”本身的含义，黑塞在这里却并没有做更多的解释，所以，借用的卫礼贤的翻译——尽管没有将这个词大写，但用引号突出了出来——还是更多地发挥了符号的作用。

与此相应，在20世纪20年代以后的各种文字中，黑塞则使用了更多的语言形式来阐释他对“道”的理解。还是在上述给罗曼·罗兰的信中，黑塞直接说出了他对于老子和“道”的理解：“多年以来，对于我来说，他意味着我所知道的最大的智慧和慰藉，‘道’这个词对于我意味着每种智慧的化身。”① 必须注意的是黑塞这里的表述——他试图用德语的“智慧”一词来阐释“道”。在德语中，两个同源词——无论是形容词 weise，还是名词 Weisheit——都包括了三个层次的含义：首先是对人或物的了解，然后是对于对象的关照和体验，继而经过了一番努力之后凭借人的智力达到对于认识对象深刻而准确的洞见，② 这一方面说明，黑塞仍然是以认识主体的视角作为阐释的出发点，另一方面，这个词本身也包含着感官经验的成分。而将“道”解释成“每种智慧的化身”则既扩大了这个概念的范围，又在一定程度上增加了它的模糊性。这里，又触及到了上面所说的“道”的不可言说性的问题，黑塞使用“智慧”一词，更强调了它的主观性。在1922年2月给一位来自苏黎世的待聘教师的信中，黑塞更详尽地解释了他所理解的老子与智慧的关系：“谁不想证明，而是希望吐纳和体验智慧，谁的感受就会像最睿智的人老子一样，他认识到，将真正的智慧用语言方式表达出来的任何尝试都会将智慧变成愚蠢的行为。”③

从这段话里可以看出，黑塞对于“道”的不可言说性的认识是非常深刻

① Die Briefe. Bd. 3. S. 422.

② 可参看 Etymologisches Wörterbuch des Deutschen. Erarbeitet unter der Leitung von Wolfgang Pfeifer. München 1999. S. 1551f. 以下引用简称 EW.

③ Die Briefe. Bd. 3. S. 440.

的，同时，他又在极力描绘那种所谓的“得道”的状态——“吐纳和体验智慧”，也就是更多地强调这样的一种内心充盈而又尽在不言中的心理状态，显然，对这种心理状态的描绘是与上述1921年7月的评论和致韦尔蒂的书信的内容一脉相承的。在同一时期创作的他的著名小说作品《悉达多——一部印度作品》（Siddhartha. Eineindische Dichtung）的最后一章中，他也借主人公之口再次说出了这封书信所表达的思想，即智慧的不可言说的特征：

> 智慧是无法言传的。一位智者试图言传的智慧听起来总是愚蠢可笑的。
>
> ……
>
> 人可以传达知识，但是智慧却不行。人能够找到智慧，人能够经历体验智慧，人能够被它所承载，人能够凭借它创造奇迹，但是，人就是不能够把它说出来、教授出来。①

读到这里，读者也就不难理解为何黑塞在1922年2月中旬致费利克斯·布劳恩（Felix Braun，1885—1973）的信中这样描述他笔下主人公的道路：“赫拉克勒斯的道路我也很熟悉，很长时间以来，我一直在创作一些与此类似的东西，裹着一层印度的外衣，起于梵和佛陀，而终止于‘道’。”②

黑塞本人对使用“智慧”这个词来阐释“道”看起来还是比较满意的，因为就写作的时间而言，在20世纪20年代写作的关于中国古代典籍的评论文章中，黑塞多次使用了这个词；③ 除此之外，在20世纪30年代所写的两封书信中，黑塞又对“道”做出了一些新的解释。其中一封写于1932年4月8日，收信人为约阿希姆·巴图查特（Joachim Bartuzat，1913—1944），信中黑塞这样写道：“耶稣称为上帝的国度、中国人称为‘道’的东西……是对包括

① Hesse，Hermann：Siddartha. Eine indische Dichtung. In：Sämtliche Werke in 20 Bänden. Band 3. Roßhalde，Knulp，Demian，Siddartha. Herausggeben von Volker Michels. Berlin 2001. S. 369-479；hier S. 465.

② Die Briefe. Bd. 3. S. 437.

③ 参看 Hesse，Hermann：Sämtliche Werke in 20 Bänden. Band 19. Die Welt im Buch IV. Rezensionen und Aufsätze aus den Jahren 1926-1934. Herausgegeben von Volker Michels. Frankfurt am Main 2003. S. 129，S. 178，S. 183. 黑塞在关于卫礼贤翻译的《吕氏春秋》《礼记》等中国古代经典典籍所写的评论中多次使用了“智慧”一词。

它所有的对立因素在内的世界整体的预感，是对所有生命的秘密的统一的感受。”[①] 另一封信则是 1937 年 12 月 1 日写给奥托·巴斯勒（Otto Basler，1892—1975）的：

> 我认为，……宽宥不仅仅是上帝的事情，是人根本无法达到的。……我认为，宽宥或者说“道”，或者人们随便怎么称呼它，始终围绕在我们身边，它是光明、是上帝，只要我们敞开一个瞬间，它就会进入我们的身体，进入每个孩子和每位智者的身体。[②]

必须注意的是，黑塞对于“道”的思考是与他关于其他问题的思考交织在一起的，因此，关于这两段文字里的关键词——“统一”（Einheit）和“宽宥”（Gnade），只有在阅读了黑塞此前的，尤其是 20 年代的文章和作品之后才能够更准确地理解它们的内涵。事实上，关于“对立统一”问题的思考一直困扰着黑塞，直到创作小说《悉达多》的前后，他才似乎真正“解决”了这个思想的难题，[③] 正因为如此，小说的主人公最终追求的目标便是达到与作为统一体的世界的精神契合，并且将这种精神契合的心理状态最终转化为包容、宽宥一切的情感——“爱”。1923 年创作的长篇自传体散文《疗养者》（Kurgast）则再一次描述了这种精神状态对于“我”的重要意义：

> 在世界上，令我诚实笃信的、令我感到如此神圣的莫过于统一的观念——整个世界是一个神圣的统一体，……在我的生命中，我经受了很多痛苦，犯下了很多错误，……但是我却一再地遇到奇迹，基督教的神学家们给这种奇迹赋予一个美妙的名字——“宽宥”，那是和解的神圣的经历。[④]

---

① Hesse, Hermann：“Ichbin ein Mensch des Werdens und der Wandlungen”. Die Briefe. Band 4. 1924-1932. Herausgegeben von Volker Michels. Berlin 2016. S. 570f.

② Die Briefe. Bd. 5. S. 504.

③ 可参看拙作《黑塞对歌德“对立统一”思想的接受与发展》，载《同济大学学报（社会科学版）》2012 年第 6 期。

④ Hesse, Hermann：Kurgast. In：Sämtliche Werke in 20 Bänden. Band 11. Autobiographische Schriften I. Wanderung. Kurgast. Die Nürnberger Reise. Tagebücher. Herausgegeben von Volker Michels. Frankfurt am Main 2003. S. 37-127；hier S. 84.

也就是说，黑塞用这样两个分别在思想史和宗教史上都具有重要意义的词[①]来阐释“道”，归根到底还是他个人思考的延续；但是从这两段文字的表述上却仍然可以清晰地看出，与关于“智慧”的描述一样，黑塞依然强调了这更是一种个人主观的精神体验，因此也就仍然保留着神秘的色彩，更何况上述致韦尔蒂的书信中所透露出来的那个视角始终像一条红线一般贯穿着黑塞的思考——他总是在试图探究全世界各个民族、各种文化思想之间的某些共性。

总 结

非常清晰的一点是，黑塞在对“道”进行阐释的时候始终没有抛弃自身的文化基础，因此他尽可能地用比较的方法、用自己的语言工具去描述，去向他人传递自己的心得体会。在对“道”的接受和解读上，这一点体现得尤为明显。对于这个中国人都很难把握、很难讲清楚的概念，黑塞尝试着用自己的理解去解释，并且对它的内涵加以发挥，其最终的目的就是为了给个人的信仰一个永恒的精神依托和慰藉；而如果把他与“道”的关系作为一个历史文化现象来研究的话，那么，这其中所谓的“误读”，也就是格里尔、卫礼贤、黑塞等人对于“道”的理解、翻译和继续的阐发也就更加具有了价值和意义。

（马剑　北京大学外国语学院德语系副教授）

① 参看 EW. S. 269f, S. 460.

福兰阁的《三国干涉还辽秘闻》与文明的冲突

李雪涛

摘　要：本文以曾经亲历三国干涉还辽的德国汉学家福兰阁的《三国干涉还辽秘闻》为基本文献，对三国干涉还辽进行了重构和分析。作者指出，三国干涉还辽是威廉时代谋求世界霸权，在外交上积极推行所谓的“世界政策”的必然结果。作者运用当代国际关系的理论，认为西方列强与东亚之间以军事和经济力量为基础的硬实力冲突，归根结底还是文化和信仰这些软实力之间的较量，威廉二世在其 1895 年构思的版画《欧洲各民族，保卫你们的信仰和家园》中，所展示的白种人与黄种人之间的争斗以及基督教与佛教之间的争执，其实就是亨廷顿所说的“文明的冲突”。

关键词：福兰阁　三国干涉还辽　软实力　文明的冲突

一、福兰阁及三国干涉还辽的基本情况

作为德国汉学家的福兰阁（Otto Franke，1863—1946）曾在帝国外交部担任国家公职多年，并于 1888—1901 年间在中国任职。三国干涉还辽期间，他正在中国，亲历了这一事件。他曾站在德国的立场，专门讨论过三国干涉还辽事件，其中不乏对这一事件的真知灼见。本文以福兰阁的文本为基础，对三国干涉还辽进行重构和分析。

福兰阁的一生大致可以分为两个大的阶段：其一是从 1888 年 7 月他出任德国外交部皇家北京公使馆见习翻译开始，到 1909 年他在汉堡创立“中国语言与文化系”之前。在这一阶段他主要从事外交活动（至 1901 年 8 月在中国，之后回国），撰写了一系列跟当代中国或德中关系有关的论文，也给《科隆日报》

（*Kölnische Zeitung*）等报刊的专栏撰写相关的文章。其二是从他 1910 年正式出任汉堡殖民学院的“中国语言与文化系”的教授之后。自此，他的研究方向转到了古代中国文化，尽管他还一如既往地关心中国当代的政治，但他将工作和研究的重点放在了撰写《中华帝国史》（5 卷本）这样大部头的著作上了。[①]

图 1 《1894—1914 年列强在东亚：论战争（第一次世界大战）的前因》扉页（波恩大学汉学系图书馆藏，1923 年）

福兰阁曾经撰写的一系列有关世界政治格局与晚清关系的论文，收录在作者 1923 年出版的《1894—1914 年列强在东亚：论战争（第一次世界大战）的前因》一书之中。[②] 本书的第一部分亦即考察俄德法三国“干涉还辽”事件，并得出了他的结论。这部分内容在此书出版后的第六年，即 1929 年由当时在柏林大学留学的王光祈（1892—1936）翻译成中文，并交由中华书局（上海）出版。在序言中王光祈称：“O. Franke 曾任德国驻华使馆译官多年。当三国干涉还辽之际，彼正在中国。是以对于各国当时纵横捭阖情形，所知甚详……”[③] 王光祈在序中同样指出，福兰阁在 1923 年所撰写的这部著作中透露的相关文献之所以格外珍贵，是因为当时所有参与此事件谈判的日本、中国、德国的当事人中，只有他还活着，因此他有责任和义务将很多内情予以披露：“在此时势命运之下，更有一事随之而生，即所有当日参加讨论接洽此事之德人、华人、日人，现在只有余一人尚系生存（其余均已死去）。因此，余遂引为己责，至少余必须设法以使世人关于此事误解之烟雾为之散开，盖此项烟雾，对于当时德国初次参加

① Otto Franke, *Geschichte des chinesischen Reiches*. 5 Bde. Berlin 1932-1952.

② Otto Franke, *Die Großmächte in Ostasien von 1894-1914. Ein Beitrag zur Vorgeschichte des Krieges*. Braunschweig und Hamburg, 1923. 这篇重要的文章在 1929 年由王光祈翻译成中文：［德］O. Franke 著，王光祈译《三国干涉还辽秘闻》，中华书局，1929 年，正文第 65 页，附录第 5 页。

③ 《三国干涉还辽秘闻》第 1 页。

世界政治舞台之举，至今犹笼罩其上，（使人模糊不明），故也。”① 其实，当时参加谈判的日本外务大臣陆奥宗光（1844—1897）于1896年就撰有《蹇蹇录》（『蹇々録』），从日方的角度详细记载了三国干涉还辽的过程。② 1929年岩波书店出版《伯爵陆奥宗光遗稿》一书，将《蹇蹇录》一书全文公开。③ 因为福兰阁的书写于1923年，因此陆奥宗光《蹇蹇录》并不为他所知。

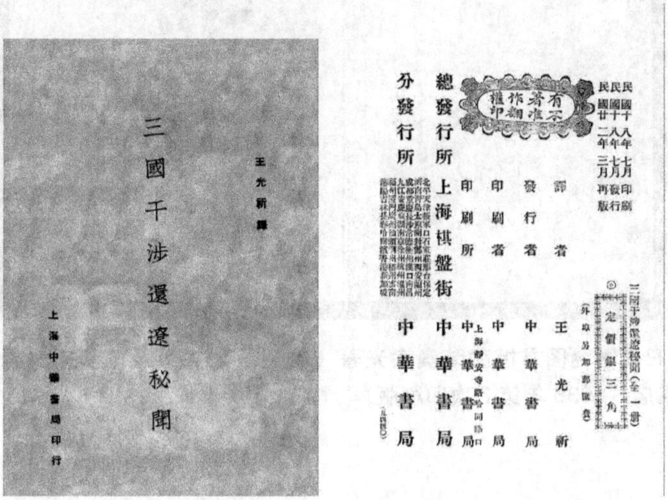

图2　王光祈译《三国干涉还辽秘闻》封面和版权页［上海：中华书局，1933年重印版（1929年初版）］

福兰阁认为，中国从1842年签署了中英《南京条约》后开始进入了现代国际关系的新阶段，而在此之前，中国处理周边的“国际问题”基本上采用的是单方的决定，而不是依靠国际法。

朝鲜的独立与否，是中日之间爆发战争的根本原因。1894年，中日开战，此次日本不仅占领朝鲜，接下来也占领了南满，直接威胁大连湾。清政府出于无奈，只能请求英国、俄罗斯以及法国前来调停，后来德国也参与到其中。

① 《三国干涉还辽秘闻》第1—2页。

② 请参考：中塚明著『蹇蹇録の世界』、みすず書房、1992年（新版2006年）。

③ 陆奥宗光《伯爵陆奥宗光遗稿》第279—561页、岩波书店、1929年。

图3 日本国会图书馆藏陆奥宗光著《蹇蹇录》扉页及陆奥宗光像（“岩波文库”，岩波书店，1938年第7次印刷版）

1895年4月17日签署的《马关条约》中规定中国将辽东半岛割让与日本，同年4月23日，俄、德、法三国驻日公使分别向日本递交了同样内容的声明，敦促日本放弃占领辽东半岛。如果日本不同意的话，三国将联合在海上对日本采取军事行动。在三国列强的巨大压力下，日本政府在同年10月承诺放弃对辽东半岛的永久占领权，11月8日中日签署了《中日辽南条约》，确定了中国以三千万两白银赎回辽东半岛。三国则以干涉还辽有功，而获得了租借军港、修筑铁路等特权。这就是所谓的“三国干涉还辽”。福兰阁的文章分为三个部分：第一，日本议和条件内容与列强互相接洽情形；第二，马关抗议与其直接影响；第三，三国抗议事件对于德国政治前途之关系并评论其得失。[①] 他认为欧洲列强各怀鬼胎，但之所以愿意联合起来进行调停，最主要的原因在于他们害怕有朝一日中日真的结盟：“至若列强内部本不一致，而表面

① 《三国干涉还辽秘闻》“目次”第1页。

犹能至今互相团结者，实因当时彼此均有一种隐忧在心：即是，假使中日之间共结一种同盟，或者中国权威日本所征服，则此后（黄色人种）势将造成一种统一的、重大的势力；倘欧洲方面若不互相团结起来，实无力加以对抗。”[①] 另外一个前提是福兰阁提到的中国政府的立场——希望西方列强出面干涉：

> 中国方面因望欧洲列强出来干涉之故，特向各国政府通告，略谓中国对于日本和议条件业已拒绝，云云。[②]

甲午战争失败后，中国中心论世界观彻底破灭。当时李鸿章知道得很清楚，中国没有任何资格跟日本谈条件。在这种情况下，只能用“以夷制夷”策略——这也渐渐成了晚清政府后期推行的主要外交政策。

最初是由英国倡议欧洲列强共同进行干预，但鉴于德国和俄国冷淡、观望的态度，而没有成功。而在其后的时间里，英国完全放弃了干涉意图，因为英国人相信，即便日本占领了中国，他们在中国的贸易利益也不会受到损害，而日本很可能成为俄国在东亚的合适的平衡力量。在这种情况下，1895年3月俄国和德国才摈弃了他们之前的观望态度。俄国当然反对日本占领辽东半岛，因为这阻碍了他们在中国东北的势力范围。德国担心的是，日本强行占领辽东半岛会引起其他西方列强瓜分中国的狂潮。其实德国更深层面的担忧是上文提到的，即吞并中国之后，日本可能会引领“黄种人”在东亚与白种人形成真正的竞争之势。在《马关条约》签署的同一天，俄国政府正式邀请德、法联合要求日本放弃辽东半岛。此后，三国开始有步骤地对日本欲强占辽东半岛的行径进行干涉。[③] 福兰阁在文中清楚地认识到：“但此种情势，却又迫令各国自觉，非中国获得土地若干，其势不能稳固自己地位。而此种争获土地与其不可逆料之在结果，又有破坏列强联合阵线之虞。”[④] 福兰阁当

① 《三国干涉还辽秘闻》第3页。

② 《三国干涉还辽秘闻》第26页。

③ Cf. Karl Erich Born: *Von der Reichsgründung bis zum Ersten Weltkrieg*. In: *Gebhardt Handbuch der deutschen Geschichte*. Band 16. München: Deutscher Taschenbuch Verlag GmbH & Co. KG, 4. Aufl. 1979. S. 196-197.

④ 《三国干涉还辽秘闻》第3页。

然是站在西方的立场上，让日本还辽的目的在于使中国能够与日本抗衡，从而使得西方列强从中获利。

福兰阁基于一手的外交档案资料，对马关条约未正式签署之前，西方四国列强（德、法、俄、英）干涉日本还辽事件的过程做了全方位的梳理。特别强调了德国在后来三国干涉还辽的过程中的立场以及所起到的作用。

二、三国干涉的前提以及德国对当时局势的分析

在第一部分“日本议和条件内容与列强互相接洽情形”中，福兰阁一开始便对中日两国的马关谈判做了交代，这也是日本议和的前提：

> 1895 年 3 月 20 日，中国全权代表李鸿章，日本全权代表伊藤博文、陆奥宗光，在日本内海入口之马关，开始预谈和会问题。后以李氏被人刺击之故，谈判之事稍稍延滞。——因为刺击事件之结果，——于是日本方面对于允许停战一事，最初本来附有强硬条件者，至此乃为无条件的停战。①

这一突发事件是日本为什么愿意与中国谈判，并且无条件接受停战的原因。福兰阁站在德国乃至欧洲的立场上认为，日本不能强行占领中国的土地，中国需要自己的发展，但又不能不受限制地发展，这种看法本身也是一种矛盾：

> 至若列强内部本不一致而表面犹能至今互相团结者，实因当时彼此均有一种隐忧在心：即是，假使中日之间共结一种同盟，或者中国全为日本所征服，则此后（黄色人种）势将造成一种统一的、重大的势力；倘欧洲方面若不互相团结起来，实无力加以对抗。但此种情势，却又迫令各国自觉，非中国获得土地若干，其势不能稳固自己地位。而此种争获土地与其不可逆料之在结果，又有破坏列强阵线之虞。②

① 《三国干涉还辽秘闻》第 1 页。

② 《三国干涉还辽秘闻》第 3 页。

因此，从欧洲列强的角度出发，它们并非真正关注东亚特别是中国本身的利益，而是害怕中日联合后对他们可能造成的威胁。但同时他们也对中国重新拥有辽东心有余悸。这本身就是一种悖论。

旅顺对于东亚、东北亚之重要性自不待言。控制了旅顺，就等于控制了中国的北方和京师。如果日本占领了旅顺，这对于在华北有重大利益诉求的西方列强来讲，无疑他们的权益就会受到限制，并且具有战争的危险。这可以从 1895 年 4 月 4 日柏林政府致德国驻英国、俄国、法国大使的电文中了解到：

> 旅顺港口如果变成直布罗陀，则将使中国，至少将使中国北方与其京师，成为日本之保护地方。此种夸大要求，将令中国国家继续存在之问题，以及欧洲列强向华争求土地之问题，立刻发生。其结果对于与此有关之各国，势将酿成一种不可小视之战争危险。[①]

位于西班牙最南部和非洲西北部之间的直布罗陀海峡（Strait of Gibraltar，拉丁 Fretum Herculeum）是地中海与大西洋之间的唯一通道，也是大西洋进入地中海的咽喉，被称作地中海的“生命线”，是一个兵家必争之地，其最窄处在西班牙的马罗基（Marroqui）角和摩洛哥的西雷斯（Cires）角之间，宽仅 13 公里。1704 年，英国在同西班牙的持续战争中征服了直布罗陀，并在此建立了军事要塞。1713 年签订的“乌得勒支条约”（Treaties of Utrecht）宣布将直布罗陀永远割让给英国。英国占领这一地区后，掌控了海峡交通。西班牙政府对这块属于自己的领地，却被英国所占领之事一直耿耿于怀。德国当然不希望旅顺变成东北亚的直布罗陀。柏林的公文充分表明了日本占领旅顺侵犯了西方列强诸国的利益，已经引起了列强的不满。德国政府在给以上各国大使的密电中将此事挑明而已。此前曾出任德国驻日、驻华公使的德国资深外交顾问巴兰德（Maximilian August Scipio von Brandt，1835—1920）认为，中国之屈服于日本不仅使中国陷于困难的境地，同时对欧洲也有害：

> 彼对于日本之占有旅顺港口一事，亦复认为极与中国独立有妨。此

① 《三国干涉还辽秘闻》第 9 页。

外，彼对于此种屈服，寡助之中华巨国，因环境的压迫，不得不依附日本一层，亦复认为极于欧洲有害。①

也就是说，巴兰德认为，日本此举既妨碍中国的独立，也对欧洲有害。此外，巴兰德认为，以往在发生此类的危机之时，西方列强相互合作，以保护它们在华的共同利益，也曾取得过成就：

（Brandt 先生）引举西洋各国历来共同保护在华利益一事，收效甚大。于是乃下一结句曰："此种公共保护相同利益之制度，可以抵抗日本对华和议之过分要求，可以确立东亚方面之永久安宁，云云。"②

实际掌控德国帝国外交权的比伯斯坦（Adolf Marschall von Bieberstein，1842—1912）担心，如果日本吞并了中国的话，黄种人会在日本的领导之下对西方列强在华的利益造成很大的损害：

对于日本欲在大陆之上，割得土地一事，甚觉不妥，尤其是关于旅顺方面。如果日本占据该地，则日本控制中国之举将成为事实。但黄色人种若在日本领袖之下，互相联络起来，则对于欧人利益，却极有关。③

俄国对德国的立场表示赞同，俄驻德代办在 4 月 8 日递交柏林政府的条陈中指出：

日本如并旅顺则将为恢复中日两国友善关系之一种障碍，而且东亚和平将永受其危。④

这其实也是俄、德能够达成共识的最重要的前提。

① 《三国干涉还辽秘闻》第 10 页。
② 《三国干涉还辽秘闻》第 11 页。
③ 《三国干涉还辽秘闻》第 11 页。
④ 《三国干涉还辽秘闻》第 11—12 页。

三、三国干涉还辽的结果以及列强瓜分中国的狂潮

三国提出干涉之后，日本方面予以了认真对待。据当时的外相陆奥宗光记录，三国的建议在广岛的御前会议上予以了讨论，并且认为：

> 在目前的形势下不可再增加新的敌国，俄、德、法三国若决计将干涉进行到底的话，其结果自然就是我们不得不答应他们提出的所有或部分的劝告要求。我国目前的处境，除了要应对俄、德、法三国干涉的严峻问题之外，还没有彻底了解与中国之间的和战问题，如果与俄、德、法三国的交涉旷日持久的话，中国很有可能会趁机拒绝批准和约，说不定《马关条约》最后会成为一纸空文。①

基于以上的认识，日本政府同意放弃辽东半岛（奉天半岛）：“日本帝国政府基于俄、德、法三国的友好忠告，承诺永久放弃对奉天半岛的领土所有。”②

在分析了各方的立场之后，福兰阁交代了三国干涉还辽的结果：

> 俄、德、法三国乃于10月19日，在东京方面，与日结成一种协定。依照该协定，日本可以多得赔款三千万两，而辽东日军则应于中国缴付此项赔款之后，三月以内尽行撤去。此外，日本政府并承认，台湾航线为国际交通要道，日本决不垄断独占。最后，日本政府更负责任宣言：澎湖诸岛永不割与其他各国，云云。于是中日两国乃于11月8日在北京方面，实行正式订结关于上述诸点之协约。③

尽管日本战胜了中国，但当时日俄战争（1904—1905）尚未爆发，黄种人从来没有胜过白种人，当时西方不论是意识形态，还是科技、知识，都处

① 陆奥宗光著，徐静波译《蹇蹇录：甲午战争秘录》第199页，上海人民出版社，2015年。

② 《蹇蹇录：甲午战争秘录》第209页。

③ 《蹇蹇录：甲午战争秘录》第38—39页。

于绝对的支配和决定地位。国际政治学国际关系论“英国学派”（English School）的创始人布尔（Hedley Bull，1932—1985）认为，西方对广大国际社会的控制可以说在 1900 年左右达到了顶点。[①] 因此，三国干涉还辽以胜利而告终是必然的。三国干涉还辽是 19 世纪末列强在中国争夺利益时的第一次正面冲突，此后便开启了帝国主义瓜分中国的狂潮：1896 年，俄国将势力深入到了中国东北；1897 年，德国派舰队强占了胶州湾；1898—1899 年，云南和两广大部分地区成为法国的势力范围；1898 年，英国租借了“新界”，又取得了威海卫的租借权，长江流域也成了英国的势力范围；日本除了获得了台湾岛和澎湖列岛之外，于 1898 年将福建划为自己的势力范围。

图 4　法国艺术家亨利·迈耶（Henri Meyer，1844—1899）于 1898 年在《小日报》（*Le Petit Journal*, 8 janvier 1898）上发表的一幅题为《中国：国王们与皇帝们的蛋糕》的漫画，用来描绘列强瓜分中国之情形：坐在蛋糕（“CHINE”为法语的中国）前的列强自左而右分别为：维多利亚女王代表英国、威廉二世代表德国、沙皇尼古拉二世代表俄国、武士代表日本，在俄、日后面的为不甘落后、象征法兰西的玛丽安娜（Marianne），而在他们之后靠边站的是无力阻拦国土被瓜分的清朝皇帝光绪。

① Hedley Bull, “The Revolt Against the West”, Hedley Bull and Adam Watson (eds.), *The Expansion of International Society*, Oxford: Oxford University Press, 1984. p. 219.

三国干涉还辽的结果使日本借由中日战争获胜之机侵占中国东北的企图遭到破灭，由于俄国在此次事件中“有功”，与清政府签订的“盟约”和“条约”增强了其在中国的势力，遏制了日本在东北及朝鲜的扩张，也使得日俄在远东的利害冲突进一步激化。三国干涉使得日本民众不再相信有和谐世界的梦想，取而代之的是英雄主义的意识形态以及民族主义的厉兵秣马。[①] 为了实现“大陆政策”的第二步——吞并朝鲜，和第三步——进军满蒙，日本重新整军备战，于1904—1905年发动对俄国的战争，并战胜了俄国。

三国干涉还辽后所引发的帝国主义对中国的瓜分狂潮，实际上只是当时欧美以及日本帝国主义之间不断摩擦的一个部分：在非洲，英、法、德三国为夺取优先地位而不断争斗；在近东地区，德、英、俄也在不断相争；在中东，则有俄、英两国在争霸。这些由于列强的霸权而产生的相互冲突，又反过来影响了欧洲的政治，改变着原有的政治格局。

四、作为“世界政策”的三国干涉还辽

19世纪后期，欧洲列强纷纷忙于殖民扩张和殖民地重组，从而为宗主国获得更多的人力、物力、财力以及领土和权力，用以抗衡其他欧洲国家。尽管德国相对于英、法等老牌帝国主义国家来讲，起步较晚，但1871年建立的统一的德意志帝国，也算是顺势搭上了这一波工业化的列车，成了欧洲列强中较晚参与殖民扩张的一员。威廉二世（Wilhlem II，1859—1941）自1888年就任帝国皇帝之后，随着实力的膨胀，从谋求欧洲霸权转变为谋求世界霸权，在外交上抛弃“大陆政策”，积极推行所谓的“世界政策”（Weltpolitik）。其实从根本上来讲，实施“世界政策”最根本的原因在于能够解决当时国内诸多社会、政治、经济等问题。在威廉二世看来，新崛起的德意志帝国最重要的使命是将基督教和德意志民族精神推广到全世界。他当时提出的口号是“要将德意志的影响传播到全世界”（den deutschen Einfluß auf der Erdkugel

① Cf. Carol Gluck, *Japan's Modern Myths: Ideology in the Late Meiji Period*, Princeton: Princeton University Press, 1985, p. 206.

auszudehnen)。[1] 很早便参加外交工作的比洛侯爵（Bernhard Fürst von Bülow，1849—1929）后来被威廉二世任命为首相兼普鲁士总理大臣，1887 年 12 月他在帝国议会上声称："德国人让他们的一个邻国得到陆地，让另外一个邻国得到海洋，而为自己准备了天空，并端坐在空洞的教条之上，这样的时代已经一去不复返了。我们不想将任何人挤到阴暗处，但也要在太阳下获得我们的一席之地。"[2] 面对其西邻的法、英两个国家大规模地推行海外殖民政策，德国也不甘落后。作为当时欧洲大陆上仅次于英国的最大的工业国和第一军事强国，现在这个国家也希望在世界范围内发挥其政治作用。[3] 其实，从根本上讲，德意志帝国当时的"世界政策"并非真的要谋求对世界的主导权，而是要更好地与欧洲其他列强争夺霸权，从而向全世界宣示其强大的国力，对内则可以更大限度地凝聚国内的力量。[4]

1890 年之后，出任卡普里维（Georg Leo Graf von Caprivi，1831—1899）和比洛两人政府主要外交顾问的荷尔斯泰因对当时政局的判断在很大程度上主宰着德国几十年的外交政策。荷尔斯泰因的德国外交方针是建立在三个前提之上的：其一，他认为，俄法的结盟从长远来看是不可能的；他坚信，熊（Bär）与鲸鱼（Walfisch），亦即俄国和英国永远不可能相互理解；他相信英国由于在北非同法国争夺，在近东、波斯、阿富汗和东亚同俄国对抗，将会被迫向德国靠拢。因此德国有"自由行动"的便利以及自由选择的好处。[5] 威廉二世实际上是担心奉行"门罗主义"（Monroe Doctrine）的美国，会阻止德国的"世界政策"。1898 年，他提出了一个新理念，准备建立一个由德、法、俄组成的"大陆联盟"，以遏制英、美这两个盎格鲁-撒克逊国家

---

① "Friedrich Naumann im National-Sozialen Katechismus von 1807", in: Walter Bußmann, Deutsche Weltpolitik und unvollendeter Verfassungsstaat, in: Werner Conze & Volker Hentschel, *Ploetz*, *Deutsche Geschichte*. Verlag Ploetz, 1991. S. 241.

② "Reichstag, Stenographische Berichte (6. Dezember 1887)", 60 D, in: Diether Raff, *Deutsche Geschichte. Vom Alten Reich zur Zweiten Republik*. München: Max Hueber Verlag, 1985. S. 196.

③ Cf. Diether Raff, *Deutsche Geschichte. Vom Alten Reich zur Zweiten Republik*. München: Max Hueber Verlag, 1985. S. 199.

④ Cf. Konrad Canis, *Von Bismarck zur Weltpolitik. Deutsche Aussenpolitik* 1890 *bis* 1902. Berlin: Akademie Verlag GmbH, 1997. S. 223.

⑤ Diether Raff, *Deutsche Geschichte. Vom Alten Reich zur Zweiten Republik*. München: Max Hueber Verlag, 1985. S. 203.

可能对德国的围堵。[1] 因此，此时的德国与积怨极深的法国和俄国“捐弃前嫌”，与他们联合进行三国干涉还辽，是有着其战略上的考虑的。

不过，针对德国当时的殖民扩张，德国社会也不乏批评之声。德国社会学家、经济学家马克斯·韦伯（Max Weber，1864—1920）于 1895 年在弗莱堡大学发表著名的就职演讲《民族国家与经济政策》（*Der Nationalstaat und die Volkswirtschaftspolitik*），他指出：

> 我们必须意识到，德国尽管已经统一，但他已经步入老境，这只不过是一次年轻人的恶作剧而已。这一定会付出巨大的代价，因此德国应当终止世界权力政策（Weltmachtpolitik），而不是开始。[2]

遗憾的是，当时德国社会不论是政界还是其他社会各界大都支持殖民扩张的政策，“民意”所形成的所谓的“时代精神”（Zeitgeist）成了威廉二世“世界政策”的坚强后盾，而韦伯的观点并未受到任何人的重视。最终，德国于 19 世纪末在与其他列强的竞争中走向了世界舞台的中央。

结语——“文明的冲突”

日本想要吞并辽东半岛靠的是几十年来学习西方所取得的巨大实力。明治维新以后，日本修筑了铁路，建造了现代化工厂，按照德、英的模式建立起了现代化的陆军和海军，兴办了新式中学和大学，在政治上则根据普鲁士式的宪法调整了国体……这些措施使日本迅速成了现代化的国家。同时，由于人口的过剩，原料和能源的匮乏，迫使日本从 19 世纪 90 年代开始采取帝国主义的殖民政策。对于朝鲜和中国的殖民统治，也使得日本同样卷入了白人列强争夺世界统治地位的斗争之中。三国干涉还辽事件，如果从福兰阁的分析来看的话，表面上是国际关系的冲突，而背后主要是军事力量和国力的较量。在第三部分“三国抗议事件对于德国政治前途之关系并评论其得失”

① 请参考：［英］西姆斯（Brendan Simms）著，孟维瞻译《欧洲：1453 年以来的争霸之途》第 243 页，中信出版集团，2016 年。

② Max Weber, *Der Nationalstaat und die Volkswirtschaftspolitik*. Freiburg（Breisgau）& Leipzig：J. C. B. Mohr. 1895，S. 32.

中，福兰阁认为，这项首次由德国牵头而进行的外交努力，最重要的胜利是增强了欧洲的身份认同，基督教文明会征服全世界：

> “欧罗巴各民族呀，保护尔等最神圣之遗产！”Völker Europas, wahret Eure heiligsten Güter 是也。此种标语更将此次抗议之事，增色不少。于是幻想中之“黄祸”为西洋各国，尤其是为英俄两国舆论界所流行者，遂使“欧洲诸国——一如（我们威廉）皇帝美术家所自言者——各以本国神灵作其代表，为天上遣来的头等天使 Michael 所召集，共商如何抵抗佛教异端野蛮的侵略，以保护十字架之道”。（原注，1895 年 9 月 26 日，德皇威廉第二致俄皇之函。）[①]

从威廉二世的话中我们可以看出，其以军事和经济力量为基础的硬实力（Hard Power）背后最主要的还是文化和信仰这些软实力（Soft Power）的冲突：[②] 第一，白种人与黄种人之间的冲突；第二，基督教与佛教之间的冲突。

1895 年，威廉二世构思了一幅“具有伟大历史意义”的作品，9 月由他的美术老师克纳克富斯（Hermann Knackfuß，1848—1915）创作完成。这幅题为《欧洲各民族，保卫你们的信仰和家园》（*Völker Europas, wahret Eure heiligsten Güter*）版画，制版印刷后送给了皇帝的亲友大臣和欧洲其他主要国家的统治者们。画面中天使总领米迦勒站在悬崖之上俯瞰城市和河流，他右手握着一把火红的剑，左手向代表欧洲的诸神展示着远处升起的一团黑烟，而这七位欧洲的诸神（分别代表德、英、法、意、奥、俄等七个西方国家）则代表着欧洲的基督徒，她们拿着长矛与盾牌听从着米迦勒的指挥，而在她们头顶的天空中则是一个巨大的十字架。在悬崖下方深处的城郭一边，半空中是一团乌云，云中一团火焰中是端坐着的佛像，下面则是象征着中国的恶龙形象。这幅画很清楚地表明了欧洲要战胜以东亚黄种人为代表的恶龙文化以及佛教信仰。正如威廉二世在写给罗曼诺夫王朝的最后一位沙皇尼古拉二世

① 《三国干涉还辽秘闻》第 49 页。

② Cf. Joseph S. Hye, Jr., “The Changing Nature of World Power”, *Political Science Quarterly*, No. 105 (Summer 1990), pp. 181-182.

图 5　《哈珀斯周刊》（*Harper's Weekly*）上刊登的“黄祸”（The Yellow Peril）黑白版画。这是威廉二世构思，克纳克富斯创作的《欧洲各民族，保卫你们的信仰和家园》的复制品。

（Czar Nicholas II，1868—1918）的信中所解释的那样，这幅画“展示了由天国派来的总领天使米迦勒召集了代表欧洲力量的守护神，团结起来抵抗佛教、异教和野蛮思想的入侵，从而捍卫十字架”[①]。在 1900 年信奉基督教的西方国家的人口总数仅占全世界人口的 26. 9%，信奉佛教的为 7. 8%，而信奉中国民

---

① 1895 年 9 月 26 日威廉二世致俄皇尼古拉二世的信。见：Walter Goetz，*Briefe Wilhelms II an den Zaren*，1894-1914. Berlin：Ullstein，1920. S. 19. 此处引自：Otto Franke：*Die Großmächte in Ostasien von* 1894-1914. *Ein Beitrag zur Vorgeschichte des Krieges*. Braunschweig und Hamburg，1923. S. 92.

间宗教的人口却占了 23.5%。[①] 这是在威廉二世设计的版画中，一团黑烟之中既有佛陀也有恶龙的缘故。对于当时的欧洲人来讲，占领海外的殖民地也是其“文明布道”（Zivilisierungsmission）的一种方式：

> 文明人有责任，甚或有义务推广他们的文化价值和生活方式。这样做可以有各式各样的理由：给蛮荒之地带来安定，宣传一种自认为正确的信条，或者干脆就是为野蛮人做好事。“文明布道”主张受到凡此种种理由和动机的滋养。“布道”在此不一定仅指传播宗教信仰，更确切地说，它是一种普遍的使命感，指向他者传播自己的标准和制度，甚至或多或少强迫他者接受。这一切的前提是文明人坚信自身生活方式的优越性。[②]

因此，在德国人看来，殖民甚至是他们的责任。在 19 世纪，文明只有一个标准，那就是欧洲文明。历史学家奥斯特哈默（Jürgen Osterhammel，1952—）在《世界的演变：19 世纪史》中认为：“文明化主张在任何一个时期都不像在 19 世纪那样所向披靡。”[③] 亨廷顿也指出：“普世文明的概念是西方文明的独特产物。19 世纪，‘白人的责任’的思想有助于为西方扩大对非西方社会的政治经济统治作辩护。”[④] 因此，三国干涉的背后担心的是中国和日本的联合，或者中国为日本所吞并而使东亚合而为一，如果那样的话，“白种人”将永远没有机会插手“黄种人”的事物了。尽管亨廷顿认为，冷战之后国家或政治集团之间的冲突不再是政治意识形态或经济意识形态的冲突，而更多的将是文明的冲突：

> 在未来的岁月里，实际上将不会出现一个单一的普世文化，而是将许多不同的文化和文明相互并存。那些最大的文明也拥有世界上的主要权力，它们的领导国家或是核心国家——美国、欧盟、中国、俄罗斯、日本和印

① David B. Barrett, *World Christian Encyclopedia*, Oxford: Oxford University Press, 1982. 转引自：［美］亨廷顿著，周琪等译《文明的冲突》第 57 页，新华出版社，2017 年。

② 奥斯特哈默著，强朝晖等译《世界的演变：19 世纪史》第 1512 页，社会科学文献出版社，2016 年。

③ 《世界的演变：19 世纪史》第 1512 页。

④ 亨廷顿著，周琪等译《文明的冲突》第 58 页，新华出版社，2017 年。

度，将来可能还有巴西和南非，或许再加上伊斯兰国家，将是世界舞台的主要活动者。在人类历史上，全球政治首次成了多极的和多文化的。①

文明的冲突是未来世界和平的最大威胁，而建立在文明基础之上的国际秩序是防止世界大战的最可靠的保障。②

1946 年 3 月，时任英国首相的丘吉尔（Winston Churchill，1874—1965）在美国富尔顿发表“铁幕演说”（“iron curtain” speech），正式拉开了冷战序幕。1947 年 3 月，美国杜鲁门主义上台，标志着冷战开始，美国和“北大西洋公约组织”代表资本主义阵营。1955 年象征社会主义阵营的“华沙条约组织”成立标志着两极格局的形成。1991 年华约解散，之后苏联解体，标志着冷战结束，同时也标志着两极格局的结束。其实冷战前后总共不过 44 年而已，而此前和此后都是“文明的冲突”。亨廷顿认为，文明的对话才是解决文明冲突的有效方式：“我所期望的是，我唤起人们对文明冲突的危险性的注意，将有助于促进整个世界上‘文明的对话’。”③《三国干涉还辽秘闻》所揭示出的文明的冲突，也只有通过文明的对话才能得到彻底解决。

（李雪涛　北京外国语大学历史学院教授）

① 《文明的冲突》“中文版序言”第 2 页。

② 《文明的冲突》第 381 页。

③ 《文明的冲突》“中文版序言”第 3 页。

传教士欧德理的客家歌谣研究*

杨 扬

摘 要：早期客家歌谣研究是中西学者共同耕耘的一个学术园地。在西文早期客家歌谣研究史上，传教士欧德理因其开山的地位而引人注目。本文就欧德理的客家歌谣研究之机缘、成果以及学术史意义进行全面深入的讨论，希望引起客家研究界对于西文早期客家歌谣研究史这一薄弱研究领域的更多关注。

关键词：欧德理 客家歌谣 早期客家研究 传教士汉学

客家[2]歌谣研究是早期客家研究[3]的重要组成部分，是中西学者共同耕耘的学术园地。现代客家研究奠基人罗香林已对中文早期客家歌谣研究史做了经典性梳理。[4] 相较而言，西文早期客家歌谣研究史很长一段时间被忽视，直到近年，由于中国台湾学者的努力，传教士欧德理（E. J. Eitel，1838—1908）的客家歌谣研究作为其客家研究的一部分被打捞出来，[5] 在打捞式研究基础上，有

---

* 本文系国家社会科学基金重大项目《多卷本全球客家通史》（批准号 17ZDA194）的阶段性成果之一。

② 笔者在客家界定问题上采纳王东在《那方山水那方人：客家源流新说》（华东师范大学出版社，2007 年；广东人民出版社，2018 年）中提出的方言群说，即客家是说客家方言的人群。

③ 笔者按，早期客家研究的时间段以 1808 年徐旭曾《丰湖杂记》为起点，以 1933 年罗香林《客家研究导论》为终点。

④ 罗香林编《粤东之风》第 76—91 页，北新书局，1936 年。笔者按，该书实际成书时间为 1928 年。

⑤ 简宏逸《〈客家汉人民族志略〉译注与研究》报告，2012 年（该报告研究部分后来单独成文，见《欧德理与他的传教士民族志：客家研究的德意志起源》，载《全球客家研究》2016 年第 7 期；该报告近期扩充成书，见简氏编辑译注《制作客家人：十九世纪传教士的客家民族志》，台北：城邦印书馆股份有限公司，2018 年）；林正慧《华南客家形塑历程之探究》，载《全球客家研究》2013 年第 1 期；施添福《从“客家”到客家（二）：粤东“Hakka·客家”称谓的出现、蜕变与传播》，载《全球客家研究》2014 年第 2 期。

学者提出最新论断："Eitel 的讨论可说是目前已知最早的客家音乐分析。"① 只有明晰欧德理的客家歌谣研究，才能获得学术史基点，以便对后续其他西文客家歌谣研究进行定位。有鉴于此，笔者充分吸收中国台湾学者相关研究②，对欧德理客家歌谣研究之机缘、成果及学术史意义进行全面深入的讨论，望引起客家研究界对西文早期客家歌谣研究史这一薄弱研究领域的更多关注。

一、机 缘

欧德理研究客家歌谣的机缘，一方面和他的学术渊源有关，另一方面也离不开他的传教经历。就欧德理的学术渊源而言，虽然他的客家歌谣研究成果发表在英文汉学期刊上，但真正对他产生较深影响的是德文民族志学（以 1808 年 Ehrmann 发表的《普遍与特定民族志学大纲》为典范），而非英文民族志学（以 1852 年发行的《民族学访问手册》为典范）。《普遍与特定民族志学大纲》提出 12 个研究主题，其中第 9 个研究主题是"礼俗与民俗艺术"，歌谣是"民俗艺术"的题中之意，而《民族学访问手册》则不重视文学作品，它关心的是非语言类的民俗艺品。③ 由上可知，由于德文民族志学的民族志书写框架中包含民俗艺术，受其影响的欧德理自然会关注到歌谣。

理论上对歌谣产生兴趣的欧德理，之所以选择客家歌谣作为实际研究对象，和他的传教经历密不可分。他在 1862 年受巴色会派遣来到香港，由于巴色会传教对象是客家方言群，故而他一开始便到邻近香港的新安县客家社区传教，虽然 1865 年因结婚问题被迫离开巴色会加入伦敦会，但由于他掌握的客家方言是伦敦会传教对象博罗县客家人所说的语言，故而又前往博罗县客家社区传教。④ 1867 年开始发表客家歌谣研究成果时，他已在客家地区生活了 5 年。客家地区传教经历使欧德理对客家歌谣产生丰富的感性认识，这些认识经过他所接受的德文民族志学的加工，便结出了他的客家歌谣研究成果。

---

① 许馨文《台湾客家音乐研究的回顾与前瞻》，载《全球客家研究》2019 年第 12 期。

② 由于简氏编辑译注《制作客家人：十九世纪传教士的客家民族志》是最新的总结之作，故而笔者将该书作为本文的主要对话对象。

③ 《制作客家人：十九世纪传教士的客家民族志》第 31—38 页。

④ 《制作客家人：十九世纪传教士的客家民族志》第 15—18 页。

二、成　果

欧德理研究客家歌谣的成果体现在文字上是3组文章。第1组文章名为《客家文学》（Hakka Literature），单独成篇，第2组文章叫作《客家人的歌谣》（Popular Songs of the Hakkas），分成3篇，构成《汉族客家民族志略》（Ethnographical Sketches of the Hakka Chinese）这一长文的第5节，这两组文章登载于英文汉学期刊《中日释疑》（*Notes and Queries on China and Japan*）[①] 上，发表时间为19世纪60年代后期。[②] 第3组文章题为《客家歌谣》（Hakka Songs），亦分成3篇，登载于英文汉学期刊《中国评论》（*The China Review*）上，发表时间为19世纪80年代前期。[③]

第3组文章需要笔者多说几句，因为这组文章没有署名，为何要把它归入欧德理的名下？学者简氏比较《客家人的歌谣》和《客家歌谣》这两组文章中的山歌（客家歌谣的一种，其定义详见下文客家歌谣分类论）英译文后发现有7首"几乎相同"，故而认为"这些未署作者姓名的客家民歌，很可能就是欧德理在19世纪60年代收集到的"。[④] 除了客家歌谣英译文相似这一证

---

① 《中日释疑》是《中国评论》的前身，欧德理和两份期刊均有密切关系，详见王国强《〈中国评论（1872—1901）〉与西方汉学》第35—38页，上海书店出版社，2010年。这两份期刊均有电子扫描版，《中日释疑》的来源电子数据库及地址是，互联网档案馆（https：//archive. org/），《中国评论》的来源电子数据库及地址是，香港大学图书馆的香港期刊在线（hkjo. lib. hku. hk/）。这两份期刊近年亦有纸质影印版，分别是：许海燕选编《稀见近代英文期刊汇编》第4册《中日释疑》，国家图书馆出版社，2010年；《中国评论》，国家图书馆出版社，2010年。笔者阅读的是这两份期刊的电子扫描版，特此说明。

② E. J. Eitel，"Hakka Literature"，*Notes and Queries on China and Japan*，1.4（Apr. 1867）；E. J. Eitel，"Ethnographical Sketches of the Hakka Chinese，Article V，Popular Songs of the Hakkas"，*Notes and Queries on China and Japan*，1.9（Sept. 1867）；E. J. Eitel，"Ethnographical Sketches of the Hakka Chinese，Article V，Popular Songs of the Hakkas（Continued）"，*Notes and Queries on China and Japan*，1.10（Oct. 1867）；E. J. Eitel，"Ethnographical Sketches of the Hakka Chinese，Article V，Popular Songs of the Hakkas（Concluded）"，*Notes and Queries on China and Japan*，1.11（Nov. 1867）.

③ "Hakka Songs"，*The China Review*，11.1（Jul. 1882）；"Hakka Songs"，*The China Review*，12.6（May 1884）；"Hakka Songs"，*The China Review*，13.1（Jul. 1884）.

④ 《制作客家人：十九世纪传教士的客家民族志》第190页。笔者按，虽然欧德理在《中国评论》上登载《客家歌谣》时已经不是传教士（他于1879年向伦敦会辞职），但是正如简氏所说这些客家歌谣是欧德理在19世纪60年代收集的，故而它们仍然可以被当作欧德理作为传教士时的成果。

据之外，笔者还找到另外两条补充性证据：一条证据是，《客家歌谣》第19首[①]的歌词中说道“亚哥惠州妹博罗”，[②] 博罗县正是欧德理转隶伦敦会后传教的地方；另一条证据是，欧德理在《汉族客家民族志略》中经常使用“whilst”这个连词，而在《客家歌谣》中亦较多使用该连词，用词上的偏好或许也可以反推出《客家歌谣》的作者是欧德理。

如果将这3组文章合观，可以看出欧德理的客家歌谣研究结构是二元式的，即由评论（remark）之部和歌谣（song）之部两部分组成。评论之部的内容可以分成六论，即价值论、源流论、特征论、分类论、采集论以及整理论。这六论的逻辑关系如下：价值论涉及为何研究客家歌谣，源流论、特征论和分类论涉及客家歌谣本身是何，采集论与整理论涉及如何研究客家歌谣。

价值论是对客家歌谣价值的探讨。在欧德理看来，当时已完成的汉译基督教诗歌都是文言文，它们无法被一般民众理解，导致基督教理念的大众传播效果不佳，而如果基督教诗歌能用在地的样子即一般民众听得懂的口语方言来呈现，那么其蕴含的基督教理念也就更容易深入人心。客家歌谣便是一种在地的样子，如果想让基督教理念在客家民众中广泛传播，舍客家歌谣别无他途。故而，从寓“教”于“歌”的视角立论，客家歌谣具有传教价值。

源流论是对客家歌谣起源的推测。欧德理感觉客家山歌“和北方所谓京剧以及华中所谓采茶歌类似”[③]，由此可知，欧德理直观上认为客家歌谣的源头可能是广义北方地区的歌谣。

特征论是对客家歌谣整体特色的总结。欧德理认为客家歌谣既有歌谣的一般特色，更具独特的魅力。在欧德理看来，歌谣的共性是，它“不去述及个别偶然的经验，也不表达一时流行或想象的情感”“叙述的是每个人在一定情况下都有的感情，用史诗般的方法描述，不在意各种想法间的逻辑关系，不协调地带出人们爱情、悲苦、厌恶的感觉，像人在兴奋和激情时思想断开的样子”，它“没有虚情假意、道德教训，或是宗教性的无聊低吟”，“用天然的单纯、不加粉饰的真诚表现，但是也因此有最强烈的感动和能量”。[④] 正

① 笔者按，《客家歌谣》序号为笔者所加，下同。

② “Hakka Songs”, *The China Review*, 12.6 (May 1884).

③ “Hakka Literature”.

④ “Ethnographical Sketches of the Hakka Chinese, Article V, Popular Songs of the Hakkas”. 笔者按，本文以下所引译文系根据简氏译文修订而成。

因为歌谣表达了民众普遍性的真情实感，作为全球歌谣大家庭成员的客家歌谣同样也能传达出普通客家人的所思所想、所做所为，故而客家歌谣的第一个特色可称呼为“媒介性”。除了具有歌谣的一般特色“媒介性”之外，客家歌谣也散发着独特的魅力，这种魅力体现在与本地人（粤方言群）和福老人（闽南方言群）的比较中。欧德理指出，本地人和福老人也有自己的歌谣，但是，他们只是听读而非唱它，并且可以凭着歌本来流传。至于客家人，他们人人时时处处都会唱客家歌谣，例如“从来没学过怎么读书的人、所有的农业阶级，在每个场合都会用上这些歌谣，他们一边工作，一边哼着歌谣，在休息的时候唱歌谣，用歌谣来互相戏谑，用歌谣互相嘲笑奚落，他们甚至会从歌谣中唱出合适的段落来吵架”①，他们不是靠书本而是靠口耳承传客家歌谣。通过对广东三大方言群的歌谣在使用方式上的比较，欧德理发现客家歌谣的独特魅力在于它的“可唱性”与“口传性”。

分类论是对客家歌谣种类的划分。欧德理将客家歌谣分成6个种类，分别是山歌、和歌、采茶歌、咸水歌、乞食人歌及小儿歌。6种客家歌谣的定义分别是：山歌是农民唱的歌谣，饱含情色意味；和歌是男女互相戏谑时对唱的歌谣；采茶歌是采摘山茶时唱的歌谣；咸水歌是水手、船民、渔民唱的歌谣；乞食人歌是乞丐唱的歌谣；小儿歌是与幼儿有关的歌谣。对于客家歌谣种类划分的依据，欧德理并未明示。如果从其定义来推，山歌、咸水歌、乞食人歌对应的是不同身份的客家人，这似乎是依据歌唱者身份来定义的，而和歌、采茶歌、小儿歌对应的是不同的歌唱情景，这可能是依据歌唱情景来定义的。由此可知，欧德理的分类论采用复合分类法，因为它杂糅了歌谣歌唱者身份与歌唱情景两种分类依据。

采集论是对客家歌谣采集过程与成绩的介绍。就采集过程而言，欧德理自述道：“我在内陆客家地区生活过五年，曾经收集到数百首歌谣片段，它们都是我碰巧听到客家人唱歌时匆忙用罗马字母记下的。”② 由此，欧德理能采集到客家歌谣完全得益于他在客家地区的参与性观察。至于他的客家歌谣采集成绩，自述中提到有“数百首歌谣片段”。

整理论是就采集到的客家歌谣怎样整理的思考。怎样整理，包括如何写

① “Ethnographical Sketches of the Hakka Chinese, Article V, Popular Songs of the Hakkas”.

② “Ethnographical Sketches of the Hakka Chinese, Article V, Popular Songs of the Hakkas”.

出和注释什么。在如何写出这个问题上，欧德理的做法有过变化，即大体上从完全英译到汉英对照。在《中日释疑》上，他写出的客家歌谣只有英译文，没有汉文。而到了《中国评论》中，则以汉文和英译文上下对照的形式呈现。在注释什么这个问题上，欧德理做了背景注释与词义注释。背景注释可举《客家歌谣》第20首为例，该歌谣汉文是："送郎一亭又一亭，嘱咐咱郎爱洗身，洗身爱洗烧烧水，莫来冷水洗坏身。"① 英译文结束后，欧德理有一句方括号括起来的英文，意思是客家人每天早晨都洗澡，这从客家人爱干净的风俗上对这首歌谣产生的背景做了介绍，方便读者理解该歌谣。词义注释可举《客家歌谣》第47首为例，该歌谣汉文是："送郎送到墟场边，嘱咐咱郎莫赌钱。分贝皆从今贝起。勿俾戎贝又来缠。"② 英译文中出现"贫""贪""贼"三个汉字，用以诠解"分贝""今贝""戎贝"。除了专门注释，英译其实也是一种注释，因为它减少了英文世界的读者理解客家歌谣时的方言障碍。

以上所述是欧德理的客家歌谣研究之结构中的评论之部。以下进言歌谣之部的内容。上文提到，欧德理采集了"数百首歌谣片段"，它们被选择后公开载于《中日释疑》和《中国评论》上的共计116首。这些公之于世的客家歌谣，如果按种类计算，则山歌95首、和歌7首、采茶歌12首、咸水歌0首、乞食人歌1首、小儿歌1首，又如果按文种计算，则纯英译文34首、汉英对照80首、纯汉文2首。其中有两处奇异需要略做解释。一处奇异是咸水歌0首，之所以不选录它们，按照欧德理自己的说法是"我把咸水歌略过不介绍，因为深入研究后发现它们都是仿作或袭用本地人的歌谣而已"③，即咸水歌没有客家特色，读者只需去看粤方言群的咸水歌即可。另一处奇异是纯汉文2首，这2首之所以没有英译，按照学者简氏的猜测"可能是因为版面空间不足，或是因为歌词太过淫秽，刻意不译"④。笔者查阅《中国评论》，发现这2首歌谣是《客家歌谣》第15首和第16首，内容分别为："亚妹生来真系娇，莆下背吁瘸到腰。百剂灵丹都食唔好，俾咱亚哥一责就伸腰。""亚

① "Hakka Songs", *The China Review*, 12.6 (May 1884).

② "Hakka Songs", *The China Review*, 12.6 (May 1884).

③ "Ethnographical Sketches of the Hakka Chinese, Article V, Popular Songs of the Hakkas (Concluded)".

④ 《制作客家人：十九世纪传教士的客家民族志》第193页脚注1。

妹生成骊吁形，一时唔责冇时停。今下咱亚哥骑一下，果然善睡又安眠。”[①] 从内容可知尽是摹写男女云雨之事，故而在简氏提供的两种猜测中，笔者更倾向“歌词太过淫秽，刻意不译”这一猜测。

这116首客家歌谣的具体内容，我们翻阅《中日释疑》和《中国评论》即可大体知晓，其中的汉文又由学者简氏做了断句标点，本来无须赘录，但是笔者对看汉文与英译文后感觉简氏的汉文录文及断句有若干疏失，故而以下照录有问题的客家歌谣汉文简氏版本并提出笔者的修正版本，供学界参考。

《客家歌谣》第22首[②]，简氏版本是：“有心亚妹你来呢，坐竟床边咱讲知；因为嘤久唔会同，妹会相思得病至今时。”[③] 修正版本为：“有心亚妹你来呢：坐竟床边咱讲知：因为嘤久唔曾同妹会，相思得病至今时。”

《客家歌谣》第38首[④]，简氏版本是：“一群亚妹路边企，先行个只像嗺妻；第二个只像嗺云，娇姐勾尾个只像嗺晚娇姨。”[⑤] 修正版本为：“一群亚妹路边企：先行个只像嗺妻；第二个只像嗺云娇姐；勾尾个只像嗺晚娇姨。”

《客家歌谣》第39首[⑥]，简氏版本是：“上岭唔得打横排，勾尾有只亚妹来；逐咱亚哥问你逐咱做乜个，妹话昨晚睡目换错鞋。”[⑦] 修正版本为：“上岭唔得打横排，勾尾有只亚妹来逐咱。亚哥问你逐咱做乜个？妹话昨晚睡目换错鞋。”

《客家歌谣》第41首[⑧]，简氏版本是：“龙眼打花扯打扯，那有姑娘唔爱麻；哥今买筒苧麻啤，妹绩你唔好多情向那嘏。”[⑨] 修正版本为：“龙眼打花扯打扯。那有姑娘唔爱麻？哥今买筒苧麻俾妹绩，你唔好多情向那嘏。”

---

① “Hakka Songs”, *The China Review*, 11.1 (Jul. 1882).

② “Hakka Songs”, *The China Review*, 12.6 (May 1884).

③ 《制作客家人：十九世纪传教士的客家民族志》第198页第33首。笔者按，简氏的《客家歌谣》序号为其所加，与笔者所加序号不同。

④ “Hakka Songs”, *The China Review*, 12.6 (May 1884).

⑤ 《制作客家人：十九世纪传教士的客家民族志》第200页第49首。

⑥ “Hakka Songs”, *The China Review*, 12.6 (May 1884).

⑦ 《制作客家人：十九世纪传教士的客家民族志》第200页第50首。

⑧ “Hakka Songs”, *The China Review*, 12.6 (May 1884).

⑨ 《制作客家人：十九世纪传教士的客家民族志》第200页第52首。

《客家歌谣》第 45 首[①]，简氏版本是："妹呀割草爱割蕃，其带草花各人早，转绩皮麻绩开麻；来煮饭食食开饭，来好咾亚哥睡目打糍粑。"[②] 修正版本为："妹呀割草爱割蕃其带草花；各人早转绩皮麻。绩开麻来煮饭食，食开饭来好咾亚哥睡目打糍粑。"

《客家歌谣》第 46 首[③]，简氏版本是："新织花带斗穗多，一心都想送俾好；契哥放下床头人，检走欢喜过少押过多。"[④] 修正版本为："新织花带斗穗多：一心都想送俾好契哥。放下床头人检走，欢喜过少押过多。"

《客家歌谣》第 67 首[⑤]，简氏版本是："连妹唔到命间歹，削开头发去食斋；捧只木鱼来打下，又怕有拜神，娘子可怜咱。"[⑥] 修正版本为："连妹唔到命间歹。削开头发去食斋，捧只木鱼来打下，又怕有拜神娘子可怜咱。"

《客家歌谣》第 68 首[⑦]，简氏版本是："连妹爱连好颈花，你一晚唔去，佢会来惹；眼拐一丢还过得颈，花一摆哥就一身麻。"[⑧] 修正版本为："连妹爱连好颈花，你一晚唔去佢会来惹。眼拐一丢还过得，颈花一摆哥就一身麻。"

《客家歌谣》第 72 首[⑨]，简氏版本是："亚妹生成白鹊鸡，飞篱拔壁来影咱；等咱亚哥变介半天角，鸡子抓过岭背摆下豺。"[⑩] 修正版本为："亚妹生成白鹊鸡，飞篱拔壁来影咱。等咱亚哥变介半天角鹞子，抓过岭背攞下豺。"

《客家歌谣》第 78 首[⑪]，简氏版本是："妹呀，你生来唔好间吊歪，路上相逢你唔问；咱喏头上花锁都系咱打个，那暇摆坏喏心坏？"[⑫] 修正版本为："妹呀你生来唔好间吊歪，路上相逢你唔问咱。喏头上花锁都系咱打个。那暇摆坏喏心坏？"

---

① "Hakka Songs", *The China Review*, 12.6 (May 1884).

② 《制作客家人：十九世纪传教士的客家民族志》第 200 页第 56 首。

③ "Hakka Songs", *The China Review*, 12.6 (May 1884).

④ 《制作客家人：十九世纪传教士的客家民族志》第 201 页第 57 首。

⑤ "Hakka Songs", *The China Review*, 13.1 (Jul. 1884).

⑥ 《制作客家人：十九世纪传教士的客家民族志》第 203 页第 78 首。

⑦ "Hakka Songs", *The China Review*, 13.1 (Jul. 1884).

⑧ 《制作客家人：十九世纪传教士的客家民族志》第 203 页第 79 首。

⑨ "Hakka Songs", *The China Review*, 13.1 (Jul. 1884).

⑩ 《制作客家人：十九世纪传教士的客家民族志》第 204 页第 83 首。

⑪ "Hakka Songs", *The China Review*, 13.1 (Jul. 1884).

⑫ 《制作客家人：十九世纪传教士的客家民族志》第 205 页第 89 首。

三、学术史意义

欧德理的客家歌谣研究在学术史上有三方面意义。

第一，从西文早期客家歌谣研究内部视角看，它有引起的意义。欧德理的客家歌谣研究引起其他传教士的后续研究，笔者举两人为例。一位是何必烈（F. Hubrig，1840—1892）[①]，他也是德意志人。原属巴陵会，后转巴勉会，再归巴陵会。他在1879年柏林人类、民族、史前学会例行月会上宣读《论汉族客家》一文，其中一段专论客家歌谣。由于《论汉族客家》着眼的是客家的整体品性，故客家歌谣在该文中被当作客家品性的一个指标，因此客家歌谣有歌谣反映民族品性这个一般特色。至于客家歌谣的独特魅力，何必烈认为客家人爱唱歌谣，且这些歌谣是透过口语一代代传下来的。另外他将客家歌谣划分为7个种类，分别是山歌、咸水歌、河歌、采茶歌、乞讨歌、小儿歌以及男女对唱歌。如果将何必烈的客家歌谣研究与欧德理的客家歌谣研究比较，可以清晰地发现何必烈几乎照搬欧德理的客家歌谣特征论（媒介性、可唱性与口传性）和客家歌谣分类论（山歌、和歌、采茶歌、咸水歌、乞食人歌以及小儿歌）。另一位是艾希勒（R. Eichler）[②]，他亦是德意志人，原是巴勉会的传教士，后参加伦敦会，接替欧德理在博罗县的传教工作。他在1883年于《中国评论》上发表《若干客家歌谣》（Some Hakka-Songs）一文，写出10首汉英对照的客家歌谣，[③] 这显示他接受了欧德理的客家歌谣整理论（如何写出之论）。

第二，从中西文早期客家歌谣研究比较的视角来说，它具有补充的意义。大约在欧德理采集整理客家歌谣的同时，黄遵宪（1848—1905）也在采集整理客家歌谣。他在清光绪十七年（1891）给其嘉应州同乡胡曦的书信中，登载了15首客家山歌，[④] 他听闻这些山歌的时间是清同治三年（1864）至十二

① 何必烈的生平简介及其德文客家歌谣研究成果的汉译文详见《制作客家人：十九世纪传教士的客家民族志》第173、187页。

② 艾希勒的传教经历详见黄宇和《孙文革命：〈圣经〉和〈易经〉》第173—174页，广东人民出版社，2016年。

③ R. Eichler, "Some Hakka-Songs", *The China Review*, 12.3 (Nov. 1883).

④ （清）黄遵宪《关于乡邦文献及山歌寄胡晓岑》，载《书林》1937年第1卷第1期。

年（1873）间。[1] 黄遵宪采集整理的客家山歌来自于嘉应州，而欧德理采集整理的客家歌谣来自新安县和博罗县，前者和后者分别是当今学者所谓的“中心客区”和“边缘客域”。[2] 19世纪后半叶客家歌谣的历史全景是由“中心客区”和“边缘客域”这两类客家地区的歌谣所组成的，黄遵宪只提供了“中心客区”客家歌谣，“边缘客域”客家歌谣则幸赖欧德理的提供。

第三，从早期客家歌谣研究整体进程的视角来谈，它具有元典的意义。学界公认，罗香林所编《粤东之风》是早期客家歌谣研究集大成之作。如将该书讨论之部与欧德理的客家歌谣研究的评论之部相比较，可以发现客家歌谣的价值、源流、特征、分类、采集、整理等研究要件是双方共有的。由此可见，欧德理在研究客家歌谣时提出的为何研究、本身是何、如何研究等问题，在《粤东之风》中有过再现，这表示欧德理提出的客家歌谣研究的若干问题具有“元问题”的性质，因为只有“元问题”才会被后世学者再讨论。

结论

综上所述，欧德理的客家歌谣研究机缘由其德文民族志学学术渊源与“边缘客域”传教经历共同构成；其客家歌谣研究结构是二元式的，即评论之部和歌谣之部，在评论之部中他提出客家歌谣六论，即价值论、源流论、特征论、分类论、采集论以及整理论，在歌谣之部中他公布116首客家歌谣；他的客家歌谣研究之学术史意义表现为三方面：它引起其他传教士的后续研究，补充黄遵宪未提供的“边缘客域”客家歌谣图景，提出早期客家歌谣研究的若干“元问题”故而堪称元典。欧德理的客家歌谣研究是西文早期客家歌谣研究史的开端，在他之后西文早期客家歌谣研究的进展，笔者只简单提及何必烈与艾希勒两人，至于其他西文客家歌谣研究，则有赖客家研究时贤的继续打捞。本文只是抛砖引玉之作，笔者希望客家研究界对西文早期客家歌谣研究史这一薄弱研究领域给予更多关注，以使其历史图景得到全面展现。

（杨扬　华东师范大学历史学系博士研究生）

---

① 陈铮编《黄遵宪全集》（上册）第70页，中华书局，2005年。

② “中心客区”和“边缘客域”的定义，详见林正慧《华南客家形塑历程之探究》，载《全球客家研究》2013年第1期。

·美国汉学（中国学）研究·

美国汉学家管佩达论苏诗与佛道关系*

万　燚

摘　要：美国汉学家管佩达细致论析苏轼诗歌与佛、道的关系，关注苏轼反映佛教绘画与雕塑的诗歌，揭示佛道“语言悖论”与苏诗之间的内在关联，剖析佛道时空观对苏诗“宇宙视角”的启发。总之，管佩达着眼于苏诗的一大独特之处，即苏轼对佛道思想与语言的借用，敏锐捕捉到该借用具有明显的选择性，用以表达儒家术语无法恰当或充分表达的诗歌体验，可谓切中肯綮。

关键词：美国汉学　苏诗　佛道　语言悖论　宇宙视角

佛与道在宋代文学中无所不在，尤其在精英文学中随处可见。美国汉学界对此予以了一定的探讨。艾朗诺（Egan C. Ronald，1948—）提出禅宗的诸多理念与诗学有相通之理，他说：“在一个更高的层面上，在禅宗的开悟与诗人的灵感或洞见之间，在获得宗教顿悟之前必须度过艰苦修行期与取得文学成就之前必须经历学徒期之间，在禅宗宗派与诗歌流派之间，可以进行平行类比。”① 施吉瑞（J. D. Schmidt，1946—）也指出：“最为重要的是，禅宗深刻影响了宋代知识阶层的学术与艺术生活，并且成为中国文化中最佳艺术品的触媒”，还认为，“作为北宋最重要的诗人，苏轼受佛教思想的深刻影

* 基金项目：国家社会科学基金“欧美汉学界中国文学史书写话语建构研究”（19BWW017）。

① 孙康宜、[美] 宇文所安主编，刘倩等译《剑桥中国文学史》第481页，生活·读书·新知三联书店，2013年。

响”。[①] 以上都提醒我们注意宋代文人审美趣味中的佛禅维度。苏轼，这位与方外之人交往甚密且深受佛道思想影响的诗人，其诗歌世界与佛道联系极为紧密。苏轼甚至戏称自己前世是六祖慧能。他除了在诗歌创作中广泛借用佛道语言与思想，还经常在诗歌里探讨佛道与书法、诗歌之关系。但尽管佛道对苏诗的影响无处不在，然而要想获得二者之间确切的证据却并非易事。管佩达（Beata Grant，1954—）则以其细腻的笔触为我们系统展示了她对苏诗与佛道关系的理解与思考，本文即对此进行爬梳与分析，以就教于方家。

一、管佩达论苏轼反映佛教绘画与雕塑的诗歌

管佩达慧眼独具，于苏轼诸多诗作中择取反映佛教绘画、雕塑的篇目予以深入剖析。她认为此类诗将哲学与审美、描绘与沉思相融合，与偈遵循传统的宗教模式不同，苏轼在诗歌中运用了多种自我表达模式，但偈与诗歌创作都明显受到佛教艺术品的触发[②]。

苏轼早期诗歌表明他对《老子》《庄子》及佛教教义、故事、传说及著名佛教人物都相当熟悉，只是苏轼偶尔表现出调侃（ironic）或超然态度（detached attitude）。如苏轼作于凤翔期间的《维摩像唐杨惠之塑在天柱寺》，此诗不能堪称佳作，但毫无疑问，苏轼在前四句引用了《庄子》中的典故，且将庄子与维摩诘的生死观相较而论，此后的诗句便显示出苏轼的厌倦俗世的（world-weary）情绪，苏轼被维摩像及其潜藏的真理所吸引，只是苏轼的反映较为肤浅，这显示出苏轼对佛的矛盾（ambivalence）心态，但佛家思想毫无疑问成为一种可能的选择。这在苏轼居杭州期间与僧侣的交往可以看出，而苏辙的《和子瞻凤翔八观八首其四杨惠之塑维摩像》则更为深刻。苏辙批评谢灵运缺乏对佛家教义的理解。苏轼诗歌的融合性（integration）即将典故、隐喻、情感抒发、哲理、幽默等自然有机结合颇有庄子散文之风，这或许与佛道的兴趣有关。与西方浪漫派诗歌相似，苏轼亦不乏以自然景物表达哲理思考的诗歌，这些诗歌几乎都是对话性口吻（an almost conversation

---

① J. D. Schmidt, “Ch’an, Illusion, and Sudden Enlightenment in the Poetry of Yang Wan-li”, *T’oungPao*, Second Series, Vol. 60, Livr. 4/5 (1974), p. 231.

② Beat Grant, *Buddhism and Taoism in the Poetry of Su Shi (1036-1101)*, diss., Stanford University, 1987, p. 140.

tone)。有人指出苏轼对佛教的兴趣较为粗浅（与王维相比），但管佩达认为这并不准确，因为这是不同的诗学（或哲学）品格与风格的差异。

苏轼的偈（如《成都大悲阁记》）虽然含有很多内在的理或教义，但并不枯燥，序言的第二段也有明显的佛家与哲学语境，这也与苏轼的艺术创造性观念密切相关。在管佩达看来，这是体现苏轼思想发展历程中真正具有流畅性的诗歌，因为“实现了在语言与思想的非同寻常融合”①。苏轼有大量诗歌提及佛教（尤其是禅宗）的基本教义——无心（No-mind），这为人面对生命困境与完全创造性表达（full creative expression）提供了一种自发与适当反应的可能性，千手观音之所以能做到无惑（No-doubt），也正源于无心。这首诗深得高僧惠洪的赞美。

在苏轼生命的最后岁月，苏轼写了不少四行偈去接近佛家，它们充满直觉性，而较少智性，这意味着他对禅兴趣的加深与对禅宗文本（如《景德传灯录》）的深入了解。佛教四行偈的结尾具有开放性与言外之意，苏轼创作的大量四行偈多受十八罗汉的绘画与塑像（如贯休的罗汉像）的启发，并形成具有规律性的结构：首句描绘罗汉的姿势、手持物，次句展开其象征意义，第三句经常提出具有悖论性、公案性的陈述，第四句则具有未完成性与开放性，《第一宾度罗跋罗堕尊者》《第二迦诺迦代蹉尊者》《第五诺句罗尊者》均是如此。在《石恪画维摩颂》中，运用了动词“观”，诗人讨论了《庄子》经常谈及的时空相对性。

管佩达重点探讨了《记所见开元寺吴道子画佛灭度以答子由》一诗，该诗极少哲学典故，苏轼用力之处在描摹画作及吴道子的高超画技，诗歌开篇借用庄子“真人”实则指向《景德传灯录》中关于维摩诘的传说，诗中的“月亮”是一个非常重要且常见的佛教象征，龙树菩萨为了展示佛教精义将自己变成一个满月，苏轼亦经常在诗中使用月亮意象，管佩达由此得出：“苏轼似乎已经在具体的意象及形而上概念之间取得了更大的融合。”② 管佩达也具体论析了《王维吴道子画》一诗，在该诗中，苏轼第一个提出王维“诗中有画，画中有诗”，“清”“敦”在苏轼描述他崇拜的和尚及佛门弟子的诗歌与画作中反复出现，“祇园弟子尽鹤骨，心如死灰不复温”无疑出自《庄子·齐

① *Buddhism and Taoism in the Poetry of Su Shi (1036-1101)*, p. 146.

② *Buddhism and Taoism in the Poetry of Su Shi (1036-1101)*, p. 164.

物论》，王维之画由局部见整体的特点，既是一个重要的佛教观念，又对中国艺术理论的发展产生了重大影响。管佩达还指出：苏轼对王维的推崇事实上存在一定矛盾之处，即在“审美评价的客观性与他认同的某种人格”[①]之间存在的龃龉，此评颇为中肯。

人格化的力量（personified force，造物者）虽然早在《庄子》文本中已经出现，但苏轼是最早将它们纳入诗歌中的诗人之一，如《次韵吴传正枯木歌》有类似“天公”“造物”之语，该诗主题多重与叠加，在管佩达看来，该诗或表现了苏轼对艺术局限性的认识，或是一种厌世情绪。另一首受吴道子关于地狱绘画启发所作的《地狱变相偈》极富创造力，该诗虽然缺乏抒情的优雅，但从佛教角度切入是苏轼创造性的结晶，诗歌中的思想与意象可以在《华严经》第二十章找到概念性确证（definitive confirmation），如《六观堂老人草书诗》在评价了性的草书时使用了大量佛教观念与意象（如象、梦幻、无根、非无、泡影、灭、真吾等）。

主客合一（the union of subject and object）是苏轼诗歌的重要面向，如在《高邮陈直躬处士画雁》一诗中，“有时可视意象可以激发精神自由的渴望”[②]；《吴子野将出家赠以扇山枕屏》也源自于宗教（道、佛）的可视意象（山、雾、竹）的激发，这些意象的选择与苏轼的气质、意愿、兴趣契合，并符合其自我表达的需要。总而言之，管佩达敏锐地观察到苏轼早期对佛教的兴趣主要体现在他对佛教艺术的兴趣，这为他在此后更深入涉及诗歌与哲学奠定了基础。

二、佛道的“语言悖论”与苏诗

诗歌体验与宗教（尤其是禅宗）体验相似，都试图去呈现难以言说的内在心理感受，道家经典也充满语言的悖论。作为一位对道佛兴趣浓厚的诗人，苏轼试图解决言与不言之间存在的自然张力或悖论是一件顺理成章的事情。佛教语汇与表达对苏诗的影响或许不是最重要的，更关键的是，佛教强调的开悟与其诗歌的“自然”以及由此形成的风格相当类似。

---

① *Buddhism and Taoism in the Poetry of Su Shi*（*1036-1101*），p. 170.

② *Buddhism and Taoism in the Poetry of Su Shi*（*1036-1101*），p. 185.

关于苏轼是否开悟，管佩达以《赠东林总长老》为例说明，我们应该以诗人的标准而不是潜修者（mystic）的标准去看待这一事实，诗歌尾句“他日如何举似人”意味着“诗人的基本使命应聚焦于将无形之物有形化（translate the ineffable into the tangible），并能与他人分享”[①]，因此，我们应从审美角度而非纯粹形而上角度（a purely metaphysical angle）看待苏轼及其创作。苏轼早期对语言局限性的质疑是以一种相对戏谑、温和的嘲弄（mocking），这种嘲弄建基于庄子而非佛教文本，典型地体现在《石苍舒醉墨堂》一诗中，开篇似乎未涉及艺术，书法以自然为美，这与其早期的诗歌艺术理想一致，诗中的突转艺术又常被认为与庄子散文之风早期禅宗大师的公案有清晰的关联。不止于此，管佩达指出：“在苏轼其他诗歌中，我们同样可以看到对书写艺术的嘲弄（引申来说，即书法）。”[②] 如《答孔周翰求书与诗》体现了语言的幻灭（disillusion with words）与当时的政治气候（political climate）导致了牢狱之灾与流亡之苦。在苏轼的后期作品中，苏轼对语言的有限性（引申来说，即为诗歌）表现出更强的质疑，“这种质疑与他对佛道思想的探索密切相关”[③]。

管佩达注意到，“苏轼很多关于禅或诗歌悖论的诗作，肇端于与僧侣朋友的交游，这些僧侣试图解决自身的冲突，他们既保持作为方外之人的超脱，同时又是一个好诗人”[④]。“忘言”为庄子或佛教僧侣所推崇，苏轼对此十分倾慕，但又会因为自己难以做到陷入失望之中，在《秀州报本禅院乡僧文长老方丈》中，苏轼认为僧人已“得鱼”故可“忘荃”，也无须作诗，但东坡作为一位精通诗艺之人则依然须依赖其他方式（指写诗）去解决言意冲突。在苏轼晚年，他对陶渊明的人格与诗才更加认可，也走向了无言之言（saying by not-saying），他对“荃”的痴迷典型体现在《登州海市》中，海市蜃楼奇观与诗歌终将幻灭，但都属伟大的“创造”（glorious “inventions”）。同样，《喜书》一诗亦体现了佛家视语言为幻象及“不二”（non-duality，类似庄子的相对论）论，这“打破了时空的界限以及神圣与世俗、尘世与超越、愚蠢

① *Buddhism and Taoism in the Poetry of Su Shi（1036-1101）*, p. 194.

② *Buddhism and Taoism in the Poetry of Su Shi（1036-1101）*, p. 199.

③ *Buddhism and Taoism in the Poetry of Su Shi（1036-1101）*, p. 201.

④ *Buddhism and Taoism in the Poetry of Su Shi（1036-1101）*, p. 201.

与智慧、艺术家与潜修者"[①]，苏轼试图寻找到解决政治与个人、世俗与宗教之间张力的办法，这种努力在其作于1074年的《僧惠勤初罢僧职》中有清晰的体现，苏轼在面对出世与入世之间的矛盾时，他寻找到的解决方式是艺术。这在苏轼很多诗中得以延续，如《次韵徐仲车》、《是日宿水陆寺寄北山清顺僧二首》（其二）。苏轼试图彻底远离写作但并未成功，反而造就了语言创造力（linguistic creativity）的喷发，这种创造性来源于佛家。

与此同时，"如果欧阳修看到了贫穷和困难的价值，那么，苏轼则更进一步看到了精神贫穷（一种虚已、空）的价值"[②]。空（emptiness）在苏轼那里已不再是一个纯粹的美学观念，而是一个基本的宗教观念，《次韵仲殊雪中游西湖二首》（其一）中僧人的无言与陶潜的"欲辨已忘言"完全相同。

在苏诗中我们可以发现，苏轼崇拜那些既远离俗世又有高超诗艺的僧侣，并开始思考佛家精神中的超然与宁静是写作好诗的基础与前提，参寥这位看似完全融合审美与宗教的僧人，他的人格及与苏轼的友谊影响苏轼的思考，《次韵僧潜见赠》可以见出苏轼与参寥之间的友谊奠基于情感的深度或牢固的情感之线，"很明显，参寥既给了苏轼很多启迪，但与此同时，他又让苏轼意识到苏轼作为诗人的诸多局限"[③]；《再和潜师》言明了苏轼与参寥之间的友谊，对参寥及其诗歌的崇拜与追慕，但苏轼也认识到自身的局限性，然而苏轼也清晰地看到了在参寥身上所呈现的"空"所具有的个人与审美的潜在力量；《送参寥师》更明显地展现了苏轼更直接地处理佛教与诗歌之间关联的努力，施吉瑞更准确指出是"佛教的禅修体验与诗歌创作之间的密切关联"[④]，尤其是空、静、万象统一都来源于佛家，他所言的无住（non-lodging）是一个既关乎宗教体验又连接语言的概念，这在作于1078年的《百步洪》表现得更生动，诗中的无助"同样提供了一种解决在艺术与宗教、此世与彼世之间的显著悖论的方式"[⑤]。此外，在《游惠山》《次韵参寥寄少游》《琴诗》（很可能受《楞严经》启发）中，苏轼也试图解决出世与入世之间的矛盾，如在

① *Buddhism and Taoism in the Poetry of Su Shi* (*1036-1101*), p. 208.

② *Buddhism and Taoism in the Poetry of Su Shi* (*1036-1101*), p. 214.

③ *Buddhism and Taoism in the Poetry of Su Shi* (*1036-1101*), p. 223.

④ J. D. Schmidt, "Ch'an, Illusion, and Sudden Enlightenment in the Poetry of Yang Wan-li", *T'oungPao*, Second Series, Vol. 60, Livr. 4/5 (1974), p. 231.

⑤ *Buddhism and Taoism in the Poetry of Su Shi* (*1036-1101*), p. 239.

《琴诗》中，苏轼或许已经意识到佛教经文所言，但他的文学天才、创造性表达的深层需要以及儒家道家信仰使他无法进一步探索经文中的深层含义，但苏轼终无法逃离这种悖论，而是经常以诙谐且令人困惑而不是否定的方式运用这种悖论，这在《闻辩才法师复归上天竺，以诗戏问》一诗中体现得较为明显，而在《次韵定慧钦长老见寄》中，苏轼试图确证静（quiescence）、空（emptiness）、无言（wordlessness）。

管佩达在《苏轼诗歌中的佛与道》［Buddhism and Taoism in the Poetry of Su Shi（1036—1101）］中指出，苏轼人生的大部分时间都远离朝廷或贬放，这成为诸多批评家将之与佛道相联系的事实依据，她试图“揭示苏轼如何创造性及在诸多方面具有独特性地运用看似明显抵牾的三家思想之间的张力”①。同时，苏轼对佛道的探讨，也是从一个艺术家和创作者而不是哲学家或修行者角度出发，所以，他关注其“用”（use）而不是“玩弄”（play）哲学宗教思想与语言。在苏轼关于绘画与诗歌创作的艺术思想与艺术理想中，佛道的影响清晰可见。管佩达认为，与王维、杜甫不同，苏轼诗歌中较少“禅趣”（她认为与 Charles Moeller 所说的 religiousness resonance 相近），但“毫无疑问，苏轼非常明确地运用了佛家、道家语言和意象入诗”，而且这些诗歌并不单调、枯燥，这是因为“他的很多‘宗教’诗歌充溢着非同寻常的个性化且自我表达的韵味，这使得其能超越纯粹的说教”②。苏轼还在此类诗歌中讨论一些永恒的问题，如时空、死亡与不朽。

三、佛道时空观与苏诗的“宇宙视角”

管佩达首先将苏轼所作诗歌与唐代诗人张志和的《渔歌子·西塞山前白鹭飞》（作者误认为是一首诗歌）进行对比，讨论二者与佛道时空观的联系。“很多苏轼著名诗歌也表达类似形而上的淡泊”③，其《西塞风雨》与张词相比，有着明显的主题变异（variation on the theme），最重要的变形（transformation）体现在空间方面，在张词中时空都是静止不变的，苏轼的“无家何

① *Buddhism and Taoism in the Poetry of Su Shi*（*1036-1101*），p. 4.

② *Buddhism and Taoism in the Poetry of Su Shi*（*1036-1101*），p. 13.

③ *Buddhism and Taoism in the Poetry of Su Shi*（*1036-1101*），p. 248.

处归”不仅是对贬谪的哀叹，而且没有用“家”的视角来看待风雨，从而形成流动、动态的时空，“蓑衣”在张志和词中仅为渔夫的衣物，而在苏轼则从宇宙视角（cosmic perspective）审视之，蓑衣亦随之化身为宇宙自身，“这种源自想象力且具有形而上特征的诗学飞跃，这种飞跃之所以可能，是通过把自我从固定时空观中解放出来的结果，这是苏轼最好诗歌的典型特征”①，苏轼的这种诗学飞跃无疑源自道佛世界观的体现，苏轼诗歌中极具想象力的时空观也可以看到佛道思想与意象的影子。

管佩达继续阐述，《庄子·秋水》中“差数”（the law of difference）作为一种流动视角，“对苏轼而言，不仅提供了一种哲学慰藉（a philosophical consolation），也是一种重要的诗学可能（poetic possibilities）”②。佛家（如《华严经》三十卷）则提供了更大的宇宙无限性（时空），苏轼写给僧侣及道士的诗歌多体现了佛家的宇宙观，《赠月长老》虽典故众多，我们再一次看到了用来描述宇宙的斗笠意象，虽然韦利批评苏轼是一个“掉书袋诗人”（patchwork poet），但苏轼已经运用得浑然无迹，但由此诗可以看出，苏轼已经意识到佛家的冥想是超脱苦难、羁绊与时空的方式。当然道家的沉思与“吹响呼吸”也是一种超越边界的方式，苏轼在《送蹇道士归庐山》运用了大量来自《庄子》《老子》中的典故，苏轼羡慕僧道友人的“天游”便可以超越时空之界限。苏轼还经常将思归与不归并置，《蜀僧明操思归龙丘子书壁》打破了朋友与家、理想与现实之间的距离。陷入时空泥淖潜藏在苏轼（尤其是早期）很多诗歌中，《送小本禅师赴法云》表明，诗人对道家神仙或佛教僧人充满羡慕之情，因为他们通过精神修炼似乎已经超越时空的局限。

管佩达指出：纳巨大的时空于诗歌中是苏轼最好诗歌的特点，苏轼经常将天地万物容于一人或以一人之眼看宇宙，这可以看作是佛道思想中的相对性与依存的回响。《和蒋发运》中的“楼”“船”可以被视为冥想中的寂、空隐喻，“醉墨”则明显是以大入小（bring this vastness into the personal sphere）。苏轼还有很多诗歌运用类似技巧，它们都具有佛家形而上意味，如《月夜与客饮酒杏花下》《九月十五日观月听琴西湖一首示坐客》《送佛面杖与罗浮长老》。“以大入小”或“小中见大”这种技法可以在苏轼很多诗歌中见到，

① *Buddhism and Taoism in the Poetry of Su Shi*（*1036-1101*），p. 249.

② *Buddhism and Taoism in the Poetry of Su Shi*（*1036-1101*），p. 252.

《和人假山》本系自然山水的缩略，诗中的“童子戏”可以追溯至《莲华经》；《次韵王晋卿惠花栽栽所寓张退傅第中》亦是通过艺术想象“以大入小”，在超然、生动的对世界之美的冥想中凝滞时空；《参寥上人初得智果院会者十六人分韵赋诗轼得》作为众多受参寥激发诗歌的一首，苏轼怀疑参寥并未彻底斩断与世界和家的联系，也会有思乡之情（即诗中“亦有怀归心”），诗尾则展示了诗人试图通过诗歌来实现对世界的审美化拥有（“一眼吞江湖，万象涵古今”），通过诗人的想象从时空局限中解脱，从而拥有自然之美，这是佛道思想的结合，《迁居临皋亭》表明诗人为政治变化所困，还为时空变化所囿，诗中的“风轮”可能指向佛家的生死轮回，也使诗人可以获得暂时性超越，人的内在空间（inner space）由此亦实现了对外在空间（external space）的涵容，心（the mind）创造、超越、控制万物显然源自佛道。《过大庾岭》中的“仙人抚我顶，结发授长生”来自《庄子》，不断改变居所呈现的是时间的非永恒性（impermanence）与空间上的无根（root instability），《过淮》中的“吾生如寄耳，初不择所适”，《和陶拟古》“吾生如寄耳，何者为吾庐”及《和王晋卿》“吾生如寄耳，何者为祸福。不如两相忘，昨梦那可逐”都论及了时空的不断变化。苏轼还有很多诗歌的抒情主人公并非贬放之人而是羁旅之人，除偶尔的思乡与倦旅之外，依然可以获得愉悦和灵感。

总而言之，管佩达在论析多首体现苏轼宇宙视角的诗作之后，得出一个颇为中肯的结论：“苏轼将人生中的诸多改变置于全部人生的巨大语境中，他也将它们置于一个更大的宇宙语境中，将自己的生命与过去、现在的圣人、神仙联系起来，将‘一个’与‘所有’放入永无止境的时间之流中，由此打破了过去、现在的时间界限。”[①] 确然，苏轼的《次王定国韵书丹元子宁极斋》《次韵王晋卿惠花栽栽所寓张退傅第中一首》《别东武流杯》等诗歌皆是如此。

余　论

日本宋诗研究专家吉川幸次郎曾指出：宋代诗人试图超越痛苦（sorrow），

① *Buddhism and Taoism in the Poetry of Su Shi*（*1036-1101*），p. 291.

而唐代诗人则不，唐人的诗充满了痛苦，甚至如杜甫这样试图从痛苦中超越的诗人，都抒发了“一生的哀愁”。到晚唐时期，诗人们似乎将书写痛苦乃至绝望之情视为他们的全部。[①] 此确为唐宋诗一大差异。唐代诗作，倾向于感受痛苦，而宋代诗人则倾向于认识痛苦，并试图找到方法、理由实现对痛苦的超越，在诗里直接公开探讨哲理，体现极强的“哲学化”。“感受痛苦”与“超越痛苦”呈现出迥然相异的思想理路。前者重视强烈情感抒发，后者追求平静理性审视。这种态度的转变折射出新儒家更积极、理想、乐观的人生哲学，由此形成两种不同的诗歌艺术风格，即“唐音”与“宋调”。管佩达在赞同吉川幸次郎观点的同时，又进一步提出：“事实上，苏轼与同时代其他文人不同，虽然他一直追随儒家价值，但又对佛道十分着迷，这表明他从未彻底解决宗教与哲学之间的张力或相互影响。”[②] 即是说，苏轼的文学创作融合了哲学与宗教两种理路的特点，二者的差异性构成了作品内在的张力。确然，我们在苏轼作品中可以明显感到这种从“宗教化”到“哲学化”的转变。由此，管佩达提出其对苏轼诗歌的总体判断，即苏轼经常从道家、佛家借用语言、思想来表达诗歌体验，这些体验是儒家术语无法恰当或充分表达的，因此，他的借用具有明显的选择性，这也是苏轼诗歌的独特之处，可谓切中肯綮。

（万燚　文学博士，四川轻化工大学教授）

① Kojiro Yoshikawa, An Introduction to Sung Poetry, translated by Burton Watson, Cambridge: Harvard University Press, 1967. p. 29.

② *Buddhism and Taoism in the Poetry of Su Shi (1036-1101)*, pp. 24-25.

从比较的视野看宇文所安的杜甫诗歌英译*

高　超

摘　要：美国著名汉学家宇文所安（Stephen Owen）历经8年时间的辛勤耕耘，依据仇兆鳌《杜诗洋注》于2016年出版英译杜诗全集《杜甫诗》（六卷），译诗1457首。为了更好地理解宇文所安的英译杜诗的翻译特点，本文基于比较的视角，选取了英国汉学家阿瑟·韦利（Arthur Waley）、中国文学翻译家孙大雨和唐一鹤等富有代表性的杜诗英译文本，与宇文所安的相应译文加以对照，比较分析他们在对杜诗的选词用句、风格的表达、意境的传达、诗趣的呈现与诗性美感的体现等方面传译的得失情况。

关键词：宇文所安　英译杜诗　比较

美国著名汉学家宇文所安（Stephen Owen）对杜甫诗歌的英译研究始于《盛唐诗》（1981），书中讨论杜甫的专章选译了杜甫诗作22首。之后，宇文所安历经8年时间的辛勤耕耘，依据仇兆鳌《杜诗洋注》的版本于2016年出版了英译杜诗全集《杜甫诗》（六卷），译诗1457首。这是世界上英译杜诗的第一个全译本。为了更好地理解宇文所安的英译杜诗的翻译特点，本文基于比较的视角，选取了英国汉学家阿瑟·韦利（Arthur Waley）、中国文学翻译家孙大雨和唐一鹤等富有代表性的杜诗英译文本，与宇文所安的相应译文加以对照，比较分析它们在对杜诗的选词用句、风格的表达、意境的传达、诗趣的呈现与诗性美感的体现等方面传译的得失情况。古诗词的英译因译者所秉持翻译理念的不同，及自身的文化修养、语言功底、生活积累、思维能力与理解能力等基本素质的差异，相应的翻译实践呈现出多元化的特点，因而

* 本文为作者主持国家社科基金后期资助项目“宇文所安的唐诗翻译及唐诗史书写研究”（14FWW006）的阶段性成果。

对古诗词的翻译评价难以形成一个恒定的标准。王宗炎先生说过："一个译本可能长于此而短于彼，因此中国古诗词英译没有一个统一的标准。"[①]以下分别选取杜甫《登岳阳楼》、《绝句四首》（其三）与《客至》三首诗的不同译本，加以对照、分析，探讨不同译文之间的差异性特点，进一步确证宇文所安英译杜诗的特色所在。

一、杜甫《登岳阳楼》的译文比较

《登岳阳楼》原文：

昔闻洞庭水，今上岳阳楼。吴楚东南坼，乾坤日夜浮。
亲朋无一字，老病有孤舟。戎马关山北，凭轩涕泗流。

阿瑟·韦利的译文：

Long had I heard of T'ung-ting Lake,
And now at last I stand on Yo-yang Tower!
The lands of Wu and Ch'u lie severed East and South.
Sky melts into earth by day and night.
From friends and dear ones not one line!
Old and ill, my home is a solitary boat.
Hun-cavalry swarm to the North of the Passes?
While I lean weeping on the pagoda-railing.[②]

宇文所安的译文：

I heard long ago of Dongting's waters,

① 王宗炎，黄国文著《翻译研究的语言学探索——古诗词英译本的语言学分析·序一》，上海外语教育出版社，2006 年。

② Waley, *Chinese Poems*, London: Lowe Bros., 1916. p. 12.

and this day I climb Yueyang Tower.
Wu and Chu split apart in the southeast,
Heaven and Earth float day and night.
From kin and friends not a single word,
old and sick, I do have a solitary boat.
War-horses north of barrier mountains,
I lean on the railing, my tears streaming down.①

原诗	译诗	
	阿瑟·韦利	宇文所安
昔闻	long had I heard of	heard long ago of
吴楚东南坼	The lands of Wu and Ch'u lie severed East and South.	Wu and Chu split apart in the southeast.
乾坤	sky; earth	Heaven and Earth
亲朋	friends and dear ones	kin and friends
无一字	not one line	not a single word
轩	pagoda-railing	railing

以上两首译诗都采用了自由体翻译。一般而言，自由体译诗避开了以韵译诗而导致可能损害原义的窘境，可以视具体情况灵活处理，韵可押则押，不可押就不押。对比这两首译诗，存在以下几处不同：

第一，翻译“昔闻洞庭水”的时态不同：韦利用的是过去完成时，宇文所安用的是一般过去时。从语义的角度比较而言，宇文所安译得更准确。

第二，韦利在翻译“今上岳阳楼”时，添加了“at last”，增强了语势，似乎为了强化诗人初登天下名楼的喜悦之情。原诗句是客观的描述。从全诗的整体意境上看，离乱岁月，诗人四处漂泊，与亲戚朋友音信隔绝，此番迟暮之年拖着病体登上名楼，面对眼前自然的壮美，心中反生落寞、沉郁之痛。译文似乎破坏了原诗内在的张力与含蓄之美。

① Stephen Owen, *The Poetry of Du Fu*, Vol. 2, Walter de Gruyter Inc., Boston/Berlin, 2016. p. 43.

第三，“吴楚东南坼”，意思是指吴国和楚国的边界在洞庭湖的东南处被分割开，韦利译成“The lands of Wu and Ch'u lie severed East and South”与原意有一定的出入。而宇文所安的译句“Wu and Chu split apart in the southeast”忠实原意，并与原诗句更加对等。对“无一字”的翻译，韦利译成“not one line”（无一行），而宇文所安译成“not a single word”，与原诗“无一字”更为贴合一致。

第四，最后两句诗，宇文所安译得更简洁，句式、意象与语义几乎与原诗相对应、等值。“War-horses north of barrier mountains，I lean on the railing，my tears streaming down”，除了考虑英语语法的因素而不得不加的代词“I”与“my”之外，译文与原诗句别无二致。韦利使用了“While……”的复合句式，使得语言形式就变得复杂化，继而造成了一定程度上意义的走失。英国翻译家彼得·纽马克认为：“原文使用的语言手段越多，形式就越重要，意义走失也就越大；在诗里走失更大。”① 此处即是如此，本应该留给读者揣摩的空间，因为译者强加了一些词语，使得语言形式变得复杂，诗句的意义变得更加准确、透明，反而损害了含蓄的诗意。

第五，在选词上，韦利用“pagoda-railing”（佛塔的栏杆）译“轩”，而岳阳楼并不是佛塔。对于“涕泗流”的译法，韦利译为“weeping”，从与原诗句的长度上比较而言，“weeping”略显短促；宇文所安所译的“my tears streaming down”与“涕泗流”在语义与形态上更为贴合、对称，画面感很强，使得读者非常容易感受到诗人内心的痛楚。

综上所述，比较而言宇文所安的英译《登岳阳楼》简洁明了，自然流畅，语义、形态无不与原诗贴合、对应。

二、杜甫《绝句四首》（其三）的译文比较

《绝句四首》（其三）原文：

两个黄鹂鸣翠柳，一行白鹭上青天。
窗含西岭千秋雪，门泊东吴万里船。

① 刘重德《西方译论研究》第 23 页，中国对外翻译出版公司，2003 年。

孙大雨的译文：

Two yellow orioles atop th'green willow sing,
A row of egrets white ascends the sky pale blue.
My casement frames th'west mounts capped with perennial snow,
Outdoors my house are moored ships thousands of *li* from
East Wu.①

宇文所安的译文：

A pair of yellow orioles sing in azure willows,
a line of white egrets rises to the blue heavens.
The window holds the western peaks' snow of a thousand autumns,
my gate moors for eastern Wu a ten-thousand league boat.②

原诗	译诗	
	孙大雨	宇文所安
两个黄鹂	two yellow orioles	a pair of yellow orioles
鸣翠柳	atop th'green willow sing	sing in azure willows
一行白鹭	a row of egrets white	a line of white egrets
上青天	ascends the sky pale blue	rises to the blue heavens
千秋雪	perennial snow	snow of a thousand autumns
万里船	ships thousands of *li*	a ten-thousand league boat

绝句尤其讲究对仗。宇文所安这首译诗选用了对等的词汇与短语，上、下句之间对仗比较工整，在词性、词义与形式上互相呼应；“A pair of yellow orioles”对应“a line of white egrets”，“sing”对应“rises”，“in azure willow”对应“to the blue heavens”，“The window”对应“my gate”，“holds”对应“moors”，“the western peaks”对应“eastern Wu”，“snow of a thousand autumns”对应“a ten-thousand league boat”。宇文所安这首译诗中的选词造句，

① 孙大雨《英译唐诗选》第233页，上海外语教育出版社，2007年。

② Stephen Owen, *The Poetry of Du Fu*, Vol. 3, Walter de Gruyter Inc., Boston/Berlin, 2016. p. 389.

做到了尽量保持原诗中的对等、对仗的平衡关系。孙大雨的译本在这方面略逊一筹，比如，第一句与第二句：“Two yellow orioles atop th'green willow sing, A row of egrets white ascends the sky pale blue.” “鸣翠柳”被译成“atop th'green willow sing”，回译成汉语，语序上直译为“在翠柳上鸣”，显然与下句“ascends the sky pale blue”（“上青天”）不相称。就连“Two yellow orioles”与“A row of egrets white”上下也无法构成对应关系。

在诗的形式上，绝句虽有五言、七言之分，但一般都是四句。孙大雨与宇文所安的译诗都注意诗行形式上与原诗保持一致，也是四句、四行。宇文所安的这首译诗虽不能原汁原味地表现汉诗绝句特有的音律美，但形式上保持了与原诗较为一致的对等、对仗，同时兼顾了音韵的美感。为了让英美世界的读者能领略这首绝句内容上的阔大气象——“‘窗含西岭千秋雪’，象征人心胸之阔大，是高尚的情趣；‘门泊东吴万里船’是伟大的力量。这一首小诗真是老杜伟大人格的表现”[①]，宇文所安特地为“千秋雪”与“万里船”加以注释：“‘The white snow on the western mountains does not melt through the four seasons’西山白雪四时不消”；“‘That is, the boat in which he plans to set off down the Yangzi to Wu.’门前停泊的船只计划穿三峡直抵长江下游的东吴。”[②] 此诗暗含着诗人杜甫“气吞万里如虎”（宋代辛弃疾《永遇乐·京口北固亭怀古》词句）的宏阔气象。但这种深刻的隐喻属于原诗中“言外求旨”的含蓄，对于英语世界读者而言，是很难释读出来的。而宇文所安以添加注释的形式，也仅仅是进一步做出字面意义的解读，至于一般读者是否能将诗中极为日常的物质“窗”与“门”所展示的阔大气象，与诗人杜甫人格上的阔大气象与伟大的力量联系起来，恐怕唯有宇文所安所指称的“智慧的读者”[③] 方能释读其中的意涵。

---

① 顾随讲，刘在昭笔记，顾之京、高献红整理《中国经典原境界》第300页，北京大学出版社，2016年。

② Stephen Owen, *The Poetry of Du Fu*, Vol. 3, Walter de Gruyter Inc., Boston/Berlin, 2016. p. 389. 中文译文为笔者加注。

③ 宇文所安认为，读者分为智慧的读者与懵然无知的读者，前者具有一种阐释、欣赏诗歌文本世界的能力。“这是一种透过给人以幻象的表面而深入到隐藏在它下面的复杂事象的能力，不但欣赏怀古诗需要这种能力，欣赏所有的古诗都需要这种能力。”参见宇文所安《追忆：中国古典文学中的往事》第27页，生活·读书·新知三联书店，2004年。

三、杜甫《客至》的译文比较

《客至》原文：

舍南舍北皆春色，但见群鸥日日来。花径不曾缘客扫，蓬门今始为君开。

盘飧市远无兼味，樽酒家贫只旧醅。肯与邻翁相对饮，隔篱呼取尽余杯。

唐一鹤的译文：

My cottage is beset with spring water
To both the south and the north.
Every day it is but visited by gull flocks.
My flower path is seldom swept
For guest coming.
The dishes are not good enough
Because of the distant bazzar;
My poor house can only afford
Home-made unfiltered wine so far.
If you condescend to drink
With my old neighbour,
To fetch along all the remaining cups
I'll call the fence over.①

宇文所安的译文：

A Guest Comes
North of my cottage and south of my cottage spring waters everywhere,
all I see are the flocks of gulls coming day after day.
My flowered path has never yet been swept on account of a guest,

① 唐一鹤《英译唐诗三百首》第110页，天津人民出版社，2005年。

my ramshackle gate for the first time today is open because of you.
For dinner the market is far, there are no diverse flavors,
for ale my household is poor, there is only a former brew.
If you are willing to sit and drink with the old man next door,
I'll call over the hedge to get him and we'll finish the last cups.[①]

在词语的选译上，宇文所安与唐一鹤的《客至》译本存在一定的差异性（参见下表）。比如，对“兼味”的理解上体现一定的误差，唐一鹤译成“good enough”（美味），而宇文所安的“diverse flavors”意在表达“多种的风味”的意思。很明显，前者的译文语义不够准确。

原诗	译诗	
	唐一鹤	宇文所安
舍南舍北	my cottage... to both the south and the north	north of my cottage and south of my cottage
兼味	good enough	diverse flavors
旧醅	home-made unfiltered wine	former brew
肯与	if you condescend to	if you are willing to

从译诗的整体情况比较而言，尽管上述两则译文皆是自由体的散文化译诗，但是唐一鹤更加重视译诗形式和音韵上的和谐美，为了诗歌押韵与诗行间的对称，不惜增加译文的行数：译文有十三行之多，形式上略显繁复；而宇文所安的译文并没有改变原诗的行数，显得十分简洁，朗声读来，音律节奏抑扬有度、自然有序，并不失音韵上的和谐之美。猜度唐一鹤可能是为了追求诗意的逻辑，将“蓬门今始为君开”与“樽酒家贫只旧醅”两句并置，译成：“My poor house can only afford，Home-made unfiltered wine so far.”

而又不得不将“花径不曾缘客扫”与“盘飧市远无兼味”两句并置，如此处理完全违背了原诗的意涵和形式上的前后映衬关系。宇文所安的译文用

① Stephen Owen, *The Poetry of Du Fu*, Vol. 2, Walter de Gruyter Inc., Boston/Berlin, 2016. p. 351.

词简洁，句式对仗工稳。比如，第三、四句“花径不曾缘客扫，蓬门今始为君开”，以“My flowered path”（“花径”）与“my ramshackle gate”（“蓬门”）相对称，而“has never yet been swept on account of a guest”（“不曾缘客扫”）直接与“for the first time today is open because of you”（“今始为君开”）形成一一对应关系，其中“on account of”与“because of”两个短语的对称更显得浑然天成。从诗歌传递的艺术形象上看，《客至》描绘了一个日常生活中快乐自得的诗人自我形象；从诗的语言形式上看，用词近乎英语中的口语，语意浅白，笔调轻快。基于选词用语的视角，对以上译本的比较分析，读者不难领略宇文所安忠实地传译出杜诗的这种风格特点。

结　语

英译杜诗的比较，既离不开译诗之间的对照，还要不时地从译文的回译中考察、比照。在这两种比较的视域下，对宇文所安英译杜诗所做的有限考察中不难看出，译诗策略的选择与选词造句、风格的表达、意境的传达、诗趣的呈现以及诗意美感的体现等彼此关系密切，即便同是自由体的散文化译诗，也仍然存在颇多差异。韦利译诗，直接在译文中添加了一些说明性文字，更多地彰显出译者的主体性存在，其意图明显是担心读者不能充分理解原诗的意涵，但客观上可能造成适得其反的效果，因为多加的说明性文字在一定程度上破坏了原诗的内涵和意境；唐一鹤偏重于追求译诗的押韵，以至于出现不同程度的“意义的走失”，而宇文所安并未刻意追求押韵，他追求的是近乎偶然达成的一种自然而然的、带有韵味的呈现。孙大雨的译诗在音韵的变化和语义的表达方面处理得更加妥帖，但选词较为艰涩，似难以产生反复吟诵所能获得的愉悦感。从译诗的形态和关键词的选用上看，宇文所安尤其注意在词性、语义与形式上最大程度的与原诗保持对等的关系，这使他的译诗在形式的美感上与杜甫原诗“如出一辙”，又比较理想地传达出原诗的意涵。

（高超　文学博士，山西师范大学文学院副教授）

捉贼：朱熹与阐释的艺术*

［美］白诗朗（John Berthrong） 著 黎 书 译

译者按： 该文为波士顿大学神学院教授，波士顿儒家代表人物白诗朗（John Berthrong）于1991年发表在《中国哲学》上的一篇期刊文章。白诗朗多年来致力于不同信仰间的对话，已出版《普天之下：儒耶对话中的范式转化》（*All under Heaven: Transforming Paradigms in Confucian-Christian Dialogue*, 1994）、《论创造性：朱熹、怀海特与南乐山之比较》（*Concerning Creativity: A Comparison of Whitehead, Neville and Chu Hsi*, 1998）、《儒家之道的转化》（*Transformation of the Confucian Way*, 1998）以及《扩展过程：探索中西哲学与神学的转型》（*Expanding Process: Exploring Philosophical and Theological Transformations in China and the West*, 2008）等。

在《美学与阐释学》（*Aesthetics and Hermeneutics*）一书中，汉斯-格奥尔格·伽达默尔（Hans-Georg Gadamer）将"阐释学"定义为："……阐释学是通过我们自己的阐释努力来澄清和调解我们在传统中遇到的人所说的话的艺术。"① 我将从这个定义出发来讨论朱熹的阐释艺术实践。然而，在探索这个问题时，我不安地绕过了许多涉及比较哲学和神学的跨文化阐释的问题。正如伽达默尔所断言的那样，了解西方世界的传统本身就是一项复杂的任务。当我们试图将研究扩展到其他文化时，困难将无限地增加。因此，对朱熹的阐释艺术的任何考察都是尝试性和推测性的，同时也或许暗示了跨文化交流的新见解。在充分注意学术谨慎的前提下，朱熹试图重新调整儒家之道的性

* John Berthrong, "To Catch a Thief: Chu Hsi and the Hermeneutic Art", *Journal of Chinese Philosophy*, Vol. 18, No. 2, 1991, pp. 195-212.

① Hans-George Gadamer, David E. Linge trans, *Philosophical Hermeneutics*, Berkeley: The University of California Press, 1976, p. 98.

质迫使我们考虑这些比较的问题。我们的第一个问题是：是在什么意义上朱熹被称为一个阐释学哲学家的？如果我们遵从伽达默尔将阐释学定义为一门理解、解释和应用传统的科学，那么就很容易捍卫朱熹是一个阐释学哲学家的主张。任何研究过朱熹的阐释立场的人都会轻易接受这个观点。朱熹将其对话集《朱子语类》中的两卷（第10章和第11章）用来讨论读书这一重要的儒家艺术。正如我们将在后面显示的那样，毋庸置疑，朱熹所说的“读书”与伽达默尔定义的现代阐释学概念非常相似。

我怀疑如果朱熹复活的话，他将会在伽达默尔对阐释艺术的反思中找到很多赞成的地方。朱熹认为正确阐释的艺术是他作为一个知识分子拯救儒家文化的重要使命之一。丹尼尔·贾德纳（Daniel K. Gardner）在其最近对朱熹论读书法的研究中证明了朱熹对教育和读书的重要性的关注。对朱熹来说，这种阐释的艺术不仅仅是建议用正确的语言学方式来阅读文本。它是对道的调和，是使儒家之道成为他自己的道，也是使传统在自己的经历中复活。

实际上，对朱熹和其弟子如陈淳的一种普遍批评是，他们过分将阐释学作为了一种学究式的注疏法。这种批评是建立在对朱熹所说的读书过程的根本误解基础之上的。读书只是朱熹自我修养计划的一部分，而不是一种枯燥的书呆子式的“阅读书本的”形式。更具体地说，读书是自我修养计划的一个子学科，朱熹称其为“格物”。因此，为了从技术上来理解朱熹的“读书”究竟意指的是什么，我们必须首先理解朱熹的“格物”论。

“格物”论是朱熹自我修养理论的重要组成部分，是其阐释艺术的基础。朱熹仔细地勾勒出了一个读书和自我修养的计划，这是他哲学计划的核心。这个过程的第一步是对“敬”的表达和使用，这是一个人开始自我修养必须要完成的任务。在整个过程中，“敬”必须深深致力于维护儒家文化这个使命。弟子必须处于“敬”的状态才能开始阐释研究的任务。朱熹推荐的调查研究方法在他著名的格言“格物穷理”中得到了最佳的表达。让我们从探究“格物”论开始，然后再对“自我修养”进行探讨。朱熹关于“格物”的一些最中肯的评论可以在他对“缺失”的《大学》（*Great Learning*）第五章的评论中找到。朱熹坚信，被一般人所认可的《大学》文本是不完整的，肯定有第五章对“格物致知”的过程做详细的解释。朱熹对这个问题提出的解决办法是，补充程颐文本的内容，以弥补“缺失”的第五章。毋庸置疑，这种对前人经典文本的补充在儒学界引起了极大争议，这种争议至今仍然没有减弱。

考虑到朱熹对“缺失”部分的评论的重要性，我将其全文引用：《大学》第五章释“格物致知”：

> 右传之五章，盖释格物、致知之义，而今亡矣。闲尝窃取程子之意，以补之曰：“所谓致知在格物者，言欲致吾之知，在即物而穷其理也。盖人心之灵莫不有知；而天下之物莫不有理。惟于理有未穷，故其知有不尽也。是以《大学》始教，必使学者即凡天下之物，莫不因其已知之理而益穷之，以求至乎其极。至于用力之久，而一旦豁然贯通焉，则众物之表里精粗无不到，而吾心之全体大用无不明矣。此谓物格，此谓知之至也。”①

朱熹声称，我们总是对某些事物有意识，我们必须同时注意自己的意识和意识的对象。我们虔诚地接受感官体验。对我们而言，通过参与其中事物才能获得其意义。但是，这种联系几乎不是中立的，并且在“主要的”感官品质方面肯定没有得到充分的描述。我们对事物的感知是一种贯穿始终的情感体验。尽管我们从这种参与世界的原始经验中抽离出来，但它仍然是一种与我们的意识相关的关注事物的体验。“知”关注的焦点是那些与我们对事物的意识相关的事物，包括道德行为。“知”关注的是客体的完整性，并且只有在与我们对它的意识相关时才有意义。“知”是一个事件，如果我们忽略了客体或我们对它的意识，我们势必会形成对“知”（事件）的错误印象。朱熹试图通过以下方式避免陷入纯粹客观主义或纯粹主观主义的陷阱。他认为，了解行为的一部分是客观的，因为它有一个特定的对象，这是我们关注的对象。在参与的过程中，一个事物、事件或人变得对我们有意义，即使我们可以说关注的对象在某种意义上早于关注或参与的行为。因此，朱熹的阐释理论既有客观的特征又有主观的特征。例如，朱熹并不认为世界上的所有事物

① 此为原文注释第10条：My own translation highlights the hermeneutic character of the text. For alternative translations see James Legge trans. *The Chinese Classics*, Vol. 1, Hong Kong: Hong Kang University Press, 1970, pp. 365-366; Wing-tsit Chan, *A Source Book in Chinese Philosophy*, Princeton: Princeton University Press, 1963, p. 89. and D. C. Lau, “A Note on *Ke Wu*”, *Bulletin of the School of Mental and African Studies*, Vol. 30, 1967, p. 354.

都会像圭峰宗密那样的华严思想家所认为的会受到心的影响。与佛教的空洞学说相反，对客观的关注与对主观的关注的融合使得朱熹把儒家学说当成是坚实的或真实的来予以捍卫。不管朱熹的“知”展示的是什么，都显示出新儒家传统的不可还原的现实主义维度。

在其《四书或问》的第一部分中，朱熹对程颐的观点进行了辩护，即，“学”既包含了对作为先决条件的“敬”的信念同时也包含了意识中对事物认知的实际过程。这里，朱熹对“知”“学”“敬”以及他称之为“思”的这种在认知方面更具理性的东西等先决条件进行了区分。“敬”是对现象持一种虔诚的、开放的状态。“思”是通过身体和感官的调解对进入大脑的对象进行思考的实际过程。这是一个重要的前提。对朱熹而言，作为自我修养的过程，“学”既包括“格物”（主要处理事物和事件的外部感知），也包括“诚意”（通过格物的过程实现正确的意图）。在“学”的过程中，如果不同样关注学习者的“心”的状态，获得“知”的过程就不能予以考虑。朱熹的“知”是试图理解关乎世界上每个人的道德价值。如果一个人不学习准确地行动和感知，那他对事物和事件法则的所有观察都将无济于事，对他对圣人的最终追求也没有丝毫的帮助。正如朱熹形象描绘的那样，“学未至于穷理尽性物我并观者，当此之际未有不归处”[①]。

对朱熹来说，只有基于世间的广泛经验的道德修养和行为的结合才能获得真正的“知”。在机械的或经验的意义上讲，“知”是不能被穷尽的，而是在为了自我的缘故通过学习获得这种“知”时被完善和拥有：“圣贤之学而君子终身之务也。”[②] 朱熹认为，这个过程不仅仅完善大脑的认知能力，因为“思”远远超过了人的认知/理性能力。当“知”被最大程度地扩展，并且世界被深刻地感知时，“思”本身就被扩展到了最深远的极限，而其中没有任何不完善的东西。事物的法则可以在外部世界中找到，但是“思”有能力将内在的与外在的“虚”加以区分。事物的法则可能存在于那些事物或事件中，但是该法则还将这些事物和事件与作为感知者的人的新“思”联系起来。圣人教导他的弟子识别和认识到超凡的“思”，以敦促弟子努力获得恰当的作为

① Chao Shun-sun, *Ssu-shu Tsuan-shu*, Kao Hsiung: n. p., 1973, p. 28.（作者的文献标示有误：应为赵顺孙《四书纂疏》《论语》卷第八第二十二页。译者注。下同。）

② *Ssu-shu Tsuan-shu*, p. 32.

运用法则之必要前提的“敬”[①]。

也应牢记朱熹格言“格物穷理”的第二个部分。对朱熹来说，“穷理”的意义不仅仅在于线性地穷尽所有法则。“穷”让人联想到不断搜索的图像，联想到在文本理解方面获得广泛的知识和专门的知识的巨大努力。这是绝对正确的。但“穷”也意味着以经验的方式彻底地了解或理解事物。弟子不仅需要对一个东西或事件的描述性知识，还需要了解其如何影响一个人的生活以及如何获得它。朱熹不是提倡纯粹的“思”“知”理论。“知”必须与寻求圣人的智慧和行为联系在一起。

朱熹的“读书”是格物过程的关键要素，也许对学者而言它是这一过程中最重要的方面。朱熹为什么建议将读书作为修养的方法呢？钱穆在他具有纪念意义的《朱子新学案》第三册中提出了以下原因。首先，朱熹确实认为他真的是在敦促他的弟子们去做所有值得过去的儒家们做过的那些事情，将读书和生活经验作为一个统一的整体：“蒙教勿以简策，须是自加思索，超然自见无疑，方能自信。”[②] 用“中庸”的话来说就是我们应该“深入研究（诚意之道），准确探究，仔细思考，明白选择，并认真实践。如果有任何东西尚未研究，或者已经研究但尚未理解，就不要放弃”[③]。无论是在汉代以前，还是在宋代及其后，这种对读书的劝诫都是儒家学者的命脉。其次，钱穆认为朱熹希望利用阐释学的方法来检验片面的思想和无知意识的“错误”主张。朱熹认为，这个世界充满了虚假的圣人，他们实际上对圣贤的真正本质了解得很少。换句话说，朱熹想用读书的方法来克服当时流行的理学风气和虚伪的精神：“理学风气率多高谈心悟，轻视读书，朱子力矫其弊。”[④]

总体上，钱穆已经正确地分析了朱熹为何敦促他的弟子们遵循读书的方法，但是弟子从读书中获得了什么好处呢？朱熹对此问题有一个微妙而复杂的回答。对朱熹回答的总体概述将很好地揭示他的阐释理论。丹尼尔·贾德纳在他对朱熹论读书法的最新研究中认为，朱熹创建他特别的学习法，以便促使他的弟子们恰当地运用儒家知识。可能“读书”最令人信服的理由是，朱熹认为儒家经典代表了古代圣贤的“言语”，即汉代之前的哲学家和国王们

---

① *Ssu-shu Tsuan-shu*, p. 33.

② Ch'ien Mu, *Chu Tzu Hsin Hsüeh-an*, Vol. 3, Taiwan: San Min Shu-chü, 1971, p. 613.

③ *A Source Book in Chinese Philosophy*, p. 107.

④ *Chu Tzu Hsin Hsüeh-an*, Vol. 3, p. 613.

的黄金时代。这些文本记录了过去的历史，在朱熹看来，它们传达了对人类行为规范的看法。朱熹明白，信息语言的、语义的、文学的或历史的惯例等并不总是那么清楚，但这并没有减少我们尝试将过去的阐释转变为现在经验的活生生的现实的义务。这项任务的关键是寻找文本的含义，并考查其对我们心灵的影响。如果我们的"心"不彻底转变，那么纯粹的对那些死的外部数据的收集就毫无意义。

这种对读书功效的信念的真正根源是朱熹坚信"我心与圣贤心本无二致"[①]。弟子之心和圣贤之心并非完全相同——在一个弟子众多但真正的圣贤很少的世界里，情况几乎不会如此——我们所有人都有成为圣贤的潜力，即使实际上很少有人能成为圣贤。朱熹的北宋大师们教导说，一个人可以通过读书成为圣人。正如周敦颐所说："有人问：'可以通过读书成为圣人吗?'周濂溪大师说：'是的。'"[②] 但是，由于所有事物对于朱熹来说都有其恰当的位置，切不可将马车摆在马匹前面，或将我们的"心"摆在圣人前面。朱熹继续重申："非固欲尽于浅近而忘深远，舍吾心以求圣人之心，弃吾说以徇先儒之说也。"[③]而且，朱熹意识到，有一段时间没有可供儒家阅读的文本。圣贤们通过他们所有的智慧使"道"显示出来，而不仅仅是写那些关于他们自身修养的书。朱熹重点强调的是"道"在道德行为上的体现："但自圣贤有作，则道之载于经者详矣。虽孔子之圣，不能离是以为学也。"[④]

关于这一点，在钱穆对朱熹关于读书法的分析中，我们遇到了朱熹的观点，该观点与伽达默尔的偏见理论极为相似。伽达默尔认为，我们实际上是从无知的状态开始的，只有通过阐释学的任务，我们才能学会正确地理解我们的生活状况，如果有的话。我们从错误开始然后逐步理解。朱熹也持同样的观点，认为"大抵彼中朋友看得文字疏略，不肯依傍先儒成说反复体验，而便轻以己意着字下语。正使得其大意，中间亦不免有空缺处，相接不着。欲革此弊，莫若凡百放低，且将先儒所说正文本句，反复涵泳，庶几久久自

---

① *Chu Tzu Hsin Hsüeh-an*, Vol. 3, p. 615.

② Chu Hsi and Li Tsu-ch'ien eds, Wing-tsit Chan trans, *Reflections on Things at Hand: The Neo-Confucian Anthology*, New YorK: Columbia University Press, 1967, p. 123.

③ *Chu Tzu Hsin Hsüeh-an*, Vol. 3, p. 615.

④ *Chu Tzu Hsin Hsüeh-an*, Vol. 3, p. 616.

见意味也"[①]。朱熹指出了一个基本问题：大多数弟子喜欢不加批判地复制圣人拘谨的"言语"，并认为这种口头记忆是完美的。但这与朱熹在《近思录》中引用的二程兄弟的话是完全矛盾的："须将圣人言语切己，不可只作一场话说。"[②] 在朱熹看来，根据程氏兄弟的观点，质疑是非常根本的。我们必须紧跟圣人的言语形式。我们必须让这些言语为我们的"心"开辟新的视野。只有这样，才算是真正的儒家读书法。读书的过程完全不是死记硬背或不受限制的自由想象。朱熹认为："近觉讲学之工，不在向前，只在退后。若非温故，不能知新。改非惟不能知新，且故者亦不记得。"[③] 未来实现完美的可能性深深扎根于过去，而对这一规范性过去的最好指导是儒家圣人们给予我们的经典合集。朱熹对于如何克服人类的有限、无知和错误的最初事实有非常明确的想法。他认为阅读文本在根本上是一种精神修养的问题。人们必须学会用他所谓的"虚心平气"来阅读文本。"读书且要虚心平气，随他文义体当，不可先立己意，作势硬说，只成杜撰，不见圣贤本意也。读书只随书文调释玩味，意自深长。"[④] 这些观点可能会为那些读书方法不恰当的弟子建构了一个纯粹的心理世界。这应该使读者想起荀子的心学，因为荀子认为道家弟子的真心应该是"虚一而静"[⑤]。尽管朱熹确实认为孟子是儒家之道的真正继承者，但荀子的心学在朱熹对思想及其阐释任务的反思中找到了回响[⑥]。

那么，我们必须带给阅读文本的虚心的本质是什么呢？朱熹坚称它是"诚意虚心"。其中的关键显然是诚意。在进行阐释之前，"涵泳文理，先虚己心，笃志研玩"[⑦]。朱熹在他那个时代人（他称他们为近见学者）中所感知到的问题是，"率然穿凿，便为定论。或即信所传闻，不复稽考"。这种双重错误导致的结果是，"所以日诵圣贤之书，而不识圣贤之意"[⑧]。"朱子则教人读

---

① *Chu Tzu Hsin Hsüeh-an*, Vol. 3, p. 617.

② *Reflections on Things at Hand*: *The Neo-Confucian Anthology*, p. 123.

③ *Chu Tzu Hsin Hsüeh-an*, Vol. 3, p. 619.

④ *Chu Tzu Hsin Hsüeh-an*, Vol. 3, p. 621.

⑤ Liang Chi-hsiung, *Hsün-tzu Chien Shih*, Taipei: n. p., 1974, p. 294.

⑥ Li Ching-te ed, *Chu-tzu Yu-lei Ta-chüan*, Vol. 1, Tokyo: n. p., 1973, p. 481.

⑦ *Chu Tzu Hsin Hsüeh-an*, Vol. 3, p. 622.

⑧ *Chu Tzu Hsin Hsüeh-an*, Vol. 3, p. 622.

书须依傍文义，推寻句脉，虽不是要人留情传注，但传注亦自有不可忽处。”[①]

在《朱子语类》讨论读书之初，朱熹就提供了一个有趣的关于过程的本质的观点，此观点超越了他之前所说：“若一月之间着十日事举业，亦有二十日修学。若被它移了志，则更无医处矣。”[②] 像怀特海（Alfred North Whitehead）一样，语言对朱熹来说是象征性的，旨在呈现一种能唤起适当反响的意象。或如朱熹所说：“人有天资不好色者，亦非是有见如何自是。它天资上看见那物事无紧要，若此者，省得工夫去治此一项。今或未能如此，须用力胜治方可。”[③] 分层过程的一部分是识别文本中的裂缝，文本的那些部分是我们不清楚的。朱熹认为，只有当我们在一开始就认识到这种基本的模糊性时，才有可能完全渗透到所讨论文本的真实含义中。他用了一个长久的、艰苦的、有技巧的打仗的比喻来说明读书的过程：“看文字须是如猛将用兵，直是鏖战一阵。”[④] 他甚至认为：“看文字如捉贼，须知道盗发处。自一文以上，赃罪情节，都要戡出。若只描摸个大纲，纵使知道此人是贼，却不知何处做贼。”[⑤] 就像小偷试图逃脱逮捕一样，文本的意思也常常使我们难以理解。

现在也许有人会问，朱熹是否在敦促弟子去犯所谓的意图谬误，即更好地理解作者而非他所理解的创作的最初行为的愿望。朱熹在其总体的讨论中说：“鄙意且要学者息卸许多狂妄身心，除却许多闲杂说话，着实读书。初时仅且寻行数墨，久之自有见处。”[⑥] 但是，朱熹确实是在试图保护自己不让这个观点成为意图谬误的案例。他认为：“其善端之发，慊于吾心而合于圣贤之言，则勉厉而行之。其邪志之萌，愧于吾心而于圣贤之训，则果决而速去之。大抵见善必为，闻恶必去，不使有顷刻悠悠意态，则为学之本立矣。”[⑦] 读者在理解文本之前必须先培养洞察力和美好高尚的品德。朱熹想要完成的工作是：“读圣贤之书，据吾所见而为文，以应之得失利害，置之度外，虽日日应

① *Chu Tzu Hsin Hsüeh-an*, Vol. 3, pp. 623-624.

② *Chu-tzu Yu-lei Ta-chüan*, Vol. 1, p. 465.

③ *Chu Tzu Hsin Hsüeh-an*, Vol. 3, p. 622.

④ *Chu Tzu Hsin Hsüeh-an*, Vol. 3, p. 657.

⑤ *Chu Tzu Hsin Hsüeh-an*, Vol. 3, p. 657.

⑥ *Chu Tzu Hsin Hsüeh-an*, Vol. 3, p. 467.

⑦ *Chu Tzu Hsin Hsüeh-an*, Vol. 3, p. 630.

举亦不累也。"[①] 即，圣贤们试图理解创造性宇宙的原始性质。

在寻找恰当的读书方法时，朱熹用的另一个隐喻是关于"循序"这个概念的。人们必须知道正确的顺序才能理解真相。朱熹试图保护贤明之道的理性和对事物本质的洞察。"以一书言之，则其篇章文句首尾次第，亦各有序，不可乱也。"[②] 为了阐释他的格言，我们必须遵循恰当的顺序，"问易如何读？只要虚心以求其义，不要执己见。读他书亦然"[③]。朱熹认为这一过程将使心在一定程度上达到平和："盖静则心虚，道理方看得出。"[④] 在这一点上，他回到他对弟子的告诫，读书要先虚心。"读书不贵多，只贵熟。"[⑤] 他谨慎地指出："件件精，始是博。每件不精，'泛滥茫然'，则非博也。"[⑥]

朱熹不断强调他所读作品的"要点"或深层结构。如，他认为："读书尽就一直道理看，剖析自分晓，不必去偏曲处看。易有个阴阳，诗有个邪正，书有个治乱，皆是一直路径可见，别无峣崅。"[⑦] 他敦促弟子寻找文本的信息结构，然后通过检查整体细节继续学习[⑧]。他不断回到循序原则，此原则必须参照文本本身以及文本对本质的更宽泛的概括所揭示的内容才能被理解。只有掌握了相关文本的循序原则，才能有效地应用从文本中获得的见解。

尽管对于普通理论而言，它不如格物穷理或读书那么重要，但应简略提及朱熹阐释学理论的另一面。这是朱熹对钱穆所谓的"解经"的反思。作为一名儒家学者，朱熹自然对阅读他那个学派的儒家经典文本感兴趣。正如朱熹指出的那样，为经典提供有意义的评论甚至也是孔子的当务之急[⑨]。在朱熹看来，理想的评论应该对文本做什么呢？他建议应该为读者展示文本的意思。朱熹指出，比如《易经》，在许多方面来看，它都是一本关于占卜的书，但通过儒家学者的评论，它已成为一个教导正确行为法则的有用工具，用一种新

① *Chu-tzu Yu-lei Ta-chüan*, Vol. 1, p. 467.

② *Chu Tzu Hsin Hsüeh-an*, Vol. 3, p. 634.

③ *Chu Tzu Hsin Hsüeh-an*, Vol. 3, p. 643.

④ *Chu Tzu Hsin Hsüeh-an*, Vol. 3, p. 643.

⑤ *Chu Tzu Hsin Hsüeh-an*, Vol. 3, p. 651.

⑥ *Chu Tzu Hsin Hsüeh-an*, Vol. 3, p. 672.

⑦ *Chu Tzu Hsin Hsüeh-an*, Vol. 3, p. 677.

⑧ Ch'ien Mu, *Chu Tzu Hsin Hsüeh-an*, Vol. 4, Taiwan: San Min Shu-chü, 1971, p. 234.

⑨ *Chu Tzu Hsin Hsüeh-an*, Vol. 4, p. 234.

的、正确的方式为弟子们打开了世界的潜在视野："易只是个卜筮之书，孔子却就这上依傍说些道理教人。"[①] 它能有助于教会他/她在世界上过一种有序的、道德的生活。

但这对于朱熹而言并不总是一件容易的事，因为他非常清楚自己生活的年代与圣贤所处年代之间的距离，甚至与早期儒家评论家们所处年代之间的距离。尽管不像现代欧洲评论中的差距那么大，但在朱熹对经典的阐释的反思中，与早期经典的含义之间还是有一种距离感。尽管朱熹几乎不是一个幽默的哲学家，但在他的一些关于古典文本的理解问题的陈述中甚至有点幽默感。当论及《尚书》时他说："《尚书》有必解者，有须着意解者，有须略解，有难解，有不可解者。"[②]或当论及《易经》时，他用了一个很好的中文的双关语，"易不可易读"[③]。朱熹用更加严肃的口吻评论道："《易》毕竟是有象，只是今难推。"[④]他的意思是，《易经》的语言是如此晦涩、古老，以至于南宋几乎不可能通过其丰富而令人回味的象征确切地知道文本在说什么。朱熹认为，过去的意象和今天的具体现实之间存在差距。除了某些例外，朱熹通常认为，这种方式的真正传播在晚周随着曾子的去世就断掉了，直到南宋二程兄弟开始才被完全得以重建："自孔子告曾子，曾子说下在此，千五百年无人晓得，待得二程先生出，方得明白。"[⑤] 因此，在正确传播儒家经典的正确含义方面留下了相当大的差距。

最后的评论是恰当的，朱熹对儒家传统以外的文本感兴趣，实际上，他在遗著中留下了两篇关于早期道家自我修养手册的简短评论[⑥]。朱熹还对许多重要的道家哲学著作如《老子》和《庄子》非常感兴趣，并常将阐释学的概念应用到对这些著作的阐释中[⑦]。如，他认为大多数评论者都完全误解了老子的总体观。在阐释《道德经》文本第六章中提到神秘的"谷神"时，朱熹

---

① *Chu Tzu Hsin Hsüeh-an*, Vol. 4, p. 234.

② *Chu Tzu Hsin Hsüeh-an*, Vol. 4, p. 236.

③ *Chu Tzu Hsin Hsüeh-an*, Vol. 4, p. 238.

④ *Chu Tzu Hsin Hsüeh-an*, Vol. 4, p. 238.

⑤ *Chu Tzu Hsin Hsüeh-an*, Vol. 4, p. 265.

⑥ Chu Hsi, *Chu-tzu I-shu*, 12 Vols, Taipei: I-wen Shu-chü, 1969, ts'e 12.

⑦ Wing-tsit Chan has devoted a chapter to Chu Hsi's positive interpretations of *Lao Tzu* and *Chuang Tzu* in *Chu Hsi: New Studies*, Honolulu: University of Hawaii Press, 1989, pp. 486-508.

问："这种'谷神'真正指的是什么?"他的回答是："'谷'之虚也，声远焉则响应之，乃神化之自然也。"[①] 朱熹试图表明，在"谷神"意象中存在着一种平衡的极性，毫无疑问，这依赖于阴阳法则的一般哲学背景和宇宙的接受与反应元素的永恒韵律。无论他对老子文本运用这一法则是否正确，这都是他对"谷神"意象的一种阐释。伽达默尔在《真理与方法》中写道："我的论点是，有影响的历史的要素在对传统的所有理解中都是有效的，即使在现代历史科学的方法论被广泛采用的情况下，也使得像实验性的发现一样被建立的某个对象在历史上得以发展和传播。从人类的角度来看，似乎传统就像物理现象一样是不同的、难以理解的。"[②] 这段话清楚地揭示了朱熹和伽达默尔观点的异同。对朱熹来说，阐释艺术旨在为弟子提供一种"有效的历史"，以帮助他或她面对传统。朱熹充分意识到现代欧洲学者如此敏锐的历史距离，但他仍相信，他具有一定的资格成为整个儒家传统的继承人。伽达默尔称之为历史意识的崛起对传统的分离和破坏，对朱熹来说似乎会是不相容的。但是，朱熹会对伽达默尔阐释行为的结果表示同意："时间不再是一条因为它分开而被弥合的鸿沟，而实际上是现在扎根于其中的那个过程的支撑。"[③]

还有一个值得注意的比较。对朱熹而言，通过自我修养的过程而完成的最终任务是圣贤本质的实现。朱熹以及所有其他新儒家认为，阐释艺术的目的旨在将一个人的内在和外在生活融合成一种完美的圣贤品格，这种品格在所有情况下都将有效且及时地发挥作用。朱熹认为，弟子应该能够运用通过文本阐释获得关于传统的见解。这里，朱熹可能会同意伽达默尔关于德国虔信派在现代欧洲阐释学发展中的作用的讨论。伽达默尔写道："在我们的反思过程中，我们发现理解总是涉及诸如将要理解的文本应用于阐释者的现状之类的事情。"[④] 对于朱熹来说，缺乏适用性的阐释洞见是错误的读书。因此，很容易看出朱熹的读书法与伽达默尔的阐释学理论是相似的。这种比较是有效的，因为它代表了两个思想家关于文本阅读的共同精神。当然，有些差异可以像共同点一样显著。在他俩的阐释学理论中存在很多共同点。虽然朱熹肯定没有感到与感染现代欧洲阐释学理论的同样强烈的与传统之间的那种疏

① *Chu Tzu Hsin Hsüeh-an*, Vol. 4, p. 262.

② *Philosophical Hermeneutics*, p. xxi.

③ *Philosophical Hermeneutics*, p. 264.

④ *Philosophical Hermeneutics*, p. 674.

离感，但他当然可以理解这种困境。

如果有，那么这种比较最终能证明什么呢？至少，在陈词滥调中，类似的情况会引起类似的反应。为了更好地生活和理解生活，两个人都对文本阐释深感兴趣。但是，只有当情形和思想家的概念在某种程度上相似时，这才是正确的。例如，在朱熹的世界中，什么可以取代现代的普世科学呢？朱熹是如何在那个世界里构想他的宇宙观并体现文本的含义呢？南宋知识分子高度城市化和有教养的世界的复杂本质是什么呢？像复杂的文明一样，他们也不时地创造音乐，这些音乐让我们怀疑以前是否听过音乐。在每一种伟大的哲学陈述中，有些东西似乎是一样的，而有些东西却是独一无二的。

（黎书　上海大学新闻传播学院博士研究生）

美国视野中的围棋与中国形象的建构*

何云波　任　晨

摘　要：围棋是中国传统文化载体之一，一方面中国文化的丰富性吸引了当代美国民众和学者对围棋的关注，另一方面围棋的魅力也加深了中美两国的文化互动。在美国视野中，不同时代、不同媒介里的围棋有不同的内涵，也蕴藏着不同的中国文化。通过围棋，美国学界从想象到具象，建构了一个不断变化的多维化的中国形象。

关键词：围棋　美国　多维观照　中国形象

围棋作为中国古代"四艺"之一，在汉学文化中具有标志性的意义，围棋文化在国外的传播与接受是中国文化对外传播与交流的重要组成部分。在美国视野中，不同时代不同媒介里的围棋有不同的内涵，也蕴藏着不同的中国文化。通过围棋，美国学界从想象到具象，建构了一个不断变化的多维化的中国文化形象。本文研究美国是怎么接受围棋并一步一步建构围棋的意义，又如何通过围棋来观照其背后的中国文化，分析其中所呈现的东西文化差异，为西方视野中的围棋与中国形象研究提供一个参照。

一、从 GO 到 Wei-Qi，围棋在美国的传播与符号意义的变迁

探究美国对于围棋及中国文化的研究，首先要从美国引入围棋的源头及社会大众的接受说起。作为中国传统文化的围棋最初是以游戏的形式进入到美国的视野中，又一步一步从游戏发展成为了学界研究热门。而美国在对围

* 本文为湖南省研究生科研创新项目"西方视野中的围棋与中国形象建构"（CX2018B323）阶段性研究成果。

棋的接受中，从GO到Wei-Qi，“围棋”符号这一概念符号的变迁，也显示了围棋的意义建构的过程，及其背后对中国文化的认知的变化。

（一）流转的他者——GO的时期

最早将围棋介绍到美国的是亚瑟·史密斯（Arthur Smith），他于1908年在纽约出版了《围棋：日本国技》（*The Game of Go：The National Game of Japan*），这是第一本介绍围棋规则的英文书。全书共八章，介绍了围棋历史、棋盘与棋子、规则与术语，讨论了围棋的下法，包括典型的棋局、开局、终局等实战技术。

因美国是先从日本了解到了围棋，所以早期英译中围棋一词“GO”来源于日文。实际上，围棋在南北朝时期才从我国传入日本，当时的围棋不仅在民间广泛普及，更是得到了统治者的重视，对围棋的自我认同推进了它的海外传播，GO也是由遵循古汉字写法的“碁”音译而来的。

早在1877年，驻华英国外交官员、汉学教授翟理斯就发表了文章《围棋，中国的战争游戏》（*Wei-Chi：China's War Game*），将围棋按照汉语发音称为“Wei-Chi”，向欧洲完整介绍了中国围棋。然而这篇文章由汉学家写作，偏重于文化类的引介，并未得到西方世界足够的重视。因为传教士时代西方兴盛的中国文化研究热潮已经衰落。而值得注意的是，美国第一次注意到围棋，正值在中国文化的国际衰落期，由他者流转传播。该时期美国视野中的围棋正典型反映了集体的失语导致传统文化被误读，传统文化的流转映射了国家形象的起伏。此后，美国各界对于围棋的英译一直沿用了GO，其中著名国际象棋棋手爱德华·拉斯克（Edward Lasker，1885—1981）对围棋在美国的推行做出了重要贡献。因其本人对于围棋的热爱，他于1934年出版了著作《围棋与五子棋》（*Go and Go-Moku*），1935年，他又同卡尔·戴维斯·罗宾森（Karl Davis Robinson）以及李·哈特曼（Lee Hartman）合力创立了美国围棋协会（American Go Association），为以后围棋在美国的进一步传播奠定了基础。

（二）回归的符号——Wei-Qi（Wei-Chi）与The Surrounding Game时期

20世纪七八十年代中国围棋逐步重新崛起，势头再次盖过日本围棋。中、日围棋呈现出势均力敌之态，西方也不再视围棋为日本的专属“国技”。得益于全球化的迅速发展，围棋在美国的传播也呈现出快准稳的姿态，在竞技和文化方面全面开花，甚至其作为中国传统文化元素也参与到了中美交流活动当中。1988 年，美国中华围棋会与洛杉矶棋友会联合举办了首届洛杉矶“中华杯”国际围棋邀请赛；2009 年，时任美国总统奥巴马在造访中国时送给时任中国主席胡锦涛一副玛瑙围棋和精美的木质棋盘，体现了对中国传统文化的尊重及了解，同时似乎也暗示着中美之间相互博弈的意思；2015 年，在北京举办的“中国发展高层论坛”中，92 岁高龄的美国前国务卿基辛格博士应邀出席，并与中国企业家在棋盘前论道，围棋作为外交符号再次强势回归人们的视野中。同时在英语中，Wei-Qi 的译法也开始越来越多地出现在学术专著中，围棋与其文化意义研究也逐渐突出。

随着对围棋文化探索的深入，美国 2018 年的纪录片《围之棋》中对围棋的翻译使用了“The Surrounding Game”这样阐释性的词汇，“surrounding”的释义便是“围”（包围、周围），“The Surrounding Game”即可直译为“包围的游戏”，也呼应了片名《围之棋》。这是美国文艺作品中对围棋名称的英译首次突破直译，而加入了本土文化认同之后形成的意译。围棋在美国的传播以及围棋术语的译介发展过程是中美围棋文化交流中需要正视的重要环节之一。从日本辗转传播，到主动对外介绍，再到吸引美国学者来主动关注，从单纯的游戏走向内涵的开发，这是一个美国视野里中国形象动态发展的过程，从最初的被忽视到恐惧与好奇并存的比较性认知再到感悟其博大精深的主动探知。围棋英译从 Go 到 Wei-qi 再到 The Surrounding Game，围棋在美国的传播接受由小众走向了大众，由日本文化转译走向了切近中华文化的意译。这是中美双方的文化认证，这种文化认证也是美国视野中的中国形象的辩证、动态发展的过程，不是非此即彼的选择，而是文化的双重确认。

二、美国视野中的围棋与中国政治形象

美国大众对围棋和中国文化的接受促进了美国学界对围棋及其所代表的中国文化的研究。从皮亚杰建构主义认知心理学角度而言，“完整的认知过程是定向——抽取特征——与记忆中的知识相比较等一系列循环过程”，美国学界的围棋文化研究也基本遵循了这一过程，并在尊重事实的基础上不断发掘围棋新的意义。从最初定位于“战争隐喻”的比较研究，到对“东方智慧”的发散性探索，直至对围棋“时代意义”的国际性追问，从历史、艺术、人

物等多方面展示了美国视野中中国围棋内涵的独特性。

围棋起源一说即来自于战争的比喻，最初被阐释为一种圈地游戏。当代，围棋中的策略引起了众多美国研究者的兴趣，他们一方面探索围棋所展示的军事思想，另一方面又从比较的角度，将围棋策略与西方本土的国际象棋策略进行相互阐发，以求实现跨文明的互动。

（一）迂回的控局者

1969 年，耶鲁大学社会学教授斯科特·伯尔曼（Scott A. Boorman）出版了著作《旷日持久的游戏：毛泽东主义革命策略的围棋解释》（*The Protracted Game：A Wei-Ch'i Interpretation of Maoist Revolutionary Strategy*）①。他提出了中国战略家们在战斗中偏重于“持久战略”，多数的战争中采用的是间接手段而非正面对抗，在消耗战中运用奇袭的方式，印证了中国古语“兵者，诡道也”；而美国战略家们对待战争的理念多是“直接歼灭”，善于正面的进攻，着眼于单一的决定性战役。伯尔曼认为中国共产党军事战略与中国古代围棋游戏有着实质上的相同，毛泽东经常用围棋来解释他的战略，“农村包围城市策略”即是围棋谚语所说“金角银边草肚皮”。在战争中，中国仿佛一个迂回辗转的控局者，通过着眼于更加持久的斗争，分散对手的视线，从小区域的控制，经过发展、合并，最终形成整场战役的胜利。与国际象棋集中兵力在棋盘上的某一点不同，围棋手的意图是尽可能扩张自己的地盘，避免直接对抗，包围对方。中国也正如围棋手一般，善于运用这种辩证的围棋策略，断裂的联系，集中的分散，包围的突围和灵活的顽固，也正是中国政治军事策略智慧的集中体现。

2004 年，美国陆军战争学院战略研究所的来永庆（David Lai）博士发布了一篇具有代表性的研究报告《他山之石，可以攻玉——从围棋角度剖析中国“势”的概念》（*Learning from the Stones：A Go Approach to Mastering China's Strategic Concept，Shi*）②，这是当代美国以及西方战略研究领域专门以围棋为主题，分析中国战略思维特征并提出战略对策的研究报告。他认为作为战争的游戏，围棋以中国哲学和中国军事思想为基础，融入了中国战略思想和军

① Scott. A. Boorman，*The Protracted Game：A Wei-Ch'i Interpretation of Maoist Revolutionary Strategy*，Oxford University Press，1969，p. 37.

② David Lai，*Learning from the Stones：A Go Approach to Mastering China's Strategic Concept*，Shi，*Create Space Independent Publishing Platform*，2004，p. v.

事指挥艺术。在外交方面，中国运用了围棋的指导思想，也是孙子兵法的要点——不战而屈人之兵。与西方的国际象棋不同，围棋开局始于空空如也的棋盘，这也就决定了政治策略中的博弈。从开局（政治布局）、中盘（斗争进行）到收官（打扫战场）层层推进。

（二）围棋与东方谋略

2012年美国前国务卿基辛格出版著作《论中国》（*On China*），提出了关于围棋与中美政治的重要观点：东方重谋，西方重力。① 围棋每个棋子的价值与其他棋子是相等的。玩家可以轮流将棋子随意放在棋盘上任何一个位置，目的是加强自己的力量同时包围和捕吃对手的棋子。西方的象棋则是讲究全胜。游戏的目标是将军，把对方的国王逼入死角。大多数象棋棋局的胜利是靠消耗角色棋子而取得的，很少的也有通过戏剧性的巧妙一击将军。如果说国际象棋代表一种以力对力的战斗，围棋就更像一场斟酌筹谋的战役。中美博弈，中国也仿佛是在有计划地谋划一盘棋局。同样，美国的杜威·科内尔与理查德得德·默斯尔在《战略思维与东方的围棋》中，也有以下推断：

> 虽然围棋的规则是出奇的简单，但下围棋所用的战略要远比国际象棋复杂得多。……围棋是多元性，广阔直觉式的思维，需要对抽象模式的认识和预测。……围棋是有多个战场的“全球性战争”。总之，国际象棋可看作一种战术游戏，而围棋是更高级的战略游戏。②

在美国学者眼中，东方民族的传统思维，更注重整体综合，在实际行动中更注重谋略的使用，而这其中的代表便是围棋的发源国中国。

（三）集体主义的胜利者

美国通过围棋总结出来的这一中国政治特点，是与西方的国际象棋相比较而得出的结论。美国南卡罗莱纳大学教授马克·莫斯科维茨（Marc L. Moskowitz）在专著《围棋国度：中国男性气质和中国围棋游戏》（*Go Nation*:

① ［美］亨利·基辛格著，胡利平、林华、杨韵琴、朱敬文译《论中国》第47页，中信出版社，2012年。

② ［美］杜威·科内尔博士与理查德得德·默斯尔著，郝咏梅译《战略思维与东方的围棋》，载《围棋天地》1995年第12期。

Chinese Masculinities and the Game of Weiqi in China）中提及：

> 国际象棋中嵌入了许多封建制度的想象，比如说骑士、主教、王后和国王的设置，还有那些无名小卒。并且这些棋子都个性鲜明：国王的移动取决于它的地位，骑士可以驾驭战马在棋盘上跳跃，自带政治倾向的主教总是对角移动而不是直来直往，王后则像现实中一样按照自己的意愿移动。而作为底层的卒，只要行动得当，甚至可以不断升级。①

然而，即使有骑士、主教这种上层阶级的存在，国王仍然是决定战局的唯一人物，国王被擒，战斗马上结束。由此可见，在国际象棋中，强调的是个人的决定因素，其他所有的角色都是在为了保护某一要点人物而行动。以此类比美国的政治策略，这是一个个人英雄主义盛行的国家，从《独立宣言》开始，所推崇的就是个人行为上和思想上的自由，天赋人权，人是一切事务的主宰，个人的努力会带来理想中的成功。与之相反的是，围棋的棋子无论是从外观上还是作用上来看一开始都是平等的，并无突出的不同，棋盘上的每一粒棋子都很重要都能左右战局的走势。中国的政治是一场群体博弈，争取更多的支持，占领更多的领地，才能赢得最终的胜利。棋子被吃或者是吃掉对方的某些棋子并不是胜利的最终决定因素。由此作者认为，围棋在现实生活中隐射的是个体组成的群体社会关系。中国传统文化也强调个体力量的累积会巩固整个群体，群体力量的增强也给个体的增值提供条件。总而言之，以围棋策略类比中国政治，是集体主义的胜利，即平等的个体组成的群体越强大，取胜的可能性也越大。

三、围棋：东方之艺与中国之道

从美国学界角度而言，无论是发源地中国的本土围棋还是经过日本异域化再传入的围棋，背后包含的都是晦深莫测、值得探究的古老东方文化。围

---

① Marc L. Moskowitz, *Go Nation*: *Chinese Masculinities and the Game of Weiqi in China*, Berkeley: University of California Press, 2013, pp. 37-38.

棋曾被誉为“没有文字的活历史”，从看得见摸得到的围棋入手，是了解异域文化的一种重要手段。通过对围棋的艺术解析，隐含的华夏智慧由抽象到具象，中国的艺术与文化形象跃然纸上。

（一）围棋之艺

诺贝尔文学奖获得者日本作家川端康成曾表示：“中国的围棋蕴含着丰富的精神力量、自然的法则和宇宙的奥秘，可谓‘神之一手’。”他的代表作《名人》以围棋为主题，在西方广为流传，为围棋文化在西方的传播做出了杰出的贡献。当代美国学者们从这些文艺作品和围棋简单又变幻莫测的规则中，感知到了中国的艺术之美。美国纪录片 *The Surrounding Game* 中对围棋作为中国传统“四艺”的地位进行了阐释，也给予了围棋新的理解。片头提示语既是“围棋的规则是如此优雅，充满活力，近乎完美，无懈可击”，一盘围棋就是一面窗，一面展示人内心思想的窗，无论我们内心是否愿意，它都会把我们的想法像一幅图一样展示出来，并且透露我们真正的内心。这样的解读，与中国古典文化中的阐释有所不同，但有异曲同工之妙。

美国对于围棋的文学艺术方面的解读还不止于此，斯坦福大学访问学者弗雷迪·罗科姆（Freddie Rokem）教授在《流散的戏剧艺术——本雅明与布莱希特的弈棋论》（*Dramaturgies of exile*：*Brecht and Benjamin playing chess and go*）中，将围棋与文学、哲学联系在一起。通过探讨了布莱希特、本雅明以及卡夫卡的作品叙事，阐明了他们的叙事手法可以用国际象棋和围棋的思维进行分析：

> 在《诗学》第九章里，亚里士多德提出了关于诗歌、历史以及哲学的话语实践之间的关系，而本雅明和布莱希特的哲学思想和艺术实践则可以在棋法规则中体现，他们所创造的独特的叙事手法也影响了他们围棋、象棋对弈中的运动轨迹。①

围棋可以类比“行动”——当棋子落入棋盘，动或不动都是为了争得潜在的优势，正如“思维”的运行规则。指导思维运动的是渊博的学识和认知，

① Freddie Rokem，“Dramaturgies of exile：Brecht and Benjamin playing chess and go”，*Theatre Research Internantional*. No. 1（2012），p. 5.

而指导围棋运动的同样是古老深沉的智慧。本雅明与布莱希特的叙事策略与围棋之间最大的相似点就是：掌控两者运行轨迹的是深远的超自然暗示，它们行动在当下，却蕴含着过去的积淀也把握着未来的走向。从这种意义上来说，文学叙事的发展与围棋行棋的规则有异曲同工之妙，本雅明和布莱希特的犹太身份让他们在现实生活中四处逃亡，自身的处境和对棋类运动的探究体现在了他们的叙事风格上，形成了独特的流散叙事风格。棋局是艺术，下棋的姿势也是艺术，围棋的棋型更是艺术，黑白相间，如同古老的水墨画。棋子落下，若非吃子，不可移动，简单的棋子组成了此起彼伏的层叠局势，有着复杂多变的博弈结果，考验着棋手的分析能力也体现了人类的审美思维。人生百态，尽显其中，美国电影《死亡密码》（*PI*）中不止一次出现了类似于阴阳八卦的围棋棋盘图，每当主人公遇到难以解决的现实问题，他便会在围棋迷局中寻找出路。在美国学者眼中，围棋里的艺术是人类共通的文明，它的深度、美感和韵律都是值得欣赏并流传的。

（二）围棋之道

"道"是中国古典文化的精髓，老子《道德经》言："道生一，一生二，二生三，三生万物。"在当代美国的研究中，普遍认为围棋之道遵循了中国哲学之道，代表了东方的智慧。美国企业家、知识管理专家特洛伊·安德森（Tory Anderson）就认为围棋是中国古典的微观宇宙。他在《棋道：管理中的围棋法则》（*The Way of Go: Ancient Strategy secrets for Success in Business and life*）[①] 中详述了围棋之道对作为西方人的作者本人生活态度的影响，并"揭秘"了中国是怎样利用围棋中的谋略与竞争之道，如何着眼全局并构思局部的，这些文化对西方有怎样的影响与推动。中国古代的阴阳哲学思想，把棋也看作是阴阳的喻体，充满了神秘与智慧。当今社会的围棋之道，又可称为"普遍的经验法则"，是围棋和其他领域共同享用的经验法则，曾经许多伟人都不约而同地运用它成就了一番事业。棋道，其实也就是寻找"最正确的一手"或"神手"，放弃所谓的奇技淫巧，发现最合适、最精妙的一步棋，棋道意味着对真理不断的追求和接近，和其他真正的道一样，围棋之道追求的是通向事物根源的众妙之门。

---

① ［美］特洛伊·安德森著，苏金铎译《棋道：管理中的围棋法则》第2页，机械工业出版社，2008年。

四、围棋与中国国民形象

近年来，美国对于围棋文化的研究逐渐从政治军事的高度走向社会大众，更加生活化。这方面的代表研究是美国南卡罗莱纳大学教授马克·莫斯科维茨（Marc L. Moskowitz）和他的专著《围棋国度：中国男性气质和中国围棋游戏》（*Go Nation：Chinese Masculinities and the Game of Weiqi in China*）及相关论述。作者在本书中详细分析了中国各个年龄段的男性群体对待围棋的态度及围棋对他们男性气质的影响，同时，作者也站在旁观者的角度对中国的围棋女性做出了独到的见解。由此引出了在围棋领域中国国民形象的塑造。

（一）围棋男性——中国男性气质融合体

表面上看，围棋与男性气质的建构并无太大的联系，但从实际出发，围棋还是一个由男性为主导的领域，围棋男性融合了几大典型的中国男性形象特征，包括孔夫子式的谦谦君子、军事策略精英、智慧型的天才以及性格清冷的学者。这些形象都是典型的中国甚至是周边其他亚洲国家古典文化中优秀男性形象。现今的围棋学校和围棋道场在教育学生的时候除了技术之外，也突出了“孝顺”“虔诚”“张弛有度”“修身养性”以及孔子的“仁义礼智信”的倡导。作者通过深入研究发现：文学中的围棋男性形象的特征演变史就是一部缩写的中国男性形象演变史。在封建时代：中国尚文轻武，文学作品中塑造的才子多是清秀的女性化的少年，修长的手指执棋，白衣飘飘随风起，安静地长时间地下棋。当时的棋手形象符合社会大众的审美，是时代风尚塑造的产物。到了战争年代，中国社会开始崇尚“英雄”，“英”即突出的精英，“雄”则是男性的意思，此时的主流男性形象特征多表现为身材健壮，高大威猛，在战争中不畏艰险勇往直前，类似于西方文学中的骑士形象。直至现代，随着东西方文化的交流加深，大众传媒的发展，受西方“摇滚青年”及“硬汉”形象影响，中国男性棋手的气质描绘又呈现出了“霸道总裁”的特点，由革命者、无私者转入了七情六欲更加丰满的成功人士。结合了“文”与“武”的趋于完美的形象也更加符合当下的社会期望。

（二）围棋女性——模糊不清的歧义身份

从现实状况来看，国内各个年纪的女性棋手从数量上和段位上都逊于男性棋手。在作者所采访的中国国民眼中，围棋领域内男性以绝对的优势领先于女性，理由是男性与生俱来地在逻辑分析和空间理解上优于女性，并且男性天生优越的进取心和侵略性更适合围棋活动，没有人提出这样的质疑：性别差异是否受到了社会期望的影响。自古以来，中国即认为男女生来不同，从少年时代开始，男性就被认为更有逻辑性、更外向也更调皮，与之相反，女性更情绪化、更温顺。封建时代的中国父母也按照传统文化来教育子女，女孩子更注重外貌而男孩更侧重于成就。直到“独生子女”政策实施后，越来越多的父母对女儿的事业给予了空前的关注，出现了越来越多的女大学生。但同样也存在这样的说法，过于优秀的女孩会被“指责”为“像个男人”，“不像女孩子”。对于女棋手，大众更加关注的还是她的外表，无法完全突破男女不平等的认知，但无论如何，随着时代的发展，对女性身份的歧视正在逐渐消解，越来越多的女性棋手塑造了正能量的女性形象。这些不断成长的围棋女性，是国际视野中中国女性地位逐步上升的缩影。

由此而言，从棋手形象塑造与国家形象隐喻上来说，围棋是一片未经开发的领域，这片领域显示出了独特的文化价值，展示了美国视野中中国国民的演变过程，围棋如何参与到他们的文化身份塑造之中。

结　语

整体而言，美国视野中的围棋与中国形象建构主要表现出以下几个特点：第一，美国学界通过对于围棋的大量实证研究（中国战争布局的还原、围棋历史等）、文化研究（文学理论、意识形态、管理智慧等）以及与其他学科间的交叉研究（如历史学、哲学、宗教学、语言学、人类学等），从想象到具象，与时俱进地建构了围棋背后逐渐真实丰满的中国文化形象。第二，相较于更注重竞技的东方国家对围棋的研究，竞技实力较弱的现状反而促进了美国学界对围棋游戏之外意义的关注。第三，诚然，通过围棋一种元素不能完全代表美国集体对于中国形象的认知，他们所观照到的中国也不乏“误读”与“片面”。但从研究总体走向来看，美国对于围棋与中国文化的研究从60年代中后期到至今半个多世纪以来，呈现出的是积极、持续、平稳的发展趋势。在中西文化合力的交互影响之下，围棋作为文化符号对于美国的汉学研究的参与度越来越高，覆盖面也逐渐拓宽。

美国在接受和传播围棋的过程中，尽管有种种的“误读”，但也赋予了围棋这项古老的东方游戏更多新的意义。总的来看，美国的围棋文化研究一方面显示出独特的国际视野，然而另一方面也存在难以避免的文化过滤与误读现象，这就涉及中西异质文化背后所存在的差异。站在跨中西文化的立场来看，中美学界的关系如同“自我”与“他者”。“自我”与“他者”之间存在着不可避免的“异质性”，然而，正是这种异质性，使两者之间获得互补和交流的可能。探讨围棋文化及其他中国传统文化在美国的传播与研究状况，考察海外学者如何通过围棋阐发中国文化的意义，建构中国形象，可以为比较文学形象学研究和跨文化研究提供有益启示。

（何云波　湘潭大学文学与新闻学院教授、博士生导师；
任晨　湘潭大学博士生，广东新安职业技术学院外语外贸与电子商务系讲师）

·英国汉学研究·

马礼逊与塞缪尔·基德

尤　珉

摘　要：马礼逊（Robert Morrison，1782—1834）因编纂双语字典、创办中英文报纸和建立英华学院等历史为研究者们熟知。根据原始资料考证，马礼逊还是19世纪初英国历史上第一个开设中文班讲中文课的人（1825）。他曾经携带收藏汉籍漂洋过海，在英国历尽曲折以求通过捐赠汉籍建立中文基地。马礼逊逝世之后，好友托马斯·费瑟（Thomas Fisher，1772—1836）鼎力周旋策划，最终汉籍被捐赠给伦敦大学。伦敦大学应允承诺开创中文系，并设立汉语教席。塞缪尔·基德（又译为修德，Samuel Kidd，1799—1843）任伦敦大学首位汉语教授（1838）。本文由关注马礼逊对基德的影响，通过史实展示马礼逊挚友费瑟策划促成越洋书箱成功捐赠，并且通过追踪汉籍捐赠历史细节，理顺英国伦敦大学建立中文系和设立中文教席的由来与曲折过程。研究从基德、费瑟与马礼逊相关关系的两个侧面，展示马礼逊当年个人所从事业的真实面貌。

关键词：马礼逊　基德　汉语教育　海外汉学史

一、马礼逊与塞缪尔·基德相关简介

（一）塞缪尔·基德

塞缪尔·基德于1820年到伦敦后被送到戈斯波特神学院学习，这是马礼逊16年前从师于大卫·伯驾（David Bogue，1750—1825）学习时的地方。两人都侍奉于英国伦敦会，只是，马礼逊当时是伦敦会进入亚洲地区（中国）传教的开山元老，而基德是刚刚入会的马礼逊亚洲传教热忱的崇拜者。基德于1824年到达Madras（金奈/马德拉斯），两年之后（1826年）他在Malacca

（马六甲）英华学院的印刷厂印制出版中文小册子。基德一生有 3 本自己的出版物：1. 马礼逊追念辞；2. 伦敦大学就职讲稿；3. 皇家亚洲中文图书目录，又名：中国哲学、文学与政治图貌。[①]

（二）基德任英华学院第四任校长

英华学院第一任校长为米怜（William Milne，1785—1822），基德曾任英华学院第四任校长[②]，任期大约四年。马礼逊与该校早期的历任校长的中文学习都密切相关。如，米怜 1812 年来到中国，在澳门短暂逗留后就悄然乘船前往广州秘密跟马礼逊学习中文四个月。马礼逊是米怜的中文启蒙老师，在广州期间，他对米怜潜心专注学习语言高度评价[③]。

1822 年，米怜过世时英华学院师资萧条几乎停办。马礼逊返英国述职途经马六甲（1823 年 2 月 5 号抵达），同年 4 月被伦敦会任命为英华学院副校长[④]。马礼逊到访期间，培养了当时英华学院的教师高大卫（又译：柯大卫，David Collie，1789？—1828）学习中文。离开马六甲继续前往英国，临行前，高大卫被马礼逊推荐为英华学院校长。高大卫边教学边投身于翻译工作，其生前主要代表作为《四书》，1928 年在马六甲出版。由于马礼逊对高大卫的出色指导，高大卫获益匪浅，中文水平飞速跃进，故此，1824 年，当基德到达马六甲时，就直接跟高大卫学习闽南语（Hokkien）。

有关塞缪尔·基德学习中文的说法有两种。一种是高大卫是基德的启蒙老师[⑤]。即 1824 年 4 月，基德最初到达金奈、在马六甲学闽南语的经历有

---

① 英文原文：" Critical Notices of Dr. Robert Morrison's Literary Labours" in Memoir of Morrison, 1838; inaugural lecture at University College on the Chinese language, 1838; A catalogue of the Chinese library at the Royal Asiatic Society; and China, or Illustrations of the Philosophy, Government, and Literature of the Chinese, 1841.

② 早期英华学院历任校长任职时间列表（1818—1897）：1818—1822 年米怜（William Milne, 1785—1822），1822—1824 年宏富礼（James Humphreys），1824—1828 年高大卫（David Collie, 1789—1828），1828—1832 年基德（Samuel Kidd, 1804—1843），1832—1834 年汤雅各（Jacob Tomlin, 1793—1880），1834—1840 年伊云士（John Evans），1839—1867 年理雅各（James Legge, 1815—1897）。

③ 转写本 B, IMG_ 20180208_ 100604. jpg, R Morrison（44）Letter 1, Robert Morrison to John Taylor, 1817-1820, SOAS Manuscript Archive, p. 3.

④ 转写本 A。

⑤ Samuel Kidd, Wikipedia 英文版。https：//en. wikipedia. org/wiki/Samuel_ Kidd。

明确记载；另一种说法是基德是马礼逊在伦敦会语言学院中文班的学员之一[①]。对此，笔者就文献记载和具体人物大事年表将在下文详叙。

（三）塞缪尔·基德汉语学习考

塞缪尔·基德的汉语是在哪里学的、跟谁学的？前面略微提到有关基德学习中文的经历。一种说法是高大卫是基德的启蒙老师[②]；另一种说法是基德是马礼逊在伦敦会语言学院中文班的学员之一。笔者就有关基德中文启蒙教师说法，依照史实参照比较分析如下：

引注1：基德于1824年4月乘船前往金奈[③]于同年11月到达马六甲。

引注2：浩然文章显示，基德是马礼逊在伦敦会时期语言学院中文班的学员之一[④]。而马礼逊大事年表记载[⑤]：1824年，马礼逊在3月23日抵达伦敦，将一部他译的中文圣经和一幅北京地图呈献英国国王。他被选为法国亚洲学会会员。同年11月，娶伊丽莎白·阿姆斯特朗女士为续弦。在各地演讲，探亲访友。

引注3：马礼逊1824年9月写给费瑟的信[⑥]说自己已经到达伦敦[⑦]。

引注4：1825年2月10日，马礼逊被选为皇家会员，伦敦会破例让他在伦敦逗留期间任伦敦会董事。6月14日，委员会通过在伦敦建立一所语言学院的建议。8月20号马礼逊在新加坡停留，造访 Raffles 创办的新加坡大学，印象平平。9月19号到达澳门[⑧]。

笔者就引注1—4，分析如下：笔者就马礼逊和基德有否同时出现在伦敦

---

① 浩然《台约尔牧师是马礼逊牧师的学生》，载《基督教周报》2007年第2221期。

② Samuel Kidd，Wikipedia 英文版。https：//en. wikipedia. org/wiki/Samuel_ Kidd。

③ 金奈，也作“钦奈”，原名“马德拉斯”（Madras）。

④ 浩然《台约尔牧师是马礼逊牧师的学生》：“当马礼逊1824年回到英国后，他到各地宣传鼓励青年献身事奉上帝。为此之故，他于1825年1月倡议成立“世界语言学会”（The Universal Philological Society），目的是使人学习东方语言：阿拉伯语、印度语、中国语等，都将有助对回教世界、佛教世界、中国及五邻国去传扬福音。该会成立之后，又于6月在伦敦开设“语言学院”（Language Institution），马礼逊牧师每周有3天到学院去讲授中文，据知有13人参加上课，其中有多位将到东方传教的教士，而其中便有修德牧（Rev. Samuel Kidd）和台约尔牧师（Rev. Samuel Dyer）。”

⑤ 百度：马礼逊的大事年表 https：//zhidao. baidu. com/question/691216306619643524. html

⑥ 转写本 B，p. 7.

⑦ 转写本

⑧ 马礼逊大事年表（英文版），Robert Morrison（1782-1834），http：//www. babelstone. co. uk/Morrison/Morrison/Biography. html

的时间交叉分析认为，基德有可能参加过马礼逊的“在各地的巡回演讲”，但他只有很小可能在伦敦全程参加过马礼逊伦敦语言学院中文班的课程。因为，基德于1824年4月乘船前往金奈，并于同年11月到达马六甲，而据马礼逊给费瑟信中信息，他在1824年9月4日左右到达伦敦。马礼逊1825年1月成立“东方传教士学院”（The Oriental Missionary Academy），如果随后成立的中文班是在语言学院成立之前就已经开始试行讲课，以马礼逊在1824年3月23日抵达伦敦的信息，则基德与马礼逊具备同时在英国（London）见面的机会。基德是否与马礼逊见过面、是否跟马礼逊在那时学过中文，目前还没有找到确切资料记载。不过，有确切记载的是马礼逊为基德出行募集资金，支持他奔赴中国宣教的史料。故此，笔者认为，基德跟马礼逊“上了他的第一堂中文课”的说法值得信任，这个说法较为符合史实。所以，基德跟马礼逊上的“第一堂中文课”，据时间上推断应该是在伦敦会正式被批准通过“伦敦语言学院”成立之前的中文班里上过课；另一种可能是马礼逊单独给基德上过中文课。有关基德汉语学习的明确记载是1824年4月，基德最初到达金奈、在马六甲跟高大卫学了闽南语。

二、托马斯·费瑟与马礼逊汉籍捐赠的曲折历史

（一）汉籍抵达英国后的风波

马礼逊多年积累的汉籍又称“马礼逊图书馆”① 或“越洋书箱”②，马礼逊历尽艰辛积累它们，并一直希望能用它们建立中文基地。1824年“越洋书箱”随马礼逊抵达英国后就给马礼逊带来巨大的麻烦。

1. 书税

1824年，马礼逊携书乘滑铁卢号船在英国南部的德文郡登岸，不料千里迢迢从中国带来的书被海关估价需要付税2000镑。马礼逊认为，如果真的需要交税，那也该找一个机构而非个人承担。上税风波最终由马礼逊在政府任高职的好朋友乔治·士丹顿男爵③（Sir George Staunton 1781—1859）出面协

---

① 马礼逊自己如此称呼他的汉籍收藏。

② 后世研究者如此称呼马礼逊汉籍收藏。

③ 乔治·汤马士·士丹顿，第二代士丹顿从男爵，FRS英语：Sir George Thomas Staunton，2nd Baronet，翻译《大清律例》（1810年）。

调才得以解决。马礼逊决定把书捐赠给一个机构或者一个大学，理由是收藏汉籍的目的一直是建立中文图书馆，或者捐赠给某个大学建立中文基地。但遗憾的是当时英国的两所著名大学，剑桥大学和牛津大学没有任何一家愿意接受捐赠，这些汉籍无奈被送到伦敦会暂时保留。

2.“越洋书箱”十年藏书伦敦会细节

汉籍落户于伦敦会之后，1825 年马礼逊在伦敦会创立了伦敦语言学院，内设马礼逊中文图书馆。新成立的伦敦语言学院仅短暂地存在了一段时间，它在马礼逊返回中国工作后，因为支持不足濒临关闭[①]。马礼逊写信向托马斯·费瑟表达忧思，感叹伦敦会语言学院短暂的生命，马礼逊中文图书馆面临关闭和分拆拍卖，令他身在中国焦虑无奈[②]。费瑟及其他教会人士曾暗中帮忙，告诉他：我看见 R 先生今天早上为你中文图书的事儿，给剑桥大学写私信推介[③]。但是，当时的英国，有关中国文化的积累仅处于初期阶段，机构性的中文学习团体几乎不存在。所以，正如马礼逊所言，接近万本的汉籍，无论是单一出售还是小部分批量售卖，在当时都是十分困难的。如马礼逊所言：保存在伦敦会的汉籍在当时实在是用途不大，任何一家大学或者机构都不大可能购买它们；然而，超前意识又始终使他坚持己见，他认为，这些书整体保存在一起才会有更大用处。他一再向好朋友费瑟表示，如果要让这些书有用、或者说这些书在将来会有用，他随时都会决定让它们长期留在伦敦会。尽管汉基曾经写信给费瑟报告新情况[④]说：一些法国东方学研究的学者有意收藏马礼逊中文图书，汉基希望和费瑟一起商定个价格，法国东方学会想要买，但是，在行动之前想知道我们的要价[⑤]。然而，昔日马礼逊的高瞻远瞩，在当时鲜有人或哪个机构能与之共语。

（二）马礼逊汉籍收藏目的回顾

早在 1812 年马礼逊就产生汉籍收藏以及为伦敦会在马六甲开办传教士培训学校的想法。1818 年，伦敦会支持马礼逊并派遣威廉姆·米怜和他在马六甲共同创立英华学院。1820 年到 1822 年马礼逊经历着多事之秋，米怜去世和

① 转写本 B，p. 66.

② 转写本 B，p. 96.

③ 转写本 B，p. 96.

④ 转写本 B，p. 155.

⑤ 转写本 B，p. 155.

东印度公司严重亏损状态[①]，加之1822年11月2日十三行着大火，烧尽英国馆等千余房屋，马礼逊无奈只得计划暂避澳门。马礼逊在1823年1月17日离开广州，经停马六甲英华学院期间，于同年1月29日访问新加坡，会见新加坡副州长托马斯·斯坦福德·莱佛士男爵[②]（Sir Thomas Stamford Raffles，1781—1826）商榷办学计划。莱佛士出生于英国，冠有新加坡现代文明之父功名，在他执政下的新加坡，允许教会人员与地方商人繁荣共济，至于教育，也由于莱佛士的影响，当时的新加坡已经建立了使用本土民族语言的学校和教会机构。马礼逊十分期待这场会面，希望能够和莱佛士达成诸多建校合作意项。莱佛士热衷地向马礼逊表示，他要建立一个像马六甲英华学院那样的大学，定名新加坡大学。马礼逊借机向莱佛士转述当时的马六甲英华学院继米怜去世之后办学的艰难现状，他甚至想过，将英华学院与新加坡要建的大学二者直接合并为一。1823年2月5日，马礼逊回到马六甲，该年4月，他被任命为英华学院副院长同时潜心培养高大卫学习汉语。

会晤莱佛士后，马礼逊继续前往英国，1824年，他携带汉籍从中国回到阔别多年的家乡。此行是马礼逊在中国工作近27年工作生涯中唯一一次回访英国，他的这次回访，在伦敦会、甚至在伦敦曾掀起小小有关中国、中国文化、中国语言兴趣的波澜，基德是此刻马礼逊中国传教热忱的崇拜者之一。马礼逊回英国的第二年（1825）被选为英国皇家会员，伦敦会也借此破例指定他在停留英国期间兼任伦敦会董事。伦敦语言学院就是马礼逊借此机缘向伦敦董事会提出的一个语言学院[③]议案。马礼逊于1825年1月8日信[④]说道：

> 我依编码种类排列编写了中文书目。我希望伦敦会派专人照应中文图书馆并保持秩序，并且每周或者每个月能在那儿开放几个小时。把

---

① 潘毅《英国东印度公司对华贸易的历史启示》，《凯里学院学报》2009年第27卷第5期。

② Sir Thomas Stamford Raffles，FRS（6 July 1781-5 July 1826）was a British statesman，best known for his founding of the city of Singapore（now the city-state of the Republic of Singapore）and the London Zoo. 赋有新加坡之父之称。

③ Min You：On the 14th June a committee is established with the purpose of founding a Languages Institute in London.

④ R Morrison（55）Papers relating to Morrison's Chinese Library，c. 1825-1835｛SOAS Manuscript Archive｝

（对面）伦敦会博物馆的门开着，目的是让那些对中国好奇、感兴趣考虑去中国传教的人能看到摆放在那儿的书。让中文图书馆保存对英国大众开放形式，这也是一种自身的对外宣传，其中具体做法可以由伦敦会决定。这些书在我停留期间，我全权授权负责。如果能够在存放书房间的门上写有“马礼逊中文图书馆”，我将欣然不尽。马礼逊，1825 年 1 月 8 日

伦敦语言学院[1]（又名：伦敦语言习所），如马礼逊好友费瑟所言，学院是马礼逊的另一个孩子[2]。然而，在马礼逊离开英国回到中国的日子里，语言习所因缺乏师资使马礼逊中文图书馆日渐冷清，汉籍在伦敦会被勉强收藏了近十年之久，多次面临分拆拍卖。

1834 年，马礼逊逝世，威廉姆·A. 汉基 1835 年写给托费瑟再次寻求策略如何处理一直保留在伦敦会的汉籍。汉基诚恳回顾马礼逊自 1824 年以来在中文学习上为英国做出的成就，就马礼逊的业绩，他信中提到：

他计划的把这些图书带回英国是想献给他的国家一份礼物，打算借用它们引导建立中文系和中国文学教席，更希望由此能够滋生出一个中文学校。

最初的愿望没有达成，于是他在伦敦会成立了一个机构，取名“语言学院”，因此汉籍转移到巴特楼（Bartlett's Building），伦敦会特别指定给中文图书馆的房间。语言学院面对所有感兴趣了解中文和其他东方语言的人开放；并且诚以期望忠实传播基督教精神。马礼逊他自己长时间地在那里职守，并且给几位初学者上中文课[3]。

汉基肯定了马礼逊对“越洋书箱”的期望：把这些汉籍带回英国，作为献给国家的一份礼物，期望这些汉籍能够成就一个中文学习基地。

---

① 中国学者又称 1825 年建立的 London Institute 为“语言传习所”，见《马礼逊回忆录——马礼逊文集（中文版）》，大象出版社，2010 年。

② 转写本 B，p. 34.

③ 转写本 B，pp. 195-196.

三、马礼逊挚友费瑟与“越洋书箱”

费瑟是东印度公司银监管理，后为高级综卷宗录述员（高级银监员）。1834年，费瑟悲痛于马礼逊的逝世并全力策划帮助马礼逊的遗孀。费瑟通过个人影响精心运作，竭力实现马礼逊生前愿望，最终“越洋书箱”成功被捐赠到伦敦大学，用“越洋书箱”在英国建立了第一个正式的中文教学基地。

（一）马斯·费瑟与马礼逊一家

1832年1月，马礼逊在他50岁生日时写信[①]给费瑟，感叹这个生日带他走进了一个纷繁复杂的时代，也同时庆幸波折岁月还伴有许多人生快乐。当时，马礼逊的第二任妻子，爱丽莎·阿姆斯特朗（Eliza Armstrong，1795—1874）和他们的六个孩子都住在澳门，马礼逊的大儿子，马约翰（John Robert Morrison，1814—1843）在马六甲英华学院工作。1832年底，因中国政治经济形势变化和东印度公司的动荡，广州东印度公司的状况也受到冲击发生重大变化。面临动荡马礼逊担心几度病重的妻子濒临危险，终于下定决心让爱丽莎带六个孩子回英国。一同随家人回英国就此退休，马礼逊曾经这样想过，但是他所面临的困难不仅是当时他的收入勉强够买票送妻儿回国；多年旅居中国的马礼逊最感到困难的是回到英国的妻儿们住哪儿的问题。无比的艰难时期，费瑟打消了马礼逊的后顾之忧，费瑟承诺回到英国的马礼逊一家大小可暂居他家。继此之后，马礼逊与家人的往来书信便都由费瑟转达，费瑟成了马礼逊一家最亲密的挚友。

（二）托马斯·费瑟写给伦敦会的报告

当1835年7月，当威廉姆·A. 汉基再次写信给托马斯·费瑟转达伦敦会要处理马礼逊中文图书馆意见时，已距马礼逊逝世近一周年；由于当时的海运通信交通缓慢，马约翰于1834年8月21日写给费瑟的信，费瑟没有能及时收到。当费瑟接到信并马上写回信给马约翰时已是1835年3月，在此之前，即在费瑟接到马约翰信件之前，他也已从其他途径得知马礼逊去世的消息。马约翰动笔写信把噩耗传给伦敦，传给姐姐玛丽·芮白卡（MaryRebecca

① 转写本B，p. 104.

Morrison，1812—1902）的信，从8月6日开始写，直至写到8月20日，马约翰小心翼翼向姐姐暗示父亲的过世、向姐姐不忍又不得不回忆和描述父亲绝气时悲催的傍晚。那一封信让他曾几度无法下笔继续写下去，一封信写了两个星期；马约翰写给费瑟报告父亲去世噩耗的信，在海路走了将近半年之久。马约翰在信里小心翼翼地和费瑟商量，应该如何把噩耗慎重转告母亲和其他孩子们。费瑟与马礼逊一家情同手足，悲痛之后，费瑟首先想到的是如何帮助马礼逊一家。费瑟1835年5月写给马约翰的回信说道：

> 自为东印度公司多年服务退休以来，针对公司相关的中国事务，我刻意与伦敦会会长及其董事们保持着良好的沟通。他们对于我为他们提供的有关中国报告的材料感到满意，作为回报，伦敦会董事会欣然吸收了我为伦敦会董事。周一的晚上，我接受了任命，头衔是东方事务委员会董事。假如这个委任真的能给我提供一个为教会、为中国方面、更确切地说是为了你们一家服务的机会，我应该感到极为高兴。

读此信，表面上像是费瑟在自己为东印度公司服务多年，满意得到丰厚退休金之后，给自己又找了个教会差事，其实是当费瑟得知马礼逊在1824年8月1日，突病暴死在儿子马约翰的怀里，深知内情的费瑟沉痛面临错综复杂的局面，他迅速积极周旋、寻求策略。

马礼逊逝世的噩耗使费瑟内心隐含悲痛而又无处可语。因为在马礼逊逝世前两年，中国局势动荡，清朝政府与诸多关系国因贸易关系频频导致双边冲突；与此同时，东印度公司内部也因英国方面的局势变动而失衡，东印度公司一度短暂关闭，人员面临等待重新派遣的境况。当时的马礼逊面临着要么退休回国、要么留守中国重新等待机会、等待重新派遣。马礼逊无奈选择了留守，一方面是因为他的钱只勉强够买船票把妻儿们送回英国，另一方面费瑟知道，无奈中选择等待的马礼逊，是天真而又渺茫地希望能够在中国再次得到英国方面的派遣。动荡造成的间隔和其他政治经济原因，致使马礼逊没有机会像费瑟那样，在为东印度公司服务多年之后，持丰厚退休金回乡安居与得到荣耀，相反，面对社会局势变化与东印度公司双边所带来的不确定与多边矛盾冲突，繁杂多变的东印度公司曾归咎马礼逊参与传教导致多边关系更加复杂，对他工作没有起码认可甚至是要直接辞退。这使在焦虑中等待的马礼逊虚弱的身体更加虚弱。

1832—1834 年间，马礼逊一家的境况是：在中国，马礼逊为东印度公司工作近 25 年后，因公司暂时关闭而被草率辞退中文翻译职位（或者说是待业再分配状态）；马礼逊指导年仅 15 岁的儿子马约翰，在马六甲英华学院末期的艰苦时刻、几乎独自支撑英华学院的正常运转；动荡时期，马礼逊终于决定让病重的妻子携带六个年幼的孩子乘船回英国。然而他没钱为自己加张船票和妻儿一起回国，无奈选择留守。留守实质性地让马礼逊进一步失去争取得到退休金退休的机会。妻儿海上数月航行使马礼逊深切担忧，是否在费瑟的家安顿无恙。当时海运通信慢而贵，然而，他几乎每个星期都写信给费瑟，他渴望利用每一条靠岸的船只传递书信，希望家人能听到他的消息。马礼逊这次无限思念的一别，日后则切实演绎成真了他与家人的诀别。

（三）托马斯·费瑟促进捐赠汉籍

在英国，虽然马礼逊中文图书馆冠名是当时欧洲最完整的中文图书收藏，但是，这批汉籍自 1824 年起曾数次预行捐赠，一直苦于无合适机构接手。1832 年随着伦敦会关闭短暂存在的伦敦语言学院的决定，这批汉籍收藏再次面临处置或者售卖。

1834 年马礼逊去世前为东印度公司供职 25 年被草率辞退，原因是他曾参与英国和清朝政府的一次外交谈判。那次失败的外交谈判曾震怒清朝皇帝，这件事牵连马礼逊陷入四面楚歌。1832 到 1834 年间成了马礼逊彷徨忧虑无奈的岁月，他在焦虑的期望中忧心等待、在病中仍需挣扎工作。当时，这些错综复杂的细节，他只和费瑟写信暗中交流过。身在英国的费瑟与马礼逊共同经历着纷繁复杂的政治局面变化，后来，当中国局势越演越劣，费瑟诚挚援助马礼逊一家，接待回到英国的马礼逊妻儿。费瑟终生未婚，有一个姐姐，他们一起为马礼逊的家人在英国暂时提供一个家。

费瑟在诸事未果境况中听到马礼逊突然去世的消息，他心中的悲哀不仅仅是马礼逊似乎是因病而故，更隐含其他的复杂与愤怒。费瑟惊诧马礼逊竟然在十几天内突然死亡，内中蹊跷令他心生无数个疑团。他写信给伦敦会等诸方要员，同时也写信给马礼逊的儿子马约翰，要他想办法拿到其父亲死亡的最后诊断以及事后详细的验尸报告。然而，他知道当务之急是想出办法帮助马礼逊的遗孀与孩子们。为了设法帮助马礼逊的遗孀和五个不满十岁的孩子，费瑟写信给伦敦会，策划并提出有关马礼逊中文图书馆的处理方案。这就是上文所提到的，费瑟写信给马约翰说，他交给伦敦会一份使伦敦会感到满意的材料，伦敦会的威廉姆·汉基对此予以答复。汉基首先借用乔治史丹顿男爵二世[①]（SIR GEORGE THOMAS）的致辞高度评价马礼逊：

回想马礼逊博士完成中文字典的卓越业绩和他将圣经翻译成中国语言所赋予的神圣远景，尤其重要的是二者互用所共生的伟大成就，他不应该只被当作富有热忱宗教信仰的人和杰出学者来被纪念，他如此虔诚对人类的奉献，从未被人超越过。

他认为马礼逊个人的非凡卓越成绩值得国家铭记。

由于马礼逊的去世，其遗孀和七个孩子，其中有五个孩子还不满十岁（只有一位长子成人）急需帮助。因此，中文图书特别收藏迫在眉睫地成了能够帮助其家人，以及为其孩子们提供未来教育和生活安置的最佳途径。为实现此计划，现特别提出请求继续延长图书馆的售卖时间。

该计划无疑地向公众表达了铭记国家荣誉、施善于一个家庭，尤其是一位曾被誉名为英华学院的奠基者、大英汉字典的编撰者、把圣经翻译成中文的带头人，同时还是东印度公司多年的服务者、广东事务馆的翻译员，他在诸多方面的成就使他的国人与公众敬慕，他定会赢得公众的支持。

马礼逊把这些书带回英国的最初愿望是：建立一个集中培训地。在英国建立一个推广学习中文的基地将是成为怀念他最好的纪念碑，继此也会继续实现他奉献国家的爱国热忱。

今对公众承诺故亡朋友的遗愿，请求尊重并推荐其中文图书馆作为捐赠，成立捐赠委员会，并授权捐赠它作为一份礼物，赠给一个位于中心城市的杰出学术机构，机构董事们相应地承诺在该机构建立一个中文教授席位。中文这种语言，在近来的政治事件中不断地被显示出增进需求，中文以及它的方言正在引入英国，乃至正在全球产生着重大影响。如此危急关头，要衡量殊荣与利益共存结果为选择，这或许在未来最能够有助建设中英关系。

向公众推荐如此观点，将增进国内外各阶层为国家做出贡献的英国

① 他的父亲是外交官兼东方文化研究者乔治·伦纳德·斯当东，他1835年曾任英国驻波斯大使。

人的自信，让谦逊无私奉献功绩的人感到人间善良，哪怕这一切只是死后殊荣！

汉基给费瑟的答复中，采用当时英国外交大使乔治史丹顿男爵二世，在追悼会上马礼逊的评价语，明确肯定马礼逊的卓越功绩，汉基赞誉费瑟对马礼逊中文图书馆苦心竭力的捐赠计划是完美至尽。故此，马礼逊汉籍被免除零售拍卖的计划，而是遵照马礼逊遗愿，整体捐赠给一个机构，并利用汉籍收藏为奠基，在大学里开创正式的汉语教学课堂。借此，费瑟还同时策划安排马礼逊的几个孩子，在未来会相应得到在该大学免费受教育的权利，这些信息在其他的信件中还有陆续的记载。基德在写下那篇著名的缅怀马礼逊纪念辞之后，承接马礼逊的遗志，成了伦敦大学的第一任中文教授。

（尤珉　英国伦敦大学教育学院博士后研究员）

加拿大传教士汉学的启蒙和发展（上）

——传教士汉学考古学特色的形成*

龙宇飞　［加拿大］甘露（Lucy Gan）

摘　要：20世纪初以降的加拿大汉学启蒙于传教士汉学，其鲜明的考古学特色独树一帜。本文以加拿大传教士明义士和怀履光为研究对象，以史料为依据，以叙事为主，议论为辅，梳理加拿大早期传教士汉学发展的起承转合。通过发掘和爬梳史料，进而厘清加拿大传教士汉学的萌芽、发展及向专业汉学的嬗变。

关键词：加拿大汉学史　传教士　明义士　怀履光

在欧洲汉学启蒙时期，加拿大传教士在该国汉学的萌发和发展中起到了他人无法替代的角色与作用——他们不仅携带着中国知识和大量的中国书籍与文物回国，开创了以考古研究为特色的加拿大传教士汉学，而且还把汉学研究带入学院教育，建立了中国研究院（School of Chinese Studies），使中国知识成为加拿大教育体系中的组成部分。这种文化的“迁移”即是东学西渐——知识生产主体用西方学术范式解码与编码、解构与重构中国知识，以一种更易于西方接纳的方式使之融入西方知识体系之中，成为西方学术的一部分。它也是西方的学术（如现代考古学）在中国的实践，并以学术著述和教育传授的方式进入了中国学术体系。如蜜蜂采蜜而又能给花授粉一样，使

* 本文为国家社会科学重大项目《多卷本〈中国文化域外传播百年史〉》阶段性成果（项目批准号：17ZDA195）【论文类】。

中国现代考古学得以由此生发。[①] 可以说，加拿大汉学史就是一部中加文化交流史。加拿大汉学可分为传教士汉学时期和专业汉学（中国学）时期。20 世纪初，怀履光（William White，1873—1960）、明义士（James Mellon Menzies，1885—1957）为加拿大传教士汉学首开先河。梳理这段历史，有助于更清晰地认识加拿大汉学发展的脉络，了解各个阶段的学术走势。

一、明义士的甲骨学研究

加拿大汉学的兴起，肇始于传教士在中国的考古研究。以加拿大长老会牧师明义士的甲骨文研究[②]和圣公会牧师怀履光的商代文物研究[③]为发端，开启了加拿大汉学研究的序幕。

《甲骨年表》“中华民国三年 1914 癸丑——甲寅”条：“本年春，英国驻安阳长老会牧师加拿大明义士子宜（James Mellon Menzies）乘白马游于洹水两岸，考察殷墟出土甲骨文字情形。自此以后，频往调查搜求，所获颇多。”[④] 事实上，明义士是中外学者中第一个前往河南安阳小屯村购藏甲骨的人，而且是所有私人购藏者中收买甲骨最多的人。[⑤]

明义士与甲骨的不解之缘有偶然性，但也有必然性。他讲述了在洹水边骑马偶遇村童，引他去看“龙骨”的经历：

---

① 参见：邹芙都、樊森《西方传教士与中国甲骨学》，科学出版社，2015 年。徐坚《暗流：1949 年之前安阳之外的中国考古学传统》第 34 页，科学出版社，2012 年。

② 参见：邹芙都、樊森《西方传教士与中国甲骨学》；明义士《殷墟卜辞》，别发印书馆，1917 年；董林夫的博士论文，“The Search for God in Ancient China：James Mellon Menzies，China Missionary and Archaeologist”，Diss，York University，2001。明义士儿子的文章阿瑟 · 明义士《詹姆斯 · M. 明义士传——他的兴趣在于中国的考古和艺术》，载《殷都学刊》1992 年第 4 期。

③ 参见：William Charles White，*Bone Culture of Ancient China*，Toronto：The University of Toronto Press，1945. 怀履光主要著作有《洛阳古墓考》、《墓砖图集》、《墨竹画册》（*An Album of Chinese Bamboos*，*A Study of a Set Ink Bamboo Drawings*，A. D. 1785）、《中国庙宇壁画》（*Chinese Temple Frescoes*）、《中国犹太人》（*Chinese Jews*：*A Compilation of Matters relating to the Jews of Kai-feng Fu*）、《中国古代甲骨文化》（*Bone Culture of Ancient China*）、《中国青铜文化》等。

④ 董作宾、胡厚宣《甲骨年表》第 19 页，上海商务印书馆，1937 年。

⑤ 《西方传教士与中国甲骨学》第 33 页。

> 甲寅（1914，民国三年）岁孟春，著者乘着老白马游河南省彰德府城北洹水南岸。田已耕，备种棉，农人积破陶片碎石于田边。上古陶片之多，引起乘马者莫大注意。跟随陶片且行且视，至河湾，古陶片绝迹；或年代久远冲刷河中，或为沙土埋没。低沙岸上柳芽初发，赤体儿童臂篮漫游摘嫩叶为茶。见外国人围集于侧，观予审视井旁淦中陶片，一童问予曰："你做什么？"予曰："看破陶片。"再问："看它做什么？"予曰："我喜欢它。"又问："你喜欢看骨头不喜欢？"予曰："看是什么骨头！"童曰："我能领你去看有字的龙骨。"予闻此言，立告以对此很有兴味。我们同行，绕过河湾，至一不毛沙墟，西坡凹处满布白粉碎骨。[①]

其实十几年前，清朝国子监祭酒王懿荣就发现了这个秘密，但一直没能找到甲骨的出土地，直到1908年才听说出土地在"洹滨之小屯"。巧合的是，明义士所驻的教会就在彰德府（现在的河南安阳）以北的铸钟街，北面就是洹河。所以明义士在闲暇时间去河边遛马就发现了"龙骨"。有着"老骨头"称号的明义士非常喜欢收集各种骨头，龙骨自然成了他的新"玩具"。但收集甲骨并不容易，因为甲骨在被发现考古价值前被称为"龙骨"——是用来磨成粉末入药的药材。当人们发现其文物价值后，价格飞涨，原来"一斤才得数钱"，涨到了每个字2两5钱白银。不法商人发现商机后，隐瞒出土地点，垄断甲骨来源，制造赝品非法敛财。明义士在《殷墟龟甲文字发掘的经过》一文中详细介绍了这段历史。[②] 因为爱好使然，即便手里的钱不多，他也不断地通过各种渠道收集，别人不要的碎小的甲骨他也收藏。这种做法反倒成为一种避开赝品的好办法，因为不法商人往往用大骨制作赝品，反倒是小骨中的赝品更少。

但不同于很多甲骨收藏者的做法，"明义士不仅是中外购藏甲骨数量最多的人，也是中外甲骨学者中第一个怀着纯粹学术目的到访殷墟小屯的人，更是少有的（甚至是唯一的）从不倒卖甲骨的专业收藏家"[③]。明义士有自己的

---

① 《西方传教士与中国甲骨学》第34页。

② 明义士《殷虚龟甲文字发掘的经过》，载《东方杂志》第25卷第3期。

③ 《西方传教士与中国甲骨学》第36页。

原则，“尽管加拿大皇家博物馆的柯雷利（Charles Trick Currelly，1876—1957）[①] 多次与明义士接触，让他担任博物馆的文物收购代理人，但他每次都婉言拒绝。他不希望这些文物离开中国”[②]。明义士所藏甲骨，除去战乱毁掉一部分外，大部分留藏于国内博物馆中。[③] 虽然1936年明义士回国时并没有携带甲骨，但在1948年的战乱中，教会中国总部的同事误认为这些密封的箱子是明义士的私人物品，将装有甲骨的箱子（5170片甲骨）运回加拿大。此后多年，明义士一直将甲骨封存于租赁的仓库中，期望携带文物回到中国，但直到去世也未能如愿。明义士去世后，他的遗孀和儿子明明德（Arthur Menzies，1916—2010）[④] 与加拿大皇家安大略博物馆协商，捐赠所藏部分文物，其中包括重要的考古资料、一座精美的图书馆和大量的甲骨。捐赠同时附加了一些条件：第一，博物馆必须对所捐赠的藏品进行估值，这笔估值后的资金将在博物馆建立一个基金，支持加拿大中国研究；第二，博物馆方面同意发表明义士的博士论文《商戈》。《商戈》于1965年由多伦多大学出版社出版，而明氏已经离世8年之久了。[⑤]

1917年，对甲骨仅仅经过三年的研究后，明义士就出版了他的第一部甲骨文著作《殷墟卜辞》（*Oracle Records from the Waste of Yin*），该书著录甲骨2369片，采用明义士自创的著录方式——毛笔摹写著录法。[⑥] 这种方法有别于过去经常采用的拓印法，虽然不如拓印法逼真，但却有不损害文物和有

① 柯雷利（Charles Trick Currelly，1876—1957），加拿大牧师、考古学家，1914年至1946年任安大略省皇家博物馆馆长。

② ALVYN A，JAMIE S S，*Canadian Missionaries*，*Indigenous People Representing Religion at Home and Abroad*，Toronto：University of Toronto Press，2005，p. 296.

③ 明义士1917年自述所得甲骨5万片，再加上后来的几宗，明氏购藏甲骨的总数当在52819片以上。除去1928年毁于战乱的大批甲骨数量无法计算外，仅就目前所能见到的明氏旧藏甲骨实物来看，其数额也高达31431片，包括国内现存明氏旧藏26401片、安大略博物馆藏5000片（有字）、维多利亚艺术博物馆藏5片、英国孟克廉夫妇、柯文藏25片。参见《西方传教士与中国甲骨学》第36页。

④ 明明德（Arthur Menzies，1916—2010），明义士之子，1976—1980年任加拿大驻华大使。

⑤ 多伦多大学档案馆档案号：A79-0020/001/Department of East Asian Studies/Correspondence with the Museum 7. 2/1953-60. 魏敬群《明义士甲骨收藏始末》，载《春秋》2010年第2期；李彦《甲骨文与明义士家族》，载《厦大中文学报》2015年第1期。

⑥ 明义士《甲骨研究·序二》，齐鲁书社，1996年。

利于甲骨学者缀合和校重的优点。这本书的出版标志着“他已经步入了甲骨学研究的‘草创时期’”①。1927—1928 年，当时中国军阀混战，战火荼毒后，大量甲骨被战火所毁。为保护文物，明义士在这种刻不容缓的局面下，开始了另一部分甲骨的编录——《殷墟卜辞后编》(*Oracle Records from the Waste of Yin, II*) 一书由此诞生了。该书共收录甲骨 2819 片，拓印 5 份，与好友马衡、商承祚和容庚等分享研究成果。因为该书拓印数量少，因此学界一直未见其书，直到 1972 年 3 月才由台湾艺文印书馆出版。该书创造性地把近代考古学类型学引入甲骨书体研究，给甲骨分期断代开辟了新途径。② 1932—1936 年，因明义士在考古学上的造诣，他被齐鲁大学聘任为国学研究所考古学教授，担任甲骨研究、考古学通论等课程的教学工作，并负责哈佛燕京学社的研究项目。任教于齐鲁大学期间，明义士将济南广智院 (Tsinanfu Institute)③ 内的柏尔根 (Pall D. Bergen, 1860—1915)④ 的旧藏甲骨展品拓印成册，取名《柏根氏旧藏甲骨文字》(*Bergen Collection oftheInscribedOracle Bone*)。1935 年，《齐大季刊》第 6 期和第 7 期连续刊登了该文，该文后由齐鲁大学国学研究所单行出版，共著录甲骨 74 片。书中写道：“念氏于三十年前，已注意收藏，且以公于世，今以此卷付印出版，庶不负氏收藏陈列之意也。”⑤ 明义士完成了柏尔根的夙愿。在齐鲁大学任教期间，他完成了学术论文近 20 篇，成为活跃于考古界的一名加拿大传教士汉学家。1933 年，明义士在齐鲁大学的课程讲义被编辑汇总后，付梓成书《甲骨研究》。“此书不仅对初学者极有帮助，对业界专家也无疑是一份有益的参考书，尤其是其中提供的大量早期甲骨发现、购藏、流布方面的信息以及外国学者的甲骨研究情况，对整个甲骨学学术史的整理意义重大。”⑥

---

① 王宇信《明义士殷商文化研究的成功及对我们研究的启示》，载《文物天地》2001 年第 6 期。

② 《西方传教士与中国甲骨学》第 101 页。

③ 广智院现为齐鲁医院“齐鲁医学博物馆”。

④ 柏尔根 (Pall D. Bergen, 1860—1915)，美国基督教北长老会传教士，1893 年到登州文会馆 (齐鲁大学前身) 任教，1901 年接替赫士出任监督 (校长)，1904 年随文会馆一起迁潍县，1915 年病逝于潍县。

⑤ 明义士《柏根氏旧藏甲骨文字·序》，齐鲁大学国学研究所，1935 年。

⑥ 《西方传教士与中国甲骨学》第 126 页。

二、明义士与怀履光的重逢与碰撞

1936年，51岁的明义士回到加拿大，一个月后，带着20年的中国考古经验和4年的齐鲁大学教授的经历，他回到了母校——多伦多大学，成为艺术与考古系的一名“特殊学生”，攻读博士学位。明义士在入学申请中说，他的目的是“依据在河南安阳发现的甲骨文和其他考古材料，把过去22年来对中国早期的文化、宗教和语言方面已经完成的工作用英语呈现出来”。① 在此两年前，另一位与明义士有着不解之缘的加拿大传教士汉学家怀履光也回到加拿大，并任职皇家安大略博物馆远东部主任兼多伦多大学中国考古学副教授。在当时的多伦多大学，懂得中国考古学的只有怀履光，他自然预期明义士，这个在中国与他建立起“友谊”的老朋友，一定会投入他的门下。可是事与愿违，因为明义士对怀履光的学术水平心知肚明，转而投入汤普森（Homer Thompson，1906—2000）② 门下，这令怀履光不悦。明义士回忆：

> 怀履光想给我一个博士学位，所以我对他感激不尽。我想拿到一个名副其实的博士学位。我在多伦多的全部奋斗是为了达到学术水平。当怀履光知道我对他的学术水平持批评态度时，他甚至在背后对我怀恨在心。他现在最害怕的是有学术水平的人。③

从在博物馆共事开始，他们之间的芥蒂就不断升级，这让明义士的学术生涯和事业道路都蒙上了阴影。明义士和怀履光的不解之缘始于1910年，明义士的心上人是怀履光主教教区的女传教士安妮·塞奇威克（Annie Belle Sedgwick，1882—1962）。因为明义士隶属于长老会，而安妮在圣公会传教，

① 多伦多大学档案馆档案号：A84-0011/（068）/ School of Graduate Studies.

② 汤普森（Homer Thompson，1906-2000），是20世纪著名的古希腊古典考古学家。雅典的美国古典研究学院即将开始挖掘雅典的集市，汤普森被选为研究员来协助这项工程。挖掘工作始于1931年5月25日，在接下来的39年里，汤普森一直从事挖掘工作。

③ *The Search for God in Ancient China: James Mellon Menzies, China Missionary and Archaeologist*, pp. 393-394.

所以“他们感谢怀履光主教，慷慨地允许安妮嫁给明义士，从而把圣公会的使命留给了长老会教徒”[①]。而且怀履光为他们主持了婚礼。与明义士截然不同的是，1924 年，怀履光接受了安大略博物馆馆长柯雷利的聘用，担任起了博物馆的文物代理人。1924—1934 年间，他为该馆收集了 8000 余件中国文物运往加拿大，使该馆拥有了中国以外最好的中国艺术品收藏。也正是因为他对当时隶属于多伦多大学的安大略博物馆所做出的“贡献”，加之在中国积累的考古学知识以及与时任多伦多大学校长科迪（Henry John Cody，1868—1951）[②] 的故交，1934 年，他从河南主教的职位上退休后，被多伦多大学聘为考古学副教授。尽管明义士的考古学学术水平和严谨态度远超怀履光，但他不得不作为怀履光的学生兼博物馆助理研究员。早在中国传教时，怀履光为了甄别文物，经常邀请明义士、福开森（John Calvin Ferguson，1866—1945）[③]、董作宾、郭沫若等专家，帮他鉴定文物。而如今，在两人的原有的朋友关系上又加上了工作关系和师生关系——这种地位的变化毁掉了两人原来的友谊。[④] 由于他和怀履光间的矛盾愈演愈烈，在博物馆的几年是明义士人生中最不得志的阶段。[⑤] 他的博士毕业论文是《商戈——公元前 1311—1039 年期间的特种武器研究》。在论文指导专家中，只有怀履光懂得中国考古，所以主动权掌握在他手中。第一次提交论文后得到的评语是：“在陈述事实和观点时含混不清，使读者一头雾水；同时这些发现是如此的不确定，以至于其

① *Canadian Missionaries, Indigenous People Representing Religion at Home and Abroad*, p. 286.

② 科迪（Henry John Cody，1868-1951），1932—1945 年任多伦多大学校长（President），1944—1947 年任多伦多大学校监（Chancellor）。

③ 福开森（John Calvin Ferguson，1866-1945），加拿大安大略省人，美国卜思端大学哲学博士，1886 年来华，成为著名的社会活动家。1888 年，任汇文书院（金陵大学前身）首任院长。1896 年，福氏辞去院长职务，出任南洋公学（即上海交通大学和西安交通大学前身）监院（1897—1902）。1925 年，福开森还曾受聘为北京故宫博物院的首个西方人顾问。1943 年 12 月，福开森作为交换战俘被日本遣送回美国。

④ 参见：*The Search for God in Ancient China*；*James Mellon Menzies*, *China Missionary and Archaeologist*, p. 347.

⑤ 明义士与怀履光在皇家安大略博物馆期间的纠葛，可以参见明义士在 1940 年 3 月 6 日写给柯雷利馆长的一封长信中窥得一二。方辉教授全文翻译，并撰文。方辉《明义士在皇家安大略博物馆》，载《殷都学刊》2000 年第 1 期。

发表的价值值得怀疑。"[①] 明义士看到评语后，非常沮丧地写信给儿子明明德："很明显，我是如此渴望被信任和公平，以至于没有做出清晰的表述。我口头表达会更好，但在纸上我确实把事情搞得一团糟。"[②] 明义士的好友，荷兰汉学家戴文达（Jan Julius Lodewijk Duyvendak，1889—1954）在与杜百胜（W. A. C. H. Dobson，1913—1982）[③] 通信时，这样评价："他对甲骨有深厚的知识。跟他一起参观博物馆会比与任何人一起参观受益更多……这个可怜的家伙不会写作。像样的文章都是发表在中国期刊上的文章，大多是他给学生上课的讲义。他缺少系统的训练和组织文字的能力。他跟怀履光两人不和。"[④] 在论文多次修改后，1942 年 10 月，答辩委员会终于同意他答辩。虽然不善写作的明义士论文写得不尽如人意，但答辩却非常成功。当他拿到博士学位时，已年满 57 岁。1943 年，明义士黯然离开了安大略博物馆，也离开了考古研究。他的学术目标——把"对中国早期的文化、宗教和语言方面已经完成的工作用英语呈现出来"未能在他有生之年实现。

多年来，明义士与怀履光共享学术文献和艺术品，但往往那些被怀履光驳回的文章却被驳回者借鉴发表，那些明义士分享给怀履光的观点被不加说明出处地滥用。[⑤] 怀履光独断、好斗，认为自己是加拿大研究中国文化的权威。明义士安静、害羞、不自信，但他较怀履光更了解商代文化。加拿大唯一的中国研究院的两位优秀的汉学家之间的友谊不幸破裂，不仅毁掉了明义士的事业，也损害了多伦多大学的中国研究院的发展。19 世纪以降，许多西方学者一直鼓吹西方文化是中国文化之母，例如：1894 年，法国著名学者泰伦·德·拉古佩里（Terrien De Lacouperie，1844—1894）以"中国早期文明的西方起源"为题写了一篇详细的研究报告，认为中国古代文明起源于巴比伦文化，被称为中国巴比伦主义（Sino-Babylonianism）。1940 年美国著名考古

---

① 多伦多大学档案馆档案号：A81-0011/（001）/school of Chinese Studies/graduates students.

② *The Search for God in Ancient China*: *James Mellon Menzies*, *China Missionary and Archaeologist*, p. 357.

③ 杜百胜，多伦多大学东亚系主任（任期：1952—1964）。

④ 1952 年 6 月 6 日，戴文达写给杜百胜的信，藏于多伦多大学档案馆。档案号：A79-0020/（009）/Department of East Asian Studies/private correspondence 10. 2（1952-60）。

⑤ 参见：李彦《甲骨文与明义士家族》，载《厦大中文学报》2015 第 1 期；方辉《明义士在皇家安大略博物馆》，载《殷都学刊》2000 年第 1 期。

学家毕舍普（C. W. Bishop）撰文，认定中国早期文明不是来自于北方，就是来自于西方，中国文化中没有本土文化。明义士试图摧毁这一假说的伪科学基础。在《中国青铜文化》一书中，明义士利用考古发现和中国古代文献，得出了相反的结论。他认为，中国文化本质上是本土文化。[①]

《中国青铜文化》（*The Bronze Age Culture of China*）是明义士总结20年考古经验而撰写的著作，第一部分是探讨商朝文化。第二部分是他的博士论文《商戈》。李学勤在20世纪80年代访问加拿大皇家安大略博物馆时阅读了全文，并在1996年接受采访时，指出该书是1949年以前西方学者对中国商代文化最好的著作之一。[②] 由于种种原因，该书第一部分一直没有出版，成为海外汉学研究和国际考古学界的巨大遗憾，也是中国文化海外传播的遗憾。尽管如此，他早期在中国完成的甲骨文的著作为后世学者留下了宝贵的财富，同时他未发表的著述也成为国际甲骨学研究的基础，具有深远意义。

甲骨学的诞生和发展，是离不开早期考古学家们对甲骨的著录的，这是该学科发展的基础。在此基础之上，才有大量甲骨文字得以保存并传播，进而使甲骨学成为国际上的显学。[③] 在众多的中外早期甲骨学家中，明义士所做的贡献非常大，他不仅首创毛笔摹写著录法、引进现代考古学类型学等方法研究甲骨，而且他所购赠的甲骨成为南京博物馆、故宫博物院、山东省博物馆等国内甲骨收藏机构的主要藏品。此外，对甲骨文化的海外传播也有赖于明氏等人的甲骨著录及研究，可以这样讲，明义士对国际甲骨学的诞生和发展起到了重要作用，是加拿大汉学家中的佼佼者。

三、怀履光的考古学术

另一位传教士汉学家是上文提到的怀履光，很多学者痛斥他盗取、走私中国文物的恶劣行径，[④] 也有学者赞扬他在中国募捐赈灾、担任社会公益事业

---

① *The Search for God in Ancient China*: *James Mellon Menzies*, *China Missionary and Archaeologist*, p. 363.

② *Interview with Li Xueqing*, *Social Science Academe*, Beijing, 1996.

③ 参见《西方传教士与中国甲骨学》第2页。

④ 参见：董延寿《加拿大传教士怀履光与洛阳文物被盗》，载《东方收藏》2011年第11期。

职务、与政府合作开展戒毒运动等义举，[①] 但如果抛开他攫取中国文物的错误行径，专注于他对加拿大汉学发展所做的贡献来看，可以肯定，他是加拿大传教士汉学学院化教育的拓荒者和专业汉学的奠基人。

1897 年，怀履光来到中国福建传教，首个落脚点是建宁府（福建省建瓯市）。与其他基督教原教旨主义传教士一样，怀履光在福建传教之初，满脑子都是他那个时代的传统观念，认为盎格鲁-撒克逊人具有天生的优越性，而劣等种族则存在精神堕落。为了便于与当地人建立友好关系，他效仿利玛窦“戴儒冠，穿儒袍”的做法，在抵达福建通商口岸福州时，他买了假辫子和中式服装。[②] 虽然假辫子戴着不舒服，但在自己的辫子还没长出来之前还要戴着，这样能更好地接近当地人。为了融入当地人生活，他迅速掌握了当地语言，仅用 3 年多的时间就编写完成了《建宁方言英语字典》（*A Chinese-English Dictionary of the Kien-ning Dialect*）[③]。这是怀履光的“第一部严肃的作品”[④]，“字典正文按建宁罗马字母顺序排列，声母系统采用《建州八音》的‘十五音’，韵母系统也采用‘三十六字母’，声调系统基本上是按‘八音’来编排。该字典由教会传教士协会于 1901 年 10 月在福州出版”[⑤]，为当地传教士迅速学习当地方言留下了宝贵的资料，也对“古建瓯方言音系的音值构拟起着重要的借鉴作用，亦可（通过古今对比）窥视两百年来建瓯音系的演变轨迹，为福建方音史研究提供一份翔实的资料”[⑥]。1909 年 11 月 30 日，在加拿大多伦多圣詹姆斯大教堂，怀履光荣升为主教。夫妇二人在圣职仪式后立即取道英国来到中国。第二年 3 月 15 日，他们抵达开封，此后的 25 年里，他们

---

① 关于怀履光在中国所受嘉奖，见：沈辰《金村传说——怀履光与洛阳文物之谜》，载《美成在久》2017 年第 3 期；佚名《国务总理呈大总统核议河南省长请奖洋员怀履光等勋章文》，1919 年。

② 参见：STURSBERG P，*The Golden Hope——Christians in China*，Toronto：The United Church Publishing House，1987，pp. 84-85.

③ WHITE W C，*Chinese-English Dictionary of the Kien-ning Dialect*，Foochow：Methodist-Episcopal Anglo-Chinese book concern，1901.

④ WALMSLEY L C，*Bishop in Honan——Mission and Museum in the Life of William C. White*，Toronto：University of Toronto Press，1974，p. 199.

⑤ 马重奇、马睿颖《清代两种中西闽北方言文献音系比较研究——〈建州八音字义便览〉（1795）与〈建宁方言英汉字典〉（1901）音系比较》，载《华夏文化论坛》2016 年第 16 卷第 1 期。

⑥ 马重奇、马睿颖《清代两种中西闽北方言文献音系比较研究——〈建州八音字义便览〉（1795）与〈建宁方言英汉字典〉（1901）音系比较》，载《华夏文化论坛》2016 年第 16 卷第 1 期。

一直定居在这里，直至 1934 年怀履光卸任回国。在开封“三一教堂”附近，有一个已经废弃的犹太教堂，该教堂始建于 1851 年左右，当时只剩下两块石碑和一个石头洗礼盆。如同利玛窦（Matteo Ricci，1552—1610）、骆保禄（Giampaolo Gozani，1659—1732）、孟正气（Jean Domenge，1666—1735）、宋君荣（Antoine Gaubil，1689—1759）、伟烈亚力（Alexander Wylie，1815—1887）、丁韪良（W. A. P. Martin，1827—1916）等传教士一样，怀履光对犹太人被流放到中国的历史萌发了兴趣。他与当地犹太社区进行广泛交流，邀请学者给他们讲犹太民族的历史，并为他们精心准备盛宴。甚至还出资买下了那两块石碑立于教堂门前。随后，怀履光在期刊上发表了一系列关于犹太人的论文。“1913 年，怀履光在上海出版的《中国传教使团年鉴》（*China Mission Year Book*）上发表《河南开封的犹太人》一文，简要介绍了开封犹太社团一些文物的流失情况。1919 年，怀履光在上海的《教务杂志》（*Chinese Recorder*）上发表了《中国犹太人初探》，介绍了 1919 年 5 月加拿大圣公会专门为开封犹太人而召开的会议。”[①] 1942 年，回到多伦多的怀履光总结了在开封的 25 年间对开封犹太社团的研究成果，在多伦多大学出版了三卷本的《中国犹太人：开封府犹太人事迹汇编》（*Chinese Jews: A Compilation of Matters Relating to the Jews of K'ai-feng Fu*）[②] 1966 年再版时合并为一卷本出版。这是怀履光最著名的著作之一，“其收录文献之丰富超过以往任何西方传教士的相关作品，在开封犹太社团史的研究中具有重要的文献价值和参考价值”[③]。

最初对中国文化认识上的狭隘，随着他与中国士绅阶层广泛接触后发生了逆转。与“那些‘把我当成兄长，对我很慷慨’的学者接触后，他对中国古代文化产生了浓厚的兴趣和欣赏”[④]。他开始如饥似渴地学习中国文化，并逐渐对中国文物萌发了兴趣。1924 年，在回加拿大短期休假时，他拜访了安

---

① 张腾欢《基督教传教士对开封犹太社团的调查和研究》第 40 页，河南大学博士论文，2014 年。

② WHITE W C, *Chinese Jews: A Compilation of Matters Relating to the Jews of K'ai-feng Fu*, Toronto: University of Toronto Press, 1942.

③ 张腾欢《基督教传教士对开封犹太社团的调查和研究》第 40 页，河南大学博士论文，2014 年。参见：徐伯勇《开封犹太人的几个问题》，载《同济大学学报（人文·社会科学版）》1991 年第 2 期。

④ *Bishop in Honan——Mission and Museum in the Life of William C. White*, p. 90.

大略博物馆馆长柯雷利。后者正如饥似渴地物色接替乔治·克劳弗斯(Patrick George Crofts，1871—1925)[①]的中国文物代理人。怀履光与柯雷利是多伦多大学本科的校友，性格、出身以及人生目标大致相同，因此两人一拍即合，开始了长达十年的“里应外合”，把中国文物源源不断地运往加拿大。这个新角色赋予怀履光新的人生意义，即所谓的“把中国文化介绍给西方”[②]，乃至教会和同事们对他过度痴迷文物颇有微词[③]。1930年6月，国民政府立法院颁布《古物保护法》，“一切文物都归国家所有”，文物管制开始后，“在安阳乃至河南的古物市场上是否得到有效贯彻却未可知。从安阳第三季发掘受到河南地方势力的抵制，冯玉祥占据洛阳时期设立古物特税局，变相鼓励了盗掘和非法流通来看，中央政府的古物保护法案不一定能在河南得到贯彻”[④]。怀履光写信给柯雷利，想要终止文物收购：“我想我们现在已经拿到了所有我们希望的文物。”但心灰意冷只是暂时的，他发现自己还没有完成向加拿大人介绍中国文化的使命，“对神秘的东方的了解只会增加智慧、宽容和对文化差异的欣赏。西方的东西并不总是最好的，我要通过这个办法让西方人明白这个事实。我开始收集平常的东西，借以讲述平常人的生活故事”。[⑤]怀履光的热情又高涨起来，他继续收集中国人的“日常用品”运往加拿大。他甚至把一个近代的墓葬搬回了加拿大。遇到困难时，他不惜运用包括贿赂和利用外国传教士的身份进行恫吓等方式继续着他的“事业”。从1924—1934年，怀履光通过各种手段运往加拿大的文物达八千余件。加拿大皇家安大略博物馆由此拥有了大量中国珍贵文物，并且由于怀履光收购了大量考古文物，使博物馆具有了鲜明的考古博物馆特色。上文提及的两块立于“三一教堂”两侧的犹太人“重建清真寺记碑”和“祠堂述古碑”，由于当地

① 乔治·克劳弗斯（Patrick George Crofts，1871—1925）曾长期在天津的永福洋行从事皮货贸易，他利用天时地利从天津收购大量中国文物，自1918年起直至1925年去世之前，成为皇家安大略博物馆（ROM）收购中国文物的代理人。弘博网《专访：加拿大皇家安大略博物馆副馆长沈辰——博物馆收藏的不仅是物品，更是历史》，http://www.hongbowang.net/djzl/ybzj/2018-10-15/10405.html，最后访问时间：2019年5月8日。

② *Bishop in Honan——Mission and Museum in the Life of William C. White*, p. 142. 当然，国内学界并不完全认同这种说法，由于与本文主题关系不大，不再就此进行深入探讨。

③ *The Golden Hope——Christians in China*, p. 93.

④ 《暗流：1949年之前安阳之外的中国考古学传统》第34页。

⑤ *Bishop in Honan——Mission and Museum in the Life of William C. White*, p. 151.

民众极力反对，才得以留在国内。虽然中加建交后，该馆所藏的中国藏品被我国政府作为礼物，送给加拿大人民以见证中加友谊，但这段文物大量流失的历史是值得认真反思的。

怀履光在考古学上的著作，就如他自己承认的那样，是为了“记录的目的，而不是做研究”①。1933年10月，在斯德哥尔摩召开的世界考古大会上，怀履光宣读了论文《骉羌钟年考》②，这是怀履光在国际中国考古学界的第一次露面，并从此进入该领域。1934年，回到加拿大后，他就被多伦多大学聘为（中国）考古学副教授，并在当年的10月29日以《三千年前的中国文化》为题，做了一场就职演说。与明义士不同，怀履光是“一位宣传家，也是天生的辩论家，他很快就发表了自己的观点”。而明义士则完全相反，他在收集到所有可能的证据之前，拒绝发表文字。性格抑制了明义士，结果，“他在本可以有所建树的领域几乎没有创造什么”③。1934年，怀履光在上海别发印书馆（Kelly and Walsh）出版了《洛阳故城古墓考：公元前550年河南新郑一组五室陵墓的结构与内容纪实》（*Tombs of Old Lo-Yang*：*A Record of the Construction and contents of a Group of Royal Tombs at Chin-ts'un*，*Honan*，*Probably Dating 550 BC*），引起国际考古界和汉学界的热烈反响。“书中配有187幅插图，由福开森作序，威尔玛（笔者按：费正清妻子）绘制封面。这本书详细地记录了无名人士挖掘出的文物，而主教依然与这些不知名的中国挖掘者保持联络，从而得以到现场参观考察。”④《华北先驱报》（*North-China Herald*）的一篇评论将其与几年前发现的“图坦卡蒙陵墓”相提并论。回到加拿大后，基于对博物馆文物的研究，怀氏出版了博物馆研究丛书。1939年，由柯雷利作序的《中国墓砖图集》（*Tomb Tile Pictures*）在多伦多大学出版社出版。该书描述了墓砖被发现的地方以及如何制造，如何使用，是“在不牺牲科学准确性的前

① *Bishop in Honan-Mission and Museum in the Life of William C. White*, p. 200.

② 当时，一个古董商人展出了一套十四口的皇家墓钟，怀履光设法为安大略博物馆弄到了两口。它们对中国考古学具有重要意义。因为受到一个中国学者和弗格森的建议，怀履光才动手开始研究并撰写这篇论文。这也是怀履光进入考古研究领域的开端。

③ *Bishop in Honan——Mission and Museum in the Life of William C. White*, p. 171.

④ 费正清《费正清中国回忆录》第68页，中信出版社，2017年。这里费正清说怀履光曾去现场考察，目前仍为疑点。怀履光到底有没有到过“金村”发掘现场，目前学界还众说纷纭。见：沈辰《金村传说——怀履光与洛阳文物之谜》，载《美成在久》2017年第3期。

提下，以通俗易懂的形式向公众提供藏品背后的历史、文化和发展过程的解释”[①]。同年《墨竹画册》（*An Album of Bamboo*）出版。该书是对 12 幅 18 世纪的竹子水墨画的研究，这些水墨画描绘了季节的变化。这些作品的作者不为人知。然而，在仔细研究了附在卷轴上的印章，连同文字和日期后，发现这位艺术家姓陈，名字取自河南东部的陈国。他的名为淋，意思是“充沛和煦的雨水”。怀履光在序言中写道：“这项研究是对中国艺术中一个流行主题从文学和历史上的考察，并不试图以此来评价画作。”[②]

怀氏于 1940 年完成了《中国庙宇壁画》（*Chinese Temple Frescoes*）。这是一本华丽的书，详尽地研究了现在装饰在博物馆的怀履光主教画廊墙上的三幅巨大的中国寺庙壁画。在该书序言中作者再次写道：“这些研究是基于博物馆藏品中的物品或材料，主要是面向公众的，因此，保持在最低限度的技术数据、脚注和参考文献。”[③] 他说，他没有试图从艺术的角度来评判壁画，这项任务应该留给那些更有能力做出判断的人。他主要关注画作背后的历史和宗教意义。[④] 多伦多大学出版社于 1945 年出版了怀履光博物馆研究丛书中的第四部作品《中国甲骨文化》（*Bone Culture in Ancient China*）。该书记载了中国早期文化中用甲骨占卜的方式。与之配套的《中国古代青铜文化》（*Bronze Culture of Ancient China*）于 1956 年出版，这是这套丛书的第五卷，也是最后一卷，介绍了博物馆收藏的从中国华北出土的几套青铜器。这套丛书为全世界的考古学家和汉学家提供了丰富的资料，他们可以按图索骥来安大略博物馆进行考察研究，从而极大地丰富了西方学界的研究素材和领域。

明义士和怀履光是加拿大传教士汉学的滥觞者，在他们的带动下，多伦

---

① *Bishop in Honan——Mission and Museum in the Life of William C. White*, p. 202.

② *Bishop in Honan——Mission and Museum in the Life of William C. White*, p. 202.

③ *Bishop in Honan——Mission and Museum in the Life of William C. White*, p. 202.

④ 笔者参观皇家安大略博物馆时，也被这三幅巨大的壁画所吸引，并颇为其巨大和精美而震惊。在《我把年代带回家》（*I Brought the Ages Home*）一书中，柯雷利博士讲述了如何组装这幅壁画，如何对其进行特殊处理以保持其原有的颜色，以及如何将其转移到永久的表面。这花了数年的专业工艺和仔细的实验，以找到一种方法，以保持颜色，然后把这些作品压在一个特别准备的永久表面上。这是他们最伟大的画作之一。博物馆前馆长西奥多·海因里希（Theodore Heinrich）博士表示，这幅画与远在佛罗伦萨的契马布埃（Giovanni Cimabue，1240—1302）在同一时期的作品相比，是相当不错的。“尽管壁画的灵感有所不同，但它们在色彩和感觉上是绝对和谐的。”参见：*Bishop in Honan——Mission and Museum in the Life of William C. White*, p. 153.

多大学依靠皇家安大略博物馆丰富的中国文物和慕氏图书馆的中文书籍，建立起以中国考古学为特色的汉学研究机构——中国研究院。这种考古汉学特色与欧洲汉学注重中国古代经典、中国哲学、古汉语语文学研究的特色截然不同。历史的偶然促成了历史的必然，20 世纪 40 年代至 50 年代，多伦多大学中国研究院成为世界上独具特色的考古汉学研究阵地。

［龙宇飞　北京外国语大学国际中国文化研究院、
东北石油大学外国语学院教授；
甘露（Lucy Gan）　多伦多大学东亚图书馆馆员］

·西班牙汉学·

当代西班牙汉学家群体更替与代际特征*

李秋杨　［西班牙］劳尔·拉米雷斯·鲁伊斯

摘　要：历史上的西班牙汉学曾在欧洲遥遥领先，随着西班牙帝国的衰败而走下坡路，西班牙新汉学在中西建交后逐渐复兴发展，西班牙汉学研究重回学界视野。本文分析当代西班牙汉学家代际划分、特征及其更替成因，梳理中西建交后三代西班牙汉学家的成长历程，归纳他们的主要研究领域与学术发展轨迹，并着重分析当代西班牙汉学家代际特征与中西两国发展的社会和历史成因。在梳理这些汉学家科研成果的过程中，我们发现当代西班牙汉学家个人的学习工作经历与其研究旨趣以及对中国的认知之间形成互动关系；代际差异反映在汉学家的汉语水平、与崛起后的中国之间的互动关系以及在沟通中西文化交流关系中所扮演角色的多元化等方面。从研究方法和研究旨趣上看，他们正在向当代中国学的纵深领域逐渐过渡。

关键词：西班牙汉学　汉学家代际特征　汉学领域　代际成因

西方汉学家是不容忽视的知识群体，他们有着西方的教育背景，以“异域”的视角和眼光来研究中华文化，以知识传播为思想底色，在一定程度上为中华文化的海外传播做出了贡献①。他们在一定程度上担任着中国与国际社会沟通的文化角色，从一个侧面为西方世界了解中国文化打开了一扇窗。伴随着中西方文化交流互动途径的变迁，汉学家群体的代际特征也发生了相应

* 【基金项目】本文为2018年孔子学院建设和汉语国际教育一般项目《当代西班牙汉学研究的趋势与走向》（课题编号：18CI08C）和湖南省社科基金一般项目《当代西班牙汉学变迁与汉学家代际更替研究》（课题编号：19YBA323）的阶段性成果。

① 储金勇《跨文化视野下西方汉学家的知识传播研究》，载《国际传播》2018年第6期。

的转变。由最初的传教士、旅行者和外交使者为主体的汉学家，经历了欧洲启蒙运动洗礼①，逐渐转变为与中国文化形成高度互动交流的专家学者。在这一转变过程中，中西文化交流的频繁以及西方国家对中国认知的不断提升，都对汉学家的研究成果、研究方向和研究深度产生了重要影响②。

一、当代西班牙汉学研究阶段划分与主要领域

历史上的西班牙汉学曾经显要一时，出现多位著名汉学家，他们的研究为15至16世纪欧洲国家了解中国开启过大门。然而随着历史浮沉，西班牙对中国的研究曾一度陷入不振的状态③。随着中国的崛起，汉学研究逐渐引起西班牙学者的重视，从“断层”期走出来的西班牙汉学融合了中国现当代历史和古代历史研究、语言文化与哲学研究、政治经济与国际关系研究以及当代中国社会问题等研究。以往汉学研究一般都倾向于汉学史、汉学领域内某些问题或单个汉学家的研究④，而对汉学家群体的代际更迭及形成原因的研究并不多见。当代西班牙汉学家作为西班牙新汉学的研究主体，对他们所处时代与背景、社会环境、研究领域、文化心理、代际特征等方面的阐述，对于当代西班牙汉学的复兴研究具有重要参考价值⑤。进入新世纪后，随着中国改革开放步伐的加快和全球一体化的推进，面对这个亚洲当代巨人，西班牙不仅对她的政治及贸易有浓厚的兴趣，对于中国文化更是西班牙人想了解的部分。西班牙一直尽力推动可以真正认识富饶中国文明的提议，以期在西班牙语文学院汉学研究所的合作下，推动奖助学金和各种层级的交流计划，并提

---

① 董海樱《近十年来中国的西方汉学（中国学）研究》，载《世界历史》2011年第3期。

② 单波《汉学家与“文化中国”建构的多样性：一种跨文化视角》，载《文化软实力研究》2016年第3期。

③ José Ramón Álvarez，“The State of the Field of Chinese Studies in Spain”，载《国际汉学》2007年第1期。

④ 朱幼文《“道德战”与文化汇通——析庞迪我的〈七克〉》，载《华东师范大学》2001年第2期；叶农、罗诗雅《与巨人同行者——西班牙籍耶稣会士庞迪我及其中文著作》，载《世界宗教研究》2015年第6期；高博《〈中华大帝国史〉首版、善本和中译本源流考述》，载《图书馆杂志》2019年第2期。

⑤ 李秋杨《当代西班牙汉学发展特征与趋势研究》，载《汉学研究》（2019年秋冬卷）第332—361页，学苑出版社，2019年。

高中国和西班牙的接触机会[①]。这种新发展主要表现在高等教育中有关中国即汉学院系的建立和相关课程的开设，研究论著层出不穷等方面。

从出版成果量走势来看，当代西班牙汉学可分为三个阶段[②]：第一阶段是建立阶段（1973 年至 80 年代末），刚刚起步的西班牙汉学研究成果几乎为零。中国与西班牙在 1973 年建立外交关系，西班牙第一代汉学家在少数外交官（例如：Laureano Ramírez）、留学生和访华人员中产生。第二个时期是发展阶段（90 年代初至 2000 年），西班牙大学开始开设汉语课程，建立东亚研究中心，开设学士和硕士生课程，这些课程的主导者成为第二代汉学家，他们也是今天汉学研究的主力军。这阶段的汉学研究成果逐渐产生，但真正的爆发期在第三阶段。第三阶段是繁荣期，2000 年至今，中国研究的出版物急剧增加，年轻一代学者数量也在增加。

图1　1973—2019年DLALNET检索西班牙汉学成果数量趋势

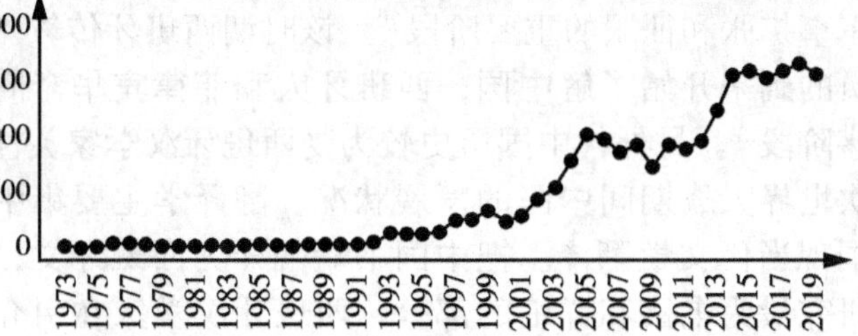

根据对西班牙最大的学术期刊文章、书籍章节、论文和专著索引数据库 Dialnet 的检索，1973 年至 2019 年的出版物主要以西班牙语出版，如图 1 所示，这一数字在 2000 年后急剧增加。2008 年前后，由于西班牙经济危机和研究资金短缺，研究项目和学者减少，成果发表数量下降，之后又逐渐上升，

---

① 程弋洋《21 世纪西班牙汉学》，载《汉学研究》（2017 年秋冬卷）第 435—446 页，学苑出版社，2017 年。

② Li，Qiuyang & Ramírez Ruiz，Raúl，“Coming through the History：The Revival and Challenge of Spanish Sinology”，*Sinologia Hispanica*，*China Studies Review*，2（2019），pp. 1-37.

直到今天[①]。自1973年中国大陆与西班牙恢复外交关系，尤其是80年代中国改革开放敞开国门后，西班牙才展开具有学术价值的当代汉学研究。在之后40多年中，西班牙一直不断弥补以往逝去的时间，逐渐形成了代际清晰、专业水准较高、研究领域多元化的汉学家群体。从他们的成长经历来看，这些汉学家与中国之间的互动往来集中体现了中西两国在政治、经济、社会、文化、教育等方面的交流印迹。

西班牙中国学研究者多数沿袭了欧洲汉学研究体系的传统，主要在法国、英国、西班牙和意大利等欧洲国家大学取得本科、硕士或博士学位，另有学者承袭了美国的中国学研究传统，综合运用社会科学的研究方法，将视野扩展到更为广阔的当代中国社科领域。历史学和翻译学作为两大主流优势学科，是当代西班牙中国学研究的基础学科，它们从历史源头和语言变革两个领域，不断回溯西班牙汉学所取得的成绩。西班牙对中国研究的成果最为丰富的在于对中国明清时期历史的研究，这一时期是中西两国早期交往的开始，也是西班牙早期军事扩张和征服的重要阶段[②]。该时期西班牙传教士到中国布道传教，外交人员的到来开始了解中国，西班牙人和菲律宾华裔商人之间的贸易往来处于繁盛阶段[③]。另外，中国历史较为受西班牙汉学家关注的阶段是鸦片战争到第二次世界大战期间中国的发展状况。翻译学主要集中在中国古代典籍翻译和中国现当代文学翻译。把中国书籍翻译为西班牙文，长久以来都是西班牙汉学研究最为丰富和详细的部分，西班牙汉学家在引介中国现当代文学和古典文学作品中，出现了多位优秀的翻译专家，他们在沟通两国语言文学以及思想交流方面功不可没。语言学习书及辞典编撰在19世纪以前已经出现，早期传教士在语言学习书的编写及辞典编撰为后世西班牙人学习汉语留下了珍贵的资源。这些语言学习书籍及辞典的出版，主要目的在于为初到中国的传教士提供所需文法和词汇帮助来学习汉语。这些语言研究的资料和文献到了20世纪下半叶，则变成为中国学生研读西班牙文，西语人士学习汉语的重要辅助工具。另外，人类学、社会学、经济学和政治学领域以及艺术领域也是西班牙中国学研究者所从事的重要领域。近年来随着西班牙中国移民

① Ramírez Ruiz, Raúl，魏京翔译《2010—2015年西班牙“中国学”研究现状与趋势》，载《国际汉学》2016年第3期。

② Ramírez Ruiz, Raúl. “An Overview of Spanish Sinology”，载《中国学》2016年第4期。

③ 张铠《西班牙的汉学研究（1552—2016）》，中国社会科学出版社，2016年。

数量的增加，华人社区的整体结构特征、来源地、在西从事行业、融入当地社会文化现状及障碍等问题逐渐成为西班牙当代中国学研究的热点问题。同时，西班牙学者在中国经济学领域、中西两国贸易交往经济合作的贡献已成为当代西班牙中国学研究的重要组成部分。

二、当代西班牙汉学家的代际分布

根据上述历史原因和著述发表的时间段，当代西班牙汉学家群体可分为三代：80 年代、90 年代、2000 年以后。以下的名称和分类以他们首次发表与汉学（中国学）研究有关的学术成果时间为依据。由于从事汉学研究的时间不同，还由于每位汉学家从事与中国相关问题研究的原因不同，当代西班牙汉学家的代际，不能简单地按其年龄大小来划分，而是应该根据他们相关成果发表的时间段与当代西班牙汉学发展阶段的吻合度来划分。Taciana Fisac 教授、Consuelo Marco Martínez 教授虽然从年纪上看远远年轻于其他几位一代汉学家，但从她们学术成果的出现时间来看，却和第一代的汉学家在同一时期。从我们收集到的汉学家的个人成长、学习和工作经历以及研究兴趣的多方面资料来看，一些汉学家在早期选择专业方向与其个人成长经历有直接关系。例如，爱尔兰裔的汉学家 Golden Seán 青年时代从事爱尔兰文学研究，关注乔伊斯作品，80 年代中后期结束在天津外国语大学的教学工作，回到西班牙之后逐渐转向关注中国政治研究。再如，庞贝法布拉大学的 Dolors Folch 教授 80 年代在北京外国语大学教授西班牙历史，回国后攻读中国历史博士，专注于明清时期中国历史以及该时期中西交往史研究。他们在中国学研究开始之前都有属于自己的研究领域，由于工作经历和之后的学术志向使他们走上了另外一条全新的研究之路。Albert Galvany 教授青年时期曾经学习西方哲学，研究生阶段开始涉猎中国哲学。在法国、英国和德国的访学经历开阔了他的学术视野，回到西班牙格拉纳达大学完成文学博士学位，之后著作主要集中在对中国古代哲学思想的研究上。

有鉴于此，我们通过 Dialnet 检索系统，以及各位汉学家的个人学术网站，并结合他们的学术简历，按照当代西班牙汉学发展的三个阶段，把他们划分为以下三代。第一代汉学家主要代表包括：马德里自治大学东亚研究中心中国当代文学领域的 Taciana Fisac 教授、庞贝法布拉大学历史系的 Dolors Folch

教授、巴塞罗那自治大学中文系的 Seán Golden 教授、格拉纳达大学翻译系 Pedro San Ginés 教授、马德里康普顿斯大学中国语言学系 Consuelo Marco Martínez 教授、马德里自治大学艺术系 Isabel Cervera 教授和康普顿斯大学的 Pablo Bustelo 教授等。第二代汉学家代表包括中国古典文学翻译领域的 Alicia Relinque Eleta 教授、格拉纳达大学语言学领域的 Juan José Ciruela 教授、Laureano Ramírez 教授、马德里自治大学东亚研究中心的 Pilar González España 教授、庞贝法布拉大学历史领域的 Manel Ollé 教授、巴塞罗那自治大学翻译系的 Anne Héléne Suárez 教授、社会学和人类学领域的 Joaquín Beltrán 教授、东亚研究中心人类学领域的 Gladys Nieto 教授、社会学领域的 Leila Fernández 教授以及历史和宗教领域的 Andreas Janoush 教授等。2000 年后开始发表汉学研究的第三代西班牙学者代表包括加泰罗尼亚开放大学历史系的 Anna Busquets 教授和 Ander Permanyer 教授、巴塞罗那自治大学翻译研究系的 Sara Rovira Esteva 教授和 Helena Casas Tost 教授、加泰罗尼亚大学历史系的 David Martínez Robles 教授、巴塞罗那自治大学的 Javier Martin Ríos 教授、庞贝法布拉大学政治学和经济学领域的 Amelia Saiz 教授和胡安卡洛斯国王大学历史系 Raúl Ramírez Ruiz 教授等。

这些西班牙汉学家大多沿袭了欧洲汉学研究体系和传统，主要在西班牙、法国、德国、美国和意大利接受过高等教育，获得硕士或博士学位。其中，巴黎第七大学是多位西班牙汉学家曾经学习和取得学位的大学。同时，大多数学者都有在中国学习、教学、外交或贸易工作经历，中国的北京大学、北京外国语大学和北京语言大学是多位汉学家曾经留学、工作过的高校。另外，还有一些学者继承了美国中国学研究传统，体现在他们的研究范式和领域上，更加偏重于对当代中国经济、政治、国际关系的关注。

三、当代西班牙汉学家代际群体的形成及原因

在勾勒当代西班牙（1973 年中西建交后）汉学家和中国学研究学者的代际划分的基础上，有必要分析西班牙汉学家各群体的形成原因。第一代汉学家形成的原因是因个人成长或家庭原因投入汉学研究领域，他们的研究初衷不在于中国本土问题，而是出于对本国历史、政治和社会问题的关怀，由于各自独特的个人经历，转向对中国的关注。其中，Pedro San Ginés Aguilar、

Taciana Fisac、Golden Seán、Dolors Folch 为典型代表。格拉纳达大学翻译系的 Pedro San Ginés Aguilar 教授，父母是共产主义者，曾参加过一战反法西斯战斗。受其父母影响，青年时期的 Pedro 参加了“五月学生运动”，支持毛泽东领导的中国革命。在学校期间他兼修西班牙学和中国学学士和硕士学位，他的导师 Michelle Loi 从事鲁迅文学翻译研究，对于 Pedro 走上汉西翻译道路起到了重要的影响。Pedro 培养出了第二代汉学家 Alicia Relinque Eleta、Juan Jose Ciruéla、Garbriel García-Noblejas 等多位学生。

马德里自治大学东亚研究中心主任 Taciana Fisac 教授，在其父西班牙著名建筑师 Miguél Fisac 的鼓励下，自幼在家中学习汉语，并对中国文化产生浓厚兴趣，18 岁陪同胡安·卡洛斯国王和索菲亚王后赴中国进行国事访问[①]。之后在意大利那不勒斯东方大学获得中国语言与文学硕士学位，在马德里自治大学获得哲学文学博士学位后，正式开始她有关中国现当代文学翻译研究，期间在与中国当代作家阎连科、毕飞宇、阿莱等人接触后，翻译了大量中国文学作品。与中国当代作家频繁接触的经历使得 Taciana Fisac 在翻译介绍中国文学作品的同时，关注中国的政治思想。在 Taciana Fisac 教授的推动下，西班牙第一个东亚研究中心于马德里自治大学成立，该中心的成立为培养第二、三代中国学研究人才做出了重要贡献。

爱尔兰裔的 Golden Seán 教授出生于英国伦敦，青年时期在美国获得博士学位之后一直从事爱尔兰文学研究，并在美国任教多年，1980 年至 1983 年在天津外国语大学英语系担任副教授，后又在香港中文大学、北京外国语大学任教多年。1984 年发表了他有关中国文学研究的第一篇文章，从文学的视角出发，逐渐转向关注中国的思想、政治、国际关系以及翻译等领域。直至今日，Golden Seán 仍是爱尔兰文学和中国学的跨界研究学者。可以说 80 年代初的在天津外国语大学工作经历，对于这位著名的乔伊斯研究学者而言是非常重要的，如今已从巴塞罗那自治大学退休的 Golden Seán 教授曾在东亚研究中心担任负责人（2000—2017）多年，是巴塞罗那汉语教学的创始人，为该研究中心的成立与发展以及汉西翻译系的发展做出突出贡献。

Dolors Folch 教授原本从事西班牙历史研究，1984 年到北京外国语大学教

---

① Raúl Ramírez Ruiz，“Taciana Fisac y la fundación de la nueva sinología española”，*Encuentros Multidisciplinares* 2018，20（60），pp. 1-9.

授西班牙历史，回国后于1992年在巴塞罗那自治大学获得中国古代史研究方向博士学位，开始了她关于中国历史20多年的研究。她曾任庞贝法布拉大学人文学院院长、东亚研究所所长，巴塞罗那自治大学、庞培法布拉大学终身教授，欧洲中国研究协会委员会的成员。在国际商务学校教授中文、当代中国社会，任巴塞罗那海事博物馆“郑和”主题大型展览委员等职。由她培养的第二、三代汉学家包括 Manel Ollé、AnnaBusquets 等人如今都是中国历史学研究的重要学者。

Anne Héléne Suárez 曾在巴黎和北京大学学习汉语，并获得中国文学博士学位。她的翻译译作主要由《李白诗50首》(1988)、《王维及其友人绝句99首》、《白居易绝句11首》。此外，她还从法语翻译了《苏菲派与道：哲学关键概念的比较研究》和《中国思想史》，为了解中国古代哲学思想提供了宝贵的参考资料。

第二代汉学家也是当今西班牙汉学家的主力军，多位90年代以后开始在中国担任外交官，他们得益于中西关系在教育领域的不断加强，曾作为留学生或高校访问的科研工作者赴中国学习交流。另有相当一部分与第一代汉学家为师承关系。Laureano Ramírez 出生在巴塞罗那，是1973年中西恢复建交后的首任外交人员，在1976—1980年期间担任西班牙驻中国使馆总务一职。1980年辞去外交官工作后，到北京语言大学汉语言文学专业学习，1983年获得学士学位。此后在外文出版社、《北京周报》以及《中国建设》任职。在其早期到中国做外交官、翻译工作的同时，致力于中国历史典籍和现当代文学翻译，如《聊斋志异选》《儒林外史》《六祖坛经》《维摩诘经》等，同时他还翻译了鲁迅、高行健等作家的作品。1992年由他翻译的《儒林外史》获得西班牙国家翻译奖，1999年翻译出版禅宗六祖慧能所著的《六祖坛经》，这是西班牙唯一直接由佛经转译的文本，书中富有重要的导言、注释和丰富的参考书目。后来受邀到巴塞罗那自治大学教授中文。2014年退休后返回北京大学任教汉西翻译。

Pilar González España 是马德里自治大学东亚中心 Taciana Fisac 教授的学生，是一位中国古典诗歌翻译家，早年曾在北京第二外国语学院讲学，现在马德里自治大学东亚中心担任教授。她翻译的中文著作有《庄子》《李清照诗选》、王维《辋川集》、陆机《文赋》等。

20世纪90年代，巴塞罗那自治大学的 Joaquín Beltrán 教授在读博士期间，到浙江大学访问，并到浙江省青田县就该县中国移民进行田野调查，梳理了由来已久的西班牙中国移民历程，为中国移民的在西班牙来源和发展研究奠定了基础。回到巴塞罗那自治大学工作的 Joaquín Beltrán 教授担任翻译系主任、第一任巴塞罗那孔子学院外方院长等职，自 1998 年开始编辑出版中国学系列丛书，该丛书收录了西班牙本土多个领域汉学家的研究专著，影响十分广泛。

同为人类学家的马德里孔子学院外方院长 Gladys Nieto 教授自 20 世纪 90 年代，多次到北京外国语大学、中国社会科学院、上海社会科学院、中国妇联、浙江师范大学等学术机构进行访问调研、举办讲座和参加学术会议。她的科研兴趣由早期对中国移民中妇女问题研究，逐渐向华人移民在西班牙经商、求学等活动以及华人在西的社会融入和文化融入问题研究，这些成果对于西班牙制定移民政策具有重要的参考价值。

Alicia Relinque Eleta 是格拉纳达大学古典文学、中国文学理论与批评、中国文学与语言通论的教授、格拉纳达孔子学院前任外方院长。青年时期的 Alicia 从 1976 年开始学习汉语，曾于 1985 年至 1989 年在北京大学获得汉学研究硕士学位，在此之前分别在马德里自治大学和巴黎第七大学获得法学和汉学学位。她在格拉纳达大学完成了中国古典诗学博士学位，随后在伦敦大学亚非研究学院、香港城市大学和北京大学从事科研和教学工作。在牛津大学、北京大学和上海外国语大学等学术机构做交流和讲座。自 20 世纪 90 年代起，开始致力于翻译中国古代文学理论专著、小说以及元、明代戏剧家的作品，曾在北京大学担任客座教授。主要译作包括《文心雕龙》、《中国戏曲三部集》（《西厢记》《赵氏孤儿》《窦娥冤》）、《金瓶梅词话》、《牡丹亭》等。

Juan José Ciruela 是西班牙的汉语语言史专家，青年时期获得西班牙语专业学士学位，1987 年获得西班牙外交部奖学金赴中国进修，在北京语言大学学习汉语，1988—1990 年在北京大学攻读汉语语言学博士，受到陆俭明和马真教授的指导。1990 年，开始了他长达 11 年的驻西班牙使馆官方翻译生涯，并于 1999 年获得博士学位。2019 年开始，担任格拉纳达大学孔子学院外方院长。他出版了专著《古典中国的语言学思想史》《中国文字简史》，翻译了《老残游记》和莫言的《十三步》等作品，和 Alicia Relinque Eleta 等教授一起确立了格拉纳达大学中国古典文学翻译、语言与教学研究在西班牙汉学领域的重要地位，也是格拉纳达大学与北京大学合作培养的著名汉学家代表。

Manel Ollé 是庞培法布拉大学人文系现当代中国历史和文化研究的终身教授和中国学研究硕士学位的负责人。他的主要研究方向是 16 至 17 世纪中国沿海、中欧关系，以及中国侨民在东南亚的历史研究。同时，他也关注当代中国文化的接受与批评、中国网络、大众文化与传媒以及中国唐诗和宋词翻译。他曾赴北京外国语大学中国海外汉学研究中心进行科研合作，与西班牙庞培法布拉大学共同对 16 和 17 世纪南欧地区有关中国史料进行整理。

从事汉语语言学、语言教学以及翻译研究的 Sara Rovira Esteva 是巴塞罗那自治大学培养的汉学学者，她在汉语语言教学和翻译研究方向取得了大量成果，1992—1994 年期间在北京语言大学进修汉语，2006 年在台湾中研院访学，出版了《汉语量词词典》《欧盟语言框架下的中文》《东方主义和西方主义：中文形象与建构下的两股清流》《画本：17 世纪中文小说翻译》等多部著作和文章。

第三代中国学研究者的形成则是 2000 年以后，在中国逐渐崛起、经济实力增强的背景下，中国加强文化输出，在世界各地建立孔子学院，推广汉学计划，鼓励更多的海外汉学研究学者到中国访问、学习，年轻一代的西班牙汉学家一面经历经济危机带来的阻滞，一面响应中国语言文化推广政策带来的感召力，可以说，第三代当代西班牙汉学家群体的时代背景要远远优于前两代人，中西关系不断深化，文化教育交流愈加频繁，中西双方贸易往来在“一带一路”倡议的影响下走势良好。越来越多的汉学家开始将研究领域扩展至经贸领域，同时关注当代中国发展的政治、国际关系问题，结合以往的文史研究成就，第三代汉学家正经历着从传统汉学向中国学研究的纵深研究过渡。与第二代学者 Sara Rovira Esteva 有师承关系的 Helena Cosas Tost 一方面从事汉语教学，同时进行翻译研究，曾在中国人民大学学习一年中文，后在伦敦大学亚非学院完成了中国研究的国际政治方向硕士学习，后又在北京大学获得国际关系硕士学位，在 Sara Rovira Esteva 指导下完成汉西翻译方向的博士学位。Helena Cosas Tost 近年来主要关注欧洲语言框架与汉语在西班牙推广问题研究，曾任巴塞罗那孔子学院外方院长。

Raúl Ramírez Ruiz 是胡安卡洛斯大学历史学教授，原本从事西班牙历史研究，2014 年受到中国新汉学计划项目资助，到华东师范大学访学，受到已故中国学者朱政惠教授的指点，近年来成果不断，曾多次赴中国华东师范大学、上海外国语大学、人民大学、北京大学和山西吕梁大学进行学术讲座，近年来与中国学者合作发表的有关西班牙汉学研究成果，更成为西班牙向中国汉学届引介复兴后的西班牙新汉学的最主要发起者。

Manuel Pavón 为巴塞罗那孔子学院基金会学术部负责人，他是西班牙本土培养的青年学者，但同时与中国结缘，曾经在北京语言学大学学习汉语多年。从本科阶段开始学习汉西翻译，逐渐开始关注中国学研究、中国文学与思想文化翻译研究。他与西班牙翻译家合办了中国文学网站“释读中国和试读中国”，同时担任 RCT 中国文学杂志编辑，向西班牙语各地区译介传播当代中国文学与思想作品。

四、当代西班牙汉学家的代际特征

纵观当代西班牙汉学家的教育背景，我们看到有三个重要特征表现在他们的学术生涯之中。第一，欧洲的汉学研究模式和培养模式影响着西班牙汉学家早期汉学研究兴趣和汉学研究道路。从我们收集到的资料来看，法国、英国和意大利是西班牙汉学家获得汉学研究学位的重要欧洲国家。同时，有一些汉学家接受了美国的高等教育，沿袭了美国中国学研究理论方法，关注当代中国发展的现实问题。第二，中国的留学、访问、调研以及工作经历是促使西班牙学者走上汉学研究道路的重要驱动力。从第一代的 Taciana Fisac 教授、第二代的 Alicia Relinque Eleta 教授，到第三代的 Anne Heléne Suárez、Albert Galvany，都曾到北京大学、北京外国语大学、北京语言大学、人民大学、浙江大学、华东师范大学等中国高等学府访问或学习。有些人在这些工作和学习经历之后改变了自己原有的研究方向，有些人则从中国工作经历后开启了中国学研究之旅。第三，培养汉学人才的西班牙高校主要位于马德里、巴塞罗那和格拉纳达，这些学校包括西班牙巴塞罗那自治大学、庞贝法布拉大学、马德里自治大学、格拉纳达大学。从 20 世纪 80 年代至今，这些高校为培养汉学家以及中国学研究人才走过了院系成立、师资培养、学科建设、科研成果从无到有的艰难历程，见证了当代西班牙新汉学的复兴和三代西班牙汉学家的成长过程。①

第一代当代西班牙汉学家对中国的研究大多是在书斋中进行的，他们中多

① “The State of the Field of Chinese Studies in Spain”，载《国际汉学》。

数人甚至并不懂汉语，与中国的跨文化互动经历不如第二代汉学家那样丰富，他们的研究文献收集很多是对已有英语或法语文献的翻译，这些来自对二手文献的整理与翻译较之于到中国的亲身学习经历而言，是完全不同的。他们中的一些人虽然有着在中国工作（长期或短期的教学和访问）的经历，对中国有着浓厚的感情，然而其学术底色仍植根于本国，他们从西班牙语言文化、西班牙历史出发，由于特殊的个人经历，转向关注中国问题，对中国的研究多半是出于他们对本国政治、社会和历史关怀与反思，而并不倾向于从中国本土问题出发研究，通过对中国思想与历史的梳理来反思自身的思想困境。

第二代汉学家的学术生涯开始于中国改革开放之后的 90 年代，中西交流进一步加强，留学项目增多。相当一部分二代汉学家在 90 年代专门赴中国北京大学、北京语言大学以及北京外国语大学等中国高校学习汉语，有一部分学者还在中国获得了硕士或博士学位，他们在华的学习时间更长，学习更加集中，这也为他们之后取得的更为丰硕的学术成果，为成为当今西班牙汉学家中坚力量奠定了重要基础。在学术研究上，他们倾向于发掘中国文化中原本蕴含的价值，与中国文化紧密联系在一起，与中国的跨文化体验渗透进了他们的研究中。相当一部分中国古代典籍译作也是在这一代西班牙汉学家中产生的，他们利用自己的跨文化实践和双语能力，将中国文化翻译并传播到西语国家和地区，相当一部分中国唐诗、宋词、经典文论、戏剧、小说正是在这一代汉学家的手中引介到西语国家，促使中国文化在西语世界得到进一步传播。一些专门从事历史、哲学等非语言研究领域的汉学家，专门到中国高校，与中国学者合作整理历史文献，进行田野调查，共同完成汉西翻译实践，产出了大量现当代中国历史研究著作、社会学著作和文学翻译作品。他们与中国本土的研究者较为接近，通过学习和访问的机会，与中国高校的合作与交流明显增加。第二代汉学家丰富的语言和文化经验，使得他们可以将中国文化放置在世界的坐标系中参照，填补了本土研究者视角空缺。

第三代汉学家的学术研究产生于中国崛起背景之下，同时也处在整个欧洲陷入经济危机、西班牙学术发展留滞的阶段。一方面，西班牙政府大幅度削减科研和教育经费，年轻人失去进入高校教学科研途径，动摇了青年一代汉学家生存和持续发展的基础。相对于英美法德等汉学研究强国，西班牙汉学在经济危机下发展略微缓慢。另一方面，在中国强势崛起的步伐中，中国政府持续投入孔子学院建设、拓展奖学金覆盖，增加海外汉学家的留学机会。

在这样两股看似相对力量的作用下，第三代西班牙汉学正以自己的方式开拓着汉学研究。他们对于中国文化本身持有浓厚兴趣，力图通过学术研究来浸入中国文化的语境，因而中国文化对他们而言是充满意义的研究对象，不像前两代汉学家一样希望借助中国文化来实现外部的思想或现实诉求。同时，他们在研究中国时倾向于保持冷静与疏离的姿态，避免将本人与中国的跨文化经验投射在学术研究中，同时也尽力克服本人所造成的认知中国的成见。

结　论

西班牙传统汉学正逐渐接纳当代中国研究，开始向中国学研究的结构性变化过渡。传统的汉学研究在继续保留其固有的学术传统的同时，开始出现对当代中国社会政治、语言文化等方面的关注。汉学家并非同质化的群体，内部有着多元的类型和时代性，当代西班牙汉学家按照其成果发表时间基本可以分为三个时间段。本文考察了当代西班牙汉学家代际特征：第一代当代西班牙汉学家具有来华交流的经历的人并不占多数，更谈不上长期脱离自己的国家在中国定居，而是家庭、职业或兴趣的缘故，通过中国的文物典籍或者对当时中国的观察，出于对西班牙本国问题的反思来认知中国，与中国文化发生碰撞和融合，其在文化的意义上成为身处西班牙和中国文化的边缘人。第二代汉学家随着中国开放政策的实行进入中国文化，多为自身主动的选择，因而能够更加主动地调适自己在两种文化中的角色，表现在其研究视野和研究领域的拓展。在情感上他们往往关注现当代中国的文化与政治，而相对情感中立，则更多将目光投注于古代或近代的中国文化。在主体位置上选择基于外部文化的汉学家，更愿意研究中国的思想、哲学、文化等相对抽象的议题；而在主体位置上选择基于中国文化的汉学家，则倾向于关注中国的微观历史和文学作品等更为特殊、更富于中国文化特质的议题。第三代当代西班牙汉学家以研究异文化的历史与社会问题为己任，这使得他们能够最大限度地克服文化偏见，找到自己的位置和视角。对他们来说，并非先接触中国而后了解中国文化，而是以中国文化为媒介来认知中国。

［李秋杨　博士后，天津师范大学外国语学院副教授；
劳尔·拉米雷斯·鲁伊斯（Raúl Ramírez Ruiz）
西班牙胡安·卡洛斯国王大学历史系教授］

作为中国古典入门的晁德莅《中国文学教程》节选译文*

[美] 魏宁 著 陈彦辉 黄 芳 译

选段一：引言

从1879年到1882年，意大利耶稣会士晁德莅（Angelo Zottoli，1826—1902）出版了《中国文学教程》（*Cursus litteraturæ Sinicæ*，以下简称《教程》）。这本介绍中国文学的巨著长达4000页，厚达5卷。《教程》并非一般的课本，而是一本关于中国文化传统的概要指南，包含了从《诗经》到清代八股文、诗词和书信等大量文本。读者要在短短5年内，从不认识汉字到可以流利阅读，进而掌握汉语写作和修辞。即使在当时，《教程》对初学者而言难度过高，但它仍然有助于中国近代学者去反思如何理解文本的语言和修辞特征。纵使当下汉学界的专业研究必不可少，像《教程》那种以宏观视野审视阅读材料的角度仍然具有一定价值。晁德莅的作品可用来检验宏观视野的广泛性，因为它将中国古典修辞呈现为一个需要整体看待的修辞体系，可用于理解儒家经典、宋词以及贯穿其间的所有文学作品。正如弗里德里希·施莱尔马赫（Friedrich Schleiermacher）所写，“只有将普遍性和个人性相结合，才能理解他人之言”①。晁德莅也将中文写作视为一个庞大、整体看待的体系。

* 本文获得香港浸会大学费乐仁（Lauren Pfister）主持的合作研究项目“现当代汉学家中华经典译著与著作跨学科研究”以及浸会大学的启动研究基金资助。

① 见 Friedrich Schleiermacher，*Hermeneutik. Nach den Handschriftenneuhrsg. und eingeleitet von Heinz Kimmerle*，Heidelberg：Winter，1959，p. 37.

晁德莅这本教程全称《中国文学教程——新传教士专用》(*Cursus litteraturæsinicæ：neo-missionariisaccommodatus*)，由位于上海徐家汇（当时上海西南郊区，如今是这个大都市的中心地区之一）的土山湾孤儿院出版。耶稣会给孤儿和其他学生教授西方语言、艺术和科学，而晁德莅，作为在此教学和布道的一部分，他编写了这部长达五卷的书介绍中国书面文字。晁德莅门下有一些颇有影响力的中国学生，或许正是通过这些学生，他对中国近现代文化产生了最直接的影响。不过《教程》也在来华传教士和国外的中国文化学习者间广为传阅，只是其影响力被20世纪初一些著名的汉学研究作品淹没了。因此，自觉反思《教程》及其潜在价值或有助于厘清21世纪汉学所面临的一些挑战。晁德莅这本巨著是如何试图从宏观上审视中国文化传统的？

选段二：晁德莅的译文及其接受程度

晁德莅对翻译和解释的态度可以在《教程》第一卷前言中的一句话中看出：

> 因为我们都很清楚，让学生费力不讨好之处，不在于如何发现作者的意图，因为多数情况下，即使译本不同，意图通常还是一样的；而在于基于可信的本土翻译，如何辨别每一个汉语词组的含义，以及每个词所固有的含义。正因如此，我决定尽我所能避免意译，因为意译可能会妨碍清晰明了地传达内容。”①

换言之，由于关注文本细读和语言学问题，晁德莅选择直译来保持他认为对学生最有帮助的“清晰明了”。这种汉语文本翻译方式历来褒贬不一。在几乎所有汉学家都精通拉丁语的时代，晁德莅的《教程》出版后影响西方汉学达半世纪之久。② 晁德莅在19世纪末20世纪初耶稣会学者作品中的影响尤为明显，例如，一位佚名法国传教士在“四书”的1896年译本前言中，首次

① Angelo Zottoli，*Cursus Litteratuæ Sinicæ*，*Volumenprimum pro infima classe*：*Lingua Familiaris*，Chang-Hai，Tou-Sè-wè，1909，p. vi.

② 下面几页引文将具体说明，尤其是亚瑟·威利的评论。

描述了“四书”在中国文化中的重要性，并讲了自己试图研究“四书”的经历：[①]

> 因此，我买了汉学大师晁德莅的《中国文学教程》，前言说道：“切勿轻易下手”。果真如此。我汗如雨下，困扰更多于劳累。

对这位陷于困境的学者而言，晁德莅的译文是他所能接触到的最方便的资料来源，尽管其内容规模巨大。同样地，在其《论语》1910年译本导言中，苏慧廉（William Edward Soothill）解释说，除了理雅各（James Legge）和顾赛芬（Seraphin Couvreur），在翻译前他还看过晁德莅的书：“晁德莅的作品虽常常过于固守原文，僵化措辞不适于作《论语》的英译本，但的确令人钦佩。”[②] 晁德莅作品还被用作了解中国文化的基本来源。在土山湾的另一本出版物上，一位学者引用了晁德莅对朱熹唯物主义的评论。[③] 香港大学图书馆所藏《教程》上有许多英文手写的评论，意思是该读者第一次在书中读到孔子。

然而，代表20世纪流行论断的亚瑟·威利（Arthur Waley，1889—1966）对晁德莅十分不屑。在其《中国古诗170首》（*A Hundred and Seventy Chinese Poems*）后附的简短“目录注释”中，亚瑟·威利列举了《教程》和一些评论：[④]

> 第五册是关于诗歌的，但没有一首诗早于唐诗。如果不看汉语原文的话，是很难理解其拉丁译文的。译者们显然都用晁德莅的作品作为文

① Anonymous, *Seuchou ou les quatres livres, traduits par un missionnaire de la congrégation du S. Coeur de Marie, du nord de la Chine*, Hong Kong: Imprimerie de la Société des Missions Étrangères, 1896, pp. 3-4.

② William Edward Soothill, *The Analects of Confucius*, Yokohama: Published by the author, printed by the Fukuin Printing Co., 1910, p. ii.

③ Stanislas Le Gall, S. J. *Le philosophe Tchou Hi: sa doctrine, son influence*, Variétés sinologiques 6, Shanghai: Imprimerie de la Mission catholique de l'orphelinat de T'ou-sé-wé, 1894, p. 77.

④ 他认为《教程》的出版时间为1886年。见 Arthur Waley, *A Hundred and Seventy Chinese Poems*, New York: Knopf, 1919, pp. 35-36.

本参考。翟理斯书中的18首宋诗中，16首出自晁德莅选集。

亚瑟·威利似乎指的是翟理斯（Herbert Giles，1845—1935）1898年的英译诗集《古今诗选》（*Chinese Poetry in English Verse*），其中第162到179首属于宋诗，但亚瑟·威利的判断是错误的。晁德莅大部分宋诗都选自晚清帝国最易获得的诗集之一《千家诗》，而更有可能的是翟理斯直接参考了这本书。翟理斯参考的是不是晁德莅的译本已无法判断，因为翟的译文均是意译押韵诗。①

亚瑟·威利的总结性判断反映了《教程》在大半个20世纪的接受程度。1949年，海陶玮（James R. Hightower）评论道，晁德莅的作品"由于是拉丁语译本，相对来说难以看到"②。亚瑟·威利和海陶玮的评论都反映了时代的变迁，作为中国文学的研究者，尤其是中国诗歌的研究者，他们一直在寻求以不同的方式来用英语呈现。亚瑟·威利关注的是用文雅英语吸引当时的读者，从这个角度来看，他自然不会接受晁德莅的直译。③ 同样，海陶玮也是美国中国文学学术研究发展的关键人物之一，对这一新领域，晁德莅的《教程》似乎不仅难以企及，甚至毫不相干，因为它根本没有考虑大多数文本的历史背景和文学特质。

然而，在21世纪，晁德莅的译文至少在两方面是值得再次参考的。首先，如大家所见，他对中国文化传统的定位深受晚清上海环境的影响，当时上海的名胜古迹数不胜数。其次，他翻译时拘泥字句、不容有差，如今看来，相较其同辈人甚至近来的一些翻译，似乎并没有那么不合时宜。例如，在一篇评论文章中，杜润德（Stephen W. Durrant）刚好将晁德莅《论语》译本中

---

① 《教程》也收录了至少一首六朝时期可视作诗的文学作品，即陶渊明的《归去来兮辞》。（*Cursus*，vol. 4，pp. 296-299.）

② 海陶玮引文有误——"ZOTTOLI'S *Cursus litteraturaesinicae*，4 vols，Shanghai，1880"，表明他没有亲自看过。见 James R Hightower，"［Book review of］*Anthologieraisonnée de la littératurechinoise* by Georges Margouliès"，*HJAS* 12：1/2（1949），pp. 231-237.

③ 例如，史嘉柏（David Schaberg）曾在格罗夫出版社（Grove Press）《诗经》修订版中颇有见地地论述了亚瑟·威利（Arthur Waley）在《诗经》翻译方面所做的贡献，见 David Schaberg，"［Review of］Arthur Waley，*Book of Songs*，Revised Edition"，*CLEAR* 21（1999），pp. 177-182.

的一个句子与刘殿爵（D. C. Lau）[1] 的译文进行了比较。查赫（Erwin von Zach，1872—1942）是一位严谨的中文译本读者，他十分认可晁德莅在李白诗歌全译本中对《惜余春赋》的避而不谈，因为该赋已经另有完美的译本了。[2] 当我们翻译中文还在努力求“信”时，晁德莅提醒我们：译无止境。这真是令人振奋！当跳出语义句法的基本框架来看时，这一点尤其正确。在更广泛的修辞和作品层面，包括排比、平衡、主题脉络，晁德莅的教材特别具有启发性，正如他对八股文的细致处理。近来最欣赏这一点的学者是闵福德（John Minford），他将《红楼梦》第 84 章贾宝玉的教育与欧洲修辞传统的教育进行了比较。[3] 闵福德总结道：“晁德莅神父用拉丁语翻译起八大修辞术语来毫不费力，这太令人惊讶了。难怪耶稣会士汉语说得这么好！”[4]

晁德莅对“信”的追求可从他为《教程》创作的中文原始音标体系看出，该体系被作为日后徐家汇出版的标准，包括专著系列《汉学丛书》（*Variétés Sinologiques*）。[5] 该系列专著从语义学和句法学两方面延伸到他的翻译实践。在语义学层面，他力求准确识别特定术语，譬如：动植物学名、中国特色事物的恰当惯用翻译。为了区分实物，晁德莅重印了许多图表，这些图表也应该可以用在今天的文言文教学中。例如，将《周礼》中介绍的皇旗可分为：日月图案的大常；熊虎图案的旗；交龙图案的旂；龟蛇图案的旐；鸟隼图案的旟。[6]

在句法层面，晁德莅利用了源语言和目标语言之间特殊的句法关系。汉语作为一种孤立的语言，词序是句法的基础，而拉丁语词序变化很大，词义在很大程度上独立于词序。这样一来，晁德莅就可以保留源文本的词序，只使用拉丁语的词尾变化来表示语法关系。汉语句法关系与拉丁语语法分析相

---

① Stephen WDurrant，“On Translating *Lunyü*”，*CLEAR*3（1981），p. 118.

② Erwin vonZach，“Lit'aipo'spoetischeWerke：Buch I”，*AM*，First Series 3（1926），p. 432.

③ JohnMinford，“‘Pieces of Eight’：Reflections on Translating *The Story of the Stone*”，*Translating Chinese Literature*，ed. Eugene Eoyang（欧阳桢）、Lin Yao-fu（林耀福），Bloomington*et al.*：Indiana University Press，1995，pp. 178-203.

④ “‘Pieces of Eight’：Reflections on Translating *The Story of the Stone*”，p. 201.

⑤ *Histoire de la Mission du Kiang-nan*，vol. 1，p. iii.

⑥ *Cursus*，vol. 2，p. 96. 后的表 XIIIa。

比较，效果令人振奋。下面以晁德莅对王维名作《鹿柴》的翻译为例：①

空山不见人，Solitario monte nullusapparet homo，
但闻人语响。tantumque audio hominisloquentissonum.
返景入深林，reflexa umbra ingrediturpenitamsylvam，
复照青苔上。rursusquereduciturvirentem supra muscum.

最后一行中，“上”的后置迫使晁德莅稍微改变词序，将“muscum”（苔）置于最后一个位置。但除此之外，拉丁语中的每一个词都精确地对应于一个汉字，其顺序与原文的顺序一致。这样一来，译文和原文一样，由20个词组成，每行5个。尽管这首诗的翻译不是最雅致或最令人难忘的，但它可能比其他英译本更符合原诗的逻辑顺序。就好像洋泾浜英语版的“空山不见人”（“Empty-mountain-no-see-person”）完全符合语法，清晰易懂。特别是，夺格短语“solitario monte”的使用，让晁德莅在不插入任何介词的情况下，保留了它在诗原来开头的位置，从而模仿了原句的“主题—评论”结构。总的来说，晁德莅这种严谨翻译模式很重要，它凸显了西方汉学的卓越成就。其所用语言，虽然晦涩难懂，但也是他们成功的一个因素，这样一来，译文得以忠于原文的句法结构。但更重要的是晁德莅对写作修辞的持续关注，使他在八股文翻译中影响最大，至今仍令人望尘莫及。

选段三：《中国文学教程》与21世纪的汉学

一直以来，晁德莅的《教程》都是一座险峰。这也告诉世人：汉学的发展也一样，并没有超出教育学的范畴。试问如今有多少汉学家可以说已经学到了晁德莅所要求的水平？（笔者当然也没有）事实上，尽管晁德莅的许多选篇对晚清文化意义重大，但它们再也没有被翻译成任何西方语言。这表明，尽管可能在晁德莅的设想当中，《教程》可以作为学生的教材，但历史风云变幻，它见证了学术界在这一领域还有很长的路要走。《教程》已不适合当代学生使用，但作为汉学典范，它将中国文化传统作为一个整体修辞体系呈现出

① *Cursus*, vol. 5, p. 451.

来，仍然具有很强的指导意义。①

今天英语世界的大多数文言文教材都以"启蒙书"或"介绍"的形式呈现，主要目的是介绍基本语法规则和一些范例，多为战国时代的文本。② 他们试图描述阅读文言文（平常被视为与现代汉语不同的另一门语言）的基本原则。句法分析占文本的很大一部分，仿佛掌握文言文的关键就是要深刻理解句法规则。然而，句法以外，晁德莅非常关注的语义和修辞，其重要性不应忽视。③ 相反，晁德莅就文言文修辞用法的说明意在告诉大家如何适应各种体裁，譬如：先秦诸子的哲学争鸣、对仗的律诗，句式错落、声律谐协的赋以及八股文，而非简单阐明基本的句法规则。晁德莅概括介绍了文言文从西周到晚清的不同体裁，我们可以感受到贯穿全书的中国古文的博大精深。事实上，除了个别作品的修辞之外，晁德莅的《教程》给人以中国古典文学传统不断积淀的感觉，比如，晁德莅在《教程》结尾部分选的一篇赋——陶然（1830—1880）④ 的《欧阳子方夜读书赋》。在此，晁德莅针对这篇文章为学生做了充足的准备。译文第一条注释表明，这篇赋是根据欧阳修（1007—1072）的《秋声赋》（见《教程》第四卷"古文集"第90篇）创作而成，陶然此赋"有助于联想起《秋声赋》"。第二个注释中将陶渊明（365—427）

① 作为历时研究，而非教学研究，在此笔者不想详细描述《教程》的课文将如何适用于现代形式，但晁德莅认为最好有专门为外国学生设计的、详细关注修辞技巧和结构的文言文写作教科书和课程。

② 例如，可参考：Raymond Dawson, *A New Introduction to Classical Chinese*, Oxford: Clarendon Press, 1984; Michael A Fuller, *An Introduction to Literary Chinese*, Cambridge, MA: Harvard University Asia Center, 1999; Paul Rouzer, *A New Practical Primer of Literary Chinese*, Cambridge, MA: Harvard University Asia Center, 2007; Wong Jingyu（王靖宇），John C. Y. *et al.*, *Classical Chinese Primer*（《古文入门》），Hong Kong: Chinese University Press, 2007. ——这些书都很有参考价值，但选本范围与《教程》大相径庭。据笔者所知，它们都不会为了关注修辞而放弃语法。Barnes 的 *Chinese through Poetry* 即使选材截然不同，也同样狭窄（源文本都是古典诗歌）。（ArchieBarnes, *Chinese through Poetry: An Introduction to the Language and Imagery of Traditional Verse*, York: Alcuin Academics, 2007.）

③ 例如，屈承熹（Chauncey C. Chu）在其《汉语话语语法》一书中主张，即使在汉语口语研究中，对句段以外的片段处理也是非常重要的。（Chauncey C. Chu, *A Discourse Grammar of Mandarin Chinese*, New York: Peter Lang, 1998.）

④ *Cursus*, vol. 5, pp. 712-717. 晁德莅提到，他听说陶然仍住在苏州（*Cursus*, vol. 5, p. 704, n. 1），但出版时，陶然已离世。苏州陶氏在清末民国时期文化影响颇深。陶然之孙陶冷月（1895—1985）成了一位杰出的画家。

“三径”这一典故解释为“如前文所述”，尽管并没有指明具体是之前的哪篇文章。[①] 该诗中还有其他注释，如：源自《诗经》第181篇的一典故已在《教程》第三卷中译出；[②]“辟谷可以长生不老”，这个短语在第四卷中解释为文学典故。[③] 文中个别词汇均在前几卷中做了解释。

问题在于晁德莅的注释并不多，与理雅各相比，简直少得可怜，而且几乎从不解释语言背景。《教程》的特别之处在于，用于理解包括封建社会晚期引经据典的赋在内的所有材料，都可在其中找到，因此，理论上学生只要细心，只须通过使用《教程》就能达到掌握文言文的能力，而了解这些典故也将易如反掌。《教程》阐释了规模庞大、一以贯之的修辞传统的概貌，帮助学生掌握修辞传统并应用于写作。作为阐释对象，中国文化传统的潜在一致性就隐含在《教程》的结构中。只有假设，才可作为阐释基础，而非对史实或先人之言妄下论断。

晁德莅的成就与当代中国古典传统学习者之间的差距甚至可能比清代官员与晁德莅之间的差距还要大。对我们来说，无论晁德莅抑或是清代秀才，都能将修辞传统信手拈来，都有着同样的雄心壮志，这真是不可思议、难以想象。[④] 但正是因为这个原因，现代学习者已无法一探究竟的近代中国各类特征，晁德莅却颇有洞见。晁德莅对中国古典文化传统一致性的认识当然是有偏见的、不完整的，他完全忽视了道教和佛教的存在。[⑤] 然而，问题的关键不在于晁德莅以完全包容的视角来看待中国传统文本，而在于他能构想出一致性，并提出一条全面掌握传统的途径。[⑥] 尽管汉学在20世纪取得了许多重要

---

① 该段曾在陶渊明《归去来兮辞》中出现，译文见 *Cursus*，vol. 4，pp. 296-299.

② *Cursus*，vol. 3，p. 152.

③ *Cursus*，vol. 4，p. 721，进一步解释该典故源自《史记》。

④ LuMing Mao 在“Studying the Chinese Rhetorical Tradition in the Present：Re-presenting the Native's Point of View”中，探讨了当代美国人研究“中国修辞传统”中的难题与困境，见 Lu Ming Mao，“Studying the Chinese Rhetorical Tradition in the Present：Re-presenting the Native's Point of View”，*College English* 69（2007）3，pp. 216-237. 如果读过《教程》，他会发现这项研究的挑战比他想象的还要大！

⑤ 不过，值得注意的是，这一概念也植根于晁德莅在上海感受到的文人文化。晁德莅之所以如此重视“四书”，不是因为耶稣会的偏见，而是因为科举文化。

⑥ 参见蔡涵墨（CharlesHartman）1986年提出的文化统一性，见 CharlesHartman，*Han Yü and the T'ang Search for Unity*，Princeton：Princeton University Press，1986. 尽管晁德莅对朱熹很反感，但这条线索一直从韩愈，经道学，传至晁德莅。

成就，但在翻译领域的进展却不大，与晁德莅或他同时代的伟大人物理雅各、顾赛芬和沙畹所期望的相距甚远。时至今日，许多重要的中文著作，如《左传》和《周礼》，其19世纪的译本仍被奉为圭臬。这些大师翻译了大量文言文著作，其中还有古典文学的奠基之作，这是因为他们相信这将为未来学者的研究奠定基础，让他们对中国有更全面的认识。但很少有人基于此再精益求精，将这些译著打磨得更具权威。① 如今，中文作品唾手可得，口笔译工作却似乎变得越来越难。

相比之下，晁德莅以其博大精深的成果表明，近代学术，甚至自晚清时期起的学术，在引领我们探索中国古典文化传统方面，价值何其大。弄清19世纪的科举诗文与孔子语录之间的联系，就是一种不同于诸多历史研究的阐释方法，一种可以将不同时代的文本直接对比的方法。晁德莅的《教程》提醒我们，我们离过去的阐释预设已经相距甚远，而如今要重新理解它需要面临多么大的挑战。

［魏宁（Nicholas Morrow Williams）：香港大学中文学院副教授，
《唐学报》（*Tang Studies*）主编；
译者：陈彦辉 广东外语外贸大学国际汉学研究中心教授，博士；
黄芳　南方医科大学国际交流与合作处］

① 当然也有例外，比如约翰·诺布洛克（John Knoblock）译的《荀子》，康达维（David R. Knechtges）译的《文选》，大卫·霍克斯（David Hawkes）译的《红楼梦》等。此处只想表明，考虑到文化交流在其他领域取得的进展，没达到晁德莅或顾赛芬所预期的水平。

·波兰汉学研究·

论所宣称的“中华三段论”(下)及“指”的问题*

[波兰] 雅努什·赫梅莱夫斯基(Janusz Chmielewski)著
钱 爽 译

一、论所宣称的“中华三段论”(下)①

另一个值得分析的例子就是取自“白马论”最开头的那个。中文文本(1)马者所以命形也;(2)白者所以命色也;(3)命色者非命形也;(4)故曰白马非马。翻译即(1)Horse is what commands shape (and only shape);(2)White is what commands colour (and only colour); (3)What commands colour (and only colour) is not what commands shape (and only shape);(4)∴ White horse is not horse. [大意即(1)马是命令形状(且只命令形状)者;(2)白是命令颜色(且只命令颜色)者;(3)命令颜色(且只命令颜色)者不是命令形状(且只命令形状)者;(4)……白马不是马。]

顾保鹄把上面的例子放到了有关“在推理中所犯的错误”(Fautes commises dans le raisonnement②)的文段中去,并且没有明确地说在本案例中该推理形式上是三段论式的。然而,很明显他必定是把该推理误认为是一个

* 本文是原文出处为“Notes on Early Chinese Logic (I)”, *Rocznik Orientalistyczny*, XXVI: 1, 1962, pp. 7-21之节译。

① 本部分译文接续自《初论并论所宣称的“中华三段论”(上)》(载《汉学研究》总第二十八集,2020年春夏卷)之“论所宣称的‘中华三段论’(上)”,为其下篇。

② Kou Pao-Koh lgnace、Masson-Oursel Paul, Deux sophistes chinois, Houei Che et Kong-souen Long, Paris: Presses univer sitaires de France, 1953, p. 127.

（错误的）三段论了，因为本案例中的逻辑结构类似于先前分析的所宣称的三段论结构。此外，他对该推理有效性的反对［“该结论不是正确的。它……只能推断白不是马……”（La conclusion n'est pas juste. Il serait … juste de conclure que blanc n'est pas cheval …）］当然也是从三段论的立场提出的。同样地，葛瑞汉（A. C. Graham）也把讨论中的该推理视为是错误的①。事实上，该推理既不是三段论式的，也不是错误的，正如从下面的分析中将显现出来的那样｛A代表“‘马’类”，B代表“‘白［（色的）对象］’类”，Φ代表“命令形状（且只命令形状）”，Ψ代表“命令颜色（且只命令颜色）”｝：

（1）ΦA

（2）ΨB

（3）$(\hat{X})\ \Psi X.\ (\hat{X})\ \Phi X = 0$

（4）$B.\ A \neq A$

有关先前例子的诸评论也大部分运用在本案例中，并且它们不必重复。不过，在本推理中有一些特定的点值得强调。我们首先要注意本推理的前提（3）与先前例子的命题（6）密切对应——这一事实本身表明这两者都被中华思想者认为是真正的前提，而不被认为是“解释性语句”（在本推理中没有一个解释性语句）。不同之处就是在本案例中前提（3）绝不是冗赘的，也不是显而易见的，因为所牵涉的类不是互补的，而且它们的排斥必须加以具体说明。换言之，先前例子中的 $(\hat{X})\Phi' X.(\hat{X})\ \Phi X = 0$ 是 $(\hat{X})\Psi X.(\hat{X})\ \Phi X = 0$ 的一个特殊情形（当 $\Psi = \Phi'$），其中所牵涉到的两个（类的）类的排斥通过它们的互补性特征而自动得到保障，而 $(\hat{X})\ \Psi X$ 和 $(\hat{X})\ \Phi X$ 这两个（类的）类本身不是互补的，需要一个特殊的声明以表明它们是相互排斥的。因此，在本案例中，（3）是结论的必要前提（而不是一个冗赘的前提）。有关如顾氏和葛氏所反对的该推理所宣称的无效性，必须说的是该推理在形式上是不完整的，但它却是相当有效的。在本案例中，公孙龙跳过了一两个中间环节，但是这并不影响结论的有效性。的确，从（1）、（2）和（3）

① 见其“The Composition of the Gongsuen Long Tzyy”（《〈公孙龙子〉的布局》）一文，刊于 *Asia Major*（《亚洲专刊》1956 年第 5 卷第 2 部，第 149 页：“已被证明的仅仅是‘白者不是马’，而非‘白马不是马’”）。

直接得出的是 $B \neq A$ ——这从该推理中被省略了——但是倘若我们知道 $A \not\subset B$ ｛“马”类不包含在“白［（色的）对象］”类之中｝的话，我们可以很容易地从 $B \neq A$ 中得到 $B.\ A \neq A$，正如我们在本案例中所做的那样。事实上，$A \not\subset B$ 是唯一的条件，它的实现使人们能够在公式 $B \neq A$ 的两边都乘以 A，并且能使人们得到同样为真的公式 $B.\ A \neq A$（或者讲得更严格一些，$B.\ A \neq A.\ A$；当然，在类演算中，$A.\ A = A.\ A$，因此 $B.\ A \neq A.\ A$ 就变成了 $B.\ A \neq A$）。人们可能会反对公孙龙省略了 $A \not\subset B$，这在他的推理中是一个必要前提，而且从现代类演算的立场来看，这样一种反对肯定是有正当理由的——但是我认为从公孙龙狭义的且不完整的演算的立场来看，省略的理由是很清楚的。为了理解它，我们只需回到已经论及的与先前例子有关的类包含问题上来即可：如果我们假定中华思想者不允许把类包含（也因此不承认把其反面）引入其理论中的话，那么很明显在其推理中是没有位置留给 $A \not\subset B$ 这一表述的。当然，从现代类演算的立场来看，正在讨论中的该推理应该有以下形式才是完整的：

（1）ΦA

（2）ΨB

（3）$(\hat{X})\ \Psi X.\ (\hat{X})\ \Phi X = 0$

（3 甲）$B \neq A$

（3 乙）$A \not\subset B$

（4）$B.\ A \neq A$

然而，这是一种“理性重建”（rational reconstruction，在赖欣巴哈的意义上的术语），它在这里所给出的只是为了强调整个推理的有效性，同时也是为了更清楚地展示它的非三段论法的特点。正如我们已经看到了的，在公孙龙理论的框架中，（3 乙）的省略是合法的（严格说来，我们不能称之为“省略”，因为在中华思想者的理论里，“甲 ⊂ 乙”或者“甲 ⊄ 乙”这种表述根本就不存在），而（3 甲）的省略显然是因为它显而易见。归根结底，“白马论”中本身的这个推理是有效的。

潜藏在该推理背后的一般逻辑规律的问题在这里要比先前的例子稍微复杂一点。人们可能会不由得考虑下面两个属于（类的）同一性理论（the theory of identity［of classes］）的公式：$\sum_{\Phi\Psi}(\Phi\ A.\ \Psi\ B).\ [(\hat{X})\Psi\ X.$

$(\hat{X})\Phi X=0] \supset (B \neq A)$ 和 $(B \neq A).(A \not\subset B) \supset (B.A \neq A)$。不过，这些要和公孙龙推理的重构相对应（根据现代演算），而不是与推理本身相对应，因为首先，结论（4）被中华思想者视作是直接从（1）、（2）和（3）中得出来的；其次，正如我们所看到了的，在公孙龙的理论中并没有位置留给 $A \not\subset B$。因此，潜藏在该推理背后的公式本身：$\sum_{\Phi\Psi}(\Phi A.\ \Psi B).\ [(\hat{X})\Psi X.(\hat{X})\Phi X=0] \supset (B.\ A \neq A)$。这个公式不能在任何完整的类演算范围内断言有效性；不过，它似乎在狭义的且不完整的不容许有类包含的演算范围内是合法的。

二、"指"的问题

在葛瑞汉（A. C. Graham）出色且文献充分的研究《〈公孙龙子〉的布局》① 一文发表之后，我们便知道了目前现有的《公孙龙子》一书只有两章——第二章和第三章，也就是"白马论"和"指物论"——是战国时期真实可信的文献，而第四至六章则是随意编纂的，出自一位不知名的伪造者之手，该编纂或许迟至我们纪元的6世纪。介绍性的第一章，是对公孙龙生平和学说的叙述，通常被认为是一种随后添加到这部著作上去的序言。如果是这样的话，那么"白马论"和"指物论"就构成了一个整体——照现状看它是残缺不全、支离破碎的（《汉书·艺文志》说一部《公孙龙子》有十四章）——这个整体代表了早期中华思想的，也即"辩者"的同一趋势，而且如果它不是由公孙龙本人撰写的话，那么很有可能是由该学派的同一个代表所撰。潜藏在"白马论"和"指物论"这两章背后的主要思想也似乎应该是相同的。

现在，众所周知，对于"指物论"的诠释特别是对其关键词"指"的诠释，还没有达成普遍的一致意见。因冯友兰加之通过卜德（D. Bodde）对冯氏的《中国哲学史》的翻译②而在西洋广为流传地把"指"认同为"共相"

① "The Composition of the Gongsuen Long Tzyy"，刊于 *Asia Major*（《亚洲专刊》）1956 年第5卷，第2部，第147—183页。

② Fung Yu-Lan，Derk Bodde Trans，A History of Chinese Philosophy，vol. I，2nd ed.，Princeton：Princeton University Press，1952，p. 205 及其后。

（universals），已经在葛瑞汉所作的研究《公孙龙的指物论》（*Kung-sun Lung's Essay on Meanings and Things*[①]）中遭到了他公允的批判。但是，葛氏本人在同一篇研究中提出的把“指”认同为“意义”［meaning（s）］，凭我良心讲是太玄奥了，以至于不能令人信服。我也认为葛氏辛辛苦苦地从各种文献出处收集得到的证据都是同他的预设唱反调的，而不是支持他的预设的，并且也导致了一种与他的诠释不相同的诠释——这也是一种通过我们从“白马论”中所知道的而获得提示的诠释。我希望在前一章中已经证明了“白马论”中所包含的推理最好能依据具体的类的演算（calculus of classes）来加以诠释，并由此证明了潜藏在“白马论”背后的思想是一种类理论（theory of classes），它本身是狭义的且不完整的。如果这种诠释是正确的话，那么人们就可以预料到“指物论”中同样潜在的思想了。的确，我认为如果“指”被设想为“（事物的）类”［classes（of things）］的话，那么“指”的备受争议的问题就找到了它最佳的解决方案；因此，“指物论”似乎是一篇有关“类和（特殊）事物”［classes and（particular）things］的理论文章。这种诠释的证据是三重的：“白马论”中的诸实际推理（已经谈到过）；“指物论”本身如我们所见允许有这种诠释；最后很重要的就是来自其他文献出处的外部证据显示辩者对类的问题特别感兴趣。这最后一种证据在我们回到“指物论”本身之前值得做一番简要考量。

当葛氏表明普通名称（common names）的问题“在中华哲学中从未突出过”[②]时，他或许是对的；当他说在早期文献出处中没有迹象表明“专有名称和普通名称之间的差异呈现出了一个形而上学的问题”[③]时，他无疑也是对的。不过，这并不排除这样一个事实，即对于那些感兴趣逻辑或辩证法的人来说普通名称必须是一个语义和逻辑的问题，并且我们所拥有的全部证据都证明了它们对于辩者来说就是这样一个问题。葛氏本人评论道[④]：在《墨子》章四十中，对“名”（names）的分类有“达”（comprehensive）、“类”（classifying）和“私”（proper）；在《墨子》章卌二中，有用“物”（正如在文本

① *History of Chinese Philosophy*, p. 282。

② *Essay on Meanings and Things*, p. 283.

③ *Essay on Meanings and Things*, p. 284.

④ *Essay on Meanings and Things*, pp. 283-284.

中所解释的，“有实必待文多也”[①]）、“马”（“若实也者，必以是名也”[②]）和人名“臧”（“是名也，止于是实也”[③]）来分别举例说明。这些区别是类的逻辑问题的一个很好的语义基础，它们与“类”名（“classifying” names）的逻辑问题十分密切相关。事实上，我们有一个来自辩者学派之外明确且相当早的表述，毫不含糊地说道“辩者别殊类使不相害”[④]。这一表述形成了有关辩者方法的一部分意见，该意见保存在三种不同但却另有分歧的版本中，至少可以追溯到先汉时期。在刘向的《别录》（西元前1世纪）中，这份意见出自邹衍（阴阳学派首脑，约西元前300年）之口，以对公孙龙（邹衍已与之会面于赵）及其“白马非马”论点的直接批评呈现。[⑤] 人们会注意到有关“别类”（distinguishing classes）[⑥] 的表述在所有三个版本中都是全然相同的（它们在其他方面有分歧），并且总是摆在首位——这只能意味着所讨论的要点被普遍认为是辩者诸方法最具特色的特征。人们也看到了所有这些都确证

① 据本文作者，意即“无论什么样的‘实’都必须承担这个‘名’”。——译注

② 据本文作者，意即“无论什么像这个‘实’都必须采用这个‘名’”。——译注

③ 据本文作者，意即“这个‘名’仅限于这个‘实’”。——译注

④ 据本文作者，意即“辩者区分不相干的‘类’，以免他们会互相伤害”。——译注

⑤ 刘向的《别录》佚失已久，但是部分地保留在了引文中；引文中的文段在裴骃对《史记·平原君虞卿列传》卷七十六的评注（西元5世纪）中被援引，参见《二十五史》第01993页栏三，开明书店，1935年；以及司马迁撰，［日］泷川资言考证《史记会注考证》第七册卷七十六第11页，文学古籍刊行社，1955年。关于其他版本，参见韩婴的《韩诗外传》（公元前2世纪），《四部丛刊》版，卷六，第6页，第三面左侧至第四面右侧；以及《邓析子》（归为公元前6世纪的邓析所作，但并不真实可靠；是一部不确定日期的后期汇编），《四部丛刊》版，第四面右侧。亦另参见 A. C. Graham, *Essay on Meanings and Things*, p. 287，它援引了刘向版本的稍长片段。然而，葛氏的目的与我的并不一样，而且该文段被他引用只是作为他把“指”这个字诠释为“意义”（meaning）的一种支持：“抒意通指”这一短语中所牵涉到的“指”这个字被葛氏设想成为“通过阐明其想法并通过使其意义可以理解……”先撇开对这个短语本身在《别录》中的翻译是否恰当这个问题不管［我认为是不恰当的，“意”—“指”—“物”这个渐变等级就是“理念”（ideas）—“类”（classes）—“特殊事物”（particular things）这个渐变等级，这也在《列子》“仲尼”一章中被归为公孙龙的前三个悖论里得到了证明］，务必强调的是在该文本的其他两个版本（《韩诗外传》《邓析子》）中对应短语的措辞完全不同于刘向的措辞（它们彼此也不相同），而且在这些版本中，文段本身里面就没有“指”这个字。我认为葛氏过分关注了他所援引的文段中一个颇成问题而且还不被支持的短语，而他却忽略了分外清楚且被所有三个版本都支持的开头短语的重要性。

⑥ 据本文作者，意即“区分‘类’”。——译注

了对“白马论”中在类的演算方面的推理进行的诠释（正如在前一章中所做的），又确证了把“指”这一理论的关键词作“类”（classes）的诠释。类的问题（而不是“意义”的问题）在辩者这里非常突出——类当然是紧邻着特殊事物的范畴的一个范畴了——就是这个事实不可避免地让我们认为“指：物”这个对立面，与“事物的类：特殊事物”（*classes of things*：*particular things*）相对应，它是“指物论”的主题。“类”（class）作为术语“指”[“手指→指向→所指向者”（finger→to point→what is pointed to）] 的选择固然看上去不同寻常，但是如果我们假设类被辩者设想为被属于这些类的特殊事物“所指向的”某物的话，那么在词源学上就不能对该术语的使用提出反对意见了。

回到“指物论”本身上来，应该强调的是，如果假定了“指 = 类 [class (es)]”这个等式的话，那么文本的诠释就变得比较顺畅了——当然并不是就这一部分地被讹误的文本中的每一个短语都变得清晰的这个意义而言的，而是在这样一个意义上来说的，即至少别的一些本身在文本中就非常高深莫测的表述似乎是对公孙龙理论中特定要点的明确暗指，正如我们从对他推理的分析中知道他的理论一样。我的法语版研究将会带来一个对“指物论”全篇带注解的翻译，其中我希望表明我的诠释比迄今为止产出的其他任何诠释都不那么奥古，且更具说服力；在这个地方，我必须把我自己限定在些许细节上。

我认为“指物论”的开篇句“物莫非指而指非指”——这似乎总结概括了该理论的要点——应该做如下迻译：“没有事物是没有类的，但是类本身是没有类的。”① 这一表述的第一部分含义稀松平常：每一个特殊事物都属于一个类 [乃至都建立了一个诸相类似事物的类，类是被特殊事物“所指向者”；人们将注意到这与现代理论不同，根据现代理论，类是被属性（properties）所“指向”的，另参见下文]。另一方面，“指非指”必须是对我们已经知道的公孙龙的理论不容许有类包含（class inclusion）这样一个事实而做出的相当拙劣的陈述。措辞和语境这两者（与涉及任何特殊事物和对应的类之间从属的关系的第一部分类似）都有一点让人困惑，而且“指非指”很可能不是

---

① 在当前的情况下，翻译假定了“非”的否定前缀功能，这不同于在本文前一章中所谈到的诸功能；另参见李约瑟（Joseph Needham）的迻译“没有任何事物是没有‘指’的，但这些‘指’却没有‘指’” [*Science and Civilisation in China*, vol. II, Cambridge: Cambridge University Press, 1956, p. 186（该中译文取自 [英] 李约瑟著，王铃协助《中国科学技术史——第二卷：科学思想史》第 205 页，科学出版社、上海古籍出版社，1990 年——译注）]。

指类包含，而是指一个类与诸类之类（更高类型的类）之间从属的这种特定关系。这后一种关系，就我们所知，也涵括在了公孙龙的理论及其推理之中（这并不一定就意味着中华思想者意识到了这个事实）。“指物论”的作者在就另一个关系来谈这一个关系时显然没有对这两个关系做出区分，但我认为我们不能对这么早的一位思想者寄期望太多，期望越多，差异越大，尽管从逻辑上说这是很重要的，但却相当微妙。自不待言的是，如果“指”被设想为类的话，那么当作者一再强调“指”不会拥有诸如特殊事物所拥有的真实存在的时候，他就是正确的；在这里，公孙龙显然采取了唯名论的立场。另外重要的一点就是我们发现在文本中有间接提到公孙龙奇特的类理论连同其关于类包含方面的诸局限性可能的语言学来源，即在“天下无指者生于物之各有名不为指也”[①]一句中。正如已经说过的，中华思想者的理论在有关“属性”（“properties”，它后来在现代理论中有时候几乎被认为等同于类）的抽象思辨上并没有其根源——“属性”或“类”的建构无视相对应的语言表达所具有的多少有些复杂的结构——但是首先，它看起来是对这样一个经验事实的概括，即特殊事物可以根据它们的相似性来加以分类。这恰好是日常语言在使用普遍名称（“类”名）时所做的，而且后者也必须已经是公孙龙理论的一个重要暗示了。另一方面，具有普遍性的“类”名（与类相对应）在早期中文里照例是单音节的，而更加具体明确的普通名称［与我们术语中的子类（sub-class）相对应］大多都有着一个复合形式，并且是简单的“类”名的结合[②]。这一语言程序直接表明了类的交集（the intersection of classes）（正如我们所知的，它呈现在公孙龙的理论中），而两个类的乘积（the product of two classes）（与复合术语相对应）本身就是所涉及的每一个类的一个子类，这样一个语言学上不那

① 据本文作者，意即“世界上没有类的存在，这出自于这样一个事实，即每一个特殊事物都有（普通）名称，但它本身不是一个类”。——译注

② 这当然不是一条绝对的规则，而且其他辩者必定意识到了一些简单的普通名称要比其他简单名称更具体明确且较不那么具有普遍性这样一个事实。他们至少在实践中也采纳这样一个常识立场，即较不那么具有普遍性的类包括在更具普遍性的类之中，而不管所涉及的术语的语言结构如何（简单的还是复合的）；另参见《墨子》章四十一和章四十三：“狗犬也。”（据本文作者，意即“幼狗是犬”——译注），以及章四十五：“白马马也。”（据本文作者，意即“白马是马”——译注）——这似乎是对公孙龙理论的直接批评。然而，对创作出《墨子》一书“辩学”诸章（就它们现在来看是非常混乱且被严重讹误了的）的辩者群体的诸理论却知之甚少，而且他们是否有他们自己的、与我们通过《公孙龙子》一书知道的类理论相似的且比之更好的类理论还不确定。

么明显的事实，仍未被公孙龙注意到（或者被他拒斥掉了）。在他的理论中，脱颖而出的类只是那些被作为有共同“类”名（同时也是简单的单音节名称，像“马”等及其他一样）的特殊事物“所指向”者，而与复合术语（像“白马”等及其他一样）相对应者则被设想为两个类的一个纯粹的乘积（“兼”，“a combination”[①]），而不是类本身（也不是一个能够成为另一个类的子类的类）。这种狭义的类观念，与肤浅的语言暗示（linguistic suggestions）密切关联（这在中文里由于其奇特的结构而必定比其他语言中的更为强烈），很可能说明了为什么在公孙龙的理论中另外又奇怪地缺乏了类包含。我也认为我们从刘向和其他文献出处中得到的证明辩者“别殊类使不相害”的证据提到了这个类包含的缺乏。它不大可能提到类干扰（class interference）的其他种类，也即类交集，这——除了在形成复合名称的常见语言过程中有所涉及外，还——事实上呈现在了公孙龙的推理还有他的理论中。正如我们所看到了的，“白马论”包含了“白马者白与马也”[②] 这样一个明确的陈述，而且在“指物论”中还有一处对类交集（class intersection）的直接提及：“且指者天下之所兼。”[③]［正如在使用复合名称（compound names）中那样］。

总而言之，我认为逻辑理论在《公孙龙子》一书真实可靠的诸篇章中所验证的可以被知道者——以及通过本身少得可怜的外部证据而可以被知道者——让我们把这一理论视为早期中华对类理论（the theory of classes）的一种期待。“白马论”给出了它在实际推理中的应用例证，而“指物论”则是对该理论本身的一个相当拙劣且部分受到讹误的阐述。没有必要强调中华对类理论的这种期待与亚里士多德的期待迥然不同，也没有必要强调它与三段论法（syllogistics）毫不相干。

［［波兰］雅努什·赫梅莱夫斯基　已故汉学家，曾任波兰华沙大学东方学院中文系（时为波兰华沙大学东方研究所）教授；
译者：钱爽　比利时根特大学汉学博士研究生、荷兰莱顿大学哲学博士研究生］

---

① 有“结合”之意。——译注

② 据本文作者，意即“白马是白和马”。——译注

③ 据本文作者，意即“此外，类是世界所结合者”。——译注

21 世纪以来波兰的中国文学研究与翻译现状述略*

周　睿

摘　要：伴随着时代风潮与重心转移，21 世纪以来中欧诸国的传统汉学出现了新的发展态势和研究方向。在对波兰学界的中国文学研究的介绍还处在零星状态的今天，抽取十余家学术机构、近二十位研究学者为样本，专论波兰学界的中国文学研究和翻译详情，总结出 21 世纪以来的诸多转向特征，展现中国文学研究在欧洲汉学界的传承与新变、反思和困境，对推进研究全球共享与学术共同体的建构是必要而有益的。

关键词：欧洲汉学　波兰汉学　中国文学研究　中国文学翻译

相比法、德、英、荷、意等西欧汉学强国来说虽有差距，波兰的中国文学研究仍有自身的偏好取向与发展趋势；然而目前对波兰汉学及中国文学研究的认识，更多地停留在已作古的汉学大家如夏伯龙等学者学术史整理及 20 世纪汉学成果上，而对 21 世纪以来的新生代少有留意，研究综述几近空白。本文以波兰学术机构中的学者译者为研究对象，梳理和总结波兰中国文学研究在新时代的时代特征和发展趋向。波兰的汉学研究自 20 世纪初以来已有百年的历史，中国文学研究学者多执教于大学院系，高等院校研究重镇则以华沙为中心，波兹南和克拉科夫为副中心。

一、华沙的中国文学研究现状

首都华沙的波兰科学院地中海与东方研究所（Instytut Kultur śródziemno-

* 教育部社科规划项目“英语世界中国古代文学史书写研究”（19YJC751077）阶段成果。

morskich i Orientalnych，Polish Academy of Sciences）2010年由地中海考古所与非欧地区研究所合并而成，知名汉学家夏伯龙（Witold Jabłoński）曾工作于此，不过目前关注当代亚非政治经济方面；东方研究中心（Ośrodek Studiów Wschodnich）也以政治外交政策为导向，这两家国有科研机构均未见中国文学研究学者及相关研究专著。

华沙大学东方学院（Wydział Orientalistyczny，University of Warsaw）前身始于1932年，2008年整合原东方研究所十五系科而成，拥有波兰最大的东方图书馆，波兰东方学学会（Polskiego Towarzystwa Orientalistycznego）也挂靠于此。汉学专业设于30年代，90年代建系（Zakład Sinologii），代表汉学家包括夏伯龙、贺弥莱（Janusz Chmielewski）、万拓司（Olgierd Wojtasiewicz）、毕科思（Tadeusz Żbikowski）、金思德（Mieczysław Jerzy Künstler）等，既有《中国文学作品选》《中国文化史》《南宋早期南戏研究》一类的专著，也有《庄子》《楚辞》《论语》《西游记》《三国演义》等翻译，成果斐然。荣休汉学教授史罗甫（Zbigniew Słupski）毕业于查理大学普实克门下，致力于中国文学研究，独著《老舍小说分析》（*The Evolution of a Modern Chinese Writer*：*An Analysis of Lao She's Fiction with Biographical and Bibliographical Appendices*，Academia Prague，1966）、《〈儒林外史〉文本分析》（*Ju-lin wai-shih*：*Próba analizy literackiej*，Wydawnictwa UW，1979）、《中国文学简史》（*Szkice oliteraturze chińskiej*，Wydział Neofilologii UW，1989），与李周（Małgorzata Religa）合著《中国古代文学》（*Wczesne piś miennictwo chińskie*，Agade，2001）、《中国古代文学作品选》（*Wczesne piś miennictwo chińskie*：*Wybórtekstów*，Agade，2004），与罗然合著捷文版《中国文学史及作品导论》等，此外还有多篇研究论文和学术评论，延续布拉格汉学学派的研究方法。现任汉学教授是毕业于华大、前系主任的孔莉娅（Lidia Kasarełło），她曾在大中华和德语系诸地访学工作，研究兴趣分布在中国文学、戏剧和艺术，编著《中国象征文化：文学、戏剧和绘画领域的当代变异》（*Chińska kultura symboliczna*：*Jej współczesne metamorfozy wliteraturze*，*teatrze imalarstwie*，2011）、《魂结：中国当代小说读本》（*Węzły duszy*：*Chrestomatia współczesnych opowiadań chińskich*，2005）、《生命图腾：中国寻根文学》（*Totemy życia*：*chińska literatura poszukiwania korzeni*，2000）、《田汉：新中国戏剧之源》（*Tian Han*：*Uźródeł nowego teatru chińskiego*，1995）等，皆由华沙Wyd. Akademickie Dialog出版；此外还有多篇波兰文、德文、英文学术论文。柯伊娜（Irena

Kałużyńska）在华大毕业后留校工作超过40年，主要从事汉语语言学、特别是对地名学和人名学的研究，出版两本相关专著，早期也有一些研究唐诗、艾青、田汉的论文。她翻译了诸多中国现代文学作品，代表作包括艾青《北方》《冬天的池沼》《手推车》《我爱这土地》《大堰河》《献给乡村的诗》《除夕》《生命》《花与刺》（1979—1990），王蒙《冬雨》《鹰谷》，汪曾祺《受戒》，张抗抗《白罂粟》，张贤亮《老人与狗》，钱锺书《上帝的梦》《灵感》，沈从文《柏子》《阿金》，丁玲《苏菲女士的日记》（1995），苏童《妻妾成群》（2005）等，主编波兰语世界第一本现当代中国小说选集（*Współczesne opowiadania chińskie, tom I i II*, Wydawnictwa UW, 1995）；此外还把西方学者如李约瑟（Joseph Needham）、伊沛霞（Patricia Ebrey）、班文干（Jacques Pimpaneau）等中国研究文本译成波兰语，推动中国文化在波兰的传播。现任系主任李周（Małgorzata Religa）偏好古代中国文史哲，著有《治国之道：墨子、孟子、荀子、韩非子》（*O sztuce rządzenia według: Mozi, Mengzi, Xunzi, Han Feizi*, 2016）、《鄜州月：唐诗选》（*Księżyc nad Fuzhou: Wiersze z epoki Tang*, Dialog, 2016），与史罗甫合编《中国古代文学》，翻译《荀子》、《孟子》（2001）、《国语》（2004）等篇章，以及冯友兰《中国哲学简史》（2001）、莫言《你的行为使我们恐惧》（2005）、韩少功《马桥词典》（2009）、余华《我没有自己的名字》（2019）等，成果斐然。涂萝蕤（Ewa Paśnik-Tułowiecka）毕业于本校，研究兴趣在中国神话和宗教，博士论文研究干宝《搜神记》，新著中波双语版《幽冥故事》（*Opowiastki z zaświatów*, Dialog, 2019）。即将毕业的博士生、曾在北京学习的莫里斯（Maurycy Gawarski）研究以京剧为中心的中国传统戏剧，合著《东亚戏剧：传统、灵感与欧洲/波兰语境》（*East Asian Theatres: Traditions-Inspirations-European/Polish Contexts*, PIWAS, 2017）。总之，华大汉学系的中国研究不容小觑。

华沙社会科学与人文大学（University of Social Sciences and Humanities）亚洲研究系（Studia azjatyckie: Chiny i Azja Wschodnia）有两位学者在中国文学研究上兢兢业业：一位是系主任石施道（Krzysztof Gawlikowski），他毕业于华大，供职过波兰科学院和那不勒斯东方大学，虽然主研政治学，也关注古代中国谋略思想，对《孙子兵法》的研究颇具影响力，并创办学术期刊《亚太：社会、政治、经济》（*Azja-Pacyfik: Społeczeństwo Polityka Gospodarka*）。另一位雅谷比（Marcin Jacoby）也毕业于华大，曾在波兰国家博物馆、华大及密大工作，研究中国古代文学与文化及其翻译，著有《古代中国的雄辩术：战国时期的寓言故事》（*Sztuka perswazji w starożytnych Chinach: Opowiastka alegoryczna w okresie Walczących Państw*，Dialog，2018），译有《庄子》（*Sparks*，2009）等，并为 Pinnex 出版社主编《世界文学史》撰写《中国文学》的章节（2005），其主编《七层宝塔：中国当代作家小说选》（*Siedmiopiętrowa pagoda: Antologia opowiadań współczesnych pisarzy chińskich*，Dialog，2018）博得中波文学界的共同关注。

二、波兹南的中国文学研究现状

波兹南地区的亚当·密兹凯维奇大学东方研究所（Katedra Orientalistyki，Adam Mickiewicz University）实力不俗，汉学系与台湾汉学资源中心和孔子学院皆有合建。中国文学与戏剧研究教授华小莉（Izabella Łabędzka）从密大汉学建系伊始就执教于此逾 30 年，毕业于华沙戏剧学院、华沙大学的她曾在北大学习，早期研习元杂剧和老舍现代剧，如今研究范围覆盖比较文学、中国戏剧史理论及台湾戏剧研究，代表著作包括《高行健的戏剧理念：从语词到意象》（*Gao Xingjian's Idea of Theatre: From the Word to the Image*，Brill，2008）、《不听话的戏剧》（*Teatrniepokorny*，Adam Mickiewicz University Press，2003）、《东亚祭祀礼仪戏剧》（*Obrzędowyteatr Dalekiego Wschodu*，AMUP，1999）、《庞德的中国》（*Chiny Ezry Pounda*，AMUP，1998），即将出版台湾剧场的身体观和林怀民的云门舞集的专著，翻译作品高行健戏剧《彼岸》（2008）、北岛诗集《峭壁上的窗户》（2001）等，杨牧诗集的翻译也在进行中，可谓活跃又多产。主授中国文学史课程的是本校毕业的艾歌丽（Agnieszka Paterska-Kubacka）研究中国古代散文和神话传说，著有《中国神话与欧洲神话》（*Bajka chińska i bajka europejska*，Officyna，2016）；而当代文学研究方面则有柯蓝娜（Joanna Krenz），她毕业于密大和莱顿，发表关于先锋诗人尹丽川、唐亚平、翟永明以及新现象微软小冰的研究论文，翻译阎连科《爆炸志》《丁庄梦》（2019）、李浩《还乡》（2018）、于坚《世界啊，你进来吧》（2017）、海子诗选、一平《去奥斯维辛》（2013）等，并把波兰剧作家 KrystianLupa、GrzegorzJarzyna 的作品译成中文《莫非》《铸剑》。薄一康（Kamil Burkiewicz）并非专攻中国文学，但他把波兰小说《我在雷队的十三年》（清华大学出版社，2015）译成中文。此外还必须一提的是之前供职于此、现已是职业译者的奥金（Agnieszka Walulik），她翻译当代作家作品包括莫言《四十一炮》、《变》（WAB）、张炜《古船》（Dialog）等。该系的中国文学研究势力依然强劲。

三、克拉科夫的中国文学研究现状

位于克拉科夫的雅盖隆大学（Jagiellonian University）是波兰最古老的大学，东方学研究不晚于16世纪，汉学史则可追溯到夏伯龙时代。东方研究院汉学系（Sinologia，Instytutu Orientalistyki）建于2014年，提供学士和硕士学位，定期举办“雅盖隆的中国窗口”汉学研讨年会，建有台湾汉学资源中心，与北外合办孔子学院。在中国文学方面，倪可贤（Katarzyna Sarek）毕业于华大，曾在南师大进修，研究以明清、近现代文学为焦点的中国文学史与比较文学，独著《残雪作品中的女性形象》（*Evil，Egoistic，Independent，Liberated：The Image of Woman in the Selected Works of Can Xue*，2018）、《中国游记文学的起源、演变与节点》（*Dawny Chińczyk w drodze：Geneza，ewolucja i sedno chińskiej literatury-podróżniczej*，2018），合著《大秦与拂菻：公元以来千年中国文献中的西方形象》（*Da Qin i Fulin：Obraz Zachodu w źródłach chińskich z I tysiąclecia n. e.* Dialog，2018）等，翻译余华《许三观卖血记》、《活着》（2018）、《十个词汇里的中国》（2013）、鲁迅《阿Q正传》（2017）《短篇小说选》（Dialog，2015）、吴明益《复眼人》（Skarżysko-Kamienna，2019）、王小波《革命时期的爱情》、沈复《浮生六记》（PIW，2019），以及几米《地下铁》《月亮忘记了》（Officyna，2012）等，不遗余力介绍中国知识。不过，该系整体仍以语言文化与教学为主。

四、波兰其他地区的中国文学研究现状

其他高校从事中国文学研究和翻译的学者也值得留意。格但斯克大学（University of Gdańsk）俄语及东方语言系汉学专业开招于2013年，现任汉学教授兼任孔院院长乌兰（Wu Lan）来自北京外交语言文化中心，致力于中波文学翻译，译作包括 Ryszard Kapuściński（《与希罗多德一起旅行》，人民文学出版社，2009）、《皇帝：独裁政权的倾覆》（新星出版社，2011）、《帝国：

俄罗斯五十年》（生活·读书·新知三联书店，2018）、Czesław Miłosz（《被禁锢的头脑》，广西师范大学出版社，2013）、Bruno Schulz《与撒旦的约定》（时代华文出版社，2013）、Adam Zagajewski（《扎嘎耶夫斯基诗选》，诗歌与人杂志社，2014）、Andrzej Sapkowski（《猎魔人》，重庆出版集团，2016）等，新著《中波文学翻译笔记》（*Z notatnika tłumacza literatury polskiej i chińskiej*，Wydawnictwo U. Gdańskiego，2019）既介绍波兰文学在中国的翻译与接受，也呈现中波两国文化多方比较。卢布林天主教大学（John Paul II Catholic University of Lublin）中文系成立于 2012 年，系主任裴妲（KatarzynaPejda）毕业于华大，研究儒家哲学中的早期思想与伦理，发表关于《孝经》《大学》等研究论文，波译《论语》（Wydawnictwo UW，2018）；另有两位博士乔安娜（Joanna Afek）、柯安娜（Anna Król）教授中国历史与文化间涉中国文学。坐落在托伦的哥白尼大学（Nicolaus Copernicus University）中国语言文化中心主任马切伊（Maciej Szatkowski）毕业于密大，研究现当代中国文学与戏剧，着力于孟京辉研究，与同事合编《东方再思考》（*Rethinking Orient*：*In Search of Sources and Inspirations*，Peter Lang，2017）、《东方视野下的边境与边疆》（*Borders and Borderlands in An Oriental Perspective*：*Sketches on Literature and Culture*，Libron，2017）、《东方与文学：传统与现代之间》（*Orient and Literature*：*Between Tradition and Modernity*，Wydawnictwo UMK，2015）等。此外，西里西亚大学（University of Silesia）中国语言文化中心、弗罗兹瓦夫大学（University of Wrocław）中文系均与当地孔院合作而偏于语言教学，未见文学研究学者。

五、波兰中国文学研究和翻译的学术特征与发展态势

尽管研究实力不如西欧汉学，波兰中国文学研究与翻译事实上处于被低估的状态，国内外学界对其认识还是一鳞半爪。波兰的中国文学研究的学者现状表现出国族语言导向、区域色彩鲜明的研究特点与发展态势：其一，后社会主义时代性。由于独特的民族语言、历史积淀和学术传承，波兰有着自己的研究重点，与欧洲其他国家汉学研究的差异性不容忽视。波兰曾属社会主义阵营，与中国学界保持一脉相承的对外交流和友好往来；20 世纪 90 年代以来政体转变之后加强与台湾汉学的合作，先后建立了两家汉学资源中心，

但仍与大陆官方机构汉办合作开办多所孔子学院。在机构设置上，带着时代遗风的国家科学院有着不可忽视的地位和力量，不过高等院校成为研究主体的趋势越发显著。其二，后普实克时期传统汉学的现代转向。普实克在中欧汉学标杆式大师的地位无人能撼，他的学生史罗甫是波兰汉学的领军人物，相对倚重中国现代文学研究，并影响到下一代中国文学研究学者的兴趣方向。随着对东方学/中国学研究的现代转向，现在学院里的在职学者多关注与当代中国息息相关的政治、经济、外交、文化、社会等领域的实用型研究，从事中国文学研究和翻译的学者依然捍卫着自己在传统汉学领域的话语权，但被边缘化的情况可能持续。其三，本国制造为主。从事中国文学研究和翻译的中欧学者几乎都是毕业和服务于本国，华沙大学是培养当地汉学人才的大本营，汉学研究资源集中在首都地区和副中心；很多学者都具有中国大陆和台湾学习或交流的经历，这为他们的研究和翻译注入了独特而有益的活力，屈指可数的学者拥有欧洲其他国家或北美的高等教育背景，各国人才互通情况亦很罕见，这一点跟北美和西欧汉学界相比明显带有较为浓厚的封闭自足性，故而缺少像普实克那样具有国际性声名的新生代汉学大师。其四，译者多自学界出身。学者型译者对中国文学翻译的热情源于学界培养传统，如史罗甫、李周等，在古典和现代文学作品上力求兼顾；而普实克传统让许多译者选择现代文学，以雅谷比、华小莉、柯蓝娜、倪可贤等为代表，近年以莫言、余华、苏童、马原、北岛、白先勇的作品最受追捧青睐。不在高校任教的译者也多毕业于当地汉学名校而后专职中国文学翻译，如奥金。

总之，波兰中国文学研究有着欧洲传统汉学的基本特点，在新时代也呈现出诸多新变，在研究全球共享与想象中的学术共同体的建构中，对波兰、中欧乃至整个欧洲汉学的关注和推介将对中国本土学术界的学术转型以又一重要的参考系的身份参与中国学术的大叙事话语中来，波兰独特的中国文学研究应受到国内外学界的进一步关注。

（周睿　西南大学文学院副教授）

·捷克与斯洛伐克汉学研究·

差异之美——汉学家王和达对中国经典的翻译与研究*

刘 燕

摘 要： 捷克汉学家、翻译家和比较文学学者王和达（Oldřich Král）把《易经》《道德经》《庄子》《文心雕龙》《儒林外史》《红楼梦》《金瓶梅》等中国经典译介为捷克语，成果卓越，为中国文化在捷克的传播做出了巨大的贡献。终其一生，王和达不仅将中国文学、哲学和美学放进捷克和欧洲文化的框架内进行对比与对话，而且还在比较文化与跨文化研究的多重视角中，纠正了基于欧洲中心主义的西方读者对中国文学与文化的误读与偏见。通过对中国文学与美学思想的深入透悟与阐释，王和达倡导不同文化之间的差异之美、相互补充与彼此互证。

关键词： 王和达　布拉格汉学派　中国经典翻译　差异之美

关于中国文化经典在捷克的翻译与传播，多数捷克读者会提及一位知名

---

* 本文系北京对外文化传播研究基地/北京外国语大学中国文化走出去协同创新中心项目“布拉格汉学学派对中国现代文学的研究及其启示”（编号 CCSIC2017-ZD01）之阶段成果。关于中文名“王和达”的缘由与含义，参见唐均：“1957 年，王和达被派往中国北京大学中文系留学一年，师从著名的中国现代文学家，后来担任首届中国红楼梦学会会长的吴祖缃教授；2013 年我在中欧访学时与之晤谈，蒙其亲口告知‘王和达’这个汉名，正是业师吴祖缃教授在留学期间依据其捷文姓名音义而为他起的，‘王’取捷克姓氏 Král 之本义，‘和达’则为捷文名字 Oldřich 之近似译音。”（唐均《捷克汉学家王和达及其中国古典迻译事业》，载阎纯德主编《汉学研究》（秋冬卷）第 229 页，2017 年，学苑出版社）。王和达自述：“Král，相当于 King，也就是‘王’的意思。……Oldřich 其实就是 Olda，读起来也与‘和达’相似。我也很喜欢‘王和达’这个名字的意义——‘王者，和平的使者’，因此一直沿用。”（《王和达：带领读者了解文字背后的文化》，载《国际出版周报》2017 年 8 月 21 日，第 009 版）。

的翻译家奥尔德希·克拉尔（Oldřich Král，1930—2018），他作为汉学家的中文名为“王和达”。冥冥之中，这个意味深长的名字似乎预示着他一生致力于达成的目标：通过中国文学艺术经典的翻译与研究，在中捷两国之间架构一座相互理解与彼此分享的和谐与和平之桥。

王和达于1930年9月13日出生于布拉格，2018年6月21日去世，享年88岁。自1949年在查理大学汉学系开始学习汉语，初次接触中国语言与中国文化，到去世的70年间，王和达翻译的中国经典涉及哲学、宗教、美学、文学与绘画等多个领域，主要包括：《家》（1959）、《林家铺子》（1961）、《儒林外史》（1962、1995、2007）、《红楼梦》（1986、1988）、《六祖坛经》（1988）、《忧郁：宋代（960—1279）诗歌》（1990、1998）、《禅》（包括《心经》《六祖坛经》，1990）、《无言之书》（包括《道德经》等，1994）、《易经》（1995、1996、2000、2001、2008）、《孙子兵法》（1995、1999、2008）、《苦瓜和尚画论》（1996、2007）、《诗画书三品》（包括司空图《诗品》、黄钺《二十四画品》、杨景曾《二十四书品》，1999、2000）、《文心雕龙》（2000）、《庄子全集》（2006）、《无门关/无门慧开》（2007）、《大学/中庸》（2008）、《西游补》（2009）、《肉蒲团》（2011）、《金瓶梅》（2012—2017，已出7卷）等。除了翻译，王和达还从事汉学研究，著有《中国长篇小说艺术》（1965）、《情景—翻译—界限：比较性之研究》（1996）、《道：观点—比喻—类型》（2004）、《中国哲学：历史透视》（2005）等；并获得了多项重要的荣誉，如：1988年《红楼梦》译本荣获“文学优秀作品翻译奖”（布拉格）；2003年《红楼梦》译本获纪念曹雪芹逝世240周年“捷克文翻译国际奖”（北京）；2006年《庄子全集》译本荣获“捷克最佳奖”；2010年荣获“捷克共和国国家特殊文化奖”“捷克共和国科学社会社科特殊奖”“捷克共和国国家终身文学翻译奖”（布拉格）；2017年他被授予“第十一届中华图书特殊贡献奖”（北京）。可以说，如果没有王和达举一己之力进行的浩大的翻译工程，捷克读者对丰富多彩的中国文化的了解与欣赏，必将大大逊色。

一、王和达的汉学之路与“布拉格汉学派”

王和达选择学习汉语，进入汉学研究领域，这是一种机缘巧合。据他本人自述，在1949—1953年考入查理大学选择专业时，他的理想是到英文系学习比较文学（comparative literature），但由于政治原因，当时比较文学系的一位重要学者 Vaclav Cerny 突然成了一个不受欢迎的人。虽然王和达也可以进入英文系就读，但却无法选择比较文学专业。当时英文系主任是 Zdenek Vancura，他曾把赛珍珠的英译本《水浒传》（*All Men Are Brothers*，《四海之内皆兄弟》，1933 年）翻译为捷克文，大受欢迎。有一天，他巧遇了王和达，看到一个年轻人在人生道路上迷惘踟蹰，于是说了一句改变其命运的话："如果你想做比较文学，就应该找到一个真正有比较性的研究对象。"他推荐王和达去找汉学系主任、汉学家普实克（Jaroslav Průšek，1906—1980），这次偶遇冥冥中指引着这位年轻人的未来。二人见面后，普实克问王和达："你要试试学习汉学吗？"王和达同意了，成为查理大学汉学和远东文化史专业的大学生（1949—1953）；此后他继续跟随普实克一直读到博士毕业（1954—1957）。1956—1957 王和达获得一个机会到北京大学中文系进修古典小说，师从吴祖缃教授，聚焦《儒林外史》研究；1965 年他又到北京大学进修三个月，重点研究《文心雕龙》。博士毕业后，王和达留在查理大学汉语系任教（1956—1969），同时从事翻译工作。1968 年 8 月 21 日"布拉格之春"事件发生后，布拉格汉学界备受摧残，学术圈四分五裂，王和达受到了政治冲击，他翻译的《文心雕龙》不能出版。1969 年提交的博士后论文《文心雕龙：中国美学思想的描写》直到 20 年后，即 1990 年才通过答辩。在被迫离开查理大学后，失去教学工作的王和达为了生计甚至当过搬运工。当时捷克国家美术馆收藏东方艺术和古文物部的创建人 L. 哈耶克（Lubor Hajek）了解到他的困境后，邀请他到位于赫卢博卡（Zbraslav）城堡的国家美术馆之东方馆工作（1972—1989），直到 1990 年才重返查理大学担任汉学系主任（1990—1998），建立"比较文学中心"（1993）、"蒋经国国际汉学中心"（1997），并担任布拉格文学院院长（2000—2001）和布拉格语言学协会会长（2006—2012）。终其一生，王和达承前启后，把普实克开拓的布拉格汉学事业发扬光大。

捷克虽是一个东欧小国，但其汉学研究在 19 世纪 40—50 年代就得到了突飞猛进的发展。天时地利，自 20 世纪 50 年代以来，以查理大学汉学系和捷克斯洛伐克社会科学院东方研究所为驻地，一群学生以普实克为中心，逐渐形成了学界认同的"布拉格汉学派"（School of Prague Sinology）。不过，它只是一个比较松散的学术共同体，普实克的学生、斯洛伐克汉学家高利克（Marián Gálik，1933—）认为："布拉格汉学派与苏联和捷克斯洛伐克的众学派有所不同。俄国的形式主义和捷克的结构主义都有自身的信条、文学研究方法和既定的学术研究目标。普实克除了在有如自己专攻的中世纪大众文学研究、叙事艺术方面外，其他方面都任学生自由发展。”① 普实克的另一位高足米列娜（Milena Doleželová-Velingerová，1932—2012）以历史观与艺术观、马克思主义（重视社会变革与外部动力）与结构主义（重视文学自身结构的演变）之间的潜在张力概括了布拉格汉学派的研究特色。② 布拉格汉学家们主要秉承了形式主义、结构主义与语言学、符号学的理论方法，在中西比较的视野中考察中国文学系统结构的演变；注重对中国文学、哲学、美学、诗学等文本的翻译与阐释。如上所言，王和达走向汉学之路与普实克的鼓励息息相关，他说：“作为我的导师、同事和朋友，我与他的关系十分密切。我始终觉得他是一个充满理想和创造性想象、行动力的人，他性格热情，非常善于组织，协调管理各种事务。毫无疑问，没有他，就没有所谓的布拉格汉学派。”③ 王和达在国家美术馆工作的十多年间，有机会接触到丰富多彩的亚洲艺术品，切身体悟到东方艺术的精髓，并参与策划了一些画廊的艺术展出，负责编撰出版《远东木版画、中国画论翻译》（1978）、《远东亚洲艺术：画、雕塑、版画，布拉格国家美术馆的藏画》（1979）、《十竹子廷：东方绘画教材与展廊》（1978）、《当代日本书法和绘画》（1986）、《模仿与灵感：儿童在布拉格国家美术馆》（1987）、《传统与实验：当代中国水墨画》（2001）等。在20世纪60—80年代布拉格汉学受到压制、外部环境极为恶劣的困境中，王和达却像一位隐士，沉浸于中国哲学、宗教、艺术、文学经典的翻译与研究中，以怡然自得的审美方式逃过劫难，这真是不幸中的大幸。

二、与翻译结缘：搭建中捷文化交流之桥

借翻译之桥，东西文化之间的交流与分享才得以通达。捷克对中国诗歌

---

① ［斯洛伐克］马立安·高利克著，李玲等译《捷克和斯洛伐克的汉学研究》第198页，学苑出版社，2009年。

② ［捷克］米列娜著，戴国华译《欧洲的中国现代文学研究》，载《国际汉学》（第15辑）第205—206页，2007年。

③ 刘燕《文学翻译：跨文化的对话、交流和整合——捷克汉学家王和达访谈》，载《汉风》2018年第3期。

的翻译可追溯到首位汉学家鲁道夫·德沃夏克（Rudolf Dvořák，1860—1920）。他在诗人兼翻译家符尔赫列支奇（Jaroslav Vrchlický，1853—1912）的帮助下，于1897年出版了《诗经》的节译本。在19世纪末20世纪初“东方文艺复兴”（Oriental Renaissance）中，对中国文学的翻译热情达到高峰，久负盛名的翻译家博胡米尔·马瑟修斯（Bohumil Mathesius，1888—1952）的汉诗捷译本优美流畅，流传广泛。捷克人甚至诵读着马瑟修斯（以及普实克）的中文译诗度过了二战、冷战的艰难岁月。据说，有些被关押在纳粹集中营的犯人居然能够背诵他翻译的中国诗。与早期庞德一样，马瑟修斯并不懂汉语，主要参考德、俄、法语的中国诗歌译本。他最初的唐诗译本《红塔与绿壶》（1925）不太成功，直到遇见了普实克，二人合作翻译了《中国古代诗词》（1939）和《中国古代诗词新编》（1940），在1925—1988年间发行量高达25万册，对于这个人口不多的小国而言，简直是一个奇迹。作为“捷克版中文诗的发明者”，不懂中文的马瑟修斯主要采取意译方式，往往会增加原诗没有的词汇或人称，许多译诗变成了对中文诗的某种诠释、改写或再创作，创造了一种独特而优美的翻译风格。这一点与庞德受到的指责类似。懂中文的普实克倡导学生最好是先翻译作品，再做汉学研究，他本人不仅翻译出版了第一个《呐喊》捷克语（1937，节译本），还翻译了《论语》（1940）、《话本小说选》、《玉观音》（1942）、《浮生六记》（1944）、《老残游记》（第一部1947；第二部1960）、《子夜》（1950）等大量作品。与马瑟修斯不同，普实克采取了比较忠实于原文的“直译”，不做过度的调整或阐释，重视古典文本形式的翻译与现代的阐释形式之间的差别。1955年后，普实克还组织捷克斯洛伐克的汉学家和东方学家进行了有计划的翻译工程，这对国家的翻译政策产生了积极的推动作用。

在普实克的激励下，王和达的翻译由现代作品溯源古典、从文学到艺术、哲学、宗教等，不断拓展，走向深化。他先翻译了巴金的《家》，接着是长篇小说《儒林外史》，然后逐渐翻译《六祖坛经》《道德经》《易经》《文心雕龙》等哲学、诗论、画论、书论，最后聚焦于巨作《红楼梦》《金瓶梅》。王和达认识到中国哲学或宗教经典属于中国文学的大背景，可为《红楼梦》提供了思想资源和文化语境：“我意识到我应该了解和翻译一切当时读者所理解的事物，整个故事的气氛，最先给自己，后来也为了别人，关心整个故事中的世界。我译《儒林外史》之后，开始编辑一个选集，想在一些小段落里介绍那个具有中国文学精神意识的特殊世界。”① 1971年他完成的捷译本《道德经》已在朋友圈中流传。1994年、2005年这本选集以《中国古文：无言之书》为名再版二次。

在认识到中国人的精神世界不能缺少诗歌与诗话之后，王和达翻译了《文心雕龙》，并运用文化符号学对其蕴含的象征符号与美学思想进行了阐释。在《传统与变革：论〈文心雕龙〉中的古典主义》一文中，王和达使用了语义学的分析方法，通过辨析“体”与“性”、“情”与“采”、“通”与“变”等一系列二元相关概念之间的辩证关系，指出《文心雕龙》呈现了类似西方古典主义的中国古典主义特质：“一种是古典主义的稳定趋势，它与传统根基之间的关系历久弥新；而另一个相反的趋势是变革，永远在推陈出新，创造出新的文学形式与精神。这两个原本对立的趋势最终达到一种和谐的状态，并在文学结构中容纳多形态、多层次的内容，成为其向前发展的永不止息的源泉。文学创造过程中的内在要素所体现出的不断创新，使文学整体的发展成为可能。”② 王和达进一步指出《文心雕龙》的系统性与结构性特点：“它是一个非常精致的美学体系。这个体系留下了一个有其主旨范围的空间（以便规范文学的未来发展方向，赋予其秩序，使之依据‘天人合一’的法则再次得到确立）。在这个空间当中，它不仅承认变化，甚至支持变革和转化，因为它意识到，如果文学自身停滞不前，就会像其他存在的结构体系一样走向衰亡。”③ 王和达认为刘勰力图建构一个严格而和谐的文学秩序，将同时代异质文学产物的各种文类都囊括进来，包罗万象而意境开阔，其基本的美学观点与欧洲通常对古典主义的理解有类似之处。由此可见，王和达运用欧洲古典主义概念来考察、对比《文心雕龙》的古典主义特质，为我们在世界文学的系统结构中把握中国古典诗学的审美特征提供了某种洞见，也充分体现了布拉格汉学派的研究范式。

---

① 唐艺梦《捷克布拉格查理大学王和达教授访谈录》，载《华西语文学刊》（第11辑）第3页，四川文艺出版社，2015年。

② Oldřich Král, “Tradition and Change (The Nature of Classicism) in *Wen HsinTiao Lung*”, *Archiv Orientálni* 59, 1991, pp. 188-189.

③ Oldř ichKrál, “Tradition and Change (The Nature of Classicism) in *Wen HsinTiao Lung*”, *ArchívOrientální*, 59, 1991, p. 189.

三、中国长篇小说的翻译与比较研究

普实克是欧洲汉学对中国现代文学研究的开拓者，体现了两个特点：一是结构主义的思维方式，表现在他对中国文学运动以至文学作品系统的结构理解；二是对中国现代文学的精神意蕴（如主观主义与个人主义）的深刻体悟，这在其著作《抒情的与史诗的：现代中国文学论集》（*The Lyrical and the Epic*：*Studies of Modern Chinese Literature*）中得以体现。[①] 在普实克的指导下，王和达的本科论文是在比较文学的视野下研究巴金的《家》，探讨了中国现代长篇小说的演变及其与西方长篇小说的异同。王和达认为《家》是一部带有浓郁自传色彩的小说，反映了像巴金一样的年青一代对于封建家庭的反抗与叛逆。巴金把自己逃离封建大家庭的个人经历融入这部小说中，虽然也体现了现代文学的主观主义（objectivism），但却超越了它："郭沫若在创作自传体作品时亦如此，类似的冲突在郁达夫的许多作品中也显而易见。不过，另一位中国伟大的现代作家之一——巴金却是一个例外，在其创作的小说中，如此强烈而持续的主观主义意识则相对罕见。巴金在写作中不只是关心其自身问题或纯粹的主观事件，而是把个人经历视为普遍的社会问题之一，视为同时代青年人的共同遭遇。他自身的命运及其周围人的不幸只不过是年轻人感同身受的一种反映。他自己的家庭也只不过是可怕的封建大家庭的一个朕兆。"[②] 在分析巴金小说人物时，他还采纳了马克思主义的文艺理论，从大的社会环境和家庭背景分析主人公的典型性格及其所代表的一代人的普遍性。此外，王和达还指出，巴金受到了欧洲文学，尤其是法国批判现实主义的影响，其写作方式体现了欧洲文学翻译文体的影响，其小说语言已不再属于纯粹的中国文学传统语言。显然，王和达在研究中国现代小说的发生与演变的时候，善于运用中西比较文学的研究方法，关注外国文学、翻译文学对中国

---

① Jaroslav Průšek, The Lyrical and the Epic：*Studies of Modern Chinese Literature*, Bloomington：Indiana University Press, 1980；中译本一个是李欧梵编，李燕乔等译《普实克中国现代文学论文集》，湖南文艺出版社，1987年；另一个是李欧梵编，郭建玲译《抒情与史诗：现代中国文学论集》，上海三联书店，2010年。

② OldřichKrál, "Pa Chin's Novel *The Family*", Jaroslav Prušek ed. *Studies In Modern Chinese Literature*, Berlin：Akademie-Verlag, 1964, p. 106.

现代文学品质的塑造。在撰写论文时，王和达顺便把《家》翻译为捷克语，译本在1959年出版。

在研究中国现代小说的过程中，王和达溯源而上，对中国古代长篇小说发生了兴趣。普实克对明清时期的民间话本文学很感兴趣，因此，他鼓励王和达研究长篇章回小说。王和达选择了《儒林外史》，它是当时欧洲唯一一部还没有被翻译为外语的中国长篇小说。王和达把它翻译为捷克语，在1962年出版（虽然译者同时翻译，但俄语版《儒林外史》出版在先）。王和达的博士论文《中国长篇小说的艺术方法》于1965年发表，它以《儒林外史》为主，分析了中国章回小说的发展历程与写作特色，“我的思想受到了俄罗斯形式主义、布拉格结构主义的影响。我作为学者，感兴趣的不是故事的内容而是写作方式。我选择了《儒林外史》的原因也是因为喜欢这个作品的文学形式”①。王和达指出中国章回小说的艺术方法不同于以巴金为代表的中国现代小说的翻译改写模式，也不同于欧洲小说：“我们都有律诗，但只有中国传统小说家有‘律小说’。欧洲的长篇小说总是注重故事情节，往往会写得生动感人，而中国传统的长篇章回小说虽然也有故事情节，但这并不重要。如《儒林外史》完全没有明确的框架结构和故事情节，主要的是每段的细情、章节和插曲。欧洲人原来完全不懂，在翻译中国小说的时候，他们总是在做一件非常糟糕的事情——不是真正地翻译，而是按照欧洲的小说传统，重新改写故事情节。”② 因此，王和达在翻译《儒林外史》的过程中不是按照西方读者的阅读兴趣进行删节与改写，而是严格遵循原本的叙述方式、结构与细节。

四、差异之美：《红楼梦》的翻译与符号学解读

翻译《红楼梦》，是西方汉学家和翻译界面临的一个前所未有的挑战。英国翻译家霍克思（David Hawkes，1923—2009）花费10年完成英文版《红楼梦》，前80回3卷在1973年出版，后40回的2卷是由其女婿费明德（John Minford）在他指导下完成。1978—1980年北京外文出版社出版了杨宪益

① 唐艺梦《捷克布拉格查理大学王和达教授访谈录》，载《华西语文学刊》（第11辑）第2页。

② 刘燕《文学翻译：跨文化的对话、交流和整合——捷克汉学家王和达访谈》，载《汉风》2018年第3期。

（1915—2009）及其英籍夫人戴乃迭（Gladys B. Tayer/G Gladys Yang，1919—1999）共同翻译的3卷英译本《红楼梦》。此外，法籍华裔翻译家李治华在其法国妻子雅歌和法国老师铎尔孟（Andre d'Hormon，担任校阅工作）的帮助下，于1981年出版了历时27年完成的法译本《红楼梦》。《红楼梦》较全的是俄译本，1958年由帕纳休克、孟列夫分别翻译正文与诗词部分。王和达读硕期间，试着翻译了《红楼梦》中的两回，送给普实克过目，普实克建议组织一个翻译小组来翻译《红楼梦》。在国家博物馆工作的1968年前后，王和达决定独译《红楼梦》，历时15年才完成了这项艰巨的任务。其夫人爱娃（Eva）是《红楼梦》译本的第一读者，作为一名优秀编辑的她帮助修改润色译文，她把这15年称为“跟小说生活”。[①] 王和达最终在1986年出版捷译本《红楼梦》第1卷，首发1300册，全部售罄；1988年初第2卷、1988年底第3卷在出版后均大受欢迎。王和达认为一些欧洲译者在翻译《红楼梦》之类的古典小说时，往往改变了作品的文学结构与叙述方式，删节他们认为与情节无关的文化背景、描述或诗词，并按照西方读者的阅读趣味改写故事叙述方式，他们关心的并不是忠实地“翻译”中国小说，而是“重述”一个中国故事。1932年德国汉学家库恩（Franz Kuhn，1884—1961）出版的德译本《红楼梦》是西方第一个译本，为了便于欧洲读者理解，库恩对原小说进行了大量的剪辑、改写和重组，节译为50回，约为原书的三分之一。林语堂在把宋话本《碾玉观音》译为英语时，也是以一种新形式重写这个故事，以便符合西方读者的阅读期待。但在王和达看来，中国传统小说的叙述方式与西方不同，如果在翻译中改变了小说的语言结构和叙述方式，其文学艺术特质会受到很大的损害。王和达开始翻译《红楼梦》时，并不知道霍克思的英译本，杨宪益夫妇的英译本在当时也读不到，他对自己的学生、斯洛伐克译者黑山（Marina Carnoguraskά，1940—）开始的《红楼梦》翻译工作也一无所知；他手边只有库恩的德译本。

王和达提出翻译中国长篇小说需要寻找一种包括标点符号在内的合适的翻译方式与语言：

> 如果你真的想做翻译，也应该是比较全面的翻译。我开始时有一种

① 唐艺梦《捷克布拉格查理大学王和达教授访谈录》，载《华西语文学刊》（第11辑）第4页。

想法，我想做到一种现在所称的“全译”（full translation），在这种译文中保留几乎所有原文的特色，而这种译文也需要一种懂得的读者，即文学诠释学所谓的“含蓄的读者”（implied reader）。我意识到我应该了解和翻译一切当时读者所理解的事物，有关整个故事的气氛，起初是想要自己弄明白，后来也为了让读者了解整个故事中的生活世界，同时我会把翻译过程中的理解、笔记放在译本的跋语、注释和后记中。[①]

他总结说：

在翻译工作中我最深的感受有两点：第一，文学翻译是一项需要长期阅读的工作；第二，真正的文学翻译是在文化层面交流、互动、干预和融合的过程。……对于我翻译的文学作品来讲，我希望能够带领读者了解文字背后的文化，从而让他们自然而然地接受这些文字。就好像你如果阅读过《庄子》就很容易理解《红楼梦》一样，因为你已经对其中的文化有了一定了解。[②]

王和达的《红楼梦》译本语言优美，忠实于原文，在许多细节处翻译得惟妙惟肖，神韵兼备，充分发挥了捷克语曲折变化、繁复灵活的特点，达到了“超以象外，得其寰中”的空灵境界，深受捷克读者欢迎。

此外，王和达运用形式主义和结构主义符号学理论，对《红楼梦》文本中的符号形式（symbolic form）及其孕育的中国美学思想进行阐释。他把中国艺术审美符号归纳为四组相反相承的概念构成的象征体系：1. 无—有（存在的本体层面）；2. 空—色（象征的实体层面）；3. 虚—实（书的现象层面）；4. 影—面（画的象征层面）。这四个层面与“道”“意”“书”“图”对应。王和达认为曹雪芹的认知和象征范式表现为：1. 宇宙虚空与人类情感相互垂直对立的智力循环；2. 通过对内在无限情感和遗忘的叙述，反映人类原初（小说开始前）的普遍的虚空；3. 最终达到新的独特的虚空（小说结束后）；4. 文本透过现象与情感两条线索进行描述。王和达进一步指出，《红楼梦》

① 刘燕《文学翻译：跨文化的对话、交流和整合——捷克汉学家王和达访谈》，载《汉风》。
② 《王和达：带领读者了解文字背后的文化》，载《国际出版周报》2017 年 8 月 21 日，第 009 版。

是这些二元对立却不断转换的范畴的人性化展示，它叙述了主人公宝玉对“空、无”的顿悟：

> “空空道人”肩负着把小说故事从彼岸转移到此岸的使命……这意味着小说开始之前的“空”与小说结束之后的“空”是两个不同的世界。通过一系列象征符号和相关隐喻，在这两个世界的中间状态展开了叙述的经验、创造与再创造的虚构表达，在写作与阅读中，不可言说的潜在意义与感觉得到了明晰的体现，并获得理解。①

通过对比中西小说在叙述方式、模仿论与审美方面的同异，王和达得出结论：“中国古典小说不仅重视故事言说的叙述技巧等形式方面，而且重视审美、伦理与认知等基本的内涵，这在传统艺术与诗歌中得以体现，在《儒林外史》《红楼梦》之类的普世小说（universal novel）中达到极致。”② 因此，他认为中国古典文学提供了一种异于西方文学的差异的、多样的审美范式。这纠正了西方基于欧洲中心主义对中国文学与文化抱有的误读与偏见。

> 东方致力于追求的差异感（the feeling of difference），很快被我们所谓“了解”东方的早期相关历史知识所扭曲，我们被一种统一感（a feeling of unity）所掌控，东方的差异之美被消除，差异原则被中间模式，即我们的模式所修正，取而代之。③

通过对东方文化的深入透悟与表达，王和达倡导不同文化之间的差异之美、相互补充与彼此互证。对此，高利克高度评价王和达一生的贡献：“作为老师、翻译家和学者所进行的工作，都跟一系列的努力联系在一起，即将中国文学、哲学和美学都放进捷克和欧洲框架内来进行对话。”④

虽因偶然原因而走向汉学之路，但对王和达而言，这一学术选择却赋予

① “The Symbol Formula of *The Story of the Stone* and Its Setting in Chinese Aesthetic Thought”, p. 95.

② OldřichKrál, “Miscellaneous Writing On Chinese Aesthetics”, ed. by OldřichKrál and VlastaHilska, *Charles University On Far Eastern Culture*: *Studies and Essays*, Praha: UniverstitaKarlova, 1968. p. 21.

③ “Miscellaneous Writing On Chinese Aesthetics”, p. 15.

④ 《捷克和斯洛伐克的汉学研究》第 185 页。

了他充满觉悟与成就辉煌的一生：

> 我的生活当然因为学习汉学而发生了彻底的改变，我认识了真正不同的中国人、中国文化……我喜欢差异的感觉。通过学习汉语，我意识到，如果你获得了不同的生活经验，然后会从另外的眼光、别人的角度来看待自己的生活。对有些事情就不会感到深信不疑，也会意识到有些问题会有完全不同的答案。中国使我的立场发生了许多变化，在考虑问题的时候可能会站在中间的立场。这是一种不同文化之间的对证。[①]

在全球化时代，正如王和达所期待的，东西之间基于文化平等、尊重差异、分享美感的相互借鉴与彼此互证变得越来越重要了。

（刘燕　北京第二外国语学院文化与传播学院教授）

① 刘燕《文学翻译：跨文化的对话、交流和整合——捷克汉学家王和达访谈》，载《汉风》2018 年第 3 期。

1918年后中国文学的文学间与文学内研究面面观*

［斯洛伐克］马立安·高利克 著 朱 斌 译

研究任何民族文学或其个体现象通常是从文学内入手，即保持与本土文学传统和惯例一致；只有自身价值在本土语境中得以检验后，研究才会跨越民族文学边界，面向外部或开始的内部。过去几十载，中国现代文学的文学间问题并未引起中国批评家广泛的关注，他们所做的努力也鲜为人知。

研究1918年后的中国文学，必须注意以下几点：第一，中国现代文学属于亚洲新兴发展中的文学，由一个“联合体”（commonwealth）构成，有点类似于使用德语（即在德国、奥地利和瑞士讲德语地区的文学语言）的中欧文学；第二，中国现代文学长期并创造性地吸收中国传统文学得以不断发展。无论是滥觞期还是发展初期都应至少追溯到1898年，这个时期见证了其他亚洲现代文学的崛起与发展；第三，1918年后的中国文学在更广泛的、超国家的文学共同体（community）之外得以发展，而早些时候，至少到清朝（1644—1911）初期，中国文学在远东文学间共同体中都占据主导地位。但随着中国在甲午中日战争（1894—1895）的战败，这一传统共同体最终式微，日本、韩国、蒙古及越南也逐渐从中脱离出来；第四，我认为完全可以将这一“联合体”称为“共同体”（可以是文学内的或民族文学的，也可以是自成一体的文学间的），因为它是由在中国和外国的文人所创造。宽泛讲，此术语也涵盖汉族之外的其他少数民族文学。该共同体有自己发展的特征，1949

* 本文受2020年重庆市教委人文社科项目“中国文学对外译介批评研究”（20SKGH139）和2019年四川外国语大学规划项目“中国文学对外译介批评研究”（sisu2019029）资助。文章来源：MariánGálik，“Interliterary and Intraliterary Aspects of the Study of Post-1918 Chinese Literature”，Howard Goldblatt（ed.），*Worlds apart：recent Chinese and its audience*，London and New York：M. E. Sharpe，Inc.，1990.

年前后时期的特征就大不相同。此共同体内部的个体关系——比如文学现象与文学进程的“并存”，二者的有意对峙，根据发源地和社会政治背景的特征（包括互异或共融的程度）——都有待各地的学者来最终敲定。接下来有必要处理非华语亚洲和美洲各社会群体的时期划分、影响、二元文学性或可能的多元文学性的问题，和 1949 年之前在中国大陆（或 1949 年之后在中国大陆和台湾）这一“脱离文学间共同体”发展的问题，也需要审视中国现代文学的文学间的特征，以便阐明其发展情况，为中国现代文学参与世界文学的整个生命历程给出恰当的评价。

一

“发生与接触”关系的研究揭示了确保（至少是促进）文学内和文学间的过程的延续机制。这些关系可分为外部关系和内部关系，前者大概是为接受文学提供一些信息特征，未更深入地研究其结构。中国的“少年维特的烦恼”（Wertherism）就是一个外部关系的体现，除非中国文学结构在它的影响下发生了变形。同样，1932 年和 1982 年的歌德（Goethe）诞辰纪念日的大量作品也属于这种情况。只有当《少年维特的烦恼》（*The Sorrows of Young Werther*）或《浮士德》（*Faust*）对郭沫若的作品产生影响时，或易卜生（Ibsen）戏剧对胡适、茅盾、曹禺、杨绛及其他作家的作品产生影响时，这些关系才能内化。整个文学思潮都是如此。中国现代文学借鉴法国象征主义的例子就清楚地说明了这一点。直接接触比中介接触的情况要少得多。哈代（Hardy）、曼斯菲尔德（Mansfield）与徐志摩，泰戈尔（Tagore）、马雅可夫斯基（Mayakovsky）等人与瞿秋白，瓦莱里（Valery）与梁宗岱之间，几乎没有过直接接触。甚至阅读外国文学原著的情况也很罕见，尤其是俄国文学。

检验创造性，即“作家走出他人影响、寻找自身原创性的转折点”的能力，正是文学间“发生与接触”关系研究的主要任务。[1] 虽这有利于对文学间影响的初步勾勒，但我们的关注点一直在外部接触上。

结构和类型的邻近性是文学内和文学间发展的决定因素，包括社会意识

① A. Balakian, “Influence and Literary Fortune: The Equivocal Junction of Two Methods”, *Yearbook of Comparative and General Literature*, 11 (1962), p. 29.

形态的个体形式、作品创作的政治形势或背景，或作品创造性回应社会的政治形势或背景、文学传统和惯例、文学类别、流派和思潮，等等。外来影响会影响社会意识与存在的方方面面。在中国“共同体”中，尤其是中国，1949 年以前，其政治形势一直动荡不安。其思想状况的变化比 1918 年还要剧烈；儒家思想作为国家学说，是中国各类机构能发挥控制功能的前提。但当时该思想遭到抵制，人们开始寻找社会主义学说、哲学现实主义、实用主义、自由主义、达尔文主义等替代物。事实证明，马克思主义对中国社会的影响最大，尤其是在 1942 年之后，其思想逐渐得到普及。

旧的中国文学传统在各个时期扮演着不同的角色。中国现代文学在发展之初，旧的文学传统几乎被全面压制，激发了人们对欧洲文学传统的研究兴趣，并努力与它们建立联系。茅盾花费大力气研究了 19 世纪末 20 世纪初欧洲文学流派中的“同胞”（compatriots)。我们必须将欧洲文学思潮这个兴趣点考虑在内，尤其是现实主义和浪漫主义，以及后来的象征主义和表现主义。此兴趣点源于转型时期一个总体的文学观念。同欧洲文学直接或间接接触，以及对从亚里士多德（Aristotle）到布吕纳介（Brunetière）的支持者的直接或间接研究，引起了在新的时空背景下从理论或实践上，对后浪漫主义发展进行“模仿”的种种尝试。按照欧洲人的理解，无论浪漫主义和现实主义的概念有多宽泛，在亚洲（包括中国）语境中我们都需要予以特殊对待，不能用相互继承（mutual succession）的视角去审视它们，这是在 19 世纪的欧洲文学中可以观察到的。抗日战争时期，中国文学部分吸纳了旧的文学传统，当时，旧有体系中的各元素开始扮演了矫正的角色，种种努力旨在恢复中国旧文学的通俗形式或旧的民间文学，尽管这些内容本身是新的。

研究与中国文学传统相关的文学发展决定因素的变化情况（特别是潮流和流派）理应是“结构和类型”关系研究的主要任务。虽然从李欧梵（Leo Ou-fan Lee）《中国现代作家浪漫一代》（*The Romantic Generation of Modern Chinese Writers*）的结尾部分可以找到沿着上述路径所做的尝试，然而他指出，定义“20 世纪 20 年代中国的浪漫主义有过度简单化的风险”[①]。他后期的现代主义作品中出现“比较”（comparative）字眼的就更少了。我认为在中国大陆

① Leo Ou-fan Lee, *The Romantic Generation of Modem Chinese Writers*, Cambridge: Harvard University Press, 1973, p. 295.

和台湾，杜威·佛克马（Douwe Fokkema）对中国表现主义的评价或威廉·太（William Tay）对“意识流”的研究所采用的方法路径是比较好的。[①]

文学间过程的历史-具体客观化（historic-concrete objectification）在文学共同体之外的中国现代文学中产生，所以中国现代文学直接参与了世界文学史，而没有文学间共同体介于其中。“以中国为中心的世界秩序”崩塌及自身文化在邻国（过去被视为“边境领土”）的文化影响力式微后，中国仍不与外界接触。而日本、韩国、蒙古和越南文学纷纷通过各种接触找寻新的灵感来源。俄国古典文学和欧美文学成了创作营养与模仿对象。尽管日本文学的影响力不那么强，但至少一段时期里（直到1937年）是各文学交流的主要中介，由此“发生-接触”关系才得以发生，文学发展决定因素的再建与重构才得以强化。日本文学之所以拥有此功能是因为它的发展更具多样性；之所以更加靠近国际文学间的背景，是因为那时许多中国的海外留学生及后来颇具影响力的作家都在日本学习或考察。20世纪四五十年代，俄苏文学及研究充当了该角色（被日军占领的中国部分地方除外）；1949年后则主要是台湾的美国文学。19世纪末期，中国文化的离心影响力停止后，一个相反的过程开始发生，并大概持续到现在。目前，中国文学文化常以向心的方式呈现，主要从欧洲文化语境下的文学，也部分从日本、印度等地缘和文化相近的国家中寻求刺激，以选择性地参与文学间过程，从而帮助他们改变、塑造现有的文学结构。研究在中国新语境中创造性重组的这些刺激因素，研究中国文学传统信息知识，研究在更广范围内变化的国内外决定因素，和分析具有现代中国典型特征的文学间过程的那些特征，可以让我们更进一步充分认识到中国现代文学既是民族文学也是世界文学不可或缺的一部分。

二

中国现代文学的向心取向并不是衰弱的标志，相反，它是中国文学强盛的迹象。通常，本国语境下创造性重构的外来影响是接受文学强大的一个重要前提，这时候它为这一辩证过程做好了最充足的准备。德国的歌德时期和

---

① W. Tay, “Wang Meng, Stream-of-consciousness, and the Controversy over Modernism”, *Modem Chinese Literature*, 1.1 (1984), pp. 7-21.

俄国的普希金（Pushkin）时期就足以证明这点。

对中国现代文学的全面研究已表明（未来将会更加明晰）在鲁迅《狂人日记》出版后的20年里，极具艺术价值的文学作品产出最多，那时正是中国文学对外来刺激做出积极反应的时期。要对中华人民共和国成立后的中国文学做出类似判断还为时过早，但中国文学结构第二次向世界开放的时间可以追溯到20世纪70年代后期（第一次始于1898年左右）。像中国台湾、东南亚这样的个体区域之间的最新合作，虽还达不到理想状态，但无疑已取得了一些成果。在20世纪六七十年代，台湾文学也得以蓬勃发展：出版发行了《现代文学》和《文学季刊》；它与从巴尔扎克（Balzac）到海明威（Hemingway）的外来文学模式建立了联系（至少充当了它们的中介）①。在《中西文学关系的里程碑，1898—1937》（*Milestones in Sino-Western Literary Confrontation*，1898—1937）中，我用7个章节讨论了1918—1937年间的文学风貌，2个章节描述了1937—1949年战争时期的情形，2个章节阐述了新中国成立后30年的状况。当然，本书并非权威，因为中国现代文学中已有众多"里程碑式作品"（如文学间视角下有价值的作品），其数量比我已分析的要多得多。因此，唯有对上述三段时期坚持不懈、勤勤恳恳地研究，才能对该研究领域有恰如其分的理解。自1978年后，中国发生了翻天覆地的变化。随着"四人帮"覆灭，比较文学研究正蓬勃发展。

俄国文学是中国现代小说产生的摇篮。它和尼采（Nietzsche）在《查拉图斯特拉如是说》（*Also sprach Zarathustra*）中的"狂人"一道，激发了鲁迅《狂人日记》及相关作品创作。尼采的"狂人"实际受到了另外两个作品影响：一是迦尔逊（Garshin）的短篇故事《红花》（*Krasnyitsvetok*），二是安德列耶夫（Andreev）的《我的记录》（*Moizapiski*）。尼采的"狂人"代表了鲁迅那时所笃信的贵族精神。鲁迅对这两部作品及里面的人物，尤其是对《我的记录》中的人物再熟悉不过。在评价鲁迅的第一篇白话小说的文学间因素时，提及迦尔逊和安德列耶夫也许会让中国现代文学与鲁迅的研究者们颇感诧异。鲁迅自己也承认果戈理和尼采对《狂人日记》产生了影响。但无论是鲁迅的评论还是许多学者的成果都不能说服我相信：除了标题，他还从果戈

① W. Baus, "Literatur und Politik in Taiwan nach 1945", *Blicküber Meer.*, *Chinesische Erzählungenaus Taiwan*. Frankfurt am Main：Suhrkamp，1982，S. 16-43.

理那儿吸取了其他东西。在小说集《呐喊》的其他短篇小说，小说集《彷徨》中的短篇小说《长明灯》，和散文诗集《野草》中，鲁迅也回到了作家的“三位一体”。在20世纪头20年，鲁迅的人格是沿着反对儒家思想的路径发展，后受到如下影响：先是源自克尔凯郭尔（Kierkegaard）哲学［可能是通过柏兰克斯（Brandes）这个中介］的影响，后源自尼采对于文化与道德庸俗的批判，以及像易卜生的“斯多克芒医生”这样孤独的勇士所代表的英雄主义的影响。在鲁迅钟爱勇敢、浪漫的典范时期，他表达了对撒旦（Satan）、普罗米修斯（Promethus）和耶利米（Jeremiah）等人发出诗意声音的钦羡之情。他与世纪末俄国作家（以及屠格涅夫的散文诗）的相遇使他相信：尽管民众在一些情形下力量孱弱，但他们必须行动，必须奔走疾呼，团结民众力量，以“鼓励那些孤独的驰骋的战士，让他们不至于失掉信心”①。鲁迅选择了“伟大人格”的个人主义（但非常人性）方式，即人类有能力在黑暗的中国世界中成为“明亮之星”（如光之承载者）或成为通往更好世界的领路人。

虽然苏联和中国的文学批评有许多关于中国现代文学与俄罗斯文学代表人物之关系的论述，但内部联系方面的研究却很少（新中国成立后的近来研究可能是个例外）。据我所知，事实上俄国的一些著名作家如奥斯特洛夫斯基（Ostrocsky）、陀思妥耶夫斯基（Dostoevski）和普希金等都对中国作家产生了影响，但相关研究如今仍是一片空白。虽然文学巨匠果戈理的《钦差大臣》（*The Inspector-general*）比其他俄国文学作品对中国文学产生的影响要大得多，但施耐德（M. E. Shneider）在书中只字未提。其巨大影响力可以在下面的事实中得到佐证：它被搬上各种形式的舞台，被不断翻译及改编；陈白尘的《升官图》、老舍的《西望长安》、沙叶新和另外2人合作的《假如我是真的》都获益于这部讽刺喜剧。老舍作品的接受遇冷，以及沙叶新戏剧被禁而产生的激烈讨论清楚地表明根据《钦差大臣》脚注创作的作品属于“不受欢迎的歌剧”之列，尽管它们都能很好地适应并融入接受文学的结构中。

从奥尔加·朗（Olga Lang）的作品中，我们已找到巴金受益于屠格涅夫的大量资料。她也令人信服地指出，巴金和托尔斯泰二者间的相似之处，其中一点是小说《雾》中周如水对张若兰的迷恋之情与《战争与和平》（*War and Peace*）中彼尔·别竺豪夫（Pierre Bezukhov）被公爵小姐海伦（Hélène）

① 鲁迅《短篇小说第一集〈呐喊〉前言》，载《鲁迅选集》，外文出版社，1956年。

美貌所吸引的感受相似；也与茅盾《子夜》对吴家氛围的描写相似，在那儿吴老太爷见到吴少夫人和其他年轻女性有意为之的若隐若现的乳房后就死了。《战争与和平》的前几章［主人公们在安娜·帕夫洛夫娜·谢尔（Anna Pavlovna Sherer）举行的沙龙聚会］和《子夜》（主人公们在吴家的聚会）有很多相似之处，1949年批评家林海率先指出了这一点，1958年张毕来和1975年格鲁纳（Gruner）也有过提及。

众所周知，契诃夫（Checkhov）和高尔基（Gorkey）是对中国现代文学影响最大的两位作家，但前者比后者产生的影响要大。中国学者王文英，以及国外学者刘绍铭（Joseph S. M. Lau）和R. S. 别洛乌索夫（R. S. Belousov）已分析过契诃夫对曹禺的戏剧的影响。引人注目的是，截止1964年，高尔基的作品已有212个译本面世；大量书籍、文章和研究探讨了他的生平（确切的证据至少有325项），但他的作品可能仅对王统照的《湖畔儿语》这篇短篇小说的内在结构产生过影响。这并不是说人们对高尔基的刺激缺乏兴趣，而是人们缺乏对他足够的了解，且没有付出足够的努力去研究他。

易卜生对中国戏剧产生了重大的文学和社会影响。1919年胡适的独幕剧《终身大事》出版。此剧是胡适回应所谓的易卜生主义（和个人主义）且根据阅读、翻译《玩偶之家》（*A Doll's House*）后的一些印象而写成。

拉宾德拉纳特·泰戈尔（Rabindranath Tagore）是对中国现代诗歌最具影响力的早期巨匠之一。郭沫若是他最早的追随者，如要限定在某时段内，便是1918到1919年；接着是20世纪20年代早期，冰心通过诗集《繁星》和《春水》使得泰戈尔和自己声名鹊起。某种程度上，徐志摩在其诗歌创作中也沿袭了泰戈尔的作诗之法。当泰戈尔的“外国化身”（foreign reincarnation）[①] 戴上神秘面具时，当他开始大肆称赞东方智慧和救世主义时，在中国（正如在世界的其他国家一样），人们对他的兴趣开始减弱。他的这一形象和作品对当时的中国人是缺乏吸引力的。

如前文所述，尽管日本在诸多领域（不仅限于文学和文化）扮演着“中介”的重要角色，但对中日关系的理解仅限于小范围。鲁迅的例子就可以清楚地解释日本“中介”的角色。在内部联系方面，郁达夫受到日本文学的影

① N. Dev Sen, "The 'Foreign Incarnation' of Rabindranath Tagore", *Counterpoints: Essays in Comparative Literature*, Calcutta: Prajna, 1985, pp. 14-32.

响，尤其是受到佐藤春夫（Sato Haruo）、葛西善藏（Kasai Zenzo）等人私小说的影响以及源自《檀香》（*Tambiha*）（唯美派作品），也许还源自谷崎润一郎（Tanizaki Jun'ichiro）的影响。

中国现代文学所受的刺激因素（泰戈尔和日本文学的某些因素除外）都来自于欧洲的文化环境。这不仅包括19世纪和20世纪文学，也包括从上古到中世纪早期各个民族的神话，还至少包括古希腊悲剧。在郭沫若、茅盾、何其芳、冯至等人的著作中都可以找到希腊和罗马神话中的新文学处理方法。茅盾对“比较神话学”的了解将他引入了北欧神话的世界。它的灵感或虚构的处理方法可以从他在1929年至1934年间的短文和小说当中找到蛛丝马迹。20世纪20年代，中国文学批评特别强调对神话的研究和在文学作品中创造性运用神话的必要性。郭沫若在其文章《神话的世界》中论述了经典民间神话，并主张中国诗人效仿歌德的民谣《渔夫》（*Der Fischer*）和席勒（Schiller）剧作《威廉·退尔》（*Willeram Tell*）中的开场诗。它的首句“臭名昭著”：“他在湖边微笑，邀请你去洗澡”（Eslachelt der See，erladetzum Bade）[1]。茅盾还将神话诗学运用在《子夜》的某些部分：他创造性地运用了称为“毁天灭地的雷暴之神”的神话人物史莱姆（Thrym）[2]，还同样对圣经中被称为“世界毁灭”（Ragnarok）的世界末日（“诸神的黄昏”）进行了创造性的发挥。只是1930年中国的社会现实让他无法坚持神话的“逻辑”。

古希腊文学是吸收了神话诗学最伟大的文学之一，很难去评估它对中国现代文学的影响有多大。我们只能确定欧里庇得斯（Euripides）的《希波吕托斯》（*Hippolytus*）对中国现代文学产生过影响，尽管巴金在创作他的两部最好的作品之一的《寒夜》时很有可能通过埃斯库罗斯的《阿伽门农》（*Agamemnon*）顺藤摸瓜查找到了赫西俄德（Hesiod）的《神谱》（*Theogony*）。《费德拉》（*Phaedra*）的主题（女人对继子的悲剧之爱）不仅将欧里庇得斯的戏剧与拉辛（Racine）的《菲德拉》（曹禺也对此创造性地做了回应）联系在一起，而且还激发了中国现代文学对欧洲文学的兴趣。正如已有研究所示，除了北欧神话外，古代和整个中世纪的大部分时间段对中国现代作家而言都缺乏吸引力。这一点倒是可以理解的，因为它的代表，从陈独

① 郭沫若《文艺论集》（第四版），上海光华书局，1929年。

② H. A. Guerber, *Myths of the Norsemen*, London: George G. Harrap, 1919, p. 177.

秀的反思开始，就希望同崭新的、现当代的文学发展建立起联系（尽管他们的目标各不相同），而这些文学作品可以归属到几个文学思潮中。从法国古典文学作品中可以看出，李健吾的戏剧《以身作则》受到了莫里哀（Moliere）的影响。在 19 世纪的法国文学中，左拉（Zola）创作的《卢贡-马卡尔家族》（*Les Rougon Macquart*）系列小说对巴金和茅盾的影响最大；巴金的《寒夜》可能受到《德蕾丝·拉甘》（*Therese Raquin*）的影响。李金发、何其芳和戴望舒等中国象征主义的代表人物主要受到波德莱尔（Baudelaire）、瓦莱里（Valery）等为代表的法国象征主义者的影响。

在象征主义诗歌的其他代表中，何其芳的诗中有艾略特（T. S. Eliot）《荒原》（*The Waste Land*）的影子。而英美文学中，中国作家徐志摩被哈代，老舍被狄更斯，钱锺书被英国讽刺作家菲尔丁（Fielding）和伊夫林·沃（Evelyn Waugh）所吸引，且在作品创作中受到了他们的影响。这一点在洪深、曹禺与尤金·奥尼尔（Eugenon O'Neil）的关系中表现得尤为明显[1]。

德国文学或以德语书写的文学对鲁迅（受尼采的影响）、郭沫若（受歌德和德国表现主义的影响）和冯至［受德国浪漫主义和里尔克（Rilke）的影响］等人产生了内部-接触影响。于是，里尔克通过冯至影响到了第二次世界大战时期中国诗人所组成的一个更小圈子（郑敏，大概还有唐祈等人）。

除了既是俄罗斯作家又是苏联作家的马雅可夫斯基以外，几乎没有证据可以证明苏中文学间存在着某个内部-接触的地带。比起苏联同行自身更是如此，其他学者提到了奥维奇金（Ovechkin）对刘宾雁的影响以及法迪捷夫（Fadeev）和绥拉菲莫维奇（Serafimovich）对萧军的影响。

三

与起源-接触关系类似，结构和类型因素同样影响接受文学的内部和外部结构。关注结构-类型邻近性的纯文学构成，我们就会注意到，它们作为影响的外在形式，我们了解很多，但就它们对中国现代文学结构的内部融入来说，我们几乎不了解。

杜博妮（Bonnie S. McDougall）《西方文艺理论对现代中国的影响导论》

① H. Frenz, "Eugene O'Neill and China", *Tamkang Review*, 10.1-2 (Fall/Winter 1979), pp. 5-16.

（1919—1925）（*The Introduction of Western Literary Theories into Modern China*, 1919—1925）是研究影响的外在形式的出色范例。作者的目的并不在于描述在中国现代文学的系统-结构实体中这些新的“被发掘事实”的存在，也不是展示西方文学理论在中国这一新土壤下发生变形的程度。她书中的三个章节：“浪漫主义和新浪漫主义”“现实主义和自然主义”“先锋派文学理论”，就资料整理与分类数量而言至今无人能及，尽管对中国文学概念具体特征的描述还有缺失。更确切地说，对文化移植时个人“主义”（isms）的理解，尤其是对本土文学作品含义的理解尚有欠缺。如果我们就此把浪漫主义当作“一整套规范”，置身于西欧更广阔的文学间语境，便能意识到浪漫主义的概念不仅因欧洲各区域文化环境的不同而有不同的文学内涵，而且中欧和东欧文学所理解的浪漫主义也不相同，甚至提到的浪漫主义都是按照各自理解的“浪漫主义”（Romanticisms）。因此，中国的浪漫主义必定有其独特性。

在《东西方的表现主义？一些方法论上的问题》（Expressionism in East and West? Some Methodological Problems）中，佛克马认为，像其他以特点为背景的文学思潮（如现实主义和象征主义）一样，表现主义是文学“特定代码”（specific code）的显现，是一种“用来传达信息的符号系统”的代码。他将该代码的各个组成部分应用到德国表现主义的中国著作中，并指明一致或不一致的程度，但未对个人创作进行分析。郭沫若的诗剧《棠棣之花》和《孤竹君之二子》是表现主义作品，或者至少是被这么认为的。我们必须认识到，在研究“伟大的文学思潮”在中国的相应情况时，各种文学思潮并存于中国现代文学中，因而各种文学思潮是共时而非历时在发生相互作用。至少在他们最著名的代表中，这些文学思潮并没有纯粹以哪一种形式表现出来，而是与某些主要的代码融为一体，例如鲁迅、茅盾（在他的最佳著作中）和冰心等人的作品中体现的现实主义和浪漫主义；郭沫若作品体现的浪漫主义与表现主义；郁达夫作品中体现的浪漫主义与审美主义。

随着各类中外著作的出版，我们加深了对中国现代小说、戏剧或诗歌的了解，但是，除韩南（Hanan）的《鲁迅小说技巧》（*The techniques of Luxun's Fiction*）外，这方面的理论著作还很少。[①] 而且以中国传统文学相应流派为背

① Hanan Patrick, “The Techniques of Luxun's Fiction”, *Harvard Journal of Asiatic Studies*, 34 (1974), pp. 53-96.

景系统考察中国现代文学中某些文学类型发展状况的论文还没有。

相对而言，中国现代文人的智慧和思想面貌较少为人所知，但鲁迅和巴金除外（瞿秋白本也有资格，但并非有创造力的作家）。像林毓生《中国意识的危机》（*The Crisis of Chinese Consciousness*）[①] 这类作品，虽并不是讨论作家本身的专著，却有助于我们理解在文学中反映的智慧的和思想的概貌，这也是文学发展的决定因素之一。

四

当中国现代文学在没有更广泛的（跨国的）文学间共同体介入的情况下参与世界文学史时，它必须完成文学间进程存在所引发的一些任务。

发挥保持中国新文学与国际文学现状相联系的首个中介是日本文学。该中介功能始于 1898 年柴四郎（Shiba Shiro）将日本第一本政治小说《佳人之奇遇》（*The Strange Adventures of the Beauty*）翻译成中文时期，并一直持续到 1937 年。杜博妮和程清茂（Cheng Ching-mao）已提到这个中介功能的一些方面，但有必要进一步阐明日本文学在翻译和理论批评活动中的中介作用。1937 年后，苏联文学、文学研究，以及从英语翻译过来的苏联作品充当了此中介角色。苏联文学和文学批评的影响在 20 世纪 60 年代初的“文化大革命”前夕就已终止。自 1978 年以来，苏联文学和文学学术研究一直没有发挥任何中介功能，因为新中国成立后中国当代文学多少开始直接接触供其发展的各种促进因素。美国文学在中国台湾文学中是否发挥了中介功能以及在何种程度上发挥了中介功能的问题都有待权威专家解答。

虽然我们可以明确苏联文学在 20 世纪 60 年代前扮演了中介作用，但我们到现在尚不能评估其发挥的作用究竟达到何种程度。我们也不知道苏联文学对中国文学或其他组成部分（如理论批判性）产生了多少影响。除了 1956 年至 1960 年间，佛克马注意到了苏维埃文学批评的发展外，没有任何成果是分析有关新中国文学的这一问题。在《中国现代文学批评发生史》（*The Genesis of Modern Chinese Literary Criticism*）中，我只略谈了苏联的影响分析，

① Madison：University of Wisconsin Press，1979. Also J. B. Grieder，*Intellectuals and the State in Modern China*，New York：Free Press，1981.

因为确实有必要考虑变革问题的其他方面。戈得曼（Goldman）的专著《共产主义中国的文学歧见》（*Literary Dissent in Communist China*）[①] 更关注政治社会学的影响，而不太关注 1942 年至 20 世纪 50 年代末的中国文学作品和文学批评，同样这对我们理解文学间的过程没有太大帮助。

五

《四海》第一辑将带来有关港台地区和其他国家的华文文学作品及其研究，作家、评论家秦牧在介绍该辑时对中国文学共同体或“联合体”提出了一种新的分类方式[②]。他认为，存在一个“世界华文文学”，包含两个部分：首先是中国文学，包括在中国大陆、香港和台湾书写的文学。其次是在新加坡、泰国、马来西亚、美国、加拿大、澳大利亚、法国和其他地方产生的海外华文文学。我们应怎样去看待我们的研究主体呢？它是“中国文学的联合体”？“文学内的共同体”？自成一体的“文学间的共同体”？还是“世界华文文学”？“联合体”一词首先在政治领域中使用，在总体文学和比较文学分类学中都未曾出现。将“世界华文文学”视为一种文学概念是站不住脚的，因为这与对民族文学和世界文学之间关系的理解相矛盾。尽管我们对世界文学没有统一的定义，但每个可能的和已知的概念都涉及一个较大的文学体之间或世界所有文学之间的相互关系。“中国文学共同体”这个称谓更合适，因为它没有“联合体”那样强烈的文学外的“味道”，并且至少在一定程度上，从语义层面传达了文学间的角色身份、团体关系、社交性和共同利益，等等。

研究起源-接触关系、结构-类型邻近性和自成一体的文学间共同体的文学间的过程，必须把握好辩证统一和矛盾关系，绝不能顾此失彼。一个合理的路径，辅以好的方法逻辑-方法论，可以规避垃圾资源搜索［或称“平行搜索”（Parallelenjagd）］，进而促进对中国现代文学的理解。

（朱斌　在读博士，四川外国语大学商务英语学院副教授）

① Cambridge：Harvard University Press，1967.

② 秦牧《打开世界华文学之窗》，载《人民日报》1985 年 10 月 28 日。

阿拉伯当代汉学研究概览

王光远

摘　要：阿拉伯人对中国的考察和研究远早于西方人，但汉学却未能在阿拉伯世界落地生根。直到 20 世纪 50 年代，随着中国与阿拉伯国家建立外交往来，汉学研究的萌芽才开始重新出现在阿拉伯世界。经过半个多世纪的发展，阿拉伯学者在中国古代历史、哲学和文学等领域都取得了可喜的译研成果。但是，受历史和现实因素的影响，阿拉伯汉学还存在着一些问题和不足。未来，随着中阿关系的不断深化发展，阿拉伯汉学的繁荣是值得期待的愿景。

关键词：阿拉伯　汉学　中阿关系　阿拉伯汉学　中华典籍阿译

中国与阿拉伯之间的文明交往与对话源远流长。在阿拉伯古代典籍中，有关中国政治、经济和社会文化的描述和记载并不鲜见。但是，汉学的萌芽直到 20 世纪中叶才开始出现在阿拉伯世界。经过半个多世纪的发展，埃及等一些阿拉伯国家的汉学研究取得了令人可喜的成绩。然而，国内学界对阿拉伯汉学的了解和关注还相对有限。因此，本文尝试对阿拉伯汉学中具有代表性的译研成果进行梳理，并对阿拉伯汉学发展中的流弊及其原因进行分析，希望以此管中窥豹，概述当代阿拉伯汉学的发展状况。特别指出的是，由于笔者能力有限及所掌握的资料还并不十分全面，疏漏之处难免，希望抛砖引玉，恳请各位方家批评指正。

一、古代阿拉伯人对中国的描述和记载

公元 7 世纪中叶，阿拉伯人建立起横跨欧亚非的庞大帝国，并与唐帝国

开启了正式官方往来。公元 8 世纪中叶，阿拉伯帝国进入了繁盛的阿拔斯王朝时期，与中国的贸易往来和文化交流变得愈加频繁，有关中国的记录也就此出现在很多阿拉伯古籍中。

据葛铁鹰考证，最早出现“中国”一词的阿拉伯古籍是《艾因书》（Kitab al-Ayn），约成书于公元 8 世纪中后期，其中提及了中国的特产肉桂和中国大概的势力范围。[①] 在《中西交通史料汇编》中，《苏烈曼游记》被认为“是为今代吾人所知最初阿拉伯人中国之游记”。[②]《苏烈曼游记》的阿语原文是《历史的锁链》（*The Chain of Chronicles*），于公元 851 年根据旅华阿拉伯商人苏莱曼（Sulaiman）的见闻经历撰写而成。此后，在以阿拉伯文撰写的游记和地理典籍中，有关于中国的记载和描述不断出现，有的甚至还有专门介绍中国的章节。这些典籍中比较著名的有伊本·胡尔达兹比赫（Ibn Khordadbeh，820—912）的《道里邦国志》（*Book of Roads and Kingdoms*），雅古特（Yaqut，1179—1229）的《地名辞典》（*Dictionary of Countries*）和艾布·斐达（Abu al-Fida，1273—1331）的《列国地域志》（*Locating the Lands*）等。公元 14 世纪，摩洛哥著名旅行家伊本·白图泰（Ibn Battuta，1304—1369）到达中国，游历泉州、广州和杭州等地达半年之久。归国后他在《伊本·白图泰游记》（*Ibn Battuta's Rihla*）中描述了其在中国游历时的所见所闻。而在史学典籍方面，泰伯里（al-Tabari，839—923）的《历代先知与帝王史》（*History of the Prophets and Kings*）、麦斯欧迪（al-Mas ‘udi，896—956）的《黄金草原与珠玑宝藏》（*Meadows of Gold and Mines of Gems*）、伊本·艾西尔（Ibn al-Athir，1160—1233）的《历史大全》（*The Complete History*）和伊本·赫勒墩（Ibn al-Khaldun，1332—1406）的《历史绪论》（*Ibn Khaldun's Prolegomena*）等书中也都有一些关于古代中国社会和中阿交往的记载。在这些阿拉伯古籍中，既有对古代中国的城市规划、政治体制、国家管理和交通物产等方面的宏观叙述，也有对中国人的相貌特征、家庭伦理、婚姻制度、礼仪习俗和饮食习惯等方面的微观描述。总体来说，古代阿拉伯人对中国的描述和记载大多是积极和正面的，其中一些记载具有很高的历史价值，是研究中

---

① 葛铁鹰《阿拉伯古籍中的“中国”研究——以史学著作为例》（博士学位论文）第 12—14 页，上海外国语大学，2008 年。

② 张星烺《中西交通史料汇编》（2 册）第 584 页，华文出版社，2018 年。

外交通史和交往史的珍贵参考资料。

然而，阿拉伯人最终未能将这些有关中国的记载与记录发展成为一门学问。根据阿拉伯史学界的观点，从公元13世纪中叶起，蒙古人的入侵和奥斯曼土耳其人的统治让阿拉伯人的学术事业不断遭到破坏和打压，最终陷入衰败，进入黑暗时代。由此可以推断，对中国的探索与研究也在这一过程中逐渐式微，最终销声匿迹。

二、当代阿拉伯汉学研究的发展与成就

斗转星移，阿拉伯人再次将目光投向中国已是20世纪。从20世纪50年代起，赢得独立的埃及等阿拉伯国家相继与新中国建立了外交关系。也正是从这一时期起，一些中国古代文学典籍和现当代文学作品开始被译为阿文，对中国古代哲学思想与历史文化的研究也开始逐渐得到关注和重视。

（一）对中国古代文学典籍的翻译

中国古代文学典籍的阿译可分为两个阶段。第一阶段从20世纪60年代开始，一直到90年代末。这一阶段被译为阿拉伯文的中国古代文学典籍数量较少，且绝大多数都是从英、法、德等西方语言转译而成，主要有《道德经》《孙子兵法》《庄子》等先秦典籍的全译本和《红楼梦》《三国演义》《水浒传》和《西游记》等古典小说的节选本。这些作品的翻译主要通过两个途径。一个是由研究历史、哲学和思想史的阿拉伯学者或作家进行的自主翻译，其中以对《道德经》的翻译最具代表性。《道德经》是阿拉伯学者翻译的第一部中国古代典籍，先后有多个译本面世。[①]《道德经》的阿译本最早出现于1967年，由埃及哲学家、翻译家阿卜杜·盖法尔·迈卡维（Abdul Ghaffar Makawi，1930—2012）从德译本转译。1980年，伊拉克著名思想家哈迪·阿莱维（Hadi al-Alawi，1933—1998）将《道德经》从华裔汉学家冯家福（Gia-Fu Feng）的英译本翻译为阿拉伯文，由另一位学者萨米·穆萨拉姆进行审校和润色后在黎巴嫩出版发行。[②] 1998年，埃及作家阿拉·迪伊布（Ala

① 第一部被译为阿拉伯文的中国古典文学作品是由我国学者马坚于1934年翻译的《论语》。

② 哈迪此后又通过冯友兰的英译本翻译了《庄子》，与该《道德经》译本合编成书，并仍以《道德经》为书名，于1995年在黎巴嫩出版发行。

al-Diyib）从冯家福的英译本翻译了《道德经》的第三个译本。同年，叙利亚学者费拉斯·萨瓦赫（Firas al-Sawah）将《道德经》从刘殿爵（D. C. Lau）的英译本翻译为阿拉伯文，并参考了冯家福和张钟元（Chang Chung-yuan）的英译本。而另一个途径是通过外文出版社等中国官方机构主持的外宣翻译，这其中也有很多阿拉伯学者的贡献。自20世纪60年代起，一些阿拉伯知识分子以外国专家的身份来到中国，从事阿拉伯语教学以及外宣材料的审校、编辑和翻译工作。其中一些人通过英译本翻译了若干部中国古代文学典籍。比如《道德经》的译者哈迪·阿莱维曾于70年代和90年代两次来华工作。1985年，他将《关汉卿剧作选》由英译本转译为阿拉伯文。1987年，黎巴嫩外专阿里·宰伊桐（Ali Zaytun）从英译本翻译了《聊斋志异选》。而另一位巴勒斯坦外专穆罕默德·克里姆（Muhammad Karim）于1992年将《红楼梦》的节选本翻译为阿拉伯文。[①] 此外，一些中国古代神话传说和历史故事也被译为阿拉伯文后在阿拉伯国家出版发行。[②]

进入21世纪后，中国古代文学典籍的阿译进入了第二阶段。不仅译著数量大幅增加，且大部分都是从汉语原文翻译而成。如2005年埃及艾因夏姆斯大学中文系系主任穆赫森·法尔加尼（Muhsin Farjani）首次将《道德经》直接从汉语译为阿拉伯语。2009年，埃及开罗大学中文系系主任希夏姆（Hisham）第一次将《孙子兵法》由汉语翻译为阿拉伯文。2011年，穆赫森将《孙膑兵法》由白话文翻译为阿拉伯文。还有一些典籍的翻译是由中阿学者合作完成的。如2009年北京外国语大学薛庆国教授与《道德经》的译者费拉斯合作，对后者1998年的译本进行了修改和润色，联手完成了《道德经》的翻译。2012年，大中华文库（汉阿对照）翻译工程正式启动，大量典籍由中阿两国学者和专家翻译为阿拉伯文。到目前为止，已有《论语》《孟子》《诗经》《战国策》《四书》《列子》《离骚》《荀子》《楚辞》《天工开物》等几十部中国古典文学作品和典籍被翻译成阿拉伯文出版发行。

① 笔者曾向外文出版社询问过该译本的翻译过程。但因年代久远，且译者本人已离世，故未能得知确切情况。但了解到译者的汉语水平很有限，因此该译本很有可能也是从英译本转译而成。

② 宗笑飞《回眸东方——1949年后阿拉伯世界对中国文学的关注》，载《回族研究》2009年第3期。

（二）对中国古代哲学思想和对外交往的研究[①]

阿拉伯学者对中国古代哲学思想的研究基本上始于20世纪50年代。孔子和儒家思想是最受关注的研究领域之一。埃及爱资哈尔大学的哈桑·萨阿凡（Hasan Safan）是阿拉伯世界较早关注和研究孔子的学者。早在1956年哈桑就出版了《孔子：中国的先知》（*Confucius: The Prophet of China*）一书，将孔子的生平和主要哲学思想介绍给阿拉伯世界。1964年他又发表一篇题为《论孔子的五经》（The Five Books of Confucius）的论文，简要介绍了《诗经》等五经的内容以及四书的大意。在哈桑之后，还有几位阿拉伯学者对孔子思想进行过研究。萨拉赫·莱斯兰（Salah Raslan）的《孔子：人类思想的先驱》（*Confucius: the Pioneer of Human Thought*）出版于1998年，该书主要介绍了孔子的生平以及孔子的教育、道德和政治思想。哈拉·艾哈迈德（Halah Ahmad）的《孔子理想国中的道德和政治哲学》（*Moral and Political Philosophy in Confucius's Utopia*）一书出版于2000年，作者在书中介绍了孔子思想产生的历史文化背景，重点研究了孔子的道德、教育及政治思想中的乌托邦因素。2006年，沙特学者纳赛尔·沙赫拉尼（Nasir al-Shahrani）的博士论文《伊斯兰信仰视角下儒家思想批评分析研究》（Confucianism: A Critical Analysis From the Islamic Perspective）从伊斯兰教的立场和视角出发对儒家思想进行了分析和研究。他认为儒家思想是中国古代的一种宗教而非道德哲学，儒家思想会在现代中国实现复兴。2011年纳赛尔在其博士论文的基础上出版了《儒家思想：历史、现状及伊斯兰对其立场》（*Confucianism: Histroy, Current Situation and Islam's Position on It*）一书。

《道德经》和道家思想是另一个研究重点。哈迪·阿莱维和费拉斯·萨瓦赫的《道德经》译本都具有很高的学术价值。哈迪在其译本的序言部分阐述了道家的本体论、人生论和政治思想。费拉斯则在译本中附有关于道家思想的长篇导读和针对译文的详尽阐释。两位译者都将道家思想与伊斯兰苏菲思想进行了比较。[②] 哈迪的《庄子》译本也具有较高的学术价值。他不仅为译文附上了西晋玄学家郭象的注解，还翻译了一篇冯友兰介绍郭象思想的文章

---

① 本节部分内容参考了北京外国语大学薛庆国教授在第二届《翻译界》高端论坛上所作的题为《中国古典思想在阿拉伯世界的传播和接受》的发言。笔者在其发言的基础上对相关文献和资料进行了进一步的补充和梳理。

② 薛庆国《评〈道德经〉的两个阿拉伯文译本》，载《阿拉伯世界研究》2001年第1期。

作为附录。哈迪认为庄子比老子更加注重顺应自然，但庄子的思想中存在一些自相矛盾的地方。此外，哈迪还与冯友兰就东西方哲学的起源和老子是不是中国的第一位哲学家等问题进行了短暂的交流和讨论。① 除上述两位外，还有一些阿拉伯学者也撰写过研究道家思想的论文，他们普遍认为道家思想与伊斯兰苏菲思想存在很多相似之处。而道家思想也对一些著名的阿拉伯文学家和思想家如纪伯伦等产生过不小的影响。

在对中国古代思想和社会文化的总体研究方面，阿拉伯学者也做出了一定的贡献。如福阿德·穆罕默德·西伯尔（Fuad Muhammad Shibl）在1967年出版的《中国智慧：古代中国思想家分析研究》（*Chinese Wisdom*：*An Analysis of Ancient Chinese Thinkers*）就是阿拉伯学者了解中国文化的重要参考书。他在书中对儒家和道家思想进行了整体性的介绍和评价，表达了对"内圣外王"哲学思想的理解，并认为中国哲学的方法论有其独特的一面。黎巴嫩大学教授欧麦尔·阿卜杜勒哈伊（Omar Abudlhayyi）的《古代中国的哲学和政治思想》（*Ancient Chinese Philosophy and Political Thought*）一书出版于1999年。作者在回顾古代中国历史和社会发展的基础上，分别介绍了道家、儒家、墨家和法家思想。他认为中国文化具有很强的吸收外来文化的能力。正是因为在儒家思想基础上吸收融合了其他文明思想中的精华，中华文明才能够跻身世界重要文明之列。哈迪·阿莱维也写就了一本介绍中国的百科全书式的著作——《中国拾珍》（*The Chinese Book of Novelties*）。在这部作品中，他介绍了中国的地理、历史、语言、宗教、哲学、文学和社会状况等方面的内容。在占比最大的哲学部分，哈迪简述了中国哲学的起源与发展变化，并认为提出阴阳五行学说的史伯应该被视为世界上的第一个哲学家。② 此外，他还将李约瑟（Joseph Needham）和冯友兰等人翻译的一些诸子百家散文片段转译为阿拉伯文收录在书中，用以说明古代中国人对自然和社会的看法和认识。在文学和历史部分，他收录了《窦娥冤》《西游记》等一些中国古代文学作品的翻译节选，并对中阿交往史和伊斯兰教传入中国的历史进行了梳理和研究。

而对于中阿交往史的研究，伊拉克历史学家费萨尔·萨米尔（Faisal

① ［伊拉克］哈迪·阿莱维著，郅溥浩译《中国哲学家冯友兰访问记》，载《中国哲学年鉴1987》第442—445页，中国大百科全书出版社，1987年。

② Hadi al-Alawi，*The Chinese Book of Novelties*，Damascus：Al-Mada，1994，p. 58.

al-Samir，1924—1982）是最早涉及这一领域的当代阿拉伯学者，他从20世纪60年代起就开始发表关于伊斯兰教在中国等远东地区传播的论文。1971年他发表了《中世纪时期前往中国的阿拉伯使团》（*The Arab Diplomatic Misson to China in the Middle Ages*）一文，介绍了自哈里发奥斯曼时期到阿巴斯王朝时期派往中国的使团情况。1977年他撰写了《伊斯兰文明在远东的历史根源》（*The Historical Roots of Islamic Civilization in the Far East*）一书，详细研究了伊斯兰教通过海路贸易向中国、印度和东南亚等地区的传播历程。苏丹学者贾法尔·卡拉尔·艾哈迈德（Jafar Karar Ahmad）是另一位研究中阿古代交往史的专家。贾法尔于1995年在南京大学获得了历史学博士学位，后长期供职于卡塔尔使馆，也在北京大学、上海外国语大学等高校和研究机构担任研究人员。他在中文期刊上陆续发表了《谈谈陈棣和百奇两地祠堂》《中世纪阿中文明对话及其缘起》《自伊斯兰教兴起至20世纪初阿拉伯半岛和中国的历史关系》等多篇论文。[①] 他认为中国船队在伊斯兰教出现前就已经抵达过阿拉伯半岛地区。中国同阿拉伯半岛地区的交流往来自公元651年正式开始以来便从未间断过。[②] 此外，埃及苏伊士运河大学历史系教授卡拉姆·法拉哈特（Karam Farhat）也撰写过若干关于伊斯兰文明对中华文明的影响和中埃古代关系的论文和书籍。

（三）对中国现当代文学作品的翻译和研究

中国现当代文学的阿译最早可追溯至20世纪50年代。1956年郭沫若的历史话剧《屈原》在埃及出版发行，是第一部翻译成阿拉伯语的中国现代文学作品。[③] 同年，埃及和叙利亚还相继出版了《阿Q正传》等鲁迅作品的单行本。1964年，由我国阿拉伯语学者与阿拉伯专家合作翻译的《鲁迅小说选》出版。1968年，叙利亚学者阿卜杜勒马因·穆鲁希（Abudlmayin al-Muluhi）将我国现代女诗人和文学翻译家胡品清（Hu Pin-ching）用法文编译的《中国新诗选》（*Collection Mélior La Poésie Chinoise Contemporaine*）翻译为阿拉伯语。由于阿拉伯国家在这一时期还没有精通汉语的人才，因此这些文学作

① 根据笔者掌握的资料，这些论文大部分先发表于阿文期刊，再由中国阿语专业的教师或研究生译为中文后在中文期刊上发表。

② ［苏丹］贾法尔·卡拉尔·艾哈迈德著，陈璐、马杰、戴志轩译《自伊斯兰教兴起至20世纪初阿拉伯半岛和中国的历史关系》，载《北大中东研究》2012年第1期。

③ 《回眸东方——1949年后阿拉伯世界对中国文学的关注》。

品基本上都是通过英文、法文等西方语言转译的。

从80年代中后期开始，埃及第一代和第二代精通现代汉语的汉学家和翻译家成长起来，将鲁迅、老舍、巴金、茅盾、曹禺、郭沫若等现代著名作家和余华、莫言、阿来等当代作家的作品翻译为阿拉伯文，受到读者的广泛欢迎。此外，丁玲、杨沫、茹志鹃和霍达、王安忆、池莉等现当代女作家的作品也陆续被译为阿文。[①] 在这批汉学家和翻译家中，有三位影响力比较大，其中一位是上文提到的穆赫森·法尔加尼，另两位分别是阿卜杜勒阿齐兹·哈姆迪（Abudulazizi Hamdy，以下简称阿齐兹）和哈赛宁·法赫米（Hasanein Fahmy）。三人都是埃及艾因夏姆斯大学中文系培养的汉学家。阿齐兹生于1959年，1981年本科毕业后留校任教。从1999年起他在埃及最高宗教学府爱资哈尔大学的中文系担任系主任。阿齐兹翻译了一系列中国现当代小说，成果非常丰硕。他的代表译作有：鲁迅的《狂人日记》《阿Q正传》，曹禺的《原野》《日出》，老舍的《茶馆》，莫言的《蛙》，余华的《活着》，以及田汉、郭沫若、沈从文、铁凝等人的作品。穆赫森与阿齐兹是同窗，毕业后一直在艾大中文系任教。除《道德经》等中国古代文学经典外，穆赫森还翻译了大量中国现当代文学作品，如鲁迅的《孔乙己》，莫言的《牛》《梦境与杂种》，以及残雪、马原和阿来等人的作品。哈赛宁1996年进入艾大学习汉语，是阿齐兹和穆赫森的学生，2000年毕业后留校任教。2008年哈赛宁在北京语言大学获得博士学位。2013年他前往沙特苏欧德国王大学中文专业任教。哈赛宁的代表译作有：莫言的《红高粱家族》《透明的红萝卜》，刘震云的《手机》，余华的《许三观卖血记》等。此外，一些阿拉伯青年汉学家和译者也在近年来崭露头角，将余华、王小波、陆文夫、苏童和毕淑敏等人的小说和诗歌翻译为阿拉伯语。总之，在老中青三代埃及汉学家和翻译家的努力下，中国现当代文学作品被大量译为阿拉伯语，不仅得到了阿拉伯读者的认可和喜爱，也促进了阿拉伯学界对中国现当代文学的研究。很多阿拉伯作家和学者都曾撰写研究鲁迅、老舍和曹禺等人作品的论文和文章。[②] 哈赛宁指出，艾因夏姆斯大学中文系的老师们撰写了很多研究鲁迅和老舍的论文。[③] 此外，该系

---

① 《回眸东方——1949年后阿拉伯世界对中国文学的关注》。

② 《回眸东方——1949年后阿拉伯世界对中国文学的关注》。

③ 哈赛宁《现代中国文学在埃及》（博士学位论文）第33—35页、第59—61页，北京语言大学，2008年。

历届研究生共撰写了几十篇研究鲁迅、老舍、巴金、郁达夫、茅盾、王蒙、丁玲、冰心等现当代作家及其作品的硕博学位论文。[①]

除了对中国古代思想、文学、历史和现当代文学的关注外，近年来中国政治、经济和社会等领域的发展与变化也引起了阿拉伯学者的重视，不仅有大量相关主题的译著出版发行，也有很多研究成果面世。沙特学者艾敏·苏莱曼·希杜（Amin Sulaiman Sidu）对1886年至2019年期间以阿拉伯语出版的各类有关中国的公开发表作品（包括著作、译作、论文、文章和书中的章节等）进行了统计，共收集到各类文献2125篇。其中2001—2019年期间共收集到各类文献1112篇，占总文献数量的一半以上。其中“中国经济”和“中国伊斯兰教”是文献数量最多的两个主题。[②] 此外，该学者还发现用阿拉伯语撰写的第一篇有关中国的文章发表于1879年，题目为“中国的人口”，而第一本有关中国的著作是1906年在开罗出版的《中国法律》。[③]

三、当代阿拉伯汉学研究的问题及其原因

通过上述梳理可以发现，当代阿拉伯汉学在经过半个多世纪的发展后，已经取得了长足的进步。一方面，中国古代文学和现当代文学作品的译本数量大幅增加。另一方面，研究中国古代历史和哲学思想的代表性学术成果也越来越多。此外，有关现代中国政治、经济和社会等领域的译研成果也不断涌现。然而，在欣欣向荣的同时，阿拉伯汉学也存在着一些问题和不足。如：

第一，研究的深度和系统性不足。尽管阿拉伯学者对中国古代文学、哲学和历史等领域进行了一定的研究，并提出了一些令人耳目一新的观点。但总体而言，大部分阿拉伯汉学著作仍偏重于介绍和概述，无论是研究的深度还是广度都与西方汉学有很大差距。也正因如此，享有国际影响力和知名度的阿拉伯汉学家和研究成果并不多见。此外，阿拉伯汉学研究的系统性也有待提高，比如对古汉语的研究目前就基本处于空白状态，也没有关于中国通史、思想史和古典文学史等方面的系列学术著作问世。

---

① 《现代中国文学在埃及》第20—23页。

② Amin Sulaiman Sidu, *China in the Arabic literature*, Riyadh: Center for Research & Intercommunication Knowledge, 2019, pp. 38-40.

③ *China in the Arabic literature*, p. 41.

第二，缺少引领学科发展的领军人物。到目前为止，阿拉伯汉学界还尚未出现一位语言水平与学术造诣都堪称精湛的汉学家。埃及高校中文系的教授们固然语言能力出色，译著成果也很丰硕，但其研究领域一般仅限于现当代文学，且有影响力的学术成果不多。而对中国古代历史、社会和哲学思想有所研究的学者们，他们的汉语水平又大都非常有限，只能借助英文或法文材料开展研究，而且其中一些学者的主要研究领域也不是汉学。因此，在没有一位集大成学者担当领军人物的情况下，阿拉伯汉学的学科建设很难取得重大突破，各领域的研究也难以形成合力。

第三，在翻译方面存在急功近利和粗制滥造的现象。近年来有大量中国图书被阿拉伯译者翻译为阿拉伯语，为中阿文化交流做出了巨大贡献。但是，这些译者的水平参差不齐，有些人能力不足却急功近利，导致很多粗制滥造现象的出现，让不少译著的翻译质量饱受诟病，甚至沦为反面典型。比如曾经有中国的阿语专家在一部译为阿拉伯语的小说中发现了数以千计的错误。此外，个别阿拉伯图书出版机构和译者还存在浮夸和造假的行为。这些问题不仅严重损害了中国文学和中国文化在阿拉伯世界的形象和声誉，也给阿拉伯汉学的发展带来了非常负面的影响。

对于以上问题的出现，笔者认为是历史与现实因素共同起作用的结果。历史地看，一方面，古代来华阿拉伯人以做生意赚取利润为主要目的，兼顾传播伊斯兰教。这就决定了他们的观察和研究重点是中国的器物文化和在华穆斯林的生活状况，而非中国的历史、文学和哲学等方面。正因如此，阿拉伯古籍中有关中国物质文明的记录相当丰富，而有关中国精神文明的内容则相对有限。另一方面，受中世纪治学方式的制约，阿拉伯学者在撰写史书和地理典籍时大多将历史记载、游记见闻和道听途说的材料相结合，致使阿拉伯古籍中关于中国的部分内容存在一定程度的夸张和虚构，一些论断在今天看来也颇具争议。如《黄金草原》一书的作者就将中国人归为诺亚后代阿慕尔的后裔，还记载有几位中国国王在位200—300年之久。[①] 因此，尽管阿拉伯古籍中对中国历史和社会风貌的记载与描述具有很高的史料价值，对研究古代海洋贸易史和中阿关系史不可或缺，但这些内容还不够全面和深入，不足以揭示中国社会的内在变化规律，也难以反映中国文化的深刻内涵，故无

① ［阿拉伯］马苏第著，耿昇译《黄金草原》（上）第158—161页，人民出版社，2013年。

法为阿拉伯汉学的发展提供足够的养分。而现实因素则分为“一小一大”两个方面。“一小”指的是阿拉伯国家特殊的汉学教学和科研环境。首先，尽管近年来汉语热在阿拉伯国家持续升温，孔子学院和中文专业遍地开花，但总体来看，汉语教学在阿拉伯世界的起步很晚，且在很长一段时间内都发展缓慢。阿拉伯国家的第一个中文专业于1958年在埃及艾因夏姆斯大学建立，但很快就陷入停摆，直到1977年才恢复招生。而直到20世纪90年代末，在所有22个阿拉伯国家中还只有这一家成规模的中文专业。[①] 由于发展缓慢，阿拉伯国家的中文专业在课程设置和教学理念等方面都比较落后。往往只重视语言教学和翻译训练，而很少教授有关中国历史、文化和社会等方面的知识。中文专业是培养汉学家的摇篮，但只重实用的教学模式显然会限制学术型人才的成长，造成阿拉伯汉学人才的短缺。其次，落后的科研水平和封闭保守的学术环境也是困扰阿拉伯汉学发展的难题。阿拉伯高校中文系对学术研究的重视程度普遍不够，曾有中国学者指出艾因夏姆斯大学中文系的科研工作浮于表面，不能深入。教师撰写论文只求发表，不顾质量。[②] 而论资排辈的传统和有失偏颇的学术评价体系也制约着阿拉伯青年汉学人才的成长。一位在埃及某大学中文系工作的青年教师告诉笔者，埃及高校中文系的教授们多以研究现当代文学为主，在职称评审时也更认可该领域的成果。因此，为了不影响职称晋升，原本研究孔子思想的他转而研究中国当代文学。此外，封闭保守的学术环境也导致了学术争鸣、学术批评和监督的缺失。特别是近年来，大量中国文学作品的阿译本在阿拉伯国家出版发行，但针对这些译作的翻译评论却极少见到，这就为一些急功近利的译者大开方便之门，让很多优秀作品在翻译后沦为次品。

“一大”则指的是阿拉伯国家特殊的政治、经济与文化环境。与西方相对和平稳定的大环境不同，中东地区的领土、民族和宗教矛盾错综复杂，再加上域外大国的干涉与介入，不仅使地区经济发展水平相对落后，更让一些国家经常处于动荡之中。如伊拉克曾长期遭受美国制裁，后又陷入教派仇杀和恐怖袭击中无法自拔。叙利亚则在2011年被拖入旷日持久的内战，直至山河

---

① 突尼斯布尔吉巴语言学院于1977年开设汉语选修课程，但直到2000年才升级为本科专业，且学制只有三年。

② 邓时忠《埃及艾因夏姆斯大学语言学院中文系汉语教学现状及发展策略》，载《国外汉语教学动态》2004年第3期。

破碎，民不聊生。伊叙两国都是阿拉伯世界中世俗化程度较高的国家，学术传统和底蕴较为深厚，本有希望在汉学研究方面有所建树，但在如此动荡的环境下显然已成泡影。而埃及作为阿拉伯国家汉语教学的开创者，培养了大批精通汉语的人才，本可在汉学学科建设方面发挥引领性作用。但埃及经济发展长期停滞不前，在阿拉伯之春后更是陷入崩溃，人民生活水平直线下降。困难的经济状况不仅无法为学术发展创造有利条件，还在某种程度上刺激了急功近利和造假行为的产生。最后，文化因素的影响也不容忽视。总体而言，文化保守主义仍是阿拉伯国家社会的主流意识形态。特别是自 20 世纪 70 年代以来，在伊斯兰复兴思潮的影响下，对外来文化持排斥和否定态度的原教旨主义思想不断发展壮大，在无形中为中国文化的传播和汉学研究的深入发展制造了障碍。

结　语

经过半个多世纪的发展，阿拉伯汉学取得的成果令人振奋。尽管与欧美汉学相比还存在较大差距，但阿拉伯汉学的兴盛与繁荣是值得期待的愿景。得益于中阿文化交流的不断深入，学习汉语的热潮在阿拉伯国家日益高涨，越来越多的阿拉伯年轻人开始学习汉语和中国文化，其中不少人在毕业后选择来华继续深造。由此可以预见，未来会有源源不断的新生力量加入到阿拉伯汉学研究的队伍中，为解决阿拉伯汉学发展中的流弊，提升阿拉伯汉学的研究水平贡献力量。

（王光远　北京语言大学中东学院阿拉伯语系讲师）

·日本汉学（中国学）研究·

藤原忠通《读新乐府》诗考说*

王晓平

一、踵武梦中诗神

白居易与元稹是平安时代中后期诗人心目中的梦中诗神，特别是白居易，更赢得诗人全员的崇敬。从9世纪末，白居易就逐渐成为在日本美誉度最高的中国诗人。日本诗人对白居易的崇敬之情，屡见于汉诗文，其中就有《本朝丽藻》的编纂者高阶积善所作的《梦中谒白太保、元相公》：

二公身化早为尘，家集相传属后人。

清句已看同是玉，高情不识又何神。《白太傅传》云：太保者是文曲星神，而相公未见其所传矣。

风闻在昔红颜日，余少年时，先人对余常以元白之故事。鹤望如今白首辰。

容鬓宛然俱入梦，汉土月下水烟滨。

这首诗赞叹，元白虽然早已离世，却把《白氏文集》传给了后人，使他们读到字字如同美玉一般的诗句，品味着他们的崇高情感。诗中感叹自己在少年时代，就常听长辈谈到元白的故事，至今已为白头老翁，思慕二位先贤的情意依然如故。《白太傅传》说白居易就是文曲星，只是没有见到元稹是何神的记载。高阶积善在诗中描绘了自己的梦境：在梦中，他去到了汉土，在月下宛然见到了自己崇敬已久的两位诗神。

---

* 国家社科基金重大项目《日本汉文古写本整理与研究》（批准号：14ZDB085）。

“红颜”，指少年。“鹤望”，像仙鹤一样伸长脖子盼望。这首诗诗意明晰，但也有一些小问题。《白太傅传》不知指何书，最后两句还有异文。《本朝丽藻》最后两句中的“容鬓”，在《日本诗纪》中却作“容髯”。《本朝丽藻》《日本诗纪》都是根据写本整理的，这里就有一个写本释录问题。据写本考证与诗意，当作容鬓。“容鬓”，容颜鬓发。唐杜甫《早花》诗：“直苦风尘暗，谁忧容鬓催。”唐韦应物《淮上即事寄广陵亲故》诗：“风波离思满，宿昔容鬓改。”那么，《日本诗纪》为什么会写成了“容髯”呢？原来这属于写本中常见的形近而讹。

类似的问题，也存在于另一位白居易的追随者藤原忠通的诗集《法性寺殿御集》中。不解决异文、讹文，就不能读懂诗篇，也就谈不上理清藤原忠通与白居易的文学因缘。校勘训诂工作可以为比较研究扫尘清路，也可以说，比较研究不能建立在误解诗意的基础上。

二、藤原忠通与《白氏文集》

有“平安朝最后的汉诗人”之称的藤原忠通（1097—1164），是知足院藤原忠实之子，幼名威德，19岁任内大臣，后为左大臣，从一位，由崇德天皇践祚而为摄政，后被任命为太政大臣，翌年为关白。这一年白河天皇驾崩，鸟羽上皇行院政。藤原忠通之弟赖长受宠，渐渐取代忠通，二人失和。保元元年爆发了赖长之乱。不久二条天皇践祚，忠通将职位让与嫡子基实，遂隐退于别业法性寺，以作诗自娱。1162年66岁出家，称圆观。故称法性寺关白。

忠通擅作汉诗、和歌，曾将诗集三卷献给白河帝，将其编纂的和汉诗歌赠予藤原基俊。在藤原忠通去世第六年成书的《今镜》中记述，藤原忠通才学很高，善诗，《今镜》不仅将他与平安时代最杰出的汉诗人并称，甚至称许他的诗集如同唐《白氏文集》一样被爱读者欣赏。日本著名汉文学研究家川口久雄称其为“院政期贵族文学最后的纪念碑”，是“其时诗坛的核心人物”。

藤原忠通的诗集《法性寺入道殿下御集》，亦称《法性寺关白御集》（以下简称《御集》），是藤原忠通的自选集，收录本人至1145年11月所作汉诗103首，是请入道中纳言藤原实光批点而编纂的。集中所收，绝大多数为律诗，前面收录按照实际顺序编排的句题诗50余首，以下则是有意识地以咏物诗、赠答诗、咏史诗、无题诗的顺序排列。《本朝无题诗》中也收录他的诗歌90余首，两书所收作品有重合。《御集》现存最早的本子，是旧尊经阁藏1183年（日本寿永二年）7月22日东大寺三论宗宽乘书写的写本。尊经阁本已先属侯爵前田家，亦称前田本（以下简称前田本），题名《法性寺殿御集》，后有题跋：

> 久安元年十二月廿三日，殿下御教书到来。仰云年来御草一卷遣之，若事宜七字候者，念佛余假，合点，可令进给所忩思食也。不可及披露者，仰旨如此。谨言。
>
> 散位亲房奉
>
> 谨谨上入道中纳言殿

“余假”，当作“余暇”。“忩”，“怱”字俗写。由此题跋可知，在1145年12月23日，藤原忠通致信散位亲房，也就是精通诗文的藤原实光，请他在念佛余暇，给自己的诗集加上训点。这一年藤原忠通49岁，为从一位摄政。从后面的题跋可以知道，这个本子是在38年之后的寿永二年书写的。

> 寿永二年七月廿二日于大圣院御所未克许书写了
>
> 东大寺三论宗宽乘之（花押）

藤原忠通历事鸟羽、崇德、近卫、后白河、二条五朝天皇。从林鹅峰所纂《本朝一人一首》对藤原忠通的描述可以看出，藤原忠通一度身居权力的顶点，也曾在政治旋涡中起起伏伏。

> 夫忠通者，摄家正嫡，官为相国，职兼摄关，所谓法性寺殿下是也。人臣之贵，无过于此。然其父忠实致仕之后，老而犹存爱少子赖长，欲代忠通者数矣。忠通敦厚，无不顺之意。然忠实厌忌之，私日隆赖长，骄泰之势月盛，遂招保元之乱。赖长罹祸，而忠实亦将有远流之变。忠通固请而得免。于是忠实感悟，为父子如初。由是观之，则其为人存顺

也。况有文才乎？

忠通薨后，摄家为二流，又分为五家。朝廷陵夷，执柄势分，天下之权入武家之手，而文字亦废矣。[①]

在藤原忠通所作的诗中，时而吐露出对繁忙的官宦生活的倦意和一时逃离到庄子所言的避祸远害、与世无争境地的愿望，如《本朝无题诗》卷四《春日游览》："风情难系烟霞兴，尘事终归木雁间。剧务之余相伴出，洞云深处访幽闲。"

川口久雄认为，藤原忠通的诗歌，有很重的"和习"，即日本习气，却也反映了他的生活和性格。其诗有古代解体前夜的沉闷气氛和保元动乱前夕的气氛。这些诗的风格，接受了很多白居易的影响，也反映了晚唐诗的诗体，特别是与罗隐、杜荀鹤、聂夷中诗中的俗语的平明浅俗的风格一脉相通。[②]

明治年间，菊池容斋（武保）著《前贤故实》说：

藤原朝臣忠通，忠实子也。资质敦厚，善诗歌。保安二年内览太政官文书，为关白。初忠实为关白，白河法皇以事怒之，密求可代之者，无如忠通。乃召谕曰："公代父为执政。"忠通曰："臣家世幸忝衮职，故朝廷命相之日，父亦在家命之。今忠实得罪，屏居隔绝。父废黜而子登庸，在人子所不能矣。"法皇感动其言，听之。蒙近皇居，每朝辄先诸卿召对。所奏皆有条理，众老典故。长宽二年薨，年六十八，世称法性寺关白。[③]

从青少年时起，藤原忠通便与《白氏文集》结缘。他在吊唁禅定法皇的时候所作《奉哭禅定法皇呈尚书右中幕下》诗中，提到最重要的事情之一，就会说回忆起法皇赐予当年自己《白氏文集》。

忽遇法皇迁化日，近臣恸哭意何如。

---

① ［日］小岛宪之校注《本朝一人一首》第400页，岩波书店，1994年。

② ［日］川口久雄《三订平安朝日本汉文学史研究下篇》第918页，明治书院，1988年。

③ ［日］菊池容斋（武保）《前贤故实》卷26，东阳堂，1903年。

访踪泣奏新遗诏，拭泪窃披旧赐书。往年志学之时，赐以《白氏文集》。书留号在个中居去而归泉下，故云。

姑射山西秋月隐，霸陵原上暮烟虚。

篱花庭树有愁色，应是昔时雨露余。

“迁他”，《群书类从》（以下简称《类从》）作“迁化”，《日本诗纪》（以下简称《诗纪》）作“迁化”。当作“迁化”，指人死。《汉书·外戚传上·孝武李夫人》：“忽迁化而不反兮，魄放逸以飞扬。”“拭泪”句小注中的志学，专心求学，语本《论语·为政》：“吾十五而志于学。”亦借指十五岁。三国魏曹植《武帝诔》：“年在志学，谋过老成。”“书留号在个中”，《类从》作“书留号在个中”，《诗纪》同。“号”，疑为“今”字之讹。“个中”，这当中。在此处若作此解意义不甚连贯。“个中”，金子彦二郎引作“书留在笥中”[①]，虽漏释一“号”字，而释“箇”为“笥”，可从。“笥”，书箱。此小注是说，法皇所赠之书，至今还置于自己的书箱之中。“居去”，《类从》作“居去”，《诗纪》作“居去”。“居”字当为“君”字之讹，指死者。小注当读作：“往年志学之时，赐以《白氏文集》，书留今在个中，君去而归泉下，故云。”此注是说自己在十五岁的时候，禅定法皇赐予《白氏文集》，现在这本书还在自己的书箱之中。而法皇却命归黄泉之下。故诗句说现在一边擦拭泪水，一边暗自披览这本法皇赐予的《白氏文集》。“姑射”，神仙的代称。《庄子·逍遥游》：“藐姑射之山，有神人居焉，肌肤若冰雪，淖约若处子。”“霸陵”，即灞陵，汉文帝陵名。姑射月隐，霸陵烟虚，皆写法皇辞世的哀伤与怀念。最后两句，篱花庭树含愁，感念昔日雨露之恩。回应昔日法皇赐书对自己的厚爱。在藤原忠通看来，后白河法皇赐予《白氏文集》是一个十分重大的事情。

三、《读新乐府》与《论诗诗》

白居易的《新乐府》五十篇，“其事核而实，使采之者传信也；其体顺而肆，可以播于乐章歌曲也”。自序其创作动机是“为君、为臣、为民、为物、

① ［日］金子彦二郎《增补平安时代文学与白氏文集——句题和歌·千载佳句研究篇》第108页，艺林舍，1977年。

为事而作，不为文而作也”。藤原忠通《读新乐府·五弦弹》以下三首诗，是读《新乐府》之后的“读诗诗”，写下了他读白居易《新乐府》之后的心得感受。

平安时代的汉诗，数目最多的是触景生情的抒情诗，山川风物，四季感怀，也有一些咏物诗、咏史诗，而咏事、咏人者则相对较少。诗人们热衷于抒发个人情怀，而很少抒写他人故事。藤原忠通亦是如此，所以像《读新乐府》这样关注世情民生的诗，就显得格外罕见。这一组诗，可以与他的《读史记》诗三首放在一起读，它们就是《读史记赋晋周公世家》《燕世家》《管蔡世家》，均是藤原忠通的“读书诗”。《读新乐府》组诗，包括《读〈新乐府〉赋〈五弦弹〉》《郦宫高》《缭绫》《卖炭翁》四首。以下逐一解读。

读《新乐府》赋《五弦弹》

郑之夺雅最应要，借讽五弦呈意端。霜鹤夜声笼里警，风松秋韵指间寒。

珊瑚新曲闻无饱，疏越旧调歌不弹。有士在斯来自远，窃忧赵璧齿方阑。

第一二句，“郑之夺雅”，出白居易《五弦弹》篇题后小序：“恶郑之夺雅也。”“应”，符合。“要”，重要，要约。“应要”，切要。此言白居易诗题小注所谓“郑之夺雅”最为切当重要，白居易借《五弦弹》一诗的讽喻之意由此呈现出来。《新乐府》仿毛诗小序，每诗前以一言述其本意。藤原忠通认为，“郑之夺雅四字。恰如其分地概括了《五弦弹》讽喻的真意。

第三句取“鹤警”之意。“鹤警”，谓鹤性机警，语本《艺文类聚》卷九十引周处《风土记》：“鸣鹤戒露，此鸟性警，至八月白露降，流于草上，滴滴有声，因即高鸣相警，移徙所宿处。”白居易《五弦弹》：“第三第四弦泠泠，夜鹤忆子笼中鸣。”“指间寒”，《诗纪》《类从》皆作“树间”，误，当从写本作“指间寒”。以手指弹奏表现音乐，如白居易诗《琵琶引》“轻拢慢撚抹复挑，初把《霓裳》后《绿腰》”。第四句取“松韵”之意。“松韵”，松风、松涛。白居易《题卢秘书夏日新栽竹二十韵》：“松韵徒烦听，桃夭不足观。”此句诗意本白居易《五弦弹》：“第一第二弦索索，秋风拂松疏韵落。”

“无饱”，写本和《类从》作“无饱”，《诗纪》作“无厌”。《诗纪》改字录文。日语中“饱”“厌”意同混用。“无厌”（むえん），あきることのない，亦作“无猒”“无餍”。“あきる”，汉字作“饱”“厌”“倦”。“闻无饱”“闻不厌”，都是听不够的意思。“疏越”，写本作“踈越”，《诗纪》《类从》皆作“疏越”。“踈”，同“疏”。“疏越”，亦作踈越、疏越。疏通瑟底之孔，使声音舒缓，语本《礼记·乐记》，后以指悠扬、隽永。此处之用，则本于白居易《五弦弹》：“正始之音其若何？朱弦疏越清庙歌。一弹一唱再三叹，曲淡节稀声不多。”

“赵璧”，写本作“赵壁”。日本写本“壁”“璧”多混。此处当作“赵璧”。“赵璧”，赵氏璧之省称，和氏璧。“赵璧”，典出《史记·廉颇蔺相如列传》，后用以形容人大义凛然，不惧强势，也形容珍贵的宝物。白居易《五弦弹》三次出现“赵璧”一语：“赵璧知君入骨爱，五弦一一为君调。”“始知孤负平生耳，唯是赵璧白发生。”“人情重今多贱古，古琴（一作瑟）有弦人不抚。更（一作自）从赵璧艺成来，二十五弦不如五。”“齿”，指人的年龄。“阑”，衰落，败落。“齿阑”，意近齿暮、齿衰、齿迈，年老。“齿方阑”，言自己正已年老。“窃忧赵璧齿方阑”，言宝贵的赵璧不被看重，却年事已高，无力扭转，有无可奈何之叹。

《新乐府》中的《五弦弹》一篇，讽喻低贱粗俗的音乐强势而高雅优美的音乐却被压抑。藤原忠通也在借乐风不正而讽世风。“有士在斯来自远，窃忧赵璧齿方阑”，士乃自指，对“郑之夺雅”的现状暗自忧虑，深感无力。

郦宫高

朱楼高构望难穷，三四重间云自通。紫殿窗深泉石旧，翠华迹断洞门空。

山蝉声送秋风底，宫树叶零暮雨中。妆楼寂寞客来少，他作道场足护持。

第一、二句出白居易《郦宫高》：“高高骊山上有宫，朱楼紫殿三四重。”

第三、四句出白居易《郦宫高》：“翠华不来岁月久，墙有衣兮瓦有松。”

第五、第六句出白居易《郦宫高》：“玉甃暖兮温泉溢，山蝉鸣兮宫树红。”

“他作”，诸本皆作“他作”。不辞。疑当作“化作”。“妆楼”，妇女居住的楼房。白居易《春词》：“低花树映小妆楼，春入眉心两点愁。”“道场”，指释道二教称诵礼拜的场所，亦指寺观。此指寺观。“护持”，保护维持，保护扶持。白居易《香山寺新修经藏堂记》：“尔时，道场主，佛弟子香山居士乐天，欲使浮图之徒，游者归依，居者护持，故刻石以记之。”道场一语，在藤原忠通的诗歌中出现的频度颇高，如：

寂寞道场无客臻，唯看花木万株新。（《道场花木新》）
被牵花木至何乡，洛邑东头古道场。（同前）
道场寻到无他念，瞻仰尊颜暂逗留。（《夏日游平等院言志》）
长河西畔暮山傍，行客征夫礼道场。（《和大将军之平等院会》）
道场寂寞客来无，林下经行麋鹿俱。（《夏日游古寺即事》）

第七、八句言豪华的妆楼少人光顾，不如修建寺庙，祈愿佛家护佑。白居易《新乐〈郦宫高〉》“美天子重惜人之财力也”，无涉佛家事，藤原忠通借自己的诗以表达崇佛重僧思想。

缭绫

缭绫奇绝何相似，瀑布泉飞月下清。送样不知寒女费，踏泥无惜美人情。

裁前塞北秋云色，著曳昭阳春雨声。伏奉去年中使敕，越涂为是苦经营。

“奇绝”。白居易《缭绫》：“中有文章又奇绝，地铺白烟花簇雪。”“瀑布”句，本白居易《缭绫》：“应似天台山上明月前，四十五尺瀑布泉。”“送样”，同取样。本白居易《缭绫》：“去年中使宣口敕，天上取样人间织。”“寒女费”，白居易《缭绫》：“织者何人衣者谁？越溪寒女汉宫姬。”“缭绫织成费功绩，莫比寻常缯与帛。”踏泥无惜，白居易《缭绫》：“曳土踏泥无惜心。”美人，意近白诗中的“汉宫姬”，是说宫中女子着衣踏泥而毫不爱惜。“裁前”句，取意白居易《缭绫》：“织为云外秋雁行，染作江南春水色。”“昭阳殿里歌舞人，若见织时应也惜。”“著曳”，出白居易《缭绫》：“汗沾粉汙不再著，曳土踏泥无惜心。”“越塗”，字面上为“越过泥土”。此说解不通全句。疑“塗”字当为“溪”字之讹。越溪，指越溪寒女。白居易《缭绫》：“织者何人衣者谁？越溪寒女汉宫姬。”“苦经营”，写本作“苦经营”，《诗纪》《类从》皆作“告经营”，误，当作“苦经营”。最后两句是宫中使者奉敕夺走的缭绫，原是越溪寒女辛苦织就。

《新乐府》中的《缭绫》一篇：“念女工之劳也。”白居易《新制绫袄成，感而有咏》：“百姓多寒无可救，一身独暖亦何情！心中为念农桑苦，耳里如闻饥冻声。”咏唱的均是对低层百姓疾苦的牵挂。藤原忠通的这首诗表达了相近的情感。

卖炭翁

借问老翁何所营，伐薪烧炭送余生。尘埃满面岭岚晓，烧火妨望山月程。

直乏泣归冰沍路，衣单不耐雪寒情。白衫宫使牵车去，半疋红纱莫以轻。

“伐薪”，写本作“代薪”，《诗纪》《类从》皆改作“伐薪”，当作“伐薪”。日本写本“代”“伐”多混。白居易《卖炭翁》：“卖炭翁，伐薪烧炭南山中。”“尘埃满面”，本白居易《卖炭翁》：“满面灰尘烟火”。“妨望”，看不见。在汉语中岚为山林中的雾气，在日语中嵐（あらし）则有二义：一是山里弥漫的水蒸气，如“岚气”“岚光”“岚翠”“青岚”等；二是暴风、狂风、列风，如“砂岚”“山岚”等。“岭岚”，山里的狂风暴雨。“岭岚晓”，狂风大作的黎明。“妨望”，挡住看不见。此二句形容老翁一日从黎明到夜晚烧炭，烟火升腾，风尘扑面而不见日月。“直乏”，价低，价钱少。“直”，同“值”，指价格，市价。意出白居易《卖炭翁》：“半匹红纱一丈绫，系向牛头充炭直。”“冰沍”，写本作“冰冴”，《诗纪》《类从》皆作“冰沍”。“冴”，同“冱”。《玉篇·冫部》：“沍，俗作冱。”“冰沍”，冰冻。语出《文选·张衡〈思玄赋〉》：“行积冰之硙硙，清泉沍而不流。”《汉语大词典》收“冰沍”一词，举明归有光《通政使司右参议张公墓表》：“知济宁州，至则减损户徭，拊循流亡。州水陆二驿并，水驿须冰沍乃给陆，以省其费。”似过晚。意出白居易《卖炭翁》：“夜来城外一尺雪，晓驾炭车辗冰辙。”“衣单”，衣服单薄。语本白居易《卖炭翁》："可怜身上衣震单，心忧炭贱愿天寒。""不耐"，不能忍受。"白衫宫使"，本白居易《卖炭翁》："翩翩两骑来是谁？黄衣使者白衫儿。""半疋"，《诗纪》《类从》皆作"半足"，并误。当作"半疋"。语出白居易《卖炭翁》："半匹红纱一丈绫，系向牛头充炭直。""匹"，同"疋"。"莫以轻"，不要嫌钱少。此所谓"和习"之语。最后两句说炭被白衫宫使枪夺而去，只给了半疋红纱抵值。

《新乐府》中的《卖炭翁》一篇："苦宫市也。"藤原忠通此诗，前六句描写卖炭翁的辛劳，最后两句点名宫市之恶劣，可谓抓住了白居易一诗的核心。

在《御集》中，还有一首唱和诗。是李部大卿读到藤原忠通的《卖炭翁》之后，赠诗一首，藤原忠通又与其唱和而作，进一步描绘了卖炭翁的艰辛，并对宫市加以揭露。

和李部大卿见《卖炭翁》愚作所赠之佳什

山翁潦倒在茅庵，度世心谋寤寐谙。生计如何炎热日，家资期得冱阴岚。

耻垂苍鬓营身上，恐为白衫驱市南。炭是千余绫一丈，官儿称敕谁相贪。

"山翁"，山中老翁。本白居易《卖炭翁》："卖炭翁，卖炭翁，伐薪烧炭南山中。""茅庵"，茅庐，草舍。唐胡曾《自岭下泛鹢到清远峡作》："不为箧中书未献，便来兹地结茅庵。""度世"，活在世上。《汉语大词典》引宋洪迈《夷坚甲志·车四道人》："某乃车四也，赖公脱此大厄，又可活一甲子，已度世第三次矣。""谙"，经历，经受。白居易《忆江南》词之一："江南好，风景旧曾谙。""心谋"，心头谋算。首二句言老翁住在茅舍，整日为生存操劳。"生计"，生活。白居易《老来生计》："老来生计君看取，白日游行夜醉吟。""如何"，《诗纪》《类从》皆作"如何"。据诗意，疑"何"字为"同"字之讹。"生计如同炎热日"，生活就像是大热天的太阳，形容艰辛难熬。"家资"，家中的财产，亦作"家赀""家訾"。唐韩愈《郑群赠簟》诗："日暮归来独惆怅，有卖直欲倾家资。""冱阴"，写本作"沍阴"，《诗纪》《类从》皆作"冱阴"。"沍"，同"冱"。"沍阴"同"冱阴"。"冱阴"，阴气凝结，寒冷冰冻。南朝梁江淹《丽色赋》：“及冱阴凋时，冰泉凝结；轩叠厚霜，庭澄积雪。”“家资期得冱阴岚”，是说家产指望得到的就像阴冷天的风暴。此与“生计如同炎热日”相对，极言生活困苦，犹言水深火热。“苍鬢”，写本作“苍鬓”，《类从》同，《诗纪》作“髩”，当从写本与《类从》。此语出白居易《卖炭翁》：“满面灰尘烟火色，两鬓苍苍十指黑。”“苍鬓”正是“两鬓苍苍”之缩语。“营身上”，意不明。“营”或“萦”字之讹。此言灰白色的长发垂下，披在身上。形容贫苦无状之态。“耻”（はじ），日语中有耻辱意，亦有丢脸，丢人，不好意思之意。此言自惭形秽之态。白衫、市南，本白居易《卖炭翁》：“牛困人饥日已高，市南满外泥中歇。翩翩两骑来是谁？黄衣使者白衫儿。”恐为白衫驱市南，害怕在市南被身着白衫的官吏驱赶勒索。第七八两句，意本白居易《卖炭翁》：“一车炭，千余斤，宫使驱将惜不得、半匹红纱一丈绫，系向牛头充炭直。”谁相贪，指炭被谁贪心夺走。

《本朝无题诗》卷二载藤原忠通《见卖物女》，可视为上举《卖炭翁》诗之延长线，也是在白居易《卖炭翁》影响的产物。

可怜鄙服一疲女，夕阳沉时卖物回。增直砌前贪止住，唱名门外暂徘徊。

贫家虽招全无顾，润屋不呼强欲来。秋月春花其意旧，此时题目兴相催。①

“可怜”，套用白居易《卖炭翁》：“可怜身上衣正单，新忧炭贱愿天寒。”鄙服，粗俗破旧的衣服。“疲女”，疲劳的女子，拟仿“疲人”一词。疲人，疲劳的人。白居易《两朱阁》：“比屋疲人无处居。”“直”，价钱。白居易《卖炭翁》：“系向牛头充炭直。”“增直”，抬价。“砌前”，台阶之前，指门口。“贪”，爱，不满足。“止住”，停住，留住。“贪止住”，一直站着，舍不得走开。“唱名”，本意为高声呼名，点名。此指高声呼喊物名，吆喝。此两句描写卖物女子久久站在人家门外高声吆喝，招徕生意。“贫家”，穷人家。白居易《晚桃花》：“寒地生材遗校易，贫家养女嫁常迟。”润屋，有钱人家。

① ［日］本间洋一《本朝无题诗全注释一》第216—217页，新典社，1992年。

白居易《感兴二首》其一："只见火光烧润屋。"此年两句写贫穷人家虽然招呼一点也不理睬，有钱人家不喊也硬要上前叫卖推销。"秋月春花"，谓美好时节，此处指诗歌咏唱的老题目。"催"，起。此句是说，像秋月春花都是咏诗的老题目，没有什么新意了，而见卖物女这个诗题，则让人诗兴大发。

除了藤原忠通之外，辅仁亲王，世称三宫，也作了一首《见卖炭妇》，其诗收于《本朝无题诗》卷二。

> 卖炭妇人今闻取，家乡遥在大原山。衣单路险伴岚出，日暮天寒向月还。
>
> 白雪高声穷巷里，秋风增价破村间。土宜自本重丁壮，最怜此时见首斑。①

"闻取"（ききとる，聞取る、聽取る），日语词，听见，听懂，听说；汉语作"听取"，白居易《短歌行》："歌声苦，词亦苦，四座少年君听取。""大原（おおはら）"，地名，在今京都市左京区大原町，其地出产有名的炭，称为大原炭（おおはらずみ）。"衣单"，衣服单薄；"天寒"，天气寒冷。白居易《卖炭翁》："可怜身上衣正单，心忧炭贱愿天寒。""白雪"，出白居易《卖炭翁》："夜来城外一尺雪，晓驾炭车碾车辙。""伴岚出"，顶风冒雨出门叫卖。第三、四句描写天寒路险，卖炭妇早出晚归，忍受饥寒。"破村"，破败的村落。白居易《秦中吟十首·重赋》："岁暮天地闲，阴风生破村。""增价"，卖好价钱。是五、六句描写卖炭妇顶风冒雪，出入穷村陋巷叫卖。"秋风增价"，暗含白居易《卖炭翁》"心忧炭贱愿天寒"之意。"土宜"，地方物产。白居易《桐花》："岂伊物理变，信是土宜别。""自本"，或当作"本自"。白居易《自到浔阳生三女子因诠真理用遣妄怀》："官途本自安生拙。""丁壮"，壮年男子，白居易《观刈麦》："相随饷田去，丁壮在南岗。""首斑"，头发斑白，出白居易《卖炭翁》："满面灰尘烟火色，两鬓苍苍十指黑。"

这首《见卖炭妇》描写的是大原的卖炭妇人，从内容和写法来看，均可以归为《卖炭翁》诗群。不同的是，所写人物突出了日本的地域特点，更像

① ［日］市河宽斋编、后藤昭雄解说《日本诗纪》第30页，吉川弘文馆，2000年。

是身边人与事，而不是白居易笔下人物的复写。

四、《新乐府》与平安时代汉诗

藤原忠通诞生于白居易去世251年之后。在白居易在世的时候，白居易的诗篇便已传入日本，在他去世后近300年间，《白氏文集》一直是日本诗人捧读不倦的书。日本保延四年（1138），也就是白居易去世292年，藤原忠通41岁的时候，藤原敦光作了一篇《白居易祭文》，在文中这样礼赞白居易：

> 惟公天地淳粹，岳渎精神，德辉之照世也。台彩早入孕，词华之轶人也。风骚更比高，诚是一代之诗伯，万叶之巨匠也。①

祭文中倾述了一位异域诗人对白居易的崇敬，极言白居易的影响超越了地域时代，也超越阴阳两界："夫合志则殊方之客自亲，慕义则异代之交无隔。"描述日本的文士与白居易的数百年文字因缘："昔在平生，辞人才子，窃其华藻；今临祭奠，末学顽质，慕其文章。"《白氏文集》在那时的汉诗人心目中，就是汉诗"华藻"的深泉，可以尽情汲取而不会枯竭；就是一本诗语大典，足够从红颜学到白首；就是一方文章渊薮，不论贤愚都可以从中找到欣赏品味的篇章。

江户时代学者林鹅峰瞩目于藤原忠通与《白氏文集》的因缘，对藤原忠通的人格与诗作颇有好评，在所撰《本朝一人一首》中选的是藤原忠通的《十三夜玩月》：

> 闲窗寂寂月相临，从属穷秋王叵禁。潘室昔踪胜于古，蒋家旧径踏霜寻。
>
> 十三夜影胜于古，数万年光不若今。独凭前轩回首见，清明此夕价千金。
>
> 林子曰：八月十五夜者，中华所赏，一年之良夜也。九月十三夜者，本朝所玩，三秋之佳期也。既有菅丞相咏吟，则延喜以前赏之明矣。其

① 周斌、李修余主编《日本汉诗文总集》（第一辑）第394页，四川大学出版社，2015年。

拟中秋，则季秋亦可取十五夜，然赏十三夜者，盖其易所谓月几望。

又曰天道亏盈，是其所注心，其旨深矣。卜部兼好曰：九月十三夜，与中秋共月在娄宿，故古来赏此夕，彼以二十八宿一周。虽言之，然月有大小之差，则不必为定论乎？《无题诗》此外有十三夜诗数首，然是其尤也。且载忠通诗九十余首，然载之以为本朝清节题咏也。

在林鹅峰、林梅洞所著《史馆茗话》中将这首诗作为藤原忠通的代表作：

九月十三夜月，中华不赏之，唯本朝特玩之。然倭歌之游，不遑枚举。关白藤忠通作诗曰："潘室昔踪凌雪访，蒋家旧径踏霜寻。十三夜影胜于古，数百年光不若今。"又曰："访古无如今夜影，经年岂忘此时光。洛中各领吾家雪，塞外定疑万里霜。"此二首题曰《九月十三夜玩月》。先于忠通有宗孝言、藤知房、辅仁亲王玩月之诗，其句中用十三夜之事。孝言者，后朱雀帝时及第。然则十三夜诗由来久矣。①

由于《本朝一人一首》的影响，后代学者谈到藤原忠通的诗歌很快就会想到这首诗。对于《新乐府》对藤原忠通的影响，则少见深入的论述。

白居易在《与元九书》中说："自拾遗来，凡所适所感，关于美刺比兴者，又自武德讫元和，因事立题，题为《新乐府》者，共一百五十首，谓之讽喻诗。"《新乐府》是他从内容上讽喻时政，反映国计民生问题的诗歌实践的产物。这类诗歌也随《白氏文集》，传入日本，为日本平安时代的汉诗人们阅读与欣赏。然而，从现存那一时代日本诗人创作的诗歌来看，模仿这些讽喻诗的诗篇，较之模仿他的闲适诗、感伤诗的诗篇，数目要少得多。就像藤原忠通这样出于政治顶层的人物，即便有《读新乐府》这样直接与《新乐府》相关的作品，也看不出白居易那样直接用诗歌表达政治见解的激情。白居易《读张籍古乐府》："上可裨教化，舒之济万民；下可理情性，卷之善一身。"既是对张籍古乐府的赞许，更是对乐府诗效益的追求目标。藤原忠通的诗作中，也看不到这样浓厚的教化意识。

藤原忠通对《新乐府》有自己的解读。那么，这样的解读对他的创作有

① ［日］本间洋一编《史馆茗话》第176页，新典社，1997年。

什么意义呢？约言有四：

一曰哀民。诗歌的内容上说，就是对底层民众人物生存现状的关注。在藤原忠通等诗人的笔下，除了风花雪月、访寺问僧之外，也有了民间小民的生影。除了上述《见卖物女》《见卖炭妇》之外，藤原忠通《赋傀儡子》为代表的咏傀儡子诗群，也是这一类作品：

赋傀儡子

傀儡子盍往来频，万里之间居尚新。
卜宿独歌山月夜，寻踪不定野烟春。
壮年华洛宠光女，暮齿蓬庐留守人。
行客征夫遥侧目，是斯髪白面空皴。

"独歌"，《御集》作"独哥"，《诗纪》作"独哥"。"哥"，"歌"的古字。"斯"，同"厮"。"卑贱"，亦指仆役。又，对男子轻蔑的称呼。藤原实光《傀儡子》、藤原敦光《傀儡子》、藤原茂明《傀儡子》、藤原基俊《傀儡子》、大江匡房《傀儡子孙君》、中原广俊《傀儡子》等，也可归于此诗群。这些诗描绘了往来于城乡的民间傀儡艺人漂泊不定的生活现状。

二曰重事。《新乐府》中的名篇采用"直歌其事"的赋体手法，同时"因事立题"，藤原忠通的《赋傀儡子》正是采用这样的手法，他所做的《新尝会见五节舞姬》也是这种尝试：

丰明之会其来尚，仙乐声声依旧齐。金翠楼前月欲西，绮罗衣重舞腰低。

礼仪堂上霜初白，罢宴楼前月欲西。不醉此中争去得，黄醅清酒足相携。

"初白"，《御集》作"初日"，《诗纪》作"初白"。当作"初白"。《诗·秦风·蒹葭》："蒹葭苍苍，白露为霜。"下句"月欲西"，西作"向西""西移"之意，作动词，"霜初白"于"月欲西"相对。"黄醅"，《御集》作"初醅"，《诗纪》作"黄醅"，有小注："醅，本集作醸。"或指《御集》别本，当作"黄醅"。白居易《尝黄醅新酎忆微之》："世间好物黄醅酒，天下闲人白侍郎。”

三曰比兴。白居易在《与元九书》中主张诗歌的“美刺比兴”作用，《新乐府》中的《古冢狐》《黑潭龙》《秦吉鸟》等，都是咏草木鸟兽以见意的寓言诗，“兴于此而义归于彼”。藤原忠通所作《雉逢鹰诗》以随时可能遭到鹰的袭击的雉为喻，比喻世间的弱肉强食：

雉逢鹰诗

逢鹰雉思暗应觉，定有悚竞无寂情。偷隐野垧春草短，惊翔汉表暮云晴。

昨为古泽戏游鸟，今作宴筵气味羹。独宿孤巢倾耳听，铃声左右欲何行。

四曰造语。即对诗语和意象的接受。从以上对《读新乐府》三首的解读来看，诗中直接吸收了不少白居易《新乐府》里的诗语和意象，有些则采用诗意凝缩的形式，有时还自造带有日语痕迹的诗语。《掷金抄·中·文学》载藤原忠通《读白氏文集》：“边塞雪寒关陇远，寻阳露暗客帆幽。”[①] 虽只有两句，也可以看就白诗含英咀华捕捉其悠远意境的努力。

藤原忠通亦喜和歌，在其宅邸数次举办和歌赛会（“歌合”）和汉诗和歌赛会（“诗歌合”），有和歌集传世，因为也是与源经信、藤原基俊、大江匡房等同样汉和皆有造诣，在传承汉诗文文学遗产的同时也在建造通往和歌世界的桥梁。[②]《新乐府》对他的和歌有没有影响，有哪些影响，也是值得探讨的话题。

白居易也有一些读诗诗，如《读李杜诗集，因题卷后》，诗中最后四句：“文场供秀句，乐府待新辞。天意君须会，人间要好诗。”藤原忠通等崇拜《白氏文集》，归根结底是因为以为那是好诗。“人间要好诗”，语虽直白，却颇耐人寻味。现在看来这个“人间”，就不仅是日本诗人梦境中的“汉土”，也包括岛国日本吧。

（王晓平　天津师范大学教授，博士生导师）

① ［日］后藤昭雄编《日本诗纪拾遗》第84页，吉川弘文馆，1990年。

② 《三订平安朝日本汉文学史研究下篇》第918—919页。

儿岛献吉郎早期两种“中国文学史”著作的先行意义

——以文学观为考察中心[*]

段江丽　孟庆跃

摘　要：日本明治至昭和年间著名汉学家儿岛献吉郎一生致力于汉学研究，著作等身，仅“中国文学史”类著作就达六种之多，在日本和中国学界都有很大的影响。可是，中国学界对儿岛的研究却非常薄弱，其早期先后连载于两种不同杂志的“中国文学史”著作甚至很少被人提及。事实上，儿岛这两种著作对于“中国文学史”撰述来说，具有重要的先行意义，不应该被遗忘。

关键词：儿岛献吉郎　中国文学史　文学观

一、儿岛献吉郎及其“中国文学史”撰述

儿岛献吉郎（1866—1931），字子文，号星江、一枝巢，1866年6月生于冈山，日本明治至昭和年间著名汉学家，主要成就在中国古代文学研究方面，可谓著作等身，其“中国文学史”类著作即达六种之多，详情如下：

1. 《中国文学史》①，1891—1892，同文社《中国文学》杂志连载，第

---

* 项目基金：本文为国家社科基金重大项目“西方早期中国文学史纂及其影响研究”（项目编号：14ZDB086）及北京语言大学重大专项项目：国外“中国文学史”著作研究（项目编号：15ZDJ03）的阶段性成果。关于儿岛著述详情，参见钱振民《儿岛献吉郎的中国古代文学研究文献》，载《中国文学研究》（辑刊）2008年第2期。

① 儿岛献吉郎《中国文学史》分别刊于《中国文学》杂志第1—9、11号，该杂志为月刊，第1号出版于明治二十四年（1891）8月1日，第11号出版于明治二十五年（1892）2月25日。

1—9号、第11号，合计50页，包括“文学发展之状况”“文章发展之状况”“诗歌起源及发展”等三章。

2.《文学小史》[①]，1894，汉文书院《中国学》杂志第2号、第6号，合计16页，包括总论、上古文学等两章。

3.《中国大文学史（古代篇）》[②]，1909，三岛毅、山田准序各1篇，计4页，目录20页，正文1154页，合计1178页。自传说中的羲皇时代至魏晋，包括序论、胚胎时代（羲皇时代的文学）、发达时代（唐虞三代的文学）、全盛时代（春秋战国的文学）、破坏时代（秦文学）、弥缝时代（两汉文学）、浮华时代（六朝文学）等共七个部分。

4.《中国文学史纲》[③]，1912，市村瓒次郎序3页，凡例4页，目录8页，正文382页，合计397页，包括序论、上古文学、中古文学、今古文学、近世文学共五部分，鲁迅撰写《汉文学史纲》将其作为参考书。

5.《中国文学史》[④]，1921之后，两种合刊本：（1）《中国现代文 中国文学史》合刊；（2）《中国文学史 现代中国文学评论》合刊本。经比对，两种版本字号、排版略有差异，内容一致，为自先秦至晚清的古代文学通史。两种合刊本中《中国现代文》《现代中国文学评论》的作者均为早稻田大学青柳笃恒教授。

6.《中国文学概论》[⑤]，1928，有吴兴沈子默中文题诗8首、茂亭郑万朝及汉阳尹喜求中文序各一篇，正文包括序论、内容论、形式论、结论及余论共四大部分，其中内容又包括15章，形式包括10章，以一个个专题从横切

---

① 汉文书院《中国学》杂志，明治二十七年（1894），第1号（5月）、第2号（6月）、第6号（10月）。《中国学》未写发行年月，每月1回，第11号为明治二十八年（1895）4月30日发行，故推测其创刊号发行时间应为明治二十七年（1894）5月。参见川合康三《中国の文学史観・资料篇》，东京创文社，2002年2月版，第21页。

② 儿岛献吉郎《中国文学史（古代篇）》，富山房，明治四十二年（1909）3月版。

③ 儿岛献吉郎《中国文学史纲》，富山房，明治四十五年（1912）7月1版，昭和三年（1928）4月12版。

④ 儿岛献吉郎《中国文学史》，早稻田大学出版部藏版，刊行年不明，至少有两种版本：（1）《中国现代文 中国文学史》合刊本；（2）《中国文学史 现代中国文学评论》合刊本。两种合刊本中的《中国现代文》《中国现代文学评论》作者均为青柳笃恒；《中国文学史》均署“文学博士 儿岛献吉郎述（讲述）”，儿岛氏1921年获得博士学位，故应在1921年后。

⑤ 儿岛献吉郎《中国文学概论》，京文社，昭和三年（1928）3月1版。

面讲述中国文学史的特殊现象及意义，正如胡行之在《译述者言》中所说，该书“把中国文学诗文底区分，句法，篇法，及体制的论述，都有精到的眼光和详细的考证，虽是一部文学概论，也可以说是一部有系统的文学史”[①]。

在上述六种著作中，《中国文学史纲》于1912年7月出版，至1929年10月已是第14印，为鲁迅撰写《汉文学纲要》的参考书之一；[②]《中国文学概论》于1928年出版，至1931年在中国已有三种译本。[③] 除了“文学史”撰述之外，儿岛在中国文学研究领域的代表性著作还有《中国文学考》之“散文考”“韵文考”“杂考”“诸子百家考”等多种，亦及时有中译本出版。从儿岛著作的发行量以及在中国迻译、出版情况，可见当时在日本及中国受关注程度之一斑。可以说，儿岛氏对中国早期中国文学研究以及“中国文学史”撰述的影响是一个非常有学术史意义却长期被忽略了的话题。这里，仅从文学观入手，集中讨论其早期两种杂志版“中国文学史”著作的特点及意义。

二、《中国文学》杂志版“中国文学史”之文学观

学界在追溯日本“中国文学史”撰述史时，多从藤田丰八《中国文学史》、[④] 古城贞吉《中国文学史》[⑤] 等开始，而忽略了在他们之前的末松谦澄《中国古文学略史》以及儿岛献吉郎的两种杂志版“中国文学史”著作。

末松谦澄的《中国古文学略史》虽然以“文学史”为题，内容却是包含思想和历史在内的广泛领域的文科之学，具有先秦学术史或者说文化史性质，

① 儿岛献吉郎著，胡行之译《中国文学概论》，上海北新书局1930年5月初版，山西人民出版2015年12月影印版。

② 鲁迅《汉文学史纲要》第二篇末“参考书”中包括：“《中国文学史纲》（日本儿岛献吉郎）第二篇二至四章。”见《鲁迅全集》第9卷，人民文学出版社1981年版，第356页。

③ 胡行之译本《中国文学概论》，上海北新书局，1930年5月初版，1931、1933年再版；张铭慈译本《中国文学概论》，上海商务印书馆，1930年第11版；隋树森译本《中国文学》，上海世界书局，1931年2月初版，1932年再版，1943年新1版，改名为《中国文学概论》。

④ 藤田丰八《中国文学史（完）》，东京专门学校藏版，约1895—1897年。参见段江丽《明治年间日本学人所撰“中国文学史”述论》，载《中国文化研究》2014年第4期。

⑤ 古城贞吉《中国文学史》，东京富山房，1897年5月初版。

与现代意义上的文学迥异其趣，对此，已有一些讨论；[①] 儿岛的两种杂志版"中国文学史"则很少有人关注，其在现代"中国文学史"学科草创时期的意义有待挖掘。凡撰文学史者，首先面临的关键问题之一就是如何理解"文学"概念，即文学观念问题。众所周知，无论在中国还是在日本，现代学科史意义上的"文学"与传统"文学"概念在内涵和外延上都存在很大的差异，中日现代学科意义的"文学"一词乃明治时期的日本学者对英文literature的译语。[②] 如前所述，《中国文学》杂志版"中国文学史"共刊载10期，儿岛在"总论"中将中国文学史分为四期：第一期，自太古至秦；第二期，自秦汉至唐；第三期，自宋至清初；第四期，自清初顾炎武、阎若璩、毛奇龄等人至清末。公开刊载部分为第一编"上古史"，亦即他所划分的中国文学史第一期，下设"文学发展之状况""文章发展之状况""诗歌起源及发展"等三章。据作者在最后一期末尾识语里说，第一编原计划中还有"文字之沿革""典籍之真伪"两章，结果前者因为同一杂志已刊有冈田正之《中国文字史》，后者则担心读者感到厌倦，故而省略了。

在文章中，儿岛并未对文学或者文学史进行定义，不过，我们可以从框架结构和相关表述中去推测作者的文学观念，有两点值得关注：第一，如上所述，写作提纲包括文字改革、典籍真伪在内。第二，在第一章第一节"总论"中介绍各期文学史成就时，强调的主要内容分别是：第二期，毛苌、郑玄、孔颖达、贾公彦等人的训诂学成就，韩愈柳宗元的古文成就及李白杜甫的诗歌成就；第三期，周敦颐、二程、张载、邵雍、陆九渊等人的理学成就，欧阳修、三苏等人的古文成就；第四期，顾炎武、阎若璩、毛奇龄、段玉裁等人的考证学成就，等等。从这两点来看，儿岛与末松一样，所持的无疑是传统泛文学、杂文学观念。可是，从文章中的其他内容来看，儿岛的文学观念又值得做进一步的分析。

第一章"文学发展之状况"，从传说中的伏羲画八卦、造书契到《三坟》《五典》《八索》《九丘》，从学制到政体，从礼崩乐坏到诸子兴起，介绍了自夏商至周末这一时期中国文化的起源与发展情况，从这个角度来看，标题中

① 段江丽《明治年间日本学人所撰"中国文学史"述论》，载《中国文化研究》2014年第4期；陈文新、王少芳《"文学史"何以写成了"文化史"——谱系学视野下的日本首部"中国文学史"》，载《安徽大学学报》（哲社版）2019年第3期。

② 余来明《"文学"译名的诞生》，载《湖北大学学报》（哲社版）2009年第5期。

的“文学”两字仍然可以用“文化”来替代。可是，当我们以“文学”史的眼光去审视时，有些内容又格外引人注目，比如，在介绍夏商文学时，儿岛指出，虞夏时期，《尚书》之《典谟》叙事记言实乃千古之模范，《尚书》之《禹贡》《甘誓》亦简实强健大有可观，并举《尚书》之《五子之歌》《胤征》为传记文学之代表，还强调伯夷叔齐箕子微子等人虽并非以专事文辞为职司，却均善于叙言叙事。① 至周代，屈原宋玉之骚赋，大多为“金相玉质”之作，“乃千载之词宗”，管仲、晏子、子产等人非以文学为专任，在往来各国会同之际，彼此斗文辞竞才识，为了不辱使命而好文善辞；② 列御寇与庄子一样，其议论文章“纵横自在”；自鬼谷子、鹖冠子到屈原、宋玉，“前后辈出，各以文辞名世，大概因为文学之英华钟于此时，人智之活动归于此际，观之恰似艳阳三月，红紫一簇，蝶飞蜂舞”③。这些内容，强调的分别是记言叙事的技巧以及风格之自由、文辞之华美，完全属于狭义之文学范畴。“文章发展之状况”一章，儿岛开篇即以诗意的语言对“文章”一词的含义做了诠释：

> 文章之源乃发乎自然之性情。天象玄而日月吐辉，地色黄而山川含章，此乃自然之文章也；云霓出没，烟霞聚散，鸟兽草木，贲华炳蔚，呈奇观而寓妙致，此乃自然之绘画也；林木之音如箫笛，泉石之声如钟鼓，莺语绵绵慰人之心，雷声殷殷惊人之耳，此乃自然之音乐也！所以，文章如同绘画、音乐，乃基于天地自然之理的人间必需之物。④

这一段文字，显然是参考《文心雕龙·原道》改写而成，表达的是文章源于自然之道的思想，而将文章与绘画、音乐相提并论，则凸显了文章的审美意义。接下来，儿岛在总评先秦各阶段文学特点时，主要着眼点在于“文”之修辞风格而不是思想内容：

> 虞夏之文，风气浑厚，其意在一字之中；商周之文，辞气严烈，其

① 《中国文学史》，载同文社《中国文学》杂志 1891 年第 1 号。

② 《中国文学史》，载同文社《中国文学》杂志 1891 年第 2 号。

③ 《中国文学史》，载同文社《中国文学》杂志 1891 年第 5 号。

④ 《中国文学史》，载同文社《中国文学》杂志 1891 年第 5 号。

意在一句之间；春秋之文叙述精实，其意在转折反复之中；战国之文议论俊爽，其意在辩难攻击之间。……所以，《汤誓》《牧誓》之雄伟不及《二典》《三谟》之温和；孟荀庄列诸子之凌厉光泽，不及《论语》《老子》简劲。要之，文章随时势推移气运降替而变迁。①

这里，对虞夏、商周、春秋、战国各时期的文学风格做了精练的概括，最后两句，强调文章的发展变化与“时势”“气运”以及社会变化之间关系，应该来自《文心雕龙·时序》中“文变染乎世情，兴废系乎时序”之思想。

综合来看，儿岛对先秦文章、文学的讨论，关注的是语言修辞风格，显然属于狭义文学观，而且其理论观念又源于《文心雕龙》。在论述具体作品时，也是重形式风格而不是内容，典型如评论《论语》中“子曰：已矣乎，吾未见好德如好色者也”“子曰：泰伯其可谓至德也已矣”等例文时，强调的是“可见文章家巧用助词而文势疾徐缓急轻重”的特点，并称《侍坐》章“文有照应、字有疾徐，最是抑扬顿挫文之典范”，儿岛由此证明，《论语》“既是修身之器，亦是修辞之书”，而他所关注的，在于“修辞”之术而非“修身”之德。又如儿岛称“文章之妙，全在炼句，故《礼记》之《檀弓》在字句精练间最为得力”，并举例将其与《（孔子）家语》进行比较，进而认为，《家语》叙事简明而意味优长，《檀弓》则气力雄健、光焰万丈，且字字构思、句句著意，一字一句毫无懈怠，求之唐宋诸家，则柳子厚最得《檀弓》之诀窍，而且司马迁叙樊哙及毛遂故事，其笔法亦似《檀弓》中杜蒉故事。②

“诗歌起源及发展”一章内容比较单薄，自第8号末尾一行开始，至第9、11号两期。儿岛从上古《庚歌·股肱喜哉》到《尚书·虞书·益稷》中之“元首丛脞哉”等诗句，从《尚书·商书·五子之歌》到《诗三百》，简单梳理了诗歌发展过程，然后评价《诗经》中之正音，“其言辞温润华美，其内容方正而无棱角、贴切而不激烈，挹之其义不尽、叩之其意无穷，极尽诗术之能事”！而对《诗经》之外的其他一些歌谣，比如《左传·昭公二十五年》“鸜鹆之巢，远哉遥遥”，《子产诵》“我有子弟，子产诲之”等等，儿岛评价曰：“皆里巷野人之辞，纯朴质素自不必言，未加润色而足可吟诵。”至屈原，

① 《中国文学史》，载同文社《中国文学》杂志1892年第6号。

② 《中国文学史》，载同文社《中国文学》杂志1892年第7、8号。

“则新出机轴雄飞诗坛，其辞长而其旨深，近则示其类，远则见其意，实乃诗道之一变”①。由此可见，儿岛论先秦诗歌之发展，在强调诗歌与社会关系密切这一前提之下，关注点全在“诗术”“诗道”，即诗歌字、词、句以及声调等带来的整体风格，甚至连中国和欧洲诗歌起源的比较，主要关注的也是不同社会背景带来的诗歌风格而不是具体的思想内容。综上，在《中国文学》版“中国文学史”中，儿岛论述中国古代文学总体发展情况时包含了训诂学、考据学等内容，体现了典型的广义泛文学概念，可是，在论述先秦文章及诗歌的时代及个人特点时，侧重点始终在记叙方法、助词运用、文字照应、音节扬抑等修辞艺术以及由此带来的风格特征，在“诗术”“诗道”，体现的无疑是狭义的属于审美范畴的文学观。也就是说，儿岛在广义的文学观念外衣之下，包裹着狭义文学观的萌芽。

三、《中国学》杂志版“中国文学史”之文学观

儿岛在《中国学》杂志第1、2、6号刊载的《文学小史》包括总论、上古文学等两章，虽然总共只有16页，可是，放在日本“中国文学史”撰述史上来考察，其意义却非同小可，遗憾的是很少有人关注到这一点。

与《中国文学》杂志版相比，《中国学》版“中国文学史”有明显的不同，主要体现在以下两个方面：

第一，引入泰纳的文学史观作为阐述中国文学史的理论模式。泰纳（Hippolyte Adolphe Tai，又译丹纳，1828—1893）是法国著名文艺批评家和史学家，他在19世纪占统治地位的实证主义哲学、史学以及黑格尔主义、达尔文进化论等理论影响之下，提出了著名的“种族、时代、环境三要素”的文学史观。② 泰纳的文学社会学研究模式可以说是当时实证文学观的集大成者，自其《英国文学史》（1864）、《艺术哲学》（1865）问世以后，在欧洲产生了广泛影响，不久即被正处于狂热“欧化”思潮中的日本学人接受，三上参次、高津锹三郎于1890年合著出版了历史上第一部《日本文学史》，既运用了欧洲狭义化的“文学”概念，又强调了基于种族与环境等因素的文学国族意识。

① 《中国文学史》，载同文社《中国文学》杂志1892年第11号。

② 陶东风《文学史哲学》第49—69页，河南人民出版社，1994年。

儿岛在《文学小史》"总论"中开篇即说，"文学因风土异同、世事变迁以及国民之性情境遇不同而大异其趣。因此，治世之音显怡悦之情，亡国之音寓哀痛之意。心中不平之士抒发郁勃之气，功成名就之人流露自得之意"。然后，依次列举《孟子》《史记》《麦秀歌》《出师表》以及司马相如、扬雄、屈原、贾谊等人的作品为例加以论证，并且进一步强调，不只中国文学如此，"即使泰西诸国亦均受风土气候政治宗教影响，莫不与人情风俗之变迁相联结"①。由此可见，儿岛是将中国文学与泰西诸国文学相提并论加以考察，非常典型地演绎了泰纳提出的"种族、时代、环境三要素"的文学史观。

其实，儿岛关于文学起源的论述与《中国文学》杂志版"中国文学史"基本一致，不同的是，在《文学小史》中更加明确了"文学是用文字表现人的思想感情的产物"这一概念前提，从而使相关论述更具理论品质。而且，在讨论文学起源时，还讨论了诗歌、散文、小说、戏曲之间的先后关系。在具体论述中，不仅将文章与散文作为同义词交替使用，还特别指出，中国的学者为"经国"而追求"学问本领"，却往往轻视"诗歌文章"而视其为"末技"，尤其小说戏曲之类甚至耻于言及。这样，将中国的"学问"与"诗歌"、"散文（文章）"等区别开来，还将小说戏曲正式纳入文学范围之内，都凸显了纯文学的文体意识。

第二，对"文学""文学史"等概念做了明确定义。儿岛在《文学小史》中，对"文学""文学史"做了概念界定。先看文学。儿岛指出，"文学是用文字表现人的思想感情的产物"（第2页），因此，寻找文学起源不能止于文字创作之时，而应该溯源到人类社会之初用言语表达所思所感之际。也就是说，在文字产生以前，诗歌的性质既是语言的一种，从发音的抑扬缓急来说，也可以说是音乐的一部分，所以说，"言语是用以表现人的思想的声音，文字是代替言语用以表示思想的符号"（第2页）。儿岛对文学的定义显然属于西方近现代纯文学范畴，不过，他由文学起源进而追踪到言语、文字的意义，并在具体阐释的时候，引入《尚书·虞书·尧典》中"诗言志，歌永言"的经典说法，既阐明了文学起源的普遍规律，又为中国传统学术中文字学与音韵学进入纯文学研究范畴留下了空间。再看文学史定义。儿岛指出，"文学史

① 汉文书院《中国学》之《文学小史》第1—2页。说明：下文引文只随文注出页码，此页码为"文学小史"单篇连载的页码。

之要义，不仅在于像普通历史般使人知晓一国之客观事迹，更在于描画主观之人心活动”（第1—2页）。然后进一步指出，尤其对中国人来说，温故之念切、怀乡之心笃，且极少受外国文明影响，因此，中国文学之发展史，的确足以使人求证中国国民思想感情如何发展、探求发展过程中盛衰高下的原因，并由此而了解历代教化风俗等情况。也就是说，儿岛不仅引用了泰纳的文学史观，而且强调这一文学史观尤其适用于中国文学史。总之，儿岛认为，“文学因国别而趣味殊，循时变而风致异”（第1页）；文学史则是一国之民的心灵史，完全沿用了泰纳的理论框架，同时又与《礼记》《尚书》等中国传统典籍中的一些经典说法有机结合起来加以阐述，丝毫没有生搬硬套之感。

第三，指出叙述“中国文学史”所面对的困难并对文学史阶段划分做了调整。在对文学与文学史做了理论上的说明之后，儿岛客观地指出了一个事实：“叙述中国历代文学之变迁是一件非常困难的事”（第4页），中国记载政治兴废的书籍有很多，阐明文学变迁的则付阙如。儿岛说，为了让初学者掌握中国文学梗概，而特将其分为四期：

第一期 上古文学：皇帝时仓颉造字经唐虞三代至秦始皇焚书；
第二期 中古文学：焚书之后经汉魏六朝至唐初；
第三期 近古文学：自唐初开始经宋元至明朝灭亡；
第四期 今世文学：自清世祖（顺治）即位至今（19世纪90年代初）。

同样是划分为四期，与《中国文学》杂志版比较，《文学小史》分期的时间点有一个明显的变化，就是唐代文学由之前的“中古文学”移到了“近古文学”，至于为什么有这种变化，我们将结合儿岛后来的同类著作，另外撰文分析，这里不赘。值得指出的是，《文学小史》在对每一期内容进行说明时，删除了《中国文学》杂志版中所强调的训诂学、考据学等内容，我们推测，这一做法应该与其文学观念转变有关。

四、儿岛“中国文学史”撰述的先行意义

综上，儿岛早期两种先后在不同杂志上连载的“中国文学史”类著作，

虽然都只是先秦文学史的一部分，却在日本早期“中国文学史”撰述史上具有重要意义，至少表现在以下三个方面：

第一，是最早体现了近现代西方纯文学观念的“中国文学史”著作。如果说，1891—1892年的《中国文学》杂志版《中国文学史》只是在传统广义文学观念下包裹着狭义文学观的萌芽，那么，在1894年的《中国学》杂志版《文学小史》中，则直接引用了西方近现代的文学定义。而且，就第一种著作而言，即使尚未明确使用纯文学概念，在行文中却主要分析中国文学的修辞特点及风格，这一点在日本“中国文学史”撰述中已具有开创性意义。

第二，是日本最早引用泰纳“种族、时代、环境三要素”之文学史模式的先行者之一。差不多与儿岛同时，藤田丰八与古城贞吉的“中国文学史”著作都明确运用了泰纳的理论观念。儿岛献吉郎《文学小史》刊发于1894年，藤田丰八《中国文学史（完）》出版年不详，大约成书于1895—1897年之间；古城贞吉《中国文学史》于1891年动笔，1896年完稿，1897年出版。[①] 由此可见，在三上参次、高津锹三郎《日本文学史》（1890）等著作出版之后，日本学界对泰纳的学说普遍产生了强烈的兴趣，“中国文学史”著作亦不约而同受其影响，以儿岛、藤田、古城三人而言，很难说谁先谁后，不过，儿岛的著作最先公开发行则是事实。

第三，在借鉴西方观念阐述中国文学史事实时，很大程度上坚持了中西比较并中西结合的原则。儿岛在论述文学起源时，从欧洲与中国社会最初文明形态的不同指出了两者之间的差异；在分析中国早期文章、诗歌等文学作品的审美风格时，注意到了中国语言文字的特点，比如说助词与节奏问题。在引用泰纳文学分析模式时，一则紧密联系文学史事实，突出了中国特点；再则又合理地与中国《礼记·乐记》中的经典相联系，从而在很大程度上保持了中国文学的主体性价值。

以上三点，足以证明儿岛早期先后在两种不同杂志上连载的不完整的著作，在日本“中国文学史”撰述史上具有重要的先行意义，不应该被忽视或者遗忘。

（段江丽　北京语言大学中华文化学院教授、博士生导师；
孟庆跃　北京语言大学中华文化研究院博士生）

① 段江丽《明治年间日本学人所撰“中国文学史”述论》，载《中国文化研究》2014年第4期。

冈仓天心的中国踏察与流失西方的中国艺术品

——以龙门石窟为中心[*]

周 阅

摘 要： 日本著名思想家和美术教育家冈仓天心一生多次到中国踏察古代美术，他不仅影响了整个日本明治时代对中国美术的认识，而且让西方世界了解到中国美术的辉煌灿烂。然而他对中国美术的研究和实地踏察所带来的结果，却又是极为复杂的。他是第一个考察龙门石窟的外国人，他使龙门石窟在海外声名远扬，但同时也遭遇了劫难。天心是连接中国与西方的一个重要通道。他的甄别和选择，在很大程度上左右了20世纪以来美国博物馆对中国美术的判定标准，也深刻地影响了西方的东亚艺术品位。

关键词： 冈仓天心　中国踏察　龙门石窟　波士顿美术馆

冈仓天心（1862—1913，以下简称天心），本名角藏，后更名觉三，日本著名思想家和美术教育家、中国美术研究家。他最早在日本历史上第一所，也是很长时间内唯一一所国立美术学校——东京美术学校讲授有关中国美术的课程[①]。他关于中国美术史的叙述不仅影响了整个明治时代的日本对中国美术的认识，而且让西方世界了解到中国美术的辉煌灿烂，而他对中国美术的

---

* 本文为中央高校基本科研业务专项资金项目的阶段性成果，项目编号为20YJ150001。东京美术学校1887年宣布成立，1889年1月正式招收第一届学生，为东京艺术大学的前身。

① 冈仓天心的讲义《日本美术史》是日本第一部现代意义上的美术史叙述，该讲义与其后撰写的讲义《泰东巧艺史》，都是“以中国美术为中心兼论日本美术史”（佐藤道信『明治国家と近代美術：美の政治学』第141—142页、吉川弘文馆、平成十一年）。

研究和实地踏察所带来的结果，却又是极为复杂的。

一、首次的中国之旅

天心一生五次到过中国，前四次为考察旅行，最后一次是路过。第一次：1893年7—12月，考察以佛教艺术为中心的中国古代美术，写有《中国旅行日志（明治二十六年）》及《中国行杂缀》。第二次：1906年10月至1907年2月，以波士顿美术馆中国·日本部顾问的身份帮助搜集、购买中国艺术品，写有《中国旅行日志（明治三十九~四十年）》。第三次：1908年6—7月，在视察欧洲回国途中顺路踏访了沈阳、天津、北京。第四次：1912年5—6月，帮助波士顿美术馆购买中国古代美术品，写有《九州·中国旅行日志（明治四十五年）》及《近期收集之中日艺术品展览》（*Exhibition of Recent Acquisitions in Chinese and Japanese Arts*）。第五次：1912年8月从日本前往印度途中经过上海和香港。

天心初次踏察中国的全部经费由管辖帝国博物馆的日本宫内省提供，他先后踏访了天津、北京、洛阳（龙门石窟）、西安、成都、重庆、汉口、上海等地，于12月返回日本神户。根据天心在《中国行杂缀》中的统计，共跨越直隶、河南、陕西、四川、湖北、湖南、江西、安徽、江苏共计9省，旅程1.4万余里，历经140天。其旅行日记，不仅是中国古代美术考察的忠实记录，同时也成为了解19世纪末期清王朝社会样态的宝贵资料。

天心在北京逗留了半月余，居住在位于崇文门内东交民巷的北京饭店，因为这里与日本公使馆[①]相邻。在京期间他雇用三轮高三郎做翻译，以日本公使馆为中心参观考察了周边地区，逛遍了所有能去的古董店。天心在中国的古董商店往往只是询价而不买，原因有二，一是普通的艺术品难入他的法眼，二是他发现古董店里充斥着赝品。天心在旅行日志和笔记中多次记录下看到的赝品，如8月20日他去了琉璃厂，日记中有“得《空同集》，书画皆是赝品”[②]。这说明天心具备相当的中国古代美术的鉴别

① 这一公使馆的设计人是日本最早接受现代建筑学高等教育的建筑家之一片山东熊（1853—1917），目前是东交民巷保存下来的唯一的19世纪建筑物。

② 冈仓天心「支那旅行日志（明治二十六年）」、『冈仓天心全集』第五卷第26页、平凡社、1979年。

知识。

尽管天心是以官方身份来到中国，但此次旅行不仅十分危险，而且充满艰辛。当时中国社会动荡，治安混乱，盗抢频发，加之正值甲午战争爆发之前，日本人普遍遭到中国人蔑视，为了人身安全，天心戴上有假发辫的帽子，改穿普通中国人的服装。天心一路都遭受臭虫困扰，不得安眠，日记中经常有半夜掀被翻枕捉虫十数只的记录。从天津走水路前往北京途中还遇到老鼠咬断舟绳的情况。乘坐马车时，由于道路坑洼而不停地“前后左右摇晃，不习惯的旅客马上就会引起头疼，难免痛苦异常”[①]，有时车轮陷于泥中，“仿佛地狱之车”[②]。时值盛夏 8 月，一方面，暴雨引发洪水泛滥，两岸房屋被冲毁，甚至连坟茔也被冲散；另一方面天气炎热异常，天心的日记中时有气温的记录以及疲惫至极的感叹。稻贺繁美认为，在这种状况下长达 140 天的中国之行“可以说是破天荒的旅行”[③]。

但即使在如此恶劣的条件下，天心仍兴味盎然地考察沿途的寺庙、佛像、石碑等古迹，因为他踏访中国最重要的目的，就是亲眼观赏比他在日本所见更多的中国古代艺术品。为此天心经常凌晨三四点起身，四五点即出发考察，甚至有 2 点半起床的情况。天心在困顿疲惫之中还不时寄古怀今，如：从北京出发前往开封途中，8 月 27 日经傍晚过易水时，他咏汉诗一首：

秋风易水酒荒凉，醉发冲冠遗恨长。
燕赵侠徒作何事，空将匕首胁秦王。

该诗出典《史记・刺客列传》，天心在渡过易水时想起荆轲刺秦王的场面。他有极深厚的中国古代历史文化修养，通诗律，晓古文。9 月 18 日他在洛阳为随行的三轮高三郎祝贺 28 岁生日时，信手拈来一联：“五湖云水范蠡棹，千里风沙祖狄鞭。”上下两句各用一典：上句援引中国古代范蠡作五湖游

---

① 冈仓天心「支那旅行杂缀・支那旅行报告稿」、『冈仓天心全集』第五卷第 130 页、平凡社、1979 年。

② 「支那旅行日志（明治二十六年）」、『冈仓天心全集』第五卷。

③ 稻贺繁美「中国踏查旅行」、古田亮监修『别冊太陽：日本のこころ－209　岡倉天心　近代美術の師　（生诞一五　年记念）』第 22 页、平凡社、2013 年 7 月。

的掌故[①]，下句以《晋书》中“祖逖先鞭”的典故[②]激励年轻的三轮君努力进取。其中国文化修养潜在而有力地支撑了他对中国美术的考察、研究和宣传。

二、龙门石窟的“大发现”

9月19日，天心迎来了他首次中国之旅的里程碑。这天，他“由河南府出发至龙门山”[③]，在“预想之外的地方突然获得了他访问中国的最大收获。他造访了洛阳郊外的佛教遗迹龙门，终于得以一览传递着古代亚洲文化气息的众多石佛”[④]。实际上在踏访龙门前，天心已知该处有石佛，但当龙门石窟真正出现在眼前，他被雄伟精美、绵延千米的佛像群彻底折服。当他看到“诸佛数十体均三四尺到一丈”，不由发出感叹：“实为唐时之奇观!”及至天已薄暮而不得不离开洞窟时，仍心中念念：此处“他日考古之人必值得一登，我亦欲再来”。[⑤] 龙门石窟自北魏孝文帝时期开始开凿，历经400年的精心营造，与莫高窟、云冈石窟、麦积山石窟并称“中国四大石窟”。

天心以兴奋的心情让同行的年轻助手早崎稉吉（1874—1956）拍摄了大量照片。早崎稉吉是天心担任校长的东京美术学校的第一届毕业生，天心为了此行特意让当时年仅19岁的早崎稉吉学习汉语和摄影。后来，早崎稉吉又于1899年8月至翌年1月再度到中国研究古代美术，1903年还曾接受中国政府聘任，先后在陕西省的三原高等学堂和陕西武备学堂担任教习，这期间受东京帝国博物馆委托调查中国古代美术，拍摄了龙门石窟等地的照片。如今保存在日本五浦美术馆等处的很多中国古代美术品的照片都是早崎稉吉拍摄的。实际上，冈仓前三次的中国之行都有早崎稉吉同行。“不难想象，对于冈仓的中国调查、美术品收集来说，早崎都是不可或缺的。”[⑥]

① 范蠡乃春秋时楚人，献策助越王勾践兴越灭吴，后功成身退，乃乘扁舟漂泊五湖，变名易姓，不知所终。

② 《晋书》卷六十二列传第三十二之“刘琨祖逖列传”，言刘琨自幼胸怀大志，要为国出力，其好友祖逖被选拔为官，于是他发誓要像祖逖那样建功立业。

③ 冈仓天心「支那旅行雑綴・経歴書」、『岡倉天心全集』第五巻第122頁、平凡社、1979年。

④ 金子敏也『宗教としての芸術　岡倉天心と明治近代化の光と影』第150頁、つなん出版、2007年7月。

⑤ 「支那旅行日志（明治二十六年）」、『岡倉天心全集』第五巻。

⑥ 大西純子「早崎稉吉　中国古美術の紹介者」、古田亮監修『別冊太陽：日本のこころ－209 岡倉天心　近代美術の師　（生誕一五　年記念）』第26页、平凡社、2013年7月。

据天心《中国行杂缀·中国旅行讲演笔记》可知，他与早崎稉吉重点拍摄了宾阳洞。宾阳洞是龙门石窟中极为富丽堂皇的一组洞窟，《魏书·释老志》中对其开凿有记载，是北魏宣武帝为其父母孝文帝和文昭皇太后所造，前后耗费24年。宾阳洞典型地体现了佛教艺术传入中国后，在中原地区形成的融合了汉化风格的新样式，是中国古代雕刻艺术的杰作，在早期石窟中具有标志性意义。[①] 天心赞叹道："此洞……当为武梁祠以后美术历史上最为重要者。"[②] 天心对宾阳洞的情有独钟，也充分反映出他的独具慧眼。

宾阳洞分北洞、中洞和南洞（天心记述为"北洞、乌佛师、南洞"）。宾阳中洞是一座三世佛窟，洞口内壁两侧均有上下四层的浮雕：最上层是"维摩变"；第二层是"佛本生"故事；第三层是著名的"帝后礼佛图"，体量最大；最下层是"十神王"。"帝后礼佛图"由"孝文帝礼佛图"和"文昭皇后礼佛图"两组浮雕组成，分别刻画孝文帝和文昭皇后在侍从簇拥下列队礼佛的场景。两组浮雕人物众多，栩栩如生，仪仗道具、衣冠服饰雕刻精美，不仅在佛教美术领域极具艺术价值，而且在孝文帝推行汉化政策等历史研究领域亦极具资料价值。遗憾的是，两组浮雕现在都流失海外，分别藏于美国纽约的大都会艺术博物馆和美国堪萨斯的纳尔逊-阿特金斯艺术博物馆。这一后果的造成，与天心的中国踏察辗转相关。

天心回国后，将其团队拍摄的照片制作成幻灯，在多次演讲中进行展示。此时，欧美对龙门石窟尚不知晓，天心用英文撰写了有"世纪大发现"之称的龙门石窟的考察报告，并附上照片，使西方第一次知道龙门石窟的存在。

三、西方的掠夺潮

由于天心的工作，龙门石窟很快在海外声名远扬，并迅速吸引了西方的探险家、收藏家、汉学家，乃至一些并非出于艺术与学术之关心的古董商和文物贩子。比如，翻译了《史记》的法国著名汉学家爱德华·沙畹（Edouard Chavannes，1865—1918）就于1907年带着摄影师慕名来到中国，获取了龙门

① 关于宾阳洞可参见刘景龙编著《宾阳洞：龙门石窟第104、140、159窟》，文物出版社，2010年。

② 岡倉天心「支那旅行雑綴·支那美術ニ就テ」、『岡倉天心全集』第五卷第151页、平凡社、1979年。

石窟和云冈石窟的大量图文资料，并于2年后在巴黎出版了《华北考古图录》(*Mission Archéologique dans la Chine Septentrional*)。沙畹在龙门石窟一地就停留12天，详细地进行勘察、测量、拍照和拓印，使《华北考古图录》得以收录了118幅龙门石窟的图片。

沙畹的著作和影像资料又进一步刺激了更多的人开始对龙门石窟进行大肆盗凿和掠夺。美国著名的探险家和考古学者兰登·华尔纳（Landon Warner, 1881—1955）就是其中之一。华尔纳是较早踏察云冈石窟的西方人之一，同时也是敦煌文物的破坏者，美国好莱坞电影《夺宝奇兵》就是以他为原型拍摄的。华尔纳1903年毕业于哈佛大学，1906年留学日本，专攻佛教美术。值得一提的是，华尔纳的老师正是天心，无论是日本时代还是美国时代，华尔纳一直尊称天心为“先生”，写信时抬头是“亲爱的老师”，落款则是“阁下的顺从的部下”。[①] 1913年华尔纳在哈佛大学开设了东方艺术课程，是美国第一次也是当时唯一的介绍中国艺术的课程，他曾先后担任宾夕法尼亚州艺术博物馆（今费城博物馆）馆长和哈佛大学福格艺术博物馆东方艺术研究员，著有《在中国漫长的古道上》(*The Long Old Road in China*)。华尔纳在1923年来到中国敦煌，以胶水和布匹为工具，用极其原始、粗暴的方式剥离、揭取了莫高窟的大量唐代壁画，并盗走了唐代彩塑菩萨像等文物。去敦煌之前，早在华尔纳就已经于1914年5月去了龙门石窟，而在去龙门石窟之前，就先从天心和沙畹等人的资料中看到了龙门石窟的照片，他被两组“帝后礼佛图”深深吸引：

> 你可以看到古代中国雕塑在全盛时期的样子。请留意那些礼佛人物——它们的构图与罗马万神庙的装饰雕刻一样好，至于那些浮雕的线条，我认为它们也毫不逊色……先生（冈仓天心）认为它们非常重要。西方应该能够接触到那座顶级中国雕塑宝库，那是一座尚未开放的万神殿，堪称整座雅典卫城，等待着人们去学习研究。[②]

由此可以看出，第一，华尔纳对龙门石窟的“帝后礼佛图”评价极高，

① 冈仓天心「岡倉天心あて書簡」、『岡倉天心全集』别卷第217、220页、平凡社、1981年。

② ［美］卡尔·梅耶、［美］谢林·布莱尔·布里萨克著，张建新、张紫微译《谁在收藏中国》第97页，中信出版社，2016年。

将其与世界级遗产罗马万神庙、雅典卫城相提并论；第二，天心的观点对华尔纳有影响，因此他才为了强调龙门石窟的重要性而搬出天心的看法；第三，当时龙门石窟尚未为世界所知；第四，华尔纳认为龙门石窟有研究价值。

不幸的是，受到以天心为发端的一系列图文资料吸引而垂涎三尺的，大有人在。从美国到欧洲，这些资料已成为西方买家按图索骥的依据，文物市场的刺激又进一步使得对中国佛教美术遗迹破坏性的盗掘活动更加猖獗。以至于伦敦《泰晤士报》在1914年5月2日发表社论，反对肆意破坏和掠夺中国的历史艺术遗存。华尔纳初次造访龙门石窟，正与《泰晤士报》的这篇社论同年同月。一方面，他的亲眼所见印证了此前从照片上获得的信息："总的来说，龙门石窟令人难以置信。在我看来，我们所熟知的那组女士浮雕人物像，是中国艺术的最佳之作。我所见过的东西，都无法与其媲美。"这里的"女士浮雕人物像"就是"文昭皇后礼佛图"，从华尔纳"我们所熟知的"这一措辞可以明显看出他在亲眼见到实物之前已经对此有了充分的了解。但另一方面，华尔纳也看到了现实中龙门石窟的惨状："龙门石窟最近遭受的破坏，如我们听说的一样糟糕，随处可见被打掉雕塑头像的新茬儿。有的雕像被蓄意挖出，有的被士兵随意敲落……那种场面惨不忍睹，几乎使人感到恶心。"实际上，华尔纳早就清醒地意识到，"欧洲的古董商们已向他们在中国的代理标注了龙门石窟的照片。代理们正根据订货，委托当地的石匠偷盗雕像。"他甚至担心自己附有照片的关于中国文物的著述也会造成同样的后果。他说："那种事情，将会极度伤害我的良心。"①

讽刺的是，华尔纳的"担心"恰恰在他的高足普爱伦（Alan Priest，1898—1969）手里成了现实。普爱伦早年曾跟随华尔纳来到中国，参与盗窃敦煌壁画，后长期担任纽约大都会博物馆亚洲部部长，大都会博物馆早期收藏的很多重要佛像、青铜器均是在其指导下购入，他还撰著了《大都会博物馆藏中国雕塑》（*Chinese Sculpture in the Metropolitan Museum of Art*）。普爱伦在北京期间居住在王府井附近的大甜水井胡同，经常出入北京的古玩市场，与中国美术界人士亦多有交往。张大千（1899—1983）曾于1959年创作册页题赠普爱伦，有亲笔书写的签条曰："普爱伦先生法教张大千。"1934年，普爱伦与北京古董商人岳彬签订了秘密合同，决定购买《帝后礼佛图》。这份合同

① 此段引文均见《谁在收藏中国》第102、98页。

给“帝后礼佛图”带来了灭顶之灾。岳彬靠倒卖文物发家，曾是北京古玩界的巨商，在琉璃厂开有“彬记”古董店。他买通了洛阳当地势力，找人将“帝后礼佛图”敲碎后装袋偷运到北京，再找人拼接复原。但由于浮雕被凿得过于支离破碎，已难复原，他又请人将难以复原的部分进行复制。因此，如今在美国两家博物馆展出的“帝后礼佛图”已非龙门原貌。1952 年，岳彬因盗卖国宝被捕入狱，被判死刑，缓期 2 年执行，1954 年病死狱中。直到岳彬被捕时，他院内仍堆着“帝后礼佛图”的碎片。[①]

中国佛教艺术的绝世精品就这样毁于一旦，而这一切都是在天心死后发生的。天心一定不曾想到，当年他指挥爱徒早崎稉吉拍的那些珍贵照片，会给他钟爱的龙门石窟带来如此劫难。他更不会想到，劫难的直接祸首，竟是自己学生的学生。

四、波士顿美术馆的中国美术收藏

1904 年，天心赴任美国波士顿美术馆，从此将他人生最后 10 年倾注到建构该馆东亚美术收藏的事业中。波士顿美术馆筹建于 1870 年，在 1876 年 7 月 4 日美国独立 100 周年纪念日向公众开放。这一时期，恰逢美国分别于 1876 年在费城，1893 年在芝加哥举办万国博览会，以此为契机，引起了 19 世纪末以降美国的美术馆和美术品收藏家对东亚美术的广泛关注。但当时对东亚美术拥有知识与鉴赏眼光者寥寥，收藏对象也主要是一些陶瓷器或“中国风格”（chinoiserie）的装饰品。真正有艺术水准的中国美术收藏，始自天心。

由于波士顿与日本一直有着密切的贸易和文化往来，在该馆最初设立的 3 个部门中就有“日本美术部”（1903 年改为“日本・中国美术部”，现称“东方部”）。“日本美术部”第一任部长是天心在东京帝国大学的老师费诺罗萨（Ernest Francisco Fenollosa，1835—1908）。费诺罗萨是美国著名的东亚美术史家，毕业于哈佛大学哲学系，1878 年受明治政府邀请赴日执教，他在日本全盘西化的浪潮中，致力于研究和宣传东方传统艺术无可替代的价值，曾因为痴迷佛教

① 1965 年 11 月，文化部文物博物馆研究所与龙门文物保管所专门组成联合调查组，对“帝后礼佛图”的盗凿事件进行了调查。关于该事件，可参阅陈重远《普爱伦与岳彬盗走的〈帝后礼佛图〉》，载《世纪》1997 年第 6 期。

美术而放弃基督教改信佛教，著有《中日艺术源流》（*Epochs of Chinese & Japanese art, an Outline History of East Asiatic Design*, vols. I & II）。天心正是在费诺罗萨的引荐下于1905年成为“中国·日本美术部”顾问，1910年被任命为“中国·日本美术部”部长。天心在任期间的一个重大决定是，“把收集的轴心从高涨的日本美术转向中国美术”，[①] 这一决策使中国美术成为波士顿美术馆的重点收藏对象。特别值得一提的是，天心主张一定要收藏中国顶级且最重要的文物，只有这样才能让西方了解中国美术的精华。华尔纳正是从天心赴任的1904年起，开始在波士顿美术馆当艺术学徒，这期间受到天心艺术趣味的极大影响，而且也“正是华尔纳在波士顿美术馆工作期间，该馆征集了北美洲最好的亚洲艺术藏品。那批藏品使华尔纳两个最强烈的兴趣脱颖而出——日本艺术和佛教艺术”。[②] 华尔纳日后对龙门石窟和敦煌壁画的染指就与此相关。

天心多方努力获取预算，这些预算一方面用于高质量藏品的收购与修复保存，另一方面用于举办展览。值得一提的是，他还配合展览发行出版物对展品进行评点介绍，使参观者不是走马观花，而是能够获得东方美术的知识。此外，天心还举办教育活动以促进人们对东方美术的理解，他一直坚持这一“保存、陈列、解说、一般教育”[③] 的办馆方针。天心非常重视美国在东西方艺术交流中的位置，他“把美国比喻为‘东洋与西洋之间的家’，向美术馆说明建立优秀的馆藏对于‘东洋与西洋相互之间更为良好的理解’是有意义的。这成为冈仓经营理念的核心，决定了美术馆收购资金的筹措”[④]。天心以“中国·日本特别基金”为波士顿美术馆购入了中国美术的顶级藏品——包括唐、宋、元绘画等在内。[⑤] 至今该馆仍以收藏东方艺术品著称，藏有中国和日本绘

① 吉田千鶴子・小泉晋弥「覚三が天心になるまで・海外勤務時代」、古田亮監修『別冊太陽：日本のこころ－209　岡倉天心　近代美術の師　（生誕一五　年記念）』第140頁、平凡社2013年7月。

② 《谁在收藏中国》第74页。

③ 「覚三が天心になるまで・海外勤務時代」、古田亮監修『別冊太陽：日本のこころ－209　岡倉天心　近代美術の師　（生誕一五　年記念）』第140頁。

④ 清水惠美子「岡倉天心の比較文化史的研究」、古田亮監修『別冊太陽：日本のこころ－209　岡倉天心　近代美術の師　（生誕一五　年記念）』第48頁、平凡社2013年7月。

⑤ 以“中国·日本特别基金”购得的藏品，在展示的说明牌上标注有“Special Chinese and Japanese Fund”，包括北魏时代佛坐像、隋代智者大师的舍利棺、唐代十一头观音石雕、唐代大理石莲座菩萨像、唐代四大金刚雕像、唐代大理石菩萨立像、唐代坐佛残躯、宋代传徽宗笔《摹张萱捣练图》、元代王振鹏的《姨母育佛图》、元代《昆沙门天画像》等。

画5000余幅。这些珍贵馆藏很大程度上得益于天心的慧眼，而其慧眼又源于他对中国美术的系统知识，以及对中国历史文化的深厚修养。

1913年天心去世后，波士顿美术博物馆专门为他建立了一个纪念展室。美国著名收藏家、哈佛教授兼波士顿美术馆赞助人丹曼·罗斯（Denman Waldo Ross，1853—1935）将他在巴黎文物商店购得的一尊出土于洛阳白马寺的石佛造像捐赠给了波士顿美术馆，因为这是天心倾心之物。1906年天心第二次到中国时，在白马寺的庭院里看到这尊半埋于泥土中的大型佛像，立刻感受到尘泥掩藏不住的精美，于是想要购买，但无奈被拒，此后一直对这尊石佛念念不忘。[①] 这尊石佛经历了漫长的颠沛流离，最终在天心倾注心血打造的博物馆接受世人的景仰膜拜。

在波士顿美术馆中国馆的大厅里，还有一件中国人参观时的必看之物——晚清书画家吴昌硕（1844—1927）题写的匾额"与古为徒"。其实，这也是天心带来的馆藏。天心在中国旅行期间结识了吴昌硕，吴昌硕对天心倾力收藏中国艺术品的努力十分感佩，在1912年为当时天心供职的波士顿美术馆题写了这块匾额，题记曰："波士敦府博物馆藏吾国古铜器及名书画甚多，巨观也。好古之心，中外一致，由此以推仁义道德，亦岂有异哉，故摘此四字题之。""与古为徒"语出《庄子·人世间》，吴昌硕或是知晓天心对中国道家思想的崇敬才题写了此句。

结　语

在天心眼中，中国美术不仅具有自身的艺术价值，而且对于理解日本美术亦具重要意义。他初次踏访中国之时，就主张"必须对中国大力开展研究"，其原因在于中国的"价值：规模之大；人民之大，忍耐力；购买力之大；与日本的关系"[②]。对日本来说，中国是"既近且远的国家"[③]。天心未到中国之前就已亲眼观看了大量流传到日本的中国美术品真迹。在1889年东京

① 关于这尊石佛造像，可参见［日］木下弘美著，郑涛译《帝王巨观：波士顿的87件中国艺术品》之"第二章神明与信仰"，上海书画出版社，2018年。

② 岡倉天心「支那旅行雜綴·支那旅行講演メモ」、『岡倉天心全集』第五巻第143頁、平凡社、1979年。原文无标点。

③ 松村定孝『近代日本文学における中国像』第1頁、有斐閣、1975年。

美术学校开始正式招生之时，天心购入中国南宋张思恭的《罗汉图》（绢本着色，128.5×55cm，现藏于东京艺术大学）以资纪念。此举充分折射出他对中国美术以及对中日美术关系的重视。天心对中国美术的欣赏是基于他自身的美术史观，他对中国美术的重视亦包含其自身的诉求。天心自觉借助“美术”这一方法昭示东洋的一体性（oneness）——恰如他用英文撰写的名著《东洋的理想》（*Ideals of the East*：*The Spirit of Japanese Art*）中，开篇第一句所宣示的那样：“亚洲是一体的。”（Asia is one.）①

天心面向西方世界拉开了中国古代美术巨大而沉重的幕布，让西方看到了古老中国精彩绝伦的艺术，但同时也在无形中助长了对中国美术文物的掠夺。而这一后果的造成，实际上也与中国自身当时的混乱状况密切相关。19世纪末20世纪初，中国尚未形成保护艺术古迹的观念，华尔纳在第二次考察龙门石窟的报告中就记录，“政府官员仍有把龙门石窟珍宝当礼物送给外国显贵和游客的习惯”，他“对此感到悲哀”。② 长期在中国经商的爱尔兰裔英籍商人乔治·克罗夫茨（George Crofts，1871—1925）在为加拿大皇家安大略博物馆工作期间，从一个古董商处看到一尊龙门石窟的石佛头像，他感到这尊头像被偷运出中国很令人羞耻，于是将其买下并送还给了20世纪30年代的国民政府，但后来竟然再次看到这尊头像待估于古董市场，而这次他买下之后把头像留给了博物馆。从另一角度来看，“正是由于那些文物出现在西方收藏中，才推动了当今文物保护者们的倡议。”③ 这也恰是历史的吊诡与讽刺。

当然，西方世界对于中国古代美术的重视，是伴随着资本主义的发展、财富的增长、科技的进步、考古学的推进，以及对东方艺术的兴趣等一系列经济、政治、历史、文化的复杂因素而来的。在这一过程中，天心成为连接中国与西方的重要通道。他的甄别和选择，很大程度上左右了20世纪以来美国博物馆对中国美术品的判定标准，也深刻影响了西方的东亚艺术品位。

（周阅　北京语言大学教授，博士生导师，《汉学研究》副主编）

① Kakuzo Okakura, *Ideals of the East*: *The Spirit of Japanese Art*, New York: Dutton, 1904, p. 1.

② 《谁在收藏中国》第103页。

③ 《谁在收藏中国》第92页。

李白《静夜思》小考

——以探讨以往解释中的问题点为中心*

［日］门胁广文　著　黄晓星　石云涛　译

摘　要： 李白《静夜思》诗家喻户晓，虽篇幅短小，却有不同版本。因文字不同和理解差异，在日本汉学界曾引起广泛讨论，并异解纷纭。本文作者梳理诸家不同学说，对此诗诗性构成和诗性价值发表了独到见解，认为传统理解中的“不用意”说，并非是对李白《静夜思》的诗之价值的说明，其诗性价值正体现在其构成中。

关键词： 李白　《静夜思》　不用意　诗性价值

无论在中国还是在日本，李白的《静夜思》都是最为人们所熟知的诗，这一点我想应该是没有异议的。森濑寿三氏也赞同这一观点，他曾说：“在广受读者欢迎的唐诗中，最为人们所熟知的是那首作品呢？我们可能会在脑海中浮现出杜甫的《春望》，然而它对于中国人而言不过是杜甫的代表作而已。此前，我曾为了一些需要，让一名中国留学生从唐诗中任意引用一首进行论述，他选择了用李白的《静夜思》进行作答。再次印证了对于中国人而言，杜甫是伟大而受人敬仰的诗人，但是最受人们喜爱的却是李白这一说法。若论日本人与中国人都最熟知的唐诗，毫无疑问应是这一作品（《静夜思》——笔者注）。”

在日本此类对《静夜思》的评价中，最广为人知的当数服部南郭的“不用意”说。这一观点源自李攀龙的评价，此后一直承袭至今。

---

* 原载《大东文化大学汉学会志》第32号，大东文化大学汉学会发行，1993年3月20日。森濑寿三「李白の「静夜思」をめぐって——詩における解釈と校定」、関西大学『文学論集』第三十八卷第三四合併号。

森濑氏曾分析“不用意”的内涵：“在简短的诗句中隐藏着一个‘玄机’。”[①] 关于这一“玄机”的内容将在后文中进行论述。笔者认为，在以往满足于“不用意”说的解释传统里，森濑氏的这一观点无疑是一石激起千层浪、值得十二分的评价。本文也是受到森濑氏两篇论文的启发，但笔者认为其关于“玄机”的结论有失偏颇。森濑氏通过分析其他观点，对认为是“不用意”之作的李白《静夜思》进行了新的解释。我主要通过分析诗中使用的动词，指出以往研究中各种解释的可疑之处，在此基础上，掌握诗歌产生线性（时间性）语言的连锁性，接着追踪诗性主体（诗歌内部的主题，不是作者）包含内部活动的活动。结果发现，《静夜思》的构成是极为精巧且动态的（虽然题为《静夜思》），其诗性价值正体现在其构成中。然而，文中仅探讨了以往的“不用意”说与以往各类解释中存在的疑点，关于新的“解释”部分在笔者现在正在准备的另一篇论文中[②]，尚需等待，在此深表歉意。

一、关于“不用意”说的探讨

如前所述，对于李白《静夜思》的评价中，最广为人知的要数服部南郭在《唐诗选国字解》中的评价（为了立论，本文此后将频繁地提到森濑寿三氏）：“虽然表面上没有特别之处，句中却有甚是有趣的情境，这是李白的不用意之作。”[③] 即李白的《静夜思》是“不用意”的诗作，因此诗歌才具有独特的价值（甚是有趣的情境）。“不用意”这一评价来自李攀龙在《唐诗选》开头的序中总揽李白的所有“五言绝句、七言绝句”后得出的评价，即“至如五七言绝句，实唐三百年一人。盖以不用意得之，即太白亦不自知其所至。而工者顾失焉”。服部南郭对此处的注解如下：

> 初唐、中唐、晚唐的三百年间，虽然有众多五言绝句和七言绝句的作者，但李白是顶级的，“盖以不用意得之”。为何李白的绝句最妙，因为他不去多加思索，随意兴所发，任诗句自然吟咏而出，别具一格，他

① 『李白の「靜夜思」をめぐって——詩における解釈と校定』、関西大学『文属論集』。

② 译者按：“另一篇论文”指作者《李白〈静夜思〉小考——以探讨其诗性构成为中心》一文，发表于《大东文化大学创立七十周年纪念论集（上）》，1993 年。

③ 服部南郭著、日野龍夫校註『唐诗选国字解』第三卷、平凡社、1982 年。

人无法模仿。①

总之，服部南郭将“不用意”说解释为“不去多加思索，随意兴所发，任诗句自然吟咏而出”，可以说，这也是对“不用意”一词的一般性理解。关于服部南郭对李白《静夜思》的评价，武部利男在《论李白的〈静夜思〉》中这样论述：

> 李白在绝句方面是唐代三百年中第一人，其秘诀就是“不用意”。他的诗都是“心里不加以思索”“随心自然流露”之作，在他自己都没有觉察之时，就达到了“自然的境界”，那些满是技巧的作品反而是失败的。因此，《静夜思》也是一首不用意创作的诗。

武部利南氏还提及论述相同主旨的森槐南的《李诗讲义》：

> 床前照进明月光，起初并未想到是月光，以为是降下了霜。举头一看，明月在山顶上，所以此前怀疑是地上的霜是认错了。接着，发现此处照进床前的月与故乡所见的月，竟然别无二致。联想到自己已经久久未能归乡，如今遥望着这山月，不禁想起自己的故乡，也就自然而然地低下头去陷入沉思。诗句传达内容简单如斯，不过是将静夜时分涌上心头的感情，原原本本地描写出来而已，然而，妙就妙在于此。俞樾的随笔中曾出现过关于诗的解说：虽然描写繁多，而且其中须以“无情”进行描述才可见其真意。若于有意有情之处，刻意描写其情其意，反而会变得索然无味。但是于无意无情之处，将其描写而出，那么其情所致，其意当真。此可谓诗歌的秘诀所在。这样的评语用于这类诗可谓是极其贴切了。

武部还有以下论述：

> 服部南郭和森槐南既是学者又是诗人。《唐诗选国字解》和《李诗讲

① 『唐诗选国字解』。

义》都是讲义录，因此解说相对简单易懂，而“自然的境界”（服部南郭在《唐诗选国字解》中对李攀龙关于李白的五言绝句、七言绝句的评价进行解说时所用的词语——笔者注）、“天机所在”之类的表述就如参禅问答一样令人难懂了。两位都没有深入到那样的解释中去，大概是因为不论是服部南郭还是森槐南，他们自己本身就是诗人，知道那是需要自己自然领悟的吧。另外，如果是“任由心意所向，自然吟咏而出”的作品，还是不宜对诗中情景和诗人的想法过于深究，首先需要做的应该是敞开胸怀接受所呈现出来的诗句，然后慢慢加以品味。[①]

根据以上引述，服部南郭和森槐南，以及继承两者思想的武部氏对李白《静夜思》的评价可总结为：李白的绝句，尤其是《静夜思》，是“不用意（不加思索，随意兴所发，自然吟咏而出）”状态下创作的，属于“应该自然领悟的事情”，不是可以刨根问底进行深究的。与此评价持类似观点的还有高木正一氏，“此诗（指李白的《静夜思》——笔者注）非刻意而为，自然吟咏而出，字字率真，表达了对故乡纯真的思念，蕴含真实的客思旅愁”[②]。另有石川忠久氏的评论，“《唐诗选》的编者李攀龙对李白评价道‘至如五七言绝句，实唐三百年一人。盖以不用意得之’。此诗毫无疑问是正中此评价。其意趣，不使用任何的技巧，翩翩然将心中所思化为文字吟咏而出”[③]。

在这种满足于沿袭“不用意”说的传统解释中，一石激起千浪的就有前文引用的森濑寿三氏《关于李白〈静夜思〉——诗的解释及校定》[④]的相关论述。引发森濑氏此论述的动机之一（首先是副标题提到的“校定”问题，这将在第三部分进行讨论），是关于“不用意”情境下创作而成的《静夜思》的诗性价值问题，在于对“不用意”这一特性内涵进行分析。对此，森濑氏提道：“如此，各个时代的人们用‘神境’‘不用意’‘天机’等词语进行了赞扬，但是其神韵（指神妙的韵律吗——笔者注）的由来到底蕴藏在此诗何处（盖‘隐藏在此诗的哪里呢’之意——笔者注）。虽不是有意要对此进行

① 武部利男「李白の「靜夜思」について」，『吉川博士退休記念中国文学論集』、築摩書房 1968 年。

② 高木正一『唐詩選』（下）、朝日新聞社、1966 年。

③ 石川忠久『漢詩の楽しみ』、時事通信社、1982 年。

④ 「李白の「靜夜思」をめぐって——詩における解釈と校定」、関西大学「文学論集」。

分析，不过笔者还是想稍加考察。”

在森濑氏的论述中，曾对于“看”这个字的使用进行分析：

> 李白的诗中有使用“看”这个动词。根据辞书释义“看，视也”。这是一个指以确定的视线进行观察的动作，绝不是能令人联想到站立着的，或者甚而是四处走动的某种动作姿态。唯有“独坐”这一种状态，能暗示在“看”这一动作中了吧。

此后，他联想此分析结果，并就“疑是”及此句总结道：

> 所谓“疑是”，并非是单单作为比喻“就像霜一样”，而是为了表达这首诗的叙述者对于“床前”的白到底是月光还是白霜这一不甚明了的心理状态。同时，这也成了转入第三句的契机。

笔者认为，这一结论基本算得上是妥当的。但是，推导出这一分析结果的证据，除了一句“根据辞书释义‘看，视也’”外，完全没有举出更多证据，这论据很难说是足够充分的。另外，对于此诗整体上作为诗的价值，森濑氏认为“此诗确实能够令人读出‘永恒’之意”，然而那是因为“在简短的诗句中隐藏着一个‘玄机’”，并且得出结论那个“玄机”就在于“第四句回归到第一句这点上”。这样的解释在以往的论述中是从未有过的，值得给予很高评价。不过，尽管森濑氏的解释意义深远，但是在考虑到这首诗的构成时，本文认为这还是不免令人感觉不甚妥当。对此，如前文所述，本文限于篇幅无法详述，将另文进行探讨。

如上，我们已经用了很长的篇幅来综述以往对李白《静夜思》的评价，以及森濑寿三氏给出的新解释，这么做主要是因为以下几点。第一，对于在“不用意”情境下创作出的这首诗，实际上存在各种各样的解释。虽然从“不用意”出发的解释，可能会让人以为应该都相差无几，但是实际却存在各种各样的相关解释。现有的解释里，就不乏几种完全相反的理解。确如武部利男氏所说“大致上理解都是一样的，但是细究起来就会发现有很多不同的见解”，“这也是作为诗歌不可避免的现象吧”。但是也一如武部氏所指出的那样，“也不能说所有的见解都是对的”。所以，能像森濑寿三氏那样对《静夜思》这首诗的诗句本身（回到诗句使用的词语的表层上来）重新进行逐一的探讨，不可不谓值得十二分的评价（关于这点将另篇探讨）。第二，因为是“不用意”之作，即“不去多加思索，随意兴所发，任诗句自然吟咏而出之作”，故而《静夜思》本身就有其独自作为诗的价值。由此，对长久以来沿袭至今的评价提出质疑，并进行重新探讨，就不可谓没有必要性了。总而言之，以往的传统解释都是以“不用意”来认定其价值，导致一直以来就满足于此。然而事实是，将“不用意”这一评语的内涵作为这首诗本身的价值判断用语，仍然是不甚明确的，甚至可以说并非是那么妥当的。

所谓“不用意”正如服部南郭的说明，“不去多加思索，随意兴所发，任诗句自然吟咏而出”，这想必是在设想了诗歌创作时的情景得出的判断吧。如果诗歌创作时的情景即决定了该诗作为诗的价值，那在其创作情景不明的情况下，其诗的价值又将如何确定呢？李白创作《静夜思》的情景谁也没见过，而且也没有类似的记述留存下来。所谓“不去多加思索，随意兴所发，任诗句自然吟咏而出”的描述，也只不过是在毫无根据的情况下设想了李白当时创作的情景，并以我们容易接受的方式拟造出来的判断而已。“不用意”的这一评价，实际上是自然存在于《静夜思》这首诗的诗句字词的连锁表达上，因此仅从这二十六字的连锁中就得出“不去多加思索，随意兴所发，任诗句自然吟咏而出”，当然也就只是对此诗创作时的具体情景的一种设想。如此看来，这仅仅是对此诗创作时的情景进行一番设想而得出的描述而已，这种对“不用意”评价的解析，根本就没有资格用来判断一首诗本身作为诗的价值。因为诗的价值并不体现在诗的创作行为上，而是蕴含在诗本身之中。

因此，“不用意”这一评价，就如服部南郭所述，“虽然表面上没有特别之处，句子中却有甚是有趣的情境”。首先从“表面上没有特别之处”这种字面（诗歌的表达面）上的平易性，再到“句子中却有甚是有趣的情境”。这种内容方面的丰富性和跨越性，唯有意识到这里而做出的评价，才可以称得上是对诗歌本身的评价。进一步说，即使承认“不用意”是按照以上方法得出的对诗歌本身的评价，也并不意味着我们就该毫无疑问地接受并满足于此。此诗到底何处体现了“不用意”，而此“不用意”又是在哪点上成就了该诗的诗性，并使该诗内容丰满，或者用服部南郭的评价来说，哪点上体现出“甚是有趣的情境”。这些问题有必要明确说明。简单来说，有必要重新对诗的字面层次（诗的表达面）和内容层次面进行同时分析，并通过这种方法，解出“不用意”性给该诗带来的诗性价值，同时给出明确的说明。

回到原本的话题上，所谓的“不用意”到底是否能够作为诗的价值判断。笔者认为，如果是刻意表现出“不用意”的手法进行的创作的话，或许是可以将其作为诗的价值的，同时也不得不认为“不用意”本身无法看作是该诗的诗性价值。比如，对于李攀龙“盖以不用意得之（因在不用意情境下创作所得）”的评价，不论是服部南郭的说明“为何李白的绝句最妙，因为他不去多加思索，随意兴所发，任诗句自然吟咏而出之作，别具一格，他人无法模仿”，还是前文引用的高木正一氏的“字字率真”的评语，和石川忠久氏的“不使用任何技巧，翩翩然将心中所思化为文字，自然吟咏而出的意趣”。这些评价都可以认为是将“不用意”理解成了“无技巧性”。但如果“不用意”这个概念是指诗歌创作时的“无技巧性”行为的话，那“无技巧性”本身说到底也就并非诗的价值了。因为，仅仅是不加推敲、随口而出的字句（基本上可以认为日常生活中的大部分字句就是如此），以其原貌是绝无可能成为诗的。即使假设随口而出的字句以其原貌也可以成为诗，那么也不会是因为这些字句“保持了随口说出时的原貌”便可称之为诗。诗之所以为诗，是因为其具备成为诗而必须内含的其他原理，也是据此才可被称之为诗的。

可以将“不用意”=“非技巧性”作为“诗”的某种价值，只有在一般认为的因其“技巧性”而得其价值的文学作品群类中，单单该作品拥有不同于其他作品的所谓“非技巧性”特征的情况下，才能成立。但是，如前文所述，“非技巧性”本身并非诗的价值。因此要将“不用意”=“非技巧性”作为“诗”的某种价值（与其他作品群类的差异性）就必须首先认可该“诗”是可以称之为“诗”的。与其他作品群类存在差异这点，虽说与该作品作为诗的价值的确有密切的关系，但是这与使“诗”之所以成为“诗”的原理，并非一个概念。也就是说，不能仅以“不用意”=“非技巧性”本身作为“诗”成立的条件，如果“不用意”=“非技巧性”是有价值的，那也是因为在于它与其他作品群类存在差异性这点上。

既然如此，就不免令人如此认为：李白的《静夜思》其实是展现了“不用意”这种高等技巧的“用意”为之而得的诗。笔者设想，大多数被认为“不用意而得之”的李白作品，其实都是凭借着这种“高等技巧”创作而成。

这个问题暂且不谈，在此我们再重新确认以下两点。其一，对于满足于一直以来沿袭着的“不用意”说的传统解释，森濑氏提出此诗中“隐藏了一个‘玄机’”，并否定了“不用意”说，同时得出该“玄机”就藏在“第四句回归到第一句这点上”的结论。其二，在此，笔者认为这个“回归”说存在偏颇，李白的《静夜思》中存在着另一种并非森濑氏所说的“玄机”。此次两篇为一组的探讨，最终的目的就是为了论证这一判断。不过，在此之前，必须先探讨一下以往的解释中存在的问题点。

二、以往解释中的问题点

接下来，我们将对以往解释中存在的问题点进行探讨。在此（也许没有特地这么做的必要）先将李白的《静夜思》展示如下：

床 前 看 月 光　　　　看床前月光
疑 是 地 上 霜　　　　怀疑这可能是地上的霜
举 头 望 山 月　　　　举起头来望山月
低 头 思 故 乡　　　　低下头来思故乡

（一）

那么，第一个问题点是关于第一句“床前看月光”的“看”这个动词的解释。对此，大致上可以分为三种。第一种，将“看”解释为“忽而看见”“跃入眼帘”，或者是单纯的“看”“看了”。比如，石川忠久氏在《汉诗的趣味》[1] 中对最初两句作如下解释：卧榻之前洒满月光，忽而看见时，如此的洁白，还以为是结在地上的霜。另外，石川忠久氏还在别处[2]将第一句理解为“作者在卧榻休息，卧榻之前的地面上洒满的月光跃入眼帘”。镰田正、米山寅太郎在《汉诗名句辞典》[3] 中写道：“看着照射在卧榻之前的月光，忽而以为那是结在地上的霜。”福原龙藏氏的《李白》[4] 中将其解为：“寂静的夜，看着一直照射到卧榻之前的月光，（踱步至窗前见庭院中）地上一大片如此明亮的白，不禁怀疑莫不是结了霜。”另外，还有久保天随氏的“看见床前的月

① 『漢詩の楽しみ』。

② 石川忠久『漢詩の世界―そのこころと味わい―』、大修館書店、1989 年。

③ 鎌田正、米山寅太郎編『漢詩名句辭典』、大修館書店、1980 年。

④ 福原龍藏『李白』、講談社、1969 年。

光，因其皎洁，误以为乃是地上结的霜，而不知是月已高升故”[①]，以及坂田新氏的理解：“看着床前照射着的月光，不禁想这恰如结在地上的霜啊。”[②]

第二种，是将其解释为“凝视”“盯着看”“观望”。这类理解主要有，田部井文雄氏的解释：“凝视着照射在卧榻之前的月光，忽而觉得这莫不是结在地上的霜（然而却只是白色的月光）。”[③] 以及筧久美子氏的翻译：“一直照射到床旁边的月光如此明亮，为之一惊，观望之，一如铺在地前的霜。”[④]

如果不去仔细品读，很可能并不会注意到这两种解释有什么差异。毕竟两者都是视觉上的，并且日语中将“看”作为“凝视”的意思使用也不足为奇。但是不得不说“不经意看见”或“跃入眼帘”的表达与“凝视”或“观望”还是存在明显差异的。这两者应该无论如何都是无法看作同一种意思的不同表达。也许将这两者看作是英文中的“see”和“watch”会比较容易理解。大家应该能够理解这种差异绝不是可以视而不见就此弃之不理的。若无视此间差异，那么基本上也就无异于是将“我看到她了”与“我望着她”这两种表达完全等同起来看待了。以这种方式对待诗歌的用词显然是有问题的。

第三种，完全不去翻译“看”这个词。知名作家井伏鳟二氏的译诗就是典型的例子[⑤]：“卧室之中忽而一觉//皎洁月光以为白霜//望着屋檐天边明月//不禁在意身所处。”这是“订正后录入随笔集”中的诗句，但是据说订正前的形式如下：“去往休息处时明月高悬//庭院中看起来恰似铺上了一层白霜//遥望屋檐天边明月//独身垂头念妻儿。”

作为文学作品的译诗与作为文学研究范畴的解说和释义，因其目的方向不同，两者所属的领域（即使多么的邻近）也不同，将这两者等同起来看待不能说是没有问题，但井伏鳟二毕竟没有将订正前的“看起来恰似……”在订正后的文本中翻译出来。高木正一氏在《唐诗选》下卷（这显然属于文学研究范畴的解说和释义）中写道：“照射至床前的月光，真可令人误以为是结在地上的霜，如此这般洁白光亮。”与井伏鳟二氏相同，没有将“看”字翻译

---

① 久保天随註解『李白全詩集』(上巻)、日本圖書センター、1978 年。

② 松浦友久編、阪田新執筆『校註唐詩解釋辭典』、大修館書店、1987 年。

③ 井文雄、高木重俊註、田部井文雄執筆『漢文名作選 3 漢詩』、大修馆书店、1984 年。

④ 筧久美子『李白』、角川書店、1988 年。

⑤ 井伏鱒二「静夜思」、『井伏鱒二全集』(第五巻)、築摩書房、1964 年。

出来。松枝茂夫编《中国名诗选》中卷[①]中的解释（“卧榻旁照射着的月光，如此洁白无瑕，或以为是结的白霜般令人难以置信”）也与此相同。

这类不进行翻译或者不进行释义的方式，又是何故呢？在此恐怕是因为并没有将“看”这个词语置于重要的位置上。毕竟，说到月光，那自然是“看着”说的，似乎不必刻意翻译出来。但是“看”这个动词，就如笔者在另一篇文章中所述，并非是一个可以轻视的词语，说到底，诗歌的用词本身就是应该特别注意去考察的。如果一篇诗歌中的用词本来就是可有可无的，那么直接将其改为现在中国最常见的版本中的“明月光”岂不是更好。实际上，根据森濑寿三氏的论述，清朝的王云翼就认为使用“看”字并不妥当。但是，经过森濑寿三氏仔细的考证，明确其本来用词就是“看月光”，我们也将在后续的论述中说明为何非如此不可。

（二）

接下来，我们将探讨“看月光”与“明月光”的异同。如今我们日本的初中、高中课本上出现的这首诗第一句基本上都是“床前看月光”，而中国的课本上的文本一般都是“床前明月光”。关于此文本的校定问题，森濑氏的两篇文章有翔实的考证，就此笔者无甚补充。在此仅对“看月光”与“明月光”的差异，以及田部井文雄氏的解释也承认的几个问题进行探讨。田部井文雄氏在《唐诗三百首详解》上卷[②]中，关于这点有以下议论：

> 诗题之外（指唐诗三百首中的诗题为《夜思》，而唐诗选和李白的别集出现的则为《静夜思》的差异——笔者注），有将第一句中的明字用“看”代替，将第三句中的明字用“山”代替的版本，不过，这在诗意上并无多大变化。

“在诗意上并无多大变化”这个见解，不得不令人抱持疑问。前文中引用的田部井氏对第一二句的解释“凝视着照射在卧榻之前的月光，忽而觉得这莫不是结在地上的霜（然而却只是白色的月光）”。按照笔者的理解，也确以为然，这也就更加令笔者感到奇怪。对此本文无法详谈，深感遗憾。总之，

① 松枝茂夫編『中国名詩选』(中)、岩波文庫、1984年。

② 田部井文雄『唐詩三百首詳解』(上卷)，大修館書店、1988年。

暂且在此先对“看月光”与“明月光”的语法差异，及各自造成的修辞论上的差异稍加考察。

先是“看月光”，“看”为动词，“月光”为其宾语。而“明月光”方面，则为“明月”+“光”（记为“形式①”）或为“明”+“月光”（记为“形式②”）。形式①，即“明月”+“光”的情况下，是“修饰语”+“被修饰语”，“光”为中心语。而形式②则可分为，与形式①相同的“修饰语”+“被修饰语”，但中心语为“月光”的情况，以及“谓语”+“主语”，这种使用了“倒装”修辞方式的情况，此时“明”为中心语。形式②中采用“修饰语”+“被修饰语”结构，并以“光”为中心语的情况，与形式①（“明月”+“光”）中以“光”为中心语的情况，两者在感觉上只有细微的差别（也许并非如此），但是与形式②中另一种使用了“倒装”修辞方式的解释之间的差异却是无法无视的。

的确，作为诗歌，因受到字数、平仄、押韵等形式方面的制约，不得不从散文式的语法规则中偏离出来，并且常常要使用出一些令人无法揣度的修辞方法（比如类似于此处“倒装”的修辞方法）。关于这点，毕竟也是需要加以考虑的。但是，即便如此，不论创作时间有多少限制，作品一旦完成，便随即拥有了其自律性，因此，即使是无法揣度的，所使用的修辞方式也依然会展现出其本来的功用。无论如何，“明月”+“光”也好，“明”+“月光”也罢，即使只是微小的差异，最终反映在诗的表达呈现上都会出现明显不同。因此也必须认识到，“看月光”和“明月光”之间的差异也绝非可以轻视的。可见“在诗意上并无多大变化”的评判，果然还是令人难以接受。

对于这点，森濑寿三氏也有过如下论述：

> 就“明亮的月光就在眼前”这件事本身来说，不论是“看月光”还是“明月光”都没有太大的差异。关于这两者的差异，中国人或许会说“差不多”。另外，我国或许也会有人认为“明月光”更佳。但是，“床前明月光”与“床前看月光”相比，因为没有使用动词，使得发话者主体隐藏了起来，句子变成了对外物的客观描写，文风亦变得更加沉稳。这也就更加合了重视“格套”的清朝人的喜好了。而且，是“明月的光”还是“月光明亮”（首要的语义恐怕还是前者）也并不分明，有些模棱两可，即便认为好就好在这里也是可以成立的。但是，“看”这个动

词，如前所述，是文脉上从第四句回归到第一句不可或缺的一个词。[①]

关于“文脉上从第四句回归到第一句”这点，如本文已数次提及的，也并非不存在异议。此外，就“文风亦变得更加沉稳”这个判断来说，为何“主体隐藏起来”后，“文风就变得沉稳”了呢，在此是需要一些说明的，但是也并不是完全不能接受“‘床前明月光’与‘床前看月光’相比，因为没有使用动词，使得发话者主体隐藏了起来，句子变成了对外物的客观描写”这样的指摘。诗句中“主体”是否出现在表面上，换而言之，不论是否存在“发话者主体隐藏了起来，句子变成了对外物的客观描写”这样的差异，我认为这里也绝对无法得出“在诗意上并无多大变化”的判断。

（三）

接下来是第三个问题，在此将对于第一句与第二句中所谓的“倒装”之说稍加探讨。前野直彬编《唐诗鉴赏辞典》[②]中，中嶋敏夫氏在“通释”的部分有如下解释：“见卧榻之前明晃晃洁白光亮/忽而一觉，咦！这莫不是结在地上的白霜，结果却是月光。”并且于“鉴赏”部分继续说明道：

> 起承的两句，应该认为是一般所说的倒装。倒装，即在本应该平叙的地方特意进行颠倒的叙述方式。起句的“看月光”的“月光”，诗人在刚看到的那一瞬间并不以为那是月光，只当是某种光辉洁白的东西，承句中就表现了这点。在承句的时间点上，诗人就认定那是月光了，接着于该处折返到起句，将那光辉洁白之物作为月光表现出来，就是在这种意义上的倒装。然后进一步衔接到下一句凝视月光的行为上来，起句应该也是包含了这个行为的。既然如此，在这个意义上，就无法以倒装结束，而以凝视月光的行为移接到抬头看月亮本体的行为为结束，也就是转句。

整体上看来这是很仔细的分析，尤其是后半部分，包含了令人信服的看法。但是该分析尽管将“看”正确地理解为“观看月光”（如笔者在另一篇

---

① 「李白の「静夜思」をめぐって——詩における解釈と校定」、関西大学「文学論集」。

② 前野直彬編、中嶋敏夫執筆『唐詩鑒賞辭典』、東京堂出版、1970年。

文章中的探讨，“看”并非是表达了“忽而看见”“跃入眼帘”等类似意思的用词，而应该是表达有意识地“凝视”或“观看”，再或者是“观望”等类似行为的用词），却一边说着“应该认为是倒装”，又一边无奈说是“无法以倒装结束”，这岂不是自己暴露出了这种解释的不合理性吗！

中嶋所述“应该认为是倒装”，想必是基于对第二句的理解而做出的。在“语释”部分中岛氏写道：

> “疑是地上霜”，是指看见的瞬间以为是霜的意思。总不会是指无论怎么看都怀疑到底是霜还是月光的意思吧。

他的这种理解，主要是集中在如何处理“疑是”这个词是为了表现怎样的状况这个问题。中岛氏认为“疑是”“应该不是怀疑的意思”，而是“还以为是——”，按照“通释”中的解释，应处理为“忽而觉得莫不是——”的意思。这样的理解有两点可疑之处。其一，“疑”或者说“疑是”这个词的这种解释并非是基于当时的一般使用规则进行演绎后得到的结果。以现在的基本认识来看，更像是脱离了一般使用规则的理解方式。其二，这也并非是从李白的其他作品，或者同时代的诗人作品群的使用集中归纳后得到的结果。

以我们现在的一般认识，反而将其解释为被中岛氏所排除的那个“怀疑”更为妥当。因为这才是更符合一般使用规则（准则）的理解。中岛氏对于此句（特指“疑是”）的理解，不以其为“怀疑”，而理解为“还以为——”“忽而觉得莫不是——”，但以我们现在的一般认识看，这种脱离一般规则的解释，只是为了勉强合乎《静夜思》这一首诗的文脉而做出的理解。

这种不惜违反常识，脱离一般使用规则的理解方式，也并非不能推测其原因。虽然很讽刺，但这不正是因为大多数的解说者都没有注意到的对“看”这个词的正确理解吗？就如前文中引用的，中岛氏在“鉴赏”中所提到的那样，已将“看”这个词正确理解为“观看”“凝视”，并进一步理解为“无论怎么看”，然而这种正确的理解，却由于另一个其他常识的干涉，妨碍了对《静夜思》全体，或者说是《静夜思》的第一、二句在整体高度上进行理解。这里所说的“另一个其他常识”，用中岛氏自己的话来说是指“总不会是指无论怎么看都怀疑到底是白霜还是月光的意思吧”所表达的内容。因为，既然都已经盯着“观看”，或者说“凝视”了，依常识看，自然是不可能会出现

“怀疑到底是白霜还是月光”这样的事情的。于是中岛氏先是认为“疑是”是脱离了一般使用规则（“怀疑”“疑惑”）的用法，即作为“还以为——”“忽而觉得莫不是——”的意思的使用方法进行理解（说是“误解”或许更加合适），接着将其作为使用了“倒装”修辞方式的表现手法进行解释。

在文学作品中“倒装”修辞法的确是极为常见的修辞方式。因此，仅就“倒装”的修辞方法来说，也并非是不可能的。但是，无论是多么常见的修辞方式，一旦使用了，就应该会按其功能产生相应的作为诗的价值（=对认识上的发现给予的提示或脱离准则造成的知识上的冲击），不论作品的创作者是不是有意为之，都应该是可以给（或者说是“给到”更为确切）“读”的执行者某种震荡。

如果这首诗的表达中的确是使用了“倒装”修辞，那么也就有必要说明这首诗在“倒装”修辞上的诗的价值了。因为按照中岛氏所言，“倒装”修辞法是“于本应平叙的地方特意进行颠倒叙述”的表现方式。如果真是“于本应平叙的地方特意进行颠倒叙述”的话，那么“起句‘看月光’的‘月光’，在诗人刚看到的瞬间就并非真的以为那是‘月光’，只当是某种光辉洁白的东西。接着的承句中就表现了这点，在承句的时间点上，诗人即认定那是‘月光’了。接着于该处折返到起句，将那光辉洁白之物表示为月光。就是在这种意义上的倒装”。仅这点说明的话，恐怕并不充分。为何非要“于本应平叙的地方特意进行颠倒叙述”不可，换句话说就是，使用“倒装”的修辞方式，仅仅是因为比起“平叙”来，这种表现方式更能增加诗歌的效果吗?这是必须要说明清楚的。不然，就只是单纯的出于方便，勉强使自己的解释更加合乎文脉罢了。

笔者认为，古典诗的用词，首先每一个都必须在合乎词法的顺序下，按照时间关系依次生起，并非是一开始就同时给出来的。简单来说的话，古典诗的用词必须是从第一句的第一字开始依次阅读，不是随便从哪个地方开始读都可以的。如果以不同于普通的时间流向进行记述，或者说逆着普通的时间流向进行记述（恰好“倒装”修辞法就是这种类型）的话，那么其“非普通性”就不会毫无意义，肯定是起着某种修辞方面的作用。既然在这方面无法得到充分的说明，那么为何不重新返回到诗歌本来的用词表现上来呢?

无须多言，这首诗是以“床→前→看→月→光”⇨⇨“疑→是→地→上→霜”⇨⇨“举→头→望→山→月”⇨⇨“低→头→思→故→乡”的顺序阅读下来的。以这种思路理解，如前文所示的石川忠久氏的："作者在卧榻休息，卧榻之前的地面上洒满的月光跃入眼帘。(中略）简直要错以为是地上的白霜。因空气过于清冷，以为那是白霜，仔细一看却发现并非是霜而是月光。不知这月光从何处照射而来，不禁抬头望去，只见月亮悬在山之旁。"这种单纯直接的解释反而来得更加妥当。

后两种"误读"的原因，主要是将汉语中的"看""观""见""视"都读为日语中的"みる"造成的，也就是由于汉语的同义语体系与日语的同义语体系之间的偏差导致的，这是不同语言体系间必然会出现的纯粹的语言学上的问题。前者的原因是认为从常识上（作为读者的常识）来看，既然意识到那是"月光"，就不可能又误以为那是"霜"，属于I. A. 理查兹所说的"先入为主反应"①。说到底就是在第一句的"看"与第二句的"疑是"这两个用词的解释问题上出现了"误读"。既然如此，那么又应该怎么解读才正确呢？对此，本文因限于篇幅，酌另篇探讨。②

结　语

综上所述，传统理解中的"不用意"说，并非是对李白《静夜思》的诗之价值的说明，而且，对此的相关解释各有疑点。如前文所述，本文是与正在准备中的另一篇论文合二为一的论证，故部分论述没有列举出证据，因此感觉论据不足也无可厚非，如若能与另一篇拙论一并阅读，则可谓幸矣。

（门胁广文　日本大东文化大学教授；
译者：黄晓星　广东技术师范大学外国语学院讲师，
石云涛　北京外国语大学中国语言文学学院教授）

---

① 川崎寿彦氏指出"理查兹列举了妨碍充分理解原义的10条原因。"其中第5条为"先入为主反应"，并给出了说明，"让自己心里以某种原因形成的已经存在的语义，取代了作品真正的语义"。从川崎氏的文脉上来看，理查兹的这个表述应该是来自译文为《文艺批评的原理》的文献［岩崎宗治译昭和三十八（1963）年垂水书房］，未确认。

② 见门胁广文《李白〈静夜思〉小考——以探讨其诗性构成为中心》一文，发表于《大东文化大学创立七十周年纪念论集（上）》，1993年。石云涛、黄晓星译，译文见石云涛主编《比较文学与比较文化论丛》（第一辑）第98—113页，中国商务出版社，2019年。

二元范式下伊藤清司的《山海经》神怪研究*

梁 奇 计 敏

摘　要：伊藤清司采用二元范式研究《山海经》的神怪，将其生存的场域分为内部与外部两个世界，其中人类居住在内部世界，外部世界则以神怪为主。神怪分为善恶两类，人们通过祭祀可使恶神转变为善神，从而成为保护人们的神祇。二元范式的建立对于《山海经》中神祇的探究、中国神话学乃至中日比较神话的深入研究均有促进作用。

关键词：伊藤清司　《山海经》　神怪研究　二元范式

伊藤清司（Seiji Ito，1924—2007），日本庆应义塾大学教授，主要致力于中国少数民族神话研究与中日神话的比较研究。其代表作《中国的神兽与恶鬼：〈山海经〉的世界》是对《山海经》神怪类型及其民俗特质全面研究的专书。1986 年该书由日本东方书店出版，后由刘晔原、史习隽分别译成中文出版①。此书前后四、五版不断地再版刊行②，受到读者的欢迎。总体看来，伊藤先生采用二元范式，从神话、民俗、宗教、医学等多维视角研究《山海经》中的神怪，对异形怪兽的生存空间、神格、形状等做了清晰的探究，对于神怪形象的研究及其生成背景的阐释有极大的开拓意义。

---

* 本文系 2015 年度教育部人文社科规划项目《唐前社会嬗变与文献中神怪形象演化》（批号：15YJA751016）阶段性研究成果。

① ［日］伊藤清司著，刘晔原译《〈山海经〉中的鬼神世界》，中国民间文学出版社，1990 年；［日］伊藤清司著，史习隽译《中国的神兽与恶鬼：〈山海经〉的世界》（增补修订版），商务印书馆，2019 年。

② 《中国的神兽与恶鬼：〈山海经〉的世界》“增订版说明”第 2 页。

一、内、外部世界的二元对举

“内部世界”“外部世界”本是《常陆国风土记》中提出的概念，指麻多智在山口所设置的区分自己与夜刀神的界限①。伊藤先生将其移用至《山海经》中神怪的生存场域，认为内部世界是人类居住的场所，外部世界是猛兽横行、灾难不断的怪神世界。其中，内部世界指村邑及其周围较小的封闭空间，这是作为人们生活据点的村落共同体的“中国世界”②，大致处于《中山经》所载伊洛流域及其附近的区域。如《中次二经》鲜山“西三百里曰阳山，……阳水出焉，而北流注于伊水”③，郝懿行认为：“三百当为三十字之讹。阳山见《水经·伊水注》。《隋书·地理志》云：‘陆浑县有阳山。’”阳山西行一百二十里是蔓山，山中的蔓水向北流至伊水。郝懿行认为此山“在今河南卢氏县西南。……伊水经栾川亭北”。伊水出自蔓渠之山，向东流至洛，该山在今河南卢氏县熊耳山西。《中次四经》的滽滽之水向南流注于伊水。涧水发源于白石山阴，亦与伊河相汇，《水经·涧水注》：“涧水出新安县南白石山。”④《尚书·禹贡》载伊、洛、瀍、涧四水入于河⑤，这些水名至今仍在洛阳保留。《中次六经》的平逢之山也在洛阳附近，“南望伊洛，东望谷城之山”。谷城之山，郭璞认为“在济北谷城县西”，郝懿行认为“盖县因山为名，山在今河南洛阳县西北”。伊洛指洛阳的伊水、洛河，夏、商、西周、东周都曾在洛阳建都，此地当为伊藤先生所谓“内部世界”的中心区域。《中次六经》汪祓注“盖以洛阳居天下之中，王者于此时望祭四岳”，即指出其中心位置。根据经文及郭璞、毕沅、郝懿行等学者的注释，此区域范围大致位于今天河南洛阳至陕西一带，有些地名、水域至今仍在沿用。

相对于内部世界而言，外部世界是充满野性的空间，是“栖息着神怪、

---

① 《中国的神兽与恶鬼：〈山海经〉的世界》第167页。

② 《中国的神兽与恶鬼：〈山海经〉的世界》第12页。

③ 郝懿行撰、栾保群点校《山海经笺疏》第153页，中华书局，2019年。本文所引《山海经》原文，俱见栾保群点校本，不再逐一标注。

④ 郦道元著、陈桥驿校证《水经注校证》第379页，中华书局，2007年。

⑤ 孔安国传、孔颖达疏《尚书正义》第315页，《十三经注疏》本，中华书局，2009年。

蕴藏着药物、咒物等财物的山岳丘陵、丛林川泽”的“负面世界”①。它多被描述为猛兽遍野的“非人类的世界”，如《南次一经》《海外南经》等多“蝮虫”“蝮蛇”。郭璞“以虫为蛇，以蛇为鱼”，郝懿行说“今东齐人亦呼蛇为虫也”。王逸注《天问》时将“一蛇吞象”改作“灵蛇吞象”②，增加其神话色彩。蛇为虫的类属，它们狰狞可怖、破坏性极强，是外部世界中最为凶狠的动物之一，为先民所畏惧。其他如《西次二经》“多虎、豹、犀、兕”，《大荒北经》的“青鸟、琅鸟……罴、黄蛇”，均是具有破坏性作用的禽兽，它们的出现常带来灾难。《南次二经》的狸力、猾褢或“见则其县多土功”，或“见则其县有大繇”；《南次三经》的鱄鱼、颙，《西次三经》的鵕鸟，《西次四经》的孰湖，《东次一经》的蚩鼠“见则天下大旱”；《西次二经》的凫徯“见则有兵”，朱厌“见则大兵”等，均有巨大的破坏性。早期社会人少禽兽多，猛兽占据生存空间且给人们的生活带来困扰或灾难，《孟子·滕文公上》《韩非子·五蠹》《淮南子·览冥训》等对上古尧舜之世猛兽肆虐的状况进行描绘，伊藤先生也注意到了此方面。

于先民而言，灾难与兵乱等现象由超自然力量而引起，故他们将外部世界看作神秘的处所而设法进入。伊藤先生将外部妖怪与内部人类相遇的途径概括为两种：“妖怪、鬼神入侵内部世界；人类进入外部世界，侵入妖怪、怪神的领域。”③ 人们尽力扩展其生存空间，从而侵入外部世界；而野兽们为了寻求食物也时常侵犯人们的内部世界。前者表现为“怪异样貌的妖兽群体在山野之中徘徊，一次次造访村庄”④，后者指人类为寻找生活资料而不得不进入山岳川泽。故而，他列举《左传》《穀梁传》《山海经》《管子》等“山林藏宝”的记载，证实山川“具有生活物资”⑤，从而将《山海经》称为行政记录，或者开采山川资源的示意图，此说富有创见。人们进入山林寻找生活资料，面临被野兽吞没或困死山中的危险，又对山林产生畏惧之心。山岳既象征通往幸福的天梯，也象征着冥府与黄泉，人们自然对其产生敬畏与崇拜。

① 《中国的神兽与恶鬼：〈山海经〉的世界》第12页。
② 洪兴祖《楚辞补注》第95页，中华书局，1983年。
③ 《中国的神兽与恶鬼：〈山海经〉的世界》第105页。
④ 《中国的神兽与恶鬼：〈山海经〉的世界》第12页。
⑤ 《中国的神兽与恶鬼：〈山海经〉的世界》第233页。

因为"山川之神足以纲纪天下"①，通过祭拜"守卫神"可获得生活资料或佑护，从而缓和人神间的关系，减少损伤。就此而言，伊藤先生认为古人对山岳具有宗教畏惧性的判断是正确的。

胡厚宣认为殷商时期已有东南西北四方的概念及其祭祀方式，且"全套地保留在山海经和尧典里（笔者注，应为《山海经》和《尧典》）"②。"商代王畿与四土的关系可以和内服外制相联系"③，因为当时地阔人少，王畿与四方的关系较为松散，"直到晚商时期，商朝对四土诸侯的控制方逐渐加强，商朝方逐步成为真正意义上拥有一定领土主权的早期国家"④。《山海经》按照南、西、北、东、中（内）的方位记述川林渊薮、珍草异兽，空间特质明显，为先前疆域观念的反映。由此可知，伊藤氏将《山海经》放在广阔的空间维度进行研究不失为一种良策。依此观照，他所谓的内部世界是以黄河中游的伊洛地区为中心、由血亲共同体所形成的村落与村邑。早期的氏族部落沿黄河两岸生活，或者由上游顺流而下，定居在今天陕西东部与河南一带，进而形成宗族之家和个体家庭。大规模村邑的形成与个体家庭的成熟有关，就家庭史的演变而言，伊藤先生的推判是正确的。

二、善神、恶怪的相对与互融

"山林川谷丘陵，能出云、为风雨、见怪物者皆曰神。"⑤《南次一经》郭注："凡言怪者，皆谓貌状倔奇不常也。"神怪具有异常的相貌与功能，可分为善恶两类。根据恶鬼的破坏程度不同，伊藤先生将之归纳为食人妖怪、疫病恶鬼、旱涝神怪、火战蝗劳之怪等类型。如《东次一经》的鲦鳙、《北次一经》的肥遗"见则其邑大旱"；《东次四经》的鬿雀、猲狙均为食人野兽；《中次二经》的化蛇尖叫，往来山渊之间；《中次十一经》的耕父"见则其国为败"等恶兽怪鸟具有强大的破坏功能，是人类的天敌。相反，护佑人们的

① 司马迁《史记》第1913页，中华书局，1982年。

② 胡厚宣《释殷代求年于四方和四方风的祭祀》，载《复旦学报》1956年第1期。

③ 张兴照《商代地理环境研究》第134页，中国社会科学出版社，2018年。

④ 周书灿《从外服制看商代四土的藩属体制与主权形态》，载《中国边疆史地研究》2010年第3期。

⑤ 郑玄注、孔颖达疏《礼记正义》第3445页，《十三经注疏》本，中华书局，2009年。

善神如《东次四经》中“见则天下大穰”的当康，《南次一经》“佩之宜子孙”的蜀鹿，“佩之不聋”的旋龟，《西次一经》“服之不畏雷”的橐𩇯，《西次三经》“服之已瘅”的讙，“服之使人不厌”的䳋䳜，《中次六经》“服之不眯”的鸰𪁺，《南次三经》的凤凰与《西次二经》的鸾鸟“见则天下安宁”。这类鸟兽能为人们带来福祥与好运，是人们所期盼的灵鸟瑞兽，被后世赋予福寿祥和、天人同乐的政治隐喻，其中以凤凰和鸾鸟最为典型。《逸周书·王会解》载“西申以凤鸟。凤鸟者，戴仁、抱义、掖信，归有德。丘羌鸾鸟”，孔晁注云：“其形似鸡，蛇首鱼尾。戴仁，向仁国。抱义，怀有义。掖信，归有德之君也。……鸾大于凤，亦归于仁义者也。”[①]《南次三经》郭注：“汉时凤鸟数出，高五六尺。”鸾鸟，郭注云：“旧说鸾似鸡，瑞鸟也。周成王时西戎献之。”《艺文类聚》卷九十九引郭氏《赞》：“凤皇灵鸟，实冠羽群。八象其体，五德其文。附翼来仪，应我圣君。”[②]鸾凤象征祥瑞，作为贡品进献帝王。善、恶的分类使得看似混杂无序的神怪世界显得肌理明晰。

趋善避恶是人类共同的期望，伊藤氏重在揭示恶怪到善神的转变，较好地诠释《山海经》中善恶两类神怪间互通互融之关系与路径。他认为促使恶怪转变为善神的途径是祭拜，“外部世界的超自然存在成为祭祀对象之前，曾经对内部世界抱有敌意，是经常作祟的负面存在，但是通过祭祀转变成了守护内部世界秩序与安宁的正面存在”[③]。为了印证此观点，伊藤氏列举祝融、吴回等由招致火灾的恶怪到司火防火的善神的转变过程。在早期典籍中，高诱注《吕氏春秋·孟夏纪》与《淮南子·时则训》时将他们视为一人，“祝融，颛顼氏后，老童之子，吴回也”。高氏还将回禄与祝融、吴回当作同一神祇，概因《左传·昭公十八年》《国语·周语上》有火神“回禄”之记载。郭璞则依据《大戴礼记·帝系》注《大荒西经》时认为祝融即重黎，为吴回兄弟：“祝融弟，亦为火正也。”尽管高、郭存在分歧，但他们都认为祝融、吴回是火神，是防止火灾发生的善神。伊藤氏则认为他们“原本可能是利用妖火散布灾害的怪神”[④]。他引用《左传·昭公十八年》祝融导致火灾，《国语·周语上》回禄在夏都出现致夏亡，《墨子·非攻下》天命融降火，以及

① 黄怀信等《逸周书汇校集注》第858—859页，上海古籍出版社，2007年。

② 欧阳询等《艺文类聚》第1709页，上海古籍出版社，1982年。

③ 《中国的神兽与恶鬼：〈山海经〉的世界》第207页。

④ 《中国的神兽与恶鬼：〈山海经〉的世界》第58页。

《山海经》中对祝融“兽身人面”狰狞面目的描绘，推测他们是“来自外部世界、呈现兽形之类怪兽姿态的怪神”[①]。此将祝融、吴回、回禄等由早期恶怪到善神的脉络梳理清楚，认为“祝融与回禄最初与毕方鸟一样，也是带来怪火、威胁人类的妖怪。它们在接受人们的宽恕和祈愿成为祭祀对象之后，作为镇火之神、防火之神，拥有了浓重的保护神性质”[②]，“郑国遭遇火灾而祭祀回禄，是从负面妖怪向正面神明转变过程中的一个画面”[③]。他如蚩尤、方相氏，浑敦、穷奇、梼杌、饕餮四凶等亦是由恶怪转变为击退恶鬼的善神，伊藤氏均有所涉及。根据伊藤氏神祇善恶互相转变的理论，我们可反推书中诸多“可以辟火”的神怪存在的合理性。

对于一些本身具有善恶双重性的神怪，伊藤氏也能进行较为合理的阐释。如肥遗在经中出现四次，分别为《北次三经》彭龇之山、《西次一经》太华之山、《北次一经》浑夕之山、《西次一经》英山。其中，英山肥遗是鸟，其他为蛇；前者是正面的吉神，后者是负面的破坏性恶神，多矛盾处，而前人也未能做出令人信服的解释。《西次一经》郭璞注：“汤时此蛇见于阳山下。复有肥遗蛇，疑是同名。”郝懿行认为“𧉮”应为“遗”，并引刘昭注《郡国志》及《艺文类聚》九十六卷证之。伊藤氏梳理其演化轨迹，沿袭郭璞“汤时此蛇见于阳山下”、郝懿行“𧉮当为遗”的诠释，推测“肥𧉮和肥遗之蛇应该是同一种类的旱神”，“‘𧉮’字应该是记录者为了表明其为蛇形鬼神而有意造出来的文字”[④]；又结合西周“作册大方鼎”青铜器或其他图文的一头二身的怪蛇图像，以及林巳奈夫将其作为肥遗形象的判断，判定《管子·水地》涸川水精“蟡”为肥遗的同类，而“蟡”是“肥遗”发音的缩略，或“肥遗”是“蟡”的发音引申，从而认为《管子·水地》中呼喊“蟡！蟡！”是一种巫术，是利用蟡的威名恐吓水中鱼龟的捕鱼方法。它或震慑水族，或使河水干涸。伊藤氏通过搜罗《吕氏春秋·顺民》《玉篇》《山海经广注》中引《成汤元纪》等大旱的记载，说明汤王时的大旱由旱神肥遗导致。蛇能飞行，蛇类肥遗成为一种超自然的存在物，能够从鲜山飞往阳山，故能出现在不同的地方。伊藤氏结合偃师所发现的汤王宫殿遗址，印证商汤时旱神引起

① 《中国的神兽与恶鬼：〈山海经〉的世界》第59页。

② 《中国的神兽与恶鬼：〈山海经〉的世界》第207—208页。

③ 《中国的神兽与恶鬼：〈山海经〉的世界》第208页。

④ 《中国的神兽与恶鬼：〈山海经〉的世界》第49页。

阳山大旱传说的合理性。这样，他通过勾勒形状、证以文献，将图像学、语言学、巫术和历史学等多学科综合考察，较好地诠释了肥遗形象的演化过程，合理地解决《山海经》中的矛盾，弥补了前人注释的缺憾。

伊藤氏把经中恶鬼、善神按照二元的范式进行分类，揭示其对立与互相通融的过程和可能性，这有助于我们理解《山海经》中的神怪，以及民间信仰中曾经发生转变或具有多重性神格的神怪。

三、神怪佩饰与自然生命力的契合

《山海经》中有很多佩戴饰物以防病、驱疫、祈福的记载，中尾万三统计"在药物、咒物之中，佩戴在身上或衣服上，被当作护身符、咒符使用的数量达29种之多"[①]。伊藤氏将其分为草木、鸟兽皮毛和石头三类。第一，佩戴的草木包括：《南次一经》"佩之不迷"的迷榖，"佩之无瘕疾"的育沛，《西山经》"佩之可以已疠"的熏草，《东次四经》"可以服马"的芑，《中次六经》"服之不字"的黄棘，"服之不瘿"的无条，《中次七经》"服之媚于人"的蓄草。第二，佩戴的鸟兽毛羽有：《南次一经》"佩之宜子孙"的蜀鹿，"佩之不聋"的旋龟；《南次一经》"佩之不畏"的猼訑，"佩之不惑"的灌灌；《西次一经》"服之不畏雷"的橐𩇯，《西次三经》"服之已瘅"的讙，"服之使人不厌"的䳜鵌；《中次六经》"服之不眯"的鸰鷃。第三，《中次七经》的帝台之石"服之不蛊"。郭璞注："祷祀百神，则用此石。"郝懿行引《本草经》："石胆，主诸邪毒气。"石被赋予神性，致使携带它的人不蛊。

经文仅载佩戴草木、鸟兽毛羽与石头，没有说明具体的方式，郭璞笼统地说带兽皮毛、着鸟羽毛，"佩，谓带其皮毛"，"着其毛羽，令人不畏天雷也"。伊藤先生从佩戴的不同方式与方法进行诠释，形象地为我们构建了先民佩饰图像。他将经文的"服"分为口服和佩戴身体外侧两种用法，把草木作为药物看待，认为直接"佩戴在衣服上，又或者插在头发上"[②]，或者"佩戴于腰间"。为了证明此说法的合理性，他引用《礼记·月令》"衣白衣，服白玉，食麻与犬"、《楚辞·离骚》"户服艾以盈要兮"等文献，以及古代郑国

① 《中国的神兽与恶鬼：〈山海经〉的世界》第188页。

② 《中国的神兽与恶鬼：〈山海经〉的世界》第131页。

将熏草佩戴身上预防流行病、当今日本五月五日用菖蒲叶贴在肚子或卷在头发上以驱邪、海南黎族侾人在背部或腹部绑植物以止胸背疼痛等习俗加以论证[①]。至于《南次一经》《西次一经》《西次三经》等所载佩戴鸟兽羽毛，伊藤先生认为自古即有“将鸟或螽斯的翅膀佩戴在身上用来避雷或是祈求安产的咒术”[②]，并辅证《春秋繁露·郊语》“鸱羽去眯”为用鸟羽作咒物来避眯的习俗。鵸鵌“服之使人不厌，又可以御凶”，人们捡起鵸鵌的羽毛而佩戴己身，认为能治病驱邪，增强自然生命力，巫术之义十分明显。

除上述之外，伊藤氏认为还可佩戴图像与动物器官。对于体形硕大的猛兽，人们设法佩戴其身体的某一部分，或制作动物的迷你图像，将其作为咒符或驱邪的咒物挂在家门口、村口或马前[③]。如《南次一经》载佩鹿蜀宜子孙，伊藤清司结合鹿茸、鹿角被当作强精或产后回春的妙药，认为佩戴能祈子嗣，祈祷顺产。又如佩戴杜衡可以“走马”，伊藤氏在继承郭璞、吴任臣等先贤注释的基础上分析其原因，将杜衡的形（马蹄）、名（马蹄香）与佩饰咒术、马匹飞驰关联，使得杜衡等花草“走马”特性得到较为圆满的解读。其中，佩戴草木者较多，因为草木易得，便于携带，故而常作为佩戴的咒物来驱邪求福，在经文中记载较多。

四、二元范式研究《山海经》神怪的意义

伊藤清司使用二元范式研究《山海经》中的神怪，形成比较独特的研究方法，对《山海经》乃至中国古代神怪的研究具有助推意义，表现为：

第一，二元范式继承并开拓了中国古代对《山海经》类属的划分。司马迁认为《山海经》荒诞不经，导致后世对其归属不统一。《汉书·艺文志》将其归入数术略“形法家”，《隋书·经籍志》《旧唐书·经籍志》《新唐书·艺文志》归入史部“地理类”，《宋史·艺文志》归入子部“五行类”。《后汉书·王景传》载汉明帝永平十二年（公元69年），派王景修汴渠时赐予《山海经》《河渠书》《禹贡图》等[④]，凸显其“地理类”属性。首先，伊藤清司

① 《中国的神兽与恶鬼：〈山海经〉的世界》第129—132页。

② 《中国的神兽与恶鬼：〈山海经〉的世界》第134页。

③ 《中国的神兽与恶鬼：〈山海经〉的世界》第207、195页。

④ 范晔《后汉书》第2465页，中华书局，1965年。

综合吸收中国古人的分类方法，如使用内部世界、外部世界概括其地理空间，继承了古代的“地理类”归属；从善恶神和神怪佩饰、赤色彰显其自然生命力，突出其术数特性。其次，伊藤清司做出新的诠释与拓展。如《西次一经》的黄雚“浴之已疥，又可已胕”，伊藤先生认为这是药熨法和灌水法的综合，它从驱散潜伏在体内的恶灵的想法演变而来的，是一种带有巫医性质的医疗之法。①《西次一经》的“萆荔”是避孕草，“其本如桔梗，黑华而不实……食之，使人无子”，此草在《太平御览》卷四十所引《河图括地志》中作“骨荣”。伊藤氏认为将其作为避孕药草，可能与由这种植物开花不结果的特征发展而来的感染咒术相关。②《西次三经》有“食之宜子孙”的树木，伊藤氏列举修己吞薏苡怀禹、简狄吃鸟卵生契等古代求子的咒术，妇女采摘芣苢作为怀孕诱饵的感染巫术，论证经文中的植物果实成熟后被登山的女子采集食用，以祈求子嗣，或者祈祷胎儿平安出生。③

第二，结合日本地形情况，揭示自然界中人神之间的对立、神灵之间的转换规律。《山海经》作为地理类书籍，多载山林渊薮，所以从空间视阈切入是较好的研究角度，这又与日本的地貌密切相关。日本是岛国，在37万多平方千米的土地面积上分布着6800多个岛屿，另有3000多平方千米的水域面积。居住在村落中的人类面对浩瀚大海与莽莽山川，尤为恐惧不安，自保心理强烈，故而他们将自己生活的村邑视为适合居住的“内部世界”，而周边的山泽却是遍布神怪的野蛮区域——“外部世界”。内部与外部对立，人与神怪界限分明。就此而言，伊藤氏采用内外部世界的分法，将这些神怪的生成场域与生活范围放置在特定的空间内详细论述，利于把握。既然内部世界以人类居住为主，人们在尽力守护自己生活区域的同时，也会试图侵占外部资源，总结与神怪的相处之道，拉拢善神，祭拜恶神，佩戴花草或动物及其器官为自己增加威力，从而使恶怪变为善神，以便禳灾祈福。

第三，继承并发展中国古代的山海经注释。前文已说明，中国古代对《山海经》的认识存在分歧，注解时各有侧重。郭璞《山海经注》精于文字训诂、文义疏解，吴任臣《山海经广注》尚博好奇，毕沅《山海经新校正》

---

① 《中国的神兽与恶鬼：〈山海经〉的世界》第145页。

② 《中国的神兽与恶鬼：〈山海经〉的世界》第179页。

③ 《中国的神兽与恶鬼：〈山海经〉的世界》第171页。

侧重地理考证和文本校勘，郝懿行《山海经笺疏》功在校勘、训诂与考据，且“以博物的眼光对待怪异”①。伊藤清司在前人注疏的基础上创新，如祝融与吴回在《海外南经》《大荒西经》等经文中，伊藤氏先引用、罗列郭璞、吴任臣、郝懿行等学者对祝融、吴回的注释，在综合考辨的基础上，认为由招致火灾的恶神而变为善神，并举郑国遭遇火灾而祭回禄的史实加以证明。这样的阐释，既保留了前人的注释，也有所创新。《西次一经》《中次九经》的草具有“走马”功能，郭璞认为人们带着它马能快走，或悬挂在马身能使其快走。吴任臣因《博物志》“马蹄香”的形如马蹄而认为经文以形为用。伊藤氏在继承郭璞、吴任臣的基础上，把杜衡的形（马蹄）、名（马蹄香）、佩饰咒术与马匹飞驰联系起来，论述杜衡等花草“走马”、调教马的咒物之功效，较为可信。又如《中次二经》的伊水之怪马腹，郝懿行引《刀剑录》所载汉章帝铸剑降服之，《水经注·沔水》中水虎、刘昭注《郡国志》引《荆州记》中水卢，认为三者相同。伊藤氏也引用这三部典籍，赞许郝的观点，并指出它们的属性差异，将之与日本的水怪河童类比，更好地诠释了马腹。

当然，对于伊藤清司《山海经》神怪研究的不足之处，我们也应该客观对待之。第一，他使用内外部世界划分神怪生存空间的方法未必完全适应《山海经》。前文已经论述，内外部世界的概念移自日本所设的人神界限。日本是岛国，村落被岛屿环绕，内部的村邑与外部的岛川截然分开。作为单个村落的个案而言，采用麻多智的分法有合理之处。但这一概念也有一些问题，主要有二：首先，就一个村落来说，自居地为内部世界，周围的山川是外部世界，其他的村落也可能成为外部世界。但在其他村落的居民眼中，“此村落”也成为外部世界。可见，人们均以自己的居住地作为判断内外部世界的参照，从而导致两个“世界”的外延与内涵不能固定。其次，内外部世界的划分与中国的实际不相符。早期居民在黄河中下游定居生活，内部世界与外部世界也相对固定。先民以四土、四方来推判远方异域的“外部世界”，且这一思维模式形成较早。甲骨文中已有“四土”，四土之内是王畿之所在。张兴照认为商代王畿位于“冀、兖、豫三州相邻地区，东土地及青徐……南土据有荆扬，当兼有豫州之一部；西土跨有雍梁，另兼有冀州之一部；北土以冀州为主体”②，四土则为王畿之外

① 《山海经笺疏》“前言”第3页。

② 《商代地理环境研究》第134页。

的区域。古人注重自己的居住范围，“古帝命武汤，正域彼四方……邦畿千里，维民所止，肇域彼四海”[①]。《说文·山部》则以王子狩猎到达的地方为四岳：“东岱，南靃，西华，北恒，中泰室。王者之所以巡狩所至。”[②] 天子狩猎场所不应该距离宫室太远。《孟子·公孙丑上》“夏后殷周之盛，地未有过千里者”即说明这点。人类居住地四土与四方、四海之内应该是《山海经》的“内部世界”，其外围是“外部世界”。事实上，中国古代的两个“世界”是固定少变的，这与伊藤氏所谓的内外部世界截然不同。第二，依据伊藤清司的说法，外部世界多猛兽，内部世界多为人类居住的乐土。而在中国古代的典籍中，内部世界也有一些凶猛的禽兽。《逸周书·世俘解》载商末中原地区的野生动物：“武王守，禽虎二十有二、猫二、糜五千二百三十五、犀十有二、氂七百二十有一、熊百五十有一、罴百一十有八、豕三百五十有二、貉十有八、麈十有六、麝五十、麋三十、鹿三千五百有八。武王遂征四方，凡憝国九十有九国……凡服国六百五十有二。”[③] 尽管有学者认为“以上记载或有夸张的成分，或有今人理解的歧义，但其提及的动物在商代都应是存在的”[④]。我们从气候方面也可验证商代中原地区猛兽生存的可能性。据王邨统计，在殷商至战国近1300年中，中原地区尽管出现了一系列的丰（多雨）枯（少雨）期，但与“四周各地区面雨量的平均相关系数达到0.7以上”[⑤]。这说明整个中原地区此时期的年降水量适中，适宜野生动物的生存。可见内部世界也当有很多猛兽存在，故而伊藤氏的概括不一定适应经文的全部。

总而言之，伊藤清司继承中国古代的注释与中日已有研究成果，采用二元范式系统地研究《山海经》的神怪，形成了较为完备的诠说范式，对《山海经》以及其他神怪的研究均具有重要的意义。

（梁奇　上海大学文学院副教授；
计敏　上海大学文学院硕士研究生）

① 郑玄笺，孔颖达疏《毛诗正义》第1344页，中华书局，2009年。

② 许慎《说文解字》第190页，中华书局，1963年。

③ 《逸周书汇校集注》第433—436页。

④ 《商代地理环境研究》第176页。

⑤ 王邨、王松梅《近五千年来我国中原地区气候在年降水量方面的变迁》，载《中国科学》1987年第1期。

大正时期桥本关雪诗、画、文中的中国江南*

——兼论其东方文明本位思想

何 荷

摘 要：随着日本大正旅行热潮的兴起，以及“中国趣味”的流行，活跃于近代日本画坛的桥本关雪在大正时期的15年间，前往江南数十次，留下大量江南题材的诗、书、画，甚至模仿江南园林建造白沙村庄，渴求永久置身江南，表现出浓厚的“江南趣味”。本文试图以大正时期桥本关雪的江南题材画作、诗作、散文等为研究对象，分析其言说江南的话语机制、叙事模式，进而探究大正时期桥本关雪的江南书写中折射出的东方文明本位思想，以及与中国的一体化意识和他者意识。

关键词：桥本关雪　江南趣味　汉诗南画　东方文明本位思想

桥本关雪（1883—1945）原名桥本贯一，1883年生于日本神户，20岁时至京都，入“竹杖会”，师从京都画坛泰斗竹内栖凤（1864—1942）。其父桥本海关（1852—1935）为旧明石藩儒者，精通汉学。桥本关雪自幼耳濡目染，拥有不俗汉学修养。宫崎市定（1901—1995）在《桥本关雪与汉学》一文中，对桥本关雪汉学修养之精深赞叹不已，称其精通汉诗创作，常自作汉诗题画，以述画中未尽之余韵。② 此外，桥本关雪与中国近代画坛交流密切，吴昌硕（1844—1927）、王一亭（1867—1938）、钱瘦铁（1897—1967）均为其知交。

---

* 重庆市研究生科研创新项目“日本近代知识分子与江南文脉（CYB19177）”，“江苏省社科应用研究精品工程”外语类课题“日本近代文人的江南言说研究”（19SWC-051）。

② 宫崎市定『宮崎市定全集』第二十二卷第371—372頁、岩波書店、1992年。

1925年，桥本关雪与小杉未醒（1881—1964）、刘海粟（1896—1994）、王一亭、钱瘦铁等中日书画家在上海成立“解衣舍”，致力于古画研究与鉴赏。桥本关雪一生前往中国60次以上①，甚至感叹：“中国是我的画室，也是我的修心之所。”② 然而这样一位与近代中国密切相关，并对中日近代绘画交流有极大推动的画家，却并没有引起国内学界的足够重视，目前相关研究几近空白。

值得一提的是，在1906年出版的桥本关雪汉诗集《关雪小稿》中，收录了一首名为《江南绝句》的汉诗：“远水微芒白。月明人在船。一夜梅花落。江南笛处烟。”③ 事实上，此诗发表的1906年，桥本关雪尚未实地踏足江南，直到7年后的1913年才完成了第一次江南游览。然而从《江南绝句》的创作来看，桥本关雪在实地到访江南之前，便已然获得了有关江南的想象和经验，并将这一想象凝结成诗，表达了对江南的喜爱和向往。可以说，在桥本关雪眼中，江南不仅仅是大正旅游业建构出的“观光地”意义上的江南，其对江南的情感也不只是偏爱，而俨然成为一种“趣味”，即“江南趣味”。桥本关雪的这一“江南趣味”集中体现在了日本近代旅游热潮兴起、“中国趣味”流行的大正年间（1912—1926），而本文关注的焦点正是这一时期。至于军国主义盛行的昭和时期，桥本关雪的江南书写则未能免于政治意识形态的裹挟，不乏民族主义的味道。

一、“泛舟江南”视角下的江南书写

1913年桥本关雪第一次到访江南，乘船先后游历上海、绍兴、杭州、苏州、南京等地，并留下诸多江南题材汉诗，后被集中收录在1915年出版的《南船集》中。④ 值得注意的是，桥本关雪初到江南的1913年，沪宁铁路和沪杭甬铁路已全线开通，并且随着大正旅行热潮的兴起，铁路成为众多日本人江南游览时使用的主要交通工具。然而桥本关雪拒绝了更为便利、舒适、高效的近代交通工具铁路，而依靠水路完成了江南游览。这一交通工具选择体

① 西原大輔『橋本関雪：師とするものは支那の自然』はしがき、ミネルヴァ書房、2007年。

② 橋本関雪「蘇州あたりに住みたいと思う」、報界同志會『蘇州案内』第27頁、精養軒旅館、1925年。本文所引原文均为日文，译文均为笔者所译。以下不再一一注释。

③ 橋本貫一（関雪）『関雪小稿』第22頁、私家版、1906年。

④ 橋本貫一（関雪）『南船集』、私家版、1915年。

现在了基于“水路”这一交通方式所进行的江南汉诗创作中。仅从《南船集》所收汉诗的诗题来看，《西兴舟次》《绍兴舟次》《舟到西兴》《舟中看卖蟹》均直接将“舟”作为关键词，而《南船集》这一汉诗集的交通工具命名方式，其本身更是恰如其分地彰显出初到江南的桥本关雪通过“水路”来把握江南的心理结构。相较于芥川龙之介（1892—1927）、谷崎润一郎（1886—1965）、木下杢太郎（1885—1945）、青木正儿（1887—1964）等诸多大正文人综合利用铁路、人力车、画舫、汽船甚至毛驴等交通工具的江南游访和江南书写，“舟”“船”成了桥本关雪创作江南汉诗时的关键要素和唯一交通工具，也构成了桥本关雪想象江南、书写江南的重要方式，并同时折射出桥本关雪对于“泛舟江南”这一颇具传统色彩的交通方式的热情与执着。另一方面，不得不说的是，“水路”这一交通方式本身也在一定程度上将桥本关雪所见到的江南限制在了“水乡”这一传统意味的“江南”上，现实江南的近代性、封建性、殖民性等面向则似乎被有意或无意地隔离在了桥本关雪的江南书写之外，于是在江南被成功地形塑为诗歌中的浪漫传统水乡的同时，大正时期桥本关雪之江南汉诗的古典色彩也在一定程度上得到了强化。

此外，作为画家活跃于大正画坛的桥本关雪，通过交通工具把握江南的心理结构也充分反映在其绘画创作上。出版于1916年的《关雪散民画集》[①] 收录了大量中国题材尤其是江南题材画作。从这一出版时间以及画集中的作品主题来看，《关雪散民画集》中收录的中国题材画作很可能是桥本关雪基于第一次江南游览进行的创作。与《南船集》类似，“船”“舟”在这部画集中同样有着不可忽视的存在地位。尤其是《水乡》《水乡卖鲈》《夏日舟行》等几部作品，用流水小舟、黑瓦白墙、毛驴拱桥，将江南的“水乡”属性和气质有效地烘托了出来。值得注意的是，桥本关雪的关注对象并不仅限于河间小舟，“木质平底帆船（ジャンク）”同样吸引了他的注意，并多次作为“主角”出现在其江南题材画作及随笔里。这其中，《南国》便是不可忽视的典型。

《南国》发表于1914年，即桥本关雪第一次江南游访后的第二年，并在第八次文部省展览会中荣膺二等奖，至今仍颇受关注。桥本关雪曾这样描述《南国》的原始场景：

---

① 橋本関雪『関雪散民画集』、芸艸堂、1916年。

> 扬子江浑浊的江水，折射着五月的阳光，仿佛溶化了金子似的发着金光。江面上的船只，有的在船身画上红色眼睛的鱼，有的画着七彩花纹，还有的船有着不可思议的形状，就像是童话故事里的船一样；各色船只都像挺直了脊背呼吸似的在南风中鼓起了风帆。我沐浴着南风，被眼前的异国风物所震撼，感受到一股强烈的创作冲动。……那幅《南国》其实连我预想的百分之一都不到。即便是今天，当我想起那时想要将那光景描画出来的刹那间的创作冲动时，心仍会颤抖。①

“夕阳”“帆船”“江水”构成的江南图景给桥本关雪带来的感动和震撼是不言而喻的，然而用“异国风物”来形容江南风景的表述方式，则不免让读者察觉到桥本关雪在观看江南时视中国为“他者”，以及视江南为满足“异国情趣”之对象的微妙心理构造。并且这一心理构造反映在了《南国》的创作手法上。异于《水乡》等质朴的东方传统水墨画，《南国》色调华丽。金色的船帆、红色的船舱、橙色的甲板，以及船上渔民们色彩鲜艳的服装、结实的臂膀、丰富的表情，无不彰显着浓烈的“西洋”画风。西原大辅（1967—）在《桥本关雪：中国自然之为吾师》一书中对该画的画法进行考察后认为，《南国》使用了印象派的创作手法。② 可以说，借由这一西洋画法，桥本关雪为江南所代表的东方传统风物披上了一层西洋外衣，从而使这幅画在“东”与“西”“传统”与“近代”的对撞中获得了崭新的意义和生命力。而用印象派画法（西洋）来描绘江南（东方）的艺术构造，则无疑可理解为是桥本关雪用“西洋”视角来审视“东方”的“异国情趣”。事实上，采用此种画法的并不只有《南国》，《峡江六月》《迟日》《郭巨》《木兰诗》等中国题材的作品均有类似的构造，无不折射出桥本关雪试图用“西洋”为“东洋”赋予意义的意识形态性。

二、“南画论”中的东方文明本位意识

当我们再次将视线置于1906年发表的《江南绝句》就会发现，“远水微

---

① 橋本関雪『関雪随筆』第62頁、中央美術社1925年。

② 『橋本関雪：師とするものは支那の自然』第55頁。

芒白。月明人在船。一夜梅花落。江南笛处烟”这四句诗描画的，正是南画中常见的江南图景。不如说，桥本关雪通过南画获得了想象江南的路径和经验，并通过“泛舟江南水乡”这一交通方式，将对江南所进行的“南画”式想象，经由江南诗歌、绘画的创作落到了实处。而在这一“南画”视角下，现实江南的近代性、封建性、殖民性等多重面向则被不同程度地过滤掉了。桥本关雪又为何如此钟情于南画？在《南画的考察》中，桥本关雪对南画之精神进行了如下的解释：

> 水墨之妙，尽在南画。……南画的精神就在于其外枯内膏之处。……外表虽枯淡，却有着丰富绚丽的内在生命。……枯淡是绚烂的极致。……而如今东洋的沉默则与南画之精神有着相一致的内涵。……我无法抗拒那种流转于南画之枯淡与静寂中的自然性，不仅如此，我知道再过些年月，如今我所有的苦就都会在那枯淡与静寂中得到释放。……就像树要开花、结果，然后瓜熟蒂落，而我何时能到达那平明枯淡的境界也要顺应这一自然。①

显然，桥本关雪领悟到了南画“外枯内膏”的精神内涵，并渴望达到那种“外表枯淡，而内在丰富”的生命境界，以求获得心灵的救赎与解脱。尤其值得注意的是，桥本关雪在阐释南画精神时，提及近代东洋，并认为“如今东洋的沉默与南画之精神有着一致的内涵”。可见，在桥本关雪看来，尽管近代东洋被动地沉默着追寻西洋近代的脚步，但这沉默之下却有着生生不息的精神力量和丰富绚烂的文化底蕴。不容忽视的是，此处桥本关雪模糊了“东洋”与“中国”的界限——尽管南画是中国的南画，然而桥本关雪说的并不是“如今中国的沉默与南画之精神相似”，而是选用范围更广的“东洋”一词，将日本与中国置于同样的文化团体中，表现出与中国的一体意识，并由此构造了与“西洋”相对抗的话语结构。

这一对东洋文化的自信还体现在桥本关雪以“南画”为标准，对近代欧洲文艺思潮的审视上：“流行于近代欧洲的各类艺术思潮，如感觉派、表现派，其创作手法皆与南画有着一致性。特别是后期印象派的画作甚至可以与

① 『関雪随筆』第123—125、128頁。

明末清初之鼎盛时期的南画相提并论。"[①] 对此，正如西原大辅所说，桥本关雪将西洋近代绘画创作与南画相结合的"南画论"，无疑给在近代化的浪潮中丧失东方文化自信的中日文人注入了一针强心剂。[②] 除此之外，笔者以为，"西洋画作可以与南画相提并论"的话语结构中折射出的并不仅仅是西洋绘画与南画的简单结合，还暗藏着以南画（东方文明）为标准审视西洋绘画（西洋文明）的话语构造。而这一东方文明本位的思维模式，还体现在了桥本关雪对南画家和西洋画家的对照论述上。

> 塞尚是中国的王石谷……雷诺阿的画作与恽南田有着共通的旋律……高更的画作可与八大山人媲美……梵高的画作则与陈老莲风格接近……卢梭与金冬心在绘画题材上多有相似之处……皮萨内洛之画作基于平明理念的用色和笔法则与我们的钱叔美有异曲同工之处。[③]

桥本关雪别出心裁地将西洋近代画家与南画画家进行对接，并发掘出近代西洋绘画与南画的共通之处。但这同样不是简单的对接，因为桥本关雪并没有使用诸如"上海是东方巴黎""苏州是东方威尼斯"一类经由西洋想象来定义中国城市的西洋文明中心主义话语结构来书写东方，也没有将西洋画家作为标尺来衡量南画、解释南画、批评南画，而是用"塞尚（西）是中国的王石谷（东）"这一与"上海（东）是东方威尼斯（西）"恰恰相反的话语构造，将西洋画家置于了被比较、被审视、被解释的位置，从而使南画（东）获得了作为审视西洋文艺思潮（西）之尺度的身份。尤其是将皮萨内洛（Antonio Pisanello，1395—1455）与钱叔美（1764—1845）进行对照叙述时，"皮萨内洛之画作……与我们的钱叔美有异曲同工之处"中的"我们"一词，表达出对钱叔美的亲近之外，还将钱叔美（中国）置于自己所属的集团之内。不难看出这一话语构造中内含的东方文明本位思想和对中国的一体化意识。在这一话语构造的支配下，西洋绘画以及西洋画家成了经由南画以及南画家这一东方文化想象才能获得确认的存在，和需要以"我们"的标准

① 『関雪随筆』第 125 頁。

② 『橋本関雪：師とするものは支那の自然』第 129—131 頁。

③ 『関雪随筆』第 125—127 頁。

来审视甚至定义的“他者”。

三、江南趣味中的“东”与“西”

桥本关雪在大正时期的15年间，到访江南数十次，甚至感叹道：“我早晚要从现今的生活中逃出来，到苏州去住个一年半载。那时，我做的艺术也必定会大放异彩吧。”① 足可见桥本关雪浓厚的江南趣味。而这一趣味的来源，除了因为江南是南画之主要描画对象这一客观因素外，或许还因为桥本关雪在江南感受到了江南不同于近代文明之理性、功利、科学，而独有的浪漫、感性氛围，并在对江南进行纯粹审美的过程中，获得了绝对自由的快乐。

在《我多想留居苏州》一文中，桥本关雪在标题下方用类似题记的方式首先对江南进行了《枕草子》式的素描：“夏天最美的是江南的烟波水乡，落日时分，泛舟于水边人家灯火阑珊之上，也是一种乐趣。”② 上述文字被分成两行排列，且采用“体言止”（“体言止”即以体言结句，是和歌中常用的修辞手法。体言为日语中的名词或代词。以体言结句时，体言有感叹词的功能，可使句子富于节奏感，并充满余韵和余情。③）的结句方式，配合词句中独有的节奏和韵律，简短的三两句话颇似一首江南古典诗歌，传递着宁静、浪漫、感性的诗意氛围。紧接着，在文章的开头，桥本关雪写道：

> 中国是我的画室，同时也是我的修心之所。如果把中国风景从我心中抽走的话，我的生活也将消失一半。所以我想在中国设一个小画室，只为在气候宜人的时候也能随心所欲地沉浸在那片大自然中作画。对于苦于现代繁杂生活的人来说，修养身心是必要的。而中国，正是我的乐园。尤其是对于无法融入近代文明之“精致”中的“野蛮人”我来说，奔放粗犷的中国大自然，就是为我而存在的……那里是免于文明之侵蚀和科学之破坏的处女地。现如今，我虽邻桌而坐，但只要我一闭上眼睛，我的心就会游走于大陆的原野，而大陆的各种画面也会像全景画一样真

① 「蘇州あたりに住みたいと思う」、『蘇州案内』。

② 「蘇州あたりに住みたいと思う」、『蘇州案内』。

③ 『和歌文学大辞典』編集委員会編『和歌文学大辞典』第713頁、古典ライブラリー2014年。

切地展现在我眼前。[①]

上述段落虽未涉及“江南”，但发表于《苏州指南》，以《我真想留居苏州》为题，紧承江南素描式题记，写于文章开头的这段文字中的“中国”，可以说在很大程度上指的就是“江南”。不难发现，桥本关雪把江南视为未被“文明”侵蚀，未经“科学”破坏，仍保持着传统风貌的“处女地”和“桃花源”，并在江南诗意的氛围中找到自己、发现自己。江南似乎成了在明治日本全盘西化过程中丧失心灵故乡的桥本关雪的精神家园。此外，1918年，桥本关雪在《京都美术》发表《在江南所见人与自然之和谐》[②]，阐述江南之为美术写生地的重要存在意义，该文述尽江南之庭院、楼台、山水、寺庙的美妙与浪漫。对于让同样到访江南的芥川龙之介深感厌恶的白墙上的广告，桥本关雪在该文中表现出毫不介意的态度：“这些断瓦残垣似乎在诉说着历史，而那些民房联排墙壁上张贴的广告，一点也不让我觉得厌烦，其色彩单调紧凑。”[③] 江南无疑为桥本关雪提供了源源不断的创作灵感，而《在江南所见人与自然之和谐》这一标题本身，也折射出江南作为桥本关雪怀念传统、净化心灵、收获愉悦心绪之精神家园的重要意义。

事实上，19世纪末20世纪初的现实江南从属于半殖民地半封建的近代中国，同样裹挟于殖民性、近代性、封建性、传统性的多重属性之中。“想象江南”与“现实江南”的巨大差异，撕扯着芥川龙之介等众多大正文人。而置身江南的桥本关雪，却似乎能够与江南心心相通，感受到江南文化即便在西洋文明中心主义的当下仍然有着“外枯内膏”的深沉魅力，并将裹挟于近代化进程中的现实江南的衰败、凋敝、封建、殖民等众多面向屏蔽在了“南画”视角的江南书写之外，没有呈现出任何对现实江南的失望和不满。不如说桥本关雪人为地给江南赋予了感性浪漫的色彩，有意识地将江南的“近代”排除到了书写之外，仅将亘古不变的“南画”式自然风景纳入到书写范围之中，视其为“乐园”，以便从中获得内心的宁静。浸淫在自我制造的江南诗意空间，桥本关雪似乎获得了一种康德所谓只有在纯粹审美时才能获得的“绝对

① 「蘇州あたりに住みたいと思う」、『蘇州案内』。

② 橋本関雪「江南に観たる自然と人為の調和」、京都美術協会『京都美術』第45号第9—10頁、1918年。

③ 「江南に観たる自然と人為の調和」、『京都美術』。

自由”，并对江南进行了“美”的言说。

值得注意的是，日本自明治开化以来，便走向了抛弃东方、否定传统儒学、全盘西化的近代化道路，福泽谕吉（1835—1901）之“脱亚入欧”的观念渗透到意识形态的各个领域。自本居宣长（1730—1801）起，近代日本便在中国认识上“始终一贯构建异质的否定性他者中国像”①，吉川幸次郎（1904—1980）称：“大正时期是日本人对中国最不怀敬意的时期。”② 然而桥本关雪所构筑的诗意、浪漫、传统的江南，却正是近代日本力图排斥、淘汰的“东方”，其对江南进行的“美”的言说，则在一定程度上构成了对这一“否定性他者中国像”的消解。不同于以西方为模板和标准来衡量近代中国，并将近代中国书写为否定性他者的众多日本近代文人，在高呼“如今东洋的沉默与南画之精神有着一致内涵”的桥本关雪的二元文明等级体系与美学观念中，东洋甚至不是与西洋并行的两极，而是有着远高于西洋的文化底蕴的存在。无论是以南画、南画家为标准和尺度来审视西洋画、西洋画家的话语构造，还是平底帆船与西洋舰、日本刀与西洋刀的对照结构，都充分彰显出桥本关雪与中国的一体化意识和东方文明本位的意识形态。可以说，寄寓于南画及江南风景中的江南传统文化和精神气韵，让桥本关雪获得了东方文明对西方文明的优越感。从这个意义上来说，桥本关雪的江南趣味，则不妨理解为是针对近代日本对中国的否定性社会集体想象的规训所进行的一场福柯式的反叛。

毋庸讳言，桥本关雪“南画”视角下的江南书写，缺少对现实江南的关照。他没有芥川龙之介对江南所受西洋文明之侵蚀的痛切思考，也不似青木正儿积极地认为西洋文明的侵蚀反而会刺激业已衰败不堪的江南文化重新走向复兴，而是完全无视了近代江南所受西洋之侵蚀的这一事实。尽管在“南画”视角下的江南书写中，桥本关雪获得了面对西洋文明的优越感，和对东方文明的信心，然而不可否认的是，这一东方文明本位意识以及与中国的一体意识也仅仅存在于“南画”滤镜之下的江南文化、江南自然风景等形而上的层面，而与现实江南的政治、经济、社会无关。当屏蔽掉“西洋”这个他

① ［日］子安宣邦著，赵京华译《东亚论——日本现代思想批判》第80—85页，吉林人民出版社，2005年。

② ［日］吉川幸次郎著，钱婉约译《我的留学记》第7、10页，光明日报出版社，1999年。

者，而将焦点集中在日本与中国的对照叙述中时，桥本关雪与中国的一体意识便会迅速瓦解，而转变为旗帜鲜明的民族主义。这一点充分体现在昭和时期桥本关雪的日中战争参战经历以及为“彩管报国”而创作的众多战争题材绘画中。不难发现，桥本关雪缺少芥川龙之介式让中国与日本互为他者的批判视线，中国于桥本关雪而言，最终也只是他者，其对中国的情感始终没能逃脱其国家主义思想的禁锢和窠臼，他爱的只是“南画”视角下的江南。当然，如果将桥本关雪的民族主义、国粹主义理解为是想要超越中国传统的俄狄浦斯式行动，那么其对江南的讴歌与民族主义或许也并不矛盾。

此外，对于作为“开化之子”，并同时拥有和、汉、洋三重教养的桥本关雪来说，“西洋”事实上也并不是绝对的“他者”，而是内在于其知识结构中的幽灵；而江南在作为“古典”“传统”“精神家园”的同时也意味着“过去”，于是桥本关雪在描绘江南时，似乎也难免受到“近代”话语机制的规训而流露出“异国趣味”的意识形态性。换言之，桥本关雪的江南趣味中同时包含着对东方传统文化的乡愁，及“西洋”滤镜下的“异国情趣”之双重面向。尽管南画视角的江南趣味，彰显出桥本关雪对中国的一体意识和东方文明本位思想，但如幽灵般内含于其教养之中的“西洋”又让这一“东方文明本位意识”显得不够彻底。

（何荷　四川外国语大学博士生，无锡太湖学院讲师）

朝鲜后期诗人朴宗善的《燕市唱酬稿》研究*

尹允镇　张宝双

摘　要：朝鲜后期诗人朴宗善的《燕市唱酬稿》是他于1794年燕行时创作的燕行诗集。其中唱酬诗再现了朴宗善与张问陶、朱承宠、朱承厚等清朝文士的交流。通过这些诗可以看出他们在平等的氛围中积极地进行文学、学术交流，并在此过程中建立了深厚的友谊。《燕市唱酬稿》还收录了朴宗善途经辽西至山海关一带时创作的怀古诗，这些诗歌呈现了朴宗善头脑中对明清战争的历史记忆，体现了他对明朝的故国情怀。此外，诗集还不乏表达思乡之情与离愁别绪的诗作，在这些诗中，诗人则是以漂泊在异国他乡的游子的形象出现在读者面前。

关键词：朴宗善　《燕市唱酬稿》　唱酬诗　怀古诗　羁旅诗

朝鲜后期文学巨匠燕岩朴趾源的《菱洋诗集序》一直以来被认为是展现其文学思想的代表文章，受到了学者们的广泛关注。然而由于《菱洋诗集》的消匿，加之其他历史文献鲜有提及，诗集本身与其作者菱洋朴宗善（1759—1819）并不为人所了解。直到2017年，韩国成均馆大学尊经阁在私人收藏者手中收购了《菱洋诗集》，并整理出版了《菱洋诗集》影印本①，朴

* 基金项目：吉林省社科基金项目（2017BS14）。

① 成均馆大学尊经阁收藏的《菱洋诗集》原本共16册，为手抄本。其中12册为定稿本，共13卷，4册为残卷，共7卷。残卷与定稿本基本重复，仅部分内容略有差异。成均馆大学出版的《菱洋诗集》影印本分为上、下两册，将原版中的定稿本13卷标记为《菱洋诗集》，残卷标中的第一卷标记为《菱洋诗集卷之》，其余6卷标记为《菱洋诗二集》。

趾源所作序文的主人及其作品的神秘面纱终于被揭开。随着《菱洋诗集》的公开，学界对朴宗善及其诗歌的研究也由此展开。[①]

朴宗善字继之，号菱洋、憨寮等，系潘南朴氏。其父亲朴明源（1725—1790）于英祖十四年（1738）迎娶了英祖与英嫔李氏的女儿、思悼世子的姐姐和平翁主，作为驸马深受英祖宠爱。朴宗善出身名门，但因庶出身份无法施展才华，实现自己的政治抱负。除奎章阁检书官外，他仅出任过兴阳监牧官、阴城县监等地方官，其政治生涯并不多彩。因此说朴宗善以诗人的身份度过一生也不为过。

朴宗善以诗为乐，一生中创作了不少汉诗，他的《菱洋诗集》共13卷，收录了近两千首汉诗。诗集由朴趾源为其创作的序开始，采用了中国北宋时期文学家杨大年（974—1020）的"一官为一集"的体例按照创作时间顺序展开，由小集《藕寰幼学稿》《准勅藁》《燕市唱酬稿》《少微山房稿》《寰瀛阁稿》《金刚百论藁》《宝稼堂稿》《小西斋豹直稿》《春雨草堂稿》《静寄轩一官稿》《池上归田稿》《赴直义銮稿》《休暇涉江稿》《和陶诗稿》《桐山郎曲梦呓稿》等构成。

朴宗善与中国有着深厚的缘分，他不仅通过书本学习了中国文化、文学，还曾亲自到访中国，与中国文人展开了直接的交流。《菱洋诗集》中收录的小集《燕市唱酬稿》正是他1794年来到中国时创作的诗集。本文将通过对《燕市唱酬稿》的考察来探究朴宗善与中国文人展开了怎样的交流，以及他在中国有着怎样的体验与感受。

---

① 《菱洋诗集》影印本的解题部分叙述了朴宗善的出身与生平，梳理了诗集中各小集的创作背景、主要内容。李钟默在《菱洋朴宗善汉诗的创作方法与美学》中从朴宗善的诗歌创作方法出发，将其诗歌创作特点归纳为三点：第一，借用乐府诗的形式来描绘现实中的爱情故事；第二，效仿江西诗派的创作的方法，善用《尧山堂外纪》《传灯录》等著作中较为生僻的典故，并常常将佛教用语引用到诗歌当中；第三，活用注释，为现代人提供了诸多关于朝鲜地理、文化、人物等方面的信息。李炫壹在《菱洋朴宗善的初期诗研究》中针对朴宗善的早期诗歌作品进行分析，他认为《藕寰幼学稿》表现了朴宗善在诗歌创作方面早熟的一面，《准敕藁》则展示出了朴宗善的诗歌与庶派诗人的椒林体诗歌、白塔派诗歌的相通之处。金龙泰在《对菱洋朴宗善的〈金刚百论藁〉的考察》中通过对《金刚百论藁》与其他金刚山纪行诗文的比较，总结出其创作特点。他认为《金刚百论藁》结构巧妙，内容丰富多彩，充分地展示了朴宗善的诗歌创作才能。另外，与以往金刚山纪行诗文不同，朴宗善将佛教思想融入诗歌，比起对自然环境的描绘，他更注重对自我精神的表达。

一、“谈语从容满纸香”的诗歌唱酬

朴宗善在《燕市唱酬稿》的序言中写道：“壬子，余随从氏苍岩相公奉使赴燕，纪行诗稿散佚无存。甲寅又随行，收若干赠酬诗。”在朴明源辞世后，朴宗善的从兄朴宗岳代替朴源明发挥了其父亲的作用。朴宗善于1792年、1794年两次跟随作为正使的朴宗岳赴燕使行，并且两次燕行中均创作了与燕行相关的诗歌。然而他在1792年燕行中创作的诗歌已丢失，《燕市唱酬稿》中收录的是他在1794年燕行时创作的76首诗歌，其中36首是朴宗善与中国文人和唱的唱酬诗。根据这些诗歌可知，朴宗善在此次燕行中与17名清朝文士进行了诗歌唱酬，其中除一名满人外，其余皆为汉人。在这些人中，有清朝额驸耶门苏王，清朝知名文学家张问陶、张道渥、李调元，朱熹后人朱承厚、朱承宠兄弟二人，画家罗聘、罗允绍父子，也有官员孙衡、李缙等，皆为清朝上层文士。

朝鲜士人事明的意识根深蒂固，因此在清朝建立之初，他们仍视清朝为“夷”族政权，对其怀有厌恶情绪。到了18世纪，随着双方交流加深，朝鲜士人了解到清人中也有学识高明之人，因此对其态度发生了转变，表现出积极与清朝文士交往的姿态。相较于清朝来说，朝鲜是东方小国，在政治上又是其朝贡国。但清朝文士并未因此而轻视朝鲜士人，而是以同样积极的态度参与到与朝鲜士人的交往之中，这一交往在平等的氛围中展开。朴宗善与清朝文士的唱酬诗歌也充分地体现了这一特点。由于语言的殊异，诗歌唱酬成了朴宗善与这些清朝文士沟通感情的重要手段。这些诗歌再现了200多年前朴宗善与清朝文士愉快的交游情景，也证实了他们之间真挚的情谊。“知音窃听浑非妄，促膝开怀好是闲。剩有清谈生拄笏，晴朝爽气看西山。”① “心期约略联床照，谈语从容满纸香。”②“倾君北海尊，听我西窗话。一笑见天真，襟胸同洒脱。”③ 以上诗句描绘了朴宗善在与清朝官员孙衡④交往时的愉快场

① ［朝鲜］朴宗善《燕市唱酬稿》，《菱洋诗集》（卷一）第56页，首尔：成均馆大学大东文化研究院，2017年。

② 《燕市唱酬稿》，《菱洋诗集》（卷一）第56页。

③ 《燕市唱酬稿》，《菱洋诗集》（卷一）第58页。

④ 孙衡，阁老孙士毅之子，字平山，浙江仁和人。乾隆五十五年（1790）由内阁中书入直，官至户部主事。与朴齐家、柳得恭皆有交往。《貞蕤詩集》中收有两首朴齐家为孙衡创作的怀人诗。

这一带时都要抒发对历史的哀思，表达对明朝故国家园的怀念。朴宗善的这首《杏山》也是在这样的情感脉络中展开。“重来吊古战场间”，“重来”二字可说明朴宗善已不是第一次经过这里了，然而当他再次来到这一古战场时，他仍不禁在脑海中想象“当日天兵三十万，无人回首上榆关”的惨状。明军在松锦之战中败北后，明朝大将祖大寿（1579—1656）被形势所迫，归顺清朝。祖大寿虽然在抗清的过程中也下了汗马功劳，但最终的降清不免使他沦为朝鲜使臣口诛笔伐的对象。当朴宗善来到祖大寿牌楼前时，眼前宏伟壮观的牌楼更是激发了他对祖大寿的鄙薄。

祖大寿牌楼

琢玉鑱珉技尽奇，褒旋造化付般倕。谁费黄金求铸像，不教青石头为碑。

如何桃李门前耻，宛是猉獜阁上姿。对峙高楼无语立，元戎少傅字淋漓。①

又次使相绝句韵

皇朝绰楔至今新，勋业传家竟未真。姓祖千年名忝祖，中流击楫是何人。②

祖大寿牌楼现位于辽宁省兴城古城，为古城中的第一道牌楼，是明思宗为表彰祖大寿镇守辽西之功劳而默许他自行建立的旌功牌坊。上面的第一首诗是朴宗善行至此地时创作的七言律诗。“琢玉鑱珉技尽奇，褒旋造化付般倕”，可见此牌楼工艺精湛奇巧，逼真细腻的手法仿佛出自巧匠鲁班与舜臣倕之手。然而这一描写并不是在赞叹牌楼之精美，是为后面的讽刺而做铺垫。“谁费黄金求铸像，不教青石头为碑。如何桃李门前耻，宛是猉獜阁上姿”，这四句讽刺祖大寿不能尽节卫明反而降清，作为世受皇恩的大将，本应在此地效忠至死，却又建造此浮夸牌楼，其邀功的姿态甚是轻浮。在《又次使相绝句韵》中，朴宗善用更加辛辣的语言对祖大寿进行了批判。“姓祖千年名忝祖，中流击楫是何人”，诗歌引用了同为祖性的祖逖“中流击楫”发誓要收复

① 《燕市唱酬稿》，《菱洋诗集》（卷一）第 47 页。

② 《燕市唱酬稿》，《菱洋诗集》（卷一）第 47 页。

中原统一国家的典故，与降清的祖大寿形成了鲜明的对比，直白地批判祖大寿的失节有辱于祖氏千年来的美名。包括朴宗善在内的朝鲜士人可以说对祖大寿秉持着苛刻的评判标准，这既来自于烙印在他们意识中的“忠孝”思想，也来自于对明朝的故国情怀。

到了18世纪，清朝建国已超过百年，朝鲜士人摒弃了对清朝“胡无百年之运”的论断，甚至出现了提倡学习清朝先进文物制度的北学派，但对明清战争的记忆以及对明朝的故国情怀却始终不能被忘却。《辽阳白塔次两使轩韵》《辽阳偶占》《呕血台》《山海关》等诗歌也体现了这样的情感。

此外，朴宗善对明清战争的记忆还体现在对平民女子季文兰的追忆中。

榛子店

其一

远客重过榛子店，家人最忆季文兰。片时春摄前尘去，江草江花入梦寒。

其二

传家蔡琰书犹续，嫁远王嫱画未真。何似寻常题壁字，滂劳天下有心人。

其三

怨春香草不宜男，白苎新成薄命衫。撩乱雨归云散后，更无消息到江南。①

1683年初冬，朝鲜使者金锡胄奉命燕行。他途经榛子店②时，在一户人家墙上看到一首题诗：“椎髻空怜昔日妆，红裙换着越罗裳。爷娘生死知何处，痛杀春风上沈阳。”据金锡胄所记，这首诗为清朝初年一名叫“季文兰”的江南女子所作，当时她的丈夫被清兵所杀戮，她被卖到沈阳，在她北上途经榛子店时，将此诗题在了旅店的墙壁上。1794年，距季文兰被掳已过百年，经由此地的朴宗善已看不到季文兰当年的题诗。他在诗的序中表示，自己是

① 《燕市唱酬稿》，《菱洋诗集》（卷一）第51—52页。

② 现河北省唐山市丰润区。

通过金锡胄《息菴集》得知这个故事①。朴宗善在诗中将季文兰与被匈奴掳走的蔡文姬与远嫁塞外的王昭君并提，在他看来，季文兰被清人掳走的悲剧无疑是由蛮夷民族的入侵所带来。因此，朴宗善对季文兰的同情可以理解为对清的控诉与对明的惋惜。这样一名在中国历史上名不见经传的平民女子的悲剧却成了触动朝鲜文人战争记忆的契机，被赋予了更为深刻的象征意义。

三、“乡国天涯晓梦残”的羁旅之作

1794年10月29日，朴宗善再随从兄朴宗岳踏上奔赴燕京的旅途。因之前已有过燕行的经历，燕行之于朴宗善来说并不陌生与新奇，所以在前往异国他乡的路上，比起对异国风光的欣赏，他更多感受的是旅途的艰辛与难耐的思乡之苦。这首《抵龙湾次从氏使相诗》为《燕市唱酬稿》的开篇第一首。

抵龙湾次从氏使相诗

计日行行苦未休，京华东望几回头。中原此去抢榆返，半世吾生断梗浮。

千里风烟劳远梦，五更霜月入边愁。江流不是乘槎路，安得穷源任所由。②

这首七言律诗是朴宗善用朴宗岳的诗韵创作的一首羁旅思乡之作。深秋时节，朴宗善跟随一行人经过数日艰苦的奔波到达了龙湾（今平安道义州），思乡情切的他一路上频频回头远望东方的故乡。“中原此去抢榆返，半世吾生断梗浮”，其中“抢榆”出自庄子《逍遥游》的“蜩与学鸠笑之曰：‘我决起而飞，抢榆枋而止’”，指的是像蜩与学鸠一样奋力飞到枝头便下落的飞程极短的小鸟，在这里则是借此来比喻朴宗善如“断梗”一般的漂泊旅途，这不禁让人感受到身为游子的朴宗善身旅途中内心的孤寂与无奈。“千里风烟劳远梦，五更霜月入边愁”，到了夜半时分千里之外的故乡与思念之人出现在了他的梦里，而深秋夜空中的一轮皓月更是平添了一份愁苦。这一句借梦境与静

① 《榛子店》序：江右季文兰为胡骑所掠去，过此题壁，以寄天下有心人。此载《息菴集》。

② 《燕市唱酬稿》，《菱洋诗集》（卷一）第41—42页。

谧的月夜烘托了朴宗善对家乡与亲友的思念，字里行间流露出了远在他乡的游子的愁绪。“江流不是乘槎路，安得穷源任所由”，朴宗善想到那江中恣意流淌的江水不禁心生羡慕，无奈“乘槎”之路非能像江流一般可以任由自己心意到达向往之处。这一句则体现出了朴宗善对于自己肩负使行之命而身不由己的无奈。整体来看，这首诗仅第一句提及了具体的旅程，而其余诗句皆为情感的抒发。另外，从诗歌表达的情绪来看，朴宗善在诗歌中并没有表现出对此次燕行的期待，而是以思乡、离愁为情感基调，渲染出了一种苦楚、凄凉的氛围。下面这首七言律诗《过江留题》同样为一首表达离愁的诗歌。

过江留题

鸭绿倾樽冻不波，红儿劝酒碧儿歌。渡分桃叶情无赖，词叠杨枝恨奈何。

古戍回头残雪在，斜阳极目乱山多。临歧强欲轻离别，不是寻常醉里过。①

“鸭绿倾樽冻不波，红儿劝酒碧儿歌”，此时的鸭绿江已在寒冷的天气中封冻，而屋内则是一派热闹的景象。朴宗善一行人聚在一起畅饮美酒，身边有美人与歌声相伴，可谓其乐融融。此时，屋外的寒冷萧瑟与屋内热闹的宴会场景形成了鲜明的对比。“渡分桃叶情无赖”，此处笔锋一转，道出了离别时的惆怅。王献之《桃叶歌》的第三首“桃叶复桃叶，渡江不用楫。但渡无所苦，我自迎接汝”写的是他与爱妾在江边渡口话别时的情景。朴宗善在诗中借用“桃叶”来写自己与宴席中的美女的分别。然而与王献之不同的是，朴宗善与这位美女只是萍水相逢，这短暂的感情只能无疾而终。“词叠杨枝恨奈何”，无奈只能折“杨枝”与美女告别，任由离别的愁绪在心中蔓延。朴宗善在此借用了两则中国典故来写离愁，这愁绪既是与美人分别时的遗憾，也是离开故土时的怅惘。“古戍回头残雪在，斜阳极目乱山多”，此句又转而写远景。眺望故国边疆，残雪仍在，西斜的阳光下是绵延的群山。这一句中的“残雪”“斜阳”“乱山”皆散发出凄凉、萧索的氛围，这样的景物描写是对诗人离愁别绪的烘托。“临歧强欲轻离别，不是寻常醉里过”，尾联再次写离

① 《燕市唱酬稿》，《菱洋诗集》（卷一）第43页。

别。终于到了分别时刻，朴宗善强迫自己“轻离别”。此时的他或许表面风轻云淡，但其内心已被离愁的苦涩所填满。

在这条朴宗善已走过数次的燕行路上，羁旅的艰难与思乡的苦涩一直伴随着他。《入栅次使相韵》中的“别时容易想时难，乡国天涯晓梦残”，《连山关》中的“道途无尽险，愁绪也难删”，《逾会宁青石岭》中的“长路三分梦二分，望乡遥寄岭头云”皆为他愁绪的抒发。

结　语

纵观整个朝鲜时期，朝鲜方面曾派出了500多个燕行使团。这些使团不仅维护了两国的政治外交关系，在文化传播与交流方面也起到了重大的作用。朴宗善作为其中的一员，积极地参与到了两国的文化交流之中，并用文字记录了他的体验与感受。本文则针对朴宗善1794年燕行时创作的《燕市唱酬稿》中的唱酬诗、怀古诗、羁旅诗的内容与思想内涵进行了分析。

18世纪以来，随着朝鲜与清朝交流的深入以及清朝在经济、文化方面的发展，朝鲜士大夫一改对清朝鄙夷的态度，开始积极参与到与清朝文人的交流中。他们在平等的氛围中对两国的文学、学术进行交流、探讨，并在此过程中建立真挚的友谊。朴宗善的唱酬诗充分地反映了这一时期两国文人交流的这一特点。他在唱酬诗中吟唱与清朝文人之间的情谊，描绘他们交游时愉快的场景。此外，通过唱酬诗还可以看出朴宗善将当时盛行于清朝的性灵派诗歌带回朝鲜，在朝鲜诗坛接受中国文学影响的过程中起到了一定的作用。

《燕市唱酬稿》中还收录朴宗善在途经明清古战场时创作的怀古诗。这些诗歌中，朴宗善想象当年战争的惨状，犀利地批判降清明将，对被清军掠去的江南女子季文兰示以惋惜与同情。在明清战争已过去200多年的1794年，朴宗善所创作的这些怀古诗表现了印刻在朝鲜士人内心中的对明朝的故国情怀。在燕行途中，朴宗善还创作了不少羁旅诗。这些诗描绘旅途的艰难，抒发诗人的离愁别绪与对故乡的思念。与唱酬诗中谈笑风生，契阔谈谦的朴宗善不同，在羁旅诗中我们看到的是一个漂泊在异国他乡的游子的形象。

（尹允镇　吉林大学外国语学院教授、博士生导师，
山东大学东北亚学院荣聘教授；
张宝双　吉林大学文学院博士研究生）

华制、程朱与小中华

——18世纪朝鲜通信使资料中的“华夷之辨”*

韩 东

摘 要：通过对18世纪朝鲜通信使资料的考察，可以发现在“小中华”意识的渗透下，朝鲜士人在尊奉“华制”与“程朱”问题上，与日本士人展开对话的态度强硬且傲慢，他们意图通过打压日本士人来构建与维护朝鲜的“正统”形象。当然，朝鲜对“华制”的固守与“程朱”权威的维护，一方面树立了自身“小中华”的地位，另一方面也在一定程度上阻碍了朝鲜的近代化进程。

关键词：华制　程朱　小中华　通信使　笔谈

近年来，通信使文献资料的学术研究价值日益受到国内学界的关注。纵观18世纪通信使笔谈资料，可以发现朝日文人在文学、医学、民俗与思想等领域展开了丰富的交流，这其中有关“华制”与“蛮俗”、“程朱”与“异端”的话题又占据了很大的比重。那么，这些对话的具体内容是什么，这些对话的背后又反映了什么样的文化心理，便是值得深思的问题。本文即欲综合利用朝鲜士人行记作品与日本士人笔谈集资料，对此做出全面的考察。

一、华制与“蛮俗”的对话

1764年7月，当朝鲜通信使团返回汉阳后，正使赵曮（1694—1776）向英祖李昑（1719—1777）汇报了此次使行中的日本见闻。在君臣二人的对话

* 本文为教育部人文社会科学研究青年项目“明清文学流派对朝鲜文坛的影响研究”（19YJC751007）的阶段性成果。

中，下面一段内容颇值得玩味。

> 曰：彼中衣服饮食皆法佛道，而全无法度，处处设佛像，多有佛龛而行乞者矣。
>
> 上曰：削发乎？
>
> 对曰：然矣。
>
> 上曰：妇女亦观光乎？
>
> 对曰：元无上衣下裳之制，只着长衣矣。
>
> ……
>
> 上曰：传国书时着朝服乎？
>
> 对曰："然矣，倭人见朝服望之若神仙矣。臣等于冬至日在一歧岛，着朝服望我国而行望贺礼，彼人莫不钦艳，而消息即传于江户云矣。"①

从对话中可以看到，无论是君王还是大臣，都对朝鲜的服制与发饰有着强烈的自豪感。无独有偶，1748 年通信使行时，东都侍讲直学士藤原明远（1697—1761）拜访了朝鲜制述官与诸书记，当时他曾询问有关朝鲜风俗的话题，书记柳逅即以一诗示之曰："欲识吾邦事，何难说与听。人皆从古礼，家自诵遗经。衣尚殷时白，山连岱亩青。文明尽在此，方夏逊华名。"②也就是说，一般士大夫阶层对朝鲜社会"遵古礼，服华服"同样有着强烈的自豪感。朝鲜文人的这种自豪感，正是 18 世纪朝日两国士人笔谈的一项重要内容。③

如 1748 年通信使行时，日本士人松崎惟时（1725—1775）曾问良医赵崇寿："大国衣冠之制，是明时遗制耶？将受之三韩耶？抑太祖别有制作耶？"赵崇寿回答道："冠是儒冠，衣是儒衣，大明之衣冠也。"④又如 1763 年通信使行时，日本士人北山彰曾向元重举等书记询问投壶礼与冠婚丧祭礼仪的问题，

① ［朝］赵曮《赵济谷海槎日记》，复旦大学文史研究院编《朝鲜通信使文献选编》（第 5 册）第 266 页，复旦大学出版社，2015 年。

② ［朝］曹命采《奉使日本时闻见录》，复旦大学文史研究院编《朝鲜通信使文献选编》（第 4 册）第 86 页，复旦大学出版社，2015 年。

③ 韩东《十八世纪朝日文人的"文会"与"文战"——以笔谈唱和集资料为中心》，载《北京社会科学》2017 年第 6 期。

④ ［日］松崎惟时《来庭集》，东京：日本国立公文书馆藏本，写本时间不详。

结果被告知："有投壶四礼皆因周礼，而全用《文公家礼》。……徐徐类推，冠婚祭亦同。弊邦自君上至庶人皆遵《家礼》而已。"①与此同时，伴随朝鲜方面宣扬自身尊奉"华制"而来的，是朝鲜士人对日本各种"蛮俗"的关注乃至批评。

1719年冬，通信使副使书记成梦良（1673—1735）在长州赤间关与日本士人小仓贞（1677—1737）进行了笔谈。这次对话由成梦良首先发问，小仓贞一一做了回答。

> 问：冠婚之礼如何？丧葬之礼如何？
>
> 答：冠婚丧葬之礼，王侯士庶随贵贱有品节，但其制有鄙邦典故，与文公家礼所载大同小异。
>
> 问：私家亦有立神主祀祖先之家否？
>
> 答：私家立神主祀祖先，户户皆然。但神主之制祭祀之仪，亦有鄙邦旧礼，不必据于华礼。
>
> 问：国俗娶室只有一妻否？
>
> 答：国俗只有一妻，富民或置别室。
>
> 问：长幼无拜揖之节云，然否？
>
> 答：长幼拜揖异于中华，礼容以跪坐顿首位敬，但君父兄长各有品节。②

成梦良对日本的礼制问题十分感兴趣，所以一连提出多项问题。通过小仓贞的回答内容来看，与朝鲜不同，日本在冠婚丧葬的礼制上，并不追求所谓的"华制"，而是保留了本民族的一些风俗。1748年通信使行时，译官洪景海曾与日本和泉州记室三宅绍华在大阪城展开笔谈，当时洪景海就日本的"蛮俗"问题向三宅绍华首先发难。由于朱子曾编撰《小学》作为灌输儒家封建道德礼仪的教育纲领，所以，对话一开始洪景海便询问了《小学》在日本社会的学习情况，随后三宅绍华则对日本人自幼习读《小学》的情况作了

① ［日］北山彰《鸡坛嘤鸣》，大阪：日本大阪府立中之岛图书馆藏本，明和元年写本。

② ［日］佐々太夫《两关唱和集》（后编）第22—23页，东京：日本国立公文书馆藏本，享保五年刊本。

介绍。当洪景海得知这一情况后，便出现了接下来有意思的一幕对话。

余曰："……今闻贵国先教《小学》，极可喜也。能行《小学》之教而不成徒读耶?"遂低头默默，颇有难对之色，良久曰："日本亦家读户诵。"余曰："家读户诵虽可敬佩，而若徒读而不能行，则是书自书，我自我，读之何益？圣谟贤训虽不能一一遵行，何事何教能行于日本耶？窃愿闻之。"答曰："方有公务，请辞。"遂起去，似以其言难对而然也。①

这里洪景海（1725—1759）的话语中隐含着一个重要的问题，那就是既然日本士人宣称自幼就开始学习朱子的《小学》，为什么现在的日本民俗还是这样显露出"蛮俗"气呢？接着，洪景海还继续追问到底日本国内能够践行圣贤的什么遗训的问题。这些接连的发问，彻底触及三宅绍华的内心脆弱处，最后他只能借故离开而收场。后来，三宅绍华与副使书记柳逅也进行了笔谈对话，当被问及为何不遵循《文公家礼》时，三宅绍华也只能无奈回答道："先王法服，仆素所欲，而有国俗，出于不得已矣。"②同年，日本文人松崎惟时与朝鲜通信使正使书记李凤焕也就日本的民俗问题展开了以下对话。

观海：……则本我邦俗，用三代之遗意，衣冠之制，乐舞之节，与盛周比隆，礼乐大行于天下。相传千余年，乱臣擅国，制度始坏，离为战国，干戈日动。然西京则俨然独立，礼乐制度未尝少变以到于今，故西京公卿诸大夫望之如神仙中人。国朝则神祖受命，定鼎东都，天下大治，纪纲风俗皆复延天之久，比盛三代。但国朝奉天朝正朔，不敢自改，制度冠服之制，且依战国，是以未免致诸君之疑。若明诏一降，使国朝行古制，令朝出而夕达于四海，斯民复尧舜三代之旧观矣，特依违以待天朝之诏耳。

---

① ［朝鲜］洪景海《随槎日录》（卷上），复旦大学文史研究院编《朝鲜通信使文献选编》（第4册）第192页，复旦大学出版社，2015年。

② 《奉使日本时闻见录》，复旦大学文史研究院编《朝鲜通信使文献选编》（第4册）第55—56页。

济菴：……冠婚丧祭之礼，衣服冠裳之制，非可以一时便宜，或行哉不行，或古或俗者也。六十六州仆既未尽见之，何可质言？而路过西京街巷阡陌之间，所目睹者与他处所见略无异同。不过时有不剃发之人而已。四礼之梗概，亦从人闻之，似与先王古礼大相违背。甚至至于初不知有此四礼，衣服冠裳只著于朝会，而平时所以章身者，大段乖错，不蔑无裤，其制已无可言。而其掩身之衣，曾未之闻焉。

观海：西京公卿诸大夫，衣服冠冕皆守古制，不特朝会。……公卿非天朝大事，不敢妄出街市，虽我邦人有未尝得一见天朝礼仪者。仆乡里去西京不远，幸得窥其略，公以沿路街市所睹，谓西京无甚美观，理固当然。公问西京诸大夫，仆不敢以实对，至谓民初不知有四礼，则草昧时固有然者。今时升平，民向文化，风俗丕变，如尧舜三代之盛，海内洗然，无此陋俗矣。①

面对李凤焕对日本“蛮俗”的指责，松崎惟时从以下三个方面进行了回应。首先，日本的民俗与三代相同，礼乐制度大行于天下，其后由于战国时代的到来，制度才开始崩坏；其次，即使民风出现变化，西京的文物制度仍然保留了原来的模式，士大夫皆奉礼制；最后，由于本国奉天朝正朔，有关民俗不敢擅自改变，倘若天皇有朝一日下令，一定恢复三代遗制。这里，松崎惟时从“文明制度的源头”“民俗变化的由来”与“奉行国俗的原因”三个方面回应了李凤焕的挑战。而对于松崎惟时的回应，李凤焕从两个方面予以反驳：首先，自己亲眼所见的日本民俗根本与先王礼制不符，所谓士大夫穿戴华服也仅限于庙堂之上；其次，日本士人朝堂上的服制虽有合于礼的地方，但私底下民众日常却穿无裤之衣甚至有裸身习俗。对于李凤焕的回应，松崎惟时又再次进行了回击。他说日本士大夫不经常出于闹市，所以朝鲜士人在街面上很难看到那些合于礼制的情况。但同时，也郑重强调当世之民皆尊四礼，文化之风大行天下，绝无“陋俗”可观。李凤焕与松崎惟时的对话，很好地展现了18世纪朝日两国士人在“华制”与“蛮俗”问题上的较量。这里也可以看到，在有关日本民俗的对话中，朝鲜士人总是一副高高在上的傲慢姿态。

① 《来庭集》。

二、程朱与“异端”的争论

1748年4月朝鲜通信使一行到达大阪城时，正使书记李凤焕接待了一位特殊访客——大阪世袭膳宰——野口氏。一番交流之后，李凤焕在赠答信札中意味深长地写下如下文字。

> 至余随信行渡马岛以来，见其山川之明媚，人物之殷盛，所在皆然，而独恨其所讲者异耳。……及到摄州，见野口氏所藏朝鲜人笔迹，始有犁然之喜。野口氏，不过世袭膳宰之任者，独何贵于邻邦学士之心画而珍藏累代，无异拱璧之宝也哉！…… 我朝鲜讲而行之所尊者，尧舜、文武、孔孟、程朱，所讲者诗书、四子、小学、近思，所致谨者冠婚丧祭，所服膺者忠信笃敬，为文在羽翼斯道，为诗务昌明风雅。君子乐道义而重廉耻，小人耻贪胃而厌机巧。苟有执左道而务末技者，皆斥而远之。……夫以日本山川之明媚，必有风气一辟之运，人物之殷盛，岂无富庶可教之机耶？①

李凤焕的这段话，概括起来主要涵盖了三层意思：首先，对沿途的日本风土人物，特别是野口氏的“慕朝”之心表示了赞赏；其次，通过宣扬朝鲜国内尊崇程朱，奉行儒家礼制，表达对日本国内异端风尚的不满；最后，传达对日本改风易俗的期望。在这份信札中，固然存在赞美之情，但其重心无疑却放在表达批判之意上。后来，野口氏带着李凤焕的信札又拜访了东都人源东郭，而当源东郭读过其内容后，也感慨地写下这样的文字：“率其所论盖讥我邦操觚之士，徒事词章而无实学也。……彼邦之学者，深信思孟、程朱胜于孔子也。我邦学者知思孟之有弊，程朱之多差，则何与彼邦人怒目抗衡，以追朱陆鹅湖之争乎？”②源东郭一针见血地指出，李凤焕是在对日本国内不尊程朱现象进行批判，同时，他也表达了自己对程朱的怀疑，以及不愿就此问

① ［日］源攀髯《和韩唱和录》（卷下）第15—16页，东京：日本国立公文书馆藏本，延享年五年醉墨斋刊本。

② 《和韩唱和录》（卷下）第17页。

题与朝鲜人展开争论的态度。所以，李凤焕如此“礼遇”一位膳宰，并写下赠答文字，并不是出于“四海同文，倾盖如故”的心态，而是与“程朱”的信奉话题密切相关。

通过整理18世纪通信使笔谈资料，不难发现朝日两国士人常常就“程朱”信奉问题展开笔谈论争的场景。[①]当然，18世纪通信使行中有关程朱与“异端”的论争，还要数日本“古文辞派”门人与朝鲜士人的笔谈对话最为引人注目。如1711年12月，朝鲜通信使制述官李礥与长州萩府记室山县孝孺（1687—1752）曾有过如下的对话。

> 周南：……然学问之道，人有识见，自匪圣哲，不能一之。其间，各有得失，明者择而取焉。是自学问之方，不可以同异而立藩篱，不知今之学者，一于程朱耶？或有异问，先生视陆王如何？
>
> 东郭：……我东自素车东来之后，人文始敞，圣道复明，历数千世未尝熄，至我朝尤有大焉。……皆以朱夫子为绳墨，则岂可使邪说、悖语或行于其间乎？陆王之学，自学其学，非吾儒之学，则元非儒者所可崇信者，我国五尺之童，亦知其去就之分矣。……
>
> 周南：……近有一伩师，别开门户，自建学问，其言或有不与程朱说合者，论性教，论仁义以德，……与夫程朱本性之说相背驰矣。仆顷受读其书，翕然而有悦意。是所以致问先生，然其说未可以一言而悉，姑奉先生之旨，竢它日工夫之熟耳。[②]

18世纪初期，荻生徂徕发起学习“李王”的号召，企图以此解决“程朱”不懂古文而用“义理”之说臆测圣人之道的问题。[③]于是荻生徂徕（1666—1728）在思想界向“程朱”学权威发起了挑战，而山县孝孺作为“古文辞派”创始人荻生徂徕的早期弟子，他对“程朱”学说的权威同样产生了怀疑。因此，当他见到李礥时，就想与其探讨“程朱”学说的得失。但

① 《十八世纪朝日文人的“文会”与“文战”——以笔谈唱和集资料为中心》，载《北京社会科学》2017年第6期。

② ［日］秋以正《问槎畸赏》（卷下）第16—19页，东京：日本国立公文书馆藏本，正德二年刊本。

③ 王青《日本近世儒学家荻生徂徕研究》第41页，上海古籍出版社，2001年。

是没有想到的是，李礥的态度非常强硬，将怀疑“程朱”的论调一概斥责为邪说。由于山县孝孺事前并没有想到李礥会如此反应过度，所以最后他只能打打圆场，草草结束了这次笔谈对话，可见朝鲜士人处理日本方面怀疑“程朱”行为的态度是一致的，那就是坚决予以斥责回击。又如1748年通信使行时，正使书记李凤焕与日本筱山国武骑松崎惟时的笔谈场景也就是这样。

观海：宋诸老先生立教岂不美耶？然不知古言，以己意解古人之言，宜乎？不得圣人之旨，《明镜》出佛书，《止水》出庄子，虚灵不昧，皆剖拆佛书之字，圣人之教，岂有此耶？且其立教持行可观，而治平之术甚疏，何以供家国天下之用？所以不免致疑。

济菴：贵国之学，非不赡博，而率节吹毛觅疵于程朱之绪，自伊藤氏以来，一转再转，其弊将与陆王同归。盖以所论虽异，而所识者同耳。汉唐笺注，只是记问而已，不有程朱何以启明？后学当遵守规辙，不当讥讪瑕类。《明镜》《止水》虽出于庄磨，其言善于譬喻，则岂可以人废言耶？①

松崎惟时是太宰春台（1680—1747）的门人，即是荻生徂徕的再传弟子，他对“程朱”学说的怀疑表现在两个方面。首先，程朱不从古文的真正含义出发，而是用自己的理解去臆测经典的内容，这样就无法真正理解圣人的意思；其次，程朱的论说内容有些与佛书与庄子类似，这与圣人之教不符。面对松崎惟时的怀疑，李凤焕并没有从程朱学说的内涵阐释层面予以回答，而只是一味地将这种怀疑斥责为与“陆王”学说同流，丝毫不容许对程朱有半点指责。

同时，由于多次的对话交锋，朝鲜士人已经逐渐认识到日本方面指责“程朱”风尚问题的愈演愈烈②，一部分朝鲜士人开始有意识地就“程朱”话题与日本士人展开论争，以期打压日本士人的“嚣张”气焰。如1763年通信使行到达釜山时，担任副使书记的元重举就与好友有过如下的对话。

---

① 《来庭集》。

② ［日］夫马进著，伍跃译《朝鲜燕行使与朝鲜通信使》第120—122页，上海古籍出版社，2010年。

余谓两友曰："日本之人不知有程朱，吾欲动引程朱以接之，兄意如何？"两友难之曰："岂不好耶！但彼所不知，己独言之，必有一不相合之弊矣。……。"余曰："程朱之道，吾安能知之耶！但非此则吾无籍手籍口之语，以吾钝劣纵欲虐浪笑傲，淋漓谈谦平生所不能者，顾何可强而能之耶？……以吾礼仪朝鲜，庄敬自持修饬冠服，不失动作威仪之，则非程朱不语，非经书不引，顾不好耶？至于诗文，则才既不逮，必欲略之。"两友笑曰："……若语引程朱而彼或妄加非斥，则其可尽与辨难耶？若至不好颜面而罢，则不如初无事之为愈矣。"余曰："座中若有非斥程朱之类，则正色斥之，勿与唱酬，亦何伤耶？……"①

元重举（1719—1790）是担任诗文唱和赠答任务的书记官，对于"程朱"理学并不精通，但他却因为听说日本国内不信奉"程朱"学说，于是决定笔谈之时以"程朱"对话来刁难对方。乍看起来，元重举的表现或许多少有点冲动与幼稚，但这里不容忽视的是，元重举这种行为背后所隐含的那种"舍我其谁"的文化心理。他认为朝鲜在文化礼仪与学术思想上都领先于日本，在这种情况下，谈论与宣扬"程朱"学说，能在"教育"那些不识时务的"异端分子"的同时，彰显朝鲜文化自身的优越性。所以，在元重举身上，可以看到18世纪朝鲜士人的那种"责任"与"自豪"并举的情怀。

1764年5月，通信使一行到达赤马关宾馆，元重举与山县孝孺的门人，即荻生徂徕的再传弟子泷长恺展开了笔谈对话。当泷长恺向元重举提到荻生徂徕"其学宗古经而不据注解，以古言证古经，似可信据"时，元重举立马回击说道："程朱之学如日中天，不欲笃信程朱者，皆异端也。"②但是，对于元重举把"徂徕"看作异端的论调，泷长恺并不买账，于是他们二人接下来进行了长时间的论争。

鹤台：此方学者，不遵奉徂徕之教者鲜矣，虽仆亦然。至正不正之说，固非草草之可尽矣。不读徂徕所著书，以究其说，则安知其道之所

① ［朝鲜］元重举《乘槎录》（卷2），首尔：高丽大学图书馆六堂文库藏本，英祖四十年写本。

② ［日］泷长恺《长门癸甲问槎》（卷1）第8页，首尔：韩国国立中央图书馆藏本，明和二年明伦馆刊本。

在乎？……

玄川：顷在江户，有以《徂徕集》来示之者，一番批阅，大抵以豪杰之才，骋捭阖之辨，所引用者，皆王李徐论之，其受病则又有甚焉者。……朱子之道如日中天，是孔子后一人，反是者皆魍魉之远影。……但恐后生新学，将以为鹤台老成者，犹尊奉之如此。吾辈所依归，独不在是耶？其为世道之害，有不可胜言者。幸望深引在门挥之义。无陷胥及溺之弊。如何如何？

鹤台：徂徕之学以古言解古经，明如观火。如朱子明德解，与诗左传不合，仁为心德，有专言偏言之目，其说至管仲而窘矣。……圣人之道，敬天为本，徂徕之教亦然，敬天守礼之外，岂别有操存实践之法乎？……

玄川：徂徕明处，足下亦与明焉，其暗处则足下亦宜有取舍，……且名教中自有乐地，何必拾得矿边之零砂，以较百练之精金乎？区区之诚，不欲以异邦人之一论即置耳，足下幸谅之。后学新进正如赤子之初学言语，长者尤当十分慎审而教之使习之，足下学半之工，尤不可轻也。①

这里泷长恺的话语包含两层意思：其一，与朝鲜不同，日本国内大多尊崇徂徕学，如要讨论徂徕学虚实，应该首先熟读荻生徂徕的著作；其二，荻生徂徕通过学习古文来解读圣人经典，而朱子的诸多学说反而与经典多有不合，朱子强调的“本然之气”也与圣人所讲“敬天守礼”不符。元重举的话语也包含两层意思：其一，自己已经看过《徂徕集》，认为荻生徂徕虽有才气，但以“李王”学说为鹄的，攻击“程朱”学说的权威性，无疑是螳臂当车，于世道有害；其二，奉劝泷长恺认识徂徕学说的错误，通过学习儒学经典回归正道。元重举的好友正使书记成大中、从事官书记南玉，也与泷长恺就“程朱”问题进行过笔谈对话，虽然他们也苦口婆心相劝，但都不能让泷长恺改弦易辙。因此，南玉曾感叹地对泷长恺说道：“足下可谓传法沙门，护法沙弥，仆虽心切老婆，无如之何？”对此，泷长恺则回复道：“高意谨领，物子亦不外孝弟忠信而为道，且仆前所谓苟国治民安，则复何求，何必争学术之异同乎？”②面对南玉步步紧逼的说教，泷长恺对于自己所奉行的“徂徕

① 《长门癸甲问槎》（卷 2）第 13—14 页。

② 《长门癸甲问槎》（卷 2）第 14—16 页。

学”十分自信，但为避免笔谈交流走入无法收场的境地，泷长恺还是选择了“求同存异”，不再进一步使争论升级。这里也可以看到，在朝日两国士人就是否应该尊奉“程朱”的论争中，朝鲜方面的态度往往显得更加强硬。

三、朝鲜“小中华”意识的凸显

1711 年 11 月，通信使正使赵泰亿（1675—1728）与新井筑后守源玙君美（1657—1725）进行了笔谈，后来赵泰亿将二人对话编辑成《江关笔谈》一书。这本笔谈现有写本一册藏于日本国立公文书馆，在这本笔谈集中可以发现关于冠婚丧祭的对话内容。

> 南冈曰：贵邦冠婚丧祭用文公家礼否？
>
> 白石曰：本邦礼多与三代之制相同，如其凶礼则大连氏、小连氏掌相丧事焉。孔子称善居丧者即此，且如唐陆德明《周礼音义》之书，引郑大夫之说，以为本邦盖有古之遗法，可以见其校概耳。近世丧祭儒家颇依朱子家礼而行之。①

关于赵泰亿问道日本是否尊奉《文公家礼》的问题，源玙君美先是介绍日本特有民族风俗的起源，说本邦之礼多尊古制与三代相同，随后他又强调现在日本学习华制的问题，说近世的丧祭之礼多依《文公家礼》。有趣的是，通信使副使任守干（1665—1721）曾撰《东槎日记》，在其附录部分也收录有赵泰亿的《江关笔谈》，这其中相对应部分的对话内容如下：

> 南冈曰：俺等冠服之制，国王以为如何？
>
> 白石曰：以为雅制。
>
> 南冈曰：贵邦冠婚丧祭，用《文公家礼》否？
>
> 白石曰：间有之，而近来只丧礼多如制。②

---

① ［朝鲜］赵泰亿《江关笔谈》，东京：日本国立公文书馆藏本，写本时间不详。

② ［朝鲜］任守干《东槎日记》，复旦大学文史研究院编《朝鲜通信使文献选编》（第 3 册）第 201 页，复旦大学出版社，2015 年。

通过比较可以发现在任守干收录的版本中多了日本对朝鲜冠服的赞美之词，同时，原本中的日本近世士人颇尊《文公家礼》的回答，这里又变成了近来只丧礼尊《文公家礼》的表述。两个版本的《江关笔谈》中虽然都突出了朝鲜遵循“华制”与日本保留“蛮俗”这一核心内容，但是在朝鲜士人所撰行记中附录的本子中，朝鲜尊奉“华制”的自豪感得到凸显。虽然无法肯定这种文本的差异是因任守干改写造成的，但至少可以说明朝鲜士人整理编辑笔谈资料时有着自己的偏好与取舍，这其实就是一种“小中华”意识的体现。

1719 年通信使行时，正使书记姜栢（1690—1777）与日本士人朝文渊曾有过笔谈交流。当时朝文渊向姜栢问道：“公等有人如中朝之地耶？”结果，姜栢却回复道：“弊邦烟霞水石之观，礼乐文物之盛不让中国，何必远入中邦也。”[①]这里可以看到，姜栢在文化心理上对中国的轻视。当然，朝鲜士人并不是一直都这么看待中国，只是明清易代，清朝入主中原之后，朝鲜士人的心态才发生了变化。正如朝鲜士人李种徽（1731—1797）所说：“自满藩入主中国，而中国之教荡然无复存者，髡首左衽，欲求其所谓中国而不可得矣。……今有举天下瓯脱而衣冠俎豆，文物礼乐于髡首左衽之间，而其国箕子所封也，其人民半万殷人之裔也，其号于天下者，古君子国也，其在今世，邹鲁而衣冠也，伊洛而礼义也。……则今之求中国者，宜在此而不在彼。”[②]也就是说，在文化心理上，朝鲜不再把清朝当作中华的象征。所以，出使北京的燕行使臣们会感慨地写道：“小中华号不为过，看我衣冠意自多。扫地全然无礼乐，弥山只是走牛骡。”[③]显然，在朝鲜士人心中，清朝风俗败坏，已成为蛮夷之地，只有朝鲜继承了中华文化的衣钵。1764 年，通信使正使赵曮在向英祖李昑汇报日本国内的学术思想时，也透露着一种“小中华”文化心理。

所谓学术则大抵皆近异端，有伊藤维桢号仁斋者，著《童子问》，毁

① ［日］朝文渊《蓬岛遗珠》（前编）第 11 页，首尔：韩国国立中央图书馆，享保五年皇都书林刊本。

② ［朝鲜］李种徽《修山集》（卷 10），《韩国文集丛刊》（第 247 册）第 499 页，首尔：韩国民族文化促进会，2000 年。

③ ［朝鲜］沈錥《樗村遗稿》（卷 6），《韩国文集丛刊》（第 207 册）第 97 页，首尔：韩国民族文化促进会，1998 年。

侮程朱。近来物双栢字茂卿号徂徕，一号萱园者，……自孟子以下皆侮而诋之，以朱注为伪注。两人言入人深而流派远，……然以此言之，阳明之术泛滥天下，而朱子之学独行于朝鲜，群阴剥尽之余，一脉扶阳之责，岂不专在于吾东多士耶？①

这里赵曮首先汇报了伊藤仁斋（1627—1705）与荻生徂徕诋毁程朱的事实，但接着他就感叹，如今天下，异端泛滥，只有朝鲜继承了朱子学的正统，朝鲜在尊奉程朱上有不可推卸的责任。由此可见，朝鲜士人对自身“华制”的强调与对日本“蛮俗”的关注与指责，以及对“程朱”权威的维护与对日本“异端”学说的论争与批评，其背后实际上是“小中华”文化意识在作祟。

余　论

通过对18世纪朝鲜通信使资料的考察，可以发现在“小中华”意识的渗透下，朝鲜士人在尊奉“华制”与“程朱”问题上，与日本士人展开对话的态度强硬且傲慢，他们意图通过贬低与打压日本国内的“蛮俗”与“异端”，来构建与维护朝鲜自身的“正统”形象。而日本社会在与朝鲜文人的对话与争论中，却逐渐认清与确立了自身文化的特殊构造。时间滑入19世纪，当日本走上学习西方文化的快车道，并开始加快“脱亚入欧”的步伐时，朝鲜却仍故步在自我构建的“小中华”牢笼之中。朝鲜社会对“华制”与“程朱”思想的固守，明显禁锢与束缚住了朝鲜士人的头脑与手脚，朝鲜西医学的发展滞后就是这种后遗症的一种显现。②所以，朝鲜社会对“华制”的固守与“程朱”权威的维护，一方面巩固了自身“小中华”的地位，另一方面也在一定程度上阻碍了朝鲜的近代化进程。

（韩东　南昌大学人文学院中文系副教授）

① 《赵济谷海槎日记》第167—168页。

② 韩东《18世纪朝鲜通信史笔谈中的朝日医员对话》，载《外国文学评论》2018年第2期。

朝鲜金允植对唐宋八大家散文的审美批评*

王　成

摘　要：朝鲜文人对唐宋八大家散文的审美批评贯穿朝鲜古代文学发展的始终，金允植则是其中颇具特点的一位。他不仅推崇八家散文，还以八家散文教授子弟，创作《八家涉笔》。金允植能够辩证地分析八家文章的优劣，敢于指出其不足。他多选择八家的实用性散文文体并联系本国文坛、社会、历史等加以阐述，为了说理形象，往往采用意象批评法，具有鲜明特点与现实意义。

关键词：金允植　《八家涉笔》　唐宋八大家　批评　特点

朝鲜文坛对唐宋八大家的接受与学习，讫于高丽朝并贯穿朝鲜古代文学发展始终。据韩国成均馆大学校中央图书馆《古书目录》所载，朝鲜刊刻与唐宋八大家相关的总集、选集主要有《唐宋八家文读本》《批点唐宋八家文钞》《唐宋八大家类选》《唐宋八子百选》《增评唐宋八家文读本》《评注唐宋八家古文》等。除此之外，八家的个人别集在朝鲜的刊刻数量更是众多，资不赘述。尤其是《古文真宝》流入朝鲜后，对唐宋八大家的传播产生了重要影响，推动了朝鲜文人对唐宋八大家的接受与批评。金允植（1835—1922）是其中颇具特点的一位文人。

金允植字洵卿，号云养，政治家、文学家。高宗十八年（清光绪七年，1881）任领选使出使天津，向清朝学习工业制造技术，并与清朝洋务派官员商讨朝美缔约事宜。历任机器局总办，经国事务衙门、通商事务衙门协办、工曹判书、兵曹判书、中枢院议长、经学院大提学等职。著有《云养集》《领选日记》《天津谈草》等。金允植对唐宋八大家非常推崇，家居无事时曾以唐

* 本文为国家社科基金项目“韩国古典散文与中国文化之关联研究”（14CZW038）阶段性成果。

宋八大家散文教授子弟，并将心得体会编写成《八家涉笔》。结合相关文献，我们重点讨论金允植对韩愈、柳宗元、欧阳修、苏轼等散文的论述，并分析其论述的特点。

一、对韩愈、柳宗元散文的审美批评

韩愈散文“是在进入高丽中叶古文之风兴起之时被正式引入，以后便广受知识界人士的关注和推崇，高丽中后期以来因被评定为学习古文写作的典范而叹为观止”①。朝鲜朝时期，《五百家注音辨昌黎文集》《朱文公校昌黎先生文集》等全集，《韩文抄》《昌黎文抄》《唐大家韩文公文抄》《昌黎先生碑志》等散文选本被广泛刊印，关于韩愈散文的审美批评更是朝鲜古代文学的一道亮丽风景线。

金允植《八家涉笔》论及韩愈的条目共十六则，涉及韩愈的文学观念、代表性作品等，既有肯定、赞扬，也有批评、指摘。

肯定、赞扬韩愈散文。金允植《韩文三、〈原道〉等篇》条肯定韩愈《与孟尚书书》《送文畅序》《原道》《禘袷议》等文章，“择之颇精，守之甚确，往往合于圣贤之言”②。金允植认为韩愈在三个方面做出了巨大贡献，成就了万世功业，“自秦汉以来，论道术者，揣摩影响，不识本原之旨，能知推尊孟子，自韩子始。称述大学之旨，自韩子始。痛辟佛老，扶卫吾道，自韩子始”。李翱、张籍等接受韩愈并“以其法传授后学”，穆修、尹师道、欧阳修等“闻其风而兴起，能以经术为文”，周敦颐、程颢、程颐等人“刊落其华，摭收其实”，遂开理学之门，“其所以为学也，则尊孟子也，表大学也，辟佛老也。此三者，皆韩子之所发端而不能深造者也”。韩愈的文章可谓“文之至”，“韩子得其华，宋贤得其实，斯道虽至宋贤而大明，韩子倡导之功，不可少之也”。

金允植关于韩愈散文的赏读也颇见功力，如对《贞曜墓志》《祭十二郎文》的分析：“《贞曜墓志》，只叙其哭吊营葬征铭之节，而用事参错，有悲

① 李钟汉《韩愈诗文在韩国的传播时期、过程和背景》，载《周口师范学院学报》2000年第1期。

② ［韩］金允植《云养集》，《韩国文集丛刊》（第328辑）第489页，首尔：韩国民族文化推进会，2004年。以下所引金允植文献如无特殊说明，均出自此文集，不再一一标注。

遑掩抑之状，读之令人泪迸，不问可知为生平切友也。《祭十二郎文》，一字一泪，千年绝调，而后来蹈袭者多，遂成陈言，哀不可学为也。”（《韩文十六·〈贞曜墓志〉〈祭十二郎文〉》）《贞曜墓志》（即《贞曜先生墓志铭》）是韩愈为孟郊所作墓志铭，交代了孟郊的家世、生平、仕宦经历等情况，重点评论了孟郊诗歌突出的艺术特点，“及其为诗，刿目鉥心，刃迎缕解，钩章棘句，掐擢胃肾，神施鬼设，间见层出”①。历代评论家对《祭十二郎文》评价甚高，如茅坤云：“通篇情意刺骨，无限凄切，祭文中千年绝调”，吴楚材、吴调侯言：“情之至者，自然流为至文。读此等文，须想其一面哭一面写，字字是血，字字是泪；未尝有意为文，而文无不工。祭文中千年绝调。”② 金允植对《贞曜先生墓志铭》《祭十二郎文》的分析言简意赅而又恰当中肯，表明他对韩愈散文有着深刻的体悟。

批评、指摘韩愈散文。金允植对韩愈散文并非全部持肯定、赞扬态度，也有批评，如《韩文二·潮州谢上表》认为，人穷困潦倒时可见真情，情况急迫危难时能露出本色，金允植以《潮州谢上表》为例加以说明：“余读韩子《潮州谢上表》，慨然知文章之为不足贵也。方其投书光范，以道自任，所言者仁义道德，所期者周孔颜孟，何其伟哉！及夫一言见忤，奔窜南荒，援绝望断，穷愁蹙踖，乃反铺张主德，称述已能。欲以区区之艺，迎合上心，其所自处者，不过在相如、子长之间耳。所谓任道自重之士，处穷固若是乎？然则曩所言仁义道德者，假之以文吾文而已。”语段运用鲜明的对比，言辞激烈，批驳不遗余力。金允植对韩愈的部分应酬赠序也给予了批评，《韩文七·送人序》条云：“其与平生知旧及门生方外之序，尽其所欲言者，而无可言则止，故其文沛然若有余。至如位显而交疏，其势出于我右者，虽藻绘满眼，常有拘束之意。”韩愈赠序针对不同身份之人的情感态度不一，赠送对象如果是朋友、门生弟子、方外之士等，韩愈往往能直抒胸臆，尽其所欲言，所以文章就很有气势，《送孟东野序》《送李愿归盘谷序》等就是此类文章的典型代表；赠送对象如果是地位显赫者，韩愈则“藻绘满眼，常有拘束之意”，辞藻华美，内容空泛，文章拘束而没有气势。

---

① 韩愈著，马其昶校注《韩昌黎文集校注》第498页，上海古籍出版社，2014年。

② 迟文浚主编《唐宋八大家散文广选·新注·集评》（韩愈卷）第506页，辽宁人民出版社，1999年。

翻阅韩国古代文人别集，评论柳宗元文章者比比皆是，金允植《八家涉笔》有十四则文字论述柳宗元散文，除第一则标注为“柳文一”，没有明确地说明主题外，其余十三则均冠以题目。金允植对柳宗元的山水记文评价很高，他认为柳宗元的山水记文有以下突出特点：

首先，柳宗元的山水记文“冠绝古今”。金允植认为柳宗元《游黄豀记》《柳州山水记》等文，“全摹《山海经》而格自奇古”，其他山水记文也都“神与境会，都在笔墨蹊径之外”。一般人如果锤炼文章，往往会有斧凿的痕迹，柳宗元则不然，“子厚愈刻愈天然，盖其一段精爽，自有不昧者存”（《柳文十・山水记》）。其次，柳宗元的山水记文有着独特的韵味，这缘于柳宗元“精于鉴赏”（《柳文八・山水记》）。别人眼中的山水，“平易圆全”；柳宗元眼中则不然，“子厚独见其幽峭欹缺，因其幽峭而思生焉，因其欹缺而奇生焉”。众人注目于纷红骇绿，柳宗元“独披拂幽蕊，摩挲孤卉”。柳宗元还善于在细微处下功夫，“点缀摸写，风神迥然”（《柳文八・山水记》）。再次，柳宗元的山水记文“辄有一种哀思，使人不怡”。如同昔日“自以农作之余，饮酒击缶，为荒淫无度”（《柳文九・山水记》）的杨晖一样，柳宗元痴情于永州山水，也达到了“荒淫无度”的程度。柳宗元有景必览，“环州数十胜，荒林僻壤，断流小石，无不牢笼，何其贪也”（《柳文九・山水记》），金允植眼中的“贪”何尝不是文人的一种雅致。柳宗元被贬永州，山水成了他抒怀写意的载体。柳宗元的山水记文有一种哀思蕴含其中，读后使人感觉压抑，“其所酣饮畅乐呼号得意之时，益见其憔悴无聊”（《柳文九・山水记》），金允植的认识是非常有见地的。

除了评论柳宗元的山水记文，金允植还论述了柳宗元《封建论》等文章。金允植对《封建论》持批判态度，他认为《封建论》的观点，“不过利害之粗迹，然但见小利而不思大害，便于一人之私而不顾万民之公”。金允植维护分封制，《柳文十二・封建论》条从八个方面论述了分封制的“利”，限于篇幅，仅举一则为例：

柳子所见，以汉唐之小康，疑为郡县之效。然通三四百年之间，生民息肩者不过二三十年，其余外若无事，而生民困悴，甚于金革何者。四海之命，系于一人，而一人之仁且明者，又千百年而罕得其一。民安得不常困乎？古者封建之世，天子地方千里，诸侯得其什一以为国；诸侯地方百里，卿大夫得其什一以为家，各私其土地，子其人民，奉其宗庙，传其子孙，士有世禄，民有世业，分安志定，无侥幸之风，此封建之利一也。

金允植作为封建士大夫，以忠君爱国为己任，维护封建统治，所以认为这八个方面是利害最大、最易见者，其他不合天理、不顺人情者不可枚举。后世不可成者，都是因为一人之私。一人之私虽小，危害却大，能蒙蔽万古之公。柳宗元亦为其所蔽，“乃曰封建非圣人之意，何其谬也?”（《柳文十二·封建论》）况且柳宗元以汉、晋为戒，是徒知封建之名而不知封建之实。

二、对欧阳修、苏轼散文的审美批评

欧阳修散文传入朝鲜后就产生了重大影响，“有不少文人在个人文集中经常引用欧阳修的文章，这一切都向我们证明了欧阳修文章在当时极受重视的情形，同时也正说明了欧氏著作的刊行与流布进一步有力地推动了其在韩国的广泛传播与普及，而欧阳公文集的刊行为当时的学习研究者提供了很大的方便，大力推动了欧阳修文章的学习和研究。朝鲜王朝中期以后，对欧阳修文章的精辟的评论，系统、全面的研究以及对认真学习欧阳修文章者的评论不断出现，此种场面是前所未有的”①。金允植《八家涉笔》共有十七则条目论及欧阳修，主要包括如下几方面内容：

论述欧阳修散文的风格、文学史地位。欧阳修为文“蕴藉和平，善能感慨”（《欧阳文十七》），又“纡徐不迫，无巉刻之辞”（《欧阳文十七》），又因为他的遭际、经历等，其文“辞直不谀”“感叹而不伤”（《欧阳文十七》），这是欧阳修文章整体的风格特点。欧阳修个别文体渊源有自、特点鲜明，“其碑志得于子长，序记得于昌黎，奏疏与贾谊、陆贽相上下”（《欧阳文十七》）。虽然欧阳修学习、借鉴诸人，但又有发展、突破，“议论之公、见识之正，又轶过之”（《欧阳文十七》）。欧阳修的文学史地位，“上接汉唐大家之绪，下开宋以下门户，裒然为千古文林之指南”（《欧阳文十七》）。

① 黄一权《欧阳修著作初传韩国的时间及其刊行、流布的状况》，载《复旦学报》（社会科学版）2000 年第 2 期。

那些不善于钻研的人，学习欧文就容易流于凡庸，“不善学之者，其弊也流为凡庸，乃欲以神奇化腐臭则失之远”（《欧阳文十七》）。

对比论述欧阳修与韩愈、“三苏”等，突出欧阳修散文的特点。金允植在论述求荐书时，以韩愈、苏氏父子（苏洵、苏轼、苏辙）与欧阳修作对比，批评韩愈、苏氏父子而肯定欧阳修。“退之求荐书，每盛称其人之德，不免近谀。苏氏父子求荐书，殊淋漓慷慨，然不免游说之风。永叔求荐书，只叙自家本末，略点缀其人求贤用人之美，而文意已足，方是士大夫风裁。”（《欧阳文五·求荐书》）金允植高度评价韩愈、欧阳修为友人所撰墓志铭、祭文的长处，认为这些文章能书写出友人的突出特点，如孟郊、梅尧臣都长于诗歌创作，韩愈、欧阳修的墓志铭、祭文“不及他语，推其长而已”（《欧阳文十六·梅圣俞墓志铭祭文》），这样做的最终目的就是使友人及其文学成就能传后世。

欧阳修散文是“正始之音而治世之文”。金允植用了多篇文章讨论欧阳修所作“劄子”。劄子亦作“札子”，是官府用来上奏、作启事或官府往来的一种文书。金允植认为欧阳修的“劄子”能够“知无不言，言无不尽，其所陈皆人所难言，而无痛哭流涕危激之辞”（《欧阳文一·论乞主张范富等行事劄子、论贾昌朝除枢密使劄子》），堪称“治世之文”。更为重要的是，欧阳修“职在论思，常先事献替”，范富、贾昌朝之事可为例证：“范富等将有所条陈，则公豫先陈劄，言范富等所言必如此，小人之怨怒必如此，浮议之纷纭必如此。若不终始主张，必为奸谗所沮，事无成功又如此。如台谏将论贾昌朝枢密之任，则公豫先进劄，言昌朝之过恶如此，外廷之物议如此，台谏必有论列如此。昌朝得志，必害善人如此。使是非邪正，了然先定于人主之胸中，然后君子进言，不患有所蔽，小人行诈，不敢售其奸。”欧阳修所陈劄、状，“皆经国远谟，弘剀剀切”，其中往往有“涤中今世之务者”（《欧阳文四、乞补馆职劄、乞令百官议事劄、谏院宜知外事劄、论逐路取人劄、议学状》）。如：《乞补馆职劄》，“言朝廷贱儒学而贵材能，馆阁取士，宜先论道，此为当今第一急务，不可不讲者”；《乞令百官议事劄》《谏院宜知外事劄》，“以为太事秘而不宣，常令侍从闻于已行之后，凡有论列，贵在事初，善则开端，恶则杜渐，此为当今深切之务”；《论逐路取人劄》，“以为东南士多，西北数少，今增西北一人，便是减东南十人。东南之人合格而落者多，西北之人不合格而得者多。此与今之逐色目用人甚相类也”；《议学状》，“通篇议论，又切中今荐士之弊，其所云实事可行者，亦宜讲行于今”，可见欧阳修的劄、状都有经世治用的功用。

苏轼诗、文、词俱佳，均取得了较高的艺术成就，受到朝鲜文人的高度重视，是文人士子学习的典范。“研究韩国古典文学，认识北宋诗人苏轼，是非常需要而且极有意义的。他比屈原、陶潜留下更深的痕迹。金富轼对苏轼的仰慕自不待言，李仁老、李奎报、林椿等也得益于东坡的文学，高丽文学可以说脱离不了苏轼的影响。”① 何止是高丽朝，准确来说是整个朝鲜文坛都受到了苏轼的巨大影响。

金允植对苏轼的策论有着深刻领悟，《东坡文十五·思治论策论策略策断》条认为苏轼“短于论古而长于论今，短于论道而长于论事”，所以苏轼论六艺古书三代以下人物概不足取，“其思治论、策略、策论诸篇，无一字等闲，最切于熙丰元祐间时务。其精悍之识，博达之才，尽为贾生之亚匹矣。文自汪洋滚汩，而其回湍激射处，尤足以惊发愦愦，人主宜写一通而省览焉”。苏轼“思治论、策略、策论诸篇，无一字等闲”，尤其是“《策断》三篇论二虏情状与其所以制之之术，洞悉如见”，所以金允植用三则条目论述苏轼《策略》，足见其重视程度。金允植对苏轼的书、疏、劄、状等文体也给予了肯定，他说：“苏长公书、疏、箚、状，古今罕比。如圜邱议，可与韩公禘祫议并驱。论差役利害及积欠六事，指画如掌，与陆宣公租调诸议相伯仲。奏浙西灾伤状，先事救患，深得魏相便宜条奏之意。乞开西湖及开石门河状行文，如贾让治河策而较出色。论西羌夏人事宜，洞见情状，处置中机，如李邺侯计事，代张方平谏用兵书，读之令人解颐，抑又轶过淮南谏书矣。”（《东坡文九》）金允植列举、分析了几篇苏轼的文章，通过对比突出了苏轼书、疏、劄、状等文体的艺术成就。

金允植对苏轼的文论思想也持肯定、赞许态度，《东坡文八·答张文潜书、答谢举廉书》条先转述了苏轼论文章作法的文字，“东坡论文最得活法，以为文如行云流水，初无定质，但常行于所当行，常止于不可不止，文理自然，姿态横生。又曰：辞达而已矣，辞止达意则疑若不文，然是大不然。又曰：近日文字之衰，其源出于王氏，王氏之文，未必不善也，而患在于好使人同己”。“文如行云流水”以下内容出自苏轼《与谢民师推官书》：“大略如

① ［韩］文永午《孤山尹善道研究》第 380 页，首尔：韩国太学社，1983 年。

行云流水，初无定质，但常行于所当行，常止于所不可不止，文理自然，姿态横生。”①《与谢民师推官书》总结了苏轼的创作经验，是苏轼文学创作基本观点的表述。“近日文字之衰”出自苏轼《答张文潜书》：“文字之衰，未有如今日者也。其源出于王氏。王氏之文未必不善也，而患在于好使人同己。”② 苏轼批评了王安石“使人同己”的错误观点。金允植赞同苏轼的论述：“观此数段议论，则古人作文之妙，可以见矣。”但是后世之人墨守成规，不知变通，“后之学者，创为法度绳墨之说，日就艰僻，斲丧自然，不知何苦而为此也”。古人作文章时会有不同的行文安排，所以要仔细分辨，不能同一视之。对于苏轼所提之作文法，金允植根据自己的经验，认为应该活学活用，学习其中的真髓，不必所有的都照搬照抄。这些观点体现出了金允植辩证、客观的创作与认知态度。

三、批评唐宋八家散文的特点

金允植关于唐宋八家的品评文字，是其“素所怀抱，无因以发”的产物，并非拾人牙慧，是有所创见的，呈现出如下几个突出特点：

第一，能够客观、辩证地分析唐宋八家文章的优劣，不是一味地赞美，而是勇于指出缺点与不足。如前文所述关于韩愈《潮州谢上表》一文以及韩愈的部分赠序，金允植都大胆给予批评，对柳宗元《封建论》也持批判态度。金允植论述苏洵“书”“议”等文体也是辩证地分析，有赞许亦有批判。对苏洵《上仁宗皇帝书》持赞扬态度：“余观老苏上仁宗书，以布韦之贱，不屈于万乘，有战国处士之风，秦汉以来，未之多见。意谓开卷，首陈天德王道，以端人主之心术，然后纵言当世之务，有本有末。”对苏洵《喾妃论》也持肯定态度：“《喾妃论》，持议颇正，有益于闺行，老苏文中最纯者也。柳柳州八骏图说，亦与此意同。儒者须有此等见识，不泥于俗。”对苏洵《六经论》则持批判态度，《老苏文四、六经论》条开篇曰：“孔子曰：可与立，未可与权。权者何也？时中之谓也。凡事物皆有自然之权，圣人深知其故，任其自然，以求合乎天理之至公而已。自世人见之，有似异于经常之道，故命之曰权。

① 苏轼著，孔凡礼点校《苏轼文集》第1418页，中华书局，2008年。

② 《苏轼文集》第1538页。

若参以私意，是诈也非权也。孟子曰：为机变之巧者，无所用耻焉，机者圣人之所大恶也。”金允植认为苏洵《六经论》“一概以机权断之”，可以说是“无知妄作者也，此战国游士饰其权诈，以惑时君者之所为”。苏洵有如此言论，主要是因为苏洵其人“天性喜谲诡而恶公正，读《论语》《孟子》七八年，兀然独坐，不曾见得一点天理，遂以己意曲解圣经，以求合乎其权诈之说，坦然以为自得而不疑”。金允植对苏洵《辨奸论》一文也持怀疑态度，“世以《辨奸论》，服老苏之先见。然余独不信。为其多言而偶中，抑又见其心术之病耳。君子不逆诈，不亿不信，荆公之未用也。其自修洁，与人信，操履端方，难进易退，慨然有志于生民者也。老苏何从而知其奸也，其所论推，不过以俭之过情推之”（《老苏文五・辨奸论》）。

第二，论述唐宋八家散文时往往和本国文坛、社会、历史等相联系，具有很强的现实指导意义。如《韩文四・与祠部陆员外书》条云：“余观韩文公与祠部陆员外书，知唐之取士，于试文外，又取行谊闻望。故韩公荐侯喜等十人于主司，韩公之中第也，亦由梁肃、王础之所举。以今观之，岂非所谓循私者欤？我东取士之法，古亦如是。自属托公行，而此法遂废。夫今之所谓秉公者亦可知也，毋问其人之贤否，取考其文而合于主司之眼者，是拔是擢，此犹以为未也。毋问巧拙，闭目信手而取之，又恐如此而偶得知名之士，招人疑议，于是开视其糊名，取下乡僻姓世所不知者，列于榜中，以示至公之意，是以屠沽驵侩之伦，充斥场屋，以徼一日之幸。殆不胜其扰攘矣。”把唐代的取士和朝鲜朝的取士做了对比。《老苏文六・喾妃论》开篇曰：“《喾妃论》，持议颇正，有益于闺行，老苏文中最纯者也。柳柳州八骏图说，亦与此意同。儒者须有此等见识，不泥于俗。”基于此，他对本国的一些传说产生了怀疑：“余尝疑我东金氏金椟之说。未得其证。近见驾洛人金济学所着新罗世祖王本纪，力辨椟盒之诬，考据详博，甚似有理。余因略记其说，欲质于大雅君子，览此者庶知前说之陋也。”而后用大段篇幅叙述了金氏金椟之说。他如《荆公文三・上五事劄子》《东坡文十五・思治论策论策略策断》《东坡文十六・李君山房藏书记》《东坡文四・论高丽买书利害劄子》《东坡文三・徐州上皇帝书》《荆公文三・上王事劄子》等在论述时都联系了朝鲜本国的实际情况。

第三，从文体上考察，金允植对唐宋八家散文的论述多集中在表、书、劄子、策、论等实用性文体。金允植对欧阳修的“劄子”大加讨论，前文已述，兹不赘言。对苏洵文章的论述也体现出重视实用性文体这一特点。再如对苏辙的论述，金允植着重论述了苏辙《臣事策》、《民政策》以及《六国论》等文章，《颍滨文三 · 六国论》条批评苏辙《六国论》"不论其人而论其地"，认为苏辙的言语过于随意。金允植的主张是，王朝的兴衰"不在其地，在乎其人"。他对比秦国和六国的国君，认为秦国自秦孝公以下的君主，节衣缩食，夙兴夜寐，以图国家富强。六国的君主则是"或贤或愚或明或暗或勤或惰或猛或懦"。秦国国君洞察了六国君主的这些缺点，采用不同的对待方法，"如其贤明勤猛则甘言和好，以舒数年之祸；如其愚暗懦惰则辨士以诱之，劲兵以伐之"。如此，天下怎么能不归于秦国。如果秦国国君也"愚如齐愍，暗如楚怀，惰如燕哙，懦如梁襄"，那么秦国"屡世相传之志业，忽焉委地，万事瓦解，六国之君，可以舒啸"。

金允植着重分析了曾巩《讲官议》《公族议》等文章，关于《公族议》，金允植认为"子固之议，似厚而难继，未若子由之议也"。基于此，他想"以补二子之所未及"，认为封建之制现在已经不可往复，应该仿效古代而立大宗小宗之法，"太祖太宗之别子，锡之采地，爵为世卿，为百世不迁之宗，与国常存。继体之君，其别子爵封廪给，世有等杀，为五世之宗，大小相维，本末有序"。设学以教，立正以率，"举其英髦，恤其穷乏，国家待公族之道，庶乎得矣"（《南丰文四 · 公族议》）。金允植之所以重点论述表、书、劄子、策、论等文体，主要是因为《八家涉笔》是他"家居无事，日夕课子弟授句读"（《八家涉笔》"引文"）情况下所作。既然是为了教授弟子，在文章的选择上就要有所取舍，所以金允植大量选择八家的实用性文体来讲授。

第四，运用意象批评法论述八家之文。在古代诗文批评中，意象批评法被广泛运用。"意象批评是我国古代文学批评的传统形式之一，它是指运用喻象的形式，对所品赏与论评对象的审美意味、风格特征、艺术技巧、成就高下等进行形象化评说的批评方法。"① 朝鲜文人在论述作家作品时也喜欢采用意象批评法，金允植亦然。如他对苏辙散文的整体评价："小苏之文，汪洋澹泊，如乘良马步康庄，终日驰骤周旋曲折而不知甚劳，往往遇山明水秀鸟去云还，使人缓辔纵目，容与而忘返。"（《颍滨文十一》）再如对苏洵文章的

① 邱美琼、胡建次《宋代诗学对批评方法的运用》，载《广西大学学报》（哲学社会科学版）2008 年第 1 期。

论述："老苏之文，如风从千尺渊底，掀起波浪，鱼蚖蛟龙，皆为之动荡不安。其势傲视汉唐，虽昌黎之雄，卒然相遌，亦当权为敛避。"（《老苏文十》）意象批评法的运用，避免了理论说教的枯燥无味，增加了表述的灵活性、形象性。

综上所述，金允植《八家涉笔》对八家散文的批评，在朝鲜唐宋八大家散文接受史上具有鲜明的特点。金允植并未畏于八人的文坛地位而采取一味地赞美，而是能够客观、辩证地分析八家散文的优劣，大胆指出缺点与不足。为了让后学能够真正领悟八家文章的真谛并应用于创作实践，金允植往往联系本国文坛、社会、历史等，并采用意象批评法加以阐释，具有重要的理论价值与现实指导意义。

（王成　文学博士，黑龙江大学文学院副教授，硕士生导师）

中蒙两国现当代文学交流 70 年

包呼格吉勒图

摘　要：中蒙是山水相连、民心相通的近邻友邦，从 20 世纪 50 年代伊始中蒙两国现当代文学交流频繁，时至今日已收获颇丰，然而学界对于此领域的梳理工作严重滞后。随着近期 30 余年来中蒙两国关系的日趋密切、人文交流的不断发展，梳理中蒙两国现当代文学交流历程的必要性逐渐凸显。本文就中蒙两国现当代文学 70 年来互译情况做了简单梳理，以便学人更加了解这一历史脉络。

关键词：中国　蒙古国　文学交流　互译

中蒙是山水相连、民心相通的近邻友邦。今年适逢中蒙两国建交 70 周年，本文就中蒙两国现当代文学互译情况做了简单梳理，以便学人更加了解这一历史脉络。中蒙两国现当代文学交流史大致可分为以下四个阶段：一、萌芽发展时期（1950—1963），二、停滞时期（1964—1979），三、恢复发展时期（1980—1999），四、持续快速发展时期（2000—至今）。

一、萌芽发展时期（1950—1963）

蒙古国是最早承认中华人民共和国的国家之一，自中蒙两国 1949 年 10 月 16 日建立外交关系开始，两国的文艺交流有了萌芽及发展的良好势头。

1950 至 1963 年，蒙古国翻译家翻译刊登出版了很多中国现当代文学作品。早期在蒙古国积极刊发中国现当代文学作品方面，《文艺工作者的助手》和《星火》杂志起到了重要的作用。仅在 1950—1954 年间《文艺工作者的助手》期刊刊发了安娥《渔光曲》、张松如《东方红》、田汉《义勇军进行曲》，高兰《鸭绿江上红旗飘》、吕剑《亚洲人民战歌》《朝鲜人民战歌》、田间《寄朝鲜人民》、艾青《献给斯大林》《保卫世界和平》、王雪波《没有共产党就没有新中国》、肖三《红场》、郭沫若《毛主席万岁万万岁》等 23 篇作品，而《星火》杂志刊发了鲁迅《孔乙己》、郭沫若《我向你高呼万岁》、邵燕祥《北京城》、丁玲《中国的春天》等 10 余篇作品。除上述两个杂志外还有《图雅》杂志、《鳄鱼》杂志、《少年真理报》、《青年真理报》、《革命青年团》等也在这一时期刊发了 20 余篇中国文学作品，例如：高玉宝《半夜鸡叫》、张天翼《罗文英的故事》、艾青《太阳的话》、王莘《歌唱祖国》、马烽《韩梅梅》、玛拉沁夫《在暴风雪中》、鲁迅《一件小事》、茅盾《时髦病》、臧克家《胜利风》等作品。纵观上述译介作品，7 成以上是诗歌作品，因此我们可以断言蒙古国读者认识中国现当代文学的开端是从诗歌译介开始的，这与蒙古民族悠久的史诗传统有着密切的联系。

蒙古国出版中国现当代文学作品的开端始于 1951 年，这一年出版了赵树理的长篇小说《李家庄的变迁》（巴·巴图译）和《为和平》（多国诗歌集）。而中国现当代文学作品被集中出版是从 1952 年开始的，为庆祝中华人民共和国成立 3 周年和中蒙经济及文化合作协定签订年，1952 年 10 月 1 日至 1952 年 10 月 10 日，蒙古人民共和国政府在首都乌兰巴托和全蒙 18 个省会举办"蒙中友好旬"活动，中国应邀派出以周立波为团长的中国文艺代表团。此活动对中国现当代文学在蒙译介产生了深远影响，就在"蒙中友好旬"活动期间，蒙古国作家协会积极组织人员翻译出版了《自由中国的诗歌》（诗集）、鲁迅《阿 Q 正传》（单行本），《狂人日记》（单行本），《酒楼上》（单行本），《明天》（单行本）等作品。随后的 10 余年间，蒙古国对中国现当代文学译介的势头有增无减，如：1952 年出版毛泽东的《毛泽东诗选》（呈·达木丁苏荣转写），1953 年出版玛拉沁夫的小说《科尔沁草原上的人们》（巴·巴图译），1954 年出版周立波的长篇小说《狂风骤雨》（巴·巴图译）、方志敏的《可爱的中国》（作品集，古日巴扎尔译），1955 年出版白桦的小说《竹哨》（莫·图门译），1956 年出版鲁迅的《故乡》（巴·巴图译）、高玉宝的自传体小说节选《我要读书》（莫·图门译）、马加的中篇小说《开不败的花朵》（乌·古日斯德译）、马烽的小说《饲养员赵大叔》（勒·达理译），1957 年出版茅盾的长篇小说《子夜》（乌·古日斯德译），1958 年出版郭沫若的作品集《上海的早晨》（乌·古日斯德、德·罗岱丹巴合译），1959 年出版吴运铎的自传体小说《把一切献给党》（阿拉木斯译），1960年出版曲波的长篇小说《林海雪原》（乌·古日斯德译）、巴金的长篇小说《家》（东格尔艾启乐译）等作品。

鲁迅作品作为中国现代文学的经典，自20世纪50年代开始就备受蒙古国学人的关注，但因汉蒙翻译人才稀缺，翻译任务重等实际困难迟迟未出现集中介绍鲁迅作品的出版物，直至1962年鲁迅作品集《长明灯》（德·班迪夫、策·罗布森扎布合译）的出版。该作品集包含了《长明灯》《狗的驳诘》《孤独者》《求乞者》《复仇》《雪》《长城》《1927年4月8日在黄埔军官学校作的讲稿》《本月》《离婚》《伤逝》《兄弟》《立论》《琐记》《战士和苍蝇》等作品。1952—1962年间，蒙古国翻译家不仅着力于翻译鲁迅作品外还译介了中国学者所撰关于鲁迅先生的著作和文章，例如：蒙古国国家出版社于1954、1955年分别出版了武·朝克格日勒翻译的《鲁迅和他少年时候的朋友》（冯雪峰著）和勒·达理翻译的《鲁迅传》（王士菁著），1961年10月蒙古国《文化文学》报刊登了唐弢写的《回忆鲁迅》一文。这些著作的译介对于蒙古国读者深入了解鲁迅及其作品起到了不可忽视的作用。鲁迅先生作为世界文学巨匠深受蒙古国人民的尊崇和爱戴，正因如此蒙古国著名作家布·巴斯图写了《鲁迅》《如此他才活着》等纪念文章编入其散文集《中国的春天》于1957年出版。

比起蒙古国译介中国现当代文学作品的开端，中国译介蒙古国现代文学的时间稍晚了2年，但取得的成绩可圈可点，1953—1964年，《诗刊》、《译文》（《世界文学》）、《内蒙古文艺》（《草原》）、《人民文学》、《剧本》、《人民日报》等陆续刊登了近30篇文学作品，其中包括达·纳楚克道尔吉（1906—1937）的《我的祖国》（丁师灏译），达·僧格（1916—1959）的《鸽子》（马尼扎布译）、《厨师》（陈乃雄译），雅布古呼郎的《在毛泽东同志身旁》（诺敏译）等20首诗歌，马·嘎达姆巴的《肥大的皮袄》（道布译）、达姆丁苏荣的《羊羔和小孩》（纲纪译）、达·纳楚克道尔吉（又称达·那楚克道尔基）的《三座山》（范钧宏改编）等近10篇小说和剧本。与此同时，中国的翻译家们通过作家出版社、生活文化出版社、中国戏剧出版社、人民文学出版社、上海文艺出版社、内蒙古人民出版社等出版单位陆续推出了蒙古国作家个人作品集、单行本或多人作品集20余种。如达姆丁苏隆（又称达姆定苏连、达木丁苏荣等）的《蒙古短篇小说集》（丰子恺等译，

1953、1959 年再版)，《达木丁苏伦诗文集》（张玉元译，1961 年），契·洛道依达姆巴的小说《我们的学校》（诺尔博、陈乃雄译，1955 年），小说节选《活着为人民》（坪父译，1956 年），中篇小说《在阿尔泰山》（色道尔吉译，1956 年），小说《戴帽子的狼》（齐星宝译，1956 年），达·僧格的作品集《深厚的情感》（陈乃雄译，1963 年），小说《阿尤喜》（色道尔吉译，1955，1959 年再版），达·塔尔瓦的小说《达米伦一家》（陈乃雄译，1956 年），策登扎布的《策登扎布诗选》（曹都译，1959 年），达西登德布的小说集《光明之路》（陈乃雄译，1961 年），盖达布的叙事诗《苏赫·巴托尔之歌》（邹绛译，1962 年），纳楚克道尔基著，呈·达木丁苏荣改编的《三座山》（诺敏译本，1955 年；安柯钦夫译本，1959 年），那德米德的小说《少年探险家》（陈乃雄译，1960）等。就像时任蒙古作家协会主席达·僧格在召开第二届蒙古作家协会代表大会的前夕对新华社记者介绍时这一时期蒙古文学作品被介绍到外国的情况时说的那样，“外国翻译出版蒙古文学作品最多的是中国”[①]，这一时期中国对蒙古国现代文学的译介事业取得了从未有过的丰厚成果。

纵观这一时期的中蒙两国现当代文学交流我们可以称之为第一个黄金期。此阶段的文学交流特征有以下几个特点：第一，注重翻译介绍表现社会主义新人新事物的文学作品，讴歌党和国家领导人的文学作品；第二，中蒙两国互派文学家频繁，这些文学家后来写了不少有益于两国人文交流的作品。如蒙古国作家协会出版了诗集《献给伟大中国人民》、巴·巴图出版了散文集《中国的春天》（1957 年）和《有关中国的诗歌集》（1959 年）、达西登德布出版了诗集《新中国》（1957 年）、策·拉木苏荣（1852-1913）出版了游记《在美丽的中国》（1957 年）、哲·普日布出版了《中国游记》（1960 年），而中国的周立波、马加、马烽、秦牧等著名作家也在这一时期也写了关于蒙古国题材的随笔先后发表。第三，中蒙两国现当代文学交流的初期都有从俄文转译的现象，随着两国翻译人才的成长这一现象渐渐消失，中蒙两国现当代文学直接互译渐渐成了主流。

1950—1963 年间之所以出现中蒙两国现当代文学交流史上的第一个黄金期，是因为当时两国同属以苏联为主导的社会主义阵营，在审美标准上有着某种共通性，政治和文化关怀方面具有统一性，这些因素促成了中蒙两国现

① 《人民日报》1957 年 4 月 26 日 5 版。

当代文学交流史上的一段佳话。

二、停滞时期（1964—1979）

1964—1979年期间，在中苏关系恶化等国际环境影响下，中蒙两国现当代文学译介活动进入了停滞期。

此前在蒙古国备受关注的鲁迅作品也寥寥无几，只有几篇作品被译介，如：色·彻旺翻译的《长城》编入《共同的歌声》（诗集）于1973年出版；策·班查日格察翻译的《我们不再受骗了》《好的故事》编入《两州赞歌》（亚非作家作品集）于1979年出版。

相比之下，此时蒙古国的翻译家们把注意力转移到译介老舍作品上。1965年、1973年相继出版了老舍的长篇小说《骆驼祥子》（苏和巴特尔译）和小说集《月牙儿》（策·巴扎尔日格查、亚·拉木扎布合译）。《月牙儿》小说集收录了《黑白李》《马裤先生》《善人》《断魂枪》《牺牲》《月牙儿》《柳家大院》《老字号》等8篇小说。虽然这一时期的中国现当代文学译介活动带有明显的意识形态化倾向，但是仅从老舍作品能够大量介绍到蒙古国的这一结果来看，蒙古国翻译家对中国现当代文学译介所做出的努力还是值得肯定的。而中国的蒙古国现代文学翻译事业由于大量翻译人员被迫停笔和外国文学刊登载体停刊等原因进入了暂时的真空期。

三、恢复发展时期（1980—1999）

20世纪80年代，随着中蒙两国实现邦交正常化，引领双方文化交流全面展开，蒙古国对中国现当代文学的译介活动随即开始恢复。从1983年开始，中国现当代文学作品在蒙古国报刊上有所出现，例如：《星火》杂志（1983年第1期）刊发了韩少功的《月兰》、邵华的《信》等2篇小说。

难能可贵的是，此时的蒙古国翻译家们并没有遗忘鲁迅这一世界级文豪，1985年，扎·阿日图儒先生翻译出版了鲁迅作品选集《祝福》。此选集中囊括了《孔乙己》《一件小事》《故乡》《阿Q正传》《伤逝》《聪明人和傻子和奴才》《立论》等重译作品外，还收录了《药》《祝福》《肥皂》《补天》《理水》《铸剑》《出关》《非攻》《秋夜》《雪》《风筝》《好的故事》《这样的战士》《淡的血痕中》《一觉》等首次翻译的作品。纪念鲁迅先生的作品也随即散见于蒙古国报刊上，例如：1988 年德·宝鲁德巴特尔翻译的《有的人》（臧克家著）刊登于《星火》杂志第 5 期。1996 年，鲁迅先生的又一作品集问世，翻译家策·巴扎尔日格查为避免与阿日图儒先生翻译的《祝福》重名，特意取名为《祝愿》。《祝愿》不仅是蒙古国境内出版的迄今为止囊括鲁迅作品最多的选集，也是翻译质量最高的版本。作为蒙古国本土培养的第二代汉学家、资深翻译家的策·巴扎尔日格查先生 1989 年还编译出版了以艾青的诗《光的赞歌》为命名的中国现当代诗歌集。此诗歌集的规模可称得上前所未有，收录了艾青、田间、胡乔木等 48 位作家的 100 余首诗歌作品，白桦、北岛、冰心、顾城、韩霞、饶介巴桑（藏族）、塔里木（哈萨克族）、黎·穆塔里夫（维吾尔族）等多位作家首次进入蒙古国读者视野。

经过“文化大革命”的波折，从 1978 年起，中国的蒙古国现代文学译介工作又翻开了新的一页。此前在中蒙两国现当代文学交流中做出杰出贡献的著名翻译家陈乃雄先生将自己的蒙古国现代文学译作集结成名为《白月和黑泪》的作品集于 1980 年出版。此作品集收录了 20 世纪 30 年代至 50 年代蒙古国 8 位作家的 16 篇小说，这些作品从不同角度反映了那个历史阶段蒙古人民的生活和为新生活而进行的斗争。这一时期《国外文学》和《草原》在刊登蒙古国现代文学方面，起到了重要的平台作用。《国外文学》1982—1989 年间陆续刊登了史习成、楚勒特木、吴新英、倪申源翻译的作品，如：契·洛道伊丹巴的《不断的脊梁》（1982 年 4 月）、哲·普尔布的《悔恨》（1984 年 3 月）、德·米雅格玛尔的《磨面人》（1986 年 1 月）、思·彰兹拉格奇的《过三关》（1986 年 4 月）、策·达木丁苏伦的《考验》（1988 年 2 月）等 5 篇小说。《草原》杂志在同一时期也发表了赛其亨、明·宝音巴达拉夫、道·斯琴巴雅尔翻译的小说和诗歌，如色·普日布的《幸福的远山》（1985 年 11 月）、达·那木斯赖的《汗山白头翁》（1987 年 1 月）、策·旺色莱的《在故乡的天鹅湖畔》（1987 年 12 月）、策·达木丁苏荣的《白发苍苍的母亲》（1989 年 10 月）、《蒙古人民共和国抒情诗四首》（1992 年 2 月）等文学作品。在相当长一段时期中国和蒙古国的翻译家们在外国文学译介取舍上同很多当时的社会主阵营国家一样采取了“一边倒”策略，即只选取、翻译和出版苏联、人民民主国家和其他国家反应人民现实生活、思想和斗争的现当代优秀文学作品。20 世纪 90 年代开始，随着苏联解体、冷战结束等国际环境的变迁，中国和蒙古国越来越多的翻译家们趋于注重审美标准高、文学性强、人文关怀浓的文学作品。这种变化意味着文学话语在焦虑与反思中，要求突破政治意识形态话语的控制，在外国文学译介、取舍中发挥自己的作用。

四、持续快速发展时期（2000—至今）

进入21世纪以来，中蒙双边关系实现了从量变到质变的飞跃。2003年中蒙建立了“睦邻互信伙伴关系”，2014年又提升到了“全面战略伙伴关系”。这些有益于中蒙两国人文交流的政治氛围，预示着中蒙两国文学交流将进入到第二个黄金期。

21世纪，蒙古国介绍中国现当代文学步入了新的发展阶段，而译著主要集中在2010—2018年间。蒙古国的汉学界以中国现当代文学作为认识中国、了解中国不可或缺的参照，表现了更多的自觉和活力，取得了瞩目的成就。从引进中国现当代文学作品的体裁来看，大大突破了20世纪局限于诗歌、中短篇小说的单一化格局，更注重于长篇小说、散文、戏剧的翻译介绍，呈现出多样化的取向。2010—2018年间，德·宝鲁德巴特尔、奥·呼兰、思·巴图赛恒、策·苏荣扎布等汉学家们翻译出版了姜戎的《狼图腾》（2010年）、朱耀庭的《成吉思汗传》（2010年）、金星的《女侠斗色魔》（2010年）、金庸的《魔女江湖》（2010年）、琼瑶的《雪珂》（2011年）、古华的《芙蓉镇》（2012年）、杨志军的《藏獒》（2013年）、苏童的《妻妾成群》（2014年）、莫言的《酒国》（2014年）、张贤亮的《男人的一半是女人》（2014年）、琼瑶的《碧云天》（2015年）、阎连科的《受活》（2015年）、沈从文《边城》（2015年）、余华的《活着》（2018年）、流潋紫的《后宫甄嬛传》（2018年）等中长篇小说。此外还有其米德策耶、森道哈达、巴·格日勒、格·门德奥尤等汉学家们或翻译或编辑推出了《中国诗歌集》（2011年）、劳马的《荒诞幽默小说》（2012年）、铁凝的《火锅子》（2014年）、柏杨的《丑陋的中国人》（2014年）、劳马的《幽锐小说精选》（2014年）、余华的《十个词汇里的中国》（2015年、2018年再版）、《中国现代诗歌集》（2015年）、《中国经典戏剧》（2015年）、《杨克诗选》（2016年）等散文集、小说集、戏剧集、诗集。

进入21世纪以来，随着中国政府对文化输出工程的高度重视，越来越多的中国本土翻译家们也积极参与到了将中国当代文学向蒙古国输出译介的工作当中，先后在蒙古国发行了里快的长篇小说《美丽的红格尔塔拉河》（2007年）、《鲁迅文学奖获奖作品译丛》（2011 年，小说、散文、诗歌、报告文学集）、《中蒙作品选集》（2014 年）等译著，获得了较好的反响。

随着老一辈资深翻译家们或辞世，或年事已高等诸多原因，中国的蒙古国现代文学翻译家群体出现了短暂的青黄不接的状况，好在中青年翻译家们的快速成长，使译介蒙古国现代文学的事业很快进入了佳境。这一时期在蒙古国现代小说翻译方面照日格图、敖福全的业绩突出。照日格图从 2008 年开始从事蒙古国现代文学的翻译实践，先后在《意林》《文苑》《齐鲁晚报》《椰城》《内蒙古日报副刊》《美文》报刊上发表阿·阿木尔赛罕、贡·阿尤尔札那等 20 余位蒙古国新生代作家的 30 多篇小说译作，2016 年由他和哈森等青年翻译家们主张出版蒙古国文学经典译丛的想法得到了内蒙古人民出版社的支持并从当年开始实施，至今已出版 4 部译作。该蒙古国文学经典译丛书中照日格图独占两部，如《蒙古国文学经典·小说卷》（2016 年）、罗·乌力吉特古斯《城市故事》（2018 年）。《蒙古国文学经典·小说卷》中编选和翻译了代表蒙古国现代小说不同发展阶段的 15 位作家的 26 篇小说，而《城市故事》则囊括了罗·乌力吉特古斯的《小偷》《女人男人》等 12 篇小说。从业界人士对照日格图的蒙古国小说译作给予“代表了国内翻译蒙古国小说的最新水平”[①]“文学翻译的佳境”[②]等字眼的评价可略知其翻译水准的高明和精当。敖福全翻译的《蒙古国当代优秀短篇小说选》（2015 年）收录 18 位知名作家的 39 篇小说，是迄今为止囊括最多篇章的小说集。除此之外在中国出版的蒙古国小说还有德·纳木达格的中篇小说《老狼的呼唤》（王萌、姚克成合译，2012 年）、吉·达喜东德嘎的中篇小说《神奇的乌鸦》（钢巴特尔译，2014 年）等。

蒙古国现代诗歌译介方面哈森、陈岗龙做了大量工作。哈森从 2008 年伊始在《诗刊》《诗探索》《丑石》《世界文学》《草原》等刊物上发表蒙古国作家的诗歌译文近 50 首，先后出版《巴·拉哈巴苏荣诗选》（2008 年）、《蒙古国文学经典·诗歌卷》（2016 年）、《罗·乌力吉特古斯诗选》（2017 年）

① 陈岗龙《蒙古国文学经典·小说卷·序言》，内蒙古人民出版社，2016 年。

② 海日寒《城市故事·序言》，内蒙古人民出版社，2018 年。

等诗集。陈岗龙翻译的《蒙古国诗选》于2019年由作家出版社出版。他与乌日斯嘎拉主编的《经典解读达·那楚克道尔基》（2008年）是国内达·纳楚克道尔基研究领域的代表性成果，具有里程碑式的意义，其中收录了达·纳楚克道尔基11篇作品的手稿及其汉语重译文和最新研究论文。

这一时期零星参与过蒙古国文学翻译活动中的中青年翻译家还有张宝锁、包玉文、海日寒、海风、朵日娜、布仁通拉嘎等多名翻译家，但还未形成一定规模，省去介绍。

小　结

中蒙两国建交70年来，其现当代文学交流随着两国关系的紧密和生疏经历了几度波折，但经过中蒙两国学人的不懈努力，读者越来越广泛地读到彼此国家的现当代优秀文学作品。进入21世纪后两国的文学互译模式正在上演异曲同工之妙，蒙古国的翻译家更加注重畅销市场的文学翻译，而中国的翻译家则重视文学经典和充满新气象的新生代作家的作品。文学不仅能滋养情感、净化灵魂，还能凝聚人心、呼唤正义，还能使不同国家的人们彼此了解、增进友谊，增加国家、民族间的互信和团结。目前中蒙两国良好频繁的文学交流，必然推动两国关系的健康稳定发展和加快两国人民民心相通的步伐。展望未来，我们有理由相信，中蒙两国文学交流前景广阔，前途无量。

（包呼格吉勒图　内蒙古社会科学院副研究员）

· 春秋论坛 ·

论语义的规定性

——就一个典籍翻译流程图的分析

魏建国　朱　源

摘　要：本文从翻译流程图普遍存在的问题入手，根据中国哲学典籍的行文特征，提出了划分古文文本的三个文本单位的分析概念，即单字符、组字符和字符段；进而，以此对《道德经》第三章进行逻辑结构的梳理，包括给出相关图示；在做平行译本比较和概括相关问题的基础上，进一步提出针对中国哲学典籍文本翻译的流程图。最后，再次强调了译文建构应首要顾及跨语言、跨文化的逻辑认知的表达兼容性。

关键词：单字符　组字符　字符段　根词

一、引　论

从1968至1980年，Kade，Nida，Diller & Kornelius和Honig & Kussmaul分别提出了他们的流程图，见王军论文①。1995年，在G. Tory的*Descriptive Translation Studies*这本书中推出了Holmes' Basic "Map" of Translation Studies②。1991年，Roger T. Bell提出了他的流程图。在这个图中，他加入了Pragmatic和Speech Act等工作项③。直至Van Dijk的*Discourse Macro-structure Theory*中提出的The Formal Structure of a Textbase④。本文认为，翻译流程图的

① 王军《翻译中语篇解构和重构的思维模式》第2页，四川大学出版社，2007年。

② 《翻译中语篇解构和重构的思维模式》第8页。

③ 《翻译中语篇解构和重构的思维模式》第17页。

④ 《翻译中语篇解构和重构的思维模式》第35页。

发展，至少从脉络上看，出现了两个问题：第一，Bell 的 Model 中探究了 Human Thinking Process，图中标明涉及 Sense and Perception。本文认为，至少对语篇分析来讲，这造成一种研究方向上的导向，奔向了跨学科，一定程度上，抹去了对文本本身进行分析的语言学科内的诉求。比如，文本分析最关心的是：从译者表达来逆推理解的正确与否，分析出错的原因和改进的可能性。事实上，学界对这方面缺乏扎实的分析论著。第二，在流程图发展倾向于跨学科的同时，又倾向于宏观。宏观谈理论的流行造成了学界从大从泛地讨论问题，这种着眼于篇外因素的探讨与微观的文本实际越走越远。这两种流程图流变的趋势暗示本文作者一个问题：它的设置到底是为了什么？是有助于其他学科的丰富和充实，还是有利于翻译实践的借鉴呢？实际上，对这两者都没起什么作用。

基于以上两个问题的认知，本文再指出历史上流程图设计的本身的问题：其一，步骤之间的实现难度不一样，而且，这样把不同分量的过程节点等量齐观地置于同等重要地位，对翻译实践难以起到指导作用；其二，关键步骤项所蕴含的内容远多于其他步骤项，不应该简单地、笼统地包括于一个步骤项里；其三，流程图的发展只是在过程描述上趋于细化而已，并未能接触到译出工作的实质，即最能指导实践的内容，包括如何做译出处理（How）和为什么这样处理，而不是那样处理（Why）。翻译步骤设置本身应该为 How 和 Why 提供工作方向的指示。这也就是流程图的意义之所在。

那么，流程图的研究要以什么为基础才能真正有利于对源文本的理解？有利于发挥其对实践的指导作用？正如罗兰·巴特所言："Where then are we to look for the structures of narrative? Doubtless, in narratives themselves."① 流程图是翻译行为过程的结构性描述。而到目前为止的翻译流程图都描述并给出工作阶段的形式名称，却未去触及实践的根本的、连贯性的工作实质。

二、典籍翻译流程图：定义、特征和作用

（一）翻译流程图的定义

它是对翻译的工作步骤，按过程次序，做出描述性图示。步骤的分列和

① Barthe R, *Image-Music-Text*, Stephen Heath, London: Fontana Press, 1977, p. 81.

次序体现着基于解义模式上的译出方法论。不仅如此，各工作步骤及其次序都指示出译文质量保证的层级。

典籍翻译流程图的定义：它是基于典籍文本表意特征来为原文的解意和译出表达这两个过程做出描述性图示。

（二）基于典籍文本分析的翻译流程图

1. 典籍文本的特征：定义

就《道德经》的写作特点，本文对中国哲学典籍文本所做的工作定义为：基于核心词的概念性所建构的文本的说理方式。《道德经》的行文旨在对一般的规律性的理念进行说明和解释，其喻指角度的设置、主题句的位置的设置以及推理过程均构成其论说写作特点。

2. 典籍文本的两个特征：与翻译相关

无论中国古文，还是现代汉语，表达均具有“意合”共性，其“意合”特征与英语表达的“形合”相对照，典籍文本的特征显示为以下两点：

其一，字义的历时性和多义性。其历时性是指，同样的一个字，其秦朝前的意思与后来的意思不一样了，有的甚至连褒贬都变了。比如，“小人”这个词，《论语·颜渊》：君子之德风，小人之德草，草上之风必偃。再如，《鬼谷子》中的“不与小人争利”等。“小人”这个词应该是指老百姓，而非现在所指的“品质卑劣者”；“知”是指“耍心机”，如《道德经》第三章中“使夫智者不敢为也”，是贬义的，而非现在褒义的“智慧”；“泰”是贬义的，如《道德经》第二十九章的“圣人去甚，去奢，去泰”，其当“傲慢”解，而非现在指“平安，安定”，是褒义的。字义的历时性变化是最大，也是最明显地诱引误解和争议之处；同时，也是译出质量根本性的问题之一。因此，本文在提出的流程图中把“解字义”等环节单列为三个工作项。

一词一字的多义性是各种语言的共性。本文指出的多义性是强调对“多义项的筛选”，即，通过语境，再通过上下文，这两个规定条件，来落实具体“字”的合乎逻辑的唯一的义项。

其二，语序的逻辑性。很大程度上，对说服力和解释力的认识体现在语序的逻辑上。语序对于衔接起到逻辑关系的标显之效。衔接的各节点是“字符段”内和“字符段”间的连贯所必需。在对字义理解基本没问题的情况下，对“字符段”排布的认识就是对举证角度构成的认识；对句子排布的认识；

是对论证推导结构的整体认识。（用“字符段”概念就是要与乔姆斯基的“语段”概念区分开。）

综上所述，如果说，字义是对文本中关键“点”认识的话，那么，对组字符、字符段、单句和句间的意思及其关系的认识应该就是由“线”到“面”的认识。这种认识是基于文本结构的，而结构设置本身就体现了文意解释的规定性质。这是由写作意图决定的。

三、分 析

（一）基于以上两个特征的典籍文本分析的概念及方法

1. 文本结构分析概念

句内，单字符、组字符和字符段。单字符：是指古文中表单义的字符，即文本中“字符点”的意思。组字符：是指古文句内两个单义字的最小义群组合，比如，主谓、偏正、并列、动宾和补充结构等。字符段：是指古文句内独立的小句意思的字符组合。

单字符、组字符和字符段都属于单句内的各个部分。它们涉及字义解义和字词的组合解义两方面，从而在单句层级落实句读合理性基础上的结构逻辑关系。

句间，是指诸句内容的逻辑性质；句间衔接的逻辑关系；句意的逻辑组合推导出关系结构，即章的逻辑结构表达图示。

2. 义项筛选的唯一标准：逻辑性

本文提出的这套文本分析的概念是基于单句各部分的意思及其关系，强调逻辑链的显化所给出的认知证据。交际的逻辑性应该是跨语言、跨文化进行交流的唯一途径。

对文本逻辑性的支撑是靠文本结构的设置。在典籍中，绝大多数情况下，结构的设置显现于语序，包括句内语义的顺序；句与句的先后次序的排布；段与段的整体布局；等等。还有标点，也属于一种语义关系的显现形式。这些都是逻辑性的显化，也就是文本内在的形式意义的一部分。另一部分是基于结构形式的审美形式，因为，本文认为，形式意义包括逻辑形显和形式审美两方面。本文旨在谈前者。文本分析就是通过行文留下的提示符号，包括，断句之处、标点还有语序等等，抽象出逻辑链。逻辑链就是为表意设置的行文过程的逻辑形式，即作者认知内化转为外化的过程性思路。

从翻译角度看文本分析，应该认识到，本语族读者与异语族读者的认知文本的区别。同语族读者解读文本，心理预设彼此对源文本理解不成问题，便倾向于意会，倾向于宏观，直奔理念的及文本外意义的探讨。而以建构译出表达为目的的文本分析，就要做出具体的分析标记，以具体的符号痕迹为证据，显化出以字义为基础的整体意思结构的生成机制。从而，为译出准备好符号化的、系统的表意图示。这是一切触发译文意义升华认知的基础。

因为，在不共享源语的社会、历史和文化语境的情况下，文本结构的逻辑性是正确认识表意意图的唯一的、可见的和可靠的路径。因此，根据语境，再根据单位文本结构确定其唯一的解释项就相当关键。这两个“根据”就是确定结构对语义规定性在方法论上的显现。

（二）三个概念层级的规定作用例析

以《道德经》第三章的理解和译出表达为例，本文从单字符、组字符和字符段三个层级进行分析。

原文：不上贤，使民不争；不贵难得之货，使民不为盗；不见可欲，使民不乱。是以圣人之治也，虚其心，实其腹，弱其志，强其骨，恒使民无知、无欲也。使夫知不敢、弗为而已，则无不治矣。

1. 单字符：“智”的字义的规定性

从字的多义性上讲，“智”是“知”的后起字。根据《康熙字典》，该字的本义是“识词也”。《孟子》有云：“是非之心，智之端也。”姑且把这个作为第一个义项。第二个义项为：巧诈。《淮南子·览冥》：“道德上通而智故消灭也。”注：智故，巧诈也。第三个义项为：作“知识”解。《荀子》：“所以知之在人者请之知。知有所合谓之智。”第四个义项为：作“有智慧的人”解。《战国策》：“仁不轻绝，智不轻怨。”第五个义项是做动词，“认知”或“知道”解。

首先，本章里的“智”修饰“者”，应该是做形容词，所以，排除第五个义项的可能。其他四个义项，从成分上看，都可以做形容词，也就等于进入了第二轮义项筛选。这四个只有第二项是贬义的，其他均为中性。而这一章的“使夫智者不敢为也”，这个“不敢”表明：本章是抵制“智者”的某些做法的；而且，这种行为不是老子学说所提倡的。再根据“智”的意思在其他文献中的情况：

证据一，如，《韩非子·孤愤》：有智谋有权术。故智术能法之士用，则贵重之臣必在绳之外矣。再如，《韩非子·解老》：诡谲巧诈。诸夫饰智故以至于伤国者，其私家必富。证据二，按“以经解经”的方式，《道德经》第十章有“明白四达”。

《礼记·中庸》：知，仁，勇，天下之达者也。仁，义，礼，是儒家的“三达德”。而在《道德经》第十章中，老子提倡：能无知乎？这说明老子对“智”并不提倡。

从以上章内和引文证据看，“智”应该是贬义。而如果奔贬义去解释，就应该是“耍心机”。反观四个英译本的“智”的译法为：

Those who have knowledge（James Legge）

Those who scheme will not dare to meddle（Derek Lin）

The people free of knowledge and desire（Robert Eno）

Any who have knowledge（Arthur Waley）

译本分析：这三个译例中，只有 Derek Lin 的向贬义，而且，其译法倾向于阐释，此译法应该是正确的。但是，因“meddle”有“干预，管闲事”的意思角度，而此角度偏离了上下文的逻辑所指，再说，本句的“智者所为”到底是什么性质的“为”，虽看似较为泛泛，但语境规定的意指却清晰，即指不利于王权的“为”。既然能“干预”到了王权，就不是“管闲事”或“瞎闹”，所以，这个译出表达在遣词的意指上旁出枝节，使本章的意思结构产生出瑕疵。

其他三个译本都是中性用词处理，造成逻辑指向上不清晰，与下文难以衔接，比如，到底“have knowledge”与否跟“为”有什么关系呢？对关键单字的错误解读造成表达上留出逻辑漏洞，影响了说服力。

由上边句内分析可见，天下大事，必作于细。对单字字义的理解看似细枝末节，却都直接关系到对整体意义的理解，同时，也直接影响译文的表达。从语义规定的框架上讲，开章的三个“使民”说明，这一章论述君王如何治理臣民，因此就规定了语境。而且，这一章又不是论教育的，于是就应排除了对“有没有知识”的表达。这就是语境框架规定了字义解释项的筛选。

对于文本，理解是认知的内化，是第一性的，把源文本抽象且显化出逻辑链；而（译出）表达则是外化的，第二性的，按照译语表达习惯和语法规则，把源语文本逻辑链再现为另一语言体系的文本。而对概念单字的认知属于文本“点”认知的核心。单字符以上，组字符和字符段的意思确定是靠文本结构在逻辑上的规定性。以下就是运用这两个概念进行的分析。

2. 组字符的语义规定性

这一章的写法是互文，所以，要考察组字对应位置的逻辑关系。其中有两组以名词单字符为核心的对字：“虚其心”和“实其腹”与“弱其志”和“强其骨”，“心”与“腹”是物理角度的对立，“志”与“骨”是精神角度的对立。首先，就名词单字符，“心”是欲望之所，正所谓心心念念，而“腹”是温饱之所。这一点比较容易理解。问题是第二对，基于“志”需要“弱化”，所以，可以推断，“志”，至少这一章老子学说里，是个负面的概念。比如，可以解为“野心”。根据《说文》：志：意也。也就是“意愿”或“意之所向”。比如，《礼记·曲礼·上》：志不可满，乐不可极。由此可知，“志”充其量应该是中性意思，不会是褒义。

“志”既然是中性，或偏贬义，其关乎思想，因而，它就属于精神层面的内容，于是，对应这一位置的“骨”，就应该也是精神方面的意指，而且，应该是褒义的。其次，从事理逻辑上推想，再反观以下列举的四版译文比较来看，一国之主提倡子民有骨气，这是普世的正能量，跨文化也足以被理解。

而对照上一对字的关系，国君有义务让子民吃饱，即“实其腹”，而下边的“强其骨”，第一，就子民的骨骼是否够强壮，是每个人的强身之本能。君主有必要使军队变强，而从一国之君的角度，没什么必要去让子民吃饱了之后，还得把骨头练硬了。第三个是就“骨”字的解义所具有的文本证据。其一，杜甫的《送孔巢父发游江东兼呈李白》：自是君身有仙骨，世人那徐知其故。其二，李白的《宣州谢朓楼饯别校书叔云》：蓬莱文章建安骨，中间小谢又清发。其三，唐张彦远的《法书要录》引南朝梁袁昂《古今书评》：蔡邕书骨气滑达，爽爽有神。其四，唐王维《少年行》四首之二：敦知不向边庭苦，纵死犹闻侠骨香。

因此推论，本文认为，这个字应该解为“骨气”。以上就是用互文对应字的义项解析，来辨识符合原意的逻辑推理。语义的规定性不仅要根据字源的义项，同时，还要根据文本结构，这是典籍文本语义规定性的两个规定的区分条件。这里是互文，能够解释清楚义项的对应逻辑关系，也就是这里的两组分别的意涵对比关系。

基于上边的分析，本文列出对“强其骨”的四版译文：

Strengthen their bones. (James Legge)

Toughening their sinews. (Arthur Waley)

Strenhthen their bones. (Robert Eno)

Strenhthen their bones. (Derek Lin)

再就对比关系的性质，看一下其中两版较好的译文情况：

By emptying their hearts (physically) and filling their bellies (phisically).

Weakening their intelligence (mentally) and toughening their sinews (phisically). (Arthur Waley)

无论从整体看，还是只看独立语段的表达意思，均不符合逻辑。比如，此句直译过来就是：把心掏空，再填饱肚子；把智商拉下来，再把骨头练硬。

Emptying their minds (mentally), and fills their bellies (phisically)

Weakens their wills (mentally), and strengthens their bones (phisically). (James Legge)

直译过来就是：放空其头脑，填饱其肚子；弱化其意志，练硬其骨头。

分析：这两版译文中，各语段之间的关系是混乱的。比如，"把心掏空"与"填饱肚子"有什么逻辑关联？为什么"把骨头练硬"要以"拉低智商"为条件？为什么在"弱化意志力"的情况下，才去"练硬了骨头"？等等问题。还有，单从字符段本身的表达看，这四个字符段是四个命题。这四个命题中，第一个和第三个是负面的；第四个的意指不清楚；只有第二个"填饱肚子"还可以理解。尤其是 insult one's intelligence 是一种很令西方人反感的说法，译者的这类误解对于老子学说的对外宣传是很不利的。

基于本章认知问题说明和分析，现就组字符的符号结构演示推出其逻辑结构：

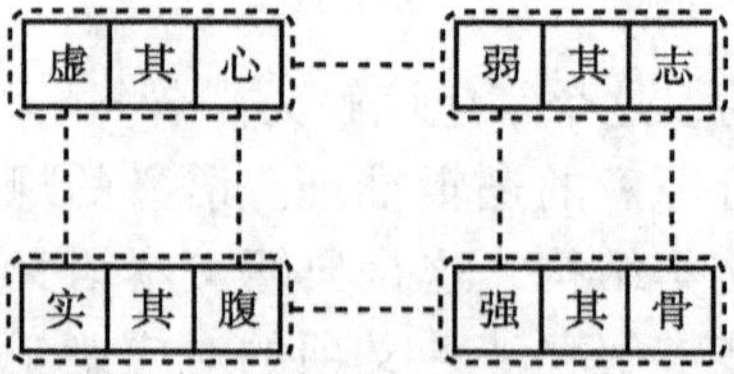

从原文结构上看，应该可以有两种互文对应的可能性：

其一，

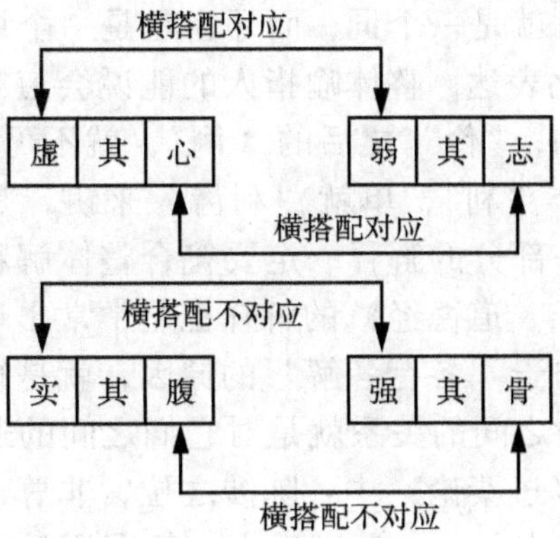

其二，

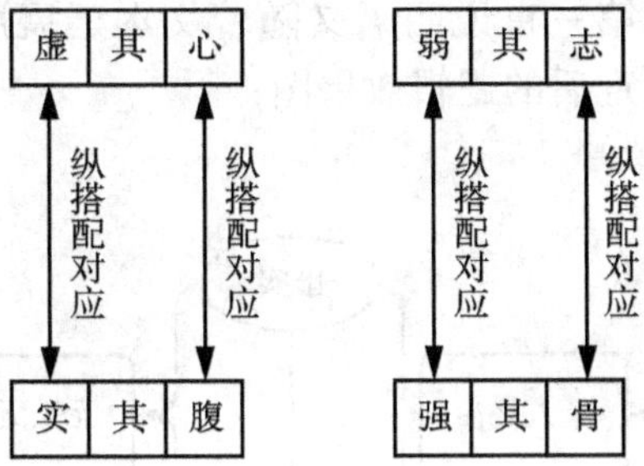

分析：首先，因为，“心”与“志”都属于欲念范畴，而“腹”和“骨”都属于身体的一部分。但是，一般地，“骨”与“肉”是互补关系，而“腹”与“骨”不构成互补关系，所以，这样的逻辑关系应该有漏洞。再因为，“虚”与“实”和“弱”与“强”均为直接相对的反义词；而且，交叉来看，“虚”与“弱”虽是近义词，但“实”与“强”却不是。因此，源语的这组表达应该不做交叉对应来解读。

3. 字符段的语义规定性

字符段是句内表达的最大结构。它的结构的构成方式直接规定了对具体用字的选择。比如，伶牙俐齿这个成语里，“伶”与“俐”是组合型呼应关系。因为，首先，伶俐就是一个词；而牙齿也是一个词。它们通过拆分的错落搭配，组成一个强化表达，整体喻指人的能说会道或能言善辩。在这个组合形式的规定下，比如，“伶”之后的“俐”，就不可能是这个“利”。但有趣的是，如果是用这个“利”，单就“利齿”来讲，是可以讲得通的！这就是本文提出的：其中一部分的解释一定要符合整体解释的认知原则。整体逻辑大于部分逻辑。对于《道德经》的解释也是常常出现此类解读错误。这就是为什么很多人都倾向于“各有各解”的原因，就是缺乏对本文所提这一原则的体悟。认识字符段之间的关系就是对它们之间的逻辑组成合理的规定性做出解释。比如贾谊《过秦论》中：陈涉之位，非尊于……锄櫌棘矜，非铦于……；谪戍之众，非亢……；深谋远虑，行军用兵之道，非及……。这一部分是从地位尊卑、武器质量、兵力强弱和智谋高低这四方面摆明陈涉之弱小。此四个角度均为领兵之要，逻辑上，应该是并列关系，作为平行要件，组合起来意指其弱。这种并列喻指的写法在《道德经》第八章的“七善”就属一例。而本文所举的第三章说明语义随着文本延展所蕴含的层层的规定作用。以下就是其行文规定后的逻辑效果图：

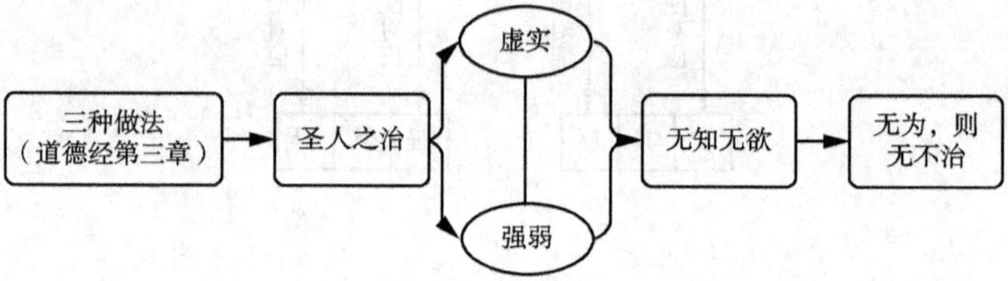

文本延展有横向和纵向之别。上段中的前两个例子是横向关系，即并列，以增加文本意义之“宽度”；而第三章这个图则说明纵向延展是递进关系。就这两种结构，很大程度上，并列是从各角度达成一个喻指；递进则是基于前文向后的逻辑推进，以增加文本意义之“深度”，直到达成喻指。

四、典籍翻译流程图：理念的形式与实质

（一）文本分析的结构主义理念

首先，皮亚杰《结构主义》中认为，“structuralism is a method，not a doctrine”[①] 即结构主义是一种方法论。本文则认为，结构主义是一种认识论。其次，在该书的第六章，他把“Analytic”和“Global”之后均修饰“结构主义”[②]。本文认为，结构主义作为一种总体的认识观念，其分析方法不应该与之并列，而应置于下。进而，基于这种认识论的方法，也不应该再称作“结构主义”，而应在其项下以“子名目”出现。

从结构主义理念中化出对文本分析中认知得以共通的实质内涵。

而如果拿结构主义仅仅当方法使用，皮亚杰得出的结论应该是正确的。他提出“In whatever way the problem as to relation between linguistic and logical structure be solved eventually，it is a fundamental problem for any general theory of structure”[③]。

逻辑结构旨在揭示思维表达的组织合理。而要抓住文本组织的合理性就要靠显化表达的逻辑链，显化其有效推理的机制，从而实现认知结构的合理。设计一个表达系统，与其说是文字描述，不如说是建构一种系统的形式。无论从文本结构，还是认知结构角度看，翻译流程图的设计上，其形式意义应该体现于对认知结构的再现，即对作者和译者的意识路径的再现。这才是流程图设计的本质彰显。

（二）文本分析的结构主义方法论

在《利奇应用语言学自选集》中，Geoffrey Neil Leech 将文本的意义分为七类。其中，最基础的意义，就是 Logical Meaning，即 Conceptual Meaning。以它作为另外六种意义的基础。换句话说，如果不理解文本的这层基础层级的意义，一切认识的正确性都无从谈起[④]。

---

① Piaget，J，*Le Structuralime*，Chaninah Maschler，*Structuralism*，New York：Basic Books，Inc，1970，p. 142.

② *Le Structuralime* ，p. 97.

③ *Le Structuralime*，p. 76.

④ Geoffrey G. Leech，*Selected Works of Goeffrey Leech on Applied Linguistics*，外语教学与研究出版社，2011，pp. 65-80.

进而，Leech 具体解释了 Conceptual Meaning，就是 "Denotative" meaning is widely assumed to be the central factor in linguistic communication，and I think it can be shown to be integral to the essential functioning of language in a way。这里的 "integral" 应该是指 "构建整体意义所必须的"，而 "essential functioning" 则应指 "本质上起作用"。

再者，Leech 已注意到，句法上 "相似结构" 对于解义的提示作用[①]。而且，他又总结出了两个原则：the Principle of Contrast and the Principle of structure。同时，他指出，文本中一系列 distinctive signs 来表示 "binary contrast"，即二元对比。

Leech 提出的第一个原则是与读音或音素对应相关的，而本文旨在讨论文本分析，因此，他的这两个原则只能对本文所提的原则有借鉴意义。因为，"对比关系" 本身就是行文结构的一种体现。首先，结构是一种认识论，是理念层面，与 "对比关系" 不应该构成并列的两个原则；其次，结构的体现则有多种，文本结构，除了 "对立关系"，还有 "并列"、"因果" 和 "互补" 关系等等。还以《道德经》第三章的逻辑结构为例。这也就是本节把结构主义作为认识论，作为一种看待文本分析的理念，而把基于它的方法论单列于其后阐述的原因。

语义种类的组合构成语义结构。语义结构作用于认知，便产生出认知结构。但是，每个解读者的认知结构，包括译者，都难说完整。这就是文本分析的核心意义，即帮助实现尽可能完整的认知结构来尽量全面地映射语义结构。解读源文本就是从中要获得一种认知结构，而译出表达是实现一种行为结构。实现行为结构就是就某些译法组合进行译语表达的尝试，或称为笔头实验。翻译作为学科来说，一切这类实验的表象就是译本。而建构中国哲学典籍的译本，实现其表达真正的合理，靠的正是源文本背后的逻辑链反映于译者头脑中的认知结构。好的译本，并非决定于其译语表达得如何出彩，而在于对于其认知结构在多大程度上映射出逻辑链，反过来说，就是逻辑链对译者认知和表达的指导意义。而这一点就是下边分析的意指之一。

（三）意识结构与图示抽象

结构主义是一种思维框架。其核心就是针对逻辑关系的解析与建构的思想。这一思想贯穿源文本的解读与其译文的建构。翻译理论和实践上，由于

① *Selected Works of Goeffrey Leech on Applied Linguistics*，p. 66.

对直译的认识和应用莫衷一是，传统做法基本是以源文本作为译语表达的形式依据，而对译语的审核基本是基于英语语法规则和习惯表达具体要求这两方面来评估译文质量。但是，跨语言转换中，这样便很可能在译入语读者的认知环节埋下问题。比如，古文的表意逻辑是隐含于内容里的，而其表达的过程，也就是作者所设置的表达过程，并非与英语表达和认知习惯相吻合，比如，古文语序本身表示逻辑关系，而英语则用关系连词等明示关系。由于此，对古文语序蕴含的种种逻辑关系，即便是中国译者也不见得全都搞得清楚。而译文中每每疏漏掉其中若干，译语表达结构就会出现缺陷，从而，不同程度地，破坏译入语读者解读的逻辑连贯，最终，铸成中国文化对外宣传的隐形壁垒。

而秉持结构主义理念，无论是解读，还是译出，都基于文本的符号依据，通过结构里的符号所提供的支撑，使解读与译出均显示出较为清晰的来龙去脉。鉴于此，就《道德经》第三章，本文给出以下两个抽象后的图示，再给出参考译文及其图示，实证本文所主张的文本逆溯其表意结构的可行性。

1. 本章逻辑结构图示：

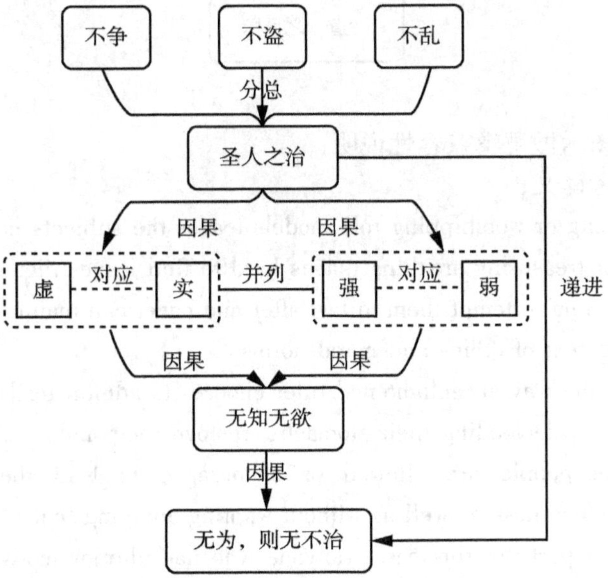

2. 本章概念图示：

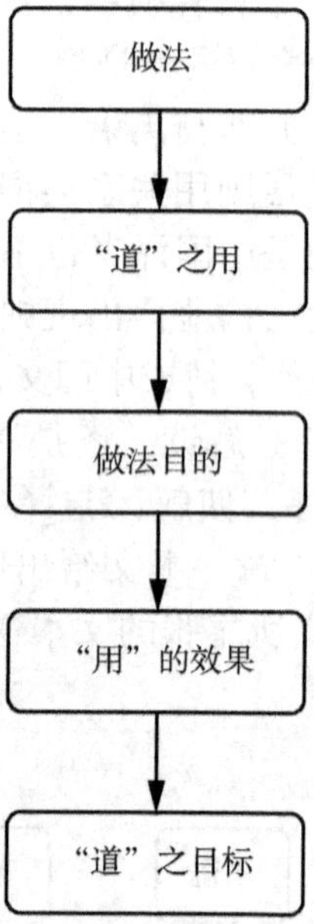

译文及其图示做逻辑兼容性说明：

第三章参考译文：

Never praising or worshipping role models leaves the subjects no target to compete with; never treasuring anything that is hard to find leaves them nothing to rob.

Leaving nothing to tempt them to lust after and covet can maintain the social order under the context of ethics and moral norms.

Therefore, the way an enlightened ruler chooses to administer his subjects is to void their desire while feeding their stomach, remove their ambition while fostering their pride. The people are allowed or encouraged to lead their life without calculation and cleverness as well as without wanting anything that is supposed to be presumed on their part. In this case, anyone who has ulterior motives dares not to try and materialize their conspiracy to overturn the ruler.

Administering a country only for the concerns and interest of the people never fails to promote good governance for stability and prosperity.

（四）本文提出的典籍翻译流程图

3. 线性翻译流程图：

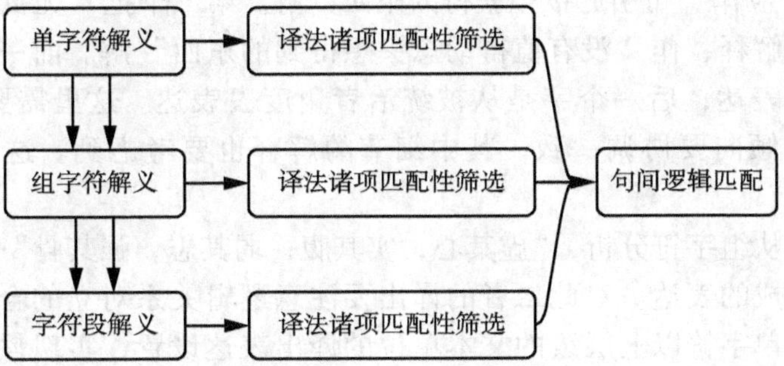

4. 立体翻译流程图：

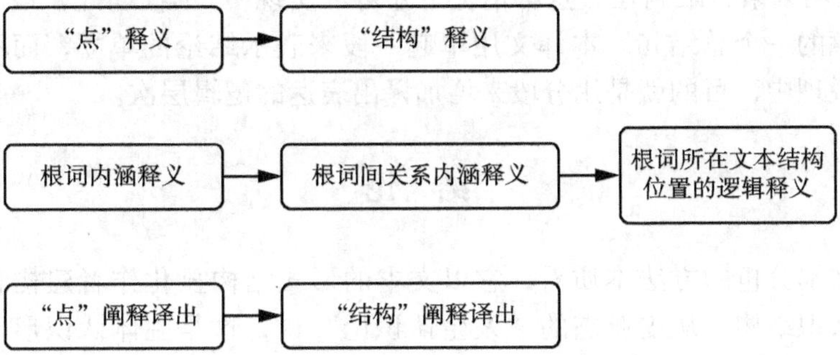

分析：在文本的部分与部分之间，表达内容的跨语言的逻辑兼容是中国哲学典籍翻译的首要原则。这个原则直接关系到译出表意的逻辑的贯通和阐释的说服力。按本文提出的三个文本单位概念做译出表达，表达内容的逻辑兼容（logical compatibility）是译文语义连贯（semantic coherence）的基础。

首先，按着三个文本单位分析，即线性建构分析，语义转换表达过程中，这个原则的实现首先在于意指倾向的一致。比如，第三章的关键单字符“欲”。本章出现了两个“欲”，从源文本中这两个字的词性上看，第一个是名词；第二个不应该把“无”拆分出去，而应该与“欲”形成一个动宾搭配结构。以此与第一章的“无欲”做概念的呼应。从这两个字的意涵上看，第一个“欲”应作“可引起欲望获得的东西”解。第二个把“无欲”当成一个概念，一起解释，作“没有值得动念头想得到的东西”解。前一个字是从统治者角度去表达；后一个字是从被统治者角度去表达。这里需要指出的是，不单意指的倾向要协调一致，其中细节的解释也要考虑到。这是从单字符分析。

再比如从组字符分析，“虚其心，实其腹；弱其志，强其骨”是两对意思褒贬相反相成的表达。对此二者的译出要注意逻辑关系对立的合理性。从字符段分析，单字符以上层级的文本单位的译出表达设置，实现哲学典籍翻译首要原则的做法是：保证前面字符段或其组合一定可以做后面的逻辑支撑。

其次，按语篇结构分析，也就是立体建构分析，按源文本中的“是以”，译文用了“Therefore”，表明因果关系。而“恒使民无知、无欲也”之前并没有任何字符显示逻辑关系，但语义本身已经给出来了。本译文因此用“in this case”表明因果，限制在“这种情况下才可以实现”。不仅如此，最后一句实际是本章的一个总结句。本译文用单起一段来表示结论的单立，而不混合于上面的说理中，目的就是用分段来增加译出表达的逻辑层次。

结　论

从文本分析的方法本质看，它以文本的形式结构显化作者建构它所依靠的自身认识结构。从皮亚杰的“发生认识论”讲，这是主体认识形显于外的一种文字表达表征。建构文本是一种智力适应行文规则的能动性实践。智力的结构，按语言规则，做功能性的被调整，以适应表达允许被认知的条件。

而文本的形式，也就是皮亚杰所说的“格式”，应被看成是认知结构的一种“子结构”。翻译就是把认知结构从一种语言协调到另一种语言形式的基础。因而，本文认为，概念结构，作为一种思路，一种思维方法，是可以达到认知上的跨语族沟通的。比如，即便是不交流，对于相同或相似的概念，不同语族的人都可以不同程度地感知和考虑到，所以，人的本性决定了认知上的意识相通，因此，对于人自身以及外部世界的认知内容是可以相通和交流的。翻译行为要做出跨语言调整的，其实是个体表达的某一“子结构”，也就是其形式的选择，即对认识结构的表征体进行调整。利用语言功能机制使表达合规合理就意味着语言间基于规则转换的认知兼容可能得以实现。

一直以来，很大程度上，翻译学是基于语言运用经验的过程描述。历史上，它在对实践的描述中，就围绕源语和跨语言现象，不断探讨翻译过程，试图从中揭示一些规律性的东西。可惜均停留在描写操作过程的表征。本文通过观察典籍文本的行文特征，尝试进行较为直接和细致的逻辑分析，以澄清含混的翻译经验所导致的表达意指的不确定和不连贯。这个工作的意义至少蕴含了三个翻译理论问题的开始澄清：其一，翻译流程图的意义不在于对译出过程描述的细致与否，它的设置应该，也能够对实践产生指导作用；其二，流程图要依据文本分析理论；其三，作为流程图设置基础的文本分析理论，要基于建构跨语族的认知通性的本质揭示，这一本质就是这种或那种语言表达背后的逻辑性。

本文坚持认为，无论采取何种译法，其实都是从不同角度去揭示文本实质那一不变的内核部分，即语言现象背后的逻辑思维。而本文提出的、形显于翻译流程图的文本分析方法也可以称为“逻辑结构的本质还原”。以此，译出才真正会较为直观且确切地把源文本的思想实质及其脉络，透过各语族共享的逻辑通性这一认知界面，传达到其他语族的历史、文化和社会的语境中。

（魏建国　中国人民大学外国语学院博士；
朱源　中国人民大学外国语学院教授，博士生导师）

当代中西文学史中的明代文学书写之比较

张洪波　魏崇新

摘　要：本文以袁行霈主编的《中国文学史》与孙康宜（Kang-I Sun Chang）、宇文所安（Stephen Owen）主编的《剑桥中国文学史》为研究对象，从文学史观、文学史分期与叙述结构、作家与作品的选择取舍与评价等方面，探讨了两部文学史中关于明代文学书写之异同，指出当今重写中国文学史应突破传统思维，寻求中西之间的互证互补，以开拓中国文学史书写的新境界。

关键词：当代　中西文学史　明代文学比较

袁行霈主编的《中国文学史》与孙康宜（Kang-I Sun Chang，1944—）、宇文所安（Stephen Owen，1946—）主编的《剑桥中国文学史》（*Cambridge Chinese literary history*）是中西方面向21世纪的两部文学史[①]，二者皆立意创新，袁本《中国文学史》守正出新，《剑桥中国文学史》着意求新。两部文学史所追求之新意具体何在？彼此有何区别？对当今国际化视野下中国文学史的书写有何启示？本文拟以点带面，通过两部文学史中明代文学书写[②]之比较，尝试回答上述问题。

一、文学史观：文学本位与文化立场

文学史观是文学史著述的指导思想，决定了文学史撰写的立场、原则与

① 本文依据袁行霈主编的《中国文学史》（第3版，高等教育出版社，2018年，简称“袁本《中国文学史》”）和孙康宜、宇文所安主编、刘倩等所译《剑桥中国文学史》（生活·读书·新知三联书店，2013年，简称“《剑桥中国文学史》”）。

② 袁本《中国文学史》明代文学的主编为黄霖，撰写者为黄霖、郑利华、谢柏梁；《剑桥中国文学史》明代文学的主编是孙康宜，撰写者为孙康宜、吕立亭。

方法，不同的文学史观会带来不同的文学史叙述方式与历史面貌。袁本《中国文学史》的文学史观是文学本位观，认为文学史应该是文学本身发展的历史，“文学创作是文学史的主体，文学理论、文学批评、文学鉴赏是文学史的一翼，文学传媒是文学史的另一翼。所谓文学本位就是强调文学创作这个主体及其两翼”①。这一文学史观反映于明代文学的书写，是以作家作品为核心，以文学思潮发展与文类演变为两翼的叙述格局，在叙述中注重作家的创作，强调作品的内容与美学特征，紧扣作家创作的主体性与文学的本体性，在此基础上叙述明代文学的发展与特点，体现出明代文学书写的“文学本位”观。

《剑桥中国文学史》秉持的是“文学文化史”观，孙康宜称

本书的观点和角度与目前国内学者对文学史写作的主流思考与方法有所不同……首先，它尽量脱离那种将该领域机械地分为文类（genres）的做法，而采取更具整体性的文化史方法：即一种文学文化史（history of literary culture）。”② 并对“文学文化史”的内涵做了说明：

第一，我们很注重接受史。…… 另外，印刷文化（printing culture）的因素也很重要。……还有就是选集的选定（anthology making）也很重要，某个作家为什么在当时被人忽视？原因可能就是选集里没有他。…… 再就是性别问题。到目前为止，好像中国文学史的著作中，女作家基本上被忽略，即使收入也是放在最后一个部分。③

可知《剑桥中国文学史》的“文学文化史”观乃是有意识地摆脱国内文学史以文学为本位的思路与方法，强调作家作品的接受史，印刷文化书籍出版与文学发展之关系，文学选集对作家在文学史上地位的影响，女性作家在文学史上的地位等问题，为中国文学史书写提供了新的维度。

《剑桥中国文学史》的文学文化立场贯穿于其明代文学部分的章节安排与叙述内容之中。如第一章“明代前中期文学”，叙述的重点是明初政治迫害与文人命运、宫廷文化与戏曲以及台阁文学之关系，苏州的地域文化与文学复兴，杨慎与贬谪文学、男性文人对女性作品的编辑等。第二章“晚明文学文化”，首先讨论晚明文学与商业印刷文化之间的关系，之后的叙述逻辑虽然是

① 袁行霈主编《中国文学史》第一卷“总绪论”第5页，高等教育出版社，2018年。

② ［美］孙康宜、［美］宇文所安著，刘倩等译《剑桥中国文学史》“中文版序言”，生活·读书·新知三联书店，2013年。

③ 孙康宜《新的文学史可能吗》，载《清华大学学报》（哲学社会科学版）2005年第4期。

按照诗文、小说、戏曲3种文类展开，但关注点并不在文类的形式与内容，而是作者的身份、社会文化与文类发展之关系。如将诗文归属于精英文类，关注其创作与朝廷政治之关系；认为小说与“士商”阶层的崛起、商业市场之间存在互动关联；注重戏曲表演与刊刻及其所体现的高雅与低俗混合的特征。重视的是明代文学产生的生态环境与文化因素，是文学作品的生成与建构过程，文学作品本身的艺术性与审美性则被有意无意地遮蔽。

关注女性文学是《剑桥中国文学史》明代文学书写的特色之一。孙康宜称：“我跟每一章的作者都交代过：‘答应我，不要把她们放在最后，放在中间或者什么地方，总之是她们应该出现的地方。’……我的意思就是希望能够重构一个比较真实的历史。”① 在西方女性主义文学思潮影响下，孙康宜致力于明清女性文学的发掘、整理与研究，努力将明清女性诗歌经典化，主编《剑桥中国文学史》则给她提供了将女性诗歌经典化付诸文学史实践的机会。《剑桥中国文学史》的明代文学部分尤其关注女作家如黄娥、张红桥、王娇鸾、李玉英、叶小鸾、冯小青、柳如是、陆卿子等。“贬谪文学”部分谈杨慎的创作，近一半篇幅谈论的是杨慎夫人黄娥及其诗歌。“女性形象之重建”探讨的是明代男性作家为编选女性文学作品集所做的努力，“作伪与崇尚真实”讨论的是青楼妓女与闺中才女的创作。性别视角的介入丰富了《剑桥中国文学史》的文学文化理念，填补了袁本《中国文学史》明代文学部分女性创作的缺失。两部文学史在认识明代女性作家的创作价值方面存在歧义，这一现象引发我们思考：如何客观评价明代女性作家的创作成就？女性作家进入文学史的标准是什么？女性作家的创作在重构文学史过程中起到什么作用？值得注意的是袁本《中国文学史》的撰写者皆是男性，而《剑桥中国文学史》的撰写者皆是女性，撰写者的性别身份是否影响到明代文学书写中的性别选择，这是一个颇有意味的问题。袁本《中国文学史》的明代文学书写也注意到文化在文学发展中的作用，明代文学的“绪论”分别从商业经济的繁荣与城市文化形态，王学左派的兴起与文学创作的关系，俗文学的发展，文学群体及文学的论争等方面阐述了明代文学与文化之间的关系，但这些有关文化的论述仅是作为明代文学的背景而叙述，没有融入明代文学整体的叙述之中，而《剑桥中国文学史》中文化则成为文学史叙述的有机组成部分。

① 《新的文学史可能吗》，载《清华大学学报》。

“文学本位”与“文化立场”体现了两部文学史不同的编撰理念，呈现给我们的是观察明代文学的不同视角与叙述方式。值得思考的是文学史书写如何处理文学与文化之间的关系？如何权衡两者在文学史书写中的比重？顾名思义，文学史应该是“文学”的历史，“文学”应该是文学史叙述的中心，“文学”是文学史发展的内因，“文化”是文学产生发展的外因，“文化”与“文学”应是相互呼应、相得益彰。《剑桥中国文学史》以“文学文化史”的立场叙述明代文学，立意在创新，却因过于强调文学的文化性质而在某种程度上遮蔽了明代文学的文学特质与审美性。

二、“史”的呈现：文学史分期与叙述结构

文学史叙述的“史”意识主要通过文学史分期与叙述结构而呈现，文学史分期是考察文学发展与文学史体例的基本视角，文学史的叙述结构是文学史观的框架式呈现，文学史分期与叙述结构的建构是文学史编撰的首要任务。

从中国文学史编撰的历史看，大多数中国文学史是按朝代变更划分时期，明代文学史的历史分期也多以明代的政治朝代为依据而划分，即从明太祖朱元璋洪武元年（1368）到明思宗朱由检崇祯十七年（1644）。袁本《中国文学史》与《剑桥中国文学史》皆尝试突破以政治朝代为标准划分文学史分期的做法，着意按文学自身发展的特点分期，以突出文学发展的历史规律。

为了突出“史”的脉络，袁行霈在《中国文学史》的“总绪论”中将中国文学史划分为三古七段，三古为：上古期为先秦两汉，中古期从魏晋至明中叶，近古期从明中叶至五四运动。按照这种时段划分，明代文学被截分为两部分，明初至正德末年为中古期的最后一个阶段（第五阶段），嘉靖至明末则成为近古期起始阶段（第六阶段）的一部分。三古七段的历史分期法阐述的是宏观文学史思想，实际上因具体操作的困难，这种分期难以完全贯彻，大多时段的分期仍需按政治朝代划分。袁本《中国文学史》采取的是将三古七段的宏观分期与朝代的微观分期相结合的“双视角”，三古七段的分期法是一种观察中国文学发展的宏观视角，按政治朝代分期是权变的具体叙述结构。“双视角”分期拓展了中国文学史书写的视野，但“双视角”之间的吻合度与互补性在具体撰写中仍存在一些难以弥合的问题。

《剑桥中国文学史》在历史分期方面则有意识地打破以朝代为文学史分期

的机械做法，孙康宜称“传统按朝代分期的做法有着根本的缺陷”，“《剑桥中国文学史》尝试了一些不同的分期方法，并以不同的方式追踪不同时期思想所造成的结果与影响”。[①]《剑桥中国文学史》的明代文学分期没有从洪武元年（1368）开始，而是以1375年诗人高启之死的标志性事件作为明代文学的开端。以高启之死作为明代文学的开端，意在说明高启之死是元明之际文学发展的转折点，由元入明的一批文人如杨维桢、刘基、宋濂等已经亡故或在政治压迫下已失去创作生命，年轻的诗人如高启等人被杀害，从而开启了明初统治严酷、思想禁锢、文禁森严、文学不振的时代。这种从政治与文学之间的关系着眼、以文学文化事件为切入点的分期法，突破了按政治朝代划分文学史的旧框架，体现了新思维。这种打破朝代分期的创新在《剑桥中国文学史》中并没有一以贯之地执行，明代文学的下限依然止于李自成入京、崇祯之死的1644年，落入以朝代为划分标准的窠臼。

两部文学史在明代文学发展的具体阶段划分与叙述结构方面也存在差异。袁本《中国文学史》明代文学的“绪论”为了呼应袁行霈在“总绪论”中提出的“三古七段”说，指出明代文学以嘉靖为界分为前后两个时期，但在具体章节安排与论述中则是按照明代前期文学、明代中期文学、晚明文学3个时段叙述，且这种按时间顺序分期的叙述结构主要体现于诗文叙述，小说、戏曲并没有严格按照时间顺序安排。戏曲是贯通有明一代依文体将杂剧、传奇分章叙述，小说除《三国演义》《水浒传》在第一章作为元末明初文学论述外，明中后期的小说则集中于第八、九、十章蝉联叙述。简言之，明代文学的叙述策略是将时段分期、文体文类、经典作家作品三者交叉叙述，突出的是文体文类与文学经典，按时间顺序分期的“史”的叙述线索则呈淡化趋势。《剑桥中国文学史》将明代文学分为两个时期，即明代前中期文学（1375—1572）与晚明文学文化（1573—1644）。明代前中期文学又细分为3个时段：明初至1450年的文学（1450—1520）；永乐朝之后的文学新变（1520—1572）；中晚明之际的文学（1520—1572），按时代先后顺序叙述，显示出清晰的叙述连贯性。这种划分与孙康宜对明代文学史的认识有关，她认为通常的文学史中明代文学的书写常出现两种偏向：一是轻前期而重晚明，二是轻视诗文而重小说戏曲。她有意纠偏，认为诗文是明代文学的主流，故

① 《剑桥中国文学史》下卷“中文版序言”第3页。

而突出明代前中期的诗文，重诗文而轻小说。论永乐朝文学及其之后的文学新变，不仅谈到台阁体，还论述了与永乐皇帝迁都北京相呼应的都邑赋的兴起，新兴的“日记”文体的产生，苏州城市文化的复兴与代表“苏州精神”的文人文学的创作，另有文学复古派的思潮，不同文学流派共存共荣，呈现出“多元化文化”特征。与之相反，袁本《中国文学史》中明代前期文学重点叙述的是《三国演义》《水浒传》两部小说，重小说而轻诗文。

两部文学史对“晚明文学”的叙述也有所不同。袁本《中国文学史》没有为“晚明文学”单独列章、集中阐述，或曰没有一个框架式的晚明文学概念，只有“晚明诗文”一章介绍了李贽、公安派、竟陵派、小品文与明末文坛，代表晚明文学突出成就的小说、戏曲经典则单独列章，凸显了戏曲、小说经典作家作品的重要性。若从“晚明叙事”的角度看，“晚明文学”的整体概念在某种程度上被分解。《剑桥中国文学史》则将“晚明文学文化”作为标题专章讨论，将诗文、戏曲、小说等晚明文类与文化现象聚焦在“晚明”的聚光灯下，对晚明文学文化的特征与面貌作了比较完整的叙述与集中探讨，显示出对作为整体的晚明文学文化的高度关注。文学史分期是否与政治朝代一致，应视文学发展的实际情况而定，亦不可拘泥于一端。明代文学的分期与时段划分，明前期文学与晚明文学的重估与评价，是明代文学研究与明代文学史书写中的重要问题，两部文学史对这些问题的认识存在差异，从不同的方面揭示出明代文学书写的多元化特点，也留下了可以继续讨论的空间。

三、作家与作品：经典化与去经典化

中国本土的文学史写作强调文学本位，重视经典作家作品在文学史上的地位与作用，形成了以经典作家作品为主体的文学史书写传统。台静农认为：“文学史之作，不外乎以历史为经，以作家作品为纬，故文学史的方法应注意研究作家、分析作品。”[①] 袁本《中国文学史》继承了国内文学史编撰的这一传统，强调“文学作品，这才是文学史的核心内容。因为文学创作最终体现为文学作品，没有作品就没有文学，更没有文学史。换句话说，文学史著作

① 台静农《中国文学史方法论》，载台静农《中国文学史》第659页，上海古籍出版社，2012年。

的核心内容就是阐释文学作品的演变历程”[①]。袁本《中国文学史》中明代文学的主体结构框架就是由经典作家作品与文体文类建构起来的，体现的是以经典作家作品为中心的文学史观念。

《剑桥中国文学史》强调的则是“去经典化”。在《剑桥中国文学史》英文版序言中，孙康宜、宇文所安说：“中国学术界的文学史写作通常围绕作家个体展开，其他剑桥文学史作品同样如此。这部文学史不可避免地也会讨论不同时代的伟大作家，但是我们在大多数情况下更关注历史语境和写作方式而非作家个人，除非作家的生平（不管真实与否）已经与其作品的接受融为一体。”[②] 孙康宜说：“相比于一般的文学史，我们还不一定会把经典化（canonization）看得那么重，像 Harold Bloom 那样，他是把个别作家看的特别重要的，所以，他说的那种经典化（cannon formation），其实是把一个文学史变成了一个文学英雄的集锦（collection of literary heroes）。”[③] 可以看出，“去经典化”同时挑战了中国本土的文学史写作传统与哈罗德·布鲁姆（Harold Bloom，1930—2019）所提出的西方正典传统，另辟求新的途径。为了避免文学史成为“文学英雄的集锦”，《剑桥中国文学史》的明代文学部分一方面有意淡化经典作家作品，另一方面努力挖掘非经典作家作品尤其是女性作家作品。从两部文学史明代文学的章节布局与作家作品评论，就可以看出它们对待经典作家作品的不同态度。袁本《中国文学史》的明代文学部分共十二章，《三国演义》《水浒传》汤显祖《西游记》《金瓶梅》“三言”“二拍”等经典作家作品占据了六章，占了明代文学的半壁江山。《剑桥中国文学史》的明代文学共两章，每章之下以小标题的形式分为若干节。第一章“明代前中期文学”没有一个作家、一部作品在标题中出现，三部长篇小说经典《三国演义》《水浒传》《西游记》被整合为一小节，题之为“小说中英雄主义之改造”，叙述简略。第二章“晚明文学文化”共十五个小标题，在标题中出现的作家、作品有李贽、《金瓶梅》、冯梦龙与凌蒙初、《牡丹亭》，所占篇幅不到本章的三分之一，经典作家、作品所占的篇幅与比例大为缩减。

两部文学史对经典作家作品的阐释也各有千秋，论及同一作家、作品，

① 《中国文学史》（第3版）第一卷“总绪论”第5页。

② 《剑桥中国文学史》卷首《英文版序言》。

③ 《新的文学史可能吗》，载《清华大学学报》。

阐发角度与阐释内涵却意趣有别。如谈及晚明文学，二书皆将李贽作为代表人物，但对李贽的思想与文学创作的阐释却有较大的差异。袁本《中国文学史》称李贽是“晚明杰出的思想家，也是一位标新立异而对当时文坛产生很大影响的文学家”①，认为李贽的思想具有极强的叛逆色彩与反抗精神，“强调人的个性与自身价值，否定传统思想权威至高无上的偶像地位。这些重视个性与肯定人欲的言论，激进尖锐，对晚明社会反抗传统价值体系起着启蒙作用”②。通过对《赞刘谐》《自赞》等李贽作品的分析讨论了其创作个性。《剑桥中国文学史》则称李贽“像很多人一样，不过是散文家、纯文学作家而已”③，认为所谓的“反传统”是20世纪批评家为李贽贴上的“时代措置的标签”，“李贽的确乖张之论甚多，但他从未对整个帝国体系、整个传统社会发起攻击”。认为颠覆传统观点是李贽的谋生之道，李贽无论是文学创作、评点还是对前人作品的整理，都是为市场、为自己谋利而作，甚至李贽的作品、观点乃至独特人格都被商品化了。这种观点可以看作是对中国本土学者观点的反驳。

《剑桥中国文学史》的“去经典化”，提出了中国文学史书写中“重估经典”的挑战性问题，其背后蕴含的是如何结合中西文学研究的新理论、新视野、新成果来重新衡量、评价经典作家作品在文学史中的地位，如何借此更新中国本土的文学史书写传统并重建文学史书写体系的问题，值得深思与探讨。从《剑桥中国文学史》的“新异”书写中，我们不难看到诸如文化研究、解构主义、女性主义批评、接受美学等西方现代文学理论的跨文化阐释痕迹，其背后折射出中西文学文化多元观念的持续碰撞与复杂交融，其中得失足资借镜，与本土中国文学史写作之间构成一种意味深长的互识与互补关系，对我国新世纪重写中国文学史大有助益。我们认为文学史书写没有固定的模式，应该呈现多元开放的格局，由于中西方文化、文学观念之不同，中西学者在中国文学史书写方面出现差异亦属情理之中，今后重写中国文学史应该突破传统思维，寻求中西之间的互证互补，以开拓中国文学史书写的新境界。

（张洪波　北京外国语大学中国语言文学学院副教授；
魏崇新　北京外国语大学中国语言文学学院教授）

① 《中国文学史》（第3版）第四卷第175页。

② 《中国文学史》（第3版）第四卷第176页。

③ 《剑桥中国文学史·下卷》第99页。

《汉学东渐丛考》作者论考*

毛振华

摘　要：《汉学东渐丛考》署名作者为梁盛志，后来相关整理和研究者认为其生平不详。其实，梁盛志是梁容若的曾用名，这一曾用名主要于1940—1944年间使用。1936年，梁盛志东渡日本从事相关研究工作，此后发表了大量有关中日关系史、文化交流史、域外汉学研究的著述。其主要贡献体现在善于阐幽发微，着眼于细节探求大意，发表了一系列精辟见解；善于发现新材料，善于使用新材料，融汇各种史料推衍出具有实证性的结论；他还善于运用新方法，善于从地理学、考古学等层面进行深入论证。梁容若在中日关系史、文化交流史研究上取得了一系列具有开创性的学术成果，是域外汉学研究名副其实的奠基人，其相关研究在域外汉学史上具有重要的地位与意义。

关键词：《汉学东渐丛考》　梁盛志　梁容若　学术成就

山西人民出版社2014年出版的《近代名家散佚学术著作丛刊》，“无论是其见解、精神，抑或是其时代烙印，都是后辈学人可资借鉴的宝贵财富”①，对于保存、传承民国学术具有重要意义。丛刊编选了《汉学东渐丛考》一书，收录文章13篇，附录译文3篇，作者署名为梁盛志。作者简介里标明：生平不详。当代学者衷尔钜先生辑注的《陈元赟集》中也无法辨明梁盛志是何许人。作为在日本汉学研究上具有重要影响的著作，作者的基本情况无法探明就会影响对其学术成果的深入了解，因此从知人论世的角度对作者生平、创作语境进行深入探究具有重要意义。

---

* 本文为浙江省高校重大人文社科项目攻关计划青年重点项目“日本《左传》学研究”（2013QN047）的研究成果。

① 许嘉璐主编《近代名家散佚学术著作丛刊》第4页，山西人民出版社，2014年。

一、梁盛志是梁容若先生曾用名

梁盛志何许人也？翻检20世纪40年代流行的杂志如《中和》《再建旬刊》《中国公论》等，梁盛志发表了大量的学术文章、随笔等，其名字屡见不鲜。翻检大量史料可以大致捋清梁盛志的由来，梁盛志是梁容若先生曾用名，因这一曾用名主要在1940—1944年间发表各种论文、杂文等使用，给后来学者辨识其来历带来一定困惑。但若提起梁容若先生，在中日关系史、文化交流史、域外汉学研究等领域则无人不识。梁盛志此间所撰《汉学东渐丛考》（中国留日同学会，1944年）的主要内容经汪向荣先生整理，被收录在署名为“梁容若”的《中日文化交流史论》（商务印书馆，1985年）一书之中。

梁容若（1904—1997），河北行唐县滋南镇人，字子美，原名梁绳祎，又名梁容若，曾用名梁盛志，笔名盛志、滋南、钟山傭、韦真、流人等。自幼熟读四书五经，1913年，入县立第一小学肄业。1918年，入河北正定县中学学习。1922年10月，考入北平高等师范学校国文科学习。1928年6月，自北师大（1923年北高师改为师范大学）国文系毕业。1936年4月，考入日本东京帝国大学大学院。1938年春回国，从事国外汉学史、语言文学等的研究，曾任河北省第六中学教务主任、河北大学教授、河北教育厅编审主任等。1948年，远赴台湾，任台湾师范大学教授、国语日报编辑、东海大学教授等。1974年，到美国定居。1981年，回到大陆工作，任北京师范大学客座教授。1997年，病逝于美国。

以“梁盛志”之名的著述颇丰，其汉学方面的著作主要有《日本汉学研究概观》（载《教育学报》第3期，1939年7月）、《欧人中国研究溯源》（载《新东方杂志》1940年第1卷第2—3期）、《外国汉学研究概观》（载《国学丛刊》第5、6、7册，1941年12月—1942年2月）、《外国汉学研究之检讨》（载《再建旬刊》第1卷第8、9期，1940年4月11、21日）、《瀛海汉学丛录》（载《中国公论》1943年第8卷第9期）、《汉学东渐丛考》（中国留日同学会，1944年）等，其中《汉学东渐丛考》汇编了《唐秘书监晁衡事辑》《空海入唐求法记》《日本最古之汉诗集》《宋末李竹隐海外讲学考》《朱舜水舆日本文化》《陈元赟评传》等13篇经典著述，产生了广泛的学术影响力，受到学界持续关注。

二、以“梁盛志”之名的著述考

20 世纪初，日本汉学研究兴盛一时，成绩斐然，赴日留学生积极向国内推介域外汉学的研究成果，成为沟通中日文化交流的重要桥梁。“经过留学生群体的努力，域外汉学已经引起国内学界的普遍关注，国外汉学成果往往在国内学界得到相当迅速的回应。”①

梁盛志受日本国际文化振兴会的邀请东渡日本从事相关研究工作，以梁盛志为名发表的文章大都是出于沦陷区时期，主要集中在中日文化交流、域外汉学方面的研究。他曾说过：“愿将两国文化交流史的史迹，条分缕析，抉择明白，其业甚伟，难企急就。于是以其中之一部稍加整理，作成《中国文学与日本文学》一书。观其所著短篇论文散见各杂志者，则学者之于是书亦必以先睹为快可知矣。”② 这一时期，他不仅亲自撰写相关学术著作，而且还翻译了青木正儿、加藤繁等名家的著述，把日本学者的中国文学研究及时介绍到中国来。其著述、译作主要集中在 1940—1944 年间。

1940 年：梁盛志著《外国汉学研究之检讨》（载《再建旬刊》第 1 卷第 8、9 期，1940 年 4 月 11 日、4 月 21 日）；青木正儿著，梁盛志译注《中日文学关系论》（中国文学对于日本文学的影响，载北平《东亚联盟》第 1 卷第 1、2 号，1940 年 6 月 10 日、8 月 1 日）；梁盛志著《日本最古之汉诗集》［载《中和》第 1 卷第 7 期，1940 年 7 月 1 日（此文先后被收录在其所著《汉学东渐丛考》《中日文化交流史论》之中）］。

1941 年：加藤繁著，梁盛志译《〈大日本史〉与中国史学》［载北平《教育学报》第 7 期，1941 年 4 月（此文被收录在其所著《汉学东渐丛考》之中）］；梁盛志著《记陈元赟》（载《中和》第 2 卷第 11 期，1941 年 7 月 1 日）；梁盛志著《鲁迅集之国外流行》（载《晨报》1941 年 9 月 14 日）；今井登志喜著，梁盛志译《西洋史学对于日本史学的影响》（载《中国公论》1941 年第 4 卷第 6 期）。

① 李孝迁《“他人入室”：民国史坛对域外汉学的回应》，载《华东师范大学学报》（哲学社会科学版）2012 年第 6 期。

② 奇《中国文化与日文学》，载《中和月刊》1942 年第 8 期第 3 卷。

1942年：青木正儿著，梁绳祎编译《中国文学对于日本文学的影响》（上篇）（载梁盛志编译《中国文学与日本文学》，北平：国立华北编译馆，1942年4月）；梁盛志著《明季两戴笠事迹考》［载北平《师大学刊》第1集，1942年6月（此文先后被收录在其所著《汉学东渐丛考》《中日文化交流史论》之中）］；梁盛志著《理学东渡与李用》（载《国立华北编译馆馆刊》1之1，1942年10月1日）；梁盛志著《评“东洋历史大辞典”》（载《国立华北编译馆馆刊》1之2，1942年11月1日）；梁盛志著《元代日僧邵元在华所撰碑》［载《中和》第3卷第11期，1942年11月（此文先后被收录在其所著《汉学东渐丛考》《中日文化交流史论》之中）］。

1943年：梁盛志著《瀛海汉学丛录》（载《中国公论》1943年第8卷第9期）；梁盛志著《汉学东渐丛考》（中国留日同学会，1944年）；梁盛志著《中国文学与日本文学（下编）》（国立华北编译馆，1943年）；梁盛志著《陈元赟评传》［载《大东亚周刊》第2卷第3、4合刊，1943年9月24日（此文先后被收录在其所著《汉学东渐丛考》《中日文化交流史论》之中）］。

1944年：梁盛志著《汉学东学丛刊》（中国留日同学会，1944年）；梁盛志著《宋末李竹隐海外讲学考》［载《中和》第4卷第3期，1944年3月（此文先后被收录在其所著《汉学东渐丛考》《中日文化交流史论》之中）］。

在此期间，偶有以梁绳祎之名发表《圆仁与其〈入唐求法巡礼记〉》（载《北华月刊》第1卷第6期，1941年10月15日）；《唐代日本客卿晁衡事述》（载《中和》第1卷第1期，1940年1月1日）（此文先后被收录在其所著《汉学东渐丛考》《中日文化交流史论》之中）；《外国汉学研究论》（载《国学丛刊》第3册，1941年7月）；《空海入唐求法记》（载《中和》第1卷第5期，1940年5月1日；载《国学丛刊》第8、9册，1942年5月、7月，此文先后被收录在其所著《汉学东渐丛考》《中日文化交流史论》之中）；《外国汉学研究概观》（《国学丛刊》第5、6、7册，1941年12月，1942年1月、2月）。此外，还有青木正儿著，梁盛祎译《日本古代文学与中国文学之关系》（载《国学丛刊》第4册，1941年10月）。

不得不提的是，在此期间，他以梁盛志之名曾撰写《日本文化与中国文化》一文，并应征日本纪元2600年纪念国际悬赏征文，获得冠军。由此引发后续对他“文化汉奸”的辩论[1]，一时众说纷纭，“无论作者的主观意愿如何，这一行为在客观上的效果可以说是服务了那场侵略战争。如果没有这种觉悟，至少可以说是一种政治上的糊涂”[2]。梁容若先生1981年回国后，具有深沉的爱国情怀，所作《归国行》“我是中华人，我信中华史，生从祖国来，血肉膏桑梓”表达了强烈的爱国心迹。

三、梁容若的学术成就

除了以梁盛志之名发表一系列学术论著外，梁容若先生从20世纪50年代开始还发表了大量域外汉学研究的系列成果，包括“《日报文字的改革运动》(1951年)、《欧美与日本人的汉学研究》(1951年)、《最近日本之汉学界》(1952年)、《中国文化对日本的影响》(1953年)、《东瀛的中国戏曲研究》(1954年)、《中日文化交流的展望》(1954年)、《日文与国文的比较研究》(1955年)等论文。专书则有梁容若的《中国文化东渐研究》、张其昀的《中日文化论集续编》，这些论文和专书，向台湾学界介绍了日本汉文研究的状况，与中日文化交流的整体样貌”[3]。由此可见，梁氏为中日文化交流做出了巨大贡献，是名副其实的域外汉学研究的奠基人。其贡献主要体现在以下几个方面：

一是善于探幽发微。梁容若先生《汉学东渐丛考》“遍搜彼我两邦文献以求唐宋以还两国名贤往来之踪迹，显微阐幽，批郤导窾，疏通证明而纲举目张焉”[4]。该著作收录其论文13篇，如《宋末季竹隐海外讲学考》《五代日僧巡礼五台之遗物》“搜求资料，详人所略，阐微烛隐，可称创获”，《明季两戴笠事迹考》《梁任公著朱舜水年谱补正》“钩稽勘合东西史料文献，以正往哲时贤之失”，《唐秘书监晁衡事辑》《山井鼎与七经孟子考文》“则撮录改编东土学者论著，参以所见而成，颇便国人阅读也”[5]。细勘其相关著述，探幽

① 刘心皇编《文化汉奸得奖案》，台湾：阳明杂志社，1968年；古远清《台湾的“文坛往事辨伪案”与“文化汉奸得奖案”》，载《中国现代文学研究丛刊》1994年。

② 刘岳兵《中日文化交流史研究的回顾与展望——一种粗线条的学术漫谈》，载《日本学》2015年第2期。

③ 徐兴庆《台湾的日本研究之发展及问题点》，载《亚太研究论坛》2004年第26期。

④ 梁盛志《汉学东渐丛考》第2页，山西人民出版社，2014年。

⑤ 李孝迁编校《中国现代史学评论》第346页，上海古籍出版社，2016年。

发微随处可见，如《评〈续修四库全书提要〉》一文，不仅能考究其来源、编辑经过，而且还能具体罗列其错误粗疏之处。《续修四库全书提要》在抽换篇章、删削字句、讹误脱漏以及改易文字等方面有诸多疏漏之处，“至于搜集的书不择足本、善本，脱落版本年代刊地，文不对题，语不得体的地方，屡见不鲜”①，但是民国时期囿于各种客观因素，几无学者对《续修四库全书提要》的权威性提出疑义，梁氏对《续修四库全书提要》的批评既着眼于史料又有自己的理论见解，确是一篇比较独具见解的论文，对之后的相关研究具有重要的指导意义。又如梁氏对佛教东传日本亦有精辟见解，他认为：“佛教虽然是发源于印度的宗教，但是东传到日本的，实在是完全中国化以后的宗教，经典语录用汉文，偈赞诗文读华音，附丽于佛寺的建筑、工艺、绘画、音乐、医药等，也都是中国化的产物，所以也可以说是中国文化的一部分。”② 诚然，日本佛教是中国化的佛教。《扶桑纪略》卷三及《元亨释书》卷一七均记载曰：“第二十七代继体天皇即位十六年（522）壬寅，大唐汉人（梁）案部村主司马达止，此年春二月入朝，即给草堂于大和国高市郡坂田原安置本尊，皈依礼拜，举世皆云，是大唐神之。”这是佛教传入日本的最早记载。从史料上，日本僧人没有通过梵语接触佛经的，并没有“直餐梵响”，而是凭借“译梵为秦”的汉译佛典。此后，随着大量中国高僧东渡日本弘扬佛法和日本学者来华学习，中国化的佛教文化源源不断地输入到日本。

二是善于发现新材料。梁容若先生“一篇之成，淹历岁年，一事之异，访之万里，期于镕裁群言，昭为信史”③，同时也深刻认识到国人在材料运用上的不足，他认为：“自昔侧重经世，而忽视杂书。以治史言，喜究朝章国故，而忽视民间生活。至于四夷会同，海外贸易，宗教变迁，奇技淫巧，则鄙不足道焉。”④ 如《唐秘书监晁衡事辑》一文，因晁衡生长扶桑，负笈中华，中日关于晁衡的相关史料往往相互抵牾，不可究诘。梁氏综合大量中日史料，特别是系统梳理了与储光曦、赵骅、王维等人的交游诗书，从而真实完整地辨析了新旧唐书与日本古籍中关于晁衡资料记载的相互矛盾。又如《空海入唐求法记》一文，是作者参阅大量可靠史料如守山圣真《弘法大师

① 梁容若《中日文化交流史论》第383—384页，商务印书馆，1985年。

② 《中日文化交流史论》第11页。

③ 《汉学东渐丛考》第6页。

④ 梁盛志《外国汉学研究之检讨》，载《再建旬刊》1940年第1卷第9期。

传》、《咸宁县志》和相关研究成果如冈田正之《日本汉文学史》、木宫泰彦《中日交通史》等基础上而成的，从而系统总结了空海入唐经历以及在传播佛教、中国文化等方面所做出的巨大贡献。他还系统评价了空海的学术地位，“空海为日本平安朝初期文化之恩人，唐日文化之沟通者，开高野山，兴真言宗。其《十住心论》十卷，为真言宗之教相判释，品骘诸教，区别显宗，始与日本当时各种思想以整然体系。其《文镜秘府》六卷，系抄撮唐人诗格诗式之精华，此等原作多已沦亡，空海之书遂成为中国文学批评史上要籍，影响于日本和汉文学作风者亦巨……”① 梁氏对重视运用新材料的做法高度赞赏，如其《黄遵宪传》对黄遵宪《日本国志》的搜求资料之广博精细进行高度评价，他认为：

这书对于日本理解深刻、取材正确，《学术志》《礼俗志》等篇，源源本本，择精语详，到现在还值得一读。清末研究日本成为风气。王先谦有《日本源流考》，傅云龙有《游历日本图经》，都是皇皇巨著。王书是抄撮故籍，可以说是无用长物。傅书也拖沓曼衍，缺乏别识心裁，和黄书比起来，真是上下床之别。②

《日本国志》以见闻之切、搜罗之广、才力之富而著称，耗时八年完成，作者穷尽式搜罗各方资料，并对相关资料进行仔细甄别，在去伪存真、去粗取精的基础上阐发议论，史论结合，融志体、史表、史评于一体，时至今日仍是研究日本历史最有价值的著作，“于明治日本作了无偏见和无先入感的考察与评述”，其“上自神代，下及近世，其间时世沿革，政体殊异……网罗无异……字字征实，具有重要的史料价值”③。寿普暄《汉学东渐丛考·序》说：

治中日交通史者，东土不乏名家，自木宫泰彦、辻善之助（1877—1955）等之书出，其事迹之彰彰在人耳目者，固已燦然秩然，国人译读其书，夙所推重，独惜无搜求吾国文献以相印证，裨补疏失，为学术上

① 《中日文化交流史论》第148页。

② 梁容若《黄遵宪传》，见梁容若《文学二十家传》第350页，中华书局，1991年。

③ ［日］高田文美子《黄遵宪·介说》，转引自盛邦和《关于黄遵宪日本国志》，载《华东师范大学学报》（哲学社会科学版）1983年第6期。

之诤友者。梁君此书虽寥寥十余篇，然如李竹隐、戴笠、延长经筒等，皆东土学者从未引用之文献，阐微烛幽，其为创获无论矣。①

三是注重域外汉学研究方法的探究。梁盛志深刻认识到国人治学方法的鄙陋之处，他认为：

国人治学多冥往孤索，耻言求助于人，硕学畸士，欲以其著述期知己于后世，而不愿以干当代公卿，忍资料之缺乏，受社会之冷遇，而不以为异。即或求助友生，多为研究方法范围之相近者，奖借之益，多于切磋，精神之交，过于物质。②

梁氏深刻认识到国人研究汉学的"冥往孤索，耻言求助于人""忍资料之缺乏""奖借之益，多于切磋"等弊病，这种特立独行、闭门造车的治学风尚不利于学术研究的深入推进。因此，他大声疾呼："以学问为天下公器，识个人能力之分际，虚心坦怀，为合理之分工合作。求国际之协助，集海内之英俊，分门别目，共争上流。"③

梁氏具有比较开通的治学方法和学术视野。如《日本汉学研究概观》一文注重从日本汉学史的学术视野探究日本汉学发展历程，他把日本汉学追溯到1600年前，按时间先后论述汉学东渐、隋唐交通与大宝令之学制、奈良汉学、平安朝汉学、镰仓汉学、江户汉学、明治汉学和现代汉学，而且还系统梳理了欧美人研究中国学术的基本状况，相关研究条理清晰，史料丰富，结论让人信服。又如对陈元赟的评价因其事迹向来散见诸书，"无人为之贯串，晦而不彰者多矣"④，梁氏据史实对陈元赟的成就进行了比较公允的评价，他在《陈元赟评传》中说：

日本有所谓柔道者，取柔以克刚之义，以锻炼身体，修养精神为目的，以虚静调息为术，能不战而扑敌，思想根源实出于道家。相传元赟

① 《汉学东渐丛考》第3页。

② 梁盛志《外国汉学研究之检讨》，载《再建旬刊》1940年第1卷第9期。

③ 梁盛志《外国汉学研究之检讨》，载《再建旬刊》1940年第1卷第9期。

④ 《汉学东渐丛考》第2页。

实传其技，然柔之为术，元赟东渡前日本似已有之。宽永中，关口柔心已以“柔术”名于国内。元赟之功，为改进完成柔道。元赟寓江户国正寺时，浪人福野七郎右卫门、矶贝次郎左卫门、三浦与次右卫门，三人寓同寺，元赟授以大明捕人之武术，三人苦心研究，遂通蕴奥，遍传各地，屡有改进，渐与日本固有之柔术混合，迄今重于体育界。①

梁氏根据史料首先承认陈元赟赴日前后，以关口柔心（1598—1670）为代表的“关口派”拳法已经闻名于世，但还未形成完备的柔道，陈元赟的贡献在于改进之功，“梁容若这一说法，既不抹杀日本固有之拳术，又肯定了陈元赟在创建和发展日本柔道中的贡献和历史地位”②。对于一些历史学家所提出的“隋唐以前，是日本通过朝鲜半岛，间接接受中国文化的时期；隋唐以后，是日本直接吸收中国文化的时期；明治以后，是中日文化交流的历史时期。”③ 梁氏根据《纪伊风土记》《论衡》《山海经》等史料，并从地理学“左旋回流” 和考古学“青铜文化”等的角度进行系统分析，并指出：“日本民族在隋唐以前已经大量混有汉民族。日本海因有左旋回流的影响，由三韩以渡日极易。”④

综上所述，梁容若先生积极投身于汉学研究，在外人著述之汉译、国外资料之复归、研究方法之开拓上都取得了重要标志性成果。李孝迁先生认为：“若从学科发展史的角度讲，郑寿麒开其端绪，梁绳袆（梁容若）则较早通盘研究汉学史者，而莫东寅是第一个全面翔实撰写海外汉学史专著者。”⑤ 梁氏是域外汉学研究名副其实的奠基人，特别是在中日关系史、文化交流史研究上更具有重要的地位与意义，“在中日关系史这一学科作为历史科学的分支而起步时，本书（《中日文化交流史论》）的出版将作为其标志而载入史册”⑥。

（毛振华　浙江外国语学院教务处处长，中文系教授，
博士，日本东京大学客员研究员）

① 《中日文化交流史论》第 242 页。

② 中国实学研究会主编《实学与当代思潮》第 248 页，首都师范大学出版社，2002 年。

③ 《中日文化交流史论》第 6 页。

④ 《中日文化交流史论》第 6 页。

⑤ 李孝迁《域外汉学与中国现代史学》第 379 页，上海古籍出版社，2014 年。

⑥ 《中日文化交流史论》第 423 页。

北京寺庙的楹联翻译

——以法源寺为例*

王秋生　郭　瑞

摘　要：为弥补国内目前关于北京寺庙的楹联翻译专门研究的不足，该文运用英语双行体的格式或方法尝试翻译了法源寺中的主要楹联，包括韦驮殿、大雄宝殿、悯忠阁、毗卢殿、观音殿、客堂、祇园、禅堂、五观堂等九座殿宇的楹联。论文主张在翻译时要做到上下联的音节数一致，结尾词要押韵，并且保持句子结构的一致，或尽量一致。经过翻译实践和分析研究，笔者认为该方法是一个翻译楹联的可行方法，可以推广应用到其他寺庙楹联乃至所有楹联或对联的翻译中。

关键词：法源寺　楹联翻译　英语双行体　音节数　押韵　句子结构

楹联（俗称对联）是中国传统文化中的瑰宝，尤其是寺庙里的楹联，王导认为这些楹联既对仗工整，文字优美，往往还能通过对联的内容了解寺院历史和佛教知识，大部分对联还具有高远的意境和思想，足以增长智慧①。所以将这些楹联译为英文，有助于帮助外国游客了解博大精深的中国文化，有益于中华优秀传统文化的对外传播。

朱琦在其文章中指出了对联翻译的必要性，即对联是中华民族特有的、源远流长的一种文学形式，也是我国文化遗产的一部分。在中西文化多元碰撞的今天，对联的译介显然是非常必要的②。然而我国译界对楹联或对联进行系统的

---

* 本文为北京市社会科学基金一般项目“北京地区主要佛教寺庙公示语翻译研究”（项目编号18YYB008）的阶段性研究成果。

① 王导《你也可以在菩提树下吃杯茶》第30页，南方日报出版社，2003年。

② 朱琦《对联翻译的必要性与方法探究》，载《和田师范专科学校学报》2008年第4期。

翻译或研究的著作寥寥。20 世纪 60 年代末，香港翻译协会会长、翻译家赖恬昌（T. C. Lai）先生成为最早尝试翻译对联的人，他将自己翻译的 200 余副对联结集成册，出版了《中国对联》（*Chinese Couplets*，1969）一书。黄中习先生 2005 年出版的《中华对联研究与英译初探》是目前唯一带有研究性质的对联翻译著作。在学术论文方面，从 CNKI 的检索数据来看，以“对联”为关键词检索到论文 27 篇，但是其中 12 篇是专门研究《红楼梦》中的对联翻译的；以“楹联”为关键词检索到论文 12 篇。因此关于对联或楹联的翻译论文总计只有不足 40 篇，其中含硕士学位论文 4 篇。由此可见，我国的对联或楹联翻译研究还处在起步阶段，尚有很大的研究空间。从涉及的旅游景点来看，研究对象包括扬州景点、徽州古民居、江南私家园林（以无锡蠡园与寄畅园、苏州拙政园为例）、杭州西湖、南岳名胜、昆明大观楼等，但是均集中在南方景点，北方的景点只涉及山东烟台的景点，没有北京的景点，更没有关于北京寺庙的楹联翻译的专门研究，实乃遗憾。除了旅游景点的楹联翻译，还有一些研究是关于文学作品中的对联翻译的，包括《红楼梦》和《京华烟云》中的对联，尤其是关于《红楼梦》中对联的翻译，占相关研究总数的 30.8%，接近三分之一，说明了学者对文学作品中的对联翻译研究的相对集中性。从翻译方法而言，黄中习，纪俊超、杨红，刘春芳等都充分肯定了用英语双行体（English couplet）翻译中国对联这一做法的可行性。黄中习认为，把中华对联英译为韵诗（尤其英语英雄双行体诗）在理论和实践上都是可行的。用英语英雄双行体诗对应中华对联，能实现比较高的形式等值。英译中华对联的首选形式是英语英雄双行体诗，一个短联翻译成一个对句就可以，中长联可以用两个或多个对句。他还认为把中华对联诠释成英语英雄双行体诗可谓是文学翻译“优势竞赛论”的又一佐证①。纪俊超、杨红认为，双行体符合我国对联的一些固有特征，如双行体格律一致，脚韵互押，能充分体现出这两行诗的内在联系，双行体诗既可表达严肃的主题，又可传达轻松的内容，或说教，或戏谑，恰好能用来表达中国的对联中蕴含的丰富内容②。刘春芳认为双行体可长可短，运用灵活，适合长度不等的对联的形式③。笔者完全

① 黄中习《中华对联：研究与英译初探》第 180 页，时代文艺出版社，2005 年。

② 纪俊超、杨红《以威密尔翻译目的论（Skopos Theory）谈中国传统楹联翻译》，载论文集《语言·翻译·翻译教学》，2008 年，第 41 页。

③ 刘春芳《对联翻译的方法与策略》，载《盐城师范学院学报》（人文社会科学版）2008 年第 2 期。

同意使用英语双行体来译中华对联，但是不宜拘泥于英雄双行体，因为英雄双行体的构成是抑扬格五音步，也就是只有十个音节，而中华对联有五字联、六字联、七字联、八字联、九字联和多字联等多种形式，据考证，最长的对联为钟云舫所做的《拟题江津县临江城楼联》，上下联各806字，总计1612字。虽然黄习中认为长联可以译成两个或多个对句，但是很难说就恰好凑成十个音节的倍数，所以笔者认为这种译法受到较强的约束和限制，不够灵活，因此用英语双行体即可，随着汉语的字数增加，英语的音节数自动增加，但英语的音节数不等于汉语的字数，因此只要上下联的音节数一致即可，关键是上下联要押韵，这是英语双行体最基本的要求。

本文的研究对象为法源寺。法源寺是汉族地区佛教中国重点寺院、全国重点文物保护单位，是北京最古老的寺庙，始建于唐太宗贞观十九年（645），历时51年方建成，最初命名为悯忠寺，清雍正重修时更名为法源寺并沿用至今。法源寺是中国佛学院和中国佛教图书文物馆所在地，在佛教界有着重要的地位。陈明认为，法源寺楹联碑刻都是楹联书法艺术精品，也是研究历史、楹联、书法、佛教文化的宝贵资料①。鉴于此，以法源寺为例或起点来研究北京寺庙的楹联翻译是最合适不过的了。

笔者将按照楹联所悬挂的大殿或佛堂在寺庙中的布局位置，由近及远地来逐一进行翻译研究。

一、韦驮殿楹联

韦驮佛是佛教中释迦牟尼的护法之一，是南方增长天王的八大将军之一，也是四天王下三十二将军之首。在中国传统佛教寺庙中，韦驮佛通常被供奉在最靠近山门的天王殿内，和弥勒佛背对背，也就是背对着山门，面朝着大雄宝殿。韦驮佛的职责是护持佛法，为众生服务，保护寺院和修行者的安全。韦驮佛的雕像是以古代将军的样子呈现的，他手持宝杵，威风凛凛。因此，韦驮殿外的楹联也是和韦驮佛的特点密切相关的：“护法安僧亲受灵山嘱咐；降魔伏怨故现天将威风。”此联的断句应为：护法安僧，亲受灵山嘱咐；降魔

① 陈明《法海真源，联林绝珍 —— 北京法源寺楹联碑刻》，载《中华楹联报》2015年8月28日第3版。

伏怨，故现天将威风。上联中的灵山应为灵鹫山（Rajagaha，另译王舍城），佛教史上最重要的中印度王国摩揭陀国的首都，据说释迦牟尼29岁以后的时间是在摩揭陀国度过的。上联说的是韦驮佛的职责，下联前半句继续谈他的职责，后半句则是刻画其肖像。此联大致的意思是：受灵鹫山释迦牟尼佛的嘱托，保护佛法和众僧；降服妖魔鬼怪，显示出天宫神将的威风凛凛。

试译：

Instructed by Sakyamuni at Rajagaha, to safeguard Buddhist dharma, monks and the temple,

To conquer demons and evil spirits, and demonstrate the power and prestige of a heavenly general.

译文分析：

上下联均有24个音节，音节数一致，temple［ˈtempl］和 general［ˈdʒenrəl］押韵，是［l］构成的谐辅韵，因此从形式上完全符合英语双行体的要求。当然，为了韵脚的形成，笔者采用了加译的翻译方法，增加了the temple，因为原文只有“僧”，并未提及“寺”，但因为在前面的介绍部分提及了韦驮佛的职责是“保护寺院和修行者的安全”，因此加译是与实际情况吻合的。两句结构也基本一致，都是以不定式为核心结构，其作用为表目的。

二、大雄宝殿楹联

在中国传统佛教寺庙中，大雄宝殿是整座寺院的核心建筑，是众僧朝暮集中修持的地方，因此被视为正殿，也被称为大殿。大雄宝殿中供奉着释迦牟尼的佛像，因为释迦牟尼圆觉智慧，能雄镇大千世界，因此被尊称为“大雄”。大雄宝殿外悬挂的楹联是：“法海涵空普滋万类深见灵缘浩淼；源头玉宇统摄三千且瞻佛日辉煌。”此联的断句应为：法海涵空，普滋万类，深见灵缘浩淼；源头玉宇，统摄三千，且瞻佛日辉煌。

翻译寺庙楹联，对佛教术语不能一知半解，只有在理解了这些佛教术语的基础上，才能充分理解对联的含义，从而正确地将其译为其他语言。此联中出现了两个佛教术语，解释如下：“法海”指佛法广大，深远辽阔如大海；“佛日”是对佛的敬称，意指佛能破除众生的痴暗，如太阳能破除黑暗一样。关于“灵缘”一词，在各大佛学词典中都查不到该词，说明它不是一个佛教术语，在网上查询只查到两个相关检索结果，一个是辽宁省的一家名为“灵缘禅寺”的寺庙，另一个是广东深圳一家名为“泰佛灵缘”的经营泰国佛牌的公司，灵缘禅寺的官网言“建立象征净土的寺院，是作为未来成就佛国净土的一个因缘”，因此，灵缘的基本意思应该就是因缘、缘分。笔者觉得这一含义在楹联的语境中不是最佳意思，遂考虑是否有别字的可能性。而江西省九江市云居山真如禅寺大雄宝殿的楹联“性海涵空普滋万类一切圣凡出没其中深见灵源浩淼；觉皇御宇统摄三千百亿河山流峙厥内且瞻佛日辉煌”更加坚定了笔者的猜测，因为该联用的是“灵源”，而“灵源”则是佛教术语，指一切之根源，意指绝对平等之佛心、佛性、真如等。而乾隆皇帝为法源寺题的“法海真源”四字牌匾使笔者进一步认为楹联中的“灵缘”可能应为“灵源”。该联为时任中国佛教协会会长一诚法师书写，而他是于2003年荣膺法源寺的方丈的，所以虽然楹联悬挂具体时间不详，但肯定是在2003年以后。而之前悬挂的是乾隆题写的“慧雨旲云，清净契无为之旨；金乘珠藏，通明开不二之门”①。此联大致的意思是：佛法广大深远如大海，滋润着天下万物，其真谛影响着芸芸众生；佛法源自宇宙，统领着千千万万的佛家弟子，他们都带着景仰的目光瞻仰释迦牟尼佛。

试译：

The profound Buddhist dharma nourishes all living things, and thus people can all feel the enormous influence of absolute reality.

It comes from the universe and exercises control over numerous people, and everyone looks up to the glory of Sakyamuni.

译文分析：

上下联均有34个音节，音节数一致，reality［riˈæləti］和Sakyamuni［ˈsɑːkjəmuni］押尾韵，是典型的阴韵，因此从形式上完全符合英语双行体的要求。两句的结构也一致，均为and连接的并列句，且句子结构均为主谓宾结构。

三、悯忠阁楹联

唐贞观十九年（645），唐太宗李世民亲征高句丽（位于今中国东北地区

① 郭华荣、王乃积《中国佛教楹联精选》第62页，北京燕山出版社，1997年。

南部和朝鲜半岛北部地区的一个政权），兵败回朝途经幽州（今北京），下令建寺以告慰阵亡将士，并赐名“悯忠寺”，也就是现在的法源寺。虽然清雍正时重修寺庙并改为今名，但是悯忠阁的存在还是能够帮助我们回忆那段历史。悯忠阁外悬挂的楹联为：“悯公难忆神州昔日总尘劫；忠臣常颂华夏今朝尽和谐。”此联的断句应为：悯公难忆，神州昔日总尘劫；忠臣常颂，华夏今朝尽和谐。从“华夏今朝尽和谐”一句来看，此联疑为今人所做。其中也有一个佛教术语，即“尘劫”，佛教中称一世为一劫，无量无边劫为尘劫，后亦泛指尘世的劫难。此联大致的意思是：回忆起那些阵亡的将士，唐太宗李世民黯然神伤，昔日的中华民族是一个多灾多难的民族；我们应该常常歌颂那些忠烈之士，如今的中华大地处处充满了和谐。

试译：

It is mournful for the pitying emperor to recall, and China in the past was a state inflicted by calamity,

It is respectful to sing praise of the loyal generals and soldiers, and China at present is a country full of harmony.

译文分析：

上下联均有 31 个音节，音节数一致，calamity［kəˈlæməti］和 harmony［ˈhɑːməni］押尾韵，是典型的阴韵，因此从形式上完全符合英语双行体的要求。上下联的前半句结构一致，都是形式主语 It+be 动词+不定式做实际主语的主系表结构，后半句也基本对仗，句子结构均为主系表结构，或确切来说是主语+介词短语做定语+be 动词+名词做表语+形容词短语做定语。此外，in the past 和 at present 形成鲜明的对仗。

四、毗卢殿楹联

毗卢殿（又称净业堂）内供奉着毗卢佛，是“毗卢遮那佛”的略称，是释迦牟尼的法身佛。毗卢殿外悬挂的楹联是：“常清常净性海无波帆正满；不去不来心头有愿月已圆。”此联的断句应为：常清常净，性海无波帆正满；不去不来，心头有愿月已圆。此联中亦有佛教术语，如“清净”指远离因恶行所致之过失烦恼，“性海”指真如之理性深广如海，和前面提到的“法海”意思相近。此联大致的意思是：有远大抱负的人无须澎湃激昂，保持恬静淡然的心态反而能使人一帆风顺；人不应过分计较得失，有些事情不必刻意求之，只要心怀愿望就算是圆满了。

试译：

To be constantly peaceful and tranquil, like a ship in full sail on the smooth sea.

Not to be bothered by gain and loss, to accomplishment' aspiration is the key.

译文分析：

上下联均有 20 个音节，音节数一致，sea［siː］和 key［kiː］押尾韵，是典型的阳韵，但为了韵脚的形成，第二句做了倒装处理，正常语序应为 aspiration is the key to accomplishment，因此从形式上完全符合英语双行体的要求。上下联前半部分的结构也基本一致，均为不定式做状语，只不过一个是肯定，一个是否定。

五、观音殿楹联

观音殿（原称大悲殿）内供奉着观音菩萨。殿外悬挂的楹联是：“华雨静飘空色外；心珠常印摩尼中。”据记载是乾隆皇帝撰文手书。短短十几个字，里面却含有多个佛教术语。“华雨”，本意为华丽的雨水，暗喻“法华的雨露”，当代佛学泰斗释印顺，将自己一生的著述汇编成《华雨集》，就是指所证悟的佛法如同漫天华雨。“空色”，无形为空，有形叫色，《般若波罗蜜多心经》中说：“色即是空，空即是色”。“摩尼”，梵语 mani 的音译，意为作珠、宝珠、珠玉，传说中摩尼有消除灾难、疾病，及澄清浊水、改变水色之德。此联大致的意思是：华丽的雨静静地漂浮在可见与不可见的空色之外，内心里的宝珠常常印象挈入那摩尼珠之中（或佛心、佛性当如摩尼珠般珍藏）。

试译：

Magnificent rain falls over the visible and invisible things silently,

The pearl-like spirit always stays within the precious mani jewelry.

译文分析：

上下联均有 18 个音节，音节数一致，silently［ˈsaɪləntli］和 jewelry［ˈdʒuːəlri］押尾韵，是典型的阴韵，因此从形式上完全符合英语双行体的要求。上下联的句子结构也一致，均为主+谓+状结构，且主语均为定语+名词结构，状语均为介词+名词短语结构。

六、客堂楹联

客堂位于大雄宝殿左侧，是寺庙日常工作的管理中心，其功能集内务、外交于一体，对内负责僧众的考勤和纪律、各殿堂的管理等事务，对外负责联络，以及宾客、居士、云游僧等的接待事务。客堂外悬挂的楹联为："客尘易伏家贼难防各自谨守，堂前扫净宾主相见去送来迎。"此联的断句应为：客尘易伏，家贼难防，各自谨守；堂前扫净，宾主相见，去送来迎。其中的"客尘"为佛教术语，指尘世的种种烦恼。此联大致的意思是：尘世的烦恼容易克制，内部的坏人不容易防范，大家都各自小心谨慎为妙；把正厅打扫干净，主人和客人相见，来者迎之，去者送之。

试译：

It is easy to restrain the worldly annoyance but tough to forestall a thief from within, hence we should do things discreetly;

It is right to clean the house to receive the guests and the host will warmly welcome the visitors and see them out courteously.

译文分析：

上下联均有 31 个音节，音节数一致，discreetly [di'skriːtli] 和 courteously [ˈkəː tiəsli] 押尾韵，是阴韵，只不过 ly 的词尾押韵稍有些生硬，因此从形式上基本符合英语双行体的要求。上下联的核心句子结构都是形式主语 It+be 动词+不定式做实际主语的主系表结构，只不过上联后半部分是结果状语从句，而下联后半部分是并列句，这是可以再进一步完善的地方。此外，因为音节数一致的要求，下联做了省译处理，即把"堂前扫净"省去未译，但也不影响原意表达，因为 warmly welcome（热情欢迎）涵盖意思较广，可以视为包含了迎客前打扫卫生。

七、祇园楹联

祇园位于大雄宝殿右侧，是"祇树给孤独园"（梵文 Jetavana-Vihāra 的意译）的简称，原为印度著名的佛教圣地。祇园在法源寺的功能也相当于客堂，但可能是接待更高级别客人的地方。祇园外悬挂的对联是："接十方法炬选佛场中每结莲台之座；迎三界菩根散花室里常流福慧之泉。"此联的断句应为：接十方法炬，选佛场中每结莲台之座；迎三界菩根，散花室里常流福慧之泉。此联中有诸多的佛教术语。"十方"为四方、四维、上下之总称，具体指东、西、南、北、东南、西南、东北、西北、上、下等方位。"法炬"比喻佛法能像火炬一样普照万物。"选佛场"指开堂、设戒、度僧之地，亦泛指佛寺。"莲台"指佛、菩萨所坐之莲华宝座，又称莲华台、华台、莲华座、华座。"三界"有多重解读，如指众生所居之欲界、色界、无色界；指断界、离界、灭界等三种无为解脱之对治道；指色界、无色界、尽界；指法界、心界、众生界；宇宙分为上、中、下三界。"散花"又作散华，指散花供佛仪式。在仪式进行中，一边咏诵经文，一边绕佛行走，一边散花，置樒花和纸制之莲瓣于华笼中。"福慧"指福德与智慧。此联大致的意思是：迎接来自四面八方的像火炬一样普照万物的佛法，将其置于佛堂中的莲花宝座上；迎接来自宇宙上、中、下三界的菩提子，将其撒于佛像周围盛花的器皿中，佛堂中充满了福德与智慧。

试译：

To greet the torch-like dharma from all corners of the world, and put it in the place of Buddhist services on the lotus seat,

To welcome the bodhi seeds from the three divisions of the universe, and scatter them in the rituals to honor the Buddha great.

译文分析：

上下联均有 31 个音节，音节数一致，seat［siːt］和 great［greit］押尾韵，但不足之处是采用的不完全韵，因此从形式上基本符合英语双行体的要求。上下联的句子结构也一致，均由两个表目的不定式结构构成，且不定式结构的内部结构也很相似，譬如第一个不定式结构均由 to+动词+宾语+from 引导的介词短语做状语构成，第二个不定式结构均由动词+宾语+in 引导的介词短语做状语构成。下联的后半部分做了意译处理，因为直译需要处理的信息太多，而撒花仪式的目的是为了敬佛，因此意译保留了源文本最根本、最核心的意思。

八、禅堂楹联

禅堂位于悯忠阁左侧，指僧人坐禅之道场。禅堂外悬挂的楹联是："禅展宗风法门不二；堂开觉路妙谛宜参。”此联的断句应为：禅展宗风，法门不二；堂开觉路，妙谛宜参。该对联中也有多个佛教术语，“宗风”指各宗系特有的风仪、风貌、风格；“法门”指修行入道的门径，“法门不二”或“不二法门”则指独一无二的方法、路径；“觉路”指正觉的道路，亦即菩提之道。此联大致的意思是：不同风格的禅宗是修行入道独一无二的方法；禅堂里有正觉的道路，禅宗里有奇妙的真理可以领悟。

试译：

The Chan sect is the only proper course for believers to take,

There is truth in the Buddhist meditation hall that is never fake.

译文分析：

上下联均有16个音节，音节数一致，take［teik］和fake［feik］押尾韵，是典型的阳韵，因此从形式上完全符合英语双行体的要求。上下联的句子结构也基本一致，均为主系表结构，然而后半部分的结构则有不同，虽然都是定语结尾，但上联是以不定式的复合结构结尾，下联则以定语从句结尾，这是可以再进一步完善的地方。

九、五观堂楹联

五观堂位于悯忠阁右侧，即斋堂，也就是众僧用餐的地方。五观堂外悬挂的楹联是：“粥去饭来莫把光阴遮面目；钟鸣板响常将生死挂心头”。此联的断句应为：粥去饭来，莫把光阴遮面目；钟鸣板响，常将生死挂心头。此联大致的意思是：每天吃饭喝粥，不要让自己虚度光阴；每天敲钟和敲木鱼，心中要常想着生死的事情。为助于理解，这里需要补充说明一下，对于佛教徒来说，既然生死无法避免，那么功德圆满地死去（即涅槃）应该成为人生的最高追求。

试译：

Having porridge and rice daily, do not waste your precious time hard to find,

Beating the bell and the wooden fish, always keep life and death in your mind.

译文分析：

上下联均有18个音节，音节数一致，find［faind］和mind［maind］押尾韵，是典型的阳韵，因此从形式上完全符合英语双行体的要求。上下联的句子结构也一致，现在分词做伴随状语+祈使句构成，只不过一个是否定祈使句，另一个是肯定祈使句。

综上所述，该文运用英语双行体的格式或方法尝试翻译了法源寺中的主要楹联，在翻译时做到了上下联的音节数一致，押尾韵，并且句子结构尽量一致，经过翻译实践和分析研究，笔者认为该方法是一个翻译楹联的可行方法，可以推广应用到其他寺庙楹联乃至所有楹联或对联的翻译中。欢迎楹联翻译爱好者和专家参与共同探讨，一起推动中华楹联的外译工作取得更大的进展。

（王秋生　北京语言大学科研处副教授；
郭瑞　北京城市学院国际语言文化学部副教授）

从汉学博物学角度看近代西方人对四川的研究

——以《皇家亚洲文会北华支会会刊》四川主题文章为中心*

李 真 王 蓝

摘 要：从19世纪下半叶开始，伴随着帝国主义在中国的势力扩张，沿长江深入中国西南腹地的西方人不断增多，他们考察当地生态环境，了解社会民生，搜集有政治、商业和科学价值的地域信息，撰写了一批反映四川历史地理文化独特性的文章，发表在当时重要的汉学期刊《皇家亚洲文会北华支会会刊（1858—1948）》上。这批以“四川”为主题的研究文章涉及了当时华西地区的地理、历史、宗教、民族、民俗等颇具地域特色的问题，展现了从晚清到民初英国传教士、外交官、商人等在四川进行的一系列科学考察的成果。这批文章保留了不少珍贵的原始观测数据和一手资料，是近代西方人对四川进行汉学博物学研究的一个先声，推动了他们对中国西南地区的认识，也为四川地方史志的研究提供了来自西文文献的有益补充。

关键词：《皇家亚洲文化北华支会会刊》 四川研究 汉学博物学 近代西方人

进入19世纪中叶，特别是第二次鸦片战争后，外国人沿长江深入中国内陆，踏上了四川这块之于他们依然神秘的土壤，从交通相对便利的成都平原

* 本文为国家社科基金重大项目“中国文化域外传播百年史（1807—1949）”的阶段性成果，项目号（17ZDA195）。

到藏羌少数民族聚居的深山密林都留下了他们的足迹。1910年后，英国人更是在西南地区逐步开始组织有一定规模、影响力更大的考察活动。

1922年3月，华西协合大学成立了华西边疆研究学会（West China Border Research Society），其宗旨为研究华西①民族的风俗习惯及其自然环境。学会刊物《华西边疆研究学会杂志》用英文出版，从1922到1946年共出版16卷20册，涉及人类学、历史学、民俗学、社会学、宗教学、地理学、生物学等，成为当时研究西南地区上述学科的权威刊物。

在华西边疆研究学会的筹建过程中，得到了皇家亚洲文会北华支会的支持和引导②；11位创始人中有4位都是皇家亚洲文会会员。该会1857年成立于上海，作为远东地区最早的汉学机构，在近代中西文化交流史上有着重要的地位。文会发行的会刊从1858年到1948年连续发行了91年，成为近代中国境内发行时间最长的西文期刊③。华西边疆研究学会通过支持考察、提供装备贷款，举行报告会，发表论文，发行期刊等方式开展工作，这与亚洲文会的组织形式完全一致。可以说该会“实际上是华西基督教旗帜下的一个‘非中国人’的国际汉学组织”④。目前学界对以传教士为主体的外国人在川活动的研究，主要集中在本地传教史、华西教案研究以及在川出版发行的几本教务杂志，对《华西教会新闻》《教务杂志》及《华西边疆研究学会杂志》给予较多关注。王毅的《皇家亚洲文会北中国支会研究》立足《会刊》对华调查研究的一个动态分析与论述，偏重整体研究；其中提及几篇有关四川的研究文章，如《四川丧葬习俗》《羌族的宗教信仰》《松潘行纪》等，但着墨不多。

笔者注意到在以英国人为代表的这批在川活动西方人士展开区域科考研究的草创期，特别是在华西边疆研究学会创办之前，在《皇家亚洲学会北华支会会刊》（简称《会刊》）密集发表了一批有关四川主题的相关文章。这些文章在时间上大多早于《华西边疆研究学会杂志》，开拓了近代华西科考研

---

① 广义的华西，包括四川、云南、贵州、西藏、甘肃等中国西南地区。狭义的华西，指长江中上游地区，主要为四川和重庆。

② 周蜀蓉《基督教与华西边疆研究中的本土化进程——以华西边疆研究学会为例》，载《四川大学学报》（哲学社会科学版）2012年第4期。

③ 此数据来源于《全国西文期刊联合目录》（1959年）。

④ 《基督教与华西边疆研究中的本土化进程——以华西边疆研究学会为例》，载《四川大学学报》（哲学社会科学版）。

究，真实地反映了外国人在川汉学研究的阶段性变化；以及后来活跃在四川的作者群体从传教士向专业汉学研究者的学术转型。学界对这批文章关注有限，本文将集中探讨其主要内容、特点及学术价值。

一、《会刊》所载“四川”主题论文概况

下面是《会刊》所刊载的四川主题的论文列表，表 1 按发表时间先后顺序排列，表 2 按作者归类整理。

表 1　《会刊》刊载的四川主题论文①（按发表时间排序）

序号	题名	作者 外文名（中文名）	发表年份	卷数页码
1	Notions of Lok'Ping Cheung, late Govenor of Sze Chuen（《前四川总督骆秉章》）	Charles Finney Preston（丕思业②）	1868 （1868 年 11 月 13 日演讲）	4-345-355
2	Itinerary of a Journey Through the Provinces of Hoo-pih, Sze-chuen, and Shen-se（《湖北、四川和陕西三省旅行记》）	Alexander Wylie（伟烈亚力③）	1868 （1869 年 5 月 5 日演讲）	4-431-536
3	Notes on Szechuen and the Yangtse Valley（《四川及长江峡谷小记》）	Archibald John Little（立德④）	1883 （1883 年 12 月 3 日演讲）	11-209-226

① 表格中所收录文章的英文题名后为参考中译名，特此说明。

② 美国长老会传教士，1854 年来华，主要在广州传教，1877 年客死广州。其在广州出版的马太福音是《圣经》最早的广州土白汉字译本。

③ 英国传教士，汉学家。1847 年来华，为伦敦会工作。1861 年担任大英圣公书会驻华代理人，曾任《教务杂志》编辑，上海亚洲文会发起人之一，1877 年返英。学识渊博，著作等身，著有《满蒙语文典》《中国文献记略》等。

④ 英国人，1859 年来华经商。1860 年曾赴苏州访问李秀成，后搭乘第一艘赴重庆的外轮抵渝。在川边及云南一带活动，1907 年返英。著有《通过长江三峡：在华西经商何旅行》《峨眉山及峨眉山那边——藏边旅行记》等书。

续表

序号	题名	作者 外文名（中文名）	发表年份	卷数 页码
4	Trade Routes to Western China （《华西商路》）	Sir Alexander Hosie （谢立山①）	1884 （1884 年 3 月 28 日演讲）	11-361-373
5	The Salt Administration of Ssǔch'uan （《四川盐务管理》）	Arthur Edler von Rosthorn（罗士恒，又译纳色恩②）	1892（1882）③	16-11-42
6	Irrigation of the Ch'eng Tu Plain （《成都平原的灌溉系统》）	Joshua Vale （斐焕章④）	1899—1900（1900 年 10 月 5 日演讲）	19-118-132
7	Irrigation of the Chen-tu Plain and beyond （《再论成都平原的灌溉系统》）	同上	1905 （1904 年 12 月 15 日演讲）	20-44-58
8	Journey to Sungp'an （《松潘行纪》）	W. C. Haines Watson（花荪⑤）	1905	20-59-110
9	Burial Customs in Sz-chuen （《四川的丧葬习俗》）	Thomas Torrance （陶然士⑥）	1910 （1908—1909 演讲）	21-507-547

① 英国外交官。1881 年担任驻重庆领事，1902 年担任驻成都首任理事，1909 年担任驻天津总领事。多次在华西地区旅行，搜集很多商业和博物学资料。著有《华西三年》《满洲》《四川的物产、实业和资源》等书。

② 奥匈帝国外交官，跟随英国汉学家学习中文，来华后进入中国海关，1895 年从海关辞职，担任奥匈帝国驻华公使参赞，代理馆务，后任公使。回国后任维也纳大学汉文教授。罗士恒是他的中文名，见《近代中国史料丛刊三编 153 清季中外使领年表》。

③ 该文写作时间为 1882 年。

④ 内地会传教士，生卒年不详，在四川传教，曾撰有《华西圣教公会出版物》一书。

⑤ 英国商人，旅行家。

⑥ 英国内地会传教士，1896 年入华，主要在四川传教。1910 年受美国圣公会派遣再次入华，主持圣公会在成都的工作。在华期间发表论文 40 多篇，对四川的羌族研究有开创性的贡献。

续表

序号	题名	作者 外文名（中文名）	发表年份	卷数页码
10	Omei San: The Sacred Mountain of West China （《华西圣山峨眉山》）	E. T. Shields （希尔兹①）	1913 （1913 年 1 月 9 日演讲）	23-140-149
11	Notes on the Flora of W. Ssŭch'uan Mountains （《川西山区植物笔记》）	Francis Kingdon Ward（华金栋②）	1916	24-69-78
12	The Country and Some Customs of the Szechwan Mantze （《四川蛮子地区及其习俗》	James Huston Edgar （叶长青③）	1917 （1917 年 1 月 18 日演讲）	24-274-290
13	Stone Implements on the Upper Yangtze and Min River （《长江上游及岷江流域发现的石器》）	同上	1917	24-321-325
14	The Shuh Country （《蜀地（一）》）	James Huston （哈司顿④）	1922	27-71-94
15	Notes on Names of Non-Chinese Tribes in Western Szechcwan （《川西少数民族的称谓》）	James Huston Edgar （叶长青）	1922	27-95-103

① 英国医生，任职于华西协合大学。

② 英国著名博物学家、植物学家，曾多次在四川、西藏等地探险考察，著有《西藏的神秘河流》《从中国到坎底》等书。

③ 内地会传教士，1898 年来华，1922 年后常驻康定。华西边疆研究学会荣誉会长，《字林西报》驻康定记者。发表了 200 多篇有关四川藏区的相关文章，在人类学、地理学、考古学、宗教学等方面有一定建树。

④ 内地会传教士。

续表

序号	题名	作者 外文名（中文名）	发表年份	卷数 页码
16	The Shuh Country （《蜀地（二）》）	James Huston （哈司顿）	1923	27-381-410
17	The Religion of the Ch'iang （《羌族的宗教信仰》）	Thomas Torrance （陶然士）	1923 （1923 年 1 月 18 日演讲）	27-520-537
18	The Origin and History of the Irrigation Work of the Chengtu Plain （《成都平原水利工程的起源和历史》）	同上	1924	28-80-85
19	The History of Shuh A Free Translation of the Shuh Chï （《蜀志》）	同上	1924	28-86-97
20	The Tibetan and His Environment: an Interpretation （《藏民及其生存环境》）	James Huston Edgar （叶长清）	1926（1926 年 6 月演讲）	29-54-75

表 2　《会刊》刊载的四川主题论文（按作者归类）

作者	身份	文章标题	类别
丕思业	长老会传教士	《前四川总督骆秉章》	历史
伟烈亚力	伦敦会传教士	《湖北、四川和陕西三省旅行记》	地理和游记
立德	商人，探险家	《四川及长江峡谷小记》	地理和游记
谢立山	外交官	《华西商路》	商业贸易、地理和游记
罗士恒	外交官	《四川盐务管理》	历史、社会经济

续表

作者	身份	文章标题	类别
斐焕章	内地会传教士	《成都平原的灌溉系统》	历史、工程
		《再论成都平原的灌溉系统》	历史、工程
花荪	商人	《松潘行纪》	地理和游记、商业贸易
华金栋	博物学家	《川西山区植物笔记》	植物
希尔兹	医生、教师	《华西圣山峨眉山》	地理和游记、民俗
哈司顿	内地会传教士	《蜀地（一）》	历史
		《蜀地（二）》	民俗
叶长青	内地会传教士	《四川蛮子地区及其习俗》	民俗、民族
		《长江上游及岷江流域发现的石器》	考古
		《川西少数民族的称谓》	民族
		《藏民及其生存环境》	民族
陶然士	内地会传教士	《四川的丧葬习俗》	民俗
		《成都平原水利工程的起源和历史》	历史、工程
		《蜀志》	历史
		《羌族的宗教信仰》	民族、宗教

首先，以时间顺序划分阶段的话，这批发表在《会刊》上以四川为主题的20篇文章时间跨度主要从1868到1926年，涉及12位撰稿者。如以1910年为界，之前有8篇文章，之后有12篇文章。1910年前有关四川研究的作者群体比较多元，以商人、探险家、外交官、新教传教士为主。撰文者多为短期来川游历，时间有限，内容偏重于游记和博物学考察及沿途的商路报告。8篇文章中有4篇由传教士汉学家撰写。在1910年之后，在四川定居的外国人逐步取代了游历者，对四川调查研究开始告别早期走马观花的游记状态，更加专业和深入；从前期新教传教士的零星论文到其后几乎被隶属于华西边疆研究学会的学者所“垄断”。第二阶段来自传教士汉学家的投稿占据了很大比例，12篇文章中有10篇来自内地会传教士，其中又以陶然士与叶长青为主，

每人分别贡献有4篇之多。他们两位就是活跃在华西地区的传教士学者群体的代表，经历了从内地会传教士到华西边疆研究学会会员身份的转换，从他们身上能看到一个早期汉学家的成长经历。同时一个有趣的现象是，在1922年华西边疆学会成立之后，刊登在《会刊》上有关四川研究的文章开始慢慢减少，到1926年继而绝迹。一方面因为身处四川的作者群体已经有了自己学会的杂志《华西边疆研究学会杂志》，转而在这一平台上发表研究成果；另一方面也是由于中国国内的形势发生变化，原本文会的两大任务：介绍中国和服务对华政策两大目标基本已不复存在，汉学研究转向了更为专业的学科研究角度。

其次，作者群体大多具有多重身份，如立德是一个商人、实业家和探险家，同时也是文会会员和英国皇家地理学会会员，他和妻子游历了长江中上游地区并撰写了多篇报告。叶长青、陶然士二人既是内地会传教士，又是文会会员、皇家地理学会成员，发表了很多西南地区的研究成果。可见当时在川从事科学调查活动的外国人大多同时拥有多个英国在华组织的学术背景，渐渐形成了固定的华西地区科学研究团体，在研究四川的历史、地理、少数民族、考古等方面有所贡献。他们通过大量的田野调查展开科考，基于科学考察基础撰写报告，在同时代发行的《皇家亚洲文会北华支会会刊》《华西边疆研究杂志》《教务杂志》《华西教会新闻》等各类汉学或传教刊物上发表论文，逐渐成长为当时名副其实的“四川通”。有传教士身份的作者在全部12位撰稿者中占一半有6位，发表的文章却多达14篇，占总篇数的70%。传教士汉学家在西方早期的四川研究方面取得了很大的成绩，在一定程度上推动了华西地区的科学考察和学术研究。

再次，通过对上述文章的归类整理，可以看出这批文章符合《会刊》一贯的编纂原则“涉猎各个课题”①，论述的类别既有宽而泛的普及型介绍，也有窄而专的学术型论文；既有符合大众口味的游记散文，也有立足专门研究的调查报告。这些文章固然离不开服务于传教和殖民活动的目的，但也在一定程度上客观体现了现代科学研究的特征。《会刊》中对于四川的系列介绍，早于《华西教会新闻》和《华西边疆研究学会杂志》，实则是一个学术的先

① 上海图书馆编《皇家亚洲文会北华支会会刊（1858—1948）导论·索引·附录》第15页，上海科学技术文献出版社，2013年。

声，推动了20世纪初西方人对四川的全面研究。

二、对“四川”主题文章的类别分析

从这批文章的内容来看，当时西方人四川研究的关注点，地理游记类文章虽是最多的一类，但严格意义上的地理学论文很少，多为在华西地区的旅行记录。其次是民俗和民族的介绍，这和四川境内多民族聚居特点有密切关系。再次是历史和工程类，包括四川地方史志的综合译介，也有对某些历史人物的评述；工程类主要是针对四川著名的都江堰水利工程的介绍。商业贸易和宗教类的介绍次之。社会经济、植物和考古类在早期阶段最少。下面分别予以说明。

从19世纪到20世纪，无论是在自然还是在人文方面，英国对华调查研究的范围和领域都是来华西方人之最。在华西地区，经过数年经营，英国人形成了一条南至长江航道，北达阿坝藏族羌族自治州较为成熟的考察通路。旅行者从长江经由重庆，取道宜宾走水路经嘉定（乐山市），或者走陆路从西南龙泉驿进入成都平原；西出成都之后，进入灌县（都江堰市），沿岷江河谷北上，经过茂县、汶川县，进入松潘草原。在这条路线上，他们特别注意观察和搜集沿途各地的基本信息，如地理位置、山川地貌、自然资源、人口、交通、语言、服饰、民族民俗、宗教信仰等。

在历史地理方面，《会刊》刊登的几篇游记类文章，无论其目的是传教、探索商路还是科学考察，都不乏以细致文笔描绘作者在四川的旅行见闻，描写这条美丽而艰险的路线，从字里行间能体会到川西瑰奇的自然景观、特有的民俗风情给旅行者们带来的冲击。如伟烈亚力的《湖北、四川和陕西三省旅行记》以他1868年4月从汉口出发逆江而上前往重庆，再到成都的艰难旅程，其中详细记录了长江、岷江、汉江沿途两岸几百个地点名录，很有参考价值。立德的《四川及长江峡谷小记》主要记录了他沿长江从汉口到重庆的内河航行，特别描述了长江的水文地理、三峡风光和沿岸各港口的基本情况。再如花荪的《松潘行纪》一文以他从成都到松潘藏区的路线为中心，分别记叙了四川的挑夫、成都的街道、灌县的都江堰、汶川苗族的村落、松潘草原的自然风光和民风民俗，以及四川藏区边茶贸易等情况，特别是对川西入藏区路途艰险的情况描绘得十分生动翔实，他写道：“山路陡峭，悬崖下是摔死的马。道路变得糟透了，时而和河面平行几码，时而沿着峭壁陡然升高又降低……很多路段有所损坏，用木梁撑着悬崖，铺着碎石，铺板一大半都被滑坡掩盖得看不见了。”①

在民俗学方面，这些文章比较关注四川的民间传统、风俗习惯、民间信仰和殡葬礼仪。哈司顿《蜀地》第一篇的最后部分记载了成都自元代流传下来的民俗，包括农历每个月份的独特节日及民间庆祝方式，比如二月二是“踏青节”，成都人往往外出游玩，称为“小游江”，浣花溪一带游船如织；七月初七是“乞巧节”，太守在这一天会微服私访“锦江夜市”等等。《蜀地》第二篇介绍了四川的民间传说，其中相当比例是三国故事、民间俗话，如孽龙、李二郎和赵昱、地下社团和组织、八德、巡风，红旗、黑旗领导、三纲五常、春秋、造纸、请烛、祝酒、触画等等。希尔兹的《华西圣山峨眉山》收集整理了3则峨眉山的神话传说，包括大洪水（女娲补天故事的一个变体）、野人王及一种身体断裂了还能愈合的蛇的故事。陶然士的《四川丧葬习俗》描述了近代四川的葬礼习俗和方式、不同阶层的坟墓建筑、殉葬品、明代以前的墓穴，追溯到了三国两汉时期墓葬的习俗。他以孝道解释了中国人厚葬的原因和“事死如事生”的传统；还提到了马可波罗对于佛教葬礼的描述。叶长青的《四川蛮子地区及其习俗》介绍了川康藏区的地理位置、气候、交通、行政管理，重点考察了当地藏民的社会习俗，包括婚姻、服饰、食物、杂物等，比如藏民传统的食物青稞、燕麦、酥油茶。

在民族志方面，以叶长青和陶然士的研究为代表，研究重点在四川的藏、羌少数民族。叶长青曾到过威州和茂州地区，他在《川西少数民族的称谓》中对氐、羌、戎、吐蕃、蛮等少数民族的历史和现状做过细致的考察，并介绍了生活在威州的羌族宗教信仰、新年祭祀、“白石”崇拜等。在《藏民及其生存环境》一文中，他对四川藏族居住地的具体位置、地理状况、气候条件和交通情况等都做了介绍。前文所提到的《四川蛮子地区及其习俗》也有相似内容的介绍。叶长青得益于在地理学研究方面的专长，因而对少数民族的地理环境和人文环境的关系有很直观的观察和结论，如他指出藏族的宗教建立在转世制度上。陶然士是羌族研究的先行者，文章《羌族的宗教信仰》是一篇重要的研究论文，介绍了羌族的起源、聚居地，以及中国史学家认为羌

① *JNCBRS*, Vol. XXXVI, 1905, pp. 22-30.

族是三苗后裔的说法[①]。

在地方史志方面，这批文章从西方人的视角对四川的舆地、形胜、城市沿革等进行了初步介绍。哈斯顿的《蜀地》第一篇简述了四川的历史，介绍了首府成都的布局，成都的古迹以及古蜀皇帝。陶然士的《蜀志》着重于西蜀上古史的译介与李冰修建都江堰水利工程的评析。历史人物方面关注同时代当地重要的官员，如《前四川总督骆秉章》专门对骆秉章[②]的生平事迹做了较为客观的评述。作者丕思业曾向熟知四川官场内情的中国朋友了解相关情况，并参考了墓志铭和皇帝诏书写就这篇人物小传。文章叙述了骆秉章的年少际遇，重点谈了他为官清廉和生活简朴，“说到诚实，他就像一个外国人一样，尽管节俭和忠诚的品质在中国的官吏当中并不是被看重的品质”[③]；提到他饱受四川民众爱戴的原因之一在于曾庇护四川“免遭太平天国运动的影响”，“抓住并处决了一个他们的王”[④]。丕思业曾饶有兴致地想了解骆秉章对于中外关系的看法，却遗憾地发现骆似乎只专注于蜀地的内政事务。正如内地会传教士斐焕章所说，“大部分旅行者到四川，会去两个地方，一是嘉定府（乐山）的峨眉山，一个是灌县（都江堰所在地）。”[⑤] 显然，都江堰水利工程历经千年依然矗立在成都平原，造福四川人民，确实是展现中国古代科学技术水平的一个极佳代表，也成为入川西方人参观考察的重点之一。《会刊》刊载的带有研究性质的，以成都水利灌溉工程为研究对象的文章有3篇，都江堰无疑是重点。斐焕章的《成都平原的灌溉系统》从“原有的水系”、“改造设施”及“现状、管理及维修”介绍了成都的灌溉系统。在《再论成都平原的灌溉系统》中以都江堰、通济堰、鸿化堰为描述对象。斐焕章的材料主要来自《水利考》，将岷江水系图分别附在两篇文章的开端，介绍了岷江水系及

① 《后汉书·西羌传》：“西羌之本出自三苗。”

② 骆秉章（1793—1867），原名骆俊，字吁门，号儒斋，广东花县人。晚清湘军重要将领。道光十二年（1832）进士，道光三十年（1850），被任为湖南巡抚，入湘十载，位居封疆，治军平乱，功绩卓著。咸丰十年（1860），奉命督办四川军务，率军入川。咸丰十一年（1861）任四川总督。同治六年（1867）病逝，赠太子太傅，入祀贤良祠，谥号文忠。与曾国藩、左宗棠、李鸿章等人并称为“晚清八大名臣”。

③ *JNCBRS*, Vol. V, 1868, p. 345.

④ 指翼王石达开。同治二年（1863）农历四月初四，骆秉章在大渡河炮击石达开部，十二日，清军截断太平军粮道，后以劝降定盟为名诱捕石达开。石达开在成都被判凌迟。

⑤ *JNCBRS*, Vol. XXXIII, 1889-1890, p. 118.

流域，李冰父子建造都江堰的过程，不认为修建之功只属于李冰个人。文中描述了历代修缮和维护情况，介绍了历代重新治水与百姓负担之间的相互关联和作用。陶然士的《成都平原水利工程的起源和历史》系统介绍了成都地区修建水利工程的由来和历史沿革；在《蜀志》也说明了都江堰“深淘潭，低作堰”的建造原理。

宗教是传教士汉学家擅长的课题，且因为身处少数民族较多的华西地区，关注焦点从汉族的佛教信仰转向了四川少数民族的宗教信仰。比如叶长青在《四川蛮子地区及其习俗》专门介绍过藏民的宗教信仰，详细阐述过藏传佛教的几个分支及其各自特点。陶然士《羌族的宗教信仰》重点论述羌族的一神教信仰，强调羌族崇拜的是唯一真神。他提到了关于羌族的白石崇拜，“石头通常会选择石英石，圆锥状，象征着山峰，且必须保持被工具收集来时的原状，不被触碰”①。这份报告当中，他对羌族的祭祀仪式②进行了详尽的介绍，甚至将羌族与景教联系起来，认为羌族是一千多年前来到中国的移民；在羌族的宗教信仰中能看到《旧约》的原始信仰，还引用了《出埃及记》来进行对比。陶然士关于羌人是犹太人后裔的结论已初步显现，对当时的西方汉学界有一定影响，但遭到了另一位华西研究学者葛维汉（D. C. Graham, 1884—1961）的质疑和驳斥。

在商业贸易方面，英国人对中国经济信息的关注度大大超过了其他任何国家。不过完成这类文章的作者以外交官或者商人为主，传教士学者基本没有涉猎这一领域。谢立山的《华西商路》记叙了川、滇的人口、物产及两省间的具体商贸道路。花荪的松潘之旅是对边茶贸易的考察，因为当时英国对这项利润丰厚的生意垂涎已久。他调研了当地的茶行，收集了很多商业信息，比如当地茶叶是季节性贸易商品，中介费用约为3%。对鹿茸、羊毛等商品也很有兴趣，都是他认为英国可以分一杯羹的交易。《松潘行记》里面详细记录了松潘城的布局，做了大致的人口统计，介绍了当地的物产、交通、物价、行政结构以及军事守备状况，对松潘与内地和西藏的贸易给出了评估报告。

在社会经济方面，中国的盐税制度是《会刊》关注的重点之一，早在

---

① *JNCBRS*, Vol. LIV, 1923, p. 155.

② 陶然士观察到的羌族祭祀仪式的几个重要特点：（1）羌人以公羊为牺牲；（2）没有割礼，但是男孩子出生后第四天，家里会杀一只白公鸡；（3）以前曾经很流行在餐前祝祷（不过可惜现在只有老人才这么做了）；（4）总祭司来主持婚礼等。

1887年就曾连登三篇以“盐税”为主题的论文。[①] 与淮盐齐名的四川井盐历史源远流长，丁宝桢利用《四川盐法制》于1877年开始进行“官运官销”的盐税改革，罗士恒高度评价了这次改革，认为虽看似有国家垄断性质，但取得了很好的效果。他的《四川盐务管理》以此为出发点介绍了盐税管理制度。文章深入浅出、数据翔实，第一部分梳理了自秦汉直到清丁宝桢盐税改革之前的官督商销制度，重点阐述了历朝盐政。第二部分列出了统计数据，包括生产、分配及管理制度的种种细节。最后附录了四川井盐分销（包括云南、贵州）路途中的各个航段（岸局）及航道长度。他比较了当时并行的三种盐税制度，认为“官督商销”不能满足需求，“归丁”会造成官府牺牲本省百姓需求谋求出口，而“官运官销”如果能够确实地推行，不失为折中的好办法。当然，罗士桓也注意到了这一制度实行后期呈现出的问题，两次提到“法久弊生”，而这也正是后来民国时期林振翰的《川盐纪要》[②] 对丁宝桢盐税改革后期弊病丛生的总结。在植物学方面，早期的研究尚在起步阶段。仅有博物学家华金栋的《川西山区植物笔记》一文。他在去雅安（雅州）的考察途中收集不少植物标本，着重描述了从低海拔到高海拔的植被变化过程，分析了植物与海拔、气温、压力和降水的关系，以及峨眉山地区植物呈垂直带状分布的特点。此外还提到昼夜温差对植物生长的影响以及四川盆地紫色土等很有川地特色的地质构造等。到1860年后，在川采集植物和展开植物研究的西方人有了明显增加，除传教士外，更有专业的科学家和园艺家依托传教士开拓的通路深入到四川各地进行标本采集。这些标本和图鉴最终流向了中国和欧洲的各个机构、大学的博物馆，为草创时期的动物学、植物学提供了丰富的研究素材。

在考古方面，叶长青的《长江上游及岷江流域发现的石器》一文利用1914至1915年在长江和岷江流域的科考成果，介绍了在沿江一些地区发现的一批石器，并附有现场出土的照片，对这批石器的时代和用途提出了自己的看法。

---

① 这三篇文章分别是《中国早期盐业垄断史》（夏德）、《中国之盐税》（庄延龄）、《中国盐业述评》（贾礼士）。

② 林振翰为民国时期著名盐务专家，曾任四川盐务稽核所一等课员，其所著《川盐纪要》开中国盐政专著先河。

结　语

在帝国主义的扩张，新教传教事业的发展，早期汉学机构的建立三者相互作用和影响下，共同造就了华西边疆地区在清末民初出现如此蓬勃繁荣的科学考察。新教传教差会和新生的汉学机构在当时的中国西南地区培养了一批掌握现代科学研究方法的传教士学者，并给他们提供了交流的平台，一系列应运而生的学术刊物完整地保留下了这些研究成果，成为当时欧美人士认识四川和西南地区的重要媒介，为近代华西文化史保留了重要的西文参考文献。他们的科学考察可能出自传教的文化需要，单纯的博物学考察，抑或是出自服务于本国政治或商业战略的驱使，但不管主观目的如何，却在客观上留下了一批 19 世纪末 20 世纪初华西地区田野调查的宝贵资料，给后来各个学科的研究都提供了特定历史时期的珍贵素材，也在一定程度上开启了针对四川研究的科学大门，促进了华西的科学发展。这批研究文章是西方世界探索中国华西地区的一个先声，特别是开始有意识地将近代人文自然科学的理论与方法运用到研究中，具有综合性和多元化的特征，其中不乏一些有学科开拓性和学术价值高的成果，反映了当时在川西方学者对四川社会文化研究认识的总体水平。通过他们的介绍，将近代有关华西地区的信息与知识传播到了西方，对后来西方学术界进一步研究四川及西南地区起到了奠基性的作用。

（李真　北京外国语大学国际中国文化研究院副教授、
北京中外文化交流研究基地研究员；
王蓝　北京外国语大学国际中国文化研究院 2017 届硕士）

耶鲁汉语拼音述评*

卢达威　谢　爽

摘　要：耶鲁汉语拼音是耶鲁大学创立的、基于美式英语体系的、描写现代北京话语音的记音系统，其在海外汉语教学中占有重要地位。本文介绍了耶鲁汉语拼音的创立背景、发展和应用。最后，对比了耶鲁汉语拼音和中国汉语拼音的异同，揭示了耶鲁汉语拼音的设计特点。

关键词：耶鲁汉语拼音　金守拙　耶鲁大学汉语教学　*Speak Chinese*

耶鲁汉语拼音（Yale Romanization of Mandarin）① 是美国汉学家金守拙（George Alexander Kennedy，1901—1960）等人于20世纪40年代在耶鲁大学创立的，它是基于美式英语体系描写现代北京话语音的记音系统。目前学界对耶鲁汉语拼音关注不多，且多为简单提及耶鲁汉语拼音的存在②，并没有系统的介绍和梳理。

本文首先从耶鲁汉语拼音创始人金守拙以及耶鲁大学的汉语教学发展两方面，介绍耶鲁汉语拼音的起源，以此探究耶鲁汉语拼音设计理念的来源；

---

* 本文为成都中医药大学杏林学者学科人才科研提升计划成果，项目编号 RWQN2020004。

① 耶鲁拼音是指诞生于耶鲁大学的四种描写东亚语言或方言的拼写系统，包括是耶鲁汉语拼音、耶鲁粤语拼音、耶鲁日语拼音和耶鲁韩语拼音。在不至混淆的情况下，本文中的耶鲁拼音特指耶鲁汉语拼音。

② 如，张清常《比比看——“汉语拼音方案”跟罗马字母斯拉夫字母几种主要汉语拼音方案的比较》，载《世界汉语教学》1990年第1期。Jeroen Wiedenhof，“Purpose and Effect in the Transcription of Mandarin”，*Proceedings of the International Conerence on Chinese Studies*，2004，pp. 387-402. Huang Xing，Xu Feng，“The Romanization of Chinese Language”，*Review of Asian and Pacific studies*，2016，pp. 99-111.

然后介绍耶鲁汉语拼音的发展以及在世界范围的使用情况。最后，对比耶鲁汉语拼音方案和中国汉语拼音方案的异同，以揭示耶鲁汉语拼音的设计特点。

一、产生背景

耶鲁汉语拼音的主要设计者，金守拙（George Alexander Kennedy，1901—1960），是一位美国汉学家。他出生于杭州莫干山，随传教士父母在浙江塘西和上海长大，17岁才回到美国读大学，在伍斯特学院（College of Wooster）学习希腊文和拉丁文专业。1932年赴德国柏林大学攻读“汉语及蒙古语”博士学位。回到美国后，1935年起在耶鲁任教，直到1960年辞世。他的学科背景使他对语言有着非常深刻的理解。

金守拙语言天赋极高，母语是英文和塘西话（汉语吴方言的一种），还懂希腊文、拉丁文、德文、希伯来语、阿拉伯语、日语、梵文，以及中国的满文、蒙古文、普通话、上海话等。同时，他在中国历史、文学、汉语翻译等方面也颇有建树，代表作有《清代名人传略》①（合著）、《春秋的解释》②、《汉学概论》③。语言学方面，主要研究领域是音韵学和古汉语语法，代表作有《塘西话里的浊喉音》④《汉语的缩合字》⑤。他主持开发的耶鲁拼音方案，蕴含了对汉语发音系统的科学领悟。李田意认为，金守拙是美国对中国语言做系统科学研究第一人⑥。

1935年起，金守拙在耶鲁的中国语言文学研究所（Institute of Chinese Language and Literature）教授中国语言和文学。彼时，耶鲁大学的课程更多的是为培养汉学家的课程，主要教授古汉语，多用语法翻译法，汉语教学这一

---

① Hummel，Arthur W. ed.，*Eminent Chinese of the Ch'ing Period*，1644-1912（2 *vols*），Hong Kong：Global Oriental，2010.

② Kennedy，George A.，“Interpretation of the Ch'un-ch'iu”，*Journal of the American Oriental Society*，62（1），1942，pp. 40-48.

③ Kennedy，George A.，*ZH Guide*：*an Introduction to Sinology*，No. 1. Far Eastern Publications，1981.

④ Kennedy，George A.，“Two tone patterns in Tangsic”，*Language*，29（3），1953，p. 367-373.

⑤ Kennedy，George A.，“Equation No. 5：（Chinese Fusion-Words）”，*Journal of the American Oriental Society*，67（1），1947，pp. 56-59.

⑥ 李田意《金守拙先生的生平及其在汉学上的贡献》，载《傳记文学》1966年第2期。

事业发展极为缓慢。这一期间，金守拙跟著名语言学家萨丕尔和布龙菲尔德学习语言学，受布龙菲尔德等人的语言教学原则的影响，他认为：速成教学的主要内容应该是现代汉语口语，而且口语应该与汉字分开学习，先从听说开始，在发音没有学好前，不该接触汉字。耶鲁拼音就是这一时期创制的，用于代替汉字学习。这种“听说领先、语文分流”的先进语言学习思想，体现在汉语教材《说中国话》（*Speak Chinese*）中。实践证明，金守拙和同事的教学方法和教材，让学习者能够在数月速成汉语。其中，耶鲁汉语拼音起到了重要作用，有效提高了面向美国学习者的汉语语音教学效率①，影响深远。耶鲁大学逐步成了汉语教学的重镇。

二、发展、应用及传播

耶鲁汉语拼音后来被耶鲁大学的远东语文研究院和远东出版社发扬光大。20 世纪 50—70 年代，耶鲁大学出版的汉语教材是最丰富的、在世界上是最有影响力的②。耶鲁汉语拼音出现在教材、词典、语言手册和参考工具书等汉语学习资料中，在美国各地乃至整个西方世界传播开来。

（一）教材

最早使用耶鲁汉语拼音的教材是《说中国话》③。这部教材编写于 1943—1945 年，是专门为“二战”时期耶鲁大学的汉语速成课程所设计的。经过整理后于 1948 年正式出版，这很可能是耶鲁汉语拼音在公开出版物中的首次亮相。20 多年后，耶鲁大学远东语文研究院汇总了教学中出现的问题，对《说中国话》进行了修订，改名为《说国语》（*Speak Mandarin*）④，于 1967 年出版。本文采用的耶鲁汉语拼音的版本正是来自于《说国语》。

《华语会话》⑤ 是 20 世纪 50 年代编写的供中级学习者使用的教材。这本教材的课文以会话方式呈现，有句型、练习和文化知识，全书用耶鲁汉语拼

---

① 如，Henry C. Fenn，M. Gardner Tewksbury，*Speak Mandarin*，New Haven：Yale University Press，1967，p. xi. ［美］那宗训《在美国教中文》第 39 页，幼狮文化事业公司，1983 年等。

② ［美］黎天睦《现代外语教学法——理论与实践》第 144 页，北京语言学院出版社，1987 年。

③ M. Gardner Tewksbury，*Speak Chinese*，New Haven：Far Eastern Publications，1948.

④ Henry C. Fenn，M. Gardner Tewksbury，*Speak Mandarin*，New Haven：Yale University Press，1967.

⑤ Fred Fang-Yu Wang，*Chinese Dialogues*，New Haven：Yale University Press，1953.

音编写。

《说中国话》（及其修订版《说国语》）和《华语会话》最大特色是贯彻了“语文分开、听说先行”的教学设计理念。教材中的教学内容都用耶鲁汉语拼音呈现，全书不出现汉字。耶鲁大学的黄柏飞认为《说中国话》和《华语会话》两本书奠定了耶鲁系列汉语教材的基石，“整个耶鲁汉语教材的系统便是以这两本书为基础而发展下去的”①。

20 世纪 60 至 80 年代在美国高校占支配地位的②教材《初级汉语课本》③最初也采用了耶鲁汉语拼音。编写者 John DeFrancis 曾在耶鲁任教，是金守拙的同事及学生。随着中国汉语拼音影响力日增，John DeFrancis 将自己教材中的耶鲁拼音替换为汉语拼音，成了第一部用汉语拼音方案的美国汉语教材。

当时世界上不少中国文化、历史、地理读物类教材也使用耶鲁汉语拼音。

（二）词典

耶鲁大学远东语文学院编写的《汉语口语词典》④是最早使用耶鲁汉语拼音的词典，第一版于 1945 年出版，修订版于 1966 年出版，主要收录现代汉语口语表达。同是耶鲁大学出版的还有黄伯飞的《英汉-汉英常用辞汇》⑤。

此外，耶鲁汉语拼音也被其他一些出版社采用。如中国语文研究学会（Chinese Language Research Association）出版的《简明英汉词典》⑥《汉英两千中国俗语选》⑦，以及 Marce Liang English Institute 出版的《走遍中国：实用英汉词汇表》⑧。

直到 70 年代末，耶鲁汉语拼音仍在西方汉语教材中广泛使用。1982 年中

---

① 黄伯飞《四十年代以来在美国所用的汉语汉文教材》，载《语言教学与研究》1980 年第 4 期。

② John DeFrancis, *Beginning Chinese*, New Haven: Yale University Press, 1954.

③ 盛炎《评狄佛朗西斯的汉语教材》，载《世界汉语教学》1989 年第 2 期。

④ Institute of Far Eastern Languages, *Dictionary of spoken Chinese*, New Haven: Yale University Press, 1966.

⑤ Po-fei Huang, *IFEL Vocabulary of spoken Chinese*, New Haven: Yale University Press, 1954.

⑥ C K Wu, K S Wu, *Compact English-Chinese Dictionary* (*Yale Romanization*), Presidio: Chinese Mandarin Books and Charts, 1968.

⑦ C K Wu, K S Wu, *Chinese-English* 2, 000 *Selected Chinese Common Sayings* (*Yale Romanization*), Presidio: Chinese Mandarin Books and Charts, 1968.

⑧ Marco Liang. *Getting around in Chinese* (*Yale romanization system*) *a practical English Chinese glossary*. Taipei: Marce Liang English Institute, 1969.

国的汉语拼音方案（下文简称“汉语拼音方案”）正式成为国际标准化组织（ISO）标准后，耶鲁拼音方案逐渐被汉语拼音方案所取代。

三、与汉语拼音方案的比较

耶鲁拼音方案与汉语拼音方案总体相似，都根据汉语特点分为声母（initials）、韵母（finals）、声调（tones）三部分。①。

（一）声母

耶鲁拼音方案有声母20个，其中15个与汉语拼音方案相同，5个不同。

表1　与汉语拼音方案使用符号相同的耶鲁拼音声母

序号	耶鲁拼音与汉语拼音相同的声母符号	英语中对应的相同/近似发音（黑体部分）
1	b	spun
2	p	pun
3	m	month
4	f	fun
5	d	stung
6	t	tongue
7	n	none
8	l	lung
9	g	scoop
10	k	cool
11	h	hot
12	y	yet
13	w	weight

① 本节耶鲁拼音方案参考 *Speak Mandarin*, pp. xiii-xvii，并根据汉语拼音方案的对应情况重新整理。

续表

序号	耶鲁拼音与汉语拼音相同的声母符号	英语中对应的相同/近似发音（黑体部分）
14	r	true①（近似）
15	sh	shoe②（近似）

表 1 显示了耶鲁拼音方案与汉语拼音方案相同的声母，包括了双唇音（b，p，m）、唇齿音（f）、舌尖中音（d，t，n，l）、舌面后音（g，k，h）、部分舌尖后音（sh，r），以及零声母的 y 和 w。这些声母在英语中大都能找到对应的辅音，学习起来相对简单。

表 2　与汉语拼音方案使用符号不完全相同的耶鲁拼音声母

序号	耶鲁拼音	对应汉语拼音	耶鲁拼音举例（括号内为对应的汉语拼音和汉字）
16	ch	ch	chù（chù，处）
		q	chyù（qù，去） chwè（què，却）
17	j	zh	jù（zhù）
		j	jyù（jù，拒） jwè（juè，倔）
18	s	s	sì（sì，肆）
		x	syì（xì，系）

① 《说国语》作者认为耶鲁拼音中 r 的发音和舌尖位置与 true 中的 r 相同。实际上，汉语中 r 的国际音标是［ʐ］，是舌尖后浊擦音（voiced retroflex fricative）；而英语 true 中 r 的国际音标是［r］，是齿龈颤音（alveolar trill）。

② 《说国语》作者认为耶鲁拼音中 sh 的发音与 shoe 中的 sh 相似，只是舌尖位置与 true 中的 r 相同。实际上，汉语中 sh 的国际音标是［ʂ］，是舌尖后清擦音（voiceless retroflex fricative）；而英语 shoe 中的 sh 是［ʃ］，是齿龈后清擦音（voiceless palato-alveolar fricative）。

续表

序号	耶鲁拼音	对应汉语拼音	耶鲁拼音举例（括号内为对应的汉语拼音和汉字）
19	ts	c	tsài（cài，菜）
20	dz	z	dzài（zài，在）

表 2 显示了与汉语拼音方案声母不同的耶鲁拼音声母及对应关系，包括舌尖前音（汉语拼音的 z、c、s）、舌面音（汉语拼音的 j、q、x）和舌尖后音（汉语拼音的 zh、ch，即翘舌音）。其中差别较大的是舌面音，耶鲁拼音方案没有独立的拼音符号。汉语拼音的 ch 和 q，耶鲁拼音统一用 ch；汉语拼音的 zh 和 j，耶鲁拼音统一用 j；汉语拼音的 s 和 x，耶鲁拼音统一用 s。虽然舌面音与舌尖前/后音都有互补分布，但出于系统性和认读的方便，汉语拼音方案用独立字母表示舌面音更合理。耶鲁拼音的方法容易令舌尖后音和舌面音混淆。

对舌尖前音，汉语拼音用 c 和 z 表示，而耶鲁拼音用 ts 和 dz 表示，这是为了与英语中近似发音的拼写规则贴近，便于英语母语者认读。但 dz 在英语是浊音，而汉语该音是舌尖前的清塞擦音，用 dz 容易误导使用者。

（二）韵母

汉语拼音有 39 个韵母，包括 9 个单韵母和 30 个复合韵母（即复韵母和鼻韵母，本文统称复合韵母）。总体来说，汉语拼音的韵母和耶鲁拼音的韵母是一一对应的。以下按照单韵母、不含介音（i 和 u）的复合韵母和含介音的复合韵母三个部分对比。

表 3　耶鲁拼音方案和汉语拼音方案的单韵母对比

序号	耶鲁拼音	对应汉语拼音	对应英语发音或发音方法（粗体为发音部分）
1	a	ɑ	像 father 的 a，开口度更大
2	o	o	worn
3	e	e	一般发 stolen 的 e，在 y 后发 yet 的 e

续表

序号	耶鲁拼音	对应汉语拼音	对应英语发音或发音方法（粗体为发音部分）
4	i	i	machine
5	u	u	rumor
6	yu	ü	舌位保持 machine 的 i 的位置，但圆唇。
7	z	-i（zi，ci，si）	舌头的前部靠近上颚，嘴部肌肉绷紧
8	r	-i（zhi，chi，shi）	发音与 r 相似，但舌头比 r 靠后。
9	耶鲁拼音无此韵母	ê	

（注：6、7、8、9 的耶鲁拼音与对应的汉语拼音使用符号不同）

表 3 对比了耶鲁拼音方案和汉语拼音方案单韵母。其中，有 5 个单韵母（a、o、e、i、u）两个方案使用的符号相同。有 3 个单韵母（yu、z 和 r）使用的符号不同。耶鲁拼音方案使用 yu 来替代汉语拼音的符号 ü，国际音标是［y］。虽失之简洁但也有一定合理性。其一，英语字母没有 ü 这个符号，用 yu 便于英语母语者书写；其二，用 y 代表舌位，u 圆唇，英语母语者较易按照 yu 拼读出［y］。耶鲁拼音的 z 和 r 是两个舌尖元音，国际音标是［ɿ］和［ʅ］，汉语拼音方案都用-i 来表示。在耶鲁拼音方案中，这两个字母既出现在声母（dz 和 r）又出现在韵母，要靠 z 和 r 上方的声调来区别，例如，rén（人）中 r 是声母，r̀（日）和 shr̀（是）中 r 是韵母，容易造成混淆。

另外，汉语拼音有单韵母 ê，耶鲁拼音没有的对应表示。可能是 ê 用得较少，耶鲁拼音方案没有考虑。

表 4　耶鲁拼音方案和汉语拼音方案的（不含介音的）复合韵母对比

序号	耶鲁拼音	对应汉语拼音	对应英语发音或发音方法（粗体为发音部分）
10	an	ɑn	介于 John 的 ohn 和 man 的 an 之间，更接近前者

续表

序号	耶鲁拼音	对应汉语拼音	对应英语发音或发音方法（粗体为发音部分）
11	ang	ɑng	father 的 a 加上 song 的 ng
12	ai	ɑi	aisle
13	au	ɑo	how
14	en	en	under
15	eng	eng	lung
16	ei	ei	eight
17	ou	ou	low
18	er	er	her
19	in	in	spin
20	ing	ing	sing
21	ung	ong	book 中的 oo 加上 ng
22	yun	ün	yu 加 n

（注：13、21、22 耶鲁拼音与对应的汉语拼音使用符号不同）

耶鲁拼音方案不含介音的复合韵母（表 4）大部分与汉语拼音方案相同，不同的有 au（ao）、ung（ong）、yun（ün）。yun 和 ün 区别是耶鲁拼音方案没有使用符号 ü 造成的。至于 au 和 ung，国际音标是［au］和［uŋ］，耶鲁拼音方案与国际音标符号更相近，汉语拼音方案是 ɑo 和 ong，主要考虑拼音符号的系统性。

表 5　耶鲁拼音方案和汉语拼音方案的（含介音的）复合韵母对比

序号	耶鲁拼音	对应汉语拼音
23	ya	iɑ
24	ye	ie
25	wa	uɑ

续表

序号	耶鲁拼音	对应汉语拼音
26	wo	uo
27	yue	üe
28	yao	iɑo
29	wau	uɑo
30	you	iou
31	wei	uei
32	yan	iɑn
33	wan	uɑn
34	yuan	üɑn
35	wen	uen
36	yang	iɑng
37	wang	uɑng
38	weng	ueng
39	yung	iong

表 5 的 17 个复合韵母都是含介音的韵母，这部分两个拼音方案能够一一对应。汉语拼音方案把介音看作韵母的一部分，用与韵母相同的 i 和 u 表示；而耶鲁拼音方案则看作看成声母的一部分，用与声母相同的 y 和 w 表示。

（三）声调

耶鲁拼音方案的声调与汉语拼音方案相似，采用了赵元任①的“时间配音高”的声调符号，包括高平调（－）、高升调（╱）、低调（ˇ）、降调（╲）和不标记的轻声。4 个声调的排列也与汉语的阴平、阳平、上声、去声相同。

耶鲁拼音在声调的描写与汉语拼音方案不同。对于没有声调概念的英语母语者，即使知道四声，调值也不好把握，是个难点。为此耶鲁拼音方案增加了一条基准线作为调值参考，表示发音者的正常音高，相当于发出央元音

① 1939—1941 年赵元任在耶鲁任教期间，二人是同事兼友人。

时的音高（图 1）。

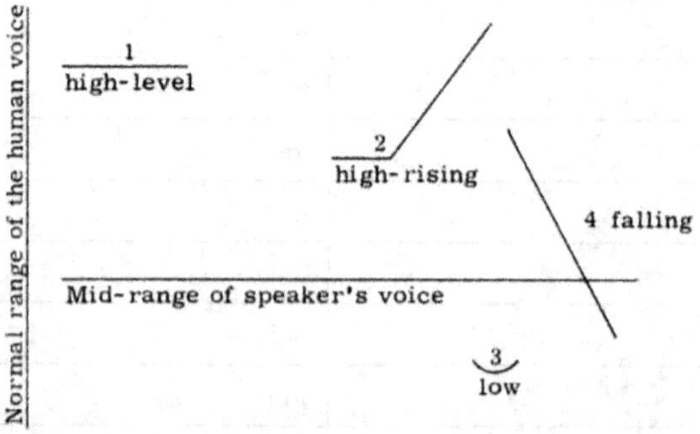

图 1　*Speak Mandarin* 的声调介绍

有了基准线，声调可以理解为：高平调（high-level，一声）和高声调（high-rising，二声）都在基准线以上，低调（low，三声）在基准线以下，降调（falling，四声）穿越基准线下降。不过，汉语拼音中三声是曲折调，调值为 214。而耶鲁拼音只强调第三声为低调值并伴有轻微上扬①，而不强调其曲折变化。这是因为在汉语语流中三声的曲折变化不明显，对于无声调的英语学习者而言，强调低调值更有教学意义。

（四）拼写规则

拼写规则方面，耶鲁拼音与汉语拼音主要有以下两点区别：(1) 舌尖元音。汉语中，舌尖元音有两个，国际音标是［ɿ］和［ʅ］，汉语拼音都用-i 表示，分别跟在 z、c、s 和 zh、ch、sh 后，而耶鲁拼音则分别用 z 和 r 来表示，且耶鲁拼音的 r 能单用。汉语拼音的 zhi、chi、shi、ri 对应耶鲁拼音为 jr、chr、shr、r，zi、ci、si 对应耶鲁拼音为 dz、tsz、sz。相比起来，汉语拼音的系统性更强。(2) 介音。作为介音，汉语拼音使用 i 和 u，而耶鲁拼音使用 y 和 w，如 swǒ（所），byé（别）。

（五）语流音变

实践中，耶鲁拼音方案非常注重语流音变的描写。以教材 *Speak Mandarin*

① At the bottom of your range; may rise slightly.

为例，变调、轻声、儿化等都直接用耶鲁拼音表示。

(1) 变调。教材在第一课就强调三声和“不”的变调，并在使用耶鲁拼音书写时，将“不”的变调直接体现在课文语流中，例如，不高（bùgāu），不贵（búgwèi）。

(2) 轻声。教材认为，语流中大量的音节是不需要带声调的。容易在教材中找到以下一些轻声的例子，包括：a. 所有虚词不带声调；b. “不”都不标声调，除非为了强调否定，如“他真的不高!”；c. 反复问中反复的部分不标声调，如“你要不要”（nǐ yàu buyau）只在第一个“要”标声调，后面的“不要”不标声调；d. “一个”不是强调时不标声调，如“我买一个（yige）铅笔”；e. 表等同的“是”不标声调，如“他是谁?”，除非表强调的“是”，如“他是今天来的。”；f. 表价格的量词“块”处于数量结构中间时不标声调，如“三块二毛五”的“块”；g. 间接宾语“给你书”的“你”接近于轻声，不标声调，如“géi ni shū”。

教材中不标声调的情况还有很多。它认为若保留不必要的声调标记，会误导学习者。

(3) 儿化。语流中有儿化的部分，教材会全部标示在拼音中，例如，中国画儿（zhūnggwo huàr），歌儿（gēer），信封儿（syìnfēngr），饭馆儿（fàngwǎr）。其中，“歌”为了儿化，还在 ge 的基础上增加了一个元音 e，表示元音延长。

结 语

耶鲁汉语拼音现在已经淡出了历史舞台，现在其发源地耶鲁大学的汉语教学也采用汉语拼音。但是耶鲁汉语拼音在汉语教学历史上和海外汉语文化传播方面客观上起到了重要的作用。周有光先生曾说过：“我们定《汉语拼音方案》的时候呢，也非常重视他们的方案（耶鲁汉语拼音），尽量采用他们方案的优点，这一点是共同的。”①

（卢达威 中国人民大学文学院；
谢 爽 成都中医药大学外语学院）

① 周有光口述《逝年如水：周有光百年口述》第455页，浙江大学出版社，2015年。

《汉语对话教程》探析*

岳 岚

摘 要:《汉语对话教程》(*Lessons in Conversational Chinese*, 1912)是英国循道会传教士沃伦·吉尔伯特(Gilbert G. Warren, 1861—1927)编写的一部初级教材,该教材针对中国中部地区的传教士编写,是作者在自己汉语学习经验基础上的一部精心设计之作。教材编写遵从由简到难、循序渐进的原则;语料丰富,形式多样,融语法讲解于具体语言现象之中。作者借鉴了当时流行的其他西方人所编汉语教材与工具书的优秀成果,其中一些内容经改编后选进自己的教材,体现了作者编写的自主意识。作为20世纪早期的一部教材,虽然仍有诸多不尽如人意之处,但相比19世纪,不难看出历史的进步。

关键词:《汉语对话教程》 沃伦·吉尔伯特 汉语教学史 传教士

一、教材简介

《汉语对话教程》(*Lessons in Conversational Chinese*)是沃伦·吉尔伯特(Gilbert G. Warren, 1861—1927)编著的一本汉语初级教材,1912年由中国循道文理出版社(上海和福州)(The Methodist Publishing House in China, Shanghai and Foochow)出版。沃伦是英国循道会(British Wesleyan Methodist)传教士,1886年前往中国湖北传教,1907年后他又作为湖南教区的第一任主席负责湖南教务,直至1927年6月逝世。沃伦一直生活在两湖地区,这部教材也主要是针对中国中部地区的传教士编写的。全书共两册,第一册1—50

* 本文受“北京外国语大学中国文化走出去协同创新中心”立项资助,项目名称:《民国时期英美汉语教育史研究》,项目批准号:CCSIC2018—YB24。

课，第二册 51—100 课。大部分课由汉字（含拼音、英译）、例词或例句及英译构成，个别课还带有语段。语段部分包括中文《圣经》的部分章节、《太上感应篇》和《圣谕广训直解》第一部分，这些语段没有逐句翻译，而是对部分词语进行了英文解释和说明。作者在汉字和例词或例句前都标有号码，学习者可以一目了然地知道全书共 1000 个汉字，4755 个例词或例句。有些例词和例句是单独列出的，但这些例句并非孤立存在，而是构成一组对话。如第 18 课的句子就组成了一个主人和仆人间的对话，讨论要面试的问题。

511. 他做的是么事
512. 不晓得，可以叫他来罢
513. 可以 不晓得他来不来
514. 他认不认得字
515. 认得几个，他的儿子认得多一点
516. 儿子叫什么名字
517. 不晓得叫么名字
518. 父子两个人都是好人罢
519. 不是这地方的，不十分认得他们
520. 有那个可以认得
521. 这里没有那一个
522. 可以听听 看他们是什么样
523. 听得是好，可以叫他们来罢
524. 先叫儿子来，看他是怎么样

正文之前为序言，序言中作者以书信的形式给初学者指出汉语学习中的一些困难，给出颇具针对性的学习指导意见，这些对西方学习者很有帮助。第一册书后附录为 214 个部首和汉字索引，汉字索引中显示了汉字部首的号码和所在页码。第二册书后所附的是汉字索引和勘误。

二、沃伦的汉语教学观

（一）汉字教学

沃伦认为汉语是没有用字母替代图形表示词语的现代语言，汉字是中华民族智慧的结晶。汉字学习需要花费的时间非常长，中国人尚需花费数年时间，对于西方学习者来说更是一项艰巨的工程。不少西方人提出应该寻找汉语学习的“捷径”，即“罗马化”。许多前辈诸如禧在明（Walter Hillier，1849—1927）等人做了尝试，但都没有成功。通过罗马化拼音系统学习汉语在初始阶段或许给西方学习者提供一些便利，但会让学习者误入歧途。最快、最简单的学习汉语的方法，也是唯一的方法就是学习汉字。

《汉语对话教程》全书100课，共讲授了1000个汉字，其中，1—50课，每课6个汉字；51—75课，每课12个汉字；76—100课，每课16个汉字。每个汉字后面标有两个数字，一个是苏慧廉（William Edward Soothill，1861—1935）字典中的汉字编号，一个是该汉字在苏慧廉字典①列出的214部首表中的编号。这样学生可以随时查阅苏慧廉字典，从中得知汉字的部首。作者教授的汉字数量为1000个②，这个数量适合初学者，无论是现在还是当时，汉语教学者都大约认同初级学习者学习汉字的数量为1000个。比较《汉语水平词汇与汉字等级大纲》，可以发现，该教材中共有538个字属于甲级字，241个字属于乙级字③，221个其他汉字不在甲乙级的范围内，以上三类汉字分别占比为：53.8%、24.1%和22.1%。学习汉字时一定要借助苏慧廉字典④，可以在这本字典中查找出书中的每个汉字，然后找到字典中该汉字所在的汉字组中的第一个汉字，并注意它如何和被检索的字组合在一起。

至于具体的汉字学习，作者推荐采用“汉字卡片”的方法。在一个名片一半大小的硬纸板上，一面写汉字，另一面写罗马化拼音（含声调）以及部首、字义等。此外，一定要书写汉字，正如外国学生如果不书写所学语言，就不会学会正确拼写一样，如果不写汉字，就永远不会获得准确的中文知识。作者在前50课中每课只安排了6个汉字也是为了让学生尽可能地书写这些常用汉字。

（二）语音教学

如上所述，作者不提倡学习者凭借罗马化拼音进行汉语学习，但是罗马

① W. E. Soothill, *The Student's Four Thousand 字 and General Pocket Dictionary*, Shanghai: Presbyterian Mission Press, 1899.

② 其中一个为重复字，实际汉字为999个。

③ 含1个重复的“灾”字，实际为240个乙级字。

④ 苏慧廉字典将声旁相同的汉字成组排列，第一个字通常是表示声旁的汉字。

化拼音系统还是需要了解的，因为几乎所有的字典都使用罗马化拼音，为了方便学习者使用工具书，一定要学习罗马化拼音，富善（Chauncey Goodrich，1836—1925）、苏慧廉的字典需要常备，最好再加上鲍康宁（Frederick William Baller，1852—1922）的词典，因为这是一本唯一的与其他字典拼音系统不同但却非常好的有用的词典。除了需要了解如何用罗马字母拼写汉语语音之外，另外还需要具备一些如何发音的知识。知道汉语的罗马化拼音，并不意味着学会了发音，要想真正学会说汉语，唯一的方法就是听中国人发音，因为这也是学会自己母语的方式。

关于语音学习，有三大难点：其一，送气辅音；其二，某些元音的发音；其三，声调。三者之中最难的当数声调。作者认为解释上平和下平的不同，就像给色盲的人解释蓝色和红色的区别一样。在声调这个问题上，中西方语言毫无类似之处。为了应对以英语为母语的汉语学习者的这一最大难题，从一开始，学习者就要训练自己的耳朵，但永远不要问“这个字是什么声调?”这样的问题，要多听，一直到能够听清楚词语的声调为止，如果没有听懂，就可以问“您是否说过……”并强调自己听到的声调，这样才有机会像中国人一样说汉语。

要想掌握汉语口语，正确使用音节表是最重要的一个方面。作者强烈建议初学者跟着中国人一遍一遍地读音节，每天花15分钟学习语音和声调，打好基础。不时更换你跟读的人是一件好事。还有更重要的一点就是听后要重复。很少中文老师知道如何告诉西方人的发音出了什么问题，他们只是说学习者没有正确地重复一个词，然后老师会再读一次，学生可能还会继续重复错误发音，如此反复，最后的结果通常是老师不得不放弃纠音工作。经验丰富的同胞可以给学习者提供帮助，最好的做法是让同胞模仿学生的发音，这样在发出正确读音的时候就能给学生提供帮助；学生自己可以将正确和错误的发音重复两三次，这样很快就会发现发音哪里不对，并进行补救。注重“听”，但同时也不能忽视“说”，因为“听”和“说”是一对孪生兄弟。学习说汉语的唯一方法就是说话，如同不进入水中就不能学会游泳一样，只通过书籍自学并不能真正学会口语。这当然需要跟专门的老师学习，更重要的是可以跟更多的老师学习，这些老师可以是厨房的仆人、附近学校的学生、街上商店的老板和小贩儿，路边坐下来休息的农民等等，这些人一般很乐意跟你聊天，相当于他们在给你提供额外的课程。如果中国朋友能听懂你的话，那才表明你学会了，如果他们听不懂，就要多试几次。

（三）语法教学

在这部教材中，没有专门的语法部分。但在课程中，会根据课文文本随时加入关于语法的解说。如：在讲“是”的时候，作者讲出汉语没有屈折变化，“是”可以是 am，is，are，be，being；sheep 可以是单数也可以是复数。通过汉字“个”，讲解汉语中的量词。作者指出，量词是位于数词和名词之间的一个附加的词，汉语通过量词的使用将名词进行分类，如可以抓握的东西，扇子和刀，使用相同的量词：两把扇子、三把刀。汉语中不说“两歌迷”，就如同英语中不说“two musics”一样，而是要说“two pieces of music”。对于学生而言，量词的正确使用很难也很重要。困难之一在于各地的不同用法，这个地方说的是“一对牛”，那个地方说的是“一条牛”。分类的粗糙程度可以通过量词“条”的用法得以说明，“条”可用作“狗、手绢、路、绳子、蛇等”的量词。选择正确的量词很重要，特别要注意近义量词的使用。在和中国人交谈的时候，如果怀疑自己使用的量词不正确，就用“个”，如果你说得不对，跟你谈话的中国人不会重复你的错误，他们会安静地使用正确的那一个，如果可能的话，那个时候，保证所有细节都正确的情况下，尤其注意声调。在讲解语法的时候，作者还特别注意从中英对比的角度进行说明。如，作者指出汉语比西方语言中使用的代词少得多，第二人称代词的使用尤其受限。作者在书中指出，“在大多数情况下，中国学者对自己的语言一无所知。他们没有什么像语法科学那样的东西，因此他们没有办法表达很多对初学者最有用的东西”①。这大概是他也无从专门在教材中讲解语法的原因吧。不过，为了帮助学习者，作者安排了五个对话以弥补这一缺陷；同时也为教授汉语的老师提供一些参考。这些对话主要以问答的形式讨论了学习者在语音、汉字和语法方面的困难，还介绍了永字八法和汉字的六种字体。作者认为以句子为单位进行学习和记忆对学习汉语是很有益。沃伦指出在编写教材时，他拒绝了所有不顺畅的句子，不过因为地域差异，可能有些表达会有所不同，因此学生要学习自己所在地区的语言，可以毫不犹豫地对书中的句子进行改编，而不是生硬地使用书上的句子，因为汉语说得好的人不会使用以印刷方

① Gilbert G. Warren, *Lessons in Conversational Chinese*, Shanghai and Foochow: The Methodist Publishing House in China, 1912, p. 549.

式出现的句子。作者特别提倡学习汉语谚语，他不仅从史密斯博士（Dr. Smith）的书中选取了汉语谚语等语料，且十分赞同他的观点，即建议学生从一开始就养成学习谚语的习惯，坚持不懈地记诵谚语，结果会大不相同。

另外，要记忆每课的短语，虽然短语太多，无法全部记住，哪怕只记住五分之一也应该感到高兴。最好的办法当然是经常复习，每次复习，都会多掌握一些，就像一位著名的剑桥教练所说的那样："扔出很多泥，总有一些会粘住的。"这也是作者想要遵循的，他认为学生每次掌握一课不是不可能的。

三、教材编写特色

（一）循序渐进

由简而繁、循序渐进进行教学和教材编写是不言而喻的，《汉语对话教程》也体现了这一原则。例如，汉字部分，全书100课，共讲授1000个汉字。每课的汉字数量逐步增多，汉字的常用字占比则是逐渐降低的。第1—50课中，甲级字254个（84.7%），乙级字31个（10.3%），其他字15个（5%）；51—75课中，甲级字151个（50.3%），乙级字86个（28.7%），其他字63个（21%）；76—100课中，甲级字133个（33.25%），乙级字124个（31%），其他字143个（35.75%）。随着课程的深入，甲级字的占比越来越低，乙级字和其他字占比越来越高，学习难度也随之逐渐加大，可以看出作者遵循了循序渐进的原则，由简而难而进行安排。每课内容的编排是先汉字，后例词、例句，按照从字到词到句的顺序进行教学。在全书4755个例句（例词）中，也不乏一些较长的语段，如《感应篇》、《圣经·马太福音》节选、《圣谕广训直解》第一部分。这些内容不仅篇幅较长，而且内容并非日常口语。从第60课才开始出现这些语段，第81课开始出现谚语、谜语、绕口令等语言形式，这样的安排自然也是出于难度的考量。还有一些专业领域的词语，如地理学名词"第二十四北度、赤道"，与下棋相关的词语"举手不回"，新词语"线报（a telegram；a 'wire'）""风雨针（a barometer）"等出现在比较靠后的课程中。从中可以看出，课文内容是逐步加深的。

（二）形式多样

在实际的语言生活中，语言表达非常丰富。同样的意思可以有不同的表达方式，作者虽没明确指出这一点，但他列出多个表达形式，放置在一起，不仅可以为学习者提供多个选择，也反映了语言实际应用中的丰富多样。

76. 有没有人要 Is there or is there not anybody who wants is?
77. 有人要没有 Does anybody want it or not?
78. 有人要么 Does anybody want it?

以上的三个问题问的是同样的问题，但句子形式不同。对问题的回答作者也给出肯定和否定两种形式。

79. 有 Yes.
80. 没有人要 Nobody wants it.

另外，还有同义词、相近或相关词语并列放置。

918. 无法 没有法子 There's no way out. There's no way out.
925. 国法 法国 The law of the land. France.
929. 一心一意 三心二意 One heart and mind. A divided heart and mind.

"无法"和"没有法子"为相同意义的不同表达，一个书面化，一个口语化；两者的英文翻译完全相同。"国法"和"法国"是因汉字顺序前后不同形成的两个词；"一心一意"和"三心二意"是结构完全相同，意思上有一定关联的词语，英文翻译比较直接。虽然作者立足于口语教学，但也不忽视书面语的学习，教材中注重采用不同语体风格的语料。作者指出，被称为"文理"的书面语，不仅在风格上与口语不同，而且用词也不一样。如"的"几乎在每课中都用作表示所属关系的介词，但在书面语中从不使用，书面语代之以"之"。一般情况下，口语不允许进入到文学作品中，但书面语或多或少可以进入日常口语。比如"无所不能、无所不在、无所不为、独一无二、三分之一、十分之八"等等，作者认为这些日常口语中的四字词包含书面语成分，两个分数中的"之"字，作者把它也看作是"文理"的表现，这里不能被"的"替代。一些语段的采用也是如此。如作者选取了《太上感应篇》作为语料，作者认为《感应篇》虽然不是汉语口语，但这本书广为人知，并且文人著作常从中引用一些语句，口语会话中也会使用其中的语句。另外作者还选取了谚语、字谜、双关语、绕口令等多种语言形式的语料。当然作者的看法有些不一定正确，但作者关注到了这些语言现象。

（三）区域特色

该教材主要在中国中部地区使用，主要是为两湖地区的外国人而编写，因此书中既要有普遍性的内容，也要包含地方特色，以更好地适用于这些地区的学习者。比如，有些读音具有地区性差异，在中国中部地区，罗马话拼写“kuo”有两种读音，所有的五声发“u（或 w）”和短“o”的音，其他声调的则带有长“O”的“ko”音。为了学生更好地练习当地语音，作者将前人福斯特（Foster）先生编写的一个关于汉口方言的语音练习①编入教材，以供华中地区的学生每天练习，这是一个非常有用的练习。词语和短语也是地域色彩的重要体现，例如：4169. 劳为你，意为“谢谢”，在湖北大量使用，通常是在得到回答后使用，如问路之后等。由“几”和不同的形容词搭配，形成的疑问词，也是两湖地区的特色用法。如：几大，意为“多大”。

666. 儿子有几大？How big are the sons?
667. 没有几大。Not very big.
3057. 有几大年纪？How old are you?

几长，意为“多长”。

1175. 那一块地方有几长？How long is that plot?
1176. 没有几长，和这一块差不多。Not very long——about as long as this one.

几多，意为“多少”。

1033. 开口要几多？How much did he want at the start?
1037. 你想把几多？How much do you think you'll give?

---

① 该语音练习表的名称为：A Talbe of Similar but distinct VOWEL-SOUNDS in the Hankow dialect.

1148. 新的有几多？How many new ones are there?

几远，意为“多远”。

899. 没有几远　It's not very far.

课文中长的语段，也做了本地化调整，如第60课中引用的圣经段落，根据中部地区的使用做了一些说明和改变。

（四）广泛借鉴

1807年新教第一位传教士马礼逊来华，揭开西方人汉语学习的第二次高潮。沃伦在编写《汉语口语教程》时，已是晚清时期西方人陆续来华100多年之后了，在这一百零几年的时间里，西方人在汉语学习以及汉语教材和工具书编写方面积累了很多经验，作者大量借鉴前人成果，并结合教材的需要进行了适度改编。

教材开篇就特别强调要备有汉语学习工具书，翟理斯（Herbert Alien Giles，1845—1935）和卫三畏（Samuel Wells Williams，1812—1884）的新版字典是理想的选择，富善和苏慧廉的字典要始终在手边，特别是苏慧廉的字典，如果学生需要查找教材中汉字表中的汉字或它们的部首，根据汉字后面的数字就可以很容易地在苏慧廉字典中找到，每个汉字均是如此。在这一点上《汉语口语教程》需要跟苏慧廉的字典搭配使用，或者说苏慧廉的字典是该教材的配套工具书。另外，音节练习表也参照了苏慧廉字典的第二部分，作者做了修改，将其中的罗马化拼音分成了两列，一栏为按照五个声调排列的汉字表，另一栏是第一栏汉字所组成的词语。这种将字和词语结合的办法更有利于学生真正掌握读音。汉字对于西方语言背景的学生而言无疑是一个较大的障碍，这一障碍不仅缘于汉字的认读和书写需要长时间的积累，还与他们缺乏必要的汉字知识有关。因此关于汉字的一些基本介绍是很有必要的。作者沃伦从禧在明的教材[①]中引入了关于汉字六种字体的内容，但进行了改编。禧在明原教材中关于汉字六体的介绍是以英文呈现的，沃伦在《汉语口语教程》中则以中文对话方式非常口语化地讲解六种字体及其差别。

① 禧在明的汉语教材名称为 *The Chinese Language and How to Learn It.*

对于俗语、谚语等语言形式，作者也比较重视，他从 Arthur H. Smith 的 *Proverbs and Common Sayings from the Chinese*（1902）一书中第七章 *Puns and Other Linguistic Diversions* 中选取了几个，并根据词汇表进行了一些修改。第 75 课的对话来自威妥玛的教材《语言自迩集》，略有改编。第 80 课《圣经》节选的中文选自 Mr. Ch'en Ch'ung-Kuei 翻译的 Dr. Torrey 的《如何祷告》（*How to Pray*），因为他的译文采用的是简单汉语。还有的语篇选自中国书籍，如《太上感应篇》的内容。在词语的释义方面，作者借鉴了前人字典中的解释，如对“小盐、须至照会者”的解释就源自翟理斯的字典。

3822. 小盐：salt made from salt lands and not from the sea. [the manufacture is forbidden but is extensively carried on.

3096. 须至照会者：“A necessary-to-be-sent dispatch.”（A conventional phrase used at the end of official communications.”

从以上可以看出，作者沃伦在编写这本教材之前，应该是广泛阅读了当时流行的汉语教材和工具书，特别是北京官话的用书。威妥玛、禧在明的汉语教材当时很流行，并且影响较大。卫三畏、翟理斯、鲍康宁、苏慧廉等人的字典也是当时口碑很好的工具书。

与 19 世纪相比，沃伦的这本《汉语口语教程》的编写体现了较强的自主意识。作者对教材进行了精心设计，无论是每课汉字数量的安排还是语料的选取，以及对前人成果的借鉴与改编，都体现了作者的用心。虽然也有一些不尽如人意之处，甚至一些生硬的欧化表达，但仍不能否认这是一部有借鉴意义的汉语教材。

（岳岚　文学博士，北京外国语大学中文学院副教授、
北京中外文化交流研究基地研究员）

《北京官话旅行用语》探析*

岳　薇

摘　要：设立在中国上海的东亚同文书院（1901—1945）是当时日本在外国最大的教育机构，以日本学生为主。按照书院规定，每届学生最后一学年需要在中国进行调查旅行，但其成果为日本政府侵华所利用。《北京官话旅行用语》就是东亚同文书院专门为学生毕业调查旅行所编撰的汉语教材，其内容和语言贴合当时的实际现状，实用性极强。本文从编写背景、编写原则、编写特色、借鉴意义等多方面对《北京官话旅行用语》进行了深入的探讨。

关键词：东亚同文书院　《旅行用语》　调查旅行　汉语教材

东亚同文书院是近代日本为培养"中国通"而在上海开办的学校。东亚同文会于1900年5月12日创办南京同文书院，因受义和团运动的影响，同年南京同文书院迁往上海，并于1901年9月更名为东亚同文书院（以下简称为书院），直至1945年因日本战败而闭校。自1900年创设至1945年解散，书院累计招收46届学生，人数近5000人，是当时日本在外国最大的教育机构。书院最大的特色就是学生在最后一学年的暑假在中国国内进行毕业调查旅行。调查活动前后持续40余年，近5000名日本学生分成近700个小组，足迹几乎遍布中国各地，进行了地毯式的调查，其调查成果为当时的日本政府制定侵华战略提供了帮助，同时也为研究晚清和民国的政治、经济、文化、社会研究提供了丰富的资料。书院为学生的调查旅行量身编写了汉语教材《北京官话旅行用语》（以下简称为《旅行用语》），为调查旅行的顺利开展提供了

* 本文为"2018年北京外国语大学中国文化走出去协同创新中心立项资助项目《日本近代专用汉语教材研究》"的成果，项目批准号：CCSIC2018-YB12。

有力的语言支撑。这是一部什么样的教材，包含哪些内容、有什么编写特色、对调查旅行有什么指导意义、对现在有什么借鉴意义等问题都值得深入研究。

一、教材的编写目的

东亚同文书院的毕业调查旅行因其时间跨度大、空间跨度广而被人们称为“大旅行”。“大旅行”是学生离开书院，带着明确的目的真正走入中国社会完成他们的调查“任务”。参加毕业调查旅行的学生在书院经过了2—3年的汉语学习，已经具备了比较高的汉语运用能力，那书院为什么还要编写《旅行用语》呢？首先，在参加调查旅行前，学生主要是在书院生活和学习，所及范围主要是书院所在的上海地区。生活范围狭小、生活方式相对单一，社会关系简单、接触的人物比较少，因此学生对中国的了解还比较肤浅。然而他们在中国的调查旅行范围从北方到南方、从城市到农村、从荒漠到草原、从工业发达的地区到穷乡僻壤，所面临的场景、交涉的人物、所遇到的困难远远超过了仅在上海书院所经历的。因此，出发前他们需要了解调查旅行中的交际场景，熟悉与所要接触人物的沟通方式。其次，虽然在书院，学生已经通过学习普通汉语教材、尺牍类汉语教材、时文类汉语教材等掌握了汉语知识，具备了一定的汉语交际能力，但教材中的话题、内容、语言、文化知识等无法满足调查旅行中学生的语言交际需求，学生可能会因语言障碍而无法顺利开展调查。而且20世纪上半叶的中国并非太平盛世，学生在搜集信息、刺探情报过程中需要各方势力的帮助，因此学生从学院课堂上学会汉语到在中国社会中真正实际运用需要一个非常重要的衔接环节，因此《旅行用语》应运而生。它帮助学生尽快熟悉了调查旅行中的交际场景，并使其掌握了得体的汉语交际方式，为他们顺利地完成书院部署的调查任务提供了重要的语言保障。

二、教材的主要内容

（一）教材的基本概况

《旅行用语》共计43079字，先由东亚同文书院教授清水董三、讲师程朴洵等编辑完成。书院讲师述功、龚煜、程朴洵也参与了撰译及校对。该书1924年春开始起稿，1925年出版，此时正值东亚同文书院中国旅行调查最完善最成熟的时期。[①] 1941 年同为书院教授熊野正平进行了修订再版，但两版的内容几乎一样，只是在个别用词和标点符号有所修改。或许是因为该教材在大旅行中足够学生们使用，也或许编写人员对此书的修订比较松懈。

《旅行用语》上下篇共有 32 课。每一课都是设想书院学生在中国各地可能会碰到的场景中和各种身份的人物所发生的对话而编写出来的。下到船夫、伙计，上到省长、总司令，内容涉及日常聊天、吃饭住宿、买票乘车到与官府交涉、请求派兵护送、调查工厂等，涉及面十分宽泛。此教材是为走向中国各地调查旅行的学生编撰，因此还包含大量的方言和土语。参加调查旅行的学生小组各自的调查地和调查课题在出发前都已经决定好，所以学生还会参照这本教材自行准备所需要的词汇。

（二）教材的编排

《旅行用语》分为三部分，分别为凡例、目录和正文。凡例部分基本介绍了该教材的编写情况，正文部分全部为两人或多人对话。

1. 课文场景的选择

《旅行用语》的编者在凡例中介绍，该书的一至十五课为上编，十六课至三十二课为下编。但本文认为一至十五课为上编没有问题，应该属于第一部分，属于生活交际，主要面对的是在旅行途中的一些交际者，所涉及的对话情景紧紧围绕“行”“住”和“食”，具体的场景分别为租船、船上、乘车、火车站购票、旅馆住宿、饭店就餐、问路、借宿。但凡例中所认为的下编应该分为两个部分，即十六课至二十九课，为第二部分，属于官方交际。三十至三十二课为第三部分，属于参观交际。官方交际的课文对话所发生的场景主要是县公署，还包括旅馆（此处为官员去旅馆看望学生）、省公署、司令部、城门口、车站稽查等，其中与警察打交道都是在县公署发生；参观交际部分，对话所发生的场景为县学、纺织工厂和商会会长的家。吃住行、拜会交涉、参观调查，这三种大的交际场景正是在实际的调查旅行中，不论是哪一条路线、哪一个区域，学生都需要面对的。他们要在相应的情景中使用汉语完成生活、交际、调查等任务。

① 这样明确了调查目的的调查旅行从第 18 期（大正九年即 1920 年）学生正式开始，一直持续到第 28 期（昭和六年即 1931 年），从某个意义上来说，这 11 年是中国旅行调查最完善最成熟的时期。详见：［日］沪友会编，杨华等译《上海东亚同文书院大旅行记录》第 22 页，商务印书馆，2000 年。

2. 对话角色的选择

一至十五课中对话所发生的场景主要是围绕“行”、“住”和“食”而展开，在这15篇课文中，学生与之展开对话的角色为26个，对话人身份可归纳为11种，大概分为：船家（包括管船的）、同船（车）人、（旅、饭）店伙计（包括接客伙计、茶房伙计、跑堂伙计等）、旅店掌柜的、旅店账房先生、脚夫、铁路巡警、火车站长、行李房人员、路人（包括路上行人和看青的人）、借宿人家的主人。相较于下编而言，上编的课文对话涉及的情景相对单一，对话人物数量比较少，除了第七课《购买车票》中对话人物为4人外（不包括学生在内），其他课文的对话人物均为1—2人。十六课至二十九课所包含的官方交际对话主要是在以公署为主的场景下发生，这十四篇课文中的对话人数为41人，可以归纳为7种身份，具体为：高层官员（省长、县长、总司令、警佐、所长）、中层官员（副官、参谋官、科长）、传达官员（承启官、传达处、传达目、号房的号头）、低层军警（卫兵长、卫兵、巡长、巡警、稽查员）、仆人（堂役）、路人、店伙计。相较于生活交际对话，官方交际对话中的对话人数有了明显增多，情景更加复杂，具有超强的真实性。其中十六课、十八至二十三课等7课的内容都是以县公署为背景，可见在调查旅行中，县长（或县知事）是学生主要拜会，确切地说是他们寻求帮助的主要对象。三十至三十二课为参观交际部分，可能由于篇幅局限或者教学时间的限制，参观交际部分的课文明显偏少，情景单一，对话人物和角色都比较少。这三篇以学校、工厂和商会会长家为场景的课文涉及了7位对话人，也代表了7种身份，分别为学校校役、学校庶务官、校长、工厂看门人、会计员、商会会长、（会长家的）仆人。

《旅行用语》中囊括了学生在调查旅行中所必须要交际的人，包括途中的吃住行所涉及的人员（店伙计、脚夫、同行人等），在途中遇到困难所要求助的对象（县省公署、军队、警察等），以及调查中必须要打交道的负责人及相关人员（校役、学校庶务官、校长、会计员、商会会长等）。可见这本教材先选取场景，再设定具体的情景，情景决定对话的人物角色，不同的对话角色又决定了学生所采用的语言形式和会话策略。

三、教材的编写特色

《旅行用语》针对东亚同文书院学生毕业调查旅行而编写，尽管学生的毕业调查旅行的成果为日本军政府侵华所利用，影响非常恶劣。但从第二语言教学的角度来看，这本编写于近百年前的汉语教材，却严格遵循了当今的第二语言教材编写理论，取得了极其明显的效果。这本教材不同于日本明治、大正和昭和时期的其他汉语教科书，有着鲜明的编写特色。

（一）针对调查旅行编写，因而具有高度的实践性

从日清贸易研究所到东亚同文书院，校方都非常重视学生在中国的调查旅行。经过多年的实践积累，学生在调查旅行中解决问题、克服困难的经验不断充实，调查的范围越来越广、调查路线越来越密集，1920 年后书院的中国调查旅行进入最完善、最成熟的时期。该教材的主要作者之一清水董三，作为书院第 20 期毕业生，所参加的调查旅行属于 1920 年至 1930 年的“圆熟期”①，即调查活动专业化、细密化，因此清水董三拥有关于调查旅行的非常完整的经历和充足的经验，对学生在调查旅行中的语言交际需求与应对策略有相当程度的了解与把握，可以说清水董三在大量的实践基础上完成了该书的编撰，这是该书编写成功的关键因素。同时，作为书院的老师，清水董三对学生的学习基础、方法、目的、习惯等方面都非常熟悉。编写者深谙中国社会、精通汉语、熟悉学生状况，在结合调查旅行中的语言交际需求和学生自身条件的基础上，编写出的《旅行用语》具有极强的针对性。

《旅行用语》是日本多年来在中国调查旅行积累的实践经验形成的产物，也是日本在中国调查旅行走向成熟的标志。反过来，书院通过《旅行用语》这本教材，把调查旅行的实践经验传授给一届又一届的学生，用以指导他们的调查旅行实践。正是这种“实践经验—凝结成教材—指导实践”模式，使得《旅行用语》这本教材具有高度的实践性——从实践中来，到实践中去。

（二）依照多标准选用语料

现代语言教学理论认为，学生在语言学习过程中应该接触真实的语言。在真实性方面，《旅行用语》做得非常充分。其真实性体现在两个方面，首先教材中所设计的交际场景都是真实的；其次，教材在设置语境和编写对话时，选词用句完全符合对话人物特征，贴近真实的交际。比如在学生与店家伙计

① 爱知大学文学部藤田佳久教授将东亚同文书院的中国旅行分为 1901 年至 1905 年的“肇事期”，1906 年至 1919 年的“扩大期”，1920 年至 1930 年的“圆熟期”，1931 年至 1937 年的“制约期”。1937 至 1945 年被冯天瑜称为“严重制约期”。详见：［日］沪友会编，杨华等译《上海东亚同文书院大旅行记录》第 7 页，商务印书馆，2000 年。

对话时，彼此采用的都是日常口语。文中学生要雇向导，伙计先问怎么去，然后又给学生说明交通工具。因为面对的是文化水平不高的伙计，所以学生也使用了“逛逛去”“打来回儿”“溜达着去”“像个……似的”“坐不惯”“怪眼晕的”等口语色彩鲜明的语句。而面对有一定社会地位的县长时，双方彼此又采用颇具文言色彩的官场套话。如第十六课《拜会县长》①：

甲（学生到花厅见县长立迎）　久仰得很。学生们路过贵治。特意前来。一则请安。二则求县长指教指教。

己（县长）岂敢岂敢。兄弟未能前知。失迎失迎。

甲　不敢当。学生们本不敢惊动。

己　诸君多喒到的。寓在那一家客栈里了。

甲　我们是昨天傍晚儿到的。住在西门里头。华洋旅馆里。今日匆匆造访。实在冒昧的很。

己　那儿的话呢。诸君在那边儿不便。不如挪到敝署来下榻。我们可以常谈谈。

由于当时日本强大，面对日本学生，一县之长担心因照顾不周而惹来麻烦，所以卑微地热情招待。使用的“岂敢岂敢”“失迎失迎”“那儿的话呢”“敝署”“下榻”等词语既符合了现在具备一定知识素养的县长身份，又符合他当时卑微的心理状态。而日本学生也通过“路过贵治”“请安”“求县长指教指教”“不敢惊动”“匆匆造访，实在冒昧的很”等语句表现出了自己表面上的礼貌态度。

书院毕业调查旅行路线几乎遍布中国的各个角落，中国方言众多，南北方言差异较大，南北方文化也有所不同，因此教材对于汉语的南北差异格外重视。《旅行用语》对相关的词语及一些表达方式进行了南北对比，如第二十九课《见总司令》② 中：

① 清水董三《北京官话旅行用语》第 70—71 页，东亚同文书院，大正十四年三月三十一日发行。

② 《北京官话旅行用语》第 137 页。

甲学生（学生们到贵阳总司令本部。见辕门外左右两边有卫兵持枪站岗。对着斜背红带的值日卫兵长说）惊动惊动。（见军警道辛苦二字。只有北方。长江以南各省。无此名词。有说惊动的。有说谢谢的。或说劳你驾）我们是日本国旅行团。有要紧的公事。求见总司令。这是我们的名片。（南方语言带儿字的音很少。故片字不带儿字）请卫兵长给通报一声。

此外，中国国土辽阔，不仅南北方言及南北方文化存在明显的差异，而且中国各个地域之间发展不平衡，有的事物已经有了新的称谓，但有的地方仍保留着原先的称谓，汉字也存在新旧并用的情况。如第二十九课《见总司令》中还提到了“丙承启处的承启官（按总司令。就是督军。副官处之外。另有承启官。专司传达收发甚麽的事情。此官在前清督抚时叫巡捕）”①。在教材中，一个县的长官，有的课文称为县长，有的称为县知事。教材使用的汉字也是古今兼用，如叫-呌、只-衹、么-亇、吃-喫、才-纔等。

《旅行用语》虽然冠名为“北京官话”，但实际上采用了多语言标准，以北京官话为主，兼有口语—文言、土语—雅言、北方言—南方言、今言—古语等，这既真实地反映了当时的语言使用状况，也符合书院学生的语言学习需要。

（三）情景对话与交际文化并重

《旅行用语》针对书院即将参加调查旅行的学生而编写，虽然他们的调查路线不同，但他们需要承担的任务和可能要面对的困难是一样的。因此，编写者把学生置于调查旅行中吃、住、行的各个环节以及面见政府官员、警察、军队司令、企业人员、教育人士等各个场景，编排了由相对简单的出行、住宿、点菜、借宿等生活主题到比较复杂的拜会、交涉、请托、请求护送等官方交际主题，再到参观学校、调查企业等真正的目标主题，循序渐进。教材一方面将一定会出现在学生调查旅行中的人物按照场景顺序一一展现，人物的语言非常符合其身份，真实生动，画面感十足。学生可以如身临其境般揣摩在某场景中发生的对话，并加以练习。另一方面，教材在注解中对交际情节进行了细致描述，这对学生的交际行为具有明确的指导意义。《旅行用语》

① 《北京官话旅行用语》第137—138页。

为了提高其指导作用，在人物对话情景中以注解的方式分散而灵活地添加了大量的交际文化常识，一方面，在教学中比起抽象地讲解文化知识更为具体和有效，另一方面，学生通过反复熟悉这些具体的交际文化，可以实现其在真实的情景中做到得体表达与顺畅交际。跟中国人打交道，只掌握了汉语是远远不够的，还需要熟悉中国人的交际文化，而且中国也有不同的地域文化，因此只有学生掌握了某地中国人真正的交际文化并付诸实践，在调查旅行中才会减少语言冲突和误解的发生。

四、教材的借鉴意义

《旅行用语》是书院专门为学生毕业调查旅行设计编写，从最后众多学生取得的调查旅行成果来看，《旅行用语》实现了它成书的目的。尽管书院毕业调查旅行有着搜集和刺探中国各地情报的不良居心，但从第二语言教材编写的角度来看，《旅行用语》无疑是一本成功的汉语教材。它给当今的专门用途的汉语教材提供了重要的借鉴意义。

（一）要注重选用真实的语料

首先，该教材为学生提供了真实的场景和语境，学生沉浸其中可以很快地理解、模仿并进一步掌握汉语的使用规则；同时灵活增加了具体的交际文化，学生可以在具体的情境中得体地运用汉语并展开相应的交际。我们在编写专门用途的汉语教材时，先罗列出学生完成任务时所要面对的全部场景，然后在这些场景中直接选取“地道的语料”，这些语料一定是在真实交际中实际发生的语言，可以稍加改编，但不能失去其真实性，更不能臆想杜撰。只有学习真实的语言，学生才能学以致用。

（二）可以采用语言多标准原则

该教材为了帮助学生在中国不同地域、不同场景中实现与不同身份的人顺利展开交际，特别在教材中编入了口语与文言、土语与雅言、南北方言、古语今言等，还原了真实的交际情景。因而该教材有巨大的指导意义。然而现在编写专门用途汉语教材时基本上都遵循一套统一的语言标准，即使用普通话，这有可能会导致教材的实用性降低。专门用途的汉语教学以满足学生专门的学习需求为中心，相关教材的编写首要目标就是满足学生学习需求，语言多标准是教材实现这个目标的有效途径之一。因此如果学习上有需求，可以在教材中增加方言、土语、古语等相关内容，真正做到以学习者为中心，以实际运用为导向。

（三）要实现语言与交际文化的有效结合

语言的使用与所处的社会文化环境息息相关，学习语言无法脱离文化。该教材在对话情景中增加了具体的交际文化，使学生在交际中言行更加得体。为了帮助学生在中国的社会文化环境中成功地进行交际，汉语教材应该特别注重交际文化的编排。编写专门用途汉语教材时，在设定的各种具体情景之下，应该实现语言形式、交际策略、交际文化的有机结合。交际文化说明得越具体，越周全，学生将来在类似的情景中进行汉语交际就会越成功。

五、结 语

东亚同文学院在中国实施的毕业调查旅行，涉足的地域几乎覆盖整个中国，持续时间近半个世纪，调查内容全面又详细，调查成果虽然被当时日本政府制定侵华政策所利用但不可谓不丰硕，学生毕业调查旅行的顺利开展，他们的汉语交际能力是最为关键的。书院为毕业调查旅行量身编撰了汉语教材《旅行用语》，该教材为整个调查旅行提供了有力的语言支撑，是毕业大旅行成功的语言保证。通过教材中学生密密麻麻的笔记，可以看出当年的学生多么重视该教材的学习，由此可以推断出这本教材对书院毕业调查旅行的作用之大。因而研究《旅行用语》有着非常重要的历史意义和现实意义。

（岳薇　北京外国语大学中文学院讲师、汉语国际教育专业在读博士）

· 书评与信息 ·

开拓创新　泽被后学

——《20世纪中国古代文化经典域外传播研究书系》述评*

李海军

摘　要："20世纪中国古代文化经典域外传播研究书系"是近年来"中学西传"研究领域的代表性成果。该丛书最大的特色在于"创新"，主要体现在四个方面：首次对20世纪中国古代文化经典在域外的传播和影响做了系统的基础文献调查和编目；首次对19—20世纪中国典籍在西方的译介、传播和影响做了总体性研究；首次对中国典籍外译做了理论层面上的梳理和总结；丛书中不少专题研究是填补国内学界研究空白的开创之作。丛书的出版可以给学界同人两点重要的启示：一是要在学术研究活动中践行"学术乃天下之公器"的理念；二是要在学术研究活动中践行"经世致用"的思想。

关键词：《20世纪中国古代文化经典域外传播研究书系》　创新　启示

在中西文化交流研究领域，"西学东渐"一直是国内学界研究的重点，成果丰硕。进入21世纪，由于中国文化"走出去"战略的实施，以往国内学者关注相对较少的"中学西传"渐渐成为研究热点，吸引了不少翻译学、比较文学、国际汉学、跨文化交际学等研究领域的学者，取得了不少的研究成果。2018年，由张西平教授团队耗时12年、大象出版社出版的"20世纪中国古

* 本文得到湖南省社科基金重点项目（18ZDB030）和广东外语外贸大学翻译学研究中心2018年度招标项目（CTS201805）资助。

代文化经典域外传播研究书系”就是其中的代表性成果。

一、内容简介

该丛书是教育部哲学社会科学研究重大攻关项目“20 世纪中国古代文化经典在域外的传播与影响研究”最终研究成果，共 19 卷，其中导论 1 卷、编年 8 卷、专题研究 10 卷。《20 世纪中国古代文化经典域外传播与影响研究导论》（上、下册）为丛书的提纲挈领之作，分为“历史篇”“理论篇”“文献篇”。其中“历史篇”主要梳理和研究了 19 世纪和 20 世纪中国文化经典在西方的传播和影响。“理论篇”主要探讨了中国文化的价值以及中国文化经典西传的翻译和传播问题。“文献篇”主要分析了考狄（Henri Cordier）的《汉学书目》（*Bibliotheca Sinica*）和袁同礼（Tung-Li Yuan，1895—1965）的《西文汉学书目》（*China in Western Literature*：*A Continuation of Cordier's Sinica*），介绍了一些中国古代典籍西译方面的中文文献基础书名和西文文献基础书目，以及中国古代典籍西译与汉学研究方面的网络资源。

编年 8 卷分别为《20 世纪中国古代文化经典在英国的传播编年》《20 世纪中国古代文化经典在美国的传播编年》《20 世纪中国古代文化经典在法国的传播编年》《20 世纪中国古代文化经典在日本的传播编年》《20 世纪中国古代文化经典在韩国的传播编年》《20 世纪中国古代文化经典在意大利的传播编年》《20 世纪中国古代文化经典在中东欧的传播编年》以及《20 世纪中国古代文化经典在东南亚的传播编年》①，主要按照“大事记”“书（文）目录”“备注”体例，分别记录了 1900 年至 2000 年间中国同英国、美国、法国、日本、韩国、意大利、东欧诸国（阿尔巴尼亚、保加利亚、波兰、捷克、罗马尼亚、塞尔维亚、斯洛文尼亚、匈牙利）、东南亚（马来西亚、印度尼西亚、越南、泰国、缅甸、老挝）之间的重要文化交流事件，编列了 1900 年至 2000 年间用上列国家和地区的语言出版的中国古代文化经典译本以及相关研究著述。

专题研究 10 卷，主题各异，内容丰富。其中《20 世纪中国古代文学在英

① 后续将会有《20 世纪中国古代文化经典在俄罗斯的传播编年》《20 世纪中国古代文化经典在德国的传播编年》等陆续出版。

国的传播和影响》主要论述了20世纪中国古代诗文、古代话本小说、古代戏剧在英国的翻译、评述及影响，此外，还梳理了20世纪以前英国汉学发展史和中国文学在英国的传播，着重分析了翟理斯的《中国文学史》。《中国古典文学的英国之旅——英国三大汉学家年谱：翟理斯、韦利、霍克斯》主要编撰了翟理斯、韦利、霍克斯的学术年谱，此外，还探讨了三位汉学家的汉学历程、汉学特色以及他们的汉学地位和贡献。《比较、争论与诠释——理雅各牛津时代思想研究》聚焦理雅各的"牛津时代"，探讨了理雅各在牛津大学担任汉学教授这段时间内的社会交往和学术活动，重点梳理和分析了他在这段时间内的中国典籍翻译活动以及中国儒教和道教研究，指出他后期汉学研究思想的发展、转变及其意义。《英美汉学中的白居易研究》主要论述了英国汉学家韦利和美国汉学家列维的白居易诗歌翻译和研究，此外，还探讨了何丙郁、刘若愚、陈照明、杨晓山、姚平等美国华裔学者，以及尤金·法菲尔（Eugen Feifel）、杜希德（Denis Twitchett）、司马德琳（Madeline K. Spring）、保罗·高汀（Paul R. Goldin）、宇文所安（Stephen Owen）等欧美汉学家的白居易研究。《红楼梦在德国的传播与翻译》梳理了19世纪、20世纪和21世纪《红楼梦》在德国的译介和传播，研究了编译、节译和全译三种《红楼梦》德译形式，从诗词翻译、人名翻译、忌讳词翻译、拼音方案的选择、注释的使用等角度比较了不同《红楼梦》德译。《20世纪中国古代文化经典在东南亚的传播和影响》主要梳理研究了《西游记》《三国演义》《红楼梦》《聊斋志异》《论语》《孟子》《楚辞》《孙子兵法》以及唐诗宋词等中国古典文化在越南、老挝、柬埔寨、缅甸、泰国、马来西亚、印度尼西亚、菲律宾等东南亚诸国的译介和传播。《20世纪韩国关于韩国文学对中国古典文学接受情况的研究》主要从韩国古典小说对中国古典小说的接受、韩国古典诗歌对中国古典诗歌的接受、韩国古典文学对中国古典戏曲的接受、韩国口碑文学对中国民间文学的接受四个方面，梳理20世纪韩国学者从事的韩国文学对中国古典文学的接受研究的情况。《日本明治时期刊行的中国文学史研究》主要从社会语境入手，以时间顺序为经，以代表学者为纬，探讨日本明治时期的中国文学史研究。《中国文化在南亚》主要通过时间线索、空间线索和文献资料线索，探讨了古代和近代中国文化在南亚的传播和影响，重点讨论了丝绸之路和南亚、海上丝路与南亚、郑和在南亚、古代中国和南亚的贸易、佛教在南亚的传播、四大发明在南亚等几个专题。《中国古代文化在世界：以20世纪为中心》是“中国古代文化经典在海外的传播及影响研究：以20世纪为中心”国际学术研讨会论文集，分为“理论与方法”“中国典籍在域外的传播与影响”“人物研究”三个部分，收录了许渊冲和曹顺庆等学者在“中国古代文化经典在海外的传播和影响”主题方面的研究成果。

二、创新之处

该丛书特色鲜明，如体例宏大、视域广阔、资料翔实、宏观理论阐释与微观个案分析有机结合、不同学科紧密合作，等等。但笔者认为，该丛书最大的特色在于“创新”，主要体现在以下几个方面。

首先，该丛书对20世纪中国古代文化经典在域外的传播和影响做了系统的基础文献调查和编目，这在国内尚属首次。该丛书出版之前，西方汉学文献目录学的集大成之作有两种：一是考狄的《汉学书目》，二是袁同礼的《西文汉学书目》。前者收录了1924年之前翻译成欧洲语言的中国古代文化典籍书目和西方汉学家对中国古代文化的研究成果。后者收录了1921年至1957年间出版的西方汉学主题著作。但是，这两种书目有一个缺陷，即它们所涵盖的语种有限。《西文汉学书目》只涵盖了英文、法文、德文和葡萄牙文四种语言。《汉学书目》虽然涵盖了不少欧洲语种，但主要是英语和法语。此外，自《西文汉学书目》之后，再也没有出版这类比较全面的汉学书目。正是基于这两点，张西平教授团队系统调查、梳理了20世纪（1900—2000年）中国古代文化经典在域外的传播情况，出版了（或即将出版）10卷“20世纪中国古代文化经典在域外的传播编年”，涵盖了20余个语种和国家。这样的成果既是对《汉学书目》和《西文汉学书目》的一种继承，更是在它们基础上的一种开拓、一种创新。正如张西平教授所言，“这也许是目前世界上第一次涉及如此多种语言的中国文化外传文献编年”。

其次，丛书首次对19—20世纪中国典籍在西方的译介、传播和影响做了总体性研究。新世纪以来，随着中国文化“走出去”上升为国家战略，中国典籍翻译研究成了学界热点。但是，以往的中国典籍翻译研究多集中在个案研究，大部分学者要么是选定一部中国典籍，对其翻译做历时的描述性研究，如江帆的《他乡的石头记——〈红楼梦〉百年英译史研究》，要么是对某部中国典籍的某个译本进行个案分析，如王金波的《弗朗茨·库恩及其〈红楼梦〉德文译本——文学文本变译的个案研究》，抑或是对某部中国典籍的不同译本进行比较研究，如王东波《〈论语〉英译比较研究——以理雅各译本与辜鸿铭译本为案例》。此外，还有少部分学者选定某一特定时期的中国典籍翻译作为研究对象，进行比较宏观的研究，如邓联健的《委曲求传——早期来华新教传教士汉英翻译史论（1807—1850）》，宋丽娟的《‘中学西传’与中国古典小说的早期翻译（1735—1911）》，赵长江的《十九世纪中国文化典籍英译史》。但令人遗憾的是，目前学界还没有人对16世纪以来中国典籍西译史做过总体性研究。正是针对这一遗憾，张西平教授在丛书第一卷中对19—20世纪的中国典籍西译史进行了一个宏观的总体性研究，加上此前出版的《儒学西传欧洲导论——16—18世纪中学西传的轨迹与影响》，一起弥补了国内学界这一遗憾。

再次，丛书呼吁加强“中译外”理论建设，并首次对中国典籍外译做了理论层面上的梳理、思考和总结。虽然早在2007年，潘文国教授就针对国内学界用建立在“西西互译”基础上的西方翻译理论来解释“中译外”实践这种弊端，呼吁加强“中译外”理论建设，但是应者寥寥。学界至今仍然热衷于用西方译论来研究“中译外”实践。正是基于这一现状，张西平教授再次指出，“现在流行的用‘西西互译’的翻译理论在解释‘中西互译’是有问题的，来解释‘中译外’问题更大”。并且呼吁大家“将‘中译外’作为一个独立的翻译实践来展开研究”，“认真总结……前辈的翻译实践经验，提炼‘中译外’理论”，否则，“一味依赖西方的理论，并将其套用在‘中译外’的实践中，那么中国典籍外译将不会有更大的发展”。张西平教授不但呼吁大家加强“中译外”理论建设，而且身体力行，在梳理中国典籍外译史的基础上，对中国典籍外译进行了理论上的梳理、思考和总结，内容涉及“外译中”和“中译外”的共性和特性，“外译中”和“中译外”不同的深层次哲学原因，中国典籍翻译的主体等诸多方面，其中一些理论观点不落窠臼，既令人耳目一新，又可以为当下学界带来一定的启示，如“国内学者从事汉学研究并不是‘自我殖民化’”，“要实事求是地批评汉学家翻译中国典籍中的知识性错误”，“要与汉学家展开学术性的对话”，“要走出西方汉学研究的范式，重建中国学术的叙述”，等等，不一而足。

最后，丛书的10卷大部分是填补国内学界研究空白的开创之作。兹举数例如下：《英美汉学界的白居易研究》是国内首部有关“白居易国外译介和研究”方面的专著，首次系统梳理了英美汉学界白居易及其诗歌的译介和研究情况，书中有不少此前从未被国内学界挖掘的第一手研究语料。《红楼梦在德国的传播和翻译》也是国内首部系统梳理《红楼梦》在德国的翻译与传播的专著，弥补了国内《红楼梦》德译研究“不全”“不专”“不深”的缺陷，全书挖掘了大量原始资料，正如作者自己所言，全书“资料至少有三分之一具有新鲜性”。《比较、争论与诠释——理雅各牛津时代思想研究》是国内首部聚焦理雅各在牛津大学担任汉学教授期间学术思想转变的专著，走出了以往学者研究理雅各基本上聚焦其翻译活动的窠臼，书中探讨理雅各道教研究的内容更是令人耳目一新。《中国古典文学的英国之旅——英国三大汉学家年谱：翟理斯、韦利、霍克斯》则为国内首部为瞿理斯、韦利、霍克思编撰学术年谱的著作。

结语：两点启示

通过该丛书的出版，结合张西平教授以往的学术研究，可以从中得到两点重要的启示。

一是，要在学术研究活动中践行“学术乃天下之公器”的理念。张西平教授之所以组织编撰出版“20世纪中国古代文化经典在域外的传播编年”，是因为他认为海外汉学文献学是海外汉学研究的基础。但是他发现，虽然中国对汉籍外译项目投入了不少的财力和人力，却由于中国没有系统的编制域外汉学文献，造成了不小的学术浪费。因此，他才组织课题组成员，在考狄的《汉学书目》和袁同礼的《西文汉学书目》的基础上，编撰出版10卷“20世纪中国古代文化经典在域外的传播编年”。毫无疑问，学界同人将从这些“编年”中获益良多，尤其对那些从事中国古典文化域外传播研究的学者来说，这些“编年”将是指路明灯。熟悉张西平教授的人都知道，一直以来，他都是在默默地从事国际汉学的基础文献整理和出版工作。正是由于他的努力和坚守，国内学者才有幸读到《梵蒂冈图书馆藏明清中西文化交流史文献丛刊》《中国丛报》《西方早期汉学经典译丛》《当代海外汉学名著译丛》《西人论中国学书目》《马礼逊文集》《卫三畏文集》《卜弥格文集》这些原始的海外汉学基础文献。这些泽被后学的基础文献，为从事海外汉学的学者提供了极大的方便。更为重要的是，这些文献吸引了许多年轻学者加入到海外汉学研究的队伍。海外汉学研究能够从20年前的冷门变为如今的研究热点，张西平教授这种“学术乃天下之公器”的精神功不可没。

二是，要在学术研究活动中践行“经世致用”的思想。人文社会科学研究者应该具有强烈的社会责任感。他不应该为了研究而研究，而是应该“经世致用”，关注社会现实问题和国家需求，运用自己的所学所知来解决社会问题，服务国家需求。一直以来，张西平教授在其学术研究活动中自觉践行“经世致用”的思想，致力于服务国家文化“走出去”战略需求。中国文化“走出去”，是为了让世界上其他国家，其他民族更好地了解中国，消除一些不该有的偏见，以达到中国与世界上其他国家，其他民族和平共处，共同发展之目的。历史的经验告诉我们，要做到这一点，中国文化必须要以一种正面形象“走出去”，而这并非易事，需要各方的共同努力，其中，学界的支持不可或缺。这些年来，张西平教授一直在海外汉学研究领域默默耕耘，通过自己的学术研究为国家文化“走出去”战略提供学理支撑和技术支持。课题“20世纪中国古代文化经典在域外的传播与影响研究”就是其中一个典型的例子，正如张西平教授所言，该课题的目的之一是，“通过对20世纪中国古代文化经典在域外传播和影响的研究，我们可以总结出中国文化向外部世界传播的基本规律、基本经验、基本方法，为国家制定全球文化战略做好前期的学术准备，为国家对外传播中国文化宏观政策的制定提供学术支持”。此外，他二十年如一日，培养海外汉学研究队伍；他联合其他著名高校，率先在北京外国语大学创建中国文化“走出去”协同创新中心；他领衔建成“中国文化海外传播动态数据库”和“世界汉学家数据库”。这些无一不是他践行“经世致用”思想的完美体现。

（李海军　长沙学院外国语学院教授）

美是相通的

——关于《唐诗在法国的译介和研究》

朱　静

近日再读蒋向艳力作《唐诗在法国的译介和研究》，思绪万千，感慨良多。

蒋向艳是个勤奋好学的青年学者，她克服种种困难，于繁重的教学之余将自己读博期间开始的“程抱一研究”进一步扩大为《唐诗在法国的译介和研究》。书中，她搜集梳理了国外好几代汉学家和诗人、学者们对中国唐诗的翻译和阐释的过往今朝，成果颇丰。

2002 年，法籍华裔诗人、作家、学者、汉学家程抱一（Francois Cheng，1929—）先生当选为法兰西学院（l'Académie Française）的院士。法兰西学院一向以严谨、权威著称。它的院士席位数是固定的。数个世纪以来，它始终坚持一位院士离世，才又补选一位。2001 年 5 月 7 日，法兰西学院院士、作家波旁·比塞（Jacques de Bourbon-Busset，1912—2001）去世。2002 年 6 月 13 日，经全体院士投票，程抱一被选入法兰西学院，成为其中唯一的华裔院士。中国学术界闻之振奋不已。

蒋向艳沿着通常的正规教育一步步走来，具备了一定程度的中国传统文化基础。她决心将“程抱一研究”作为她读博期间的研究课题。她不畏艰难，仿效老一辈华裔学者，首先埋头学起了法语。她历经艰辛，认认真真地“啃”下了程先生于 20 世纪 70 年代完成的法文版成名之作《中国诗语言研究》（*Le langage pictural chinois*）。此举为她之后的学术研究、出国进修、与国内外学者交流有效地扫除了语言障碍，打下了扎实基础。

1948 年底，正当青春年少的程抱一先生踏上了法国土地。他自幼在国内受到良好教育，浸润过当时国内方兴未艾的西风熏染；他又熟谙中国传统文化，经历了中国人民艰苦卓绝的十四年抗战；他与当时国内同辈青年一样成了热情爱国的文艺青年。程先生初到法国时，语言不通，远离家人，十分苦闷。为了排解孤寂，他流连于欧洲各国大小博物馆，开始了在西方实地虔诚“寻美”朝圣的历程。伦勃朗画笔下的人物栩栩如生，程先生特别关注到画家笔下人物的“目光”：那“目光”让他有一种似曾相识的感觉，那“目光”中的爱恨情仇使身处异国他乡的程先生内心的孤独感离他渐行渐远……顿时，他发现异乡的文明尽管与古老的中华文明相隔万水千山，仍然有相通的可能：人类情感可以相通，可以传递，可以对话。那“目光”让他勇气倍增，信心倍增。自此，他佳作频出；法文小说《天一言》《此情可待》、法文诗歌创作《程抱一诗歌总辑》、中国书法集及其阐述《气化成符号》、中国绘画译论集《一切美都是独特的》、与法国女性读者一起关于美的座谈记述《美的五次沉思》等等，不一而足。他不知疲倦地担当着“文化摆渡人”的角色，享誉法兰西文坛。自当选为法兰西学院院士，程抱一的名声更在世界文坛传扬。

21 世纪初，笔者与蒋向艳讨论课题时，一致认为程先生在西方大半世纪之久取得成功绝非偶然，我们希望找出其中的根由，以飨读者。经过多年的思考，我们认为其归根结底还是离不开“人”字，尤其离不开人的“心灵”——眼睛是“心灵”的窗口。我们要寻找、发现“美”，领会“美”，阐述“美”，认识、发掘东西方文化之“美”。程抱一先生、叶嘉莹（1924—）教授这一代留在海外数十年的老一辈华裔学者比我们这一代中青年后辈学者幸运，他们在国内度过了求知欲旺盛的青少年时代，早早地吸取了不少中国传统文化的真谛，打下了中国传统文化的扎实基础。他们一旦来到他乡的开放世界，就能更好地理解、吸收他乡异质文化的真谛，并加以融会贯通，结出美好的硕果。我们这一代命运多舛，在动荡中度过了求知欲旺盛的中、青年时代，蹉跎了大好岁月年华，不懂“美”，很难捕捉到“美”，常常和“美”擦肩而过。不过，幸运的是，我们这一代遇到了改革开放国门大开的好年景，踩住了青春的尾巴，得以迈出国门、敞开胸怀，毫无顾忌地撷取他乡芬芳多彩的文化瑰宝。接纳他乡异质文化的同时，我们对“自我”有了重新认识。我们发觉，其实我们民族自己早就拥有对“美”的认知、体验和种种表现“美”的经验及手段，我们的老祖宗早就充分认识到“美”的真谛，并且尽情加以发挥了。如果我们把自己民族文化瑰宝领会透了，就能更好地理解、领会“他乡之玉”，打破文化隔阂，自觉地把“自我”和“他者”融合在一起，从中揭示出真正、独特的“美”。行走在东西方两大文明之间数十载的程抱一先生，终于获得了累累硕果。笔者在法国时就听说程先生在巴黎的“东方语言学院”开设唐诗讲座的盛况。异域的年轻大学生们奔走相告、趋之若鹜。操着流利法语的程先生娓娓动听地带领他乡的年轻学子们叩开了中华文明不朽的诗文大门，开始了真正的“寻美”壮举。

在此，笔者想要提醒蒋向艳：作为新时代的青年学者，要抓紧大好青春年华，认清前进方向，摈弃以前“他人”强力加给我们的故步自封，要比前辈们更好地做好“文化摆渡人”，向中外青年学子们阐述“美”、揭示“美”、体验“美”和领会“美”，在平凡的教学岗位上做出更扎实、更大的贡献。须知领会和传递“美”是一种享受、一种乐趣，一种来之不易的幸福。

（朱静　复旦大学法文系教授）